全國高等院校古籍整理研究工作委員會規劃項目
國家社科基金重大項目"清人文集經義整理與研究"（17ZDA259）
德州學院學術著作出版基金資助

經學通論校注

〔清〕皮錫瑞 撰
張金平 校注

卷一 易經通論
卷二 書經通論
卷三 詩經通論
卷四 三禮通論
卷五 春秋通論

中國社會科學出版社

圖書在版編目(CIP)數據

經學通論校注／(清)皮錫瑞撰；張金平校注.—北京：中國社會科學出版社，2019.9
ISBN 978-7-5203-5072-3

Ⅰ.①經… Ⅱ.①皮…②張… Ⅲ.①經學—研究 Ⅳ.①Z126.27

中國版本圖書館CIP數據核字(2019)第204164號

出 版 人	趙劍英
責任編輯	郭　鵬
責任校對	劉　俊
責任印製	李寡寡

出　版	中國社會科學出版社
社　址	北京鼓樓西大街甲158號
郵　編	100720
網　址	http://www.csspw.cn
發行部	010-84083685
門市部	010-84029450
經　銷	新華書店及其他書店

印刷裝訂	北京市十月印刷有限公司
版　次	2019年9月第1版
印　次	2019年9月第1次印刷

開　本	710×1000　1/16
印　張	27.25
字　數	408千字
定　價	138.00元

凡購買中國社會科學出版社圖書，如有質量問題請與本社營銷中心聯繫調換
電話：010-84083683
版權所有　侵權必究

校注說明

一、《經學通論》版本有：1. 清光緒三十三年（1907）湖南思賢書局初刊本（收入師伏堂叢書）。1923年季春上海涵芬楼影印此版；2002年上海古籍出版社《续修四库全书》亦影印此版。本次校注底本即用思賢書局初刊本，簡稱"思賢書局本"。2. 1930年商務印書館《萬有文庫‧國學基本叢書》排印本，簡稱"商務本"（或稱"萬有文庫本""國學基本叢書本"），是書裝訂四冊，每冊頁數各自起迄）；1936年商務印書館《國學基本叢書简编》本，據"萬有文庫本"重印，衹是將原四冊合訂爲一冊，頁數仍舊，故商務印書館前後兩版內容完全相同，皆可稱"商務本"。3. 1954年中華書局據商務印書館《國學基本叢書》本校正，簡稱"中華本"。

《師伏堂叢書總目》列"《經學通論》五種五卷"，各卷書口處分別刻有《易經通論》《書經通論》《詩經通論》《三禮通論》和《春秋通論》。在各卷首頁首行頂格皆書寫書名"《經學通論》"，第二行行末皆署"善化皮錫瑞"，第三行低一格分別書分卷名《易經》《書經》《詩經》《三禮》《春秋》，書前無目錄。

"商務本"將《易經》《書經》相連，序號爲一，《詩經》序號爲二，《三禮》序號爲三，《春秋》爲序號爲四，編爲四冊，提取每冊篇名編爲目錄。文字施以句讀，且作了少量的改正。"中華本"據商務印書館《國學基本叢書》本紙型重印，文字有所校正。中華本是在商務本原紙型上校正重印，在質量上超過商務本。中華本將思賢書局本一些字詞錯誤作了校正的同時，又增加了一些訛誤，且校正時沒有出校記。

本次以思賢書局本爲底本，商務本、中華本爲參校本。本書根據上述三種版本及引文，參互校勘，對其是非正誤作出判斷，在校記中予以說明。

本次《經學通論》校注，按思賢書局本分五種五卷，各卷分別以各經名加"通論"命名，此最符合皮錫瑞原意。依商務本和中華本增加目錄，同時各卷篇什添加起始序號，以便檢索。

原各版本每篇論文皆不分段落，本次校注在添加標點時，對文章也作了適當的分段。

二、《經學通論》徵引文獻宏豐，所引文獻起迄難明，且文字與現存版本多有歧異。本次校注據皮氏所引文獻現存版本，判明引文起迄，並核對引文正誤。皮氏徵引文獻，或節引，或引大意。本書在校記中，對節引者加省略號表示，對引大意者，於校注中加以說明。

三、凡本書避諱用字，如"玄"避康熙玄燁諱作"元"，"丘"避孔子丘諱作"邱"，"弘"避乾隆弘曆諱作"宏"，"胤"避雍正胤禛作"允"等，今一例改爲本字，不出校記。

四、本書用字靈活，如"伏羲""伏戲""包羲"，"案""按"，"專門""顓門"，"于""於"等，或同頁出現，或前後文交錯出現，此類皆照"思賢書局本"原文，不作統一。

五、文中評語注釋，用小一號字體加以區別。文中評語注釋分兩種，一爲皮錫瑞徵引文獻中原有的評語注釋，二爲皮錫瑞添加的評語注釋。凡屬皮錫瑞所加的評語注釋一例施以圓括號，以便識別。

六、本書校注，用頁下注形式，如此便於隨文檢看。

七、本書對論及到的經學人物多作出簡略介紹。

目　　錄

自序 ……………………………………………………………… (1)

卷一　《易經通論》 ……………………………………………… (3)
01. 論變易、不易皆《易》之大義 ……………………………… (3)
02. 論伏羲作《易》垂教在正君臣、父子、夫婦之義 ………… (5)
03. 論重卦之人當從史遷、揚雄、班固、王充，以爲文王 …… (7)
04. 論《連山》《歸藏》 …………………………………………… (11)
05. 論卦辭文王作、爻辭周公作皆無明據，當爲孔子所作 … (13)
06. 論《易》至孔子始著，於是學士大夫尊信其書 …………… (16)
07. 論卦辭、爻辭即是繫辭，《十翼》之說於古無徵 ………… (18)
08. 論孔子作卦辭、爻辭，又作《彖》《象》《文言》，是
　　自作而自解 ………………………………………………… (21)
09. 論傳經之人惟《易》最詳，經義之亡惟《易》最早 ……… (23)
10. 論漢初說《易》皆主義理、切人事，不言陰陽術數 ……… (25)
11. 論陰陽災變爲《易》之別傳 ………………………………… (27)
12. 論孟氏爲京氏所託，虞氏傳孟學亦間出道家 …………… (29)
13. 論鄭、荀、虞三家之義，鄭據《禮》以證《易》，學者
　　可以推補，不必推補爻辰 ………………………………… (31)
14. 論費氏《易》傳於馬、鄭、荀、王而其說不同，王弼
　　以十篇說經，頗得費氏之旨 ……………………………… (33)
15. 論王弼多清言而能一埽術數，瑕瑜不掩，是其定評 …… (35)
16. 論以傳附經始於費直，不始於王弼，亦非本於鄭君 …… (37)

17. 論宋人圖書之學亦出於漢人而不足據 ……………………（38）
18. 論《先天圖》不可信，朱子答《袁機仲書》乃未定之說 …（41）
19. 論胡渭之辨甚確，若知《易》皆孔子所作，更不待辨
    而明 ……………………………………………………（43）
20. 論黃宗羲論《易》取王《注》與程《傳》，漢之焦、京，
    宋之陳、邵皆所不取，說極平允，近人復理焦、
    京之緒，又生一障 ……………………………………（44）
21. 論近人說《易》，張惠言爲顓門，焦循爲通學，學者
    當先觀二家之書 ………………………………………（46）
22. 論象數已具於《易》，求象數者不當求象於《易》
    之外，更不當求數於《易》之先 ……………………（48）
23. 論焦循易學深於王弼，故論王弼得失極允 ……………（50）
24. 論焦循以假借說《易》本於《韓詩》，發前人所未發 …（51）
25. 論假借說《易》並非穿鑿，學者當援例推補 ……………（53）
26. 論《易》說多依託，不當崇信僞書 ………………………（55）
27. 論《易》爲卜筮作，實爲義理作，孔子作卦爻辭純
    以理言，實即義、文本意 ……………………………（57）
28. 論說《易》之書最多，可取者少 …………………………（58）
29. 論漢人古義多不傳，漢碑可以引證 ………………………（59）
30. 論筮《易》之法，今人以錢代蓍，亦古法之遺 …………（61）

卷二　《書經通論》 ……………………………………………（64）
01. 論《尚書》分今古文最先，而《尚書》之今古文最糾紛
    難辨 ……………………………………………………（64）
02. 論漢時今古文之分由文字不同，亦由譯語各異 …………（66）
03. 論伏生傳經二十九篇，非二十八篇，當分《顧命》
    《康王之誥》爲二，不當數《書序》與《大誓》 ……（68）
04. 論古文增多十六篇見《漢志》，增二十四篇爲十六卷
    見孔《疏》，篇數分合增減皆有明文 ………………（70）
05. 論《尚書》僞中作僞，屢出不已，其故有二：一則因
    秦燔亡失而篇名多僞；一則因秦燔亡失而文字多僞 …（72）

06. 論伏生所傳今文不僞，治《尚書》者不可背伏生《大傳》
最初之義 ………………………………………………………（75）
07. 論《伏傳》之後以《史記》爲最早，《史記》引《書》
多同今文，不當據爲古文 ……………………………………（77）
08. 論《伏傳》《史記》之後，惟《白虎通》多引今文，兩
《漢書》及漢碑引《書》亦皆漢時通行之本 ………………（79）
09. 論古文無師說，二十九篇之古文說亦參差不合，
多不可據 ………………………………………………………（80）
10. 論《禹貢》山川當據經文解之，據漢人古義解之，不得
從後起之說 ……………………………………………………（81）
11. 論五福六極明見經文，不得以爲術數，五行配五事當從
《伏傳》《漢志》 ……………………………………………（84）
12. 論《古文尚書》說誤以《周官》解唐虞之制 ………………（86）
13. 論《古文尚書》說變易今文，亂唐虞三代之事實 …………（88）
14. 論《尚書》義凡三變，學者各有所據，皆不知專主伏生 …（91）
15. 論衛、賈、馬、鄭尊古文而抑今文，其故有二：一則
學術久而必變，一則文字久而致譌 …………………………（92）
16. 論庸生所傳已有脫漏，足見古文不如今文，中古文
之說亦不可信 …………………………………………………（94）
17. 論百篇全經不可見，二十九篇篇篇有義，學者
當講求大義不必考求《逸書》 ………………………………（96）
18. 論《書序》有今古文之異，《史記》所引《書序》皆
今文，可據信 …………………………………………………（98）
19. 論馬、鄭、僞孔古文《書序》不盡可據信，致爲後人
所疑，當以《史記》今文《序》爲斷 ………………………（100）
20. 論二十九篇皆完書，後人割裂補亡，殊爲多事 ……………（103）
21. 論僞孔經傳前人辨之已明，閻若璩、毛奇齡兩家
之書互有得失，當分別觀之 …………………………………（106）
22. 論焦循稱孔《傳》之善，亦當分別觀之 ……………………（108）
23. 論宋儒體會語氣勝於前人，而變亂事實不可爲訓 …………（110）

24. 論僞孔書相承不廢，以其言多近理，然亦有大
    不近理者，學者不可不知 ………………………………（113）
25. 論僞古文多重複，且敷衍不切 ……………………（115）
26. 論孔《傳》盡釋經文之可疑，及馬、鄭古文與今
    文駮異之可疑 …………………………………………（117）
27. 論《尚書》有不能解者當闕疑，不必強爲傅會，
    漢儒疑辭不必引爲確據 ……………………………（119）
28. 論僞古文言仁言性言誠，乃僞孔襲孔學，非孔學
    出僞書 …………………………………………………（120）
29. 論王柏《書疑》疑古文有見解，特不應並疑今文 …（121）
30. 論劉逢祿、魏源之解《尚書》多臆說，不可據 ……（123）
31. 論孔子序《尚書》略無年月，《皇極經世》《竹書紀年》
    所載共和以前之年皆不足據 ………………………（125）
32. 論《尚書》是經非史，史家擬《尚書》之非 ………（128）
33. 論治《尚書》當先看孫星衍《尚書今古文注疏》、
    陳喬樅《今文尚書經說考》 …………………………（129）

卷三 《詩經通論》 ………………………………………（132）
01. 論《詩》比他經尤難明，其難明者有八 ……………（132）
02. 論《詩》有正義，有旁義，即古文亦未盡可信 ……（134）
03. 論《關雎》爲刺康王詩，魯、齊、韓三家同 ………（135）
04. 論《關雎》刺康王晏朝，詩人作《詩》之義，《關雎》
    爲正《風》之首，孔子定《詩》之義，漢人已明言之 …（137）
05. 論"四始"是孔子所定，《儀禮》亦孔子所定，解此乃
    無疑於合樂《關雎》、工歌《鹿鳴》 ………………（139）
06. 論班固云《關雎》哀周道而不傷，爲"哀而不傷"
    之確解 …………………………………………………（140）
07. 論畢公追詠文王、太姒之事以爲規諫，范處義
    說得之，非本有是詩而陳古以諷 …………………（143）
08. 論魏源以《關雎》《鹿鳴》爲刺紂王，臆說不可信，
    三家初無此義 …………………………………………（145）

09. 論"四始"之說當從《史記》所引《魯詩》，《詩緯》
    引《齊詩》異義，亦有可推得者 …………………… (147)
10. 論三家亡而《毛傳》孤行，人多信毛疑三家，魏源駁
    辨明快，可爲定論 ……………………………………… (149)
11. 論《毛傳》不可信，而明見《漢志》，非馬融所作 ……… (152)
12. 論以世俗之見解《詩》最謬，《毛詩》亦有不可信者 …… (154)
13. 論毛義不及三家，略舉典禮數端可證 ………………… (156)
14. 論三家《詩》大同小異，《史記·儒林列傳》可證 ……… (159)
15. 論《詩序》與《書序》同，有可信有不可信，今文可
    信古文不可盡信 ………………………………………… (160)
16. 論朱子不信毛《序》有特見，魏源多本其說 ………… (163)
17. 論馬端臨駁朱申毛可與朱說參看，且能發明風人
    之旨 ……………………………………………………… (165)
18. 論《樂記》疏引《異義》說《鄭詩》非必出於三家，
    魏源據以爲三家《詩》，未可執爲確證 ……………… (168)
19. 論毛《序》或以爲本之子夏，或以爲續於衛宏，皆
    無明文可據，即以爲衛宏續作，亦在鄭君之前 …… (170)
20. 論十五國風之次當從鄭《譜》，世次篇次三家亦
    不盡同於毛 ……………………………………………… (172)
21. 論迹熄《詩》亡，說者各異，據三家《詩》，變風亦
    不終於陳靈 ……………………………………………… (174)
22. 論《詩》齊、魯、韓說聖人皆無父感天而生，太史公、
    褚先生、鄭君以爲有父又感天，乃調停之說 ……… (177)
23. 論《生民》《玄鳥》《長發》《閟宮》四詩當從三家，
    不當從毛 ………………………………………………… (179)
24. 論《魯頌》爲奚斯作，《商頌》爲正考父作，當從三家，
    不當從毛 ………………………………………………… (182)
25. 論正考父與宋襄公年代可以相及，鄭君《六藝論》從
    三家《詩》，箋《毛》亦兼采三家 …………………… (184)
26. 論鄭《譜》、鄭《箋》之義，知聲音之道與政通 ……… (186)

27. 論"先魯後殷""新周故宋"見《樂緯》，三《頌》有
《春秋》"存三統"之義 ……………………………………（188）
28. 論《左氏傳》所歌《詩》皆傳家據已定錄之，非孔子
之前已有此義 ……………………………………………（190）
29. 論賦、比、興、豳雅、豳頌皆出《周禮》，古文異說
不必深究 …………………………………………………（191）
30. 論《南陔》六詩與金奏三《夏》不在三百五篇之內 ……（194）
31. 論《詩》無不入樂，《史》《漢》與《左氏傳》可證………（196）
32. 論《詩》至晉後而盡亡，開元遺聲不可信 ………………（198）
33. 論《詩》教"溫柔敦厚"在婉曲不直言，《楚辭》及
唐詩、宋詞猶得其旨………………………………………（200）
34. 論三百篇爲全經，不可增刪改竄…………………………（203）
35. 論風人多託意男女，不可以文害辭 ……………………（205）
36. 論鳥獸草木之名當考《毛傳》《爾雅》《陸疏》，而參以
圖說目驗 …………………………………………………（206）
37. 論《鄭箋》、朱《傳》間用三家，其書皆未盡善 …………（208）
38. 論孔子刪《詩》是去其重，三百五篇已難盡通，不必
更求三百五篇之外 ………………………………………（211）

卷四 《三禮通論》……………………………………………（214）
01. 論漢初無"三禮"之名，《儀禮》在漢時但稱《禮經》，
今注疏本《儀禮》大題，非鄭君自名其學 ………………（214）
02. 論鄭君分別今之《儀禮》及《大戴禮》《小戴禮記》甚明，
無小戴刪大戴之說 ………………………………………（216）
03. 論"三禮"之分自鄭君始，鄭於《儀禮》十七篇自序皆
依劉向《別錄》，《禮記》四十九篇皆引《別錄》，已有
《月令》《明堂位》《樂記》三篇，非馬融所增甚明 ………（218）
04. 論鄭注《禮器》以《周禮》爲經禮、《禮儀》爲曲禮有誤，
臣瓚注《漢志》不誤 ………………………………………（219）
05. 論鄭注"三禮"有功於聖經甚大，《注》極簡妙，並不失
之於繁 ……………………………………………………（221）

06. 論漢立二戴博士是《儀禮》非《禮記》，後世說者多誤，
    毛奇齡始辨正之 ………………………………………（223）
07. 論段玉裁謂漢稱《禮》不稱《儀禮》甚確，而回護鄭
    《注》未免强辭 ……………………………………（225）
08. 論禮所以復性節情，《經》十七篇於人心世道大有
    關繫 …………………………………………………（227）
09. 論《禮》十七篇爲孔子所定，邵懿辰之說最通，訂正
    《禮運》"射御"之誤當作"射鄉"尤爲精確 ………（229）
10. 論邵懿辰以《逸禮》爲僞，與僞古文《書》同，十七篇
    並非殘闕不完，能發前人之所未發 ………………（231）
11. 論古禮情義兼盡，即不能復，而禮不可廢 …………（233）
12. 論禮雖繁而不可省，即昏、喪二禮可證 ……………（234）
13. 論古冠、昏、喪、祭之禮，士以上有同有異 …………（236）
14. 論后倉等推士禮以致於天子乃禮家之通例，鄭《注》
    孔《疏》是其明證 ……………………………………（238）
15. 論《儀禮》爲經，《禮記》爲傳，當從朱子采用臣瓚
    之說，《儀禮經傳通解》分節尤明 …………………（240）
16. 論言理不如言禮之可據，朱子以此推服鄭君，而鄭君
    之說亦由推致而得 …………………………………（242）
17. 論鄭樵辨《儀禮》皆誤，毛奇齡駁鄭樵而攻《儀禮》
    之說多本鄭樵 ………………………………………（244）
18. 論熊朋來於"三禮"獨推重《儀禮》，其說甚通 ……（246）
19. 論《聘禮》與《鄉黨》文合，可證《禮經》爲孔子作 …（248）
20. 論讀《儀禮》重在釋例，尤重在繪圖，合以分節，三者
    備則不苦其難 ………………………………………（250）
21. 論宋儒掊擊鄭學實本王肅，而襲爲己說，以別異於
    注疏 …………………………………………………（252）
22. 論王肅有意難鄭，近儒辨正已詳，《五禮通考》舍
    鄭從王，俞正燮譏之甚是 …………………………（253）
23. 論古人行禮有一定之例，九拜分別，不厭其繁 ……（255）
24. 論古禮多不近人情，後儒以俗情疑古禮，所見皆謬 ……（257）

25. 論古禮最重喪服，六朝人尤精此學，爲後世所莫逮 ……（259）
26. 論王朝之禮與古異者可以變通，民間通行之禮宜定畫一之制 ………………………………………………（260）
27. 論明堂、辟雍、封禪，當從阮元之言爲定論 …………（262）
28. 論古制不明由於說者多誤，小學、大學皆不知在何處 ……………………………………………………（263）
29. 論《三禮》皆周時之禮，不必聚訟，當觀其通 ………（265）
30. 論《周官》改稱《周禮》始於劉歆，武帝盡罷諸儒即其不信《周官》之證 ……………………………（267）
31. 論《周官》當從何休之說，出於六國時人，非必出周公，亦非劉歆僞作 …………………………………（269）
32. 論毛奇齡謂《周官》不出周公，並謂《儀禮》不出周公，而不知《儀禮》十七篇乃孔子所定，不可詆毀 ……（271）
33. 論《周禮》爲古說，《戴禮》有古有今，當分別觀之，不可合并爲一 ……………………………………（273）
34. 論鄭君和同古今文，於《周官》古文、《王制》今文力求疏通，有得有失 ……………………………（274）
35. 論鄭君以《周禮》爲經，《禮記》爲記，其別異處皆以《周禮》爲正，而《周禮》自相矛盾者，仍不能彌縫 …（276）
36. 論《周禮》在周時初未舉行，亦難行於後世 …………（277）
37. 論《周官》之法不可行於後世，馬端臨《文獻通考》言之最晰 ……………………………………………（279）
38. 論鄭樵解釋《周禮》疑義，未可信爲確據 ……………（281）
39. 論《周官》並非周公未行之書，宋元人強補《周官》更不足辨 ……………………………………………（283）
40. 論《禮記》始撰於叔孫通 ………………………………（286）
41. 論《王制》《月令》《樂記》非秦漢之書 ………………（287）
42. 論《王制》爲今文大宗，即《春秋》素王之制 ………（289）
43. 論《禮記》所說之義，古今可以通行 …………………（292）
44. 論《禮記》記文多不次，若以類從，尤便學者，惜孫炎、魏徵之書不傳 ……………………………………（294）

45. 論鄭《注》引漢事引讖緯皆不得不然,習《禮記》者當熟玩
    注疏,其餘可緩 ………………………………………………（296）

46. 論宋明人疑經之失,明人又甚於宋人 …………………（299）

47. 論古宮室、衣冠、飲食不與今同,習禮者宜先考其
    大略,焦循《習禮格》最善 ………………………………（301）

48. 論《禮記》義之精者本可單行,《王制》與《禮運》亦
    可分篇別出 ………………………………………………（303）

49. 論六經之義,禮爲尤重,其所關繫爲尤切要 …………（305）

50. 論《大戴禮記》………………………………………………（307）

51. 論經學糾纏不明,由專據《左傳》《周禮》二書輕疑
    妄駁 ………………………………………………………（309）

52. 論《禮經》止於十七篇,並及羣經當求簡明有用,
    不當繁雜無用 ……………………………………………（311）

卷五 《春秋通論》………………………………………………（313）

01. 論《春秋》大義在誅討亂賊,微言在改立法制,孟子
    之言與《公羊》合,朱子之《注》深得孟子之旨 …………（313）

02. 論《春秋》是作不是鈔錄,是作經不是作史,杜預以爲
    周公作凡例,陸淳駁之甚明 ……………………………（315）

03. 論董子之學最醇,微言大義存於董子之書,不必驚爲
    非常異義 …………………………………………………（317）

04. 論"存三統"明見董子書,並不始於何休,據其說足知
    古時二帝三王本無一定 …………………………………（319）

05. 論"異外內"之義與"張三世"相通,當競爭之時,
    尤當講明《春秋》之旨 ……………………………………（321）

06. 論《春秋》素王不必說是孔子素王,《春秋》爲後王
    立法,即云爲漢制法亦無不可 …………………………（323）

07. 論《春秋》改制猶今人言變法,損益四代,孔子以告
    顏淵,其作《春秋》亦即此意 ……………………………（325）

08. 論《春秋》爲後世立法,惟《公羊》能發明斯義,
    惟漢人能實行斯義 ………………………………………（327）

09. 論《穀梁》在春秋之後，曾見《公羊》之書，所謂"一傳"
    即《公羊傳》 ……………………………………………………（330）
10. 論《公羊》《穀梁》二傳當爲傳其學者所作，《左氏傳》
    亦當以此解之 ……………………………………………………（331）
11. 論《穀梁》廢興及三《傳》分別 ………………………………（333）
12. 論《春秋》兼采三《傳》不主一家始於范甯，而實始於
    鄭君 ………………………………………………………………（334）
13. 論《春秋》借事明義之旨，止是借當時之事做
    一樣子，其事之合與不合、備與不備，本所不計 ……………（336）
14. 論三統三世是借事明義，黜周王魯亦是借事明義 ……………（337）
15. 論《春秋》有現世主義，有未來主義，義在尊王
    攘夷，而不盡在尊王攘夷 ………………………………………（339）
16. 論孔子成《春秋》不能使後世無亂臣賊子，而能使
    亂臣賊子不能無懼 ………………………………………………（340）
17. 論《春秋》一字褒貶之義，宅心恕而立法嚴 …………………（341）
18. 論《春秋》書災異，不書祥瑞，《左氏》《公羊》好言
    占驗，皆非大義所關 ……………………………………………（343）
19. 論"獲麟"《公羊》與《左氏》說不同，而皆可通，
    鄭君已疏通之 ……………………………………………………（345）
20. 論《春秋》本魯史舊名，《墨子》云"百國春秋"
    即百二十四寶書 …………………………………………………（347）
21. 論《漢志》"《春秋古經》"即《左氏經》，
    《左氏經》長於二《傳》，亦有當分別觀之者 …………………（349）
22. 論左氏不在七十子之列，不得口受傳指，《左傳疏》引
    《嚴氏春秋》不可信，引劉向《別錄》亦不可信 ………………（350）
23. 論趙匡、鄭樵辨左氏非丘明，《左氏傳》文實有後人
    附益 ………………………………………………………………（352）
24. 論賈逵奏《左氏》義長於《公羊》，以己所附
    益之義爲《左氏》義，言多誣妄 ………………………………（354）
25. 論《左氏傳》不解經，杜、孔已明言之，劉逢祿考證
    尤詳晰 ……………………………………………………………（356）

26. 論《左氏傳》止可云載記之傳，劉安世已有
    "經自爲經、傳自爲傳，不可合一"之說 ………………（358）
27. 論杜預解《左氏》始別異先儒，盡棄二《傳》，不得以
    杜預之說爲孔子《春秋》之義 …………………………（360）
28. 論孔子作《春秋》以闢邪說，不當信劉歆、杜預
    反以邪說誣《春秋》 ……………………………………（361）
29. 論《左氏》采各國之史以成書，讀者宜加別白，
    斷以《春秋》之義 ………………………………………（363）
30. 論《左氏》所謂禮多當時通行之禮，非古禮，
    杜預短喪之說，實則《左氏》有以啓之 ………………（364）
31. 論《春秋》是經，《左氏》是史，必欲強合爲一，
    反致信傳疑經 ……………………………………………（367）
32. 論《公羊》《左氏》相攻最甚，何、鄭二家分左右袒，
    皆未盡得二《傳》之旨 …………………………………（369）
33. 論《春秋》必有例，劉逢祿、許桂林《釋例》大有功於
    《公羊》《穀梁》，杜預《釋例》亦有功於《左氏》，特
    不當以"凡例"爲周公所作 ……………………………（371）
34. 論日、月、時正變例 ………………………………………（373）
35. 論三《傳》以後說《春秋》者亦多言例，以爲本無例者
    非是 ………………………………………………………（374）
36. 論啖助說《左氏》具有特識，說《公》《穀》得失參半，
    《公》《穀》大義散配經文，以傳考之，確有可徵 ……（376）
37. 論啖、趙、陸不守家法，未嘗無扶微學之功，宋儒治
    《春秋》者皆此一派 ……………………………………（378）
38. 論《公》《穀》傳義，《左氏》傳事，其事亦有不可據者，
    不得以親見國史而盡信之 ……………………………（380）
39. 論劉知幾詆毀《春秋》並及孔子，由誤信杜預、孔穎達，
    不知從《公》《穀》以求聖經 …………………………（383）
40. 論劉知幾據竹書以詆聖經，其惑始於杜預，唐之陸淳、
    劉貺已駁正其失 ………………………………………（384）
41. 論《春秋》家、《左傳》家當分爲二，如劉知幾說 ………（386）

42. 論孔子作《春秋》，增損改易之迹可尋，非徒因
    仍舊史 …………………………………………………（388）
43. 論宋五子說《春秋》有特見，與《孟子》《公羊》合，
    足正杜預以後之陋見謬解 ……………………………（389）
44. 論"斷爛朝報"之說不必專罪王安石，朱子疑胡
    《傳》並疑《公》《穀》，故於《春秋》不能自信於心 ……（391）
45. 論據朱子之說足證《春秋》是經非史，學《春秋》
    者當重義不重事 ………………………………………（393）
46. 論杜預專主《左氏》，似乎《春秋》全無關繫無
    用處，不如啖、趙、陸、胡說《春秋》尚有見解 …………（395）
47. 論《春秋》一字褒貶，不得指爲闕文 ………………（397）
48. 論經史分別甚明，讀經者不得以史法繩《春秋》，
    修史者亦不當以《春秋》書法爲史法 …………………（399）
49. 論《春秋權衡》駁《左氏》及杜《解》多精確，駁
    《公》《穀》則未得其旨 …………………………………（401）
50. 論呂大圭以後世猜防之見疑古義，宋儒說經多有
    此失 ……………………………………………………（403）
51. 論黃澤、趙汸說《春秋》有可取者，而誤信杜預，
    仍明昧參半 ……………………………………………（405）
52. 論趙汸說《春秋》策書筆削近是，孔廣森深取其書，
    而亦不免有誤 …………………………………………（407）
53. 論"王正月"是周正，胡安國"夏時冠周月"之說，
    朱子已駁正之 …………………………………………（409）
54. 論三《傳》皆專門之學，學者宜專治一家，治一家
    又各有所從入 …………………………………………（410）
55. 論俞正燮說《春秋》最謬，乃不通經義、不合史事、
    疑誤後學之妄言 ………………………………………（412）
56. 論《春秋》明王道，絀詐力，故特襃宋襄而借以
    明仁義行師之義 ………………………………………（414）

後記 …………………………………………………………（417）

自　序

　　經學不明，則孔子不尊。孔子不得位，無功業表見，晚定六經以教萬世，尊之者以爲萬世師表。自天子以至於士庶，莫不讀孔子之書，奉孔子之教。天子得之以治天下，士庶得之以治一身，有舍此而無以自立者。此孔子所以賢於堯舜，爲生民所未有，其功皆在刪定六經。孟子稱孔子作《春秋》，比禹與周公，爲天下一治①，其明證矣。漢初諸儒深識此義，以六經爲孔子所作，且謂孔子爲漢定道。太史公謂："言六藝者，折衷於孔子，可謂至聖。"② 董仲舒奏武帝表章六經，抑黜百家，"諸不在六藝之科、孔子之術者……勿使並進。"③ 故其時上無異教，下無異學，君之詔旨，臣之章奏，無不先引經義，所用之士，必取經明行修，此漢代人才所以極盛，而治法最近古，由明經術而實行孔教之效也。

　　後漢以降，始有異議，不盡以經爲孔子作。《易》則以爲文王作卦辭、周公作爻辭；《春秋》則以"凡例"爲出周公，《周禮》《儀禮》皆以爲周公手定；《詩》《書》二經，亦謂孔子無刪定事。於是孔子無一書傳世，世之尊孔子，特名焉而已，不知所以爲萬世師表者安在？唐時乃尊周公爲"先聖"，降孔子爲"先師"，配享從祀，與

---

　　① 語見《孟子·滕文公下》"昔者禹抑洪水而天下平，周公兼夷狄、驅猛獸而百姓寧，孔子成《春秋》而亂臣賊子懼"。
　　② "折衷"，亦作"折中"。語見《史記》卷四十七《孔子世家》贊，云"折中於夫子"。
　　③ 語見《漢書》卷五十六《董仲舒傳》。

漢《韓勑》《史晨》①諸碑所言大異。豈非經學不明、孔子不尊之過歟？

近世異說滋多，非聖無法，至欲以祖龍②之一炬，施之聖經。在廷儒臣，上言尊孔，恭奉諭旨，升孔子爲大祀，尊崇聖典，遠軼百王。

錫瑞竊以爲尊孔必先明經，前編《經學歷史》以授生徒，猶恐語焉不詳，學者未能窺治經之門徑，更纂《經學通論》，以備參考。大旨以爲：一當知經爲孔子所定，孔子以前，不得有經；二當知漢初去古未遠，以爲孔子作經，說必有據；三當知後漢古文說出，乃尊周公以抑孔子；四當知晉、宋以下，專信古文《尚書》《毛詩》《周官》《左傳》，而大義微言不彰；五當知宋元經學雖衰，而不信古文諸書，亦有特見；六當知國朝經學復盛，乾嘉以後，治今文者尤能窺見聖經微旨。執此六義，以治諸經，乃知孔子爲萬世師表之尊，正以其有萬世不易之經。經之大義微言，亦甚易明。治經者當先去其支離不足辨，及其瑣細無大關繫，而用漢人存大體、玩經文之法，勉爲漢時通經致用之才，斯不至以博而寡要與迂而無用疑經矣。錫瑞思殫炳燭之明，用捄③燔經之禍，鑽仰既竭，不知所裁，尚冀達者諒其僭愚而匡所不逮，則幸甚。

光緒丁未，善化皮錫瑞自序。

---

① 《韓勑》《史晨》，東漢著名刻碑，共四碑，爲《魯相韓勑造孔廟禮器碑》《韓勑修孔廟後碑》《魯相史晨祠孔廟奏銘》《史晨饗孔廟後碑》。現皆存於山東曲阜孔廟，宋代洪适《隸釋》著錄碑文，極便參考。

② 祖龍，指秦始皇。《史記》卷六《秦始皇本紀》云："今年祖龍死。"裴駰《集解》云："蘇林曰：'祖，始也。龍，人君象。謂始皇也。'服虔曰：'龍，人之先象也，言王亦人之先也。'應劭曰：'祖，人之先。龍，君之象。'"

③ 捄，止、糾正。古同"救"。

卷一 《易經通論》

01. 論變易、不易皆《易》之大義

　　治經者當先知此經之大義。以《易》而論，變易、不易皆大義所在，二者當並行不相悖。《周易正義·第一論易之三名》曰："夫'易'者，變化之總名，改換之殊稱。自天地開闢，陰陽運行，寒暑迭來，日月更出，孚萌庶類，亭毒①羣品，新新不停，生生相續，莫非資變化之力，換代之功。然變化運行，在陰陽二氣，故聖人初畫八卦，設剛柔兩畫，象二氣也；布以三位，象三才也。謂之爲'易'，取變化之義。既義總變化，而獨以'易'爲名者。《易緯·乾鑿度》②云：'易一名而含三義，所謂易也，變易也，不易也。'又云：'易者，其德也。光明四通，簡易立節，天以爛明，日月星

---

①　亭毒：養育。成詞始見《文選》卷五十四《劉孝標〈辯命論〉》"生之無亭毒之心，死之豈虔劉之志"，李周翰注："亭、毒，均養也。"亭毒一詞化自《老子》五十一章："長之育之，亭之毒之，養之覆之。"

②　《易緯》，漢代緯書之一，緯書與經書相配，漢代經學昌明，緯書隨之得到發展。緯又與讖擾合在一起，在西漢末年形成讖緯之學，讖緯是經學神學化的產物，多爲預測吉凶禍福之內容。《後漢書·方術·樊英傳》曰："《河》《洛》《七緯》。"李賢注曰："《七緯》者：《易緯》：《稽覽圖》《乾鑿度》《坤靈圖》《通卦驗》《是類謀》《辨終備》也。《書緯》：《璇璣鈐》《考靈曜》《刑德放》《帝命驗》《運期授》也。《詩緯》：《推度災》《氾曆樞》《含神霧》也。《禮緯》：《含文嘉》《稽命徵》《斗威儀》也。《樂緯》：《動聲儀》《稽耀嘉》《叶圖徵》也。《孝經緯》：《援神契》《鉤命決》也。《春秋緯》：《演孔圖》《元命包》《文耀鉤》《運斗樞》《感精符》《合誠圖》《考異郵》《保乾圖》《漢含孳》《佐助期》《握誠圖》《潛潭巴》《說題辭》。"

辰，布設張列，通精無門，藏神無穴，不煩不擾，澹泊不失，此其易也。變易者，其氣也。天地不變，不能通氣，五行迭終，四時更廢，君臣取象，變節相移，能消者息，必專者敗，此其變易也。不易者，其位也，天在上，地在下，君南面，臣北面，父坐子伏，此其不易也。'鄭玄①依此義作《易贊》及《易論》云：'易一名而含三義：易簡，一也；變易，二也；不易，三也。'故《繫辭》云：'乾、坤，其《易》之蘊邪？'又云：'《易》之門戶邪？'又云：'夫乾，確然示人易矣。夫坤，隤然示人簡矣''易則易知，簡則易從。'此言其'易簡'之法則也。又云：'爲道也屢遷，變動不居，周流六虛，上下無常，剛柔相易，不可爲典要，唯變所適。'此言順時變易，出入移動者也。又云：'天尊地卑，乾坤定矣。卑高以陳，貴賤位矣。動靜有常，剛柔斷矣。'此言其張設布列不易者也。"②

錫瑞案：孔穎達引證詳明。《乾鑿度》爲說《易》最古之書。鄭君兼通今古文之學，其解"易"之名義，皆兼變易、不易之說，鄭引《易》尤切實，是"易"雖有窮變通久之義，亦有不易者在。斯義也，非獨《易》言之，羣經亦多言之，而莫著於《禮記》。《大傳》曰："改制度，易服色，殊徽號，異器械，別衣服，此其所得與民變革者也。其不可得變革者，則有矣。尊尊也，親親也，長長也，男女有別，此其不可得與民變革者也。"③變革即變易也，不可變革即不易也。董仲舒，漢初大儒，深得斯旨，其對策曰："道之大原出於天，天不變，道亦不變。"又曰："爲政而不行，甚者必變而更化之，乃

---

① 鄭玄（127—200），字康成，東漢北海高密人。先後師事第五元先、張恭祖、馬融，古文經學大師，能兼采今文經說，遍注羣經，凡百餘萬言，號爲"鄭學"。《後漢書》卷三十五有傳。

② 語見孔穎達《周易正義》卷首《論"易"之三名》篇。孔穎達（574—648），字仲達（一作沖達），冀州衡水人，官至國子博士，封曲阜縣男。唐初孔穎達等奉詔撰定《五經正義》，即《周易正義》《尚書正經》《詩經正義》《禮記正義》《春秋左傳正義》，清代阮元刻《十三經註疏》收入這五種書。《舊唐書》卷七十三及《新唐書》卷一百九十八《儒學上》有傳。

③ 孔穎達《禮記正義》卷三十四《大傳》"制度"作"正朔"，"尊尊也，親親也"作"親親也，尊尊也"，皮引偶誤。

可理也。"① 後人讀之，疑②其前後矛盾，不知董子對策之意，全在變法，以爲舜繼堯後，大治有道，故可無爲而治。漢繼秦後，大亂無道，而漢多襲秦舊，故謂當變更化。不變者道也，當變者法也。亦即《易》以變易爲義，而有不變者在也。今之學者，不知窮變通久之義，一聞變法，羣起而爭。反其說者，又不知變易之中有不易者在，舉天地、君臣、父子不可變者亦欲變之，又豈可爲訓乎？

02. 論伏羲作《易》垂教在正君臣、父子、夫婦之義

讀《易》者當先知伏羲爲何畫八卦？其畫八卦有何用處？《正義》曰："作《易》所以垂教者，即《乾鑿度》云：'孔子曰：上古之時，人民無別，羣物未殊，未有衣食器用之利，伏羲乃仰觀象於天，俯觀法於地，中觀萬物之宜。於是始作八卦，以通神明之德，以類萬物之情。故《易》者，所以繼天地，理人倫，而明王道。是以畫八卦，建五氣，以立五常之行；象法乾坤，順陰陽，以正君臣、父子、夫婦之義；度時制宜，作爲罔罟，以佃以漁，以贍民用。於是人民乃治，君親以尊，臣子以順，羣生和洽，各安其性。'此其作《易》垂教之本意也。"③

又《坤靈圖》曰："伏羲氏立九部，民易理。"《春秋緯·文耀鉤》曰："伏羲作《易》名官。"《禮緯·含文嘉》曰："慮者，別也。戲者，獻也，法也……。伏羲始別八卦，以變化天下，天下法則，咸伏貢獻，故曰伏羲也。"鄭君《六藝論》曰："慮義作十言之教曰：乾、坤、震、巽、坎、離、艮、兌、消、息。無文字，謂之易，……以厚君民之別。"④ 鄭專以"厚君民之別"爲說，蓋本孔子

---

① 語見班固《漢書》卷五十六《董仲舒傳》。董仲舒，西漢廣川人。《春秋》學大儒，以天人三策得到漢武帝賞識，任江都相。對武帝尊崇儒學深有影響。現存《春秋繁露》一書。
② "疑"字，商務本、中華本作"議"。
③ 語見《周易正義》卷首《論"易"之三名》。
④ 皮錫瑞《六藝論疏證》，《續修四庫全書》第171冊，上海古籍出版社2002年版。案本書凡引自《續修四庫全書》、影印《文淵閣四庫全書》及《四庫全書存目叢書》等典籍者，首次出現標出作者、書名、卷次、叢書冊數、出版社與出版時間、頁碼等信息，再次出現省略出版社與出版時間等信息。

云"君親以尊，臣子以順"之義。陸賈①《新語·道基篇》亦云："先聖仰觀天文，俯察地理，圖畫乾坤，以定人道，民始開悟，知有父子之親，君臣之義，夫婦之道，長幼之序，於是百官立，王道乃生。"《白虎通》暢其說云："古之時，未有三綱六紀，民人但知其母，而不知其父。能覆前不能覆後。臥之詓詓，起之吁吁，飢即求食，飽即棄餘，茹毛飲血，而衣皮韋。於是伏羲仰觀象於天，俯察法於地，因夫婦，正五行，始定人道。畫八卦以治天下。"②

焦循謂："讀陸氏之言，乃恍然悟伏羲所以設卦之故。"③更推闡其旨曰："學《易》者，必先知伏羲未作八卦之前是何世界？伏羲作八卦重爲六十四，何以能治天下？神農、堯、舜、文王、周公、孔子，何奉此卦畫爲萬古修己治人之道？孔子刪《書》始唐虞，治法至唐虞乃備也。贊《易》始伏羲，人道自伏羲始定也。有夫婦然後有父子，有父子然後有君臣。伏羲設卦觀象，定嫁娶以別男女，始有夫婦，有父子，有君臣，然則君臣自伏羲始定。故伏羲爲首出之君，前此無夫婦、父子，即無君臣。凡緯書所載天皇、地皇、人皇、九頭、五龍、攝提、合雒等紀，無容議矣。……《莊子·繕性篇》云：'古之人，在混茫之中，與一世而得淡漠焉。當是時也，陰陽和靜，鬼神不擾，四時得節，萬物不傷，羣生不夭，人雖有知，無所用之，此之謂至一。當是時也，莫之爲，常自然。逮德下衰，及燧人、伏戲始爲天下，是故順而不一。'按莊子不知《易》道，不知伏羲之功者也。飲食男女，雖禽獸蟲豸生而即知。然牝牡無定偶，故有母而無父。自伏羲畫八卦而人道定，有夫婦乃有父子，有父子乃有君臣。孔子贊《易》，所以極稱伏羲之功也。人道不定，天下大亂，何以得至

---

① 陸賈，西漢初楚人，劉邦謀士。爲劉邦所請，著《新語》十二篇，論秦漢成敗之由。《漢書》卷四十三有傳。

② 語見《白虎通義》卷二《號篇》。班固撰，亦省稱《白虎通》，《後漢書·班固傳》云："天子會諸侯講論五經，作《白虎通德論》，令固撰集其事。"

③ 焦循《易話》卷下《陸賈說易》，《續修四庫全書》第27冊，第577頁。焦循（1763—1820），字里堂（或作理堂），江蘇甘泉人。嘉慶六年舉人，禮部試不第，於家中建雕菰樓潛心讀書著述，學問廣博，著述頗豐，而經學中《易》學成就尤著，代表作有《易學三書》，即《易章句》十二卷、《易圖略》八卷、《易通釋》二十卷。《清史稿》卷四百八十二《儒林傳三》有傳。

一? 故無伏羲畫卦，則無夫婦，無父子，無君臣，而以爲陰陽和靜，萬物不傷，真妄論矣。阮嗣宗《通易論》云：'《易》者何也？乃昔之玄真，往古之變經也。庖犧氏當天地一終，值人物憔悴，利用不存，法制夷昧，神明之德不通，萬物之情不類，於是始作八卦。引而伸之，觸類而長之，分陰陽，序剛柔，積山澤，連水火，雜而一之，變而通之，終於未濟。六十四卦，盡而不窮。'嗣宗亦莊生之流，而論《易》則稱伏羲之功，不拾漆園唾餘。然謂'利用不存，法制夷昧'，似謂上古本有法制利用，至伏羲時晦亂，而伏羲氏復之，則無稽耳。"①

錫瑞案：焦氏發明伏羲畫卦之功尤暢。畫卦之功，首在厚君民之別，故曰："上天下澤，履。君子以辨上下，定民志。"② 而地天爲泰，天地爲否，似與此義相反。蓋泰之得在天地交，否之失在天地不交。履以位言，泰、否以情言，所謂言豈一端而已。後世"尊卑闊絕，而上下之情疏；禮節繁多，而君臣之義薄。"③（四語本蘇子瞻）昧者欲矯其弊，遂議盡去上下之分，豈知作《易》垂教所以理人倫而明王道之義乎？

03. 論重卦之人當從史遷、揚雄、班固、王充，以爲文王

《易》爲羣經之首，讀《易》當先知作《易》之人。欲知作卦爻辭爲何人？又必先知重卦爲何人？《周易正義·第二論重卦之人》曰："重卦之人，諸儒不同，凡有四說。王輔嗣④等以爲伏犧重卦，

---

① 語見焦循《易話》卷上《學易叢言》，《續修四庫全書》第27冊，第559頁。
② 語見《周易》履卦《象辭》。
③ 語見蘇軾《東坡全集》卷四十六《策略五》，影印《文淵閣四庫全書》第1107冊，台灣商務印書館，1986年。蘇軾（1037—1101），字子瞻，北宋眉州眉山人。嘉祐二年進士，才分極高，仕途轉輾，多出任地方官，有政績。文體兼通，工書善畫，著述豐富，易學著作有《東坡易傳》。《宋史》卷三百三十八有傳。
④ 王弼（226—249），字輔嗣，三國魏山陽人，王粲嗣孫。玄學主要創始者，與何晏齊名。著有《周易註》《老子註》等。《三國志》卷二十八《鍾會傳》："初，會弼與山陽王弼並知名。弼好論儒道，辭才逸辯，注《易》及《老子》，爲尚書郎，年二十餘卒。"是傳《集解》註引何邵《王弼傳》，事跡較詳。

鄭玄之徒以爲神農重卦，孫盛①以爲夏禹重卦，史遷等②以爲文王重卦。其言夏禹及文王重卦者，案《繫辭》，神農之時已有，蓋取益與噬嗑。以此論之，不攻自破。其言神農重卦，亦未爲得，今以諸文驗之。案《說卦》云：'昔者聖人之作《易》也，幽贊於神明而生蓍。'凡言'作'者，創造之謂也。神農以後，便是述修，不可謂之'作'也。則幽贊用蓍，謂伏犧矣。"③

錫瑞案：解經以最初之說爲主。《史記·儒林傳》曰："自魯商瞿受《易》孔子，……傳……，六世至齊人田何，字子莊。而漢興，田何傳東武人王同子仲，子仲傳菑川人楊何。……言《易》者本於楊何之家。"是楊何上距商瞿凡八傳。漢初，言《易》皆主楊何。太史公父談亦受《易》於楊何，史公言《易》必用楊何之說。《周本紀》曰："西伯蓋即位五十年。其囚羑里，蓋益《易》之八卦爲六十四卦。"《日者傳》曰："自伏犧作八卦，周文王演三百八十四爻，而天下治。"《正義》謂："史遷以爲文王重卦。"其說甚明，且非獨史遷之說爲然也。揚子《法言·問神篇》曰："《易》始八卦，而文王六十四，其益可知也。"④《問明篇》曰："文王淵懿也。……重《易》六爻，不亦淵乎？"《漢書·藝文志》曰："至於殷、周之際，紂在上位，逆天暴物，文王以諸侯順命而行道，天人之占可得而效，於是重《易》六爻。"《論衡·對作篇》曰："《易》言伏犧作八卦，前是未有八卦，伏犧造之，故曰作也。文王圖八，自演爲六十四，故

---

① 孫盛（302—374），字安國，太原中都人。博學，善言名理，著醫卜及《易象妙於見形論》。起家佐著作郎，依次爲陶侃、庾亮、桓溫參軍。賜爵安懷縣侯，封吳昌縣侯，官長沙太守。著《魏氏春秋》《晉陽秋》詩賦論難數十篇。《晉書》卷八十二有傳。
② 司馬遷官太史令，撰《史記》，略稱史遷。傳見《史記》卷一百三十《太史公自序》及《漢書》卷六十二本傳。
③ 語見《周易正義》卷首《論重卦之人》。
④ 揚子，即揚雄（前53—18年），字子雲，西漢蜀郡成都人，仕途不達，給事黃門二十餘年，《漢書》卷八十七本傳曰："實好古而樂道，其意欲求文章成名於後世，以爲經莫大於《易》，故作《太玄》；傳莫大於《論語》，作《法言》；史篇莫善於《倉頡》，作《訓纂》；箴莫善於《虞箴》，作《州箴》；賦莫深於《離騷》，反而廣之；辭莫麗於相如，作四賦，皆斟酌其本，相與放依而馳騁。"

曰演。"① 《正說篇》曰："伏犧得八卦，非作之；文王得成六十四，非演也。"

是以爲文王重卦者，非獨史遷，更有揚雄、班固、王充，故《正義》以爲史遷等。揚雄，西漢末人，班固、王充，東漢初人，皆與史遷說同。鄭玄，東漢末人，已在諸人之後，其說以爲神農重卦，蓋以取益、噬嗑爲據，謂伏犧取諸離在八卦之內，神農益、噬嗑在六十四卦之內也。孔《疏》亦以神農之時，已有蓋取益與噬嗑，爲伏犧重卦之證，案此說亦太泥。

《朱子語類》曰："十三卦所謂'蓋取諸離，蓋取諸益'者，言結繩而爲網罟，有離之象，非觀離而始有此也。"又云："不是先有見乎離，而後爲網罟；先有見乎益，而後爲耒耜。聖人亦只是見魚鱉之屬，欲有以取之，遂做一箇物事去攔截他。欲得耕種，見地土硬，遂做一箇物事去剔起他，卻合於離之象，合於益之意。"②

沈寓山《寓簡》曰："《大傳》言……蓋取諸益、取諸睽，凡一十三卦。……蓋聖人謂……耒耜得益，弧矢得睽耳，非謂先有卦名，乃作某器也"。③

陳澧曰："案《繫辭》所言'取諸'者，與《考工記·輪人》'取諸圜也''取諸易直也''取諸急也'，文義正同。輪人意取諸圜，非因見圜物而取之也；意取易直與急，非因見易直與急之物而取之也。"④ 此三說皆極通，可無疑於神農時已有益與噬嗑，而不得云文王重卦矣。後人猶有疑者，皆疑所不當疑。

羅泌《路史·餘論》曰："世以爲文王重卦因揚雄之說而謬之

---

① 《論衡》，作者王充（27—97），字仲任，東漢會稽上虞人。受業太學，師事班彪，教授鄉里，著《論衡》八十五篇，釋物類同異，正時俗嫌疑。《後漢書》卷四十九有傳。
② 黎靖德《朱子語類》卷七十五《易》十一。
③ 沈作喆《寓簡》卷一，影印《文淵閣四庫全書》第864冊。沈作喆，號寓山，湖州人。南宋紹興五年進士，丞相沈该之侄子。所著《寓簡》十卷，多言《周易》义理，是书为四库全书所收。
④ 陳澧《東塾讀書記》卷四《易》。陳澧（1810—1882），字蘭甫，號東塾，廣州番禺人。清道光十二年舉人，問試學於張維屏，問經學於侯康。研涉天文、地理、樂律、算術、篆隸，讀及經史子書。著作有《聲律通考》十卷、《切韻考》六卷、外篇三卷，《漢志水道圖說》七卷，《漢儒通義》七卷等，其中《東塾讀書記》二十一卷論述經學源流正變得失，另論及經學九流諸子、兩漢以後之學術。《清史稿》卷四百八十二《儒林三》有傳。

也，……'滿招損，謙受益'，謙與損益，益、稷①之言不自後世。佃漁之離，謂之小成可也，耒耜之益，與交易之噬嗑，豈小成哉？然則不自文王重卦可識矣。"②

顧炎武《日知錄》曰："考襄公九年，穆姜遷於東宮，筮之，遇艮之隨。姜曰：'是於《周易》曰：隨，元亨利貞，无咎。'獨言'是於《周易》'，則知夏、商皆有此卦。而重八卦為六十四卦者，不始於文王也。"③

錫瑞案：羅氏不知"滿招損，謙受益"出僞古文《大禹謨》，不足據。益與噬嗑言"取諸"者，朱子辨之已明。顧氏不知《左氏》雜取占書，唐啖助④已言不可盡信。占筮書多傅會。穆姜說"元亨利貞"之義，全同孔子《文言》，以爲暗合，未必穆姜之學與聖人同。以爲孔子作《文言》，勦襲穆姜之說，尤無是理。疑占書取孔子《文言》，傅之穆姜而《左氏》載之，不當反據其文，疑重卦不始文王也。丁晏《孝經徵文》云："丘明博聞，多采孔門精語綴集成文，而後儒反疑聖勦取《左氏》，必不然矣。"⑤ 據丁氏說，可爲《左氏傳》引聖經之證。焦循亦云："左氏生孔子贊《易》之後，刺取《易》義以飾爲周史之言。"⑥

---

① 益、稷：伯益，皋陶子，佐大禹治水。后稷，周之始祖，堯時農師，天下得其利。
② 羅泌《路史·餘論》二《重卦伏羲》，《四部備要》第44冊（中華書局1920年）。案"世以"《四部備要》本作"俱以"。羅泌，字長源，號歸愚，南宋吉州廬陵人。陸心源《宋史翼》卷二十九《文苑傳四》云：羅泌"學博才宏，侈游墳典，乃搜集百家，成《路史》四十卷，西蜀飛輝爲之序。"
③ 《日知錄》卷一《重卦不始文王》。案"也"原文作"矣"，皮引文誤。顧炎武（1613—1682）字寧人，原名絳，崑山人。明諸生，入清後堅不入仕。其學博通，著述繁富，代表作有《天下郡國利病書》《肇域志》《音學五書》等，而《日知錄》三十卷歷時三十餘年，尤爲精詣之作。《清史稿》卷四百八十二《儒林三》有傳。
④ 啖助，字叔佐，趙州人。唐天寶末，曾任臨海尉、丹陽主簿。博通經術，善爲《春秋》，其書已佚。《新唐書·儒學下》有傳。
⑤ 丁晏《孝經徵文》，《續清經解》卷八百四十七。案"聖"字，《孝經徵文·自序》作"聖經"。丁晏（1794—1875），字儉卿，一字柘堂，江蘇山陽人。清道光元年舉人，咸豐十年辦團練有功，翌年由侍讀銜內閣中書加三品銜。一生著書四十七種，凡一百三十六卷，已刊者爲頤志齋叢書。《清史稿》卷四百八十二《儒林三》有傳。
⑥ 焦循《易話》下《春秋傳說易》，《續修四庫全書》第27冊，第572頁。

04. 論《連山》《歸藏》

《周易正義·第三論三代易名》曰："案《周禮·太卜》'三易'云：'一曰《連山》，二曰《歸藏》，三曰《周易》。'杜子春云：'《連山》，伏羲。《歸藏》，黃帝。'鄭玄《易贊》及《易論》云：'夏曰《連山》，殷曰《歸藏》，周曰《周易》。'鄭玄又釋云：'《連山》者，象山之出雲，連連不絕；《歸藏》者，萬物莫不歸藏於其中；《周易》者，言易道周普，無所不備。'鄭玄雖有此釋，更無所據之文。先儒因此遂爲文質之義，皆煩而无用，今所不取。案《世譜》等羣書，神農一曰連山氏，亦曰列山氏，黃帝一曰歸藏氏，既連山、歸藏並是代號，則《周易》稱周，取岐陽地名。《毛詩》云'周原膴膴'是也。又文王作《易》之時，正在羑里，周德未興，猶是殷世也，故題周別於殷，以此文王所演，故謂之《周易》，其猶《周書》《周禮》，題'周'以別餘代。故《易緯》云'因代以題周'是也。先儒又兼取鄭說云：'既指周代之名，亦是普徧之義。'雖欲无所遺棄，亦恐未可盡通。其《易》題周，因代以稱周，是先儒更不別解，唯皇甫謐①云：'文王在羑里演六十四卦，著七八九六之爻，謂之《周易》。'以此文王安'周'字。其繫辭之文，《連山》《歸藏》無以言也。"②

《周禮·太卜》疏："趙商問：'今當從此問③以不？敢問杜子春何由知之？'答云：'此數者非無明文，改之無據，故著子春說而已。近師皆以爲夏殷周。'鄭既爲此說，故《易贊》云：'夏曰《連山》，殷曰《歸藏》。'又注《禮運》云：'其書存者有《歸藏》。'如是玉兆爲夏，瓦兆爲殷可知，是皆從近師之說也。按今《歸藏》，坤開筮'帝堯降二女爲舜妃'，又見節卦云：'殷王其國常毋谷。'若然，依子春說，《歸藏》黃帝，得有帝堯及殷王之事者，蓋子春之意，必

---

① 皇甫謐（215—282），字士安，安定朝那人，漢皇甫嵩曾孫。二十歲方始讀書，勤力不息，遂博綜典籍百家之言。絕念仕途，耽玩典籍，勤於著述。著有《帝王世紀》《高士傳》《針灸甲乙經》等。《晉書》卷五十一有傳。

② 語見《周易正義》卷首《第三論三代易名》。

③ 思賢書局本、商務本作"問"，中華本據《周禮正義》改作"說"，是。

戲、黃帝造其名，夏殷因其名以作《易》，故鄭云改之無據，是以皇甫謐《記》亦云'夏人因炎帝曰《連山》，殷人因黃帝曰《歸藏》'。雖炎帝與子春'黃帝'不同，是亦相因之義也。……云'名曰連山，似山內出氣也'者，此《連山易》，其卦以純艮爲首，艮爲山，山上山下，是名《連山》。雲氣出內於山，故名《易》爲《連山》。《歸藏》者，萬物莫不歸而藏於其中者，此《歸藏易》以純坤爲首，坤爲地，故萬物莫不歸而藏於中，故名爲《歸藏》也。鄭雖不解《周易》其名《周易》者，《連山》《歸藏》，皆不言地號，以義名《易》，則周非地號。以《周易》以純乾爲首，乾爲天，天能周帀於四時，故名《易》爲周也。"①

錫瑞案：孔、賈二《疏》不同。孔不從鄭，以爲代號。賈從鄭，以爲以義名。當以鄭說義名爲是。"連山""歸藏"若是代號，不應夏、殷襲伏羲、黃帝之舊，且《連山》《歸藏》不名《易》。若是代號，必下加"易"字乃可通。故鄭皆以義名，與《連山》首艮、《歸藏》首坤正合。鄭以"周易"爲周普，亦以義名，蓋本《繫辭傳》"《易》之爲書也，周流六虛。"孔《疏》以爲無據，非也。桓譚《新論》曰："《連山》八萬言，《歸藏》四千三百言。"② 不應夏《易》數倍於殷，疑皆出於依託。《連山》劉炫③僞作。《北史》明言之。《歸藏》雖出隋、唐以前，亦非可信爲古書。刪定六經，始於孔子。孔子以前，《周易》與《連山》《歸藏》並稱，猶魯之《春秋》，與晉之《乘》、楚之《檮杌》並稱也。《周易》得孔子贊之而傳爲經，《連山》《歸藏》不得孔子贊之而遂亡。猶魯之《春秋》，得孔子修之

---

① 《周禮注疏》卷二十四《春官》。案"山內出氣"原作"山出內氣"，蓋皮引偶誤。

② 桓譚《新論》卷九《正經篇》。桓譚（約前22—後56），字君山，東漢初沛國相人。博學多通，習《五經》，訓大義，不爲章句之學。善屬文，傾心於古文經，與世俗相異。以讖緯爲非，辨之極甚，忤光武帝意，幾被斬。著《新論》二十九篇，原書已佚，清人孫馮翼和嚴可均皆有輯本。今人朱謙之《新輯本桓譚新論》收入《新編諸子集成續編》，可參考。《後漢書》卷二十八上有傳。

③ 劉炫，字光伯，隋河間景城人。少時聰慧，博聞強識，歷周武帝、隋文帝、煬帝三朝，名聲顯，而官途蹇，歷小官多不永，煬帝時舉業爲太學博士。才高性燥，矜伐侮世，不被時用，凍餓以終。著有《論語述議》《五經正名》《春秋攻昧》等。《隋書》卷七十五《儒林傳》有傳。

而傳爲經，晉《乘》、楚《檮杌》，不得孔子修之而遂亡也。孔子所不贊修者，學者可不措意，況是僞書，何足辨乎？《連山》《歸藏》之辭，絕不見於古書稱引，蓋止有占法而無文辭。故《周易》當孔子未贊之前，疑亦止有占而無文辭也。

05. 論卦辭文王作、爻辭周公作皆無明據，當爲孔子所作

《周易正義·第四論卦辭爻辭誰作》曰："其《周易》繫辭凡有二說，一說所以卦辭、爻辭並是文王所作。知者，案《繫辭》云：'《易》之興也，其於中古乎？作《易》者其有憂患乎？'又曰：'《易》之興也，其當殷之末世，周之盛德耶？當文王與紂之事耶？'又《乾鑿度》云：'垂皇策者犧，卦道演德者文，成命者孔。'《通卦驗》又云：'蒼牙通靈，昌之成，孔演命，明道經。'準此諸文，伏犧制卦，文王繫辭，孔子作《十翼》，《易》歷三聖，只謂此也。故史遷云'文王囚而演《易》'，即是'作《易》者其有憂患乎'。鄭學之徒並依此說也。二以爲驗爻辭多是文王後事。案升卦六四：'王用亨于岐山。'武王克殷之後，始追號文王爲王。若爻辭是文王所制，不應云'王用亨于岐山'。又明夷六五：'箕子之明夷。'武王觀兵之後，箕子始被囚奴，文王不宜預言"箕子之明夷"。又既濟九五：'東鄰殺牛不如西鄰之禴祭。'說者皆云：'西鄰'謂文王，'東鄰'謂紂。文王之時，紂尚南面，豈容自言己德，受福勝殷，又欲抗君之國，遂言東西相鄰而已。又《左傳》韓宣子適魯，見《易象》云：'吾乃知周公之德。'周公被流言之謗，亦得爲憂患也。驗此諸說，以爲卦辭文王、爻辭周公。馬融①、陸績②等並同此說，今依而用之。

---

① 馬融（79—166），字季長，東漢扶風茂陵人。融才高博洽，为世通儒，教養諸生，常有千數。盧植、鄭玄皆其門人。注《孝經》《論語》《詩》《易》《三禮》《尚書》《列女傳》《老子》《淮南子》《離騷》，著賦頌碑誄等二十一篇。《後漢書》卷六十有傳。

② 陸績（188—219），字公紀，三國吳郡吳人。容貌雄壯，博學多識，星曆算術無不該覽。嘗爲孫權奏曹掾，以直道出爲郁林太守，加偏將軍。作《渾天圖》，註《易》釋《玄》。《三國志》卷五十七《吳書》有傳。

所以只言三聖，不數周公者，以父統子業故也。"①

《左傳正義》曰："《易·繫辭》云：'易之興也，其當殷之末世，周之盛德耶！當文王與紂之事耶。'鄭玄云：'據此言，以《易》是文王所作，斷可知矣。且史傳讖緯，皆言文王演《易》，演謂爲其辭以演說之，《易經》必是文王作也。'但《易》之爻辭，有'箕子之明夷，利貞'……。又云'王用亨于岐山'，又云'東鄰殺牛不如西鄰之禴祭，實受其福'。二者之意，皆斥文王。若是文王作經，無容自伐其德，故先代大儒鄭眾②、賈逵③，或以爲卦下之彖辭，文王所作；爻下之象辭，周公所作。雖復紛競大久，無能決當是非。"④

錫瑞案：據孔《疏》之說，文王作卦爻辭，及文王作卦辭，周公作爻辭，皆無明文可據，是非亦莫能決。今據西漢古義以斷，則二說皆非是。以卦辭爲文王作者，但據《繫辭傳》"《易》之興也，其于中古乎"下有"是故履，德之基也"云云，"當文王與紂之事耶？是故其辭危"云云，遂以爲文王作卦辭。實則"履，德之基也"云云，共引九卦，正是文王重卦之證，則"其辭"云云，當即六十四卦，非必別有卦辭。伏羲在未制文字之先，八卦止有點畫。文王在制文字之後，六十四卦必有文字。有文字即是辭，不必作卦辭而後爲辭也。孔《疏》云："史傳、讖緯皆言文王演《易》。"今考之史傳，《史記》但云"文王演三百八十四爻"，不云作卦爻辭。讖緯云"卦道演德者文"，則演《易》即演三百八十四爻之謂，不必爲辭演說乃爲演也。其云周公作爻辭者，但以"箕子""岐山""東鄰"等文，不當

---

① 《周易正義》卷首《第四論卦辭爻辭誰作》。
② 鄭眾，字仲師，鄭興子。東漢河南開封人。從父受《左氏春秋》，明《三統曆》，作《春秋難記條例》，兼通《易》《詩》。爲學有名於世，稱"先鄭"，以別於"後鄭"鄭玄。爲官清正有名，官至大司農，稱"鄭司農"，以別與東漢宦官鄭眾。《後漢書》卷三十六有傳。
③ 賈逵（30—101），字景伯，扶風平陵人。悉傳父徽業，明《左氏傳》《國語》，爲之解詁。後世稱爲通儒。《後漢書》卷三十六有傳。
④ 《春秋左傳正義》卷四十二《昭公二年》。

屬文王說。惠棟①《周易述》用趙賓②說而小變之，以"箕子"爲"其子"。又據《禹貢》"冀州，治梁及岐"，《爾雅》"梁山，晉望也"，因謂岐山亦冀州之望，夏都冀州，"王用亨于岐山"者爲夏王。惠氏疏通爻辭，可以解鄭、賈諸人之疑矣。然以爻辭爲文王作，止是鄭學之義。以爻辭爲周公作，亦始於鄭衆、賈逵、馬融諸人，乃東漢古文家異說。若西漢今文家說，皆不如是。史遷、揚雄、班固、王充但云文王重卦，未嘗云作卦辭、爻辭，當以卦、爻之辭並屬孔子所作。蓋卦爻分畫於羲、文，而卦、爻之辭皆出於孔子，如此則與"《易》歷三聖"之文不背。"箕子""岐山""東鄰""西鄰"之類，自孔子言之，亦無妨。若以爲文王作爻辭，既疑不應豫言，以爲周公作爻辭，又與"《易》歷三聖"不合。孔《疏》以爲父統子業，殊屬强辭。韓宣適魯，單文孤證，未可依據。韓宣亦未明說周公作爻辭也。或疑《左氏傳》引筮辭，多在孔子之前，不得以卦辭、爻辭爲始於孔子。

　　案占書傅會，前已言之。《困學紀聞》曰："'八世之後，莫之與京'，其田氏篡齊之後之言乎？'公侯子孫，必復其始'，其三卿分晉之後之言乎？皆非《左氏》之舊也。"③姚鼐以爲"畢萬筮仕晉"一條，吳起增竄以媚魏者④。然則懿氏卜妻敬仲，云"有嬀之後，將育

---

① 惠棟（1697—1758），字定宇，號松崖，元和人，諸生。祖周惕，父士奇，皆治易學。惠棟精通經、史、諸子、讖緯、野史，貫通諸經，作《九經古義》二十二卷。尤邃於易學，撰《易漢學》八卷、《周易述》二十三卷，闡明漢易之理，爲漢學的代表作。《清史稿》卷四百八十二有傳。

② 趙賓，西漢蜀人。《漢書》卷八十八《儒林傳·孟喜傳》云："趙賓好小數書，後爲《易》，飾《易》文，以爲'箕子明夷，陰陽氣亡箕子；箕子者，萬物方荄茲也'。賓持論巧慧，《易》家不能難，皆曰'非古法也'。云受孟喜，喜爲名之。後賓死，莫能持其說。喜因不肯仞，以此不見信。"

③ 語見王應麟《困學紀聞》卷六《左氏傳》。王應麟（1223—1296），字伯厚，號深寧，慶元府鄞縣（今寧波市）人。淳祐元年進士，官至禮部尚書兼給事中。入元後，隱居著述凡三十餘種，六百多卷。其《困學紀聞》二十卷，集平生所學，搜文獻博通，爲學術名篇。《宋史》卷四百三十八《儒林傳八》有傳。

④ 語見姚鼐《惜抱軒詩文集》卷三《左傳補注序》。姚鼐（1731—1815），字姬傳，安徽桐城人。乾隆二十八年進士，官至刑部郎中，四庫館纂修官。後病歸，主持安徽敬敷、南京鍾山、揚州梅花諸書院四十年。倡古文，與方苞、劉大櫆爲桐城派代表，著有《九經說》《三傳補注》《惜抱軒全集》等。《清史稿》卷四百八十五《文苑傳二》有傳。

于姜", 亦陳氏得政之後, 人所增竄。若是當時實事, 未必齊人不忌敬仲而更任用之。晉獻公筮嫁伯姬于秦, 有"爲嬴敗姬, 姪其從姑, 死於高梁"之占。叔孫穆子之生, 有"以讒人入, 其名曰牛, 卒以餒死"之占。應驗如神, 疑皆傅會。若是當時實事, 獻公未必嫁女于秦, 穆子未必用豎牛爲政。《左氏傳》此等處皆不可據。《說苑》泄冶引《易》曰:"君子居其室"至"可不慎乎", 泄冶在孔子前, 不應引《繫辭》, 此等明是後人攙入。《左氏》引《易》, 亦猶是也。

06. 論《易》至孔子始著,於是學士大夫尊信其書

《王制》:"樂正崇四術, 立四教。順先王《詩》《書》《禮》《樂》以造士。春秋教以《禮》《樂》, 冬夏教以《詩》《書》。"① 《文獻通考》應氏曰:"《易》雖用於卜筮, 而精微之理, 非初學所可語;《春秋》雖公其記載, 而策書亦非民庶所得盡窺。故《易象》《春秋》, 韓宣子適魯始得見之。則諸國之教, 未必盡備六者。"②

錫瑞案: 此亦卦辭、爻辭不出於文王、周公之一證。若卦爻之辭, 爲文王、周公作, 則當如後世欽定御纂之書, 頒之學官以教士子矣。而當時造士, 止有《禮》《樂》《詩》《書》, 則以《易》但有卦爻而無文辭, 故不可與《禮》《樂》《詩》《書》並立爲教, 當時但以爲卜筮之書而已。至孔子闡明其義理, 推合於人事, 於是《易》道乃著。

《史記·孔子世家》曰:"孔子晚而喜《易》, 序《彖》《繫》《象》《說卦》《文言》。讀《易》, 韋編三絕。曰:'假我數年, 若是, 我於《易》則彬彬矣。'孔子以《詩》《書》《禮》《樂》教, 弟子蓋三千焉, 身通六藝者, 七十有二人。"蓋《易》與《春秋》, 孔門惟高才弟子乃能傳之, 於是學士大夫尊信其說。或論作《易》之大旨, 或說學《易》之大用, 或援《易》以明理, 或引《易》以決

---

① 語見《禮記正義》卷十三《王制》。
② 語見馬端臨《文獻通考》卷一百七十四《經籍考》一《總敘》。馬端臨(1254—1323), 字貴與, 號竹洲, 饒州樂平人。其父馬廷鸞爲南宋右丞相, 入元後隱居著述, 代表作《文獻通考》是典章制度史的傑作, 與杜佑《通典》、鄭樵《通志》合稱"三通"。

事，而其教遂大明。如《荀子·大略篇》曰："善爲《易》者不占。"此以當時之用《易》者，專爲占卜，不知天地消長，人事得失，無不可以《易》理推測，故云"善《易》不占"，以挽其失。又曰："《易》之咸，見夫婦之道，不可不正也，君臣父子之本也。咸，感也，以高下下，以男下女，柔上而剛下。聘士之義，親迎之道，重始也。"此本《象傳》《序卦》之旨而引申之。《非相篇》曰："好其實，不恤其文，是以終身不免埤污庸俗，故《易》曰：'括囊，無咎無譽。'腐儒之謂也。"此爲當日石隱者流，如沮溺、丈人，匿迹銷聲，介之推所謂"身將隱，焉用文之"①，究非中道。《大略篇》又曰："'復自道，何其咎'，……以爲能變也。"②《呂覽·務本篇》引而申之曰："以言本無異則動卒有喜。"《荀子》言變，《呂覽》言動，皆取復卦剛反之義。《呂覽·應同篇》曰："平地注水，水流溼。均薪施火，火就燥。"闡發經義，簡明不支。《慎大覽篇》引《易》："愬愬，履虎尾，終吉。"可證今本之誤。《召類篇》引史默說"渙羣"③之義曰："渙者，賢也。羣者，衆也。元者，吉之始也。'渙其羣，元吉'者，其佐多賢也。"可證注、疏以"渙"爲"渙散"之非，"元吉"與"大吉"異。"元吉"以德言，"大吉"以時言。《彖》曰："大哉乾元，萬物資始。"④《文言》曰："乾元者，始而亨者也。"故曰"元吉者，吉之始"。亦可證舊解"元吉"爲"大吉"之失。周末諸子引《易》，具有精義如此。《史記》載蔡澤言"亢龍"⑤之義："上而不能下，信而不能決⑥，往而不能自返。"《國策》載春申君言"狐濡其尾"⑦之義："始之易，終之難。"⑧皆引《易》

---

① 語見《春秋左氏傳》卷十五《僖公二十四年》。
② 語見《荀子》卷十九《大略篇》。荀子（約前313—前238），名況，字卿，漢人避宣帝劉詢諱，稱孫卿，戰國趙人。周游齊秦趙楚，後任楚蘭陵令，因家焉，著書授徒。其學屬儒家，又博采眾家。韓非、李斯爲其門人。
③ "渙羣"，語出《周易》渙卦卦辭"渙其羣，元吉"。
④ "彖"，皮誤作"象"，據《周易》乾卦彖辭改。
⑤ "亢龍"，語出《周易》乾卦爻辭"上九，亢龍有悔"。
⑥ "決"，《史記》卷七十九《蔡澤列傳》作"詘"。
⑦ "狐濡其尾"，語出《周易》未濟卦卦辭"小狐汔濟，濡其尾，無攸利"。
⑧ 語見《戰國策》卷六《秦》四《頃襄王二十年》。

文以決時事。其說之精，亦可以補周末諸子之遺也。

07. 論卦辭、爻辭即是繫辭，《十翼》之說於古無徵

以卦辭、爻辭爲孔子作，疑無明文可據，然亦非盡無據也。古以繫辭即爲卦辭、爻辭，漢儒說皆如是，而今之《繫辭》上下篇，古以爲《繫辭傳》。《釋文》王肅①本有"傳"字，蓋古本皆如是。宋吳仁傑②《古周易》"以爻爲《繫辭》"③。今考《繫辭》有云："聖人設卦觀象，繫辭焉以明吉凶。"又云："聖人有以見天下之動④，而觀其會通，以行其典禮，繫辭焉以斷其吉凶，是故謂之爻。"又云："繫辭焉而命之，動在其中矣。"又云："繫辭焉以盡其言。"據此諸文，明是指卦爻辭謂之"繫辭"。若謂《繫辭》中四處所云"繫辭"，即是今之《繫辭》，孔子不應屢自稱其所著之書，又自言其作辭之義，且不應自稱聖人。蓋"繫辭"即卦辭、爻辭，乃孔子所作，今之《繫辭》乃繫辭之《傳》，孔子弟子所作。《繫辭》中明有"子曰"，必非出自孔子手筆。《史記·自序》引《繫辭》之文爲《易大傳》，是其明證。凡孔子所作謂之經，弟子所作謂之傳。所云"聖人繫辭焉以斷其吉凶"，乃孔子弟子作傳，稱孔子爲聖人；非孔子作《繫辭》，而稱文王、周公爲聖人也。

鄭樵《六經奧論》曰："《易大傳》言'繫辭'者五⑤，皆指爻辭曰'繫辭'。如《上繫》曰：'繫辭焉而明吉凶''繫辭以斷其吉

---

① 王肅（195—256），字子雍，王朗子，三國魏東海郯人。經學大家，遍注群經，然釋解與鄭玄異，分別稱爲王學與鄭學。《三國志》卷十三有傳。

② 吳仁傑，字斗南，崑山人。《宋史·藝文志》著錄吳仁傑的《古周易》十二卷，《易圖說》三卷，《集古易》一卷。《四庫全書總目·易圖說》提要云："《古周易》世罕傳本，僅《永樂大典》尚有全文，此書其圖書也""今之爻辭當爲繫辭。"

③ "以爻爲《繫辭》"，語出陳振孫《直齋書錄解題》卷一。

④ "動"，皮誤作"物"，據《周易·繫辭傳》改。

⑤ 案："五"，當爲"六"。《易大傳》言繫辭共六次，《繫辭上傳》有"繫辭焉而明吉凶""繫辭以斷其吉凶"二次、"繫辭焉，所以告也；定之以吉凶，所以斷也""聖人立象以盡意，設卦以盡情僞，繫辭焉以盡其言"；《繫辭下傳》有"繫辭焉而命之"。故鄭樵言"五"者，誤。

凶'，有二。曰①：'繫辭焉而命之'。孔子專指爻辭以爲繫辭。……今之《繫辭》，乃孔門七十二子傳《易》，於夫子之言，爲《大傳》之文。則《繫辭》者，其古傳《易》之《大傳》歟？"鄭樵以《繫辭傳》爲《易大傳》，正本《史記》。孔《疏》云："經，文王、周公所作。傳，孔子所作。"不知孔子以前不得有經。《漢書·儒林傳》云孔子"晚而好《易》，讀之，韋編三絕，而爲之傳。"則已誤以孔子所作爲傳，與《史記》之說大異矣。歐陽修不信祥異，以《繫辭》云"河作圖，洛出書，聖人作之"②爲非孔子之言③。不知《繫辭傳》本非孔子之言，乃孔子弟子所作以解釋孔子之言者也。《史記·孔子世家》云："孔子晚而喜《易》，序《彖》《繫》《象》《說卦》《文言》。"④史公既以今之《繫辭》爲《易大傳》，則不以爲孔子所作。《世家》所謂，亦必指卦辭、爻辭而言。繫者屬也，繫辭猶云屬辭。據《史記》云"伏戲畫八卦，文王重卦爲六十四，分爲三百八十四爻"⑤而無其辭，至孔子乃屬辭以綴其下，故謂之繫，此其有明文可據而不必疑者也。惟《孔子世家》引《說卦》頗疑有誤。

《論衡·正說篇》曰："至孝宣皇帝之時，河內女子發老屋，得逸《易》《禮》《尚書》各一篇，奏之。皇⑥帝下示博士，然後《易》《禮》《尚書》各益一篇。"所說《易》益一篇，蓋《說卦》也。《隋

---

① 鄭樵《六經奧論》卷一《易經·繫辭》（影印《文淵閣四庫全書》第184冊）"曰"前，有"《下系》"二字。案："繫辭焉而命之"爲《繫辭下傳》的語句，鄭樵先舉《上系》三例，又舉《下系》一例。鄭樵（1104—1162），字漁仲，世稱夾漈先生。宋興化軍莆田人。無意於仕途，傾心讀書撰述，學涉天文、地理、禮樂、文字，草木蟲魚、方術等。撰史學巨著《通志》，其中二十略尤爲學界重視，朝廷資助是書抄寫，授樞密院編修。《宋史》卷四百三十六卷《儒林傳六》有傳。
② 《周易·繫辭傳》云"河出圖，洛出書，聖人則之"。
③ 語見歐陽修《歐陽修全集》卷七十八《易童子問》卷三。引文略有異。歐陽修（1007—1072），字永叔，號六一居士，宋吉州廬陵人。仁宗天聖八年進士，官至參知政事。倡導古文，詩文詞諸體皆擅，爲當時文壇領袖。《宋史》卷三百一十九有傳。
④ 《史記》卷四十七《孔子世家》。案：唐張守節《正義》認爲："序，《易序卦》也。"學界多將"序"字視作動詞，而張守節說實有道理。
⑤ 《史記》卷四《周本紀》曰："西伯蓋即位五十年。其囚羑里，蓋益《易》之八卦爲六十四卦。"《史記》卷一百二十七《日者列傳》曰："自伏羲作八卦，周文王演三百八十四爻而天下治。"
⑥ "皇"，《論衡·正說篇》作"宣"。

書·經籍志》曰："及秦焚書，《周易》獨以卜筮得存，唯失《說卦》三篇。後河內女子得之。"所謂三篇，蓋兼《序卦》《雜卦》在內。據王充說，《說卦》至宣帝時始出。非史公所得見。故疑《世家》"說卦"二字，爲後人攙入者。《說卦》論八卦方位，與《卦氣圖》合，疑焦、京之徒所爲。程迥①《古易考》十二篇闕《序》《雜卦》，以爲非聖人之言。李邦直②、朱新仲③、王巽卿④皆疑《序卦》。近儒朱彝尊⑤亦然。戴震云："昔儒相傳《說卦》三篇，與今文《大誓》同後出。《說卦》分之爲《序卦》《雜卦》，故三篇詞指，不類孔子之言。或經師所記孔門餘論，或別有所傳述，博士集而讀之，遂一歸孔子，謂之《十翼》矣。"⑥ 據此，則古今人皆疑《說卦》三篇，而《十翼》之說，於古無徵。《漢書·藝文志》"《易經》十二篇"，又曰："孔氏爲之《彖》《象》《繫辭》《文言》《序卦》之屬十篇。"是已分爲十篇，尚不名爲《十翼》，孔《疏》以爲鄭學之徒並同此說，是《十翼》出東漢以後，未可信據。歐陽修謂："《十翼》之說，不

----

① 程迥，字可久，應天寧陵人。孝宗隆興元年進士，歷仕縣官，政寬令簡，民受其德。著述頗豐，其中易學著作有：《古易考》《古易章句》《古占法》《易傳外編》等。《宋史》四百三十七《儒林七》有傳。

② 李清臣，名邦直，北宋魏人。應材識兼茂科，歐陽修莊其文，以比蘇軾。官至中書侍郎、門下侍郎。《宋史》卷三百二十八有傳。案：《四庫全書總目》卷四《大易緝說》提要云："《序卦》一傳則排斥孔子之言，但錄其文而無一語之詮釋。蓋自李清臣、朱翌、葉適以來，即有是說，不始於申子。"

③ 朱翌，字新仲，號潛山居士，舒州（今安徽潛山）人。宋政和中登進士第，南渡後官至中書舍人，不附秦檜，謫居不改。著有《猗覺燎雜記》二卷、《潛山集》四十四卷。《宋史翼》有傳。

④ "王巽卿"，原作"傅選卿"，蓋皮錫瑞讀朱彝尊《曝書亭集》卷四十二《跋一·王氏大易輯說跋》"若夫李邦直、朱新仲疑序卦傳，巽卿亦然"，將"傳"誤作"傅"，"傳巽卿"三字相連誤作人名，又將巽字誤作選。案：《大易輯說》中的作者王氏，乃元代易學家王申子，字巽卿。

⑤ 朱彝尊（1629—1709），字錫鬯，號竹垞，浙江秀水人。康熙十八年應博學鴻詞科，授檢討，與修《明史》。經學大家，詩文詞亦工，著有《曝書亭集》《經義考》《日下舊聞》《明詩綜》《詞綜》等。《清史稿》卷四百八十四《文苑傳一》有傳。

⑥ 戴震《戴東原集》卷一《周易補注目錄後語》，《續修四庫全書》第1434冊。戴震（1724—1777），字東原，安徽休寧人。乾隆二十七年中舉人，三十八年任《四庫全書》纂修官，四十年會試落第，特命參加殿試，賜同進士出身。《清史稿》卷四百八十一《儒林傳二》有傳。

知起於何人，自秦、漢以來，大儒君子不論。"① 後人以爲歐陽不應疑經，然《十翼》之說，實不知起於何人也。

08. 論孔子作卦辭、爻辭，又作《彖》《象》《文言》，是自作而自解

或疑卦辭、爻辭爲孔子作，《彖》《象》《文言》又孔子作。夫《彖》《象》《文言》，所以解卦辭、爻辭也，是豈孔子自作之而自解之歟？曰：孔子正是自作之而自解之也。聖人作《易》，幽贊神明，廣大精微，人不易喻。孔子恐人之不能盡喻也。既作卦辭，又自作《彖》以解卦辭；既作爻辭，又自作《象》以解爻辭。乾、坤爲《易》之門，居各卦之首，又特作《文言》以釋之。所謂"言之不足，故長言之"，所以開愚蒙、導後學也。若疑自作自解，無此文體，獨不觀揚雄之《太玄》乎？

《太玄》準《易》而作者也。《漢書·揚雄傳》曰："爲其泰曼漶而不可知奐②，故有《首》《衝》《錯》《測》《攡》《瑩》《數》《文》《掜》《圖》《告》十一篇，皆以解剝《玄》體，離散其文，章句尚不存焉。"據此，是雄作《太玄》，恐人以爲曼漶不可知，自作十一篇，解散其文，以示後人。正猶孔子作《易》，有卦辭、爻辭，恐人不知，自作《彖》《象》《文言》以示後人也。司馬光《說玄》曰："《易》有《彖》，《玄》有《首》。《彖》者卦辭也，《首》者亦統論一首之義。《易》有爻，《玄》有贊。《易》有《象》，《玄》有《測》。《測》所以解贊也。《易》有《文言》，《玄》有《文》。《文》解五德並'中'首九贊，《文言》之類。"據此，則《太玄》準

---

① 歐陽修《歐陽修全集》卷十八《居士集》卷十八。
② 思賢書局本、商務本有"奐"字，中華本據《史記·揚雄傳》刪除"奐"字。參攷揚雄撰，司馬光集注《太玄集注》。司馬光（1019—1086），字君實，陝州夏縣人。仁宗寶元元年進士，哲宗時拜尚書左僕射兼門下侍郎。死後贈太師、溫國公，謚號文正。主編《資治通鑒》，另有《溫國公文正文集》《稽古錄》等。司馬光推崇揚雄及其著作，對《法言》《太玄》作成《集注》。其中《太玄集注》匯集漢宋衷、吳陸績、晉范望、唐王涯、宋陳漸、吳祕、宋惟幹七家注本，保存了重要的材料。《宋史》卷三百三十六有傳。

《易》，《玄》之贊即《易》之爻。若謂自作不當自解，則揚子即作贊矣，何必又有《測》以解贊，復有言以解贊乎？當時"客有難《玄》太深，雄解之，號曰《解難》"，其辭曰："是以宓犧氏之作《易》也，綿絡天地，經以八卦，文王附六爻，孔子錯其象而彖其辭，然後發天地之藏，定萬物之基。"揚子但以文王爲附六爻，與《法言》所說同。文王但重卦而無辭，則卦爻辭必孔子作。雄以孔子作卦爻辭，又作《彖》《象》《文言》而自解之；故準《易》作《太玄》亦作《首》贊以法卦爻辭，又作《測》與《文》而自解之。揚雄《太玄》自作自解，人未有疑之者，獨疑孔子不應自作自解，是知二五而不知十也。高貴鄉公以下，多疑《彖》《象》不當合經，不知《彖》《象》與卦爻辭，皆孔子一人所作。既皆孔子所作，則皆當稱爲經，並無經、傳之分，惟《繫辭傳》當稱傳耳。《彖》《象》合卦爻辭與不合卦爻辭，似可無庸爭辨。

《太玄》舊本分《玄》之贊辭爲三卷，一方爲上，二方爲中，三方爲下，次列《首》《衝》《錯》《測》《攡》《瑩》《數》《文》《掜》《圖》《告》凡十一篇。范望①散《首》《測》於贊辭之間，王涯②因之。宋惟幹③依《易》之序，以《玄》首準卦辭，《測》準《小象》，《文》準《文言》，《攡》《瑩》《掜》《圖》準《繫辭》，《告》《數》準《說卦》，《衝》④準《序卦》，《錯》準《雜卦》，吳祕⑤因之。司馬

---

①　范望，字叔明，晉朝人。最早對揚雄《太玄》作整理注釋者，依《周易》經傳例，將《太玄》援傳入經，使《太玄》體例混亂難讀。晁公武《郡齋讀書志》著錄范望《范氏注太玄經解》十卷，晁氏所作敘錄云："范望叔明注。其序云：子雲著《玄》，桓譚以爲絕倫，張衡以擬《五經》。自侯芭受業之後，稀有傳者。建安中，宋衷、陸績解釋之，文字繁猥。今以陸爲本，錄宋所長，訓理其義，爲十卷。且以《首》分居本經之上，以《測》散處《贊辭》之下。其前又有陸績序，以子雲爲聖人云"。

②　王涯，字广津，太原人。工屬文，文有雅思，憲宗時官同中書門下平章書，後以貪權敗政就誅。《舊唐書》卷一百六十九、《新唐書》卷一百七十九有傳。《新唐書·藝文志》著錄其注《太玄經》六卷。

③　宋惟幹，宋太宗淳化三年在陝西轉運使任上。《宋史·藝文志》著錄其注《太玄經》十卷。

④　思賢書局本、商務本皆作"衡"，中華本作"衝"，是。

⑤　吳祕，字君謨，建安人。景祐元年進士，官至提點京東刑獄。《宋史·藝文志》著錄其《周易通神》一卷，《家藏書目》二卷，及其與吳中復等人《南犍唱和詩集》一卷。《郡齋讀書志》卷十《儒家類》"溫公集注太玄經"條云：吳祕《音義》。"

光從范本，諸人紛紛改訂，正與改訂《易》文相似。其實一人所作，次序先後可以不拘。"阮孝緒稱《太玄經》九卷，雄自作《章句》"①，是雄且作《章句》以自解其《太玄》矣！尚何疑於自作自解之不可乎？章學誠②《文史通義》以著書"自注"爲最善，謂本班固《漢書》，不知揚雄又在班固之前，孔子更在前也。

09. 論傳經之人惟《易》最詳，經義之亡惟《易》最早

孔子刪定"六經"，傳授之人，惟《易》最詳，而所傳之義，惟《易》之亡最早。《史記·仲尼弟子列傳》曰："孔子傳《易》於商瞿，瞿傳楚人馯臂子弘，弘傳江東人矯子庸疵，疵傳燕人周子家豎，豎傳淳于人光子乘羽，羽傳齊人田子莊何，何傳東武人王子中同，同傳菑川人楊何。何元朔中以治《易》爲漢中大夫。"《漢書·儒林傳》曰："自魯商瞿子木受《易》孔子，以授魯橋庇子庸。子庸授江東馯臂子弓。子弓授燕周醜子家。子家授東武孫虞子乘。子乘授齊田何子裝。……田何……授東武王同子中、雒陽周王孫、丁寬、齊服生。……同授淄川楊何，字叔元。……寬授同郡碭田王孫。王孫授施讎、孟喜③、梁丘賀。繇是《易》有施、孟、梁丘之學。"《史》《漢》載商瞿以下，傳授名字，子弘即子弓，矯疵即橋庇，周醜即周豎，光羽即孫虞。《史記》以爲子弘傳子庸，《漢書》以爲子庸傳子弓，各有所據，而小異大同。孔門傳《易》之源流，在漢固甚明也。《史記》止於楊何，距商瞿八傳，《漢書》下及施、孟、梁丘，距商瞿九傳。

---

① 永瑢等《四庫全書總目》卷一百八《子部·術數類》一《太玄經》提要。
② 章學誠（1738—1801），字實齋，號少岩，浙江會稽人。乾隆四十三年進士，官國子監典籍。曾爲安徽學政朱筠幕僚。著有《文史通義》《校讎通義》等。《清史稿》卷四百八十五有傳。
③ 孟喜，字長卿，蘭陵人，生活於西漢昭宣時期，啟漢代易學象數派，創卦氣說，內容包括四正卦說、十二消息卦說、六日七分法、七十二候說等。《漢書》卷八十八《儒林傳》有傳。

《史記·儒林傳》云："言《詩》於魯則申培公，於齊則轅固生，於燕則韓太傅。言《尚書》自濟南伏生。言《禮》自魯高堂生。言《易》自菑川田生。言《春秋》於齊、魯自胡毋生，於趙自董仲舒。"是皆言漢初傳經諸人，而申公、轅固、韓嬰、伏生、高堂生等，皆不言其所授，蓋史公已不能明。惟於《易》云："自魯商瞿受《易》孔子，孔子卒，商瞿傳《易》，六世至齊人田何，字子莊，而漢興。田何傳東武人王同子仲，子仲傳菑川人楊何。"史公父談①受《易》於楊何，故於《易》之授受獨詳。史公能詳《易》家授受之人，豈不能知《易經》作卦爻辭之人？而《周本紀》但云"文王重卦"，《魯世家》不云"周公作爻辭"，則文王、周公無作卦爻辭之事。《孔子世家》云"序《彖》《繫》《象》"，即卦爻辭在其中矣。《史記》不及丁寬，《漢書》以爲"寬授田王孫，王孫授施、孟、梁丘。"又云："至成帝時，劉向校書，考《易》說，以爲諸《易》家說皆祖田何、楊叔、丁將軍，大誼略同，唯京氏②爲異，黨焦延壽③獨得隱士之說，託之孟氏，不相與同。"據《漢書》，則田何、丁寬、楊何之學，本屬一家，傳之施、孟、梁丘，爲《易》之正傳。焦、京之學，明陰陽術數，爲《易》之別傳。乃至於今，不特王同、周王孫、丁寬、服生之《易傳》數篇無一字存。即施、孟、梁丘，漢立博士，授生徒以千萬計，今其書亦無有存者。轉不如伏生《尚書》，齊、魯、韓《詩》，猶可稍窺大旨，豈非事理之可怪，而經學之大可惜者乎？後惟虞翻④注《易》，自謂五世傳孟氏《易》，其注見李鼎祚⑤《集解》

---

① 談：即司馬遷之父司馬談。
② 京氏，即京房（前77—前37），字君明，東郡頓丘人。京房學《易》於焦延壽，善言陰陽災異占侯之術，以孝廉入仕，以《易》術言吏治非權佞，在魏郡太守任上，遭石顯等人陷害棄市。《漢書》卷七十五有傳。
③ 焦延壽，字贛（據《漢書·京房傳》），《漢書·儒林傳》顏師古注以爲名贛，字延壽。漢梁人，生卒不詳，活動於宣元間，官至小黃（今開封）縣令，愛養其民，化行縣中。從孟喜學《易》，京房爲其弟子，其《易》說長於災變，撰《焦氏易林》。
④ 虞翻（164—233），字仲翔，州舉茂才，孫權時爲騎都尉，占筮高明，行事傲慢。三國吳會稽餘姚人。《三國志》卷五十七有傳。
⑤ 李鼎祚，資州人。曾任秘書省著作郎。作《周易集解》集漢晉三十餘家《易》注而成，偏重於象數學，是唐朝後保存漢易的唯一文獻。虞氏易著主要見於《周易集解》。

稍詳，近儒張惠言①爲之發明。此則孟氏之學支與流裔，猶有存者，而漢儒《易》學幸得存什一於千百也。

10. 論漢初說《易》皆主義理、切人事，不言陰陽術數

西漢《易》學之書雖亡，而其說猶有可考者。如《淮南子·繆稱訓》曰："故君子懼失仁義，小人懼失利。觀其所懼，知各殊矣。《易》曰：'即鹿無虞，惟入於林中。君子幾不如舍，往吝。'"又曰："小人在上，如寢關暴纊，不得須臾安②，故《易》曰：'乘馬班如，泣血漣如。'言小人處非其位，不可長也。"又曰："故至德者言同略，事同指，上下一心，無歧道旁見者，遏障之於邪，開道之於善，而民鄉方矣。故《易》曰：'同人於野，利涉大川。'"《齊俗訓》曰："故《易》曰：'履霜，堅冰至。'聖人之見終始微言。"《氾論訓》曰："自古及今，五帝三王未有能全其行者也。故《易》曰：'小道，亨，利貞。'言人莫不有道，而不欲其大也。"③《人間訓》曰："今霜降而樹穀，冰泮而求獲，欲其食則難矣。故《易》曰'潛龍勿用'者，言時之不可以行也。故'君子終日乾乾，夕惕若厲，無咎'，終日乾乾，以陽動也；夕惕若厲，以陰息也。因日以動，因夜以息，惟有道者能行之。"《泰族訓》曰："《易》曰'豐其屋，蔀其家，窺其戶，闃其無人'者，非無眾庶也，言無聖人以統理之也。"

賈誼④《新書·容經》曰："亢龍往而不返。故《易》曰'有悔'。悔者，凶也。潛龍入而不能出，故曰'勿用'。勿用者，不可

---

① 張惠言（1761—1802），字皋文，號茗柯，江蘇武進人。從惠棟、江永學經學。通習六經，《易》學尤精。《易》學專於虞氏易，著有《周易虞氏義》九卷、《周易虞氏消息》二卷、《虞氏易禮》二卷、《虞氏易事》二卷等。
② "安"，《淮南子》卷十《繆稱訓》作"寧"。
③ 引文中兩處"道"字，《淮南子》卷十三作"過"。文字所引爲《周易》小過卦辭，故"道"作"過"，爲是。
④ 賈誼（前200—前168），洛陽人。年少通諸子百家之書，文帝召爲博士，遷太中大夫。上疏言政，爲周勃等所毀，貶長沙王太傅，遷梁懷王太傅。懷才不遇，憂鬱而死。著有《過秦論》《論積貯疏》等名文。《史記》卷八十四與《漢書》卷四十八有傳。

也。龍之神也，其爲蚩龍①乎。"《春秋篇》曰："故愛出者愛反，福往者福來。《易》曰：'鳴鶴在陰，其子和之。'其此之謂乎！"

董子②《繁露·基義篇》曰："《易》曰'履霜堅冰'，蓋言遜也。"《精華篇》曰："其在《易》曰：'鼎折足，覆公餗。'夫鼎折足者，任非其人也。覆公餗者，國家傾也。"

劉向③《說苑》："'無咎。有言不信。'聖人所與人難言，信也。"又引孔子曰："'困之爲道，猶寒之及煖，煖之及寒也。惟賢者獨知，而難言之也。'《易》曰'困，亨。貞大人吉'"④《法誡⑤篇》曰："孔子讀《易》，至於'損益'，則喟然而歎，子夏避席而問曰：'夫子何爲歎？'孔子曰：'自損者益，自益者缺，吾是以歎也。'子夏曰：'然則學者不可以益乎？'孔子曰：'否，夫道成者未嘗得久也。夫學者以虛受之，故曰得。"又曰："'謙也者，致恭以存其位者也。'夫豐明而動，故能大。苟大，則虧矣。吾戒之。"《奉使篇》曰："趙簡子將襲衛，使史黯往視之……黯曰：'渙其羣，元吉。渙者，賢也；羣者，眾也；元者，吉之始也。渙其羣元吉者，其佐多賢矣。'"《指武篇》曰："《易》曰：'不威小，不懲大，此小人之福也。'"⑥

《列女傳》："鄒孟母曰：《易》曰：'在中饋，無攸遂。'……以言婦人無擅制之義，而有三從之道也。"

《劉向傳》⑦稱："《易》有鼎卦，鼎，宗廟之器。主器奉宗廟者長子也。野鳥自外來，入爲宗廟器主，是繼嗣將易也。一曰，鼎三足，三公象，而以耳行。野鳥居鼎耳，小人將居公位，敗宗廟之祀。

---

① "蚩龍"，見《史記·封禪書》"《乾》稱蚩龍，鴻漸於般"，今本《周易·乾卦》作"飛龍"；《新書》卷六《榮經》引作"茲龍"。

② 董子：董仲舒。

③ 劉向（約前77—前6），字子政，本名更生，楚元王交四世孫。成帝時官光祿大夫，校經傳詩賦，撰《別錄》，爲目錄書之始。《漢書》卷三十六有傳。

④ 猶，《說苑》卷十七《雜言篇》作"從"。

⑤ "法誡"，《說苑》卷十篇名作"敬慎"。

⑥ 語見《說苑》卷十五。案：傳世本《周易》中無此引條，可參見《繫辭傳》"小懲而大誡"語。

⑦ 案下面兩條引文見《漢書·五行志》，不見《漢書·劉向傳》，皮氏偶誤。

野木生朝，野鳥入廟，敗亡之異也。"又曰："於《易》在豐之震曰：'豐其沛，日中見沫，折其右肱，無咎。'於《詩·十月之交》，則著卿士、司徒，下至趣馬、師氏，咸非其材。同於右肱之所折，協於三務之所擇，明小人乘君子，陰侵陽之原也。"又曰："讒邪進則衆賢退，邪枉盛則正士消，故《易》有否、泰。小人道長，君子道消，則政日亂，故爲否。否者，閉而亂也。君子道長，小人道消，則政日治，故爲泰。泰者，通而治也。"又曰："《易》'渙汗其大號'。言號令如汗，汗出而不返者也。"又曰："故賢人在上位，則引其類而聚之於朝，《易》曰'飛龍在天，大人聚也'；在下位，則思與其類俱進，《易》曰'拔茅茹以其彙，征吉。"① 又"《易》曰：'有嘉折首，獲匪其醜。'言誅首惡之人，而諸不順者皆來從也。"② 《彭宣傳》："宣上書言：'三公鼎足承君，一足不任，則覆亂矣。'"宣治《易》事張禹，禹受《易》於施讎者也。劉向治《易》，校書考《易》說，以爲諸家說皆祖田何、楊叔、丁將軍者也。淮南王集九師說《易》者也。賈、董，漢初大儒，其說《易》皆明白正大，主義理，切人事，不言陰陽術數，蓋得《易》之正傳。田何、楊叔之遺，猶可考見。

11. 論陰陽災變爲《易》之別傳

經學有正傳，有別傳。以《易》而論，別傳非獨京氏而已，如孟氏之卦氣、鄭氏之爻辰③，皆別傳也。又非獨《易》而已，如《伏傳》五行、《齊詩》五際、《禮·月令》《明堂陰陽說》《春秋公羊》多言災異，皆別傳也。子貢謂"夫子言性與天道，不可得聞"④，則

---

① 語見《漢書》卷三十六《劉向傳》。
② 語見《漢書》卷七十《陳湯傳》，載劉向《上元帝疏》。
③ 爻辰說，即以爻配辰。辰指地支，十二地支又稱十二辰。京房納甲說中之納支說即爲京房爻辰，京房爻辰說與《易緯·乾鑿度》爻辰說同，皆爲乾坤左右行。鄭玄爻辰說與之不同，爲乾坤皆左行。參見楊效雷說《中國古代周易詮釋史》第一章第一節，中州古籍出版社2017年版。
④ 《論語·公冶長》云"子貢曰：'夫子之文章，可得而聞也；夫子之言性與天道，不可得而聞也'"。

孔子刪定"六經",以垂世立教,必不以陰陽五行爲宗旨。《漢·藝文志》陰陽五行分爲二家,其後二家皆竄入儒家,此亦有所自來。古之王者恐己不能無失德,又恐子孫不能無過舉也,常假天變以示儆惕。《禮記》曰:"王前巫而後史,卜筮瞽侑皆在左右。王中心無爲也,以守至正。"《易》本卜筮之書,其掌卜筮者,必陳祥異占驗以左右王。古卜筮與史通,《周官》馮相、保章司天文者皆屬太史。故《國語》曰:"吾非瞽史,焉知天道?"①《左氏傳》采占書,雖未必皆當時本文,而所載卜筮事,皆屬史官占之。此古卜筮與史通之明證,亦古卜、史借天道以儆君之明證。

後世君尊臣卑,儒臣不敢正言匡君,於是亦假天道進諫。以爲仁義之說,人君之所厭聞,而祥異之占,人君之所敬畏。陳言既效,遂成一代風氣。故漢世有一種天人之學,而齊學尤盛。《伏傳》《齊詩》《公羊春秋》,皆齊人所傳也。孟、京非齊學,其言《易》亦主陰陽災變者。卜筮占驗,本與陰陽災變爲近,故後世之言術數者,多託於《易》。《漢書·儒林傳》曰:"孟喜好自稱譽,得《易》家候陰陽災變書,詐言師田生且死時枕喜𨟞②,獨傳喜,諸儒以此耀之。……博士缺,眾人薦喜。上聞喜改師法,遂不用喜。""京房受《易》梁人焦延壽。延壽云嘗從孟喜問《易》。會喜死,房以爲延壽《易》即孟氏學,翟牧、白生不肯,皆曰非也。至成帝時,劉向校書,考《易》說,……唯京氏爲異黨。"據班氏說,則《易》家以陰陽災變爲說,首改師法,不出於田何、楊叔、丁將軍者,始於孟而成於京。班氏既謂二家不同,而《藝文志》又有"《孟氏京房》十一篇,《災異孟氏京房》六十六篇",似二家實合爲一者,蓋又京氏託之孟氏,而非孟氏之本然也。孟氏得《易》家書,焦延壽得隱士說,則當時實有此種學,而非其所自創。《漢志》"《易》家"有"《雜災異》三十五篇",是《易》家本有專言災異一說,而其傳此說者,仍是別傳而非正傳。

漢儒藉此以儆其君,揆之《易》義"納約自牖"與"神道設教"

———————

① 語見《國語·周語下》。
② 𨟞,古同膝。

之旨，皆相吻合。可見人臣進諫之苦心，亦不背聖人演《易》之宗旨。而究不得爲正傳者，孔子說《易》見於《論語》者二條，一勉無過，一戒無恒，皆切人事而言。戰國諸子及漢初諸儒言《易》，亦皆切人事而不主陰陽災變。至孟、京出而說始異，故雖各有所授，而止得爲《易》之別傳也。《困學紀聞》："《京氏易·積算法》引夫子曰：'……西伯父子，研理窮通，上下囊括。推爻考象，配卦世應，加乎星宿，局於六十四所、二十四氣。分天地之數，定人倫之理，驗日月之行，尋五行之端。災祥進退，莫不因茲而兆矣。'"王應麟曰："此占候之學，決非孔子之言。"① 惠棟曰："如京說，則今占法所謂納甲、世應、遊歸、六親、六神之說，皆始於西伯父子也。"② 案西漢以前，無以爲文王、周公作卦爻辭者，況納甲、世應之說乎？此不特非孔子之言，並非京氏之說。《京氏易傳》無之，乃後人傅會，不可信。

12. 論孟氏爲京氏所託，虞氏傳孟學亦間出道家

孟氏之學，以今考之，有與諸家相出入者。卦氣出於孟氏，而其書不傳，其說不詳，詳見於京氏書。《漢書·京房傳》曰："分六十卦，更直日用事，以風雨寒溫爲候。"孟康曰："分卦直日之法，一爻主一日，六十卦爲三百六十日。餘四卦，震、離、兌、坎，爲方伯監司之官，所以用震、離、兌、坎者，是二至二分用事之日。"③ 其說亦見於《易緯·稽覽圖》所云"卦氣起中孚，卦主六日七分"，大誼略同。唐一行《卦議》引之，以爲"十二月卦，出於孟氏《章句》"④。漢儒以緯爲孔子作，固未必然。孔《疏》以讖緯起自哀、平，亦不甚合。緯書之出最古，亦有漢儒傅會者。《稽覽圖》未知與

---

① 語見王應麟《困學紀聞》卷一《易》。
② 惠棟《漢易學》卷四《京君明易上》，《文淵閣四庫全書》第 52 冊。案：惠棟言"此條今《京氏易傳》無之，載見《困學紀聞》。"
③ 引文中兩處"六十卦"，《漢書》卷七十五《京房傳》皆作"六十四卦"，皮氏誤脫。
④ 語見《新唐書》卷二十七上《曆志三上》。

孟、京孰爲先後，或緯竊孟、京，抑或孟、京竊緯，皆不可知。漢儒稱讖緯，宋人斥讖緯而稱圖書，其實皆主陰陽五行。如邵子①曰："卦氣始於中孚。"蔡西山云："康節亦用六日七分。"② 是孟、京之說，不僅漢儒宗之，宋儒亦宗之矣。然其說有可疑者，六十四卦直日用事，何以震、離、兌、坎四卦不在內，但主二至二分？乾、坤爲諸卦之宗，何以與諸卦並列？似未免削趾適履，强合牽附。京氏與孟氏相出入，《漢書》云焦、京"託之孟氏，不相與同。"③ 則卦氣之說，或亦焦、京所託，非孟氏本旨歟？《漢書》又云"孟喜得《易》家④陰陽災變書"，則卦氣之說，或孟氏得《易》家書本有之歟？皆疑莫能明。焦循云："六日七分，即所得陰陽災變託之田生者。《藝文志》'《章句》……⑤二篇'，此乃得之田王孫者。……今《說文》《釋文》中所引即此。《志》又有'《孟氏京房》十一篇、六十六篇⑥'，……則所傳卦氣六日七分之學也。"⑦ 孟氏今文，與費氏古文《易》判然不合，而許慎《說文解字·敘》云："《易》孟氏，皆古文也。"則孟氏亦有古文矣。

　　荀爽⑧傳費氏《易》而言升降，虞翻表獻帝云："潁川荀諝號爲知《易》，臣得其注，有愈俗儒"⑨，虞氏言消息、旁通，與荀言升降

---

① 邵子，即邵雍（1011—1077），字堯夫，自號安樂先生，謚號康節，其先范陽人，葬其親伊水，遂爲河南人。從北海李之才學《河圖》《洛書》及象數易學，倡先天之學，以太極爲萬物之源。著有《皇極經世》《先天圖》等書。《宋史》卷四百二十七《道学一》有傳。

② 黎靖德《朱子語類》卷六十七《易》三《論後世易象》。蔡元定（1135—1198），字季通，號西山，建州建陽人。蔡發子，幼受庭訓，長師朱熹。其長子蔡淵，三子蔡沈，皆師事朱熹。其學問多寓於朱熹書中，朱熹理學的主要創建者之一。著有《大衍詳說》《太玄潛虛指要》等。《宋史》卷四百三十四《儒林四》有傳。

③ 語見《漢書》卷八十八《儒林傳》。

④ 《漢書》卷八十八《儒林傳》"家"後，有"候"字。

⑤ 據《漢書·藝文志》省略語爲"施、孟、梁丘氏各"。

⑥ "六十六篇"前，焦循引《漢書·藝文志》有"《災異孟氏京房》"語。

⑦ 焦循《易圖略》卷八《論卦氣六日七分上》，《續修四庫全書》第27冊，第531頁。

⑧ 荀爽（128—190），一名諝，字慈明，潁川潁陰人。桓帝時拜郎中，棄官著述。獻帝時，拜平原相，遷司空。對經學皆有著述，其撰《易傳》當爲西漢費氏《易》一係，其易學思想多見於《周易集解》。《後漢書》卷六十二有傳。

⑨ 語見《三國志》卷五十七《虞翻傳》裴松之注引《翻別傳》。

相出入，則荀氏《費易》與虞氏《孟易》相入矣。張惠言《易義別錄》，首列孟氏，亦僅能舉《說文》《釋文》諸書之異字，而不能舉其義。張氏以爲學者求田何之書，則惟孟氏此文；求孟氏之義，惟虞氏注說，故作《虞氏義》與《消息》。阮元①稱爲"孤家專學"，近之漢學家多宗之，而亦有不盡謂然者。王引之謂"虞氏以旁通說《彖》《象》，顯與經違"②"虞氏釋貞以之正，違失經義"③，見《經義述聞》。錢大昕論"虞仲翔說《易》"，"之卦"有"失其義"者，有"自紊其例"者④，見《潛研堂答問》。陳澧云"虞氏《易》注，多不可通。……所言卦象，尤多纖巧"⑤，見《東塾讀書記》。焦循《易圖略》雖取虞義，亦駁其非。張惠言云："虞氏雖傳孟學，亦斟酌其意，不必盡同。"⑥ 然則虞氏間有違失，而非必盡出於孟矣。虞氏引《參同契》"日月爲易"，又言"夢道士飲以三爻"，則其學雜出於道家。故虞氏雖漢《易》大宗，亦有當分別觀之者。

13. 論鄭、荀、虞三家之義，鄭據《禮》以證《易》，學者可以推補，不必推補爻辰

鄭君用費氏《易》，其注《易》有爻辰之說，蓋本費氏《分野》

---

① 阮元（1764—1849），字伯元，江蘇儀征人。乾隆五十四年進士，道光間官體仁閣大學士，加太傅。歷官所至，振興文教。撰《十三經校勘記》《經籍籑詁》《皇清經解》百八十餘種，自著《揅經室集》。身歷乾、嘉文物鼎盛之時，主持風會數十年，海內學者奉爲山斗。《清史稿》卷三百六十四有傳。

② 王引之《經義述聞》卷二《周易下·虞氏以旁通說〈彖〉〈象〉顯與經違》。王引之（1766—1834），字伯申，念孫子，高郵人。嘉慶四年一甲進士，授編修。官至工部尚書。引之推廣庭訓，成《經義述聞》十五卷，《經傳釋詞》十卷，《周秦古字解詁》《字典考證》。論者謂有清經術獨絕千古，高郵王氏之學，三世相乘，與長洲惠氏相埒。《清史稿》卷四百八十一《儒林傳二》有傳。

③ 王引之《經義述聞》卷七《周易上·虞氏釋貞以之正違失經義》。錢大昕（1728—1804），字曉徵，嘉定人。乾隆十九年進士，選翰林院庶吉士。官至詹事府少詹事，提督廣東學政等。儒家之學無所不學，無所不精通，而經史尤顯。著有《廿二史考異》《潛研堂文集》《十駕齋養新錄》等。《清史稿》卷四百八十一《儒林二》有傳。

④ 錢大昕《潛研堂文集》卷四《答問一》。

⑤ 陳澧《東塾讀書記》卷四《易》。

⑥ 張惠言《茗柯文編》二編卷上《易義別錄序》。

一書，然鄭所長者不在此。鄭學最精者"三禮"，其注《易》，亦據禮以證《易》義廣大，無所不包。據《禮》證《易》，以視陰陽術數，實遠勝之。鄭《注》如嫁娶、祭祀、朝聘，皆合於《禮經》。其餘雖闕而不完，後儒能隅反而意補之，亦顓家之學也。鄭君自序："來至元城，乃注《周易》。"其成書在絕筆之年。晉以後，鄭《易》皆立學。南北朝時，河北用鄭《易》，江左用王弼《易注》。至隋，鄭《易》漸衰。唐定《正義》，《易》主王弼，而鄭《易》遂亡。宋末王應麟始為蒐輯古書之學，輯《鄭易注》一卷。近儒惠棟以為未備，更補正為三卷。丁杰①又以為有誤入者，復加釐訂，稱為善本。是鄭君之成《易注》，視諸經為最後，鄭君書多亡逸，輯《易注》者，視諸書為最先。

張惠言亦輯鄭《易》，而加以發明。《周易鄭荀義》："敘曰：……昔者虙犧作十言之教，曰乾、坤、震、巽、坎、離、艮、兌、消、息。鄭氏贊《易》實述之，至其說經，則以卦爻無變動，謂之彖辭。夫七八者象，九六者變。經稱用九、用六，而辭皆七、八，名與實不相應，非虙犧氏之旨也。爻象之區既隘，則乃求之於天。乾、坤六爻，上繫二十八宿，依氣應宿，謂之爻辰。若此，則三百八十四爻，其象十二而止，殆猶溓焉。此又未得消息之用也。然其列貴賤之位，辨大小之序，正不易之倫。經綸創制，吉凶損益，與《詩》《書》《禮》《樂》相表裏，則諸儒未有能及之也。荀氏之說消息，以乾升坤降，萬物始乎泰，終乎否。夫陰陽之在天地，出入上下，故理有易有簡，位有進有退，道有經有權，歸于正而已。而荀氏言陽常宜升而不降，陰常降而不升，則姤、遯、否之義，大于既濟也。然其推乾、坤之本，合于一元，雲行雨施，陰陽和均，而天地成位，則可謂得《易》之大義者也。虞氏考日月之行以正乾元，原七、九之氣以定大位，運始終之紀以敘六十四卦，要變化之居以明吉凶悔吝，六爻發揮，旁通乾元，用九則天下治，以則四德，蓋與荀同源，而闳大遠矣。王弼之說，多本鄭氏，而棄其精微，後之學者習聞之，則以為費

---

① 丁杰（1738—1807），字升衢，浙江歸安人，經學家，著作有《周易鄭注後定》《大戴禮記繹》《小酉山房文集》等。《清史稿》卷四百八十一《儒林二》有傳。

氏之義如此而已。其盈虛消息之次，周流變動之用，不詳於《繫辭》《彖》《象》者，概以爲不經。若觀鄭、荀所傳卦氣、十二辰、八方之風、六位、世應爻、互卦動，莫不彰著。劉向有言'《易》家皆祖田何，大義略同'，豈特楊叔、丁將軍哉？"①

錫瑞案：張氏舉鄭、荀、虞，而斟酌其得失，皆有心得。其於鄭義取其言《禮》，不取其言爻辰，與李鼎祚《集解》采鄭《注》，不采其言爻辰者，同一卓識。惟以卦氣、十二辰之類，亦祖田何，則未必然。孟、京以前，言《易》無有主卦氣、十二辰之類者，不可以後人之說誣前人，而以《易》之別傳爲正傳也。焦循曰："爻辰……，自爲鄭氏一家之學，非本之《乾鑿度》，亦不必本於月律②也。然以離九三爲艮爻，位值丑，丑上值弁星，弁星似缶。坎上六爻辰在巳，蛇之蟠屈似徽纆。臨卦斗臨丑，爲殷之正月，以見周改殷正之數，謬悠非經義。至以'焚如'爲不孝之刑，'女壯'爲一女當五男，尤非聖人之義也。余於爻辰，無取焉爾。"③

14. 論費氏《易》傳於馬、鄭、荀、王而其說不同，王弼以十篇說經，頗得費氏之旨

漢《易》立博士者四家，施、孟、梁丘、京氏，並今文說而皆亡佚。後世所傳者，費氏《古文易》也。而今之《易》又非古文，蓋爲後人變改幾盡。《說文》間載古文，許慎以爲孟氏。《釋文》所載經文異字，惟《易》獨多。然則漢時傳《易》者，尤爲雜而多端，未知田何、楊叔、丁將軍之傳本究如何也。《漢書·儒林傳》曰："費直字長翁，東萊人也。治《易》爲郎，至單父令。長於卦筮，亡

---

① 語見張惠言《周易鄭荀義》，《續修四庫全書》第 26 冊，第 672 頁。案思賢書局本、商務本作"定大位""互卦動"，中華本據《周易鄭荀義》(《續修四庫全書》本) 改作"定六位""互卦變"。

② 月律：古樂分十二調，爲六陽律、六陰律。《呂氏春秋》始以律與曆相附會，以十二律應十二月。

③ 焦循《易圖略》卷八《論爻辰》，《續修四庫全書》第 27 冊，第 535 頁。

章句，從以《彖》《象》《繫辭》十篇、《文言》①解說上下經。琅邪王璜平中能傳之。"《後漢書·儒林傳》曰："東萊費直能②《易》，授琅邪王橫，爲費氏學。本以古字，號《古文易》。""陳元、鄭眾皆傳'費氏易'"，其後馬融亦爲其傳。融授鄭玄，玄爲《易注》，荀爽又作《易傳》，自是費氏興，而京氏遂衰。"

　　錫瑞案：費氏之《易》，不知所自來，考其年當在成、哀間，出孟、京後。王璜即王橫，與王莽同時，爲費氏一傳弟子，則必在西漢之末矣。費氏無章句，故《藝文志》不載。《釋文》有《費直章句》四卷，當屬後人依託。費氏專以《彖》《象》《繫辭》《文言》解經，與丁將軍"訓故舉大誼"略同，似屬《易》之正傳，而漢不立學者。漢立學皆今文，而費氏傳古文。漢人重師授，而費氏無師授。故范升曰："《京氏》既立，《費氏》怨望。"③則東漢初有欲立費《易》者，而卒不立。陳元傳費《易》，或即欲立費《易》之人，正與范升反對者也。陳元、鄭眾、馬融《易》學不傳。鄭、荀二家稍傳其略，王弼亦傳費《易》，而其說各異。費氏亡章句，止有文字，東漢人重古文，蓋但據其本文，而說解各從其意，此鄭、荀、王所以各異也。"劉向以中《古文易經》校施、孟、梁丘經，或脫去'無咎''悔亡'，唯費氏經與古文同。"④此馬、鄭所以皆用費氏。《釋文》以爲費《易》人無傳者，是不知馬、鄭、王之《易》即費《易》也。

　　王弼盡掃象數，而獨標卦爻承應之義，蓋本費氏之以《彖》《象》《繫辭》《文言》解經。後儒多議其空疏，陳澧獨取之，曰："'乾：元亨利貞。初九：潛龍勿用'，王輔嗣注云：'《文言》備矣。''九二：見龍在田'，注云：'出潛離隱，故曰見龍。處於地上，故曰在田。'此真費氏家法也。'元亨利貞'之義，'潛龍勿用'之義，《文言》已備，故輔嗣不復爲注。至'見龍在田'，《象》曰'德施普也'。《文言》曰'龍德而正中者也'，又曰'時舍也'，皆

────────
　　① 案此句中順序應爲"《文言》十篇"，疑《漢書》將前後順序顛倒。
　　② 《後漢書》卷七十九上《儒林列傳上》"能"作"傳"。
　　③ 范升，字辯卿，東漢初代郡（今山西代縣）人，經學家，於易學，曾與博士梁恭、山陽太守呂羌俱修《梁丘易》。《後漢書》卷三十六有傳。
　　④ 語見《漢書》卷三十《藝文志》。

未釋'見'字、'田'字，故皆爲之注，而又不可以意而說也。《文言》曰：'潛之爲言也，隱而未見。'潛爲未見，則見爲出潛矣。潛爲隱，則見爲離隱矣。故輔嗣云'出潛離隱'，據彼以解此也。《繫辭傳》曰：'兼三才而兩之，故《易》六畫而成卦。'是五與上爲天，三與四爲人，初與二爲地。初爲地下，二爲地上。故輔嗣云'處於地上'也，此真以十篇解說經文者。若全經之法皆如是，則誠'獨冠古今'矣。"①

15. 論王弼多清言而能一埽術數，瑕瑜不掩，是其定評

王弼《易注》，孔《疏》以爲"獨冠古今"。程子②謂"學《易》先看王弼"，《易傳》中不論象、不論卦變，皆用弼說。王應麟謂："輔嗣之注，學者不可忽也。"《困學紀聞》錄王注二十三條。"何焯云：'程《傳》中所取輔嗣之義正③多。厚齋則但就其格言錄之。'陳澧謂：厚齋所錄，非但尚《易》之辭，並尚輔嗣之辭矣。此孫盛所謂麗辭溢目者也。然所錄如大有六五注云：'不私於物，物亦公焉；不疑於物，物亦誠焉。'頤初九注云：'安身莫若不競，修己莫若自保，守道則福至，求祿則辱來。'造語雖精，然似自作子書，不似經注矣。又如乾九三注云：'乾三以處下卦之上，故免亢龍之悔；坤三以處下卦之上，故免龍戰之災。'厚齋所云'乾以惕無咎，震以恐致福'，頗似摹擬輔嗣語也。朱子④云：'漢儒解經，依經演釋；晉人則不然，舍經而自作文。'輔嗣所爲格言，是其學有心得。然失漢儒注

---

① 陳澧《東塾讀書記》卷四《易》。
② 程頤（1033—1107），字正叔，世稱伊川先生，洛陽人。程顥弟。弟兄倆以周敦頤爲師。并入以理學名世的北宋五子（周敦頤、程顥、程頤、張載、邵雍）。著有《程氏易傳》《春秋傳》等。《宋史》卷四百二十七《道學傳一》有傳。
③ "正"，《困學紀聞》卷一《易》作"甚"。
④ 朱子，即朱熹（1130—1200），字元晦，一字仲晦，徽州婺源人。高宗紹興十八年進士。官知南康軍，知漳州等。主持白鹿洞書院、岳麓書院五十多年。成程朱學派，亦稱閩學。理學集大成者著有《四書章句集注》《詩集傳》《楚辭集注》等，及後人整理《朱子語類》等。《宋史》卷四百二十九有傳。

經之體，乃其病也。"①

錫瑞案：程子之取王弼者，以其說多近理。朱子之不取晉人者，以其文太求工。言非一端，義各有當。陳澧謂"其所爲格言，學有心得"，予謂弼之所學，得於老氏者深，而得於《易》者淺。魏晉人尚清言，常以《老》《易》並舉，見於史者，多云某人善說《老》《易》。是其時之所謂《易》學，不過藉爲談說之助，且與老氏並爲一談。王弼嘗②注《老子》，世稱其善；其注《易》亦雜老氏之旨。雖名詞雋句耐人尋味，實即當時所謂清言。南朝好玄理，重文詞，故弼之書盛行；北人尚樸，學《易》主鄭玄，不主王弼。自隋以後，北學并入南學，唐人以爲獨冠古今，於是《易》專主王弼《注》及晉韓康伯③之《補注》矣。宋元嘉時，王、鄭兩立，顏延之爲祭酒，黜鄭置王，而《太平御覽》引顏延之《庭誥》曰："馬、陸得其象數，而失其成理。荀、王舉其正宗，而略其象數。"則延之雖以王弼爲正宗，亦疑其於象數太略也。孔子之《易》，重在明義理，切人事。漢末《易》道猥雜，卦氣、爻辰、納甲、飛伏、世應之說，紛然並作。弼乘其敝，埽而空之，頗有摧陷廓清之功，而以清言說經，雜以道家之學，漢人樸實說經之體，至此一變。宋趙師秀④詩云"輔嗣《易》行無漢學"，可爲定論。范武子謂"王弼、何晏罪浮桀紂"⑤，則詆之太過矣。弼《注》之所以可取者，在不取術數而明義理；其所以可議者，在不切人事而雜玄虛。《四庫提要》曰："弼之說《易》，源出費直。直《易》今不可見，然荀爽《易》即費氏學，

---

① 語見陳澧《東塾讀書記》卷四《易》。案："演釋"，《朱子語類》《東塾讀書記》皆作"演繹"。

② 嘗，商務本、中華本作"常"，嘗義勝。

③ 韓伯，字康伯，東晉潁川人，官至侍中。王弼注釋了《周易》之《彖傳》《象傳》《文言》，康伯注釋了《繫辭傳》《說卦》《序卦》《雜卦》篇。

④ 趙師秀（1170—1219），字紫芝，又字靈秀，太祖八世孫，光宗紹熙庚戌進士，南宋永嘉人，"永嘉四靈"之一，詩集僅《清苑齋集》傳世。引語出趙師秀《秋月偶書》詩："此生謾與蠹魚同，白髮難收紙上功。輔嗣《易》行無漢學，玄暉詩變有唐風。夜長燈爐挑頻落，秋老蟲聲聽不窮。多少故人天祿貴，猶將寂寞欺揚雄。"

⑤ 范甯，字武子，東晉經學家，官至豫章太守，撰《春秋穀梁傳集解》，唐代楊士勳爲之疏，合成《春秋穀梁傳注疏》，成爲《十三經注疏》之一。《晉書》卷七十五《范寧傳》云："王弼、何晏二人之罪深於桀紂。"

李鼎祚書尚頗載其遺說。大抵究爻位之上下，辨卦德之剛柔，已與弼《注》略近，但弼全廢象數，又變本加厲耳。平心而論，闡明義理，使《易》不雜於術數者，弼與康伯深為有功。祖尚虛無，使《易》竟入於老、莊者，弼與康伯亦不能無過。瑕瑜不掩，是其定評。諸儒偏好偏惡，皆門戶之見，不足據也。"①

16. 論以傳附經始於費直，不始於王弼，亦非本於鄭君

古本《易經》與今不同，"朱子《記嵩山晁氏卦爻象象說》謂：'古經始變於費氏，而卒大亂於王弼。'② 顧炎武謂：'此據孔氏《正義》，……謂連合經傳始於輔嗣，不知其實本於康成也。'"③《漢書·儒林傳》云："費直……治《易》……無章句，徒以《彖》《象》《繫辭》……《文言》解說上下經。"則以傳附經，又不自康成始。

近儒姚配中說尤詳晰，曰："經傳之合，始自費直。《魏志·高貴鄉公紀》：'帝問曰："孔子作《彖》《象》，鄭氏作注，雖聖賢不同，其所釋經義一也，今《彖》《象》不與經文相連，而注連之，何也？"《易》博士淳于俊對曰：'鄭氏合《彖》《象》於經，欲使學者尋省易了也。'據此則經傳之合，始自鄭矣。然案《儒林傳》云：'費直治《易》，長於卦筮，亡章句，徒以《彖》《象》《繫辭》十篇、《文言》解說上下經。'以傳解經，則必以傳合經；經傳之連，實當始自費，非始自鄭也。而高貴鄉公、淳于俊並云鄭者，蓋費氏亡章句，徒以傳解經，則傳即為其章句。注者因費氏之本，既注經即還④注傳，而合傳於經之名，遂獨歸注之者矣。且直以古字號《古文易》，劉向以中《古文易》校諸家，唯費氏經與古文同，費氏經既與中古文同，而又亡章句，非合傳於經，則傳其書者。直云傳古文可耳，烏得以直

---

① 永瑢等《四庫全書總目》卷一《周易注》提要"。
② 顧炎武引自《朱文公集》六六《雜著》。原說見晁說之《嵩山集》十八《題古周易後》。
③ 語見《日知錄》卷一《朱子周易本義》。
④ "即還"，《周易姚氏學》作"還即"。

既無章句，又無異文，而乃獨以其學歸之費氏耶？《尚書》有今古文之學，此其可證者也。《後漢書·儒林傳》云：'陳元，鄭眾皆傳費氏《易》，其後馬融亦爲其傳。'案馬融注《周禮》，尚欲省學者兩讀，其爲《易》傳，當亦必仍費氏之舊。高貴鄉公不言馬融，獨言鄭連之者，時方講鄭學，據鄭言也。蓋唯費無章句，以傳解經，傳其學者，不過用其本耳。是以注家言人人殊，而俱曰傳費氏《易》。極至王弼之虛言，亦稱爲費氏之學，此其明驗也。"①

　　錫瑞案：姚氏此說，可爲定論。其謂傳費氏學者不過用其本，是以注家言人人殊，尤可以見漢時傳古文者之通例，非特《周易》一經。即如《尚書》傳古文者，衛、賈、馬、鄭皆用杜林本，而鄭不同於馬，馬亦未必同於衛、賈，正與鄭、荀、王皆傳費氏《易》，而言人人殊者相似。漢時傳今文者，有師授，有家法；傳古文者，無師授，無家法。其崇尚古文者，以古文之本爲是，今文之本爲非。如《易》則云諸家脫"无咎，悔亡"；《書》則云"《酒誥》脫簡一，《召誥》脫簡二"。故好古者以古文經相矜炫，而相傳爲祕本。然古文但有傳本而無師說，當時儒者若但以古文正今文之誤，而師說仍用今文，博士所傳，則無鄉壁虛造之譏，亦無多歧亡羊之患。漢之經學，雖至今存可也。乃諸儒名爲慕古，實則喜新。傳本雖用古文，而解經各以意說，以致異議紛雜，言人人殊，學者苦其繁而無由折衷，以致漢末一亂，而同歸於盡，不得謂非諸儒之咎矣。《易經》皆孔子作，《彖》《象》《文言》亦當稱經，惟今之《繫辭傳》，可稱傳耳。據高貴鄉公言，則當時已誤以卦爻辭爲經，《彖》《象》《文言》爲傳矣。

17. 論宋人圖書之學亦出於漢人而不足據

　　漢人有圖書之學，宋人亦有圖書之學。宋人之圖書，亦出於漢人之圖書。《公羊疏》曰："《六藝論》言：'六藝者，圖所生也。'《春

---

① 姚配中《周易姚氏學》卷一，《續修四庫全書》第30冊，第464頁。案：姚配中（1792—1844），字仲虞，安徽旌德人。以諸生身份教授鄉里，精通經史百家，尤喜研易。撰《周易姚氏學》十六卷，宗法鄭玄易學，又能擇善而從。

秋》言依百二十國史何？答曰：'王者依圖書行事，史官錄其行事。言出圖書，豈相妨奪？'"① 俞正燮②曰："百二十國史仍是圖書，古太史書雜處，取《易》于《河圖》，則《河圖》餘九篇，取《洪範》于《洛書》，則《洛書》餘六篇，皆圖書也。"

錫瑞案：漢時圖書即是讖緯。讖緯篇多以圖名，則當時書中必有圖。《韓勑禮器碑》云："秦、項作亂，不尊圖書。"此碑多引緯書，其稱圖書必是讖緯。《易緯》亦或以圖名篇。卦氣出《稽覽圖》，則所云坎、離、震、兌爲四正卦，餘六十卦，每月五卦，卦六日七分，當日必有圖以明之，是讖緯即圖書之明證。

宋人圖書之學，出於陳摶③。摶得道家之圖，創爲太極、河洛、先天、後天之說，宋人之言《易》學者多宗之。周子④稍變而轉易之，爲《太極圖說》，宋人之言道家者多宗之。邵子精於□□⑤，著《皇極經世書》，亦爲學者所宗。程子與邵同時，又屬懿戚，不肯從受數學，其著《易傳》，專言理，不言數。《答張閎中書》云："得其義，則象數在其中。"⑥故程子於《易》頗推王弼，然其說理非弼所及，且不雜以老氏之旨，尤爲純正。顧炎武謂："見《易》說數十家，未見有過於《程傳》者。"⑦以其說理爲最精也。朱子作《本義》

---

① 皮引自《公羊疏》卷一，文字略有異。
② 俞正燮（1775—1840），字理初，安徽黟縣人。道光元年舉人，經策淹博，會試竟不捷。其讀書，置巨冊數十，分題疏記，積歲月乃排比爲文，斷以己意。著有《癸巳類稿》十五卷，《癸巳存稿》十五卷。《清史稿》卷四百八十六《文苑三》有傳。
③ 陳摶（？—989），字圖南，號扶搖子，亳州真源人。後唐長興中參加科舉考試，未中進士，自從由儒轉道，名聲漸顯，而決意仕途。宋太宗賜號"希夷先生"。精研《周易》，著《無極圖》《先天圖》，爲北宋理學之濫觴。朱震《漢上易解》云："陳摶以《先天圖》傳种放，放傳穆修，穆修傳李之才，之才傳邵雍。放以《河圖》《洛書》傳李溉，溉傳許堅，許堅傳范諤昌，諤昌傳劉牧。穆修以《太極圖》傳周敦頤，敦頤傳程顥、程頤。是時，張載講學於二程、邵雍之間。故雍著《皇極經世書》，牧陳天地五十有五之數，敦頤作《通書》，程頤著《易傳》，載造《太和》《參兩》篇。"
④ 周敦頤（1017—1073），字茂叔，號濂溪，道州營道人。官至廣東提點刑獄。二程從其學。著《太極圖》，明天理之根源，究萬物之終始。著《通書》，發明太極之蘊。《宋史》卷一百八十六《道學一》有傳。
⑤ 案："邵子精於"後，原文脫兩字，據下句文義，脫者當爲"數學"二字。
⑥ 程顥、程頤《河南程氏文集》卷九《伊川先生文五》。
⑦ 《亭林文集》卷三《與友人論易書》，《亭林集》，《續修四庫全書》第1402冊。案：原文爲："唐宋人之書亦有十數家，有明之人之書不與焉。然未見有過於《程傳》者。"

以補《程傳》，謂"程言理而未言數"，乃於篇首冠以九圖。又作《易學啟蒙》，發明圖書之義。"同時袁樞①、薛季宣②已有異論。考《宋史·儒林傳》，《易學啟蒙》朱子本屬蔡元定創稿，非所自撰。《晦庵大全集》中載《答劉君房書》'《啟蒙》本欲學者且就《大傳》所言卦畫蓍數推尋，不須過爲浮說。而自今觀之，如《河圖》《洛書》，亦不免尚有剩語'。至於《本義》卷首九圖，王懋竑③《白田雜著》以《文集》《語類》鉤稽參考，多相矛盾，信其爲門人所依附。"④則九圖"亦非朱子所自列⑤"也。朱子嘗疑《龍圖》是僞書，以康節之學爲《易》卦別傳，持論至確。特疑程子《易傳》不言象數，以致後來有九圖之附益。

宋元明言《易》者，開卷即及先天、後天，惟"元陳應潤作《爻變義蘊》，始指先天諸圖爲道家借《易》理以爲修煉之術。吳澄⑥、歸有光⑦亦不信圖書。國朝毛奇齡⑧作《圖書原舛篇》，黃宗羲⑨作《易

---

① 袁樞（1131—1205），字機仲，建安人。官至太府丞、兼國史院編修官。袁樞喜誦司馬光《資治通鑒》，苦其浩博，乃區別其事而貫通之，號《資治通鑒本末》，爲以事件爲中心史體的傑作。另作《易傳解義》及《辯異》《童子問》等。《宋史》卷三百八十九有傳。

② 薛季宣（1134—1173），字士龍，永嘉人。師事袁概，盡得其授。袁概乃程頤弟子。季宣於《詩》《書》《春秋》《中庸》《大學》《論語》皆有訓義，雜著曰《浪語集》。《宋史》卷四百三十四《儒林四》有傳。

③ 王懋竑（1668—1741），字子中，號白田，寶應人。精研朱子之學，身體力行，康熙五十七年成進士，年已五十一。雍正元年授翰林院編修。著《白田雜著》八卷，於朱子《文集》《語類》考訂尤詳。《清史稿》卷四百八十《儒林一》有傳。

④ 永瑢等《四庫全書總目》卷六《易圖明辨》提要。

⑤ "列"，王懋竑《白田雜著》卷一《易本義九圖論》（影印《文淵閣四庫全書》第859冊）作"作"。

⑥ 吳澄（1249—1333），字幼清，晚字伯清，撫州崇仁人。宋咸淳間舉進士不第，遂居家不出。元武宗時，曾任國子司業，翰林學士。後棄官講學著書，著有《易纂言》《春秋纂言》等。《元史》卷一百七十一有傳。

⑦ 歸有光（1506—1571），字熙甫，號震川，蘇州府崑山人。嘉靖十九年舉人，參加會試八次，四十四年方中進士。官至南京太僕寺丞，工詩擅文，文章大家。著《震川集》等。《明史》卷二百八十七有傳。

⑧ 毛奇齡（1623—1716），字大可，學者稱西河先生，蕭山人。明諸生，康熙時舉博學鴻詞科。勤於著述，所著《西河合集》四百餘卷。《清史稿》卷四百八十一《儒林二》有傳。

⑨ 黃宗羲（1601—1695），字太沖，號梨洲，明末清初餘姚人。幾次努力後，知復明無望，傾心講學著述。精通經史，著《明儒學案》《明文海》《明夷待訪錄》等。《清史稿》卷四百八十《儒林一》有傳。

學象數論》，黃宗炎作《圖書辨惑》，爭之尤力。"① 胡渭《易圖明辨》"引據舊文，……足箝依托之口"②。張惠言《易圖條辨》駁詰精審，足箴先儒之失，今且不必深論。但以"圖書"二字詰之，圖，今所謂畫也；書，今所謂字也。是圖但有點畫，而書必有文字。漢人以河圖爲八卦，洛書爲九疇。劉歆謂"初一曰五行"以下二十八字，即是《洛書》，其說尚爲近理。宋人所傳河、洛，皆黑白點子，但可云河圖、洛圖，何云《河圖》《洛書》？此百喙所不能解者。

18. 論《先天圖》不可信，朱子答《袁機仲書》乃未定之說

宋人圖書之學，近儒已摧陷廓清，學者可勿道矣。而朱子之說，猶有不得不辨者。《答袁機仲書》曰："據邵氏說，先天者，伏羲所畫之《易》也；後天者，文王所演之《易》也。伏羲之《易》，初無文字，只有一圖以寓其象數，而天地萬物之理、陰陽始終之變具焉。文王之《易》，即今之《周易》，而孔子所爲作傳者也。孔子既因文王之《易》以作傳，則其所論固當專以文王之《易》爲主。然不推本伏羲作《易》畫卦之所由，則學者必將誤認文王所演之《易》便爲伏羲始畫之《易》，只從中半說起，不識向上根原矣。故《十翼》之中，如八卦成列，因而重之，太極、兩儀、四象、八卦與天、地、山、澤、雷、風、水、火之類，皆本伏羲畫卦之意；而今新書《原卦畫》一篇，亦分兩儀，伏羲在前，文王在後。必欲知聖人作《易》之本，則當考伏羲之畫；若只欲知今《易》書文義，則但求之文王之經、孔子之傳足矣。兩者初不相妨，而亦不可以相雜。來教乃謂專爲邵氏解釋，而於《易經》無所折衷，則恐考之有未詳也。"③《本義》圖說曰："右《易》之

---

① 永瑢等《四庫全書總目》卷六《易圖明辨》提要。"亦不信圖書"語，提要作"諸人亦相繼排擊，各有論述"。胡渭（1633—1714），初名渭生，字朏明，號東樵，德清人。太學生，精於經學、歷史地理學，易學成績尤其顯著，著《易圖明辨》十卷，專爲辨定圖、書而作。《清史稿》卷四百八十一《儒林二》有傳。
② 永瑢等《四庫全書總目》卷六《易圖明辨》提要。
③ 《晦庵先生朱文公文集》卷三十八《答袁機仲》第三通。

圖九。有天地自然之易，有伏羲之易，有文王、周公之《易》，有孔子之《易》。自伏羲以上皆無文字，只有圖畫，最宜深玩，可見作《易》本原精微。文王以下方有文字，即今之《周易》。然讀者亦宜各就本文消息，不可便以孔子之《易》爲文王之說也。"①

錫瑞案：朱子此說與經學大有關礙。六經皆出孔子，故漢初人以爲文王但重卦而無辭，卦辭、爻辭皆孔子作。其後乃謂文王作卦爻辭。又謂文王作卦辭，周公作爻辭。孔《疏》遂以文王、周公作者爲經，孔子作者爲傳，則已昧於經傳之別，而奪孔子之制作，以歸之文王、周公矣。然易歷三聖，道原一揆，猶未始歧而二之也。自宋陳、邵之圖書出，乃有伏羲之易與文王之《易》、孔子之《易》，分而爲三。朱子此說，更增以天地自然之《易》，判而爲四。謂"不可便以孔子之《易》爲文王之說"，又謂不可誤認"文王所演之《易》爲伏羲始畫之易"。則是學《易》者，於孔子之明義理、切人事者，可以姑置勿論，必先索之杳冥之際，混沌之初，即使真爲上古之傳，亦無裨於聖經之學。矧其所謂伏羲者非伏羲也，乃陳、邵之書也；且非儒家之言，乃道家之旨也。夫以道家之旨解《易》，固不始於宋人。虞翻明引《參同契》，是道家之旨也。王弼以老氏注《易》，亦道家之旨也。然二人但以道家之旨，雜於儒家之中。宋人乃以道家之書，加乎孔子之上。以圖書之學說《易》，亦不始於宋人。卦氣、爻辰出於讖緯，亦圖書之學也。然漢人以讖緯爲孔子所作，說雖近誣，尚不失爲尊聖。宋人乃以羲、文列孔子之上，說尤近誣，而聖更不尊矣。學如孔子，亦云至矣，不當更求之於孔子之上。時代如孔子，亦云古矣，不當更推之於孔之前。世去孔子一二千年，聖學之僅存不過什一千百。乃於其僅存者視爲未足，必遠求之荒渺無徵，飾僞欺人，迭相祖述，怪圖滿紙，迷誤後學。王鳴盛謂宋儒以虞廷十六字爲三聖傳心，此《風俗通》所云"鮑君神之類"②，予謂先天諸圖乃真鮑君

---

① 語見《周易本義》卷首《易圖》。
② 語見王鳴盛《蛾術編》卷八十一《說通》一《太極圖集先天圖》。案原文引《風俗通》中鮑魚神故事，明先天圖、後天圖之無稽，未言及"虞廷十六字爲三聖傳心"，蓋皮氏引文有誤，《經學通論》卷二第二十四篇文重復此語，又誤。王鳴盛（1722—1798），字鳳喈，號西莊。乾隆十九年進士，官至内閣學士兼禮部侍郎。通經史，工詩文。著有《十七史商榷》《蛾術編》《尚書後案》等。《清史稿》卷四百八十一《儒林二》有傳。

神之類也。《朱子語類》曰："《先天圖》傳自希夷，希夷又自有所傳。蓋方士技術用以修煉。"則朱子非不知《先天圖》不可信，《答袁機仲》蓋未定之說，不可不辨。

19. 論胡渭之辨甚確，若知《易》皆孔子所作，更不待辨而明

胡渭《易圖明辨》辨《本義》之說，曰："按《本義》卷首列九圖於前，而總爲之說，所謂天地自然之易，《河圖》《洛書》也；伏羲之易，先天八卦及六十四卦次序、方位也；文王之《易》，後天八卦次序、方位，及六十四卦之卦變也，是皆著爲圖者。伏羲有畫而無辭，文王繫彖，周公繫爻，孔子作《十翼》，皆遞相發揮以盡其義。故曰'聖人之情見乎辭'，辭者，所以明象數之難明者也。而朱子顧以爲三聖人之《易》，專言義理，而象數闕焉，是何說與？且《易》之所謂象數，蓍卦焉而已。卦主象，蓍主數。二體六畫，剛柔雜居者，象也；大衍五十，四營成易者，數也。經文燦然，不待圖而明。若朱子所列九圖，乃希夷、康節、劉牧①之象數，非《易》之所謂象數也。三聖人之言，胡爲而及此乎？伏羲之世，書契未興，故有畫而無辭。延及中古，情僞漸啟，憂患滋多，故文王繫彖以發明伏羲未盡之意，周公又繫爻以發明文王未盡之辭，一脈相承，若合符節。至於孔子紹聞知之統，集羣聖之大成，論者以爲生民所未有。使伏羲、文王、周公之意，而孔子有所不知，何以爲孔子？既已知之，而別自爲說，以求異於伏羲、文王、周公，非述而不作之旨意②也。然則伏羲之象，得辭而益彰，縱令深玩圖書③，而得其精微，亦不外乎文王、周公、孔子所言之理，豈百家眾技之說所得而竄入其中哉？九圖雖

---

① 劉牧（1011—1064），字先之，號長民，衢州西安人。舉進士，以范仲淹爲師，官至太常博士。著有《新注周易》十一卷，《卦德通論》一卷，《易數鉤隱圖》一卷等。《宋元學案》卷二有傳。

② "旨"，胡渭《易圖明辨》作"指"。

③ "圖書"，《易圖明辨》作"圖畫"，"圖畫"義勝。

妙，聽其爲《易》外別傳，勿以冠經首可也。"①

錫瑞案：胡氏之辨甚明，以九圖爲《易》外別傳尤確，特猶誤沿前人之說。以爲文王作卦辭，周公作爻辭，孔子作《十翼》，故但以爲孔子之說，不異文王、周公之意，不知卦爻辭亦孔子之說也。自東漢後，儒者誤疑《繫辭傳》云"蓋取諸益"與"噬嗑"，以爲神農時已有重卦，則重卦當屬神農。重卦既爲神農，則文王演《易》必當有辭，遂疑卦辭、爻辭爲文王作。其後又疑文王作爻辭不應有"岐山""箕子""東鄰"諸文，遂又疑爻辭爲周公作，重悱貤繆，悍然以文王、周公加孔子之上，與六經皆孔子作之旨不合矣。宋之陳、邵更加伏羲，此猶許行並耕，上託神農，老、莊無爲，高談皇古，乃昌黎②所謂"惟怪之欲聞"者。宋儒之學，過求高深，非但漢唐注疏視爲淺近，孔孟遺經亦疑平易。故其解經多推之使高，鑿之使深，有入於二氏而不覺者。其說《易》以孔子之《易》爲未足，而務求之道家，亦猶其解各經，疑孔子之言爲未至，而間雜以二氏也。宋時一代風尚如此，故陳、邵圖書盛行，以朱子之明，猶無定見而爲所惑。元明以其書取士，學者不究《本義》，而先觀九圖，遂使《易》學沈霾數百年，國初諸儒辨之而始熄。若知《易》皆孔子所作，不待辨而明矣。

20. 論黃宗羲論《易》取王《注》與程《傳》，漢之焦、京，宋之陳、邵皆所不取，說極平允，近人復理焦、京之緒，又生一障

黃宗羲《象數論·序》曰："夫《易》者，範圍天地之書也。廣大無所不備，故九流百家之學俱③可竄入焉。自九流百家借之以行其

---

① 語見《易圖明辨》卷十《象數流弊·論四聖之易》，影印《文淵閣四庫全書》第44冊。

② 韓愈（768—824），字退之，河南河陽人，昌黎爲郡望，世稱韓昌黎。唐德宗貞元八年進士。官至刑部侍郎，兵部侍郎，禮部侍郎，京兆尹。著有《昌黎先生文集》。《舊唐書》卷一百六十及《新唐書》卷一百七十六有傳。

③ "俱"，《易學象數論·自序》作"皆"。

說。而於《易》之本意反晦矣。《漢·儒林傳》：'孔子六傳至菑川田何，《易》道大興。'吾不知田何之說何如也。降而焦、京，世應、飛伏、動爻、互體、五行、納甲之變無不具者。吾讀李鼎祚《集①解》，一時諸儒之說，蕪穢康莊，使觀象玩占之理，盡入淫瞽方技之流，可不悲夫！有魏王輔嗣，出而注《易》，得意忘象，得象忘言；日時歲月，五氣相推，悉皆擯落，多所不關，庶幾潦水盡而寒潭清矣。顧論者謂其以《老》《莊》解《易》，試讀其《注》，簡當而無浮義，何曾籠絡玄旨。故能遠歷於唐，發爲《正義》，其廓清之功不可泯也。然而魏伯陽之《參同契》，陳希夷之圖書，遠有端緒，世之好奇者，卑王《注》之淡薄，未嘗不以別傳私之。逮伊川作《易傳》，收其昆侖旁薄者，散之於六十四卦中，理到語精，《易》道於是而大定矣。其時，康節上接种放、穆修、李之才之傳而創爲"河圖"先天之說，是亦不過一家之學耳。晦庵作《本義》，加之於開卷，讀《易》者從之。後世頒之學官，初猶兼《易傳》並行，久而止行《本義》，於是經生學士信以爲羲、文、周、孔其道不同。所謂象數者，又語焉而不詳，將夫子之韋編三絕者，須求之賣醬籤桶之徒，而《易》學之榛蕪，仍如焦、京之時矣！……晦翁曰：'談《易》者譬之燭籠，添得一條骨子，則障了一路光明，若能盡去其障，使之統體光明，豈不甚②好。'斯言是也！奈何添入康節之學，使之統體皆障乎？世儒過視象數，以爲絕學，故爲所欺。余一一疏通之，知其於《易》本了無干涉，而後反求之《程傳》，或亦廓清之一端也。"

　　錫瑞案：黃氏此說，但取王弼《注》與《程傳》之說理者，而尤推重《程傳》。漢之焦、京，宋之陳、邵，皆所不取，說甚平允。焦、京之《易》，出陰陽家之占驗，雖應在事後，非學《易》之大義。陳、邵之《易》，出道家之修鍊，雖數近巧合，非作《易》之本旨。故雖自成一家之學，而於聖人之《易》，實是別傳而非正傳。俞

---

① "集"，《易學象數論·自序》作"易"。
② "甚"，《易學象數論·自序》作"更"。

琰曰："先天圖雖《易》道之緒餘，亦君子養生之切務。"① 又曰："丹家之說，非出於《易》，不過依倣而託之者，初非《易》之本義。"② 因作《易外別傳》以明之。俞氏深於丹家，明言陳、邵之圖，爲《易》外別傳，乃彼道家自認不諱，吾儒家猶據以說《易》，斯可謂大惑矣。近世學者於陳、邵之圖，闢之不遺餘力，而又重理焦、京之說，是去一障又生一障，曷若如黃氏言，盡去其障之尤善乎！惟焦循《易圖略》偏斥納甲、納音、卦氣、爻辰之失，曰："納甲、卦氣皆《易》之外道，趙宋儒者，闢卦氣而用先天，近人知先天之非矣，而復理納甲、卦氣之說，不亦唯之與阿③哉！"④

21. 論近人說《易》，張惠言爲顓門，焦循爲通學，學者當先觀二家之書

《四庫提要·易類》曰："聖人覺世牖民，大抵因事以寓教，《詩》寓於風謠，《禮》寓於節文，《尚書》《春秋》寓於史，而《易》則寓於卜筮，故《易》之爲書，推天道以明人事者也。《左傳》所記諸占，蓋猶太卜之遺法，漢儒言象數，去古未遠也。一變而爲京、焦，入於機祥；再變而爲陳、邵，務窮造化。《易》遂不切於民用。王弼盡黜象數，說以老、莊。一變而胡瑗⑤、程子，始闡明儒理；再變而李光⑥、楊萬里⑦，又參證史事，《易》遂日啟其論端。此兩派

---

① 俞琰《易外別傳》卷首《序》，影印《文淵閣四庫全書》第 1061 冊，第 578—579 頁。引文稍略。俞琰（1258—1327），字玉吾，學者稱爲石澗先生，吳郡長洲人。入元後，講學著述。其《周易集說》數十年方成。
② 俞琰《易外別傳》卷尾《敘》，影印《文淵閣四庫全書》第 1061 冊，第 596 頁。
③ 唯之與阿，語見《老子》第二十章，原文爲："唯之與阿，相去幾何？"成玄英疏："唯，敬諾也。阿，慢應也。"句意爲唯與阿本皆答應聲，起初只有恭慢之分，相差不多。
④ 焦循《易圖略》卷八《論卦氣六日七分下》，《續修四庫全書》第 27 冊，第 532 頁。
⑤ 胡瑗（993—1059），字翼之，泰州海陵人。官至光祿寺丞、國子監直講。著有《周易口義》《洪範口義》等。《宋史》卷四百三十二《儒林二》有傳。
⑥ 李光（1078—1159），字泰發，越州上虞人。登崇寧五年進士第，官開化令，知平江府常熟縣。著《易說》十卷、《易傳》十卷。《宋史》卷三百六十三有傳。
⑦ 楊萬里（1127—1206），字廷秀，號誠齋，吉州吉水人。高宗紹興二十四年進士，曾官秘書監，主張恢復，不附權臣。詩稱誠齋體，著有《誠齋易傳》。《宋史》卷四百三十三《儒林三》有傳。

六宗，已互相攻駁。又《易》道廣大，無所不包，旁及天文、地理、樂律、兵法、韻學、算術以逮方外之爐火，皆可援《易》以爲說，而好異者又援以入《易》，故《易》說愈繁。夫六十四卦，《大象》皆有'君子以'字，其爻象則多戒占者，聖人之情見乎詞矣。其餘皆《易》之一端，非其本也。今參校諸家，以因象立教爲宗，而其他《易》外別傳者，亦兼收以盡其變。"又惠棟《易漢學》提要曰："漢學之有孟、京，亦猶宋學之有陳、邵，均所謂《易》卦①別傳也。"

錫瑞案：以孟、京、陳、邵均爲《易》外別傳，至明至公。孟、京即所謂天文、算術，陳、邵即所謂方外爐火也。漢之孟、京，宋之陳、邵，既經辭闢，學者可以勿道。國朝二黃、毛、胡之闢宋學，可謂精矣。圖書之學，今已無人信之者，則亦可以勿論。惠棟爲東南漢學大宗，然生當漢學初興之時，多采掇而少會通，猶未能成一家之言，其《易漢學》采及《龍虎經》，正是方外爐火之說，故《提要》謂其"掇拾散佚，未能備睹專門授受之全"②，則惠氏書亦可從緩。

近儒說《易》，惟焦循、張惠言最善。其成書稍後，《四庫》未收，故《提要》亦未及稱許，實皆學《易》者所宜急治。焦氏說《易》，獨闢畦町，以虞氏之旁通，兼荀氏之升降，意在采漢儒之長而去其短，《易通釋》六通四闢皆有據依，《易圖略》復演之爲圖，而於孟氏之卦氣、京氏之納甲、鄭氏之爻辰，皆駁正之，以示後學。《易章句》簡明切當，亦與虞氏爲近。學者先玩《章句》，再考之《通釋》《圖略》，則於《易》有從入之徑，無望洋之歎矣。張氏著《周易虞氏義》，復有《虞氏消息》《虞氏易禮》《易事》《易言》《易候》，篤守家法，用功至深。漢學顓門，存此一綫。治顓門者，當治張氏之書，以窺漢《易》之旨。若欲先明義理，當觀王《注》而折衷於程《傳》，亦不失爲《易》之正傳。

---

① 思賢書局本、商务本作"卦"，中華本據《四庫全書總目》改作"外"。
② 語見《四庫全書總目》卷六《周易述》提要。

22. 論象數已具於《易》，求象數者不當求象於《易》之外，更不當求數於《易》之先

王《注》、程《傳》，說《易》主理，固不失爲《易》之正傳，而有不盡滿人意者，則以王《注》言理不言象，程《傳》言理不言數也。《易》本卜筮之書，伏羲畫卦，文王重卦，皆有畫而無辭。其所爲"通神明之德""類萬物之情"者，當時必有口說流傳。卜人、筮人，世守其業，傳其大義，以用於卜筮。學士大夫，尟有通其說者，但以爲卜筮之書而已。至孔子乃於卦爻各繫以辭，又作《象》《彖》《文言》以解其義。而《易》本爲卜筮之用，不得專以空言說之。孔子欲借卜筮以教人，不能不借象數以明義。若但空言說理，孔子自可別撰一書，何必託之於《周易》乎？平心論之，說《易》不可盡掃象數，亦不可過求之象數。象數已具於《易》。《易》之言象，詳於《說卦》，"乾爲馬""坤爲牛"及"乾爲天""坤爲地"之類是也。《易》之言數，詳於《繫辭傳》，"天一，地二""天數五，地數五"之類是也。《易》之言象已具，則不當求象於《易》之外。《易》之言數已具，則不當求數於《易》之先。

所謂不當求象於《易》之外者，顧炎武《日知錄》曰："夫子作傳，傳中更無別象。……荀爽、虞翻之徒，穿鑿附會，象外生象。以同聲相應爲震、巽，同氣相求爲艮、兌，水流濕、火就燥爲坎、離，雲從龍則曰乾爲龍，風從虎則曰坤爲虎。《十翼》之中，無語不求其象，而《易》之大指荒矣。"① 案漢人於《說卦》言象之外，別有逸象，又有出於逸象之外者，穿鑿誠如顧氏所譏。故王弼盡掃其說，《易略例》曰："爻苟合順，何必坤乃爲牛？義苟應健，何必乾乃爲馬？而或者定馬於乾，案文責卦，有馬無乾，則僞說滋蔓，難可紀矣。互體不足，遂及卦變，變又不足，推致五行。一失其原，巧愈彌甚，縱或復值，而義無所取。"② 王氏駁諸家說極明快，而其《注》

---

① 《日知錄》卷一《卦爻外無別象》。
② "或復"，王弼《周易注·周易略例·明象》作"復或"。

有偏矯太過者。如渙《象》曰："利涉大川，乘木有功也。"據孔《疏》，"先儒皆以此卦坎下巽上，以爲乘木水上，涉川之象。"坎水巽木明見於《易》。而王《注》云："乘木即涉難也。"並明見《易》象者，亦不取，故人譏其蹈虛。李鼎祚《集解序》曰："集虞翻、荀爽三十餘家，刊輔嗣之野文，補康成之逸象。"李氏蓋以王不取象而多空言，故欲刊其野文，而補以逸象。然康成注《易》不用逸象，正是謹嚴，又何必補？是王矯漢儒之失太過，李矯王氏之失又太過也。

所謂不當求數於《易》之先者，《繫辭傳》曰："河出圖，洛出書，聖人則之。"又曰："古者包羲氏之王天下也，仰則觀象於天，俯則觀法於地，觀鳥獸之文，與地之宜，近取諸身，遠取諸物，於是始作八卦。"是包羲作八卦，並非專取圖書。況圖書自古不傳，秦不焚《易》，無獨焚其圖書之理。何以漢儒皆不曾見，乃獨存於道家？自宋陳摶創說於前，邵子昌言於後。其傳之者，或以《河圖》爲九，《洛書》爲十；或以《河圖》爲十，《洛書》爲九。說又互異，而皆有圖無書。程子曰："有理而後有象，有象而後有數，《易》因象以⋯⋯知數，得其義，則象在其中矣。必欲窮象之隱微，盡數之毫忽，乃尋流逐末，術家所尚，非儒者之務也。管輅①、郭璞②之學是已。"③ 故程《傳》言理不言數。朱子曰："程先生《易傳》義理精，字數足，無一毫欠缺，只是於本義不相合。《易》本是卜筮之書，程先生只說得一理。"④ 朱子以程《傳》不合本義，故作《本義》以補程《傳》，而必兼言數。既知《龍圖》是偽書，又使蔡季通入蜀求真圖；既知邵子是《易》外別傳，又使蔡季通作《啟蒙》，以九圖冠《本義》之首，未免添蛇足而糞佛頭。且曰"有伏羲之易"，是求數

---

① 管輅（209—256），字公明，三國魏平原人。擅長占筮。正始九年舉秀才，曾官治中別駕。《三國志》卷二十九《魏書·方技傳》有傳。
② 郭璞（276—324），字景純，河東聞喜人。好經術，博學高才，辭賦冠於當時，好古文奇字，精於陰陽算曆，通於五行卜筮之術。晉元帝時，爲著作佐郎。注釋《爾雅》《山海經》《穆天子傳》等。《晉書》卷七十二有傳。
③ 程顥、程頤《河南程氏文集》卷九《伊川先生文五》。引文略有異。
④ 語見《朱子語類》卷六十七《易》三《綱領下·程子易傳》。

於作《易》之始也。"有天地自然之易",是並求數於未作《易》之前也,皆未免賢知之過也。

23. 論焦循易學深於王弼,故論王弼得失極允

　　焦循論王弼極允。《周易補疏·敘》曰:"《易》之有王弼,說者以爲罪浮桀、紂。近之說漢《易》者,屏之不論不議者也。歲壬申,余撰《易學三書》漸有成。夏月啟書塾北窗,與一二友人看竹中紅薇白菊,因言《易》及趙賓解'箕子'爲'荄兹'。或誚其說曰:'非王弼輩所能知也。'余笑而不答。或曰:'何也?'余乃取王弼《注》示之,曰:'弼之解箕子,正用趙賓說。孔穎達不能申明之也。'眾唯唯退。門人進曰:'《正義》者,奉王弼爲準繩者也,乃不能申弼如是乎?'余曰:'非特此也。如讀彭爲旁,借雍爲甕,通孚爲浮而訓爲務躁,解斯爲厮而釋爲賤役。諸若此,非明乎聲音、訓詁,何足以明之?東漢末,以《易》學名家者,稱荀、劉、馬、鄭。荀謂慈明爽,劉謂景升表。表之學受於王暢,暢爲粲之祖父,與表皆山陽高平人。粲族兄凱,爲劉表女壻。凱生業,業生二子,長宏、次弼。粲二子既誅,使業爲粲嗣。然則王弼者,劉表之外曾孫,而王粲之嗣孫,即暢之嗣玄孫也。弼之學蓋淵源於劉,而實根本於暢。宏字正宗,亦撰《易義》。王氏兄弟,皆以《易》名,可知其所受者遠矣。故弼之《易》雖參以己見,而以六書通借解經之法,尚未遠於馬、鄭諸儒,特貌爲高簡,故疏者概視爲空論耳!弼天資察慧,通儁卓出,蓋有見於說《易》者支離傅會,思去僞以得其真,而力不能逮。故知卦變之非而用反對,知五氣之妄而信十二辟。唯之於阿,未見其勝也。解'龍戰',以坤上六爲陽之地,因①本爻辰之在巳②。解'文柔''文剛',以乾二坤上言,仍用卦變之自泰來,改換其皮毛,

---

　　① "因",焦循《周易補疏·敘》(《續修四庫全書》第27冊,第537頁)作"固"。
　　② "巳",思賢書局本、商務本作"己",中華本作"巳",是。案《周禮·春官·太師》鄭玄注載"鄭玄爻辰說"云,坤卦六爻對應的辰(地支),從初六至上六依次爲未、酉、亥、丑、卯、巳。可參見楊效雷師《中國古代周易詮釋史綱要》第一章第二節,中州古籍出版社2017年版。

而本無眞識也。至局促於乘承比應之中，顛頇於得象忘言之表。道消道長，既偏執於扶陽；貴少貴寡，遂漫推夫卦主。較量於居陰居陽，揣摹於上卦下卦。智慮不出乎六爻，時世謬拘於一卦。洵童稚之藐識，不足與言通變神化之用也。然於觀則會及全蒙，於損亦通諸剝道。'聰不明'之傳，似明比例之相同；'觀我生'之爻，頗見升降之有合。機之所觸，原有悟心。倘天假之年，或有由一隙貫通，未可知也。惜乎秀而不實，稱道者徒飫其糠秕；譏刺者探其精液。然則弼之《易》，未可屛之不論不議也。"

　　錫瑞案：焦氏《易》學深於王弼，故能考其得失。弼注"箕子之明夷"曰："險莫如茲，而在斯中。"焦氏《補疏》曰："古字'箕'即'其'，'子'通'滋'，'滋'通'兹'。王氏讀'箕子'爲'其茲'，……以'兹'字解'子'字，以'斯'字解'其'字。"① 焦氏《易章句》曰："'箕'，古'其'字，與中孚'其子和之'同義。"② 以"其子"解"箕子"，與王氏意略同。其以假借說《易》，亦與王《注》讀"彭"爲"旁"，借"雍"爲"甕"相合。故有取於王《注》，而特爲之《補疏》也。

24. 論焦循以假借說《易》本於《韓詩》，發前人所未發

　　焦循以假借說易，獨闢畦町。其《易話》"韓氏易"一條引《韓詩外傳》云："《易》曰：'困于石，據于蒺藜，入于其宮，不見其妻，凶。'此言困而不疾③據賢人者。昔者秦穆公困於殽，疾據五羖大夫、蹇叔、公孫支而小霸；晉文以困于驪氏，疾據咎犯、趙衰、介子推而遂爲君；越王句踐困於會稽，疾據范蠡、大夫種而霸南國；齊桓公困于長勺，疾據管仲、甯戚、隰朋而匡天下。此皆困而知疾據賢人者也。夫困而不知疾據賢人而不亡者，未嘗有也。以疾據賢人，解

---

① 焦循《周易補疏》卷下，《續修四庫全書》第 27 册，第 548 頁。
② 語見焦循《易章句》二 (《續修四庫全書》第 27 册，第 64 頁)。
③ "疾"，焦循《易話》下《韓氏易》(《續修四庫全書》第 27 册，第 578 頁) 作"見"。

據于蒺藜，則借蒺爲疾，由此可悟《易》辭之比例。《漢書·儒林傳》稱：'韓嬰亦以《易》授人，推《易》意而爲之傳。'於此可見其一端。……余於其以疾解蒺，悟得經文以假借爲引申，如借'祇'爲'厎'，借'豚'爲'遯'，借'豹'爲'約'，借'鮒'爲'附'，借'鶴'爲'雀'，借'羊'爲'祥'，借'夬'爲'夬'，皆韓氏有以益我也。"

又《周易用假借論》曰："近者學《易》十許年，悟得比例引申之妙，乃知彼此相借，全爲《易》辭而設。假此以就彼處之辭，亦假彼以就此處之辭。如'豹'、'袀'爲同聲，與虎連類而言，則借'袀'爲'豹'；與祭連類而言，則借'豹'爲'袀'。'沛'、'紱'爲同聲，以其剛揜於困下，則借'沛'爲'紱'；以其成兌於豐上，則借'紱'爲'沛'。各隨其文以相貫，而聲近則以借而通。蓋本無此字而假借者，作六書之法也；本有此字而假借者，用六書之法也。古者命名辨物，近其聲即通其義，如'天'之爲'顚'，'日'之爲'實'，'春'之爲'蠢'，'秋'之爲'愁'，'嶽'之爲'㕡'，'岱'之爲'代'，'華'之爲'穫'，'子'之爲'滋'，'丑'之爲'紐'，'卯'之爲'冒'，'辰'之爲'振'，'仁'之爲'人'，'義'之爲'我'，'禮'之爲'體'，'富'之爲'福'，'銘'之爲'名'，'及'之爲'汲'，'葬'①之爲'喪'，'栗'之爲'慄'，'蜘蛛'之爲'蹢躅'②，'汍瀾'之爲'芄蘭'，無不以聲之通而爲字形之借，故聞其聲即知其實，用其物即思其義。欲其夷平也，則以雉名官。欲其勾聚也，則以鳩名官。欲其戶止也，則以扈名官。以典文其直，以隱蘊其顯，其用本至精而至神，施諸《易》辭之比例引申，尤爲切要矣。是故柏人之過，警於迫人；秭歸之地，原於姊歸③。髮忽蒜而知算盡，履露卯而識陰謀，即'楊'之通於'揚'，'娣'之

---

① "葬"，焦循《易話》下《周易用假借論》（《續修四庫全書》第27冊，第582頁）作"桑"。
② "蜘蛛之爲蹢躅"，焦循《易話》下《周易用假借論》（《續修四庫全書》第27冊，第582頁）作"蹢躅之爲蜘蛛"。
③ "姊歸"，思賢書局本、商務本誤作"秭歸"，中華本據《易話》作"姊歸"。

通於'梯'也。梁簡文、沈約①等集，有藥名、將軍名、郡名等詩。唐權德輿詩曰：'藩宣秉戎寄，衡石崇位勢。年紀信不留，弛張良自愧。'宣秉、石崇、紀信、張良即箕子、帝乙之借也。陸龜蒙詩：'佳句成來誰不伏，神丹偸去亦須防。風前莫怪攜詩藁，本是吳吟盪槳郎。'伏神、防風、藁本即'蒺藜''莧陸'之借也。溫庭筠詩：'井底點燈深燭伊，共郎長行莫圍棋。玲瓏骰子安紅豆，入骨相思知不知。'借'燭'爲'屬'、借'圍棋'爲'違期'，即借'蚌'爲'邦'、借'鮒'爲'附'之遺也。相思爲紅豆之名，長行爲雙陸之名，借爲男之行、女之思。即'高尚其事'爲逸民，'匪躬之故'爲臣節，借爲當位之高、失道之匪也。合艮手坤母而爲'拇'，合坎弓艮瓜而爲'弧'，即孔融之離合也。'樽酒'爲尊卑之'尊'，'蒺藜'爲遲疾之'疾'，即《子夜》之雙關也。"

25. 論假借說《易》並非穿鑿，學者當援例推補

焦循《與朱椒堂兵部書》曰："《易》之道，大抵教人改過，即以寡天下之過。改過全在變通，能變通即能行權。所謂'使民宜之''使民不倦''窮則變，變則通，通則久'。聖人格致誠正修齊治平，全於此一以貫之。則《易》所以名'易'也，《論語》《孟子》已質言之。而卦畫之所之，其比例齊同，有似九數；其辭則指其所之，亦如句股割圓，用甲乙丙丁子丑等字，指其變動之迹。吉凶利害，視乎爻之所之，泥乎辭以求之，不啻泥甲乙丙丁子丑之義，以索算數也。惟其中引申發明，其辭之同有顯而明者。如'密云不雨，自我西郊'，小過、小畜同。'先甲三日''先庚三日'，蠱與巽同。其'冥升''冥豫'，'敦復''敦艮''敦臨'，'同人于郊''需于郊'之類，多不勝指數。又多用六書之轉注、假借。轉注如冥即迷，顚即窒，喜即樂。假借如借繻爲需，

---

① 沈約（441—513），字休文，吳興武康人。曆官宋齊梁三代，少而好學，博通羣籍。與任昉齊名，爲文壇領袖。梁武帝稱帝，倚重頗多，官至尚書令，封建昌縣侯。著有《晉書》百一十卷、《宋書》百卷、《齊紀》二十卷、文集一百卷等，又撰《四聲譜》。《梁書》卷十三及《南史》卷五十七有傳。

《說文》。借蒺爲疾,《韓詩外傳》。借豚爲遯,黃穎①說。借祀爲巳。虞翻。推之,鶴即雀②,祥即牽羊之羊,祿即即鹿之鹿,衿即納約之約,拔即寡髮之髮,昧即歸妹之妹,肺即德積之積,沛即朱紱之紱。彼此訓釋,實爲兩漢經師之祖。其聲音相借,亦與三代金石文字相孚。非明九數之齊同比例,不足以知卦畫之行。非明六書之假借、轉注,不足以知象辭、爻辭、《十翼》之義。"

錫瑞案:焦氏自明說《易》之旨,其比例通於九數,其假借、轉注本於六書,而說假借之法尤精,可謂四通六闢。學者能推隅反之義例,爲觸類之引申,凡難通者無不可通,不至如何平叔③之不解《易》中七事矣。或疑假借說《易》近於傅會,不知卦名每含數義,不得專執一義以解。專以本義解之,爻辭多不可通。如革卦之義爲改革,"初九,鞏用黃牛之革",則借爲皮革。據《說文》"革,獸皮治去其毛。革,更之④",故假借爲改革,是"皮革"爲"革"字本義也。"六五⑤,大人虎變。上六,君子豹變",亦取象於虎豹之皮,而取義於"皮革"之"革"。《禮記·玉藻》"君羔幦虎犆",故曰"大人虎變"。大夫、士"鹿幦豹犆",故曰"君子豹變"。君稱大人,大夫、士稱君子,云"小人革面"者,蓋庶人役車,其幦以犬羊之鞟爲之,無虎犆、豹犆,故曰"革面"。若以"革面"爲改頭換面,古無此文法也。《易》之取象必有其物、有其事,無虛文設言者。如賁卦之義爲賁飾,"初九,賁其趾","趾"乃足趾,王《注》云:"飾其趾。"世豈有文飾其足趾者?正所謂"飾粉黛於胸臆,綴金翠於足

---

① "黃穎",思賢書局本、商務本皆作"黃款",中華本據焦循《雕菰集》改作"黃穎"。案黃穎,晉朝人,《晉書》無傳,《隋書·經籍志》云:"《周易》四卷,晉儒林從事黃穎注。梁有十卷,今殘缺。"《舊唐書·經籍志》云《周易》"又十卷黃穎注。"清馬國翰《玉函山房輯佚書》輯《周易黃氏注》一卷。

② "雀"前,焦循《雕菰集》卷十三《與朱椒堂兵部書》(《續修四庫全書》第1489冊,第238頁)有"崔然之"三字。

③ 何晏(190—249),字平叔,三國魏南陽宛人,大將軍何進孫,爲曹操繼子,尚公主。正始中,官至吏部尚書,薦舉提拔者皆能稱職。與王弼齊名,並爲玄學始祖。著《論語集解》等。《三國志》卷九有傳。

④ "之",《說文解字》作"也"。

⑤ "六五",據《周易》革卦當爲"九五"。

趾"①矣。"賁"當假爲"僨",取僨車之義。《左氏傳》:"鄭伯之車僨於濟。""賁其趾"謂僨車傷其足,故舍車而徒也。"六二,賁其須","須"乃須髯。孔《疏》云:"似賁飾其須。"世豈有文飾其須髯者?殆有如湘東王子方諸踞鮑泉腹,以五色綵辮其髯矣。"賁"當假爲"斑",謂須髯斑白也。凡此等皆專執一義,必不可通者,必以假借之義通之,而後怡然理順,渙然冰釋。學者試平心靜氣以審之,當信其必非傅會矣。

26. 論《易》說多依託,不當崇信僞書

《困學紀聞》云:"經說多依託,《易》爲甚。《子夏傳》,張弧作也;《關子明傳》,阮逸作也;《麻衣正易》,戴師愈作也。"②

錫瑞案:《關子明傳》《麻衣正易》,朱子答李壽翁明言:"兩書皆是僞書。《關子明易》是阮逸僞作,陳無己集中說得分明。《麻衣易》乃是南康戴師愈作。"③今兩書已罕見稱述。惟《子夏易傳》見隋、唐《志》。劉知幾④辨其僞,晁以道⑤以爲唐張弧作。朱彝尊《經義考》證以陸德明⑥、李鼎祚、王應麟所引,皆今本所無。不但非子夏書,並非張弧書。或以爲漢杜子夏作,又或以爲韓嬰、丁寬,皆傅會無據,不足辨。而論《易》之僞託,尚不止此數書,如《連山》

---

① 語見劉勰《文心雕龍·事類》,原文爲"綴金翠於足脛,靚粉黛於胸臆"。
② 王應麟《困學紀聞》卷一《易》。
③ "師愈",黎靖德《朱子語類》卷六十七《易》三《綱領下》作"主簿"。又云"《麻衣易》,南康戴主簿撰。麻衣,五代時人。"蓋主簿爲戴師愈所任職也。
④ 劉知幾(661—721),字子玄,徐州彭城人。高宗永隆進士,調獲嘉主簿。武則天時官至鳳閣舍人,兼修國史。開元初,遷左散騎常侍。領國史三十年,官雖徙,職常如舊。著《史通》等。《舊唐書》卷一百二及《新唐書》卷一百三十二有傳。
⑤ 晁說之(1059—1129),字以道,一字伯以,自號景迂生,澶州人。元豐五年進士。蘇軾、范祖禹、曾鞏皆因其善屬文薦之。博通五經,尤精於《易》。司馬光之門惟一傳《太玄》者。官至中書舍人兼詹事。著《易商瞿大傳》《易商瞿小傳》《商瞿外傳》《京氏易傳》《易規》《易玄星紀譜》《詩論》等十九種,皆經學,其他尚有十餘種。《四庫全書》著錄其《景迂生集》《儒言》。《宋元學案》卷二十二有傳。
⑥ 陸德明(約550—630),名元朗,以字顯,蘇州吳人。歷官陳、隨、唐三代,唐貞觀初,拜國子博士,封吳縣男。撰《經典釋文》三十卷、《老子疏》十五卷、《易疏》二十卷。《舊唐書》卷一百八十九《儒學傳》及《新唐書》卷一百九十八《儒學傳上》有傳。

《歸藏》，《漢志》不載。《歸藏》，或以爲晉薛正①所得，或以爲唐長孫無忌所得。《連山》，隋劉炫作，鄭樵信以爲真。不知《連山》《歸藏》，與《易》無關，非由孔子所定，其真其僞，皆可不論。先天、後天之圖，漢以來所未見，宋陳摶始創爲《龍圖》。朱子以《龍圖》爲僞，更求真圖。不知此皆道家修煉之圖，與《易》無關，非由孔子所定，其真其僞，更可不論。高明好奇之士，不知經皆孔子手定。凡出於孔子之後者，不得爲經。即出於孔子之前者，亦不得爲經。聖人則《河圖》《洛書》，《繫辭傳》明言之。然聖人既則《圖》《書》而作《易》，學者但求之於《易》，不必求之《圖》《書》。猶《春秋》本魯之《春秋》，孟子亦明言之。然聖人既據魯史而作《春秋》，學者但求之《春秋》，不必求之魯史。《莊子》云："筌者所以得魚，得魚而忘筌；蹄者所以得兔，得兔而忘蹄。"《河圖》《洛書》與魯《春秋》，正《莊子》"筌蹄"之類也。後儒不明此旨，惜《圖》《書》不可見，惜未修《春秋》不可見。不思孔子之經且未能明，何暇求之孔子之前？求之不得，或且以僞應之。如《連山》《歸藏》《河》《洛》之圖，皆無益於經，而反汨經義，豈非高明好奇之過哉！《漢·郊祀志》劉向引《易大傳》曰："誣神者殃及三世。"今見《大戴禮·本命篇》。而子政以爲《易大傳》，與《史記》引《繫辭》爲《易大傳》正同。又《經解》引《易》曰："差若毫釐，繆以千里。"今見《易緯》，而引爲《易經》。則漢以前傳本，或與今本不同。今本以《彖》《象》雜經文，《序卦》《雜卦》蓋出東漢以後，《十翼》之說，亦出鄭學之徒②。宋人訂《古周易》，欲復聖經之舊，其意未始不善，然但知經出羲、文，不當以孔子所作之傳雜之，而不知經實出孔子，不當以弟子所作之傳雜之也。

---

① 薛正，薛貞之諱。《隋書》卷三十二《經籍志一》著錄"《歸藏》十三卷，晉太尉參軍薛貞注"。《文獻通考》卷一百七十五《經籍考二》云："《歸藏》三卷，《崇文總目》晉太尉參軍薛貞註。《隋志》有十三篇。今但存《初經》《齊母》《本著》三篇。文多闕亂，不可詳解。"另清王謨輯《漢魏遺書》收薛貞註《歸藏》一卷、《連山易》一卷。

② 馬王堆漢墓下葬時間公元前一六八年，於此出土的《帛書周易》含有與《十翼》內容絕大數相同，多寡有所出入的篇章，明證《十翼》成書東漢之非。

27. 論《易》爲卜筮作，實爲義理作，孔子作卦爻辭純以理言，實即羲、文本意

朱子曰："《易》爲卜筮作，非爲義理作。伏羲之《易》，有占而無文，與今人用'火珠林'起課者相似。文王、周公之《易》，爻辭如簽辭。孔子之《易》，純以理言，已非羲、文本意。某解《易》，只是用虛字去迎過意來，便得。"① 周漁駁之曰："然則孔子當日何用三絕韋編，而所稱'加年無大過'者。豈終日把定一束蓍草耶？"②

錫瑞案：朱子以"《易》爲卜筮作，非爲義理作"，其說大誤，然其誤亦有所自來。伏羲畫卦，雖有占而無文，而亦寓有義理在內。《繫辭傳》謂："包羲始作八卦，以通神明之德，以類萬物之情。"所謂"通神明類萬物"者，必有義理，口授相傳。

焦循曰："伏羲畫八卦，重爲六十四，其旁通行動之法，當時必口授指示，久而不傳；文王、周公以辭明之，即明其當日口授指示者也。學者舍其辭，但觀其卦，則此三百八十四畫遂成一板而不靈之物。如棊有車、馬、炮、卒、士、相、帥、將，按圖排之，必求之於譜，乃知行動之法，其精微奇妙，存乎其中。若舍去譜而徒排所謂車、馬、炮、卒、士、相、帥、將，不敢動移一步，又何用乎其爲棊也？六十四卦，車、馬、炮、卒、士、相、帥、將也；文王、周公、孔子之辭，譜也。不於辭中求其行動之用，是知有棊而不知有譜者也。"③ 焦氏之說極通，惜猶拘於舊說，以爲伏羲重卦，文王、周公作卦爻辭。若更定之，於"重爲六十四"上加文王二字；"文王、周公以辭明之"，改爲"孔子以辭明之"；"文王、周公、孔子之辭"，

---

① 朱彝尊《經義考》卷六十七《周氏漁〈家年堂講易〉序》（影印《文淵閣四庫全書》第677冊，第763—764頁）。案周漁，字大西，興化人，清順治十六年進士，官翰林院編修。其《加年堂講易》十二卷，《四庫全書》存目，清末皮錫瑞未見是書，引文轉引自朱彝尊《經義考》。《四庫全書存目叢書》未收，杜澤遜師《四庫存目標注》於是書條後釋爲"編修戈岱家藏本（總目）"。

② 朱彝尊《經義考》卷六十七《周氏漁〈家年堂講易〉序》（影印《文淵閣四庫全書》第677冊，第764頁）。

③ 語見焦循《易話》上《學易叢言》（《續修四庫全書》第27冊，第558—559頁）。

去"文王、周公"四字，則更合矣。而據其說，可知伏羲作《易》垂教，當時所以正人倫，盡物性者，皆在八卦之內。意必有義說，寓於卜筮，必非專爲卜筮而作。文王重卦，其說加詳，卜人、筮人口授相傳，以其未有文辭，故樂正不以教士，然其中必有義理，不可誣也。或疑止有畫而無辭，何得有義理在內？既有義理，則必著爲文辭。是又不然。《左氏》雜采占書，其占不稱《周易》者，當是夏、殷之《易》，而亦未嘗不具義理。若無義理，但有占法，何能使人信用。觀夏、殷之《易》如是，可知伏羲、文王之《易》亦如是矣。周衰而卜筮失官，蓋失其義，專言禍福，流爲巫史。

《左氏》所載，焦循嘗一一辨其得失，曰："《易》至春秋，淆亂於術士之口，謬悠荒誕，不足以解聖經。孔子所以韋編三絕而翼贊[①]之也。《昭七年傳》一條，'以靈公名元，直以元亨之元爲靈公之名。此與陽虎占泰之需，以帝乙爲宋乙祖，同一因文生意，有如市俗神籤妖讖，去古筮法遠矣。'[②] 據此，是孔子見當時之人，惑於吉凶禍福，而卜筮之史，加以穿鑿傅會，故演《易》繫辭，明義理，切人事，借卜筮以教後人，所謂以神道設教。其所發明者，實即羲、文之義理，而非別有義理，亦非羲、文並無義理，至孔子始言義理也。當即朱子之言而小變之，曰："《易》爲卜筮作，實爲義理作。伏羲、文王之《易》，有占而無文，與今人用'火珠林'起課者相似。孔子加卦爻辭如籤辭，純以理言，實即羲、文本意。"則其說分明無誤矣。

28. 論說《易》之書最多，可取者少

《四庫全書》經部惟《易經》爲最多，《提要》別擇之亦最嚴，"存目"之外，又別出於"術數"，不欲以淆經也。《易》義無所不包，又本卜筮之書，一切術數皆可依託。或得《易》之一端，而要不足以盡《易》，雖云密合，亦屬强附。如京房卦氣，原出歷數。（唐

---

① "翼贊"，焦循《易話》下《春秋傳說易》（《續修四庫全書》第27冊，第571頁）作"贊翼"。

② 語見焦循《易話》下《春秋傳說易》（《續修四庫全書》第27冊，第576頁）。

一行言曆引孟喜卦氣）揚雄《太玄》推木①渾天，其數雖似巧合於《易》，實是引《易》以強合其數。孔子作《易》，當時並不知有漢曆，謂孔子據漢曆作《易》，斷斷乎不然也。陳摶《龍圖》本是丹術；邵子衍數亦原道家，其數雖似巧合於《易》，實是引《易》以強合其數。孔子作《易》，當時亦不知有道書，謂孔子據道書作《易》，斷斷乎不然也。此兩家準之孔子作《易》之旨，既皆不然，則其學雖各成一家，皆無關於大義。漢學誤於讖緯，宋學亂於圖書。當時矜爲祕傳，後儒不得不加論辨。今辨之已晰，人皆知其不關大義，學者可以不必誦習，亦不必再加論辨矣。其餘一切術數、風角、壬遁，實有徵驗；丹鼎爐火，亦足養生。其書亦或假《易》爲名，要不盡符於《易》之理。《參同契》見引於虞氏，而專言坎、離之旨，已與《易》重乾、坤不同。陰陽、五行、蓍龜、雜占，《漢書·藝文志》別出之於後，未嘗以溷於《易》，誠以先聖大義，非可以九流眾技參之。即蓍龜十五家，實爲卜筮之書，而但言占法，不言義理，亦不得與《易》十三家並列於前。古人別擇之嚴如此，所以尊經而重道也，又況後世臆造委巷不經之書乎？漢人之書，自《太玄》《參同契》以外，今皆亡佚。所傳術數，多出唐宋以後，《提要》既別出於後，不入《易》部，學者更可不必誦習，亦不必再加論辨矣。"存目"諸書，取資甚尟，即收入經部者，亦多節取其長。蓋漢儒之書不傳，自宋至今，能治專家之學如張惠言，通全經之學如焦循者，實不多覯，故後之學《易》者，必自此二家始。

29. 論漢人古義多不傳，漢碑可以引證

漢人《易》義，傳世甚尟，惟鄭、荀、虞稍存崖略。而三家皆生於漢末，距魏王弼時代不遠，其前通行之本，出於施、孟、梁丘、京氏者，皆不可考。今惟漢碑引《易》爲當時通時之本，姑舉數條證之。

---

① "木"，當爲"本"，形近而誤。推本，即探究根源之義。如《史記·曆書》云："推本天元，順承厥意。"

《博陵太守孔彪碑》云："《易》建八卦，揆肴毄①辭。"《隸釋》云："碑以肴爲爻，毄即繫字。"② 案碑云"建卦揆爻"，乃云"繫辭"，此以卦辭、爻辭，即是繫辭之證。所謂繫辭，非今之所謂《繫辭》也。

《百石卒史碑》云："孔子作《春秋》，制《孝經》，刪述五經，演《易》繫辭，經緯天地，幽讚神明。"③ 碑以"演《易》繫辭"屬孔子說，則亦必以繫辭爲卦爻辭，非今之所謂《繫辭》也。今《繫辭傳》曰："昔者聖人之作《易》也，幽贊乎神明而生蓍。"碑以"幽讚神明"屬孔子說，則亦必以聖人作《易》屬之孔子。此二碑皆漢人遺說，以卦爻辭爲繫辭，爲孔子作之明證也。

若其字句與今不同，而與古說合者。如：蔡邕《處士圂叔則碑》云"童蒙來求"，與《釋文》一本作"來求我"合，足證今本之誤脫。又云"彪之用文"及《司徒袁公夫人馬氏碑銘》云"蒙昧以彪"，胡廣《徵士法高卿碑》云"彪童蒙"，與《釋文》鄭曰"包，當作彪。彪，文也"合，足證鄭義之有本。

《衛尉卿衡方碑》云："恩隆乾夳，威肅剝儿。"儿即坤，則夳亦即泰，與《說文》"夳，古文泰"合，足證漢《易》之古文。

《玄儒先生婁壽碑》云"不可營以祿"，《堂邑令費鳳碑》云"不營榮祿"，邊韶《老子銘》云"祿執弗營"，與《虞氏易》作"營"合，足證"營"訓"營惑"，而孔《疏》訓爲"榮華"之非。

《荊州刺史度尚碑》云"暉光日新"，與《釋文》"鄭以日新絕句"合，足證王《注》以"輝光日新其德"爲句之非。

《博陵太守孔彪碑》云"扐馬蠲害"，與《釋文》"子夏作扐"合，足證唐開成後定作"拯"字之非。

《太尉橋公廟碑》云"亦用齊斧"，與《釋文》"《子夏傳》及眾家並作齊斧"合，足證今作"資斧"之非。

《安平相孫根碑》云："厥先出自有殷，玄商之系，子湯之苗。

---

① 朱駿聲《說文通訓定聲·小部》："肴，假借爲爻。"
② 本篇所論碑文，洪适《隸釋》皆著錄，可參考。
③ 《百石卒史碑》，亦稱《孔廟置守百石孔龢碑》。

至于東叩大旹戕仁。聖武定周，封干之墓。"《隸釋》引班孟堅《幽通賦》云："東凷虐而殱仁。"注云："凷，古鄰字，謂紂也。仁即三仁也。碑中之語，蓋出於此。則是以叩爲凷，以戕爲殱，或爲戕也。"與《坊記》引《易》此文，鄭《注》曰"東鄰謂紂"，孔疏《易》與《左傳》云說者皆云"東鄰謂紂"合，足證王《注》、孔《疏》撥棄古義，不解"東鄰"之非。

李鼎祚《周易集解》集子夏、孟喜、京房、馬融、荀爽、鄭康成、劉衷①、何晏、宋衷、虞翻、陸績、干寶、王輔嗣、姚信、王廙、張璠、向秀、王凱②、侯果、蜀才、翟玄、韓伯、劉瓛、何妥、崔憬、沈麟士③、盧氏、崔覲、孔穎達三十餘家④。《釋文》云："張璠《易集解》二十二家，鍾會、向秀、庾運、應貞、荀煇、張輝、王宏、阮咸、阮渾、楊乂、王濟、衛瓘、欒肇、鄒湛、杜育、楊瓚、張軌、宣舒、邢融、裴藻、許適、楊藻。"《釋文》所引諸家，於二《集解》之外，又有董遇、黃穎、尹濤三人。張璠書今不傳，但傳《釋文》與李鼎祚書。漢人《易》說亦不多，漢碑可以補其缺也。

30. 論筮《易》之法，今人以錢代蓍，亦古法之遺

聖人因卜筮而作《易》，乃神道設教之意。《漢·藝文志》曰："秦燔書，而《易》爲筮卜之事，傳者不絕。"劉歆《移博士書》曰："天下但有《易》卜，未有他書。"⑤是《易》以筮卜而幸存。《史記》《漢書》載漢初經師之傳，惟《易》最詳，蓋以此也。乃至漢後，而漢初說《易》之書無一存者，《易》卜之法亦失其傳。聖人之經，幸存於秦火之餘，而經義卜法，盡亡於漢代之後，此事理之不可

---

① "劉衷"，《周易集解》作"劉表"。
② "王凱"，《周易集解》作"王凱沖"。
③ 皮引《周易集解》作"沈麟士"，《南齊書》本傳作"沈驎士"。自《南史》本傳始作"沈驎士"。故"沈驎士"，是。
④ 皮對《周易集解》所集易學三十餘家列舉了二十九家，其餘爲"焦贛、王肅、伏曼谷、九家易、姚規、蔡景君、朱仰之"。
⑤ "但"，《漢書》卷三十六《楚元王傳附劉歆傳》作"唯"。

解者。《漢·藝文志》著龜十五家，龜有"《龜書》五十二卷，《夏龜》二十六卷，《南龜書》二十八卷，《巨龜》三十六卷，《雜龜》十六卷"，凡五家。蓍止有"《蓍書》二十八卷"，一家。蓋重龜而輕蓍，古大事用卜，小事用筮。《左氏傳》云："蓍短龜長，不如從長。"《史記·日者列傳》專言卜，云"太卜之起，自①漢興而有。"是古重卜輕筮之證。自漢以後，鮮有用龜卜者。灼龜占墨之法，雖略見於注疏，其詳不可得聞。唐李華所以有廢龜之論也。惟筮法猶傳於世，詳見於朱子書。朱子以韓侂冑專權，欲上書極諫，門人請以蓍決之。是朱子嘗用揲蓍之法，而其法亦不通行。今世通行以錢代蓍，出於《火珠林》。陳振孫《書錄解題》："卜筮類：《火珠林》一卷，無名氏。今賣卜擲錢占卦，盡用此書。"②《朱子語類》云："火珠林猶是漢人遺法。"蓋其法亦有所本。《儀禮·士冠禮》：《注》曰："所卦者，所以畫地記爻。"《疏》："云'所卦者所以畫地記爻'者，筮法，依七八九六之爻而記之，但古用木畫地，今則用錢，以三少爲重錢，重錢則九也。三多爲交錢，交錢則六也。兩多一少爲單錢，單錢則七也。兩少一多爲拆錢，拆錢則八也。"項安世《家說》："今占家以三錢擲之，兩背一面爲拆，此即兩少一多，少陰爻也。兩面一背爲單，此即兩多一少，少陽爻也。俱面者爲交，交者拆之，此即三多，爲老陰爻也。俱背者爲重，重者單之，此即三少，爲老陽爻也。蓋以錢代蓍，一錢當一揲。"③錢大昕曰："賈公彥《疏》：本於北齊黃慶、隋李孟悊二家。是則齊、隋與唐初，皆已用錢。重、交、單、拆之名，與今不異也。但古人先揲蓍而後以錢記之，其後術者漸趨簡易，但擲錢得數，不更揲蓍。"④

錫瑞案：據諸家之說，擲錢占卦，是由揲蓍而變。故朱子以"火

---

① "自"，《漢書》卷一百二十七《日者列傳》作"由"。
② 語見陳振孫《直齋書錄解題》卷十二《卜筮類》。
③ 語見項安世《項氏家說》卷二《京房易法以八卦變六十四卦》（影印《文淵閣四庫全書》第706冊，第486頁），文字略省。項安世（？—1208），字平父，江陵人。孝宗淳熙二年進士，官至戶部員外郎、湖廣總領。著有《易玩辭》《項氏家說》等。《宋史》卷三百九十七有傳。
④ 語見錢大昕《十駕齋養新錄》卷一《筮用錢》。

珠林"爲漢法之遺也。越人雞卜，載在《史記》；《鼠序卜黃》，列於《漢志》。此等小數，猶可占驗，況擲錢本古人遺法。不能得蓍草者可以此代。用心誠敬，亦足以占吉凶。若心不誠敬，則雖得蓍龜而占之，亦將如《漢志》所云"筮瀆不告，《易》以爲忌，龜厭不告，《詩》以爲刺"矣。

卷二 《書經通論》

01. 論《尚書》分今古文最先，而《尚書》之今古文最糾紛難辨

兩漢經學，有今古文之分，以《尚書》爲最先，亦以《尚書》爲最糾紛難辨。治《尚書》不先考今古文分別，必至茫無頭緒，治絲而棼。故分別今古文，爲治《尚書》一大關鍵，非徒爭門戶也。漢時今文先出，古文後出。今文立學，古文不立學。漢立十四博士：《易》，施、孟、梁丘、京氏；《尚書》，歐陽、大小夏侯；《詩》，魯、齊、韓；《禮》，大、小戴；《春秋》，嚴、顔，皆今文立學者也。費氏《古文易》《古文尚書》《毛詩》《周官》《左氏春秋》，皆古文不立學者也。其後今文立學者皆不傳，古文不立學者反盛傳。蓋自東漢以來，異說漸起，非一朝一夕之故矣。謂今古文之分，《尚書》最先者，《史記·儒林傳》舉漢初經師，《詩》自申培公、轅固生、韓太傅；《禮》自高堂生；《易》自田何；《春秋》自胡毋生、董仲舒，皆今文，無古文。惟於《尚書》云："孔氏有古文《尚書》，而安國①以今文讀之，因以起其家。"是漢初已有古文《尚書》，與今文別出。故曰今古文之分，以尚書爲最先也。

謂今古文以《尚書》爲最糾紛難辨者。太史公時，《尚書》立學

---

① 孔安國，孔子後人，學詩於申公，爲博士，官至臨淮太守。武帝末，魯恭王壞孔子宅，得《古文尚書》《禮記》《論語》《孝經》數十篇，皆古字。安國悉得之，考《今文尚書》二十九篇，得多十六篇。爲《尚書》作傳。今《十三經註疏》中《尚書孔氏傳》，明清人以爲偽書，稱偽《孔傳》。

者惟有歐陽，太史公未言受書何人。《史記》引《書》多同今文，而《漢書·儒林傳》云："司馬遷從①安國問故。遷書載《堯典》《禹貢》《洪範》《微子》《金縢》諸篇，多古文說。"然則《史記》引書爲歐陽今文乎？抑安國古文乎？此難辨者一。

《漢書·藝文志》曰："《古文尚書》者，出孔子壁中。……安國獻之。遭巫蠱事，未列於學官。劉向以中古文校歐陽、大小夏侯三家經文。"又《儒林傳》曰："世所傳《百兩篇》者，出東萊張霸，分析合二十九篇以爲數十，又采《左氏傳》《書敘》爲作首尾，凡百二篇。……成帝時求其古文者，霸以能爲《百兩》徵，以中書校之，非是。"《後漢書·儒林傳》曰："扶風杜林傳《古文尚書》，林同郡賈逵爲之作訓，馬融作傳，鄭玄作解，由是《古文尚書》遂顯于世。據此，則漢時《古文尚書》，已有三本，一孔氏之壁書；一張霸之百兩；一杜林之漆書。此難辨者二。

東晉梅頤②獻《古文尚書》孔安國傳，孔穎達作疏，以孔氏經傳爲真。馬、鄭所注爲張霸僞書，宋儒以孔安國書爲僞，近儒毛奇齡以孔氏經傳爲真。馬、鄭所注本於杜林漆書者爲僞。閻若璩③、惠棟則以孔氏經傳爲僞，馬、鄭所注本於杜林者，即孔壁真古文。劉逢祿④、宋翔鳳⑤、魏源⑥又以孔氏經傳與馬、鄭本於杜林者皆僞，逸十六篇

---

① "從"前，《漢書》卷八十八《儒林傳》有"亦"字。
② 梅頤：亦作梅賾。《世說新語·方正篇》第三十九則云："頤，字仲真，汝南西平人，少好學隱退，而求實進止。"《隋書·經籍志》《尚書虞書》孔疏皆作"梅賾"，阮元《尚書正義·校勘記》云："梅賾，元王天與《尚書纂傳》作梅頤。"
③ 閻若璩（1638—1704），字百詩，太原人。廩生。二十歲時即疑《尚書》古文二十五篇爲僞，沉潛三十餘年，盡得症結所在，作《古文尚書疏證》八卷。其博學爲顧炎武、徐乾學所從服。《清史稿》卷四百八十一《儒林傳二》有傳。
④ 劉逢祿（1776—1829），字申受，常州人。莊述祖甥，嘉慶十九年進士，官至禮部主事。清代公羊學大家，著有《春秋公羊經何氏釋例》《公羊解詁》《左氏春秋考證》等。《清史稿》卷四百八十二《儒林三》有傳。
⑤ 宋翔鳳（1779—1860），字于庭，長洲人。莊述祖甥。嘉慶五年舉人，官新寧知縣。今文學大家，著有《論語說義》《憶山堂詩錄》等。《清史稿》卷四百八十二《儒林三》有傳。
⑥ 魏源（1794—1857），字默深，邵陽人。道光二年舉人，二十五年進士，官高郵知州。著有《海國圖志》《書古微》《詩古微》《元史新編》《古微堂詩文集》。《清史稿》卷四百八十五《文苑傳三》有傳。

亦非孔壁之真。此難辨者三。

　　錫瑞案：張霸書之僞，《漢書》已明辨之。孔安國書之僞，近儒已明辨之。馬、鄭《古文尚書》出於杜林者，是否即孔壁真古文，至今猶無定論。故曰今古文之分，以《尚書》爲最糾紛難辨也。若唐玄詔集賢學士衛包①改古文從今文，乃以當時俗書改隸書，與漢時今文不同。《文獻通考》曰："漢之所謂古文者，科斗書；今文者，隸書也。唐之所謂古文者，隸書；今文者，世所通用之俗字也。"②宋時又有《古文尚書》出宋次道③家，尤不足據。阮元曰："衛包以前，未嘗無今文，衛包以後，又別有古文也。"④

02. 論漢時今古文之分由文字不同，亦由譯語各異

　　漢時所謂今文，今謂之隸書，世所傳熹平《石經》⑤與孔廟等處漢碑是也。漢時所謂古文，今謂之古籀，世所傳鐘鼎、石鼓與《說文》所列古文是也。隸書漢時通行，故謂之今文，猶今人之於楷書，人人盡識者也。古籀漢時已不通行，故謂之古文，猶今人之視篆隸，不能人人盡識者也。《史記·儒林傳》曰："伏生者，濟南人也，故爲秦博士。……秦時焚《書》⑥，伏生壁藏之，其後兵大起，流亡。漢定，伏生求其《書》，亡數十篇，獨得二十九篇，即以教于齊、魯之間。"

　　錫瑞案：孔子寫定六經皆用古文，見許氏《說文·自敘》。伏生爲秦博士，所藏壁中之書，必與孔壁同爲古文。至漢發藏以教生徒，

---

　　①　衛包，《新唐書》卷五十七《藝文志一》在"天寶三年，又詔集賢學士衛包改古文從今文"。後爲司虞員外郎，貶夜郎尉，皆天寶間事。
　　②　語見馬端臨《文獻通考》卷一百七十七《經籍考四》。
　　③　宋敏求（1019—1079），字次道，趙州平棘人。仁宗寶元二年賜進士及第。官龍圖閣直學士，修《兩朝正史》。藏書三萬卷，皆略誦習，熟悉朝廷典故。《宋史》卷二百九十一有傳。
　　④　語見阮元《十三經注疏·尚書注疏校勘記序》。
　　⑤　熹平石經，亦稱漢石經，《後漢書》卷八《靈帝紀》載：熹平四年"詔諸儒正五經文字，刻石立於太學門外"。石經用當時通行的隸書刻寫，又稱"一體石經"。
　　⑥　"焚《書》"《漢書》卷八十八《儒林傳》作"禁《書》"。

必易爲通行之隸書，始便學者誦習。江聲①《尚書集注音疏》始用篆文書，不通行，後卒改用今體楷書。觀今人不識篆文，不能通行，即知漢人不識古文，不能通行之故。此漢時立學所以皆今文，而古文不立學也。《古文尚書》之名，雖出漢初，尚未別標今文之名，但云歐陽《尚書》、夏侯《尚書》而已。劉歆建立《古文尚書》之後，始以《今尚書》與《古尚書》別異。許慎《五經異義》，列《古尚書》說，《今尚書》夏侯、歐陽說，是其明證。

龔自珍《總論漢代今文古文名實》曰："伏生壁中書，實古文也，歐陽、夏侯之徒，以今文讀之，傳諸博士，後世因曰伏生今文家之祖，此失其名也。孔壁固古文也，孔安國以今文讀之，則與博士何以異？而曰孔安國古文家之祖，此又失其名也。今文、古文，同出孔子之手，一爲伏生之徒讀之，一爲孔安國讀之。未讀之先，皆古文矣，既讀之後，皆今文矣。惟讀者人不同，故其說不同。源一流二，漸至源一流百，此如後世翻譯，一語言也，而兩譯之，三譯之，或至七譯之，譯主不同，則有一本至七本之異。未譯之先，皆彼方語矣，既譯之後，皆此方語矣。其所以不得不譯者，不能使此方之人曉殊方語故；經師之不能不讀者，不能使漢博士及弟子員悉通周古文②。然而譯語者未嘗③取所譯之本而毀棄之也，殊方語自在也。讀《尚書》者，不曰以今文讀後而毀棄古文也，故其字仍散見於羣書及許氏《說文解字》之中，可求索也。又譯字之人，必華、夷兩通而後能之；讀古文之人，必古今字盡識而後能之。此班固所謂曉古今語者必冠世大師，如伏生、歐陽生、夏侯生、孔安國庶幾當之，餘子皆不能也。此

---

① 江聲（1720—1799），字叔澐，元和人。師事同郡通儒惠棟治古文《尚書》，撰《尚書集註音疏》十二卷等。《清史稿》卷四百八十一《儒林傳二》有傳。

② "古文"後，據龔自珍《大誓答問》第二十四《總論漢代今文古文名實》（《清經解續編》本）有"故"字。案"大"同"太"，"大誓"即"泰誓"。龔自珍（1792—1841），字璱人，號定盦，段玉裁外孫，浙江仁和人。道光九年進士，官禮部主事。與魏源以奇才名天下。著有《尚書大義》一卷、《泰誓答問》一卷、《尚書馬氏家法》一卷、《春秋決事比》一卷等。《清史列傳》卷七十三《文苑傳四》有傳。

③ "嘗"，龔自珍《大誓答問》第二十四《總論漢代今文古文名實》作"曾"。

今文、古文家之大略也，若夫讀之之義①，不專指以此校彼而言，又非謂以博士本讀壁中本而言。其②如予王父段先生③言。詳見段氏《古文尚書撰異》。"

案段氏解"讀"字甚精，龔氏通翻譯，解"讀"字尤確。據此可知今古文本同末異之故，學者不必震於古文之名而不敢議矣。

03. 論伏生傳經二十九篇，非二十八篇，當分《顧命》《康王之誥》爲二，不當數《書序》與《大誓》

孔子弟子漆雕開傳《尚書》，其後授受源流，皆不可考。漢初傳《尚書》者，始自伏生，伏生傳經二十九篇，見《史記·儒林傳》《漢書·藝文志》。《儒林傳》亦云："伏生求……得二十九篇。"無所謂二十八篇者。乃孔穎達《正義》云："《尚書》遭秦而亡，漢初不知篇數，武帝時有太常蓼侯孔臧者，安國之從兄也，《與安國書》云：'時人惟聞《尚書》二十八篇，取象二十八宿，謂爲信然，不知其有百篇也。'"④

錫瑞案：此引《論衡》"法四七宿"之說，而遺"其一曰斗"之文。段玉裁謂孔臧書不可信。王引之謂二十八篇之說，見於僞《孔叢子》及《漢書·劉歆傳》臣瓚注，蓋晉人始有此說。據段、王說，則今文二十八篇之說非是。孔臧書即《僞孔叢子》所載也，惟王充《論衡·正說篇》云："至孝宣皇帝之時，河內女子發老屋，得逸《易》《禮》《尚書》各一篇，奏之。宣帝下示博士，然後《易》《禮》《尚書》各益一篇，而《尚書》二十九篇始定。"⑤如其說，則益一篇乃有二十九，伏生所傳者止二十八矣。所益一篇是《大誓》。

---

① "之義"後，龔自珍《大誓答問》第二十四《總論漢代今文古文名實》有"有四"二字。
② "其"，龔自珍《大誓答問》第二十四《總論漢代今文古文名實》作"具"。
③ 段先生，即龔自珍外祖父段玉裁（1735—1815），字若膺，江蘇金壇人。乾隆二十五年舉人，曾任貴州玉屏等地知縣。尊戴震爲師。著有《說文解字注》《經韻樓集》等。《清史稿》卷四百八十一《儒林傳二》有傳。
④ 語見《尚書正義》卷十一《泰誓上》。
⑤ 語見《論衡》卷二十八《正說》。

《尚書正義》引劉向《別錄》曰："武帝末，民有得《大誓》書於壁內者，獻之。與博士使讀說之，數月皆起傳以教人。"①《文選注》引《七略》同，且曰："今《太誓篇》是也。"《論衡》言宣帝時，與《別錄》《七略》言武帝末不合。王引之、陳壽祺②皆以《論衡》爲傳聞之誤，則其言《尚書》篇數亦不可信。而即《論衡》之說考之，亦自有不誤者。《正說篇》云："傳者或知《尚書》爲秦所燔，而謂二十九篇，其遺脫不燒者也。審若此言，《尚書》二十九篇，火之餘也。七十一篇爲炭灰，二十九篇獨遺耶？夫伏生年老，晁錯從之學時，適得二十餘篇。伏生死矣，故二十九篇獨見，七十一篇遺脫。"③據此，則王仲任亦以爲伏生傳晁錯已有二十九篇，與馬、班說不異。其以爲益一篇而二十九篇始定，蓋當時傳聞之辭，仲任非必堅持其說，而其說亦有所自來。

伏生所傳二十九篇，《堯典》一，《皋陶謨》二，《禹貢》三，《甘誓》四，《湯誓》五，《般庚》六，《高宗肜日》七，《西伯戡耆》④八，《微子》九，《牧誓》十，《鴻範》十一，《大誥》十二。（葉夢得云："伏生以《大誥》列《金縢》前。"）《金縢》十三，《康誥》十四，《酒誥》十五，《梓材》十六，《召誥》十七，《洛誥》十八，《多士》十九，《毋佚》二十，《君奭》二十一，《多方》二十二，《立政》二十三，《顧命》二十四，《康王之誥》二十五，《鮮誓》二十六，《甫刑》二十七，《文侯之命》二十八，《秦誓》二十九。《釋文》："王若曰：'庶邦侯甸男衛。'馬本從此以下爲《康王之誥》，歐陽、大小夏侯同爲《顧命》。"故或謂今文二十九篇，當合《顧命》《康王之誥》爲一，而以《大誓》當一篇者，王引之《經義述聞》是也。或以《書序》當一篇者，陳壽祺《左海經辨》是也。

---

① 語見《尚書正義》卷一《尚書序》。
② 陳壽祺（1771—1834），字恭甫，號左海，閩縣人。嘉慶四年進士，曾充會試同考官，父母卒後，居家不仕。主泉州清源書院、鼇峰書院二十餘年。著有《尚書大傳箋》三卷、《五經異議疏證》三卷、《左海經辨》二卷、《左海文集》十卷等。《清史稿》卷四百八十二《儒林傳三》有傳。
③ 語見《論衡》卷二十八《正說》。
④ 西伯戡耆：通作"西伯戡黎"。

案以《書序》當一篇,《經義述聞》已辨之矣。以《大誓》當一篇,《〈大誓〉答問》已辨之矣。當從《〈大誓〉答問》,分《顧命》《康王之誥》爲二,不數《大誓》《書序》爲是。惟龔氏《論夏侯歐陽無增篇》,無解於《釋文》,所云歐陽、夏侯既無增篇,又並二篇爲一,則仍止二十八,而無二十九矣。《史記·周本紀》云:"作《顧命》""作《康誥》"。(康誥即《康王之誥》)則史公所傳伏生之書,明分二篇,其後歐陽、夏侯乃合爲一。疑因後得《大誓》,下示博士,使讀說以教人,博士乃以《顧命》《康王之誥》合爲一篇,而攙入《大誓》,此夏侯篇數所以仍二十九。歐陽又分《大誓》爲三,所以篇數增至三十一也。《論衡》所云"益一篇而《尚書》二十九篇始定",乃據其後言之;云"伏生傳鼂錯,適得二十九篇",乃據其先言之。如此解則二說皆可通,而伏生所傳篇數,與博士所傳篇數,名同而實不同之故,亦可考而知矣。若《書正義》謂:"司馬遷在武帝之世見《太誓》出而得行,入於伏生所傳內,故爲史總之,並云伏生所出,不復曲別分析。云民間所得也。"① 史公不應謬誤至此,其說非是。漢所得《大誓》今殘缺,考其文體,與二十九篇不類。白魚赤烏之瑞,頗近緯書。伏生《大傳》雖載之,似亦說經之文,而非引經之文。故董子但稱爲《書傳》,馬融疑之是也。唐人信僞孔古文,以此《大誓》爲僞,遂致亡佚。近人以爲不僞,復掇拾叢殘而補之,似亦可以不必矣。

04. 論古文增多十六篇見《漢志》,增二十四篇爲十六卷見孔《疏》,篇數分合增減皆有明文

伏生壁藏之《書》,漢立學,今傳誦者也。孔氏壁藏之《書》,漢不立學,今已不傳者也。《書》既不傳,則真僞不必辨,而既考今文之篇數,不能不并考古文之篇數。《史記·儒林傳》曰:"逸書得十餘篇。"《漢書·藝文志》曰:"以考二十九篇,得多十六篇。"皆

---

① 語見《尚書正義》卷一《尚書序》。

未列其篇名。《書正義》曰："案壁内所得，孔爲傳者凡五十八篇，爲四十六卷。三十三篇與鄭注同，二十五篇增多鄭注也。其二十五篇者，《大禹謨》一，《五子之歌》二，《胤征》三，《仲虺之誥》四，《湯誥》五，《伊訓》六，《太甲》三篇九，《咸有一德》十，《說命》三篇十三，《泰誓》三篇十六，《武成》十七，《旅獒》十八，《微子之命》十九，《蔡仲之命》二十，《周官》二十一，《君陳》二十二，《畢命》二十三，《君牙》二十四，《冏命》二十五。但孔君所傳，值巫蠱不行以終。前漢諸儒知孔本有五十八篇，不見孔《傳》，遂有張霸之徒於鄭《注》之外僞造《尚書》凡二十四篇，以足鄭《注》三十四篇，爲五十八篇。其數雖與孔同，其篇有異。孔則於伏生所傳二十九篇内，無古文《泰誓》，除《序》尚二十八篇，分出《舜典》《益稷》《盤庚》二篇《康王之誥》爲三十三，增二十五篇爲五十八篇。鄭玄則於伏生二十九篇之内，分出《盤庚》二篇、《康王之誥》，又《泰誓》三篇爲三十四篇，更增益僞書二十四篇爲五十八篇，所增益二十四篇者，則鄭注《書序》，《舜典》一，《汨作》二，《九共》九篇十一，《大禹謨》十二，《益稷》十三，《五子之歌》十四，《胤征》十五，《湯誥》十六，《咸有一德》十七，《典寶》十八，《伊訓》十九，《肆命》二十，《原命》二十一，《武成》二十二，《旅獒》二十三，《冏命》二十四，以此二十四爲十六卷，以《九共》九篇共卷，除八篇，故爲十六。故《藝文志》、劉向《別錄》云五十八篇。"①

錫瑞案：孔《疏》以《僞孔古文》爲真，以鄭《注》古文爲僞，誠爲顛倒之見。而所數篇目，必有所據。其引鄭注《書序》，《益稷》當作《棄稷》，《冏命》當作《畢命》。云增二十五篇，據《僞孔》序文，實當作二十四。蓋作僞孔書者，知伏生二十九篇，不數《泰誓》與《序》，遂誤以爲二十八篇，而不知當數《康王之誥》也。桓譚《新論》云："《古文尚書》舊有四十五卷，爲五十八篇。"②《漢書·藝文志》云："《尚書古文經》四十六卷。爲五十七篇。"二說不

---

① 語見《尚書正義》卷二。
② 今人朱謙之校輯《新輯本桓譚新論》卷九《正經篇》（中華書局2009年）可參考。

同。桓云"四十五卷"蓋不數《序》，五十八篇兼數《武成》，班云"四十六卷"則並數《序》，五十七篇不數《武成》。《武成》正義引鄭云："《武成》逸書，建武之際亡。"故比桓譚時少一篇矣。篇數分合增減，皆有明文可據。俞正燮謂："《藝文志》本注云'五十七篇'者，與眾本皆不應，七是誤文。《正義》引劉向《別錄》云'五十八篇'，……八亦誤文。"① 輕詆前人，殊嫌專輒。龔自珍不信《大誓》，極是。而必以為博士無增《大誓》之事，則二十九篇之數不能定。乃謂劉向襲稱五十八，班固襲稱五十七為誤，即亦未盡得也。

05. 論《尚書》偽中作偽，屢出不已，其故有二：一則因秦燔亡失而篇名多偽；一則因秦燔亡失而文字多偽

孔子所定之經，惟《尚書》真偽難分明。至偽中作偽，屢出不已者，其故有二：一為秦時燔經，《尚書》獨受其害。《漢書·藝文志》曰："及秦燔書，而《易》為筮卜之事，傳者不絕。"又曰："凡三百五篇，遭秦而全者，以其諷誦，不獨在竹帛故也。"據此則《易》《詩》二經皆全，未嘗受秦害也。《史記·儒林傳》曰："《禮》固自孔子時而其經不具，及至秦焚書，書散亡益多。"《十二諸侯年表》曰："孔子……次《春秋》，七十子之徒口受其傳指，為有所刺譏褒諱挹損之文辭不可以書見也。"據此，則《禮》雖因焚書而散亡，其先本不完全。《春秋》本是口傳，今猶完全，亦未嘗受秦害也。獨《尚書》一經，《史記》云："秦時焚書，亡數十篇。"《漢書》云："《書》凡百篇，秦燔書禁學，漢興亡失。"《論衡·正說篇》云"蓋《尚書》本百篇，孔子所授也。遭秦用李斯之議，燔燒五經，濟南伏生抱百篇藏於山中。孝景皇帝時，始存《尚書》，伏生已出山中，景帝遣鼂錯②往，從受《尚書》二十餘篇。伏生老死，書

---

① 語見俞正燮《癸巳類稿》卷一（《續修四庫全書》第1159冊），皮引文文字略省。
② 鼂錯（前200—前154），文帝時為太常掌故，受今文《尚書》於伏生。景帝時，為御史大夫，提倡削藩，因吳楚七國起兵反對，被景帝冤殺。《史記》卷一百一及《漢書》卷四十九有傳。

殘不竟，毆錯傳於倪寬。"又云："至孝景帝時，魯共王壞孔子教授堂以爲殿，得百篇①於牆壁中。武帝使使者取視，莫能讀者，遂祕於中，外不得見。至孝成皇帝時，徵爲《古文尚書》學，東海張霸案百篇之序，空造百兩之篇，獻之成帝，帝出所祕百篇以較之，皆不相應。於是下霸於吏，吏白霸罪當至死，成帝高其才而不誅，亦惜其文而不滅。故百兩之篇傳在世間者，傳見之人則謂《尚書》有百兩篇矣。"據此，則以孔子所定本有百篇，遭燔殘缺不全。王充且以爲孔壁所得，亦有百篇，因祕於中而不得見。學者既不得見，而徒聞百篇之名，遂有張霸出而作僞。後之作僞孔古文者，正襲張霸之故智也。張霸與孔皆僞，究不知眞古文安在。馬、鄭注古文十六篇，世以爲孔壁眞古文。而馬融云："逸十六篇，絕無師說。"既無師說，眞僞難明。《史》《漢》皆不具其篇目，劉逢祿以爲《逸周書》之類，非眞《古文尚書》，證以劉歆引《武成》即《逸周書·世俘解》，似亦有據。其書既亡，是非莫決。此因秦燔亡失而篇名多僞者也。

一則今文、古文，《尚書》分別獨早，孔壁古文藏於中祕，劉向以古文校三家，成帝以祕百篇校張霸，皆必是眞古文。後遭新莽、赤眉之亂，西京圖籍，未必尚存。《後漢書·杜林傳》云："林前於西州得漆書《古文尚書》一卷，常寶愛之，雖遭難困，握持不離身。出以示衛宏、徐巡曰：'林流離兵亂，常恐斯經將絕。何意東海衛子、濟南徐生，復能傳之，是道竟不墜於地也。古文雖不合時務，然願諸生無悔所學。'宏、巡益重之，於是遂行。"②案杜林古文，馬、鄭本之以作傳注，所謂古文遂行也。此漆書或是中祕古文遭亂佚出者。杜林作《蒼頡訓纂》《蒼頡故》，《漢書》云"世言小學者由杜公。"③杜既精於小學，得古文一卷，可以校刊俗本之譌，故賈逵作訓，馬融作傳，鄭玄注解，皆據以爲善本。許慎師賈逵，《說文》所列古文，當即賈逵所傳杜林漆書一卷，故其字亦無多。或以爲杜林見孔壁全書，固非。或又以漆書爲杜林僞作，亦非也。《說文》"䫉"字注引

---

① "篇"後，《論衡》卷二十八《正說》有"《尚書》"二字。
② 語見《後漢書》卷二十七《杜林傳》。皮引文稍省改。
③ 語見《漢書·杜鄴傳》。

衛宏說。《隋書·經籍志》："《古文官書》一卷，後漢①衛敬仲撰。"《史記·儒林傳》正義、《漢書·儒林傳》注皆引作衛宏《詔定古文尚書》②。衛宏傳杜林之學，《官書》一卷，蓋本杜林。東漢諸儒，多壓今文以尊古文，馬融詆爲俗儒，鄭君疾其蔽冒。於是僞孔所謂隸古定，乃乘虛而入。自唐衛包改爲今文，而隸古定又非其舊，於是宋人之僞古文，又繼踵而起。而據《經典釋文敘錄》曰："今齊宋③舊本及徐、李等《音》所有古字，蓋亦無幾；穿④鑿之徒務欲立異，依傍字部，改變經文，疑惑後生，不可承用。"段玉裁謂："按此，則唐以前久有此僞書，蓋集《說文》《字林》魏《石經》及一切離奇之字爲之，傳至郭忠恕⑤，作《古文尚書釋文》，此非陸德明《釋文》也。徐楚金、賈昌朝、夏竦、丁度、宋次道、王仲至、晁公武、宋公序、朱元晦、蔡仲默、王伯厚皆見之。公武刻石於蜀，薛季宣取爲《書古文訓》，此書僞中之僞，不足深辨……。今或以爲此即僞孔《序》所謂'隸古'者，亦非也。"⑥又謂："按《尚書》自有此一種與今本絕異者，如郭氏璞說'茂才茂才'，賈氏公彥說'三岳三海'，釋玄應說'高宗夢寻說''砥砥砮丹'，陸氏德明說'睿徽五典'，孔氏穎達說'壁內之書，治皆作亂'，顏氏師古說《湯誓》'奴翏⑦'，徐氏

---

① "漢"後，《隋書》卷三十二《經籍志一》有"議郎"二字。
② 《史記》卷一百二十一《儒林列傳》正義："顏云：衛宏《詔定古文尚書序》云'秦既焚書，恐天下不從所改更法，而諸生到者爲郎，前後七百人，乃密種瓜於驪山陵谷中溫處，瓜實成，詔博士諸生說之，人言不同，乃令就視。爲伏機，諸生賢儒皆至焉，方相難不決，因發機，從上填之以土，皆壓，終乃無聲'也。"《漢書》卷八十八《儒林傳》師古曰："衛宏《定古文尚書序》云'伏生老，不能正言，言不可曉也，使其女傳言教錯。齊人語多與潁川異，錯所不知者凡十二三，略以其意屬讀而已'。"
③ "齊宋"，陸德明《經典釋文》卷一《序錄》作"宋齊"。
④ "徐、李等《音》"，《序錄》云："爲《尚書》者四人"，《隋志》："梁有孔安國、鄭玄、李軌、徐邈等撰《尚書音》五卷。"案漢人不用反切注音，此爲後人所託。
⑤ 郭忠恕（？—977），字恕先，河南洛陽人。後周廣順中爲宗正丞兼國子書學博士。太宗即位，授國子監主薄。著有《漢簡》《佩觿》。《宋史》卷四百四十二《文苑傳四》有傳。
⑥ 段玉裁《經韻樓集》補編卷上《古文尚書撰異自序》。
⑦ 斮，古文誓字。翏，古文戮字。"奴翏"，顏師古《匡謬正俗》引隸古定本。《尚書》作孥戮，《殷本紀》作"帑僇"。《詩經·常棣》"樂爾妻孥"疏引作"帑戮"。奴，奴隸；孥，妻和子。僇，侮辱。戮，殺戮。鄭玄解釋爲："大罪不止其身，又孥戮其子孫"。（《孔疏》引）劉曉東先生《匡謬正俗平議》卷二論述甚詳，可參考。

錯說'才生明①'、說'驩吺'，皆在宋次道以前也。"② （江聲好改字，深信之，段不信，識優於江）據此則僞中之僞，至於擅造文字，此又因秦燔亡失而文字多僞者也。

06. 論伏生所傳今文不僞，治《尚書》者不可背伏生《大傳》最初之義

篇名文字多僞，皆屬古文。古文有僞，伏生所傳今文二十九篇，固無僞也。《史》《漢》皆云："伏生得《書》止二十九篇。"《論衡》則云："伏生老死，書殘不竟。"則伏生所得不止此數，當以《史》《漢》爲是。鼂錯，景帝時已大用，受書伏生在文帝時。兒寬受書歐陽生、孔安國，非鼂錯所傳授，《論衡》多聞之失，惟以發孔壁在景帝時，足證《漢書》之誤。《史》《漢》與《論衡》雖少異，而二十九篇之不僞，固昭昭也。《史》《漢》皆云："二十九篇之外，亡數十篇。"劉歆《移太常博士書》謂博士"以《尚書》爲備。"臣瓚《漢書注》曰："當時學者謂《尚書》唯有二十八篇，不知本存百篇也。"③《論衡》引"或說《尚書》二十九篇者，法斗四七宿也。四七二十八篇，其一曰斗矣，故二十九"④，漢時謂《尚書》唯有二十九篇，故以爲備。《尚書》不止此數，而秦燔亡失所得止此，則雖不備，而不得不以爲備矣。《史》《漢》與博士說少異，而二十九篇之不僞，又昭昭也。全經幾燼，一老慭遺，以九十餘歲之人，傳二十九篇之經，又有四十一篇之傳，今雖殘缺，猶存大略。其傳兼明大義，不盡釋經，而釋經者，確乎可據。如大麓之野，必是山林；旋機⑤之星，實爲北極。四方上下，六宗之義可尋；三才四時，七政之文具在。禰祖歸假，知事死如事生；鳥獸咸變，見物性通人性。十二州之

---

① 才生明，又作哉生明。指陰曆每月的初三，月光始生。哉（才），始也。
② 段玉裁《古文尚書撰異》卷一《堯典》（《續修四庫全書》第46冊，第25—26頁）。
③ 語見《漢書》卷三十六《楚元王傳附劉歆傳》。
④ 語見《論衡》卷二十八《正說篇》。
⑤ 旋機：亦寫作"璿璣""璇璣"。

兆祀，是祭星辰；三千條之肉刑，難解畫象。七始七律，文猶見於唐山；五服五章，制豈同於周世？三公絀陟，在巡守之先；重華禪讓，居賓客之位。西伯受命，逮六載而稱王；元公居攝，閱七年而致政。成王抗法，爲世子以迎侯；皇天動威，開金縢而改葬。此皆伏生所傳古義，必不可創新解而背師說者。

　　其後三家之傳，漸失初祖之義。《漢書·于定國傳》"萬方之事，大錄於君"，是用大夏侯說，背伏生"大麓"之說一矣。《地理志》"周公……封弟康叔，號曰孟侯"，是用小夏侯說，背伏生"迎侯"之說二矣。《白虎通》以"虞賓在位"爲"不臣丹朱"，亦是用夏侯說，背伏生"舜爲賓客"之說三矣。歐陽、夏侯說"天子服十二章，公卿服九章"，背伏生"五服五章之說四矣。（說詳見後）古文後出，異說尤多，馬、鄭以"璿機玉衡"爲"渾天儀"，背伏生"旋機、北極"之說五矣。馬、鄭又以日月五星爲七政，背伏生三才四時之說六矣。劉歆以六宗爲水、火、雷、風、山、澤，賈、馬、許以爲日、月、星、河、海、岱，鄭以爲星、辰、司中、司命、風師、雨師，背伏生"上下四方"之說七矣。馬、鄭訓"肇十二州"之"肇"爲始，分置并、幽、營三州，背伏生"兆祭分星"之說七①矣。鄭以"藝祖"猶周明堂，背伏生"歸假祖禰"之說九矣。馬以鳥獸爲筍虞，背伏生"鳥獸咸變"之說十矣。"七始訓"古文作"在治忽"，鄭本又作"𢾭"，解爲"笏"，背伏生"七始七律"之說十一矣。馬、鄭古文以成王感雷雨，迎周公反國，背伏生"公薨改葬"之說十二矣。（說詳見後）

　　劉歆欲立古文，詆博士"是末師而非往古"，試問傳《尚書》者，有古於伏生者乎？豈伏生《大傳》不足信，末師之說乃足信乎？鄭君爲《大傳》作注，可謂伏生功臣。乃於《虞傳》六宗、《夏傳》三公、《周傳·多士》之言郊遂，皆引《周禮》爲說。又謂《虞傳》"儀"當爲"義"，以傳合義仲，《洪範》"容"當爲"睿"，而改從古文，則鄭君之於伏書，亦猶注《禮》箋《詩》，雜糅今古，而非篤守伏書者矣。

---

① 據上下文，"七"當爲"八"。

近儒王鳴盛說《牧誓》司徒、司馬、司空，以伏生爲不可解。段玉裁說《金縢》以今文爲荒謬。彼祖護古文者，猶不足怪。孫星衍①始治今文，於《多方》泥於鄭《注》踐奄在攝政時，謂《大傳》不出自伏生。陳喬樅②專治今文，乃於文王受命，周公避居兩事。皆詆伏生老耄，記憶不全。此經義所以不明，皆由不守師說，誠無解於孔穎達"葉不歸根"之誚矣。

07. 論《伏傳》之後以《史記》爲最早，《史記》引《書》多同今文，不當據爲古文

漢武帝立博士，《尚書》惟有歐陽。太史公《尚書》學，不言受自何人，考其年代，未能親受伏生，當是歐陽生所傳者。陳壽祺曰："司馬子長時，《書》惟有歐陽，……所據《尚書》，乃歐陽本也。"③臧琳《經義雜記》分別《史記》引《尚書》爲今文，馬、鄭、王本爲古文，已列《堯典》一篇④，餘可類推。其說甚是。今考《史記》一書，如"大麓"是"林麓"，非錄《尚書》；"百揆"即"百官"，匪云"宰相"；堯太祖稱"文祖"，異於禰祖之親；胤子朱是"丹朱"，知非胤國之爵；舜年凡百歲，見徵庸三十之譌；帝諮廿二臣，有彭祖一人在內；（九官十二牧，四岳，即在十二牧內，合以彭祖，正是二十有二人）"夔曰"八字，本屬衍文；"予乘四載"，更當分列；"戛擊鳴球"以下，記自《虞史》伯夷；"明良喜起"之歌，義即舜傳大禹；

---

① 孫星衍（1753—1818）字淵如，陽湖人。乾隆五十二年一甲進士，授翰林院編修，官至刑部郎中，山東布政使。著《尚書今古文註疏》《周易集解》《金石萃編》等。《清史稿》卷四百八十一《儒林傳二》有傳。

② 陳喬樅（1807—1867），字樸園，陳壽祺子，閩縣人。道光五年舉人，官袁州、臨江、撫州知府，以經術飾吏治，居官有聲。著有《今文尚書經說考》《禮記鄭讀考》《毛詩鄭箋改字說》等。《清史稿》卷四百八十二《儒林傳三》有傳。

③ 陳壽祺《左海經辨》卷上《史記用今文尚書》（《續修四庫全書》第175冊，第385頁）。

④ 語見臧琳《經義雜記》卷二十三《五帝本紀書說》（《續修四庫全書》第172冊，第222—226頁）。臧琳（1650—1713），字玉林，武進人。諸生。治經以漢注唐疏爲主，鍵戶著述，世無知者，閻若璩、錢大昕多之。著有《尚書集解》百二十卷、《經義雜記》三十卷。《清史稿》卷四百八十一《儒林傳二》有傳。

《般庚》屬小辛時作，比於陳古刺今；微子諧樂官乃行，何與剖心胥靡；（太師少師皆樂官，非箕子比干）《多士》文兼《毋佚》，意在兩義互明；《君奭》告以勿疑，事在初崩居攝；成王開金匱，不因管蔡之言；重耳賜彤弓，乃作《文侯之命》；魯公就國，誓眾征戎；秦伯封殽①，懲前悔過。皆與古文不合，而與《大傳》略同。惟文王囚羑里之後，乃出畎耆；箕子封朝鮮之前，已先訪範。此二事與《大傳》年代先後稍異耳。司馬貞《索隱》見與偽孔古文不符，謂史公采雜說非本義，此其謬人皆知之矣。《漢書》謂"遷從孔安國問故"。遷書載《堯典》《禹貢》《洪範》《微子》《金縢》，多古文說，其言亦無確證。陳壽祺曰："今以此五篇考之，如《五帝紀》之載《堯典》'居郁夷曰柳谷''便在伏物''黎民始飢''五品不訓''歸至于祖禰廟''五流有度，五度三居'。《夏本紀》之載《禹貢》'維箘簬楛''滎播既都'；《周本紀》之載《洪範》'毋侮鰥寡'，文字皆與今文脗合。則所謂多古文說者，特指其說義耳。"② 段玉裁曰："按此謂諸篇有古文說耳。非謂其文字多用古文也。《五經異義》每云'古某說，今某說'，皆謂其義，非謂其文字。如說'內于大麓'云'堯使舜入山林川澤'，不云'大錄萬機之政'。說《禹貢》云'天子之國千里以外，甸、侯、綏、要、荒，每服五百里，方六千里'，不云'甸服千里，加侯、綏、要、荒，每服五百里，方五千里'。說《洪範》云'思曰睿'，不云'思心曰容'。說《微子》云'大師若曰：今誠得治國，死不恨，不得治，不如去'，不云'微子若曰：我舊云孩子王子不出'。說《金縢》雖用今文說而亦云'或譖周公，周公奔楚，成王發府見周公禱書，乃泣反周公'，皆古文說之異於今文家約略可言者也。"③

錫瑞案：史遷從安國問故，《史記》所未載，不知班氏何據。若《史記》所引《尚書》多同今文，不同古文。班氏所云惟"方六千里"同於賈、馬古文。"思曰睿"與"曰涕"同於馬、鄭古文。若

---

① "殽"，亦作"崤"。
② 陳壽祺《左海經辨》卷上《史記用今文尚書》（《續修四庫全書》第175冊，第385頁）。
③ 段玉裁《經韻樓集》補編卷上《古文尚書撰異自序》，此處與段文個別字稍異。

"大麓"不作"大錄",是用歐陽說,與夏侯異。"大師"不作"父師",是今文說,與馬、鄭古文異,特不同於《論衡》一家之說耳。《金縢》在周公薨後,是今文說,與馬、鄭古文異。而又云"或譖周公,周公奔楚",雖與《論衡》引古文說頗合,而以爲公歸政後,與馬、鄭古文避居之說不同。皆不足爲《史記》用古文說之證。自孫星衍以後,皆誤用班氏說,以爲《史記》一書引《尚書》者,盡屬古文,於是《尚書》今古文家法大亂。不知分別家法,確有明徵,非可執疑似之單文,拚昭晰之耳目。孫星衍過信班氏,其解《金縢》誤分《史記》以"居東"爲"東征",與《毛詩》同者爲古文說。鄭以周公居東,在成王禫後者爲今文說,而無以處《論衡》明言古文家。乃曰"王氏充以爲古文者,今文亦古說也"。豈知《論衡》分今古文甚明,乃欲厚誣古人,豈不謬哉!

08. 論《伏傳》《史記》之後,惟《白虎通》多引今文,兩《漢書》及漢碑引《書》亦皆漢時通行之本

《尚書》有今古文之分,人皆知之,而未有一人能分別不誤者。孔壁古文罕傳於世,至東漢衛、賈、馬、鄭,古文之學漸盛。其原出於杜林,與孔壁古文是一是二,未有明據。至東晉僞孔古文出,唐以立學。孔穎達見其篇目與馬、鄭異,乃強謂馬、鄭爲今文,近人皆知孔《疏》之謬矣。而又誤執班《志》"遷《書》多古文說",遂以《史記》所載皆屬古文,而無以處馬、鄭與《史記》異者,又強謂馬、鄭爲今文。夫《史記》據歐陽《尚書》,明明屬今文矣,而必以爲古文。馬、鄭據杜林漆書,明明屬古文矣,而必以爲今文,則謂未有一人能分別不誤者,非過論也。

經義最久遠難分明者,莫如《尚書》;經義最有確憑據者,亦莫如《尚書》。《尚書》之確憑據,首推伏生《大傳》,次則司馬《史記》,其說已見前矣。又次則《白虎通·德論》,多載今《尚書》說。(陳壽祺曰:《白虎通義》用《今文尚書》)如琮璜五玉;麕鹿二牲。九族親睦,兼列異聞;三考黜陟,不拘一義。放勳非號,說見於郊天;伯夷不名,義彰於敬老。鳴球堂上,尤貴降神之歌;燔柴岱宗,即爲封

禪之禮。考績事由二伯；州牧旁立三人。五行衰王之宜；八音方位之別。受銅即位，大斂即可稱王；改朔應天，太平亦須革正。周公薨當改葬，康叔封據平安。皆不背於伏書，亦無達於遷史。《白虎通》爲今文各經之總匯，具唐虞三代之遺文。碎璧零珪，均稱瓈寶。雖不專爲《尚書》舉證，而《尚書》之故實典禮，要皆信而有徵。治《今文尚書》者，於《伏傳》《史記》外，當以此書爲最。

他如兩《漢書》紀、志、傳之引《尚書》，漢碑之引《尚書》，以漢家四百年之通行，證伏書二十九篇之古義，雖不能備，而《尚書》之大旨，可以瞭然於心，而不爲異說所惑矣。至於孔壁古文，久已不傳，其餘真僞難明，或且僞中作僞，既無裨於經學，學者可姑置之。與其信疑似難明之古文，而鄉壁虛造，不如信確實有據之今文，而抱缺守殘。《尚書》本出伏生，不當求書義於伏生所傳之外。兒寬受學與歐陽生，又受學於孔安國，歐陽、大小夏侯之學皆出於寬，是安國古文之傳，已并入歐陽、夏侯，更不當求《書》義於歐陽、夏侯三家之外也。

09. 論古文無師說，二十九篇之古文說亦參差不合，多不可據

《古文尚書》之名舊矣，今止以今文二十九篇爲斷，古文置之不論。其說似乎駭俗，不知真古文之亡久矣，且真古文亦無師說。凡今文早出有師說，古文晚出無師說，各經皆然，非獨《尚書》。孔安國以今文讀古文，或略綴以文字，如後之《釋文》《校勘記》，亦未可知，要之必無章句訓義。《漢書·孔光傳》曰："忠生武及安國，武生延年。延年生霸，……霸生光焉。安國、延年，皆以治《尚書》爲武帝博士，安國至臨淮太守。霸亦治《尚書》，事太傅夏侯勝。昭帝末年爲博士。"

案此孔安國《古文尚書》但有經而無傳之明證也。漢人重家法，歐陽生至歙八世，皆治歐陽《尚書》。霸爲安國從孫，如安國有師說，霸豈得舍而事夏侯？大夏侯有孔、許之學，則孔氏之家學，轉在夏侯，而非傳安國矣！蓋古文無師說，博士必以今文師說教授，故夏

侯師說，有與《古文尚書》相出入者。班氏世習夏侯《尚書》，《漢書》引經與《史記》引歐陽說頗不同。而《漢書》又間用古字，其異同皆可考而知。孔氏所謂起其家者，不過守此孤本，傳爲家學耳。逸十六篇本之杜林，託之孔壁，衛、賈、馬、鄭遞相授受。馬融以爲絕無師說，鄭亦不注《逸書》。觀於《逸書》之無師說，又安國《古文尚書》，有經無傳之明證也。有經而無師說，與無經同，況並此真經而亡之，乃以贗鼎亂真，奚可哉！

二十九篇以外之古文，既不可信。二十九篇之中，有古文說，蓋創始於劉歆。歆欲建立古文，必有說義可方教授。《周禮》《左氏傳》皆由劉歆創通大義，有明文可據。則《古尚書》說出於東漢之初者，亦由劉歆創立可知。如以三公爲太師、太傅、太保，以六宗爲乾坤六子，以父師爲箕子，以文王爲受命九年而崩。歆說至今可考見者，皆不與今《尚書》說同，是其明證。劉歆爲國師，王璜、塗惲皆貴顯，塗惲授桑欽。則《漢書》"《禹貢》"引桑欽說，又在劉歆之後。（《漢書·地理志》於《禹貢》引古文說，必分別言之，則其餘皆今文可知）《五經異義》引《古尚書》說，蓋出衛宏、賈逵，亦或本之於歆。衛、賈所作訓，今不傳。鄭君《書贊》曰："衛、賈、馬二三君子之業，則雅才好博，既宣之矣。"是鄭注《古文尚書》，多本於衛、賈、馬。今馬、鄭注解，猶存其略。而鄭不同於馬，馬又不同於衛、賈。蓋古文本無師授，所以人自爲說。其說互異，多不可據，不當以衛、賈、馬、鄭後起之說，違伏生最初之義也。

10. 論《禹貢》山川當據經文解之，據漢人古義解之，不得從後起之說

郡縣有時而更，山川終古不易。山川之名，自禹始定。《甫刑》曰："禹平水土，主名山川。"郭璞《爾雅注》曰："從《釋地》已下至九河，皆禹所名也。"據此，則禹奠高山大川之後，始一一爲之定名，相傳至今。其支峰支流，不必皆禹所定，而大山川之名，終古不易。即或山有崩壞，水道有遷徙，而準其地望，考其形勢，大致猶可推求。《禹貢》一書，爲後世山經水記之祖。《史記·河渠書》《漢

書·地理志》，皆全載其文。《漢志》又於郡縣下，備載《禹貢》某山某水，在今郡縣其處。漢時去古未遠，其說必有所受。

後之治《禹貢》者，吾惑焉。經有明文，習而不察。其數可稽者，乃釋以顢頇之辭，此大惑者一。漢人引經有明文，詆而不信。其地可據者，反傅會不經之說，此大惑者二。試舉數條證之。

《禹貢》曰："九山刊旅，九川滌源，九澤既陂。"經明言九山、九川、九澤，則必數實有九，《注》《疏》乃以九州之山川澤解之。據《史記》云"道九山，道九川"，其爲實有九數，而非泛說九州可知。今以經文考之，"岍及岐至于荆山"，一也；"壺口、雷首至于太岳"，二也；"砥柱、析城至于王屋"，三也；"太行、恒山至于碣石"，四也；"西傾、朱圉、鳥鼠至于太華"，五也；"熊耳、外方、桐柏至于陪尾"，六也；"嶓冢至于荆山"，七也；"內方至於大別"八也；"岷山之陽至于衡山"，九也。蓋山之數不止於九，而脈絡相承，數山實是一山，故經言某山至於某山，合之適得九數。《史記索隱》曰："汧、壺口、砥柱、太行、西傾、熊耳、嶓冢、內方、岐是九山也。"其說不誤，惟專舉爲首一山言之，未明言一山合數山之故，又誤"岐山"爲"岐"。"岷"，《史記》作"汶"，或作"峧"，"峧"與"岐"相似致誤。（《索隱》"岍"作"汧"，"岷"作"峧"，與今文合，蓋出今文遺說）後人不能訂正誤字，又不能按合經文，故《索隱》雖有明文，而莫之遵信矣。九川者，《索隱》曰："弱、黑、河、瀁、江、沇、淮、渭、洛爲九川。"按之經文，其數適合。（"漾"作"瀁"，亦與今文合，足見其說皆出今文）九澤，《索隱》無說，以經考之，雷夏一，大野二，彭蠡三，震澤四，雲夢五，滎波六，菏澤七，孟豬八，豬野九，其數亦適合。雷夏、彭蠡、震澤、菏澤，經明言澤。雲夢、孟豬、大野以澤名，見《周禮·職方》。滎澤見《左氏傳》，都野澤見《水經》。（即豬野，"豬"，今文作"都"）或一州有二澤三澤，或一州無一澤，蓋無一定，非若《職方》每一州一澤也。（楚人名"澤中"謂①夢中，見王逸《楚辭注》，是雲夢即云澤。若分爲二，謂雲在江北，夢在江南，則有十澤，非止九澤矣）此大山川明見經者，人且忽而不察。自來

---

① 思賢書局本、商務本作"謂"，中華本作"爲"。

說《禹貢》者，無一人能確指其數，何論其他！九河當從"許商以爲：'古說九河之名，有徒駭、胡蘇、鬲津，見在成平、東光、鬲界中。自鬲以北至徒駭間，相去二百餘里。'"①《漢志》"東光，有胡蘇亭""成平，虖池河，民曰徒駭河""鬲，平當以爲鬲津"②，皆與許商說同。班固、許商皆習夏侯《尚書》者，若王橫言"九河之地爲海所漸"③，乃古文異說不可從。三江，《漢志》會稽郡吳縣"南江在南"，毗陵"江在北"，丹陽郡蕪湖"中江出西南"，據《水經》，"過毗陵縣北爲北江"，則《漢志》毗陵"江在北"，江上脫一"北"字，合南江、北江、中江爲三江。九江，《史記》云"余登廬山，觀禹疏九江"，《漢志》廬江郡尋陽"《禹貢》九江在南，皆東合爲大江"，又豫章郡"莽曰九江"，有鄱水、餘水、修水、豫章水、盱水、蜀水、南水、彭水，皆入湖漢，合湖漢水爲九入江，則九江在漢廬江、豫章二郡之地。宋胡旦④、毛晃⑤始傅會《山海經》，以九江爲洞庭，近治《禹貢》者多惑之。

　　案古有雲夢，無洞庭。至戰國時，吳起說魏武侯，始言"昔三苗氏左洞庭"。蘇秦說楚威王，言"南有洞庭、蒼梧"。張儀說秦王，言"大破荊襲郢，取洞庭五渚"。屈子《楚辭》，屢稱洞庭，而雲夢罕見稱述。至漢以巴丘湖爲雲夢。又言雲夢，不言洞庭，蓋水道遷徙而異名，要與九江無涉。《山海經》，太史公所不敢言，豈可據以證《禹貢》乎？（《山海經》，疑戰國人作，必非禹時之書）九河、三江亦多異說，九河或并簡絜爲一，三江或并三江爲一。庚仲初以後各創新說，反疑《漢志》是《職方》三江，非《禹貢》三江。又《漢志》大別

---

① 語見《漢書》卷二十九《溝洫志》。案"見在成平"前，皮引文省"今"字。
② 語見《漢書》卷二十八上《地理志上》，東光縣、成平縣，屬渤海郡；鬲縣屬平原郡。平當（？—前4），字子思，平陵人，以明經爲博士，官至丞相。《漢書》卷七十一有傳。
③ 《漢書》卷二十九《溝洫志》。案：王橫，字平中，琅琊人，見《漢書·儒林傳》。
④ 胡旦，字周父，濱州渤海人。太宗太平興國三年舉進士第一，官至祠部郎中。著有《漢春秋》《五代史略》《將帥要略》《演聖通論》《唐乘》《家傳》三百餘卷。《宋史》《儒林傳二》有傳。
⑤ 毛晃，生卒不詳，高宗末年人，衢州免解進士，著有《禹貢指南》《增注禮部韻略》。《宋史》無傳。《四庫全書總目》卷十一《〈禹貢指南〉提要》有簡介。

在安豐，而或以爲翼際，東陵在金蘭，而或以爲巴陵，皆與古說不同。胡渭《禹貢錐指》有重名，亦多惑於後起之說。惟焦循《禹貢鄭注釋》、成蓉鏡①《禹貢班義述》，專明古義，治《禹貢》者當先觀之。鄭引《地記》與《班志》微不同，蓋各有所據，鄭以"九江孔殷"爲"其孔甚多"；"因桓是來"，"桓是"爲隴坻之名，頗近於新巧，乃古文異說，不必從。

11. 論五福六極明見經文，不得以爲術數，五行配五事當從《伏傳》《漢志》

陳澧曰："《洪範》九疇，天帝不錫鯀而錫禹。此事奇怪，而載在《尚書》。反復讀之，乃解所謂'我聞在昔者'。箕子上距鯀與禹千年矣，天帝之錫不錫，乃在昔傳聞之語也。《洪範》之文，奇古奧博，千年以來，奉爲祕寶，以爲出自天帝。箕子告武王，述其所聞如此耳。至以爲龜文，則尤當存而不論。二劉輩乃或以爲龜背有三十八字，或以爲惟有二十字，徒爲臆度，徒爲辨論而已，孰從而見之乎？《洪範》以'庶徵'爲'五事'之應。伏生《五行傳》以五事分配五行，又以'皇極'與五事爲六，又以'五福''六極'分配之。《漢書·五行志》云：'董仲舒治《公羊春秋》，始推陰陽。劉向治《穀梁春秋》，傅以《洪範》，與仲舒錯。至向子歆治《左氏傳》，其《春秋》意亦已乖矣。言《五行傳》，又頗不同。'澧謂：此漢儒術數之學，其源雖出於《洪範》，然既爲術數之學，則治經者存而不論可矣。"②

錫瑞案：經學有正傳，有別傳。《洪範》五行，猶《齊詩》五際，專言術數，皆經學之別傳。而《洪範》之五行、五事、皇極、庶徵、五福、六極，明見經文，非比《齊詩》五際存於傳說，尤爲

---

① 成孺，原名蓉鏡，字芙卿，自號心巢，寶應人。附生。性至孝。邃通經學，旁及象緯、輿地、聲韻、字詁，於金石尤精。無漢宋門戶之見。著有《禹貢班義述》《尚書曆譜》《太初曆譜》《切韻表》《經義駢枝》《五經算術》等。《清史稿》卷四百八十《儒林傳一》有傳。

② 語見陳澧《東塾讀書記》卷五《尚書》。

信而有徵，不得盡以爲漢儒術數矣。《繫辭傳》曰："河出圖，洛出書，聖人則之。"漢儒以《河圖》爲八卦，《洛書》爲九疇。古時天人本不相遠，龍官、鳥紀以命氏，《龍圖》《龜書》以授人，所謂天錫當有是事。三國魏時，張掖涌石有牛馬之形，及"大討曹"字，足見祥異之兆，有不可據理以斷有無者，安見三代以前，必無石見文字之事乎？豈真如杜鎬①附會天書云"聖人以神道設教"乎？陳氏以爲奇怪，不應載在《尚書》，乃以"我聞在昔"爲傳聞之語，殊屬非是。周公曰"君奭，我聞在昔""伊尹格天"之類，並非奇怪之事。以箕子曰"我聞在昔"，爲傳聞之怪事。然則周公曰"我聞在昔"，亦爲傳聞之怪事乎？《洪範》自《洪範》，《春秋》自《春秋》。《洪範》言陰陽五行，《春秋》不言陰陽五行。孔子作《春秋》經，但書災異，藉以示儆，未嘗云某處之災，應某處之事也。伏生作《洪範傳》，但言某事不修則有某災，亦未嘗引《春秋》某事應《洪範》某災也。董、劉牽引《洪範》五行，以說《春秋》災異，某災應在某事。正如《漢志》所譏"淩雜米鹽"。董據《公羊》，劉向據《穀梁》，歆據《左氏》，三《傳》又各不同，尤爲後人所疑。《隋書·經籍志》云："濟南伏生之傳，唯劉向父子所著《五行傳》，是其本法，而又多乖戾。"《隋志》所云"乖戾"，指向、歆之說不同，而謂"伏生之傳，惟《五行傳》是其本法"，則誤以伏生之學，僅有五行。不知《尚書》一經，皆出伏生所傳，而五行特其一端。故伏生《大傳》四十一篇，而《洪範五行傳》別出於後。此以《五行傳》爲別傳之證，伏生已明著之。《隋志》祖僞古文，抑今文，故不知伏生之本法何在，其言殊不足據。陳氏云漢儒術數亦少別白②。董、劉強《洪範》合《春秋》，謂之術數可也。伏生以五行配五事，謂之術數不可也。以《洪範傳》爲術數，《洪範經》亦術數乎？五行配五事，見《漢志》曰："視之不明，其極疾；順之，其福曰壽。聽之不聰，其極貧；順之，其福曰富。言之不從，其極憂；順之，其福曰康寧。貌

---

① 杜鎬（938—1013），字文周，常州無錫人。舉明經，官至禮部侍郎。博聞強識，性和易，清素有懿行。著有《龍圖閣書目》七卷、《君臣賡載集》三十卷、《鑄錢故事》一卷。《宋史》卷二百九十六有傳。

② 別白：分辨明白。語出《漢書·董仲舒傳》"辭不別白，指不分明。"

之不恭，其極惡；順之，其福曰攸好德。思心之不容，其極曰凶短折；順之，其福曰考終命。"① 皆本《大傳》爲說。《書正義》引鄭注，惟"聽聰則致富"，與《漢志》同，餘皆不同，蓋古文異說。孫星衍以爲鄭說皆遜於今文是也。（元胡一中《定正洪範圖》，穿鑿支離，與《易》之先後天圖，同一怪妄）

12. 論《古文尚書》說誤以《周官》解唐虞之制

子曰："殷因於夏禮，所損益可知也。周因於殷禮，所損益可知也。"又曰："行夏之時，乘殷之輅，服周之冕，樂則《韶》《舞》。"知一代有一代之制度。所謂"五帝殊時，不相沿樂；三王異世，不相襲禮"，未有唐、虞、夏、商、周一切皆沿襲不變者。強後人以盡遵前人，固不能行。強前人而豫法後人，尤爲乖謬。今文家之說《尚書》也，唐、虞之書，即以唐、虞之制解之，此其理甚易明，而至當不可易者也。古文家說《尚書》，務創新說，以別異於今文。其所謂新說者，大率本於《周官》一書。《周官》出山巖屋壁，漢人多不信爲周公所作。即使真是周公手定，而唐、虞、夏、商諸帝王，遠在千載以上，安能豫知姬周之代有一周公其人，有一周公手定之書名曰《周官》，而事事效法之？此其理甚易明，而至當不可易者也。乃自劉歆以至馬、鄭輒知此義，而《尚書》之制度大亂。今試略舉數事言之。

如堯"命羲和""敬授人時"，又分"命四子"。《史記》：《天官書》《曆書》，《漢書》：《成帝紀》《律曆志》《食貨志》《藝文志》《百官公卿表》《魏相傳》，以及《論衡》《中論》《後漢書》《續漢志》，皆以羲和專司天文，四子即是羲和。鄭注《尚書》乃云："官名，蓋春爲秩宗，夏爲司馬，秋爲士，冬爲共工，通稷與司徒，是六官之名見。"又云："仲叔，羲和之子，又主方岳之事，是爲四岳。"案唐、虞以羲和司天文，四岳主方岳，九官治民事，各分其職。鄭乃混而一之，是本《周官》六卿，以亂唐、虞之官制，其失一矣。

---

① 語采自《漢書》卷二十七中下《五行志中之下》。

"天命有德，五服五章"，《大傳》云："山龍青也，華蟲黃也，作繪黑也，宗彝白也，藻火赤也。天子服五，諸侯服四，次國服三，大夫服二，士服一。"《續漢·輿服志》："孝明皇帝永平二年，初詔有司采《周官》《禮記》《尚書·皋陶篇》，乘輿服從歐陽①說。"日月星辰十二章，"公卿以下從大小夏侯氏說"。山龍九章，華蟲七章，與經五服五章不合。當時詔以《周官》列首，故三家舍《伏傳》而從《周官》。鄭《注》又本於歐陽、夏侯，是本《周官》十二章，以亂唐虞之服制，其失二矣。

"弼成五服，至於五千"，歐陽、夏侯說中國方五千里。《漢書·賈捐之傳》《鹽鐵論》《說苑》《論衡》《白虎通》說同。惟《史記》以爲天子之國以外五服各五百里，似爲賈、馬說六千里所本。"《異義》：《古尚書》說五服旁五千里，相距萬里。"②鄭云五服已五千，又弼成爲萬里，蓋以夏之五服，與周九服相同，是本《周官》九服，以亂唐、虞土地之制，其失三矣。

"輯五瑞"，《白虎通·瑞贄篇》曰："何謂五瑞？謂珪、璧、琮、璜、璋也。……蓋……璜以徵召，璧以聘問，璋以發兵，珪以質信，琮以起土功之事也。"《公羊·定八年傳解詁》曰："不言璋言玉者，起珪、璧、琮、璜、璋五玉盡亡之也。……珪以朝，璧以聘，琮以發兵，璜以發眾，璋以徵召。"與《白虎通》所施略異，而名正同。馬注云："五瑞，公、侯、伯、子、男，取執以爲瑞信也。"案《禮記·王制》鄭注、《白虎通·爵篇》引《禮緯·含文嘉》，皆云殷爵三等。則周以前不得有五等之爵，是以《周官》五等，亂唐、虞瑞玉之制，其失四矣。

他如"六宗"爲天地四方，鄭引《周官》以爲星、辰、司中、司命、風師、雨師，"同律度量衡"，同，訓齊同；鄭引《周官·典同》，以爲同是陰呂，"象以典刑，流宥五刑"。《大傳》《孝經緯》《公羊注》《白虎通》《風俗通》，皆云唐虞象刑。馬融注云："五刑，

---

① "歐陽"，《後漢書》志第三十《輿服下》作"歐陽氏"。
② "旁"，許慎異義、鄭玄駁《駁五經異義》補遺《中國里數》（影印《文淵閣四庫全書》第182冊，第318頁）作"方"。

墨、劓、剕、宮、大辟。"是以周制說虞制。"大戰于甘，乃召六卿""《異義》：今《尚書》夏侯、歐陽說天子三公，……九卿，……《古周禮》說天子立三公，……又立三少，……冢宰、司徒、宗伯、司馬、司寇、司空是爲六卿之屬。"① 許君謹案："此周之制。"是周以前不得有六卿。《甘誓》所云，鄭注以爲"六軍之將"是也，又引"《周禮》六軍將皆命卿，則三代同"，與許義不合，不知一代有一代之制，非可強前人以從後人也。

13. 論《古文尚書》說變易今文，亂唐虞三代之事實

一代有一代之制度，未可據後王而強同之也；一代有一代之事實，尤未可憑胸臆而強易之也。伏生《大傳》《太史公書》所載事實，大致不異，古來口授相傳，本是如此。兩漢今文，並遵師說，東漢古文，始有異義。所改制度，多本《周官》；所改事實，不知何本。大率采雜說，憑臆斷，爲宋、明人作俑。自此等臆說出，不僅唐虞三代之制度亂，並唐虞三代之事實亦亂。今略舉數事以證之。

《堯典》"乃命羲和"專爲授時，"帝曰：疇諮若時登庸"，別爲一事。張守節《史記正義》云："言將登用之嗣位。"張說蓋本漢人，揚雄《美新》云"陛下以至聖之德，龍興登庸"。是漢人以"登庸"爲登帝位之證。馬、鄭乃連合上文爲一事，馬云："羲和爲卿官，堯之末年，皆以老死，庶績多闕，故求賢順四時之職，欲用以代羲和。"鄭注《大傳》云："堯始得羲和，命爲六卿，後稍死，驩兜、共工等代之。"馬、鄭以羲和爲六卿，登庸爲代羲和，以致孔《疏》有"求賢而薦太子"之疑，信僞《孔》以胤子朱爲胤國子爵，而違《史記》嗣子丹朱之明證，此亂唐虞之事實者一也。

"帝曰：我其試哉"，《史記·五帝本紀》作"堯曰：吾其試哉"，《論衡·正說篇》引"堯曰：我其試哉"，是今文有"帝曰"，孔

---

① 許慎異義、鄭玄駁《駁五經異義》補遺《三公》（影印《文淵閣四庫全書》第182册，第322頁）。

《疏》云："馬、鄭、王本'皆無帝曰'，當時庸生之徒漏之也。"①是古文無"帝曰"，如其說當直以"我其試哉"爲四岳語，四岳如何試舜？必不可通。古文不如今文，即此可證。此亂唐虞之事實者二也。

"四罪而天下咸服"，《夏②本紀》云："舜攝政巡狩，見鯀治水無狀，請於堯而殛之。"是殛鯀在禹治水成功之前。鄭注云："禹治水事畢，乃流四凶。"王肅難云："若待治水功成，而後以鯀爲無功，殛之。是舜用人子之功，而流放其父，則禹之勤勞，適足使父致殛。舜失五典克從之義，禹陷三千莫大之罪。進退無據，亦甚迂哉！如鄭說，誠無以解王肅之難。此亂唐虞之事實者三也。

盤庚，《殷本紀》："帝盤庚之時，殷已都河北，盤庚渡河南，復居成湯之故居，迺五遷，無定處。……帝盤庚崩，弟小辛立，……殷復衰，百姓思盤庚，迺作《盤庚》三篇。"鄭云："陽甲立，盤庚爲之臣，迺謀從居湯舊都。上篇，盤庚爲臣時事；下篇，盤庚爲君時事。"又云："湯自商徙亳，數商、亳、囂、相、耿爲五。"而不數所遷之殷，與經文于今五邦"今"字不符。《石經・盤庚》三篇合爲一篇。依鄭說，非一時事不當合。此亂三代之事實者四也。

微子，《殷本紀》："微子數諫不聽，乃與太師、少師謀，遂去。比干……强諫紂。紂殺比干，囚箕子，殷之太師、少師，乃持其祭樂器奔周。"③《宋微子世家》："微子度紂終不可諫，欲死之，及去，未能自決，乃問於太師、少師。"古文太師作父師，鄭云："父師者，三公也，時箕子爲之。少師者，太師之佐，孤卿也，時比干爲之。"僞《孔傳》從鄭義，此亂三代之事實者五也。

《金縢》："周公居東二年，則罪人斯得。"《魯世家》："周公乃奉成王命，興師東伐，作《大誥》。遂誅管叔，殺武庚，放④蔡叔。放殷餘民，……寧淮夷東土，二年而畢定。"是"居東"即東征，"罪人"即武庚、管、蔡，甚明。《異義》引《古尚書》說云："武

---

① 語見《尚書正義》卷二，皮引文字略省。
② "夏"，皮作"五帝"，據《史記・夏本紀》改。
③ 語見《史記》卷三《殷本紀》。皮引文字稍異。
④ "放"，《史記》卷三十三《魯世家》作"收"。

王崩時，成王年十三，後一年管、蔡作亂，周公東辟之，王與大夫盡弁以開金縢之書。"① 此說當出於劉歆、衛、賈諸人，始以"我之弗辟"爲"弗避"，"居東"爲"東辟"，不爲"東征"，開《金縢》爲周公生前，不在薨後。鄭云："罪人，周公之屬黨與知居攝者。周公出皆奔，今二年盡爲成王所得。"王肅以爲橫造。此亂三代之事實者六也。

"秋，大熟，未穫，天大雷電以風"，《大傳》曰："周公死，成王欲葬之於成周。天乃雷雨以風，禾盡偃，大木斯拔，國人大恐。王與大夫開金縢之書，執書以泣。"《魯世家》，《論衡·感類篇》，《白虎通》：《封公侯篇》《葬篇》，《漢書》：《梅福傳》《杜鄴傳》《儒林傳》，《後漢書》：《周舉傳》《張奐傳》，《公羊何氏解詁》說同。是"秋，大熟"，不知何年秋，在周公薨後。鄭云："秋，謂周公出二年之明年秋也。"② "新逆，改先時之心，更自新以迎周公於東，與之歸，尊任之"③。此亂三代之事實者七也。

《多士》在前，《多方》在後，《史記》所載今文《書序》與馬、鄭古文《書序》同。僞《孔傳》云："奄再叛，再征。"蓋本漢人舊說。按之經文，其說不誤，鄭君誤合爲一。《多方》疏引鄭云："此伐淮夷與踐奄，是攝政三年伐管、蔡時事，其編篇於此未聞。"蓋謂不應編於《多士》《無逸》《君奭》之後，遂啟後人《多士》《多方》先後倒置之疑。此亂三代之事實者八也。

《無逸》，《石經》"肆高宗之饗國百年"下接"自時厥後"，則其在祖甲。今文作"昔在殷王太宗"，以爲太甲，在"周公曰：嗚乎"下，以後乃云"其在中宗""其在高宗"。《古文尚書》於前遺"太宗"，而於後增"祖甲"。《殷本紀》"帝甲淫亂"，《國語》亦云"帝甲亂之"，則祖甲非賢主，不當在三宗之例。王肅爲調停之說，以"祖甲"爲"太甲"，云先中宗後祖甲，先盛德後有過，說尤非是。此亂三代之事實者九也。

---

① 許慎異義、鄭玄駁《駁五經異義》補遺《附錄》（影印《文淵閣四庫全書》第182冊，第322頁）。
② 《毛詩正義》卷八《豳風·七月·豳譜》"明年"前有"後"字。
③ 語見《毛詩正義》卷八《豳風·東山》。

《君奭》，《史記‧燕世家》："成王既幼，周公攝政，當國踐阼，召公疑之，作《君奭》。"與《列子‧楊朱篇》"周公攝天子之政，召公不說"相合，《漢書》：《孫寶傳》《王莽傳》，《後漢書‧申屠剛傳》，皆以爲周公攝政時作。古文編列《多士》之後，馬、鄭遂有不說周公貪寵之說。此亂三代之事實者十也。

14. 論《尚書》義凡三變，學者各有所據，皆不知專主伏生

孔廣森《戴氏遺書序》曰："君以梅、姚①售僞，孔、蔡②謬悠，妄云壁下之書，猥有舫頭③之字，……乃或誤援《伊訓》，滋元年正月之疑。强執《周官》，推五服一朝之制。譬之爭年鄭市，本自兩非；議瓜驪山，良無一是。"④ 孔氏此說，最爲通達，據此可以折衷一是，解釋羣疑。惟戴氏非《尚書》專家，其作《尚書義考》未成，未能發明今文，以津逮後學耳。經定自孔子，傳自漢初諸儒，使後世學者能恪遵最先之義，不惑於後起之說。徑途歸一，門戶不分，不難使天下生徒皆通經術。況《尚書》一經，傳之者止伏生一老；非若《詩》有齊、魯、韓三家，《春秋》有公羊、穀梁、左氏，各有所受，本不止一師也。歐陽、大小夏侯既分顓門，小有出入，亦未至截然不合如今古文家也。

其後古文說出，初不知所自來。衛、賈、馬、鄭所說各異，既無師授，安可據依？後世震於劉歆古文之名，壓於鄭君盛名之下，循用

---

① 梅、姚，即梅賾、姚方興。
② 蔡，即蔡沈（1167—1230），字仲默，學者稱九峰先生，蔡元定次子，建州建陽人。幼從庭訓，長師朱熹，受父師之托，著《書傳》，數十年乃成，發明先儒之所未及。《宋史》卷四百三十四《儒林傳四》有傳。
③ "大舫頭"一語出自《尚書‧虞書》孔穎達註疏："時已亡失《舜典》一篇，晉末范寧爲解時已不得焉。至齊蕭鸞建武四年姚方興於大舫頭得而獻之，議者以爲孔安國之所注也。"大舫，亦稱大桁、朱雀桁、朱雀橋，是六朝時建康南城門朱雀門外的浮橋。
④ 語見孔廣森《駢儷文》卷二《戴氏遺書總序》（《續修四庫全書》第1476冊，第377—378頁）。孔廣森（1752—1786），字眾仲，山東曲阜人。乾隆三十六年進士，官檢討。師戴震，著有《春秋公羊通義》《儀鄭堂駢儷文》《大戴禮記補注》《經學卮言》等。《清史稿》卷四百八十一《儒林傳二》有傳。

注解，立於學官。古文說盛行，而今文衰歇。於是《尚書》之義一變。

王肅學承賈、馬，亦遠本於歐陽，其學兼通古今，又去漢代不遠。使其自爲傳注，原可與鄭並行。乃必託名於孔安國，又僞造《尚書》古文經。後世見其經既增多，孔《傳》又古於鄭，廢鄭行孔，定於一尊，僞古文說盛行，而今文盡亡。於是尚書之義再變。

宋儒不信古人，好矜創獲，獻疑孔《傳》，實爲首庸。惟宋儒但知孔《傳》之可疑，而不知古義之可信。又專持一理字，臆斷唐虞三代之事，凡古事與其理合者，即以爲是，與其理不合者，即以爲非。蔡沈、王柏①、金履祥②之說盛行，編書者至改古事以從之。《綱鑒輯略》一書，改"西伯戡黎"爲武王，"微子奔周"爲武庚。以近儒臆斷之空言，改自古相傳之實事。於是尚書之義三變。

經義既已屢變，學者各有所據。蔽所不見，遂至相攻。有據孔《傳》以攻蔡《傳》者，如毛奇齡《古文尚書冤詞》是也；有據蔡《傳》以攻孔《傳》者，如閻若璩《尚書古文疏證》是也；有據馬、鄭而攻孔《傳》與蔡《傳》者，如江聲《尚書集注音疏》、王鳴盛《尚書後案》是也。要皆不知導原而上，專主伏生。故不能宗初祖以折服末師，甚且信末師以反攻初祖。其說有得有失，半昧半明。正孔廣森所云"爭年鄭市，本自兩非；議瓜驪山，良無一是"者。此《尚書》一經，所以本極易明，反致糾紛而極不易明也。

15. 論衛、賈、馬、鄭尊古文而抑今文，其故有二：一則學術久而必變，一則文字久而致譌

嘗疑衛、賈、馬、鄭皆東漢通儒，豈不知今文遠有師承？乃必尊

---

① 王柏（1197—1274），字會之，婺州金華人。從朱熹門人游，爲麗澤書院、上蔡書院師。著有《讀易記》《涵古易說》《書疑》《詩辨說》《讀春秋記》《書附傳》《左氏正傳》《朱子指要》等四十多種。《宋史》卷四百三十八《儒林傳八》有傳。

② 金履祥（1232—1303），字吉父，宋元間婺州蘭溪人。師何基、王柏，治朱熹之學。宋恭帝德祐初，以史館編校起之，弗就。入元不仕。訓迪後學，諄切無倦。著有《通鑒前編》《大學章句疏義》《論語孟子集註考證》《書表注》。《元史》卷一百八十九《儒學傳一》有傳。

古文抑今文。誠不解其用意。今細考之，而知其故有二：

一則學術久而必變。漢初《尚書》惟有歐陽而已，後乃增立夏侯。夏侯學出張生，張生與歐陽生皆伏生弟子，所學當無不同。然既別於歐陽而自成一家，則同中必有異。（如以"大麓"爲"大錄"是）夏侯勝從子建，"師事勝及歐陽高，左右采獲，又從五經諸儒問與《尚書》相出入者，牽引以次章句，具文飾說。勝非之曰：'建所謂章句小儒，破碎大道。'建亦非勝爲學疏略，難以應敵。建卒自顓門名經"①，是小夏侯又異於大夏侯，而增立博士，號爲顓門。此人情好異，學術易變之證。秦恭延君守小夏侯說，又增師法至百萬言。桓譚《新論》："秦近君②，（即延君）能說《堯典》篇目，兩字之誼，至十餘萬言。但說'曰若稽古'三萬言。"③《漢書·藝文志》云："說五字之文，至於二三萬言。"即指秦恭而言。蓋小夏侯本破碎支離，恭又加以蔓衍，使人憎厭，古文家乘其敝，而別開一門徑，名雖古而實新，喜新者遂靡然從之。此其故一。

一則文字久而致譌。伏生改古文爲今文，以授生徒，取其通俗。古無刊板印本，專憑口授手鈔，譌以傳譌，必不能免。觀熹平《石經》殘字及孔廟等處漢碑，字多省俗，不合六書。故桓譚、馬融，並詆今文家爲俗儒。當時所謂通儒劉歆、揚雄、杜林、衛宏、賈逵、許慎以及馬、鄭，皆精小學，以古文正今文之譌俗，其意未始不善。惟諸儒當日，但宜校正文字，而不必改易其義訓，則三家之原於伏生者，雖至今存可也。而古文之名既立，嫉今文如仇讎。依據故書，（如《周禮》之類）創爲新說。古文本無者，以意補之；今文本有者，以意更之。附和末師，撥棄初祖，如④拔趙幟而立漢幟，以爲不如是不能別立一學。義雖新而文古，好古者又靡然從之。此其故二。

有此二故，故雖歐陽、夏侯三家立學數百年，從黨徧天下，爲古

---

① 語見《漢書》卷七十五《兩夏侯傳》。
② 《漢書·儒林傳》作秦延君。
③ 今人朱謙之校輯《新輯本桓譚新論》卷九《正經篇》可參考。
④ "如"，商務本、中華本作"知"，誤。

文家掊擊，而其勢漸衰歇。重以典午①永嘉之亂，而歐陽、夏侯三家皆亡。至東晉而僞古文經傳出，託之於孔安國，年代比馬、鄭爲更古，而篇又增多。馬、鄭不注《逸書》，而此徧注之，故其後孔、鄭並行，鄭學又漸衰歇。唐以僞《孔》立學，而鄭氏《尚書》亡。向之攻擊三家者，乃與三家同歸於盡。大有積薪之歎，甘售贗鼎之欺，豈非好古與喜新者階之厲哉！夫伏書本藏山之業，而僞《孔》云失其本經。古文與史籀稍殊，而僞《孔》云字皆科斗。其抑今文而尊古文，誣妄何可勝究？而其說始於僞《孔》。衛宏《古文官書序》曰："伏生老，不能正言，言不可曉也，使其女傳言教錯。齊人語多與潁川異，錯所不知者凡十二三，略以其意屬讀而已。"②

案《史》《漢》無伏生使女傳言之事。古人書皆口授，即伏生老不能口授，使女傳言，亦有藏書可憑，何至"以意屬讀"？其時山東大師，無不涉《尚書》以教，晁大夫何至"不知者凡十二三"？宏榮古虐今，意以伏生所傳全不可信。僞《孔》以爲"失其本經，口以傳授"，正用衛宏之說，而更加誣。不知《史》《漢》明言得二十九篇，則失本經之說不可信，鄭君《書贊》已有科斗書之說，亦不可信。（說見後）

16. 論庸生所傳已有脫漏，足見古文不如今文，中古文之說亦不可信

劉歆《移太常博士書》云："考學官所傳，經或脫簡，傳或間編。"③《漢書·藝文志》云："劉向以中古文校歐陽、大小夏侯三家經文，《酒誥》脫簡一，《召誥》脫簡二。率簡二十五字者，脫亦二十五字，簡二十二字者，脫亦二十二字，文字異者七百有餘，脫字數

---

① 典午：司馬的隱語，這里指西晉司馬王朝。語出《三國志·蜀志·譙周傳》："周語次，因書版示立曰：'典午忽兮，月酉沒兮。'典午者，謂司馬也；月酉者，謂八月也。"

② 語出《漢書》卷八十八《儒林傳》顏師古注引衛宏《定古文尚書序》。案衛宏《古文官書》名稱多異，如《舊唐志》稱《詔定古文書》，《新唐志》稱《詔定古文字書》，《漢書·儒林傳》顏師古稱《定古文尚書》，其書已佚，莫辨孰是。

③ 語見《漢書》卷三十六《楚元王傳附劉歆傳》。

十。"此即歆所云"經或脫簡"也。後之祖古文者每以藉口，據爲今文不如古文之證。案《漢書》庸生傳古文，爲孔安國再傳弟子。而《堯典》開卷已漏"帝曰"，《般庚》之"心腹腎腸"，《吕刑》之"劓、刵、椓、黥"，古文與今文不同，當即在"七百有餘"之內，而皆不如夏侯、歐陽本之善。據此可見古文不如今文，一有師承，一無師承之明證也。

龔自珍《說中古文》曰："中古文之說，余所不信。秦燒天下儒書，漢因秦宮室，不應宮中獨藏《尚書》，一也。蕭何收秦圖籍，乃地圖之屬，不聞收《易》與《書》，二也。叚使中祕有《尚書》，何必遣鼂錯往伏生所受二十九篇？三也。叚使中祕有《尚書》，不應安國獻孔壁書，始知曾多十六篇，四也。叚使中祕有《尚書》，以宣、武之爲君，諸大儒之爲臣，百餘年間無言之者，不應劉向始知校《召誥》《酒誥》，始知與博士本異文七百，五也。此中祕書既是古文，外廷所獻古文，遭巫蠱不立，古文亦不亡。叚使有之，則是燒《書》者，更始之火、赤眉之火，而非秦火矣，六也。中祕即是古文，外廷自博士以迄民間應奉爲定本，斠若畫一。不應聽其古文家、今文家紛紛異家法，七也。中祕有《書》，應是孔門百篇全經，不但《舜典》《九共》之文終西漢世具在，而且孔安國之所無者亦在其中。孔壁之文，又何足貴？今試其情事，然邪不邪？八也。秦火後，千古儒者獨劉向、歆父子見全經，而生平不曾於二十九篇外，引用一句，表章一事，九也。亦不傳受一人，斯謂空前，斯謂絕後，此古文者迹過如埽矣。異哉！異至於此，十也。叚使中祕《書》並無百篇，則向作《七略》，當載明是何等篇，其不存者亡於何時，其存者又何所受也。而皆無原委，千古但聞有中古文之名，十一也。中祕既有五經，獨《易》《書》著，其三經何以蔑聞？十二也。當帝之時，以中書校《百兩篇》，非是①。予謂此中古文，亦張霸《百兩》之流亞，成帝不知而誤收之，或即劉歆所自序之言，託於其父，並無此事。古文

---

① 《漢書》卷八十八《儒林傳》："成帝時求其古文者，霸以能爲《百兩》徵，以中書校之，非是。"顏師古注曰："以霸私增加分析，故與中書之文不同也。中書，天子所藏之書也。"

《書》如此，古文《易》可知，宜其獨與絕無師承之費直《易》相同，而不與施、孟、梁丘同也。《漢書》劉向一傳，本非班作。歆也博而詐，固也佝而愿。"①

案龔氏不信中古文，並疑劉向以中古文校今文，《易》《書》皆有脫簡，爲劉歆所假託，可謂特見。惟《漢志》所云中古文，似即孔壁古文之藏中祕者，非必別有一書。而此中祕書，不復見於東漢以後，則亦如龔氏所云"毀於更始、赤眉之火"矣，書既不存，可以不辨。（顧炎武曰："不知中古文即安國所獻否？及王莽末遭赤眉之亂，焚燒無餘。"）

17. 論百篇全經不可見，二十九篇篇篇有義，學者當講求大義不必考求《逸書》

《史記》云："伏生得二十九篇""亡數十篇。"未言百篇全數。《漢書·藝文志》曰："《書》之所起遠矣，至孔子纂焉，……凡百篇。"《論衡·正說篇》曰："蓋《尚書》本百篇，孔子所授也。"始明言《書》有百篇。《尚書璇璣鈐》曰："孔子求《書》，……定可以爲世法者，百二十篇。以百二篇爲《尚書》。"②則以爲《書》有百二篇，乃張霸《百兩》所自出。或以古文《尚書》爲百篇，今文《尚書》爲百二篇。《伏傳》《書緯》及張霸所據皆今文。《伏傳》有《揜誥》，《史記》有《太戊》，即其多出二篇，古無明文，不必深究。漢博士以《尚書》爲備，以二十八篇應二十八宿，則以爲《書》止有此數，不信百篇、百二篇之說。

案二十九篇，篇篇有義。如《堯典》見爲君之義。君之義莫大於求賢審官。其餘巡守、朝覲、封山、濬川、賞功、罰罪皆大事，非大事不書，觀此可以知作史本紀之法矣。《皋陶謨》見爲臣之義。臣之義莫大於盡忠納誨，上下交儆，以致雍熙。故兩篇皆冠以"曰若稽

---

① 龔自珍《定盦文集補編》卷三《說中古文》（《龔定盦全集》，《續修四庫全書》第1520冊，第170頁）。

② 參見趙在翰輯《七緯》卷九《尚書緯》之一《尚書璇機鈐》。

古",觀此可以知記言問對之體矣。《禹貢》見禹治水之功,並錫土姓,分別五服。觀此可以冠地理、水道之書矣。《甘誓》見天子親征,申明約束之義,觀此知仁義之師,亦必兼節制矣。《湯誓》見禪讓變爲征誅,弔民伐罪之義。與《牧誓》合觀,可知暴非桀、紂,聖不及湯、武,不得以放伐藉口矣。《盤庚》見國遷詢萬民,命眾正法度之義,觀此知拓拔宏之謪眾脅遷者非矣。《高宗肜日》見遇災而懼,因事進規之義,觀此知漢以災異求直言,得敬天之意矣。《西伯戡黎》見拒諫速亡,取以垂戒之義,觀此知天命不足恃,而人事不可不勉矣。《微子》見殷之亡,由法度先亡,取以垂戒之義,觀此知爲國當正紀綱,不可使民玩其上矣。《牧誓》見弔民伐罪,兼明約束之義,觀此知步伐整齊,乃古兵法而非迂論矣。《洪範》見天人不甚相遠,禍福足以儆君之義,觀此知人君一言一動,皆關天象而不可不慎矣。《大誥》見開國時基業未固,防小腆,靖大艱之義,觀此知大臣當國,宜挺身犯難,而不宜退避矣。《金縢》見人臣忠孝,足以感天,人君報功當逾常格之義,觀此知周公所以爲聖而成王命魯郊非僭矣。《康誥》見用親賢以治亂國,宜慎用刑之義,觀此知父子兄弟罪不相及,用法似重而實輕矣。《酒誥》見禁酒以絕亂源,宜從重典之義,觀此知作新民必先除舊習矣。《梓材》見宥罪加惠以永保民之義,觀此知王者治天下,一夫一婦必無不得所矣。《召誥》見宅中圖大,祈天永命之義,觀此知王者宜監前朝而疾敬德矣。《洛誥》見營洛復政,留公命後之義,觀此知君臣當各盡其道而不忘交儆矣。《多士》見開誠布公以靖反側之義,觀此知遺民不忘故君,非新主所能遽奪矣。《無逸》見人君當知艱難,毋以太平漸耽樂逸之義,觀此知憂盛危明,當念魏徵所云"十漸不克終"矣。《君奭》見大臣當和衷共濟,閔天越民之義。(《君奭》,據《史記》爲周公居攝時作,當上列於《大誥》《金縢》之間)觀此知富弼以撤簾與韓琦生意見者,其量褊矣。《多方》見綏靖四方,重言申明之義,觀此知開國之初,人多覬覦,當以德服其心,不當用威服矣。《立政》見爲官擇人,尤當慎選左右之義,觀此知命官當得其人,不當干預其事矣。《顧命》見王者所以正終,當命大臣立嗣子之義,觀此知宦官、宮妾擅廢立之禍,由未發大命矣。《康王之誥》見王者所以正始,當命大臣保王室,觀此知成、康繼治，幾致刑措，有由來矣。《甫刑》見哀敬折獄，輕重得中之義，觀此知罰即贖刑，不可輕用其慈祥悱惻，漢人緩刑書，不足道矣。《文侯之命》見命方伯安遠邇之義，觀此知襄王時王靈猶赫，惜不能振作矣。《費誓》見諸侯專征，嚴明紀律之義，觀此知用兵不可擾民矣。《秦誓》見穆公悔過，卒伯西戎之義，觀此知人君不可飾非，當改變以救敗矣。

知二十九篇之大義，則知《論衡》所引今文家說，獨爲二十九篇立法者。未可據百篇之序而非之也。其餘《左傳》《國語》及諸子書，（《墨子》引書不在百篇之內者，蓋非孔子刪定之本）《大傳》《史記》所引逸文，雖非後世僞作，而全篇不可得見，則大義無由而明。至於逸十六篇以及後出①《太誓》，真僞既莫能辨，尤不當以魚目混珠。《逸周書》，劉向以爲孔子刪書之餘，其文不能閎深，亦不可以亂經。洪邁②謂與《尚書》辭不相類，陳振孫謂文辭與古文不類，似戰國後人倣傚爲之者。近人去僞《孔古文》，而以《逸周書》入《尚書》，非是。昔人謂讀人間未見書，不如讀人間常見書。二十九篇皆常見者，學者當寶愛而講明之，勿徒惜不見夫全經，而反面牆於大義也。

18. 論《書序》有今古文之異，《史記》所引《書序》皆今文，可據信

西漢馬、班皆云："孔子序《書》。"東漢馬、鄭皆云："《書序》，孔子所作。"《論衡·須頌篇》曰："問說《書》者：'欽明文思以下，誰所言也？'曰：'篇家也。''篇家者誰也。''孔子也。'"③陳喬樅謂《論衡》以"欽明文思"以下爲孔子所言者，蓋指《堯典序》。《書序》，實孔子所作也。④據此，則《書序》孔子作，今古文之說同。而今古文之序，實有不同。《書正義》曰："安國既以同序爲卷，撿此百

---

① "出"，商務本、中華本作"世"。

② 洪邁（1123—1202），字景盧，洪皓季子，紹興十五年進士，歷官翰林學士、端明殿學士。撰《容齋隨筆》，共五筆，南宋說部之首。《宋史》卷三百七十三有傳。

③ 語見《論衡》卷二十《須頌篇》。

④ 陳喬樅《今文尚書經說考》（《續修四庫全書》第49冊）。

篇，凡有六十三序。……同序而別篇者三十三篇，通《明居》《無逸》等四篇，不序所由者，爲三十七篇，加六十三即百篇也。"①

錫瑞案：《僞孔古文尚書序》，即馬、鄭之《書序》。其稍異者見於《釋文》，如《金縢序》"武王有疾"云，馬本作"有疾不豫"。《康王之誥序》"康王既尸天子"云，馬本此句上更有"成王崩"三字。《文侯之命序》云，馬本無"平"字，則其餘皆同矣。《史記》不載典、謨之序，《禹貢》《甘誓》《五子之歌》《胤征》《帝誥》《女鳩》《女房》《湯誓》《典寶》《夏社》《中䮒作誥》②《湯誥》《咸有一德》《明居》《伊訓》《肆命》《徂后》《太甲》《沃丁》《咸艾》，皆與馬、鄭古文《序》說略同。惟《典寶》在《夏社》前，《咸有一德》在《明居》前，次序不同，"伊陟讓作《原命》"，與古文《序》作"伊陟原命"異。《仲丁》云"書闕不具"，《河亶甲》《祖乙》，亦必有書。史公不云作書，蓋省文。《盤庚》三篇，以爲小辛時作。高宗夢得說，序事與古文同，不言作《說命》，亦省文。《高宗肜日》《西伯戡耆》《微子》略同，惟"父師"作"大師"爲異。《大誓》《牧誓》《武成》略同，惟"三百"作"三千"，"歸獸"作"歸狩"爲異。《洪範》《分器》略同。《金縢》無周公作《金縢》明文，序事至周公薨後。《大誥》《微子之命》《歸禾》《嘉禾》《康誥》《酒誥》《梓材》《召誥》《洛誥》《多士》《毋逸》略同。《君奭》以爲"周公攝政當國踐阼，召公疑之"，則當在《大誥》前後，與古文《序》次異。《蔡仲之命》雖序事同，無作命明文，其次序亦無考。《書正義》云"鄭以爲在《費誓》前，第九十六"，則與孔本又異。《成王政》《將蒲姑》序事同，不言作書，"蒲"字作"薄"。《多方》《立政》《周官》《賄肅慎之命》同，"肅"之作"息"。《亳姑》序事同，不言作書，蓋即《亳姑》之序。孫星衍據之，疑《金縢》"秋大熟"以下爲《亳姑》文誤入。《顧命》《康王之誥》略同，《康王之誥》作《康誥》。《畢命》《冏命》《呂刑》《文侯之命》《費誓》《秦誓》略同，惟"冏"作"羇"，"呂"作

---

① 語見《尚書正義》卷二。
② 䮒，同𠃉，《字彙·田部》："䮒，與𠃉同。"中䮒作誥，《尚書序》有"仲𠃉作誥"，《尚書》目錄作"仲𠃉之誥"。

"甫"、"費"作"肸"爲異。《文侯之命》，以爲周襄王命晉文公。《秦誓》以爲封殽尸之後追作。此《史記》引《書序》，與馬、鄭、僞孔《書序》不同之大致也。

　　段玉裁曰："按《書序》亦有古文、今文之殊。《漢志》曰'《尚書古文經》四十六卷'，此蓋今文二十八篇爲二十八卷，又《逸書》十六卷，併《書序》得此數也。伏生教於齊魯之間，未知即用《書序》與否，而太史公臚舉十取其八九，則漢時《書序》盛行，非俟孔安國也。假令孔壁有之，民間絕無，則亦猶《逸書》十六卷，絕無師說耳。馬、班安能采錄？馬、鄭安能作注？以及妄人張霸安能竊以成百兩哉？《孔叢子》與《連叢子》①，皆僞書也。臧《與安國書》曰：'聞《尚書》二十八篇，取象二十八宿，何圖古文乃有百篇耶？'學者因此語，疑百篇《序》至安國乃出。然則其所云'弟素以爲《堯典》雜有《舜典》，今果如所論'者，豈亦可信乎？其亦惑矣！惟內外皆有之，是以《史記》字時有同異，如女房、女方，登鼎耳、升鼎耳，飢、乺②，紂、受，牧、坶，行狩、歸獸，異母、異畝，餽禾、歸禾，魯天子命、旅天子命，毋逸、無逸，息慎、肅慎，伯彝、伯冏，肸誓、獮誓，柴誓，甫刑、呂刑之類，皆今文《尚書》、古文《尚書》之異也。"③

19. 論馬、鄭、僞孔古文《書序》不盡可據信，致爲後人所疑，當以《史記》今文《序》爲斷

　　朱彝尊曰："說《書序》者不一。謂作自孔子者，劉歆、班固、

---

①《孔叢子》三卷，《四庫全書》收錄，《四庫全書總目·孔叢子》提要曰："舊本題曰孔鮒撰。所載仲尼而下子上、子高、子順之言行，凡二十一篇。又孔臧所著賦與書上下二篇附綴於末，別名曰《連叢》。鮒字子魚，孔子八世孫。仕陳涉爲博士。臧，高祖功臣孔叢之子，嗣爵蓼侯。武帝時官太常。其書《文獻通考》作其卷，今本三卷，不知何人所并。"

② 商諸侯國名，在今山西省黎城，也作"黎"。朱駿聲《說文通訓定聲》："《商書》'西伯戡乺'，《大傳》以'耆'爲之，今本以'黎'爲之，《史記》以'饑'爲之，在今山西潞安府黎城縣。又今山東東昌府范縣有黎侯城，則狄人迫逐黎侯失國寓衛所居之地也。"

③ 段玉裁《古文尚書撰異》卷三十二《書序》(《續修四庫全書》第46冊，第309頁)。案：文字兩處"逸書"，段作"逸篇"。

馬融、鄭康成、王肅、魏徵、程顥、董銖①諸儒是也。謂歷代史書轉相授受者，林光朝②、馬廷鸞③也。謂齊魯諸儒次第附會而作者，金履祥也。至朱子持論，謂決非夫子之言、孔門之舊，由是九峰蔡氏作《書傳》，從而去之。按古者《書序》自爲一篇，列於全書之後，故陸德明稱馬、鄭之徒，百篇之序，總爲一卷。至孔安國之傳出，始引小序分冠各篇之首。後人習而不察，遂謂伏生今文無序，序與孔傳並出，不知漢孝武帝時即有之。此史遷據以作夏、殷、周《本紀》，而馬氏於《書》小序有注，見於陸氏《釋文》。又鄭氏注《周官》引《書序》文以證保傅，故許謙④云'鄭氏不見古文而見百篇之序'，考馬、鄭傳注本漆書古文，是孔《傳》未上之時。百篇之《序》，先著於漢代，初不與安國之書，同時而出也。"⑤

錫瑞案：宋儒疑《書序》與僞孔《傳》同出。孔《傳》僞，則《書序》亦僞，朱氏已辨之矣。戴震《尚書今文古文考》以《序》爲伏書所無。王鳴盛《尚書後案》，以《書序》亦從屋壁中得。陳壽祺《今文尚書有序說》列十有七證以明之：以《歐陽經》三十二卷，西漢經師不爲《序》作訓，故《歐陽章句》仍止三十一卷，其證一。《史記》於《書序》臚舉十之八九，說義文字往往與古文異，顯然兼取伏書，其證二。張霸案百篇序造百二篇，即出今文，非古文也，其證三。《書正義》曰"伏生二十九卷而《序》在外"，必見石經《尚書》有百篇之《序》，其證四。《書傳》云"遂踐奄"三字明出於《成王政》之《序》，其證五。《書傳》言葬周公事本於《亳姑序》，

---

① 董銖（1152—1214），字叔重，號槃澗，饒州德興人。朱熹門人，爲朱熹所重。晚年中進士，任金華尉。著有《性理注解》《易書注》。《宋元學案》卷六九有傳。

② 林光朝（1114—1178），字謙之，號艾軒，興化軍莆田人。孝宗隆興元年進士，傳伊、洛之學，曾官國子司業兼太子侍讀，著有《艾軒集》。《宋史》卷四三三有傳。

③ 馬廷鸞（1222—1289），字翔仲，號碧梧，饒州樂平人。理宗淳祐七年進士，官拜右丞相兼樞密使。著有《碧梧玩芳集》等，子馬端臨。《宋史》卷四一四有傳。

④ 許謙（1270—1337），字益之，號白雲山人，金華人。從金履祥學，盡得其傳，於書無所不讀，窮探聖微。居家講學四十年，遠近四方之士及門者千餘人。著有《讀書傳叢說》《詩名物鈔》《白雲集》等。《元史》卷一八九有傳。

⑤ 語見朱彝尊《曝書亭集》卷五十九《書論二》。又見朱彝尊《經義考》卷七十三《百篇之序》（《文淵閣四庫全書》第678冊，第35—38頁）。案：文中"歷代史書"，朱書作"歷代史官"。

其證六。《傳①》曰:"武丁祭成湯,有雉飛升鼎耳而雊。"此出《高宗肜日》之《序》,其證七。《大傳》曰:"成王在豐,欲宅洛邑,使召公先相宅。"此述《召誥》之《序》,其證八。《大傳》曰:"夏刑三千條。"此本《甫刑》之《序》,其證九。《大傳》篇目有《九共》《帝告》《歸命》,序又有《嘉禾》《揜誥》,在二十九篇外,非見《書序》,何以得此篇名?其證十。《白虎通·誅伐篇》稱"《尚書序》曰:武王伐紂",此《大誓序》及《武成序》之文,其證十一。《漢書·孫寶傳》曰:"周公大聖,召公大賢,尚猶有不相說,著于經典。"此引《君奭》之《序》,其證十二。《後漢書·楊震傳》曰:"般庚五遷,殷民胥怨。"此引《般庚》之《序》,其證十三。《法言·問神篇》曰:"《書》之不備過半矣,而習者不知。惜乎!《書序》之不如《易》也。"《書》不備過半,唯今文爲然,其證十四。《法言》又曰:"古之說《書》者,序以百,而《酒誥》之篇俄空焉。今亡矣②夫!"《酒誥》唯今文有脫簡,其證十五。《論衡·正說篇》曰:"按百篇之《序》,闕遺者七十一篇",亦據今文爲說。若古文有逸篇二十四篇,不得去闕遺者七十一篇,其證十六。杜預《春秋左傳後序》曰:"《紀年》與《尚書序》說太甲事乖異,老叟之伏生,或致昏忘。"詳預此言,直以《書序》爲出自伏生,其證十七。③

十七證深切著明,無可再翻之案。惟陳氏但知今文有《序》,而今文《序》之勝於古文者,尚未道及。《史記》引《書序》是今文,馬、鄭、僞孔《序》是古文。今文《序》皆可信,古文不盡可信。崔應榴:"謂《書序》可疑者有數端,《舜典》備載一代政事始終,《序》祇言其歷試諸難,則義有不盡。《伊訓》稱'成湯既歿,太甲元年',則與《孟子》及《竹書紀年》不合。《泰誓》'惟十有一年,武王伐殷',則並不與今文合。《畢命》'康王命作冊,畢分居里,成周郊',則句意爲難通。又《左傳》祝鮀稱魯曰'命以《伯禽》',

---

① "傳"前,陳壽祺本有"大"字。
② 《法言》無"矣"字。
③ 語見陳壽祺《左海經辨》卷上《今文尚書有序說》(《續修四庫全書》第175冊,第378—382頁)。皮引大意。

稱晉曰'命以《唐誥》'，此二篇何以《序》反無之?"① 案百篇《序》無《伯禽》《唐誥》，孫寶侗②、顧炎武已言之。此二篇或在百篇之外，無庸深辨。"作冊畢"下脫一"公"字，故難通，據《史記》有"公"字。"十有一年，武王伐殷"，與僞《泰誓》不同，僞《泰誓》從劉歆古文說，十一年觀兵，十三年克殷。《泰誓序》從《史記》今文說，九年觀兵，十一年克殷，故年歲兩歧，《序》卻不誤。若《舜典序》祇言歷試諸難，遂開梅、姚分"慎徽五典"以下爲《舜典》之妄說③。《伊訓序》云"成湯既沒，太甲元年"中，失外丙、仲壬兩朝④，遂啟宋人以《孟子》所云二年、四年爲生年之謬論。又如周公東征攝王，成王不親行，古文《序》於"成王既黜殷命""成王既伐管蔡"，皆冠以"成王"字，後人遂誤執爲周公未攝王之證。周公作《君奭》，《史記》引《序》在踐阼當國時。古文《序》列於復政後，遂有召公疑周公貪寵之言。此皆古文《序》之不可信者。宋人一概疑之，固非；近人一概信之，亦未是。惟一以《史記》引今文《序》爲斷，則得之矣。

20. 論二十九篇皆完書，後人割裂補亡，殊爲多事

《尚書》以今文爲斷，經義本自瞭然，即云不見全經，二十九篇

---

① 語見崔應榴《吾亦廬稿》(《皇清經解》卷一千三百二十三)。崔應榴，《清史列傳》卷六十九《儒林傳下二·馮登府傳》附載小傳云："同時海鹽崔應榴，字秋谷，諸生。生平究心經史子集，老而彌篤。著《吾亦廬稿》四卷，阮元刻入《經解》中，又著有《廣孝編》《廣慈編》《詩文集》。"

② 孫寶侗，字仲孺，山東益都人。孫廷銓仲子，諸生。有才氣，善詩文。著有《惇裕堂集》。王士禎《漁洋詩話》卷下載與其交往。

③ 語見陸德明《經典釋文》於《舜典》下注云："孔氏《傳》亡《舜典》一篇，時以王肅《注》頗類孔氏，故取王《注》從'慎徽五典'以下爲《舜典》，以續孔《傳》。"又云："'曰若稽古帝舜曰重華協於帝'十二字，是姚方興所上，孔氏《傳》本無。阮孝緒《七錄》亦云，方興本或此下更有'濬哲文明溫恭允塞玄德升聞乃命以位'凡二十八字異，聊出之，於王《注》無施也。"

④ 太甲，成湯之孫。《尚書》云："成湯既沒，太甲元年，太甲，太丁子，湯孫也。太丁未立而卒，及湯沒而太甲立，稱元年。"《史記·殷本紀》云："湯崩，太子太丁未立而卒，於是乃立太丁之弟外丙。三年崩，別立外丙之弟仲壬。四年崩，伊尹乃立太丁之子太甲。"

皆完書，無缺失也。而後人必自生葛藤，任意割裂，或離其篇次，或攙入僞文，使二十九篇亦無完膚，誠不可解。且其說不僅出於宋以後，並出於漢以前。今舉《堯典》一篇言之。

《堯典》本屬完書，舜事即在《堯典》之中，故《大學》引作《帝典》。而漢傳《逸書》十六篇，首列《舜典》之名，意必別有一篇，非《堯典》雜有《舜典》也。《舜典》不傳，僅得其《序》，云"虞舜側微，堯聞之聰明"，即《堯典》之"明明揚側陋"至"帝曰予聞"云云也；"歷試諸難"，即"我其試哉"至"納于大麓"云云也。鄭君親見《逸書》者也，其注《書序》云"入麓伐木"，尤即"納于大麓"之明證。然則《逸書》所謂《舜典》，亦即分裂《堯典》之文，並非別有一篇，或即從"明明揚側陋"分篇，亦未可知。僞孔古文從"慎徽五典"分篇，蓋因馬、鄭之本小變之耳。其後僞中又僞，增入十二字，復增入二十八字。《釋文》："王氏《注》相承云：梅頤上孔氏傳《古文尚書》，亡《舜典》一篇，時以王肅《注》頗類孔氏，故取王《注》從'慎徽五典'以下爲《舜典》，以續孔《傳》。'曰若稽古，帝舜曰重華，協于帝'，此十二字，是姚方興所上孔氏《傳》本①，阮孝緒②亦云然。方興本或此下更有'濬哲文明，溫恭允塞，玄德升聞，乃命以位'，此③二十八字異，聊出之於王《注》無施也。"夫《堯典》爲二千年之古籍，開宗明義之第一篇，學者當如何寶愛信從，豈可分裂其篇，加增其字？且《序》事直至舜崩之年，則舜事已備載，不可再安蛇足。《舜典》既名曰典，必有大典禮、大政事，不可專說遜位。而遜位、歷試已見《堯典》，不可重複再見。乃自僞孔分裂於前，方興加增於後。當時梁武帝爲博士已駁議曰："孔《序》稱伏生誤合五篇，皆文相承接，所以致誤，《舜

---

① 《尚書正義》卷三《舜典》及陸德明《經典釋文》卷三《尚書音義上·舜典》"本"字後皆有"無"字。

② 《尚書正義》卷三《舜典》及陸德明《經典釋文》卷三《尚書音義上·舜典》"阮孝緒"後皆有"《七錄》"兩字。

③ 《尚書正義》卷三《舜典》作"此"，《经典释文》卷三《尚書音義上·舜典》作"凡"。

典》首有'曰若稽古,伏生雖昏耄,何容合之?'遂不行用。"① 隋初購求遺典,劉炫復以姚書上之,又撰"濬哲文明"十六字,與《堯典》"欽明文思"四句相配,僞中又僞,實自東漢古文《逸書》啟之。此劉逢祿、宋翔鳳所以不信《逸書》也。

趙岐②未見《逸書》者也,其注《孟子》曰:"孟子時,《尚書》凡百二十篇,逸書有《舜典》之《敘》,亡失其文。孟子諸所言舜事,皆《堯典》(當作《舜典》)及《逸書》所載。"③自有此說。又開《舜典》補亡一派。

閻若璩謂:"'舜往于田''祇載見瞽瞍',與'不及貢,以政接于有庳'等語,安知非《舜典》之文乎?又'父母使舜完廩'一段,文辭古崛,不類《孟子》本文。《史記·舜本紀》亦載其事,……其爲《舜典》之文無疑。"④

毛奇齡作《舜典補亡》,遂斷自'月正元日'以下爲《舜典》,采《史記》本紀之文,列於其前。⑤又取魏高堂隆⑥《改朔議》引《書》"粵若稽古,帝舜曰重華,建皇授政改朔"⑦,冠於篇首,以代二十八字。朱彝尊《經義考》所說略同。不知高堂所引乃《中候·考河命》文,見《太平御覽·皇天部》引。《史記》本紀載"使舜完廩"一段,或即取之《孟子》,何以見其爲《舜典》文?聖經既亡,豈末學所能臆補?如以爲可臆補,則僞孔古文,固應頒之學官。唐白居易補《湯征》,亦可用以教士子矣。《四庫提要》曰:"司馬遷書豈

---

① 語見《經典釋文序錄》。
② 趙岐(約108—201),字邠卿,京兆長陵人。少明經瞻才,娶馬融兄女,鄜融爲外戚豪家,弗見。先避閹黨之害,後蒙黨錮之禍。獻帝還都,說劉表助修宮室。三府征辟,屢被任爲公掾九卿。著《孟子章句》《三輔決錄》。《後漢書》卷六十四有傳。
③ 語見《孟子注疏》卷九上《萬章上》。
④ 語見閻若璩《尚書古文疏證》卷二《第十八言趙岐不曾見古文》。
⑤ 語見毛奇齡《舜典補亡》(《四庫全書存目叢書》經部第57冊,齊魯書社1997年影印),皮文擇其大意。
⑥ 高堂隆,字升平,三國魏泰山平陽人,西漢魯國高堂生後人。曾爲爲明帝傅,明帝即位,累官至侍中,光祿勳。爲官忠直,剛正能諫。《三國志》卷二十五《魏書二十五》有傳。
⑦ 語見《宋書》卷十四《禮志一》。高堂隆,字升平,三國魏泰山平陽人,西漢魯國高堂生後人。曾爲爲明帝傅,明帝即位,累官至侍中,光祿勳。爲官忠直,剛正能諫。《三國志》卷二十五《魏書二十五》有傳。案"粵"字通"曰"。

可以補經？即用遷書爲補，亦何可前半遷書，後半忽接以古經，混合爲一？"① 其駁毛氏之失，深切著明。王柏《書疑》於'舜讓於德，弗嗣'下，補《論語》"堯曰"以下二十四字②；"敬敷五教，在寬"下，補《孟子》"勞之來之"以下二十二字。③《皋陶謨》《益稷》《武成》《洪範》《多方》《立政》，皆更易其文之次序。蘇軾、黃震④皆移易《洪範》，蘇軾又改《康誥》篇首四十八字於《洛誥》上，金履祥亦移易《洪範》，疑《洛誥》有缺文。（《武成》僞書不在內）不知諸儒何仇於聖經，並二十九篇之完書，而必欲顛倒錯亂，使無完膚也？天下本無事，庸人自擾之。諸儒爲此紛紛，是亦不可以已乎！

21. 論僞孔經傳前人辨之已明，閻若璩、毛奇齡兩家之書互有得失，當分別觀之

歐陽、大小夏侯三家既亡，其後鄭、孔並行。至隋，鄭氏漸微，唐作《正義》，專用孔《傳》。至宋，吳棫⑤始發其覆。朱子繼之曰："孔安國解經，最亂道，看得只是《孔叢子》等做出來。某嘗疑孔安國書是假書。……孔書至東晉方出，前此諸儒皆不曾見，可疑之甚。"⑥

錫瑞案：朱子於孔《傳》直斥其僞，可謂卓識。而於古文經雖疑之，未敢明斥之，猶爲調停之說，曰："書有二體：有極分曉者，有極難曉者。……《尚書》諸命皆分曉，蓋如今制誥，是朝廷做底文

---

① 永瑢等《四庫全書總目》卷十四《舜典補亡》提要。

② 二十四字，語見《論語·堯曰篇》第一條：堯曰："咨！爾舜！天之曆數在爾躬，允執其中。四海困窮，天祿永終。"

③ 二十二字，語見《孟子·滕文公上》"勞之來之，匡之直之，輔之翼之，使自得之，又從而振德之。"

④ 黃震（1213—1280），字東發，慶元府慈溪人。理宗寶祐四年進士。官至提點刑獄，浙東提舉常平。著有《古今紀要》《黃氏日抄》。《宋史》卷四百三十八《儒林傳八》有傳。

⑤ 吳棫，字才老，宋建州建安人。徽宗重和元年進士。高宗時官太常丞，不阿諛秦檜，遷泉州通判，有謀能斷。著有《字學補韻》《書裨傳》《論語指掌》等。《宋元學案》卷二十二有傳。

⑥ 語見黎靖德編《朱子語類》卷七十八《尚書》一《綱領》。

字；諸《誥》皆難曉，蓋是時與民下說話，後來追錄而成之。"① 據此，是朱子以《傳》爲僞，於經猶有疑辭。故蔡沈作《傳》，仍存古文。然猶賴有朱子之疑，故蔡《傳》能分別今古文之有無。其後吳澄、歸有光、梅鷟②愈推愈密，嘗謂僞孔古文，上於東晉之梅頤。而攻古文漸有實據者，出於晚明之梅鷟。同一梅氏，而關僞古文之興廢，倘亦天道之循環歟！至閻若璩、惠棟考證更精。至丁晏《尚書餘論》，據《家語·後序》定爲王肅僞作。《隋書·經籍志》、孔氏《正義》，皆有微辭，唐初人已疑之，不始於吳才老。朱子可謂搜得真贓實證矣。

毛奇齡好與朱子立異，乃作《古文尚書冤詞》，其所執爲左證以鳴冤者，《隋書·經籍志》也。《隋志》作於唐初，其時方尊僞孔，作義贊，頒學官。作《志》者即稍有微辭，何敢顯然直斥其僞？《志》所云雖歷歷可據，要皆傳僞書者臆造不經之說。孔書經傳，一手所作，僞則俱僞，閻若璩已明言之。毛乃巧爲飾辭，以爲東晉所上之書是經非傳，專以《隋志》爲證。使斯言出《漢·藝文志》，乃爲可信。若《後漢·儒林傳》，則已不可信矣。以范蔚宗作書之時，僞書已出，不免爲所惑也。況《隋志》修於唐初，在古文立學之後哉！《冤詞》一書，相傳爲駁閻若璩《尚書古文疏證》而作。

案閻、毛二家互有得失。閻證古文之僞甚確，特當明末宋學方盛，未免沾染其說。夫據古義以斥孔《傳》可也，據宋人以斥孔《傳》則不可。閻引金履祥說，以《高宗肜日》"典祀無豐于昵③"，爲祖庚繹于高宗之廟，其誤一也。引邵子書，以定"或十年"等年數，其誤二也。引程子說，謂武王無觀兵事，其誤三也。駁《武成篇》，並以文王受命改元爲妄，其誤四也。駁孔《傳》以"居東"爲

---

① 語見黎靖德編《朱子語類》卷七十八《尚書》一《綱領》。案"二體"，《朱子語類》作"兩體"。
② 梅鷟，字致齋。《四庫全書總目》卷七《易類存目》一《古易考原》提要云："鷟，旌德人。正德癸酉舉人，官南京國子監助教，終鹽科司提舉。"梅鷟疑《古文尚書》爲僞書，指出可疑之處。著有《古易考原》《尚書考異》《尚書譜》。
③ 昵"，一本作"昵"。"昵"同"昵"。"昵"，音nǐ，同"禰"，父廟。陸德明《經典釋文》："馬云：昵，考也，謂禰廟也。"

避居，不爲東征，其誤五也。信金履祥以爲武王封康叔，其誤六也。信金履祥以《多方》爲在《多士》前，其誤七也。知九江在尋陽，又引《水經》云"九江在長沙、下雋西北"，未免騎牆之見，其誤八也。解"三江"亦以爲有二，與九江同，其誤九也。信蔡氏說，以《康誥》屬武王，其誤十也。移易《康誥》《大誥》《洛誥》以就其說，其誤十一也。謂伏生時未得《小序》，其誤十二也。以金履祥更定《洪範》，爲文從字順、章妥句適，其誤十三也。閻氏此等處，皆據宋人以駁古義，有僞孔本不誤而閻誤者。蓋孔書雖僞，而去漢未遠，臆說未興，信宋人不如信僞孔。毛不信宋人，篤守孔書之義，以爲《尚書》可焚，《尚書》之事實不可焚。今溥天之下，老老大大皆有一武王戡黎封康叔，周公留後治洛典故，在其胸中。此千古大冤大枉事，是則毛是而閻非者。學者當分別觀之，勿專主一家之說，但以今文之說爲斷，則兩家之得失明矣。

22. 論焦循稱孔《傳》之善，亦當分別觀之

國朝諸儒，自毛奇齡外，尟有袒孔《傳》者，惟焦循頗右之。其《尚書補疏·序①》曰："'曰若稽古帝堯''曰若稽古皋陶'，《傳》皆以'順考古道'解之。鄭以'稽古'爲'同天'，'同天'二字可加諸'帝堯'，不可施於皋陶。若亦以皋陶爲'同天'，則是人臣可僭天子之稱頌。若以帝堯之'稽古'爲'同天'，以皋陶之'稽古'爲'順考古道'，則文同義異，歧出無理。此《傳》之善一也。'四罪而天下咸服'，《傳》以舜徵用之初即誅四凶，是先殛鯀而後舉禹。鄭以禹治水畢，乃流四凶，故王肅斥之云：'是舜用人子之功，而流放其父，則爲禹之勤勞，適足使父致殛。舜失五典克從之義，禹陷三千莫大之罪。'此《傳》之善二也。'堯舍丹朱，以天位授舜。'朱雖不肖，不宜自②歷數其不善。《史記》以'無若丹朱傲上'加'帝曰'，而《傳》則以爲禹之言。自禹言之則可，自舜言之則不可。此

---

① "序"字，焦循《尚書補疏》（《續修四庫全書》第48冊）作"敘"。
② "自"後，焦循《尚書補疏·敘》（《續修四庫全書》第48冊）本有"舜"。

《傳》之善三也。《盤庚》三篇，鄭以上篇乃盤庚爲臣時所作。然則陽甲在上，公然以臣假君命，因而即真。此莽、操、師、昭之事，而乃以之誣盤庚，大可怪矣。《傳》皆以爲盤庚爲王時所作。此《傳》之善四也。'微子問父師、少師，父師答之'，不云少師。鄭以爲少師'志在必死'，蓋以少師指比干，顧大臣徒志於死，遂不謀國以出一言，非可爲忠。《傳》雖亦以少師指比干，而於①此則云'比干不見，明心同，省文'。此《傳》之善五也。《金縢》'我之不辟②'，鄭讀爲避，謂周公避居於東，又以'罪人斯得'，爲成王收周公之屬官，殊屬謬悠，說者多不以爲然，《傳》則訓'辟'爲法，'居東'即東征，'罪人'即指祿父、管、蔡。此《傳》之善六也。《明堂位》以周公爲天子，漢儒用以說《大誥》，遂啟王莽之禍。鄭氏不能辨正，且用以爲《尚書》注，而以周公稱王。自時厥後，歷曹、馬以及陳、隋、唐、宋，無不沿莽之故事，而《傳》特卓然以周公不自稱王，而稱成王之命以誥，勝鄭氏遠甚。此傳之善七也。爲此《傳》者，蓋見當時曹、馬所爲，爲之說者，有如杜預之解《春秋》，束晳③等之僞造竹書，舜可囚堯，啟可殺益，太甲可殺伊尹，上下倒置，君臣易位，邪說亂經，故不憚改《益稷》，造《伊訓》《太甲》諸篇，陰與竹書相齟齬。又託孔氏《傳》，以黜鄭氏，明君臣上下之義，屏僭越抗害之譚。以觸當時之忌，故自隱其姓名。"④

錫瑞案：近儒江、段、孫、王，皆尊鄭而黜孔，焦氏獨稱孔《傳》之善，可謂特見。惟未知孔《傳》實王肅僞作，故所說有得有

---

① "於"字，思賢書局本用方墨塊覆蓋，商務本以方框代替，中華本據焦循《尚書補疏·敘》（《續修四庫全書》第48冊）"於"字。

② "辟"字，思賢書局本用方墨塊覆蓋，商務本以方框代替，中華本據焦循《尚書補疏·敘》（《續修四庫全書》第48冊）作"辟"字。

③ 束晳（約261—約300），字廣微。陽平元城人，博學多聞，察孝廉，舉秀才，皆不就。後張華召爲司空掾。轉佐著作郎，博士。太康二年，不准盜發魏襄王墓，或言安釐王冢，得竹書十車，包括《紀年》十三篇，《易經》二篇，《易繇陰陽卦》二篇，《卦下易經》一篇等，凡七十五篇。漆書皆科斗字，發冢者殘之以火。武帝令秘書以今文整理，束晳與焉，得觀竹書，隨疑分釋。遷尚書郎。其著《五經通論》《補亡詩》等行於世。《晉書》卷五十一有傳。

④ 語見焦循《尚書補疏·敘》，《續修四庫全書》第48冊，第1頁。

失。肅之學得之父朗，朗師楊賜，楊氏世傳歐陽《尚書》。洪亮吉①《傳經表》以肅爲伏生十七傳弟子，是肅亦今文家之支流。肅又好賈、馬之學，則兼通古文者，雜糅今古與鄭君同，而立意與鄭君爲難。鄭注《書》從今文，則以古文駁之；鄭從古文，則又以今文駁之。肅以今文駁古文，實有勝鄭《注》者。焦氏所舉以"稽古"爲考古，以"四罪"爲禹治水之前，以"居東"爲東征，以"罪人"爲祿父、管、蔡，是其明證。至信僞孔，疑《史記》《明堂位》，則其說非是。《史記》引《書》最古，明有"帝曰"，豈可妄去？舜、禹同爲堯臣，禹可直斥丹朱，何以舜獨不可？周公稱王，非獨見於《明堂位》，荀子親見百篇《尚書》，其書中屢言之。《伏傳》《史記》皆云"周公居攝"，豈可改易古事，強爲迴護？焦氏乃以作《傳》者以觸時忌，自隱姓名，則尤求之過深。肅與司馬氏昏姻，助晉篡魏，豈能明君臣、屏僭越者？若僞作《竹書》者，言啓殺益、太甲殺伊尹，反似改古事以儆亂臣，又何必作僞古文，以與《竹書》相齮齕乎？焦循之子廷琥②作《尚書申孔篇》，與其父所見同，中有數條即《補疏·序》所說。餘瑣細不足辨，茲不具論。

23. 論宋儒體會語氣勝於前人，而變亂事實不可爲訓

孔《傳》立學，行數百年，至宋而漸見疑，蔡《傳》③立學，行數百年，至今又漸見廢。

陳澧曰："近儒說《尚書》，考索古籍，罕有道及蔡仲默《集傳》者矣。然僞孔《傳》不通處，蔡傳易之，甚有精當者。江艮庭《集注》多與之同。《大誥》：'若兄考，乃有友伐厥子，民養其勸弗救。'

---

① 洪亮吉（1746—1809），字稚存，陽湖人。乾隆五十五年進士，授編修。詩文兼善，尤工駢體，與孔廣森齊名。著有《春秋左傳詁》《卷施閣集》《更生齋集》等。《清史稿》卷三百五十六有傳。

② 焦廷琥，字虎玉，焦循子，優廩生。性醇篤，善承家學，阮元稱爲端士。著《地圓說》二卷，《密梅花館詩文錄》二卷。

③ 蔡《傳》，即蔡沈《書集傳》。

偽孔《傳》云：'以子惡故。'孔《疏》云：'民皆養其勸伐之心，不救之。'此甚不通。蔡《傳》云：'蘇氏曰：養，廝養也，謂人之臣僕。言若父兄有友攻伐其子，爲之臣僕者，其可勸其攻伐而不救乎？'江氏注云：'長民者，其相勸止不救乎？'《召誥》：'王敬作所，不可不敬德。'偽孔云：'敬爲所不可不敬之德。'蔡云：'所，處所也，猶所其無逸之所。王能以敬爲所，則無往而不居敬矣。'江云：'王其敬爲之所哉，而①處置之得所也。'《召誥》：'我不敢知曰。'偽孔云：'我不敢獨知，亦王所知。'蔡云：'夏、商歷年長短，所不敢知。我所知者惟不敬厥德，即墜其命也。'江云：'夏、殷歷年長短，我皆不敢知，惟知其皆以不敬德，故早墜其命。'《君奭》："襄我二人。"偽孔云：'當因我文武之道而行之。'蔡云：'王業之成，在我與汝而已。'江云：'二人，與②召公也。'《多方》：'我惟時其戰要囚之。'偽孔云：'謂討其倡亂，執其朋黨。'蔡云：'我惟是戒懼而要囚之。'江云：'戰，懼也。'《康王之誥》：'惟新陟王。'偽孔云：'惟周家新升王位。'蔡云：'陟，升遐也。成王初崩，未葬未諡，故曰新陟王。'江云：'陟，登假也，謂崩也。成王初崩未有諡，故稱新陟王。'《秦誓》：'昧昧我思之。'偽孔云：'惟察察便巧善，爲辨佞之言，使君子迴心易辭，我前多有之，以我昧昧思之，不明故也。'蔡云：'昧昧而思者，深潛而靜思也。以昧昧我思之屬下文。'江云：'昧昧我思者，是穆公自道思此一介臣，非謂前日之昧昧于思也。此文當爲下文緣起。'此皆蔡《傳》精當，而江氏與之同者。如爲暗合，則於蔡《傳》竟不寓目，輕蔑太甚矣；如覽其書，取其說而沒其名，則尤不可也。"③

錫瑞案：陳氏取蔡《傳》，與焦氏取孔《傳》，同一特見。宋儒解經，善於體會語氣，有勝於前人處，而其失在變易事實以就其說。《尚書》載唐、虞三代之事，漢初諸儒，去古未遠，其說必有所受。宋儒乃以一己所見之義理，懸斷千載以前之故事，甚至憑恃臆見，將

---

① "而"，陳澧《東塾讀書記》作"言"。
② "與"前，陳澧《東塾讀書記》有"己"字。
③ 語見陳澧《東塾讀書記》五《尚書》。

古事做過一番。雖其意在維持名教，未爲不善，然維持名教亦只可借古事發論，不得翻前人之成案。孔《傳》謂周公不稱王，伊尹將告歸，已與古說不符。而蔡《傳》引宋人之說，又加甚焉。"西伯戡黎"，《伏傳》《史記》皆云"文王伐耆"，黎即耆，西伯即文王。蔡《傳》獨爲文王回護，以"西伯"爲武王，其失一也。《大誥》"王若曰"，鄭《注》："王謂攝也，周公居攝，命大事，則權代王也。"《伏傳》《史記》皆云周公居位踐阼，則鄭說有據。蔡《傳》從孔《傳》，以爲周公稱成王命以誥，其失二也。《康誥》"王若曰：孟侯，朕其弟，小子封"，《漢書·王莽傳》引《書》解之曰："此周公居攝稱王之文也。"蔡《傳》不信周公稱王之事，從蘇氏說，移篇首四十八字於《洛誥》上。又無以解"朕其弟"之語，遂以爲武王封康叔。不知《史記》明言"康叔封、冉季載皆少，未得封"，是武王無封康叔事。《左氏傳》祝鮀言"周公尹天下，封康叔"，鮀以衛人言衛事，豈猶有誤？而橫造事實，擅移經文，其失三也。《洛誥》"王命周公後，作冊逸誥，在十有二月，惟周公誕保文、武受命，惟七年"，言周公七年致政，當歸國，成王留公，命伯禽就國爲公後。蔡《傳》乃以爲王命周公留後治洛，不知唐置節度使乃有留後，周無此官。周公老於豐，薨於豐，並無治洛之事，其失四也。

　　宋儒習見莽、操，妄託古人，故極力回護，欲使後世不得藉口。不知古人行事光明磊落，何待後儒回護？王莽託周公，無傷於周公；曹操託文王，無傷於文王。天位無常，惟有德者居之，聖人無闖干①非分之心，而天與人歸，則亦不得不受禪讓，易而傳子，又復易爲征誅，事雖不同，其義則一。稷、契同受封於舜、禹。周之先本非商之臣，不窋失官，公劉、太王遷豳、岐，商王未嘗過問。文王始率諸侯事紂，後入朝而被囚，釋歸而諸侯皆從之，受命稱王，何損至德？《詩》《書》皆言文王受命，《伏傳》言受命六年稱王，《史記》言"詩人道西伯，蓋受命之年稱王"，此漢初古說可信者。必以文王稱王爲非，則湯之伐桀亦非，舜禹之受禪亦非，必若巢、許而後可也。至周公居攝，尤是常是。古有攝主，見《禮記·曾子問》。君薨而世

---

① 闖干，亦作闖奸，意爲陰謀篡奪。

子未生，則有上卿攝國事，稱攝主。此上卿蓋同姓子弟，世子生則避位，或生非世子，則攝主即真。觀《左氏傳》"季孫有疾，命正常曰：'南孺子之子，男也，則以告而立之；女也，則肥也可。'"賈誼上疏有"植遺腹，朝委裘"之文，是其明證。或世子生而幼，國有大事，亦必有人攝行。鄭《注》"命大事，權代王"，並無語弊。武王薨而東諸侯皆叛，周之勢且岌岌，成王幼，不能親出，公不權代王以鎮服天下，大局將不可問，事定而稽首歸政，可告無罪於天下萬世矣。後世古義不明，即有親賢處周公之位者，亦多畏首畏尾。如蕭齊竟陵王子良，以此自誤，並以誤國。蓋自馬、鄭訓"我之弗辟"爲避位，已非古義。宋儒以力辨公不稱王之故，臆撰武王封康叔、周朝設留後之事，以爲左證。使後世親賢當國者誤信其說，避嫌而不肯犯難，必誤國事，是尤不可不辨。（古人事實不可改易。如編小說演雜劇者，借引古事做過一番，以就其說。此在彈詞、演劇可不拘耳，若以此解經，則斷乎不可）

24. 論僞孔書相承不廢，以其言多近理，然亦有大不近理者，學者不可不知

僞孔《古文尚書》，自宋至今，已灼知其僞矣，而猶相承不廢，是亦有故。

宋之不廢者，"人心惟危①"四句，宋儒以爲道統相傳。其《進〈尚書注〉表》，首以三聖傳心爲說②，而四語出僞《大禹謨》。故宋儒雖於僞傳獻疑，而於僞經疑信參半。王鳴盛《蛾術編》戲以虞廷十六字爲《風俗通》所言"鮑君神之類"。此在今日漢學家吐棄宋學，乃敢爲此語，而在當日，固無不尸祝俎豆者也。此其遠因一。

且古文雖僞，而言多近理，非止"人心惟危③"四句。真德秀

---

① "危"，思賢書局本、商務本作"微"，中華本據《尚書正義》改作"危"。
② 《進〈尚書注〉表》，此表爲蔡沈之子蔡抗所作，原作"《進〈書集傳〉表》"，置於《書集傳》書前。此《表》首句云："臣抗言惟精惟一以執中，蓋三聖傳授之心法；無黨無偏而建極，乃百王立治之經。"
③ "危"，思賢書局本、商務本作"微"，中華本據《尚書正義》改作"危"。

曰："開萬世性學之源，自成湯始。"① 敬、仁、誠並言始見於此，三者堯、舜、禹之正傳也。此皆出僞古文，爲宋儒言道學所本，故宋儒不敢直斥之而且尊信之。此其遠因二。

近儒不尊宋學，斥僞經亦甚於宋儒，而至今仍不廢者。阮元曰："《古文尚書孔傳》出東晉，漸爲世所誦習，其中名言法語，以爲出自古聖賢，則聞者尊之。故宇文周主視太學，太傅于謹爲三老，帝北面訪道，謹曰：'木從繩則正，后從諫則聖。'帝再拜受言。唐太宗見太子息于木下，誨之曰：'木受繩則正，后從諫則聖。'唐太宗自謂兼將相之事。給事中張行成上書以爲禹不矜伐而天下莫與之爭，上甚善之。唐總章元年，太子上表曰：'《書》曰與其殺不辜，寧失不經。伏願逃亡之家，免其配役。'從之。凡此，君臣父子之間，皆得陳善納言之益。"② 是知其僞，而欲留爲納言之益。此近因一。

龔自珍述莊存與之言曰："帝胄天孫，不能旁覽雜氏，惟賴幼習五經之簡，長以通於治天下。昔者《大禹謨》廢，'人心道心'之旨，'殺不辜寧失不經'之誡亡矣；《太甲》廢，'儉德永圖'之訓墜矣；《仲虺之誥》廢，'謂人莫己若'之誡亡矣；《說命》廢，'股肱良臣啟沃'之誼喪矣；《旅獒》廢，'不寶異物賤用物'之誡亡矣；《冏命》廢，'左右前後皆正人'之美失矣。……公乃計其委曲，……退直上書房，日著書，曰《尚書既見》如干卷，數數稱《禹謨》《虺誥》《伊訓》。……是書頗爲承學者詬病，而古文竟獲仍學官不廢。"③ 是知其僞，而恐廢之無以垂誡。此其近因二。

有此四故，故得相承不廢。然而過書舉燭，國賴以治，非郢人之意也；齊求岑鼎，魯應以贗，非柳下所許也。古文雖多格言，而僞託

---

① 語見真德秀《大學衍義》卷五（《文淵閣四庫全書》第704冊）。真德秀（1178—1235），字景元，後改爲希元，號西山。宋福建浦城人。寧宗慶元五年進士，開禧元年中博學宏詞科。官至戶部尚書，參知政事。學宗朱熹，著有《大學衍義》《西山先生真文忠公文集》。《宋史》卷四百三十七《儒林傳七》有傳。
② 語見阮元《揅經室集》一集卷四《引書說》。案"從繩"，或作"受繩"。
③ 語見龔自珍《資政大夫禮部侍郎武進莊公神道碑銘》。龔自珍。莊存與（1719—1788），字方耕，江蘇武進人。乾隆十年一甲二名進士，授編修官至禮部侍郎。今文學家，常州學派創始人，著有《八卦觀象解》《系辭傳論》《春秋正辭》《尚書既見》等，《清史稿》卷三百六有傳。

帝王則可惡。且其言多近理，亦多不近理者。如《大禹謨》"舞干羽于兩階，七旬，有苗格"，爲宋人重文輕武，口不言兵所藉口。《胤征》"威克厥愛，允濟"，爲楊素等用兵好殺之作俑。《仲虺之誥》"若苗之有莠，若粟之有秕。小大戰戰，罔不懼于非辜"，則湯之伐桀爲自全計，非爲弔民。《咸有一德》"伊尹既復政厥辟，將告歸"，則伊尹不曾相太甲，與《君奭》所言及《左氏傳》"伊尹放太甲而相之"義違。《泰誓》三篇數殷紂罪，有"刳剔孕婦""斲朝涉之脛，剖賢人之心"等語，宋人遂疑湯數桀之罪簡，武數紂之罪太甚，而"罪人以族"，非三代以前所有。"時哉不可失"亦非弔民伐罪之言。《旅獒》太保訓王云"功虧一簣"，宋人遂疑湯伐桀後，猶有慚德，武伐紂後，一事不做。《君陳》以"爾有嘉謀嘉猷"爲康王語，宋人遂謂康王失言。此皆僞古文之大不近理者。而割裂古書，綴輯成文，詞意亦多牽強，不相貫串。如《孟子》引"王曰：'無畏寧爾也，非敵百姓也。'若崩厥角，稽首。"夾議夾敘，詞意極明，僞孔乃更之曰："勖哉，夫子！罔或無畏，寧執非敵。百姓懍懍，若崩厥角。"無論如何解說，必不可通，似全不識文義者所爲。此等書豈可以教國冑？毛奇齡以袒僞古文之故，至謂《論語》引《書》有四，無不改其詞，篡其句，易其讀者。僞孔擅改古經，顯違孔訓，僭妄已極。奇齡不罪僞孔，反歸罪於孔子改經。可謂悍然無忌憚矣。

25. 論僞古文多重複，且敷衍不切

《尚書》與《春秋》，皆記事之書，所記之事必有義。在孔子之作《春秋》，非有關繫足以明義者不載，事見於前者，不復見於後，所以省繁複也。故孔子之刪《書》，亦非有關繫足以明義者不載，事見於前者，不復見於後，亦所以省繁複也。古書詳略互見，變化不拘，非同後世印板文字，有一定之例。《堯典》兼言二帝合爲一篇，聖德則堯詳於舜，政事則舜詳於堯，是詳略互見之法。而作僞者不達此義，別出《舜典》一篇，以爲不應略於舜之聖德，乃於《舜典》篇首，僞撰二十八字以配《堯典》。不顧文義，首尾橫決，由不曉古書之法也。《盤庚》三篇旨意不同，上篇告親近在位者，中篇告民之

弗率,下篇既遷之後申告有眾,未嘗有重複之義。《康誥》《酒誥》《梓材》皆言封康叔,《召誥》《洛誥》皆言營洛都,旨意不同,亦未嘗有重複之義。而僞孔《書·太甲》三篇、《說命》三篇皆上中下文義略同,且辭多膚泛。非但上中下篇可移易,而伊尹之辭可移爲傅說,傅說之辭可移爲伊尹,伊尹、傅說之辭又可移爲《大禹謨》之禹、皋,以皆臣勉其君,而無甚區別也。《泰誓》三篇,皆數紂罪而無甚區別。使真如此文繁義複,古人何必分作三篇?《今文尚書》二十九篇,篇篇有義,初不犯複,其辭亦無複見。若僞古文,不但旨意略同,其辭亦多雷同。《太甲下》與《蔡仲之命》雷同尤甚,《太甲下》云:"惟天無親,克敬惟親。民罔常懷,懷于有仁。德惟治,否德亂。與治同道罔不興;與亂同事罔不亡。"《蔡仲之命》云:"皇天無親,惟德是輔。民心無常,惟惠之懷。爲善不同,同歸于治。爲惡不同,同歸于亂。"其文義不謂之雷同,得乎?《太甲下》云:"慎終于始。"《蔡仲之命》云:"慎厥初,惟厥終。"亦雷同語。蓋其書本憑空結撰,其胸中義理又有限,止此敷衍不切之語,說來說去,層見疊出。又文多駢偶,似平正而實淺近,以比《尚書》之渾渾灝灝者,迥乎不同。而雜湊成篇,尤多文不合題之失。姚鼐謂《古文尚書》多不切文之切者,皆不中於理①,可謂知言。

　　漢古文學創通於劉歆,僞《古文書》撰成於王肅,亂經之人,遞相祖述。古天子、諸侯皆五廟,至周始有七廟,劉歆以爲周以上皆七廟。《呂覽》"五世之廟,可以觀怪",僞《古文·咸有一德》改云"七世之廟,可以觀德。"後世遂引爲商時七廟之證。此肅本之於歆者也。《異義》:"天子六卿,周制"②三公九卿,商以前制。周三公在六卿中。見《顧命》而無三孤。僞古文《周官》有三公、三孤,本《漢書·百官公卿表》,《表》又出於莽、歆之制,又肅本之於歆

---

① 語概自姚鼐《惜抱軒九經說》三《尚書說一》。原文云:"世或謂今所傳之《古文尚書》,雖非真本而所言理當,則亦何惡? 吾謂不然。僞《古文》所採,其具有精理者數語而已。其餘義雖無謬,然不免廓落而不切,瑣碎而無統,安得謂之當理哉? 且夫非聖賢而爲聖賢之言,苟深求之,終有大背理。淺陋之見流露行間者,今試抉出之。"

② 語見許慎《五經異義》,載《北堂書鈔》卷五十《設官部》二"總載三公"條。皮概其大意。

者也。古云"相某君"是虛字，不以爲官名，僞《古文・說命》"爰立作相"，又誤沿漢制而不覺者。(《左氏傳》"仲虺，……爲湯左相"，亦可疑)

26. 論孔《傳》盡釋經文之可疑，及馬、鄭古文與今文駮異之可疑

《朱子語錄》云"某嘗疑孔安國《書》是假書。比毛公《詩》如此高簡，大段省①事。漢儒訓釋文字，多是如此，有疑則闕。今此卻盡釋之，豈有千百年前人說底話，收拾於灰燼屋壁中與日②傳之餘，更無一字訛舛！理會不得，如此③可疑"也。

錫瑞案：朱子之說，具有特見。漢初說《易》者，舉大誼如丁將軍者是；說《詩》者無傳疑，如魯申公者是。毛公之《傳》，未知真出漢初與否，而其文亦簡略，未嘗字字解經。惟僞孔於經盡釋之，此僞孔《傳》所以可疑。蔡沈曰："今文多艱澀，而古文反平易。……伏生倍文暗誦，乃偏得其所難，而安國考定於科斗古書錯亂摩滅之餘，反專得其所易，則又有不可曉者。"④吳澄曰："伏生《書》雖難盡通，然詞義古奧，其爲上古之書無疑。梅賾所增……，體製如出一手，采輯補綴，雖無一字無所本，而平緩卑弱，殊不類先漢以前之文。夫千年古書，最晚乃出，而字畫略無脫誤，文勢略無齟齬，不亦大可疑乎？"⑤蔡氏、吳氏之說，亦有特見。伏、孔之《書》難易不同，伏生不應獨記其難，安國不應專得其易，此僞孔經所以可疑。而由二家之說推之，《尚書》之可疑者非直此也。僞孔《書》無論矣，二十九篇今古文同，而夏侯、歐陽之今文，與馬、鄭、王之古文，其字句又不同。今以熹平《石經》及兩漢人引用《尚書》之文考之，其異於馬、鄭古文者亦多。今文艱澀而古文平易，試舉數條以證。

---

① "省"，《朱子語類》卷七十八《尚書》一《綱領》作"爭"。
② "日"，《朱子語類》卷七十八《尚書》一《綱領》作"口"。
③ "如此"，《朱子語類》卷七十八《尚書》一《綱領》作"兼《小序》皆"。
④ 語見《文獻通考》卷一百七十七《經籍考》四《經》。
⑤ 梅鷟《尚書考異》卷一《古文二十五篇》引吳澄語。

《盤庚》"器非求舊"，《石經》"求"作"救"，"求""救"音近得通，"求"字易而"救"字難也。《洪範》"鯀堙洪水"，《石經》"堙"作"伊"，"堙""伊"音近叚借，"堙"字易而"伊"字難也。"保后胥戚"，《石經》"戚"作"高"，"戚""高"音近叚借，"戚"字易而"高"字難也。"無弱孤有幼"，《石經》"弱"作"流"，"弱""流"音近叚借，"弱"字易而"流"字難也。《無逸》"乃諺"，《石經》作"乃憲"；"既誕"，《石經》作"既延"，"諺""憲"、"誕""延"音近得通，"諺""誕"易而"憲""延"難也；"無皇"，《石經》作"毋兄"，"皇""兄"音近得通，"皇"字易而"兄"字難也；"此厥不聽"，《石經》"聽"作"聖"，"聽""聖"音近得通，"聽"字易而"聖"字難也。《立政》"相時憸民"，《石經》"憸"作"散"，"憸""散"音近叚借，"憸"字易而"散"字難也。以此推之，不但世所傳今文多艱澀，而僞孔《古文》反平易；即漢所傳今文亦多艱澀，而馬、鄭古文反平易。不但僞孔《古文》可疑，即馬、鄭《古文》亦不盡可信矣。惜《經典釋文》不列三家《尚書》之異同，使學者無由見。今文真本，所賴以略可考見者，惟《石經》殘字十數處及也，《疏》① 引"優賢揚歷""臍宮劓割頭庶剠"數處而已，豈不惜哉！

　　竊意東漢諸儒之傳古文，蓋亦多以訓故改經，與太史公《史記》相似，有字異而義相同者，如《般庚》"器非求舊"之類是也；有字異而義選②失者，如《般庚》"優賢揚歷"之類是也。然則今之僞孔增多古文，固皆撰造，而非安國之真；即僞孔同於馬、鄭二十九篇之古文，亦有之竄③而非伏生之舊者。僞孔所造古文固當刪棄；即僞孔同於馬、鄭之古文，後人以爲真，是伏生之所親傳，孔子之所手定，亦豈可盡信哉！孟子曰："盡信《書》，則不如無《書》。"觀於世所傳之《尚書》，益歎孟子之言爲不妄也。

---

① "也，《疏》"，中華本作"孔《疏》"。
② "選"，中華本作"違"。
③ 之竄，中華本作"改竄"。

27. 論《尚書》有不能解者當闕疑，不必強爲傅會，漢儒疑辭不必引爲確據

子曰："多聞闕疑。"又曰："君子於其所不知，蓋闕如也。"然則聖人生於今日，其解經必不嚮壁虛造而自欺欺人也明矣。《尚書》最古，文義艱深，伏生易爲今文。而史公著書，多以訓故改經。馬、鄭名傳古文，而與今文駁異者，亦疑多以訓故改經。其必改艱深爲平易者，欲以便學者誦習也。而二十九篇傳於今者，猶未能盡索解人。"周誥殷盤，詰屈聱牙"，韓文公已言之。《尚書》之難解，以諸篇爲尤甚。如《大誥》之"今蠢今翼日""乃有友伐厥子，民養其勸勿救"；《盤庚》之"弔由靈""用宏兹賁"等語，或由方言之莫識，或由簡策之傳訛，無論如何曲說，終難據爲確解。而孔《傳》強爲解之，近儒江、王、孫又強爲解之，此皆未敢信爲必然，當從不知蓋闕者也。北魏徐遵明①解經，史稱其穿鑿，所據本"八寸策"誤作"八十宗"，遂強以"八十宗"解之，然則強不知以爲知，非皆"八十宗"之類乎？漢儒解經，其有明文而能自信者，即有決辭；其無明文而不能自信者，即爲疑辭。如《堯典》之"羲和"《疏》引鄭云："高辛氏之世，命重爲南正司天；黎爲火正司地。堯育重、黎之後羲氏、和氏之子賢者，使掌舊職。天地之官，亦紀於近，命以民事。其時官名蓋曰稷、司徒。"②

錫瑞案：鄭以四子分屬四時，羲、和實司天地。地官司徒猶可強附，天官爲稷，並無明文。《國語》云："稷爲大官。"有誤作"天官"者。《緯》云："稷爲司馬。"又云："司馬主天。"故鄭君以此傅會之，云："初堯天官爲稷""禹登用之年，舉棄爲之""時天下賴后稷之功，故以官名通稱。"箋《詩》又云："堯登用之，使居稷官，

---

① 徐遵明（475—529），字子判，北魏華陰人。師從平原唐遷六載，博通諸經，以授徒爲業。著有《春秋義章》。《魏書》卷八十四《儒林傳》有傳。
② 語見賈公彥等《周禮正義序》。案"近"下原衍"氏"字，中華本據《周禮正義》刪，是。

民賴其勞①。後雖作司馬，天下猶以后稷稱焉。"鄭之彌縫，亦云至矣。然如其說，則棄於堯時已爲天官，其位最尊，若周之冢宰矣，何以堯、舜禪讓，皆不及棄？且稷爲天官，司馬爲夏官，天官尊於夏官，后稷有功於民，何以反由天官降爲司馬？舜命九官並無司馬之名。鄭知其無明文，不能自信，故云："蓋曰稷司徒。"凡言"蓋"者，皆疑辭也。《周禮疏序》又引鄭云："堯既分陰陽爲四時"，命羲仲、和仲、羲叔、和叔等爲之官，又主方岳之事，是爲四岳。"掌四時者，曰②仲叔，則掌天地者，其曰伯乎？"案鄭以四子即四岳，又別有掌天地之官，與兩漢今文說不同。鄭知其無明文，不能自信，故云"其曰伯乎"。凡言"乎"者，皆疑辭也。其不敢爲決辭，猶見先儒矜愼之意。後之主鄭義者，必強傅會以爲確據，非但不知聖人闕疑之旨，並先儒矜愼之意亦失之矣。

28. 論僞古文言仁言性言誠，乃僞孔襲孔學，非孔學出僞書

王應麟曰："《仲虺之誥》，言仁之始也；《湯誥》，言性之始也；《太甲》，言誠之始也；《說命》，言學之始也。皆見於《商書》。'自古在昔，先民有作，溫恭朝夕，執事有恪，……'亦見於《商頌》。孔子之傳有自來矣。"③

錫瑞案：《商書》四篇，皆出僞孔《古文》，惟《禮記·文王世子》引《兌命》曰："念終始典于學。"鄭《注》："兌，當爲說。《說命》，書篇名，殷高宗之臣傅說之所作。"是王氏所舉《商書》四篇之語，惟"學"之一字，實出《說命》，其餘皆未可據。宋儒講性理，故於古文雖知其僞，而不能不引以爲證。其最尊信者"危微精一"十六字之傳。考"人心之危，道心之微"二語，出荀子引《道經》。荀子親見全書，若出《尚書》，不當引爲《道經》。既稱《道

---

① 勞，《毛詩正義》作"功"。
② 案《周禮注疏序》"曰"前有"字"字。
③ 語見《困學紀聞》卷二《書》。

經》，不出《尚書》可知。僞孔以廁入《大禹謨》，宋儒乃以四語爲傳心祕訣。四語惟"允執厥中"出《論語·堯曰篇》"允執其中"，實有可據；二帝相傳即此已足。《中庸》稱舜"執其兩端，用其中於民"，正是推闡"允執其中"之義。《論語》云："舜亦以命禹。"足見二帝相傳無異。朱《注》云："今見於《虞書·大禹謨》，比此加詳。"如其說，則堯命舜爲寥寥短章，舜命禹爲洋洋大篇，由誤信僞古文，與《論語》亦字不合。

大凡理愈推而愈密，辭愈衍而愈詳。性理自堯、舜至孔、孟而後，推衍精詳。前此或有其義而無其文，要其義亦足以盾之。如《堯典》云"欽明文思安安"等語，《史記·堯本紀》譯其文，而代以"其仁如天，其知如神"等語，是當時已有"仁"之義也。《孟子》曰："堯、舜，性之也。"是當時已有"性"之義也。《今文尚書》"文思"作"文塞"，"塞"有誠實之義，是當時已有"誠"之義也。古文字簡略，而義已包括於其中，何必謂《虺誥》言仁，《湯誥》言性，《太甲》言誠，至《商書》始發其義乎？典以欽始，謨以欽終，二帝相傳心法，"欽"之一字足以括之，何必十六字乎？僞孔《古文》，出於魏晉孔孟之學大明之時，掇拾闕里緒言，撰成僞《書》文字。此乃僞《孔書》襲孔學，非孔學本於僞《孔書》。王氏不知，乃以此等書爲聖學所自出，豈非顛倒之甚哉！惟《商頌》作於正考父，乃孔子六①世祖，以爲孔子之傳有自來，其說尚不誤耳。然亦本於近祖有正考父，而非本於遠祖商王也。

29. 論王柏《書疑》疑古文有見解，特不應並疑今文

王柏《書疑》與《詩疑》，皆爲人詬病。王氏失在並今文而疑之耳，疑古文不得謂其失也。其疑僞孔《尚書序》曰："其一曰：《三墳》之書言大道，《五典》之書言常道。……所謂《三墳》《五典》

---

① 據江永《鄉黨圖考》"孔子先世譜"爲：宋微子啟—微仲衍—宋公稽丁公申—湣公共—弗公何—宋公周—世子勝—正考父—孔父嘉（以孔爲氏之始）—木金父—祈父皋夷—防叔—伯夏—叔梁紇—孔丘，正考父當爲孔子七世祖。

《八索》《九丘》者，古人固有此書，歷代相傳，至夫子時已刪而去之，則其不足取以爲後世法可知矣。序者欲誇人所不知，遂敢放言以斷之曰：'此言大道，此言常道也。'使其果有聖人經世治民之道，登載於簡籍之中，正夫子之所願幸，必爲之發揮紀述，傳之方來，必不芟夷退黜，使堙沒於後世。……夫天下之論，至孔子①而定。帝王之書，至《堯典》而始。上古風氣質樸，隨時致治，史官未必得纂紀之要。故夫子定《書》，所以斷自唐虞者，以其立政有綱，制事有法，可以爲萬世帝王之軌範也。唐虞之下，且有存有亡，有脫有誤；唐虞之上，千百年之前②，孰得其全而傳之？孰得其要而詳③之？予嘗爲之說曰：'凡帝王之事，不出於聖人之經者，皆妄也。'學者不當信其說④，反引以證聖人之經也。其二曰：孔壁之書，皆科斗文字。予嘗求科斗之書體，茫昧恍惚，不知其法。後世所傳夏商鼎彝盤匜之類，舉無所謂科斗之形。或謂科斗者，顓頊之時書也。序者之言，不過欲耀孔壁所藏之古耳。……謂科斗始於顓帝者，亦不過因序者之言，實以世代之遠而傅會之。且曰科斗書廢已久，時人無能知者，又不知何以參伍點畫，考驗偏傍，而更爲隸古哉！於是遂遁其詞曰：'以所聞伏生之書，考論文義，定其可知者。'則是古文之書，初無補於今文，反賴今文而成書，本欲尊古文，而不知實陋古文也。"⑤

錫瑞案：王氏辨孔《序》二條，皆有見解。知《尚書》以孔子所定爲斷。則鄭樵信《三墳》，王應麟輯"三皇五帝書"愛奇炫博，皆可不必。知古文科斗之無據，則非惟僞孔《序》不足信，即鄭君《書贊》曰："'書初出屋壁，皆周時象形，今所謂科斗書'，以形言之爲科斗，指體即周之古文。"亦未可信。晉王隱謂"科斗文者，其字頭麤尾細，似科斗之蟲，故俗名之爲。"（段玉裁據此，以科斗文乃晉人里語。孔敘《尚書》乃有科斗文字之稱，其僞顯然。考鄭君《書贊》已云科斗

---

① "孔子"，《書疑·書大序》作"夫子"。
② "前"，《書疑·書大序》作"書"。
③ "詳"，王柏《書疑·書大序》作"繹"。
④ "其說"，王柏《書疑·書大序》作"而惑之"。
⑤ 王柏《書疑》卷一《書大序》（目錄中作"大序疑"）（《續修四庫全書》第42冊，第380—381頁）。

書，則段說未確）案鐘鼎文無頭麤尾細之形，王氏已明言之。《說文》所列古文，亦不似科斗。然則古文科斗之說，乃東漢古文家自相矜炫，鄭君信其說而著之《書贊》，僞《孔》又信鄭說而著之《書序》也。王氏知古文之僞，不知今文之真，其並疑今文，在誤以宋儒之義理，準古人之義理；以後世之文字，繩古人之文字。蘇軾疑《顧命》不當陳設吉禮，趙汝談①疑《洪範》非箕子作，晁以道疑《堯典》《禹貢》《洪範》《呂刑》《甘誓》《盤庚》《酒誥》《費誓》諸篇。（見《容齋三筆》）《書疑》多本前人，亦非王氏獨創。特王氏於《尚書》篇篇獻疑，金履祥等從而和之，故其書在當時盛行，而受後世之掊擊最甚。平心而論，疑經改經，宋儒通弊，非止王氏，皆由不信經爲聖人手定。（王氏《詩疑》，刪鄭、衛《詩》，竄改《雅》《頌》，僭妄太甚，《書疑》猶可節取）

30. 論劉逢祿、魏源之解《尚書》多臆說，不可據

今古文之興廢，皆由《公羊》《左氏》爲之轉關。前漢通行今文，劉歆議立《左氏春秋》，於是牽引《古文尚書》《毛詩》《逸禮》諸書，以爲之佐。後漢雖不立學，而古文由此興，今文由此廢。以後直至國朝諸儒，昌明漢學，亦止許、鄭古文，及孔廣森專主《公羊》，始有今文之學。

陽湖莊氏，乃推今《春秋公羊》義並及諸經。劉逢祿、宋翔鳳、龔自珍、魏源繼之，而三家《尚書》、三家《詩》，皆能紹承絕學。凌曙②、陳立師弟，陳壽祺、喬樅父子，各以心得，著爲專書。二千餘年之墜緒，得以復明，十四博士之師傳，不至中絕。其有功於聖經甚大，實亦由治《公羊春秋》，漸通《詩》《書》《易》《禮》之今文義也。

---

① 趙汝談（？—1237），字履常，號南塘，宋宗室。孝宗淳熙十一年進士。官至刑部尚書。"天資絕人，沈思高識，自少至老，無一日去書冊"，著有《易》《書》《詩》《論語》《孟子》《周禮》《禮記》《荀子》《莊子》《通鑒》《杜詩》注。《宋史》卷四百一十三有傳。

② 凌曙（1775—1829），字曉樓，江都人。國子監生。從阮元校書授讀。著有《公羊禮疏》《公羊禮說》《公羊問答》等。其甥劉文淇，受其教知名。《清史稿》卷四百八十二《儒林傳三》有傳。

常州學派蔚爲大宗，龔自珍詩所謂"秘緯戶戶知何休"者，蓋《公羊》之學爲最精，而其說《尚書》則有不可據者。劉逢祿《書序述聞》多述莊先生說，不補《舜典》，不信《逸書》，所見甚卓，在江、孫、王諸家之上。而引《論語》《國語》《墨子》以補《湯誓》，以《多士》《多方》爲有錯簡而互易之。自謂非取蹈宋人改經故轍，而明明蹈其故轍矣。《盤庚》以"咸造勿"爲句，謂"勿"爲古文旂。《微子》以"刻子"讀爲"亥子"。《洪範序》以"立武庚"目爲句，謂"已"當作"祀"。《洛誥》以"王賓殺禋"爲句；"咸格王"爲句；入"太室祼"爲句，謂"殺"當爲"秉"，秉禋，即奉璋也。《顧命》"太保命仲桓、南宮毛俾爰"爲句，爰者，扶掖之名。《畢命序》以"康王命作冊"爲句；"畢分居里成周郊"爲句，謂"畢，終也。周公、成王未竟之業至康王始畢之"，皆求新而近鑿。《太誓序》"惟十有一年"，爲武王即位之十一年，不蒙文王受命之年數之，與今文、古文皆不合。至於不信周公居攝之說，以孫卿爲誣聖亂經，不取太子孟侯之文。以《伏傳》爲街談巷議，不用孟津觀兵之義。以馬遷爲齊東野人，橫暴先儒，任意武斷。乃云"漢儒誣之於前，宋儒亂之於後"。

其實莊氏所自矜創獲，皆陰襲宋儒之餘唾，而顯背漢儒之古訓者也。孫卿在焚書之前，伏生爲傳經之祖，太史公去古未遠，其說必有所受。乃以理斷之，謂皆不可信，宋儒之說，獨可信乎？宋儒已不可信，莊氏之說又可信乎？劉逢祿雖尊信之，宋翔鳳、龔自珍皆不守其說。魏源尊信劉逢祿，其作《書古微》痛斥馬、鄭，以扶今文，實本莊、劉，更參臆說。補《湯誓》本莊氏，補《舜典》《湯誥》《牧誓》《武成》，則莊氏所無。《周誥分年集證》將《大誥》至《洛誥》之文，盡竄易其次序，與王柏《書疑》無以異。以管叔爲嗜酒亡國，則雖宋儒亦未敢爲此無據之言。而於《金縢》"未敢訓公"之下，既知必有缺文，又云"後半篇不如從馬、鄭說。……西漢今文，千得豈無一失？一漢古文，千失豈無一得"。① 則其解經並無把握，何怪其

---

① 魏源《古微書》卷九《金縢發微下》（《續修四庫全書》第1522冊，第636頁）。案"一漢"，中華本據《古微書》改作"東漢"，是。

是末師而非往古乎？解經但宜依經爲訓，莊、劉、魏皆議論太暢，此宋儒說經之文，非漢儒說經之文。解經於經無明文者，必當闕疑。莊、劉、魏皆立論太果，此宋儒武斷之習，非漢儒矜慎之意也。

31. 論孔子序《尚書》略無年月，《皇極經世》《竹書紀年》所載共和以前之年皆不足據

太史①公《三代世表》曰："孔子因史文次《春秋》，紀元年，正時日月，蓋其詳哉。至於序《尚書》，則略無年月；或頗有，然多闕，不可錄。故疑則傳疑，蓋其慎也。余讀諜記，黃帝以來，皆有年數。稽其曆譜諜終始五德之傳，古文咸不同乖異。夫子之弗論次其年月，豈虛哉！於是以《五帝繫諜》《尚書》集世紀黃帝以來訖共和爲《世表》。"《十二諸侯年表》曰："於是譜十二諸侯，自共和訖孔子。"

錫瑞案：太史公於共和以前，但表其世，自黃帝始，至共和二伯行政止。共和以後，始表其年，自庚申共和元年，以宣王少大臣共和行政始，至甲子周敬王四十三年崩止。蓋史公所據載籍，於共和以前之年歲，已不可考，故史公作五帝、夏、商、周《本紀》，但書某帝王崩、某帝王立。周宣王后，始紀崩年，正所謂疑則傳疑，蓋其慎也。鄭君《詩譜》曰："夷、厲以上，歲數不明。太史《年表》，自共和始，歷宣、幽、平王而得春秋次第，以立斯《譜》。"是鄭君亦不能知共和以前也。《漢書·律曆志》據劉歆《三統術》曰："夏后氏繼世十七王，四百三十二歲。……自伐桀至武王伐紂，六百二十九歲，故《傳》曰殷'載祀六百'。《殷曆》曰：'當成湯方即世用事十三年，十一月甲子朔旦冬至，於②六府首。'當周公五年，則爲距伐桀四百五十八③歲，少百七十一歲，不盈六百二十九。又以夏時乙丑爲甲子，計其年，迺孟統後五章，癸亥朔旦冬至也。以爲甲子府首，皆非是。凡殷世繼嗣三十一王，六百二十九歲。……《春秋》

---

① "史"，思賢書局本作"平"，誤，從商務本、中華本改爲"史"。
② "於"，商務本、中華本據《漢書》卷二十一下《律曆志下》作"終"。
③ "歲"前，商務本，中華本據《漢書》卷二十一下《律曆志下》有"八"字。

《殷曆》皆以殷，魯自周昭王以下亡年數，故據周公、伯禽以下爲紀。"案劉歆所推據殷、魯《曆》，於周僅能舉文、武、成、康之年，昭王以下則不能知。魯則自伯禽至惠公崩，年皆具；蓋據曆推之不能備，而亦不盡可信者也。今即《尚書》而論，堯"在位七十載"，雖有明文，然不知從何年數起。"舜生三十徵庸。三十在位。五十載陟方乃死"，亦有明文，不知從何年數起。鄭本作"徵庸二十"，其年又異。殷中宗七十有五年，高宗五十有九年，祖甲三十有三年，有明文，而今文祖甲作太甲不同。高宗饗國百年，其年又異。文王享國五十年，穆王享國百年，有明文，亦不知從何年數起。故孔子序《書》，略無年月，疑在孔子時，已不盡可考矣。

　　皇甫謐《帝王世紀》，載帝王在位之年，不知從何得之。《竹書紀年》據束晳所引云"夏年多殷"，與《左氏傳》《漢志》不同。今《紀年》云："自禹至桀十七世，用歲四百七十一年。自成湯滅夏，以至於受二十九王，用歲四百九十六年。"仍殷年多夏，而與《左氏傳》《漢志》亦異。疑皆以意爲說，當從不知蓋闕者也。劉恕①作《通鑒外紀》，起三皇五帝，止用共和，載其世次而已。起共和至威烈王二十二年丁丑，四百三十八年爲一編。又作《疑年譜》《年略譜》，謂先儒敘包羲、女媧，下逮三代，享國之歲，眾說不同。懼後人以疑事爲信書，穿鑿滋甚，故周厲王以前三千五百一十九年爲《疑年譜》，而共和以下至元祐壬申一千九百一十八年爲《年略譜》。劉氏原本《史記》，猶不失爲矜慎。自邵子作《皇極經世書》，土②稽唐堯受命甲辰之元，爲編年譜，胡宏③《皇天大紀》，張栻④《經世紀年》，皆本其說。張氏云："外丙、仲壬之紀，康節以數知之，乃合

---

① 劉恕（1032—1078），字道原，筠州人。未冠舉進士。篤好史學，於史書雜記，無所不覽。與司馬光最友善，光編《資治通鑒》，召爲局僚。《宋史》卷四百四十四有傳。

② "土"，商務本、中華本作"上"，是。

③ 胡宏（1102—1161），字仁仲，號五峰。胡安國子。幼事楊時、侯仲良，而卒傳其父之學。優游衡山下餘二十年，玩心神明，不舍晝夜。張栻師事之。著書《知言》，《皇天大紀》八十卷，詩文五卷。《宋史》卷四百三十五《儒林傳五》有傳。

④ 張栻（1133—1180），字敬夫，丞相張浚子。師胡宏。官吏部侍郎，經略安撫廣南西路，秘閣修撰，荊湖北路轉運副使。著有《論語孟子說》《太極圖說》等。《宋史》卷四百二十九《道學傳四》。

於《尚書》'成湯既沒，太甲元年'之說。成湯之後，蓋實傳孫。《孟子》所說，特以太丁未立而卒。方是時，外丙生二年，仲壬生四年耳。又正武王伐商之年，蓋武王嗣位十一年矣。故《書序》稱十有一年，而復稱十三年者，字之誤也。是類皆自史遷以來傳習之謬，一旦使學者曉然得其真，萬世不可改者也。"①

　　錫瑞案：宋儒好武斷，而自相標榜，至此而極。二帝三代相傳之年，孔子所未言，漢儒所不曉。邵子生於數千載之後，全無依據，而以數推知之，豈可信乎？《孟子》云："外丙二年，仲壬四年。"必是在位之年。若以年爲年歲，古者"植遺腹，朝委裘，而天下不亂"②，豈有二歲、四歲之人不可立者？古文《書序》云："成湯既沒，太甲元年。"遺卻外丙、仲壬兩朝，正可以見古文《書序》之僞，邵子不能辨，而據以就其所推之數，誤矣。武王伐殷，十一年、十三年有二說。今文說文王受命七年而崩，武王再期觀兵爲九年，又二年伐紂爲十一年。古文說以文王受命九年而崩，武王再期觀兵爲十一年，又二年伐紂爲十三年。皆蒙文王受命之年而言，邵子不能辨，又不蒙文王受命之年，以爲武王十一年，而十三年字誤，其實並非誤也。張氏所引二事，已皆非是，其餘可知。金履祥《通鑒前編》、許謙《讀書叢說·紀年圖》，皆用邵子之說。元、明以來，尊崇宋學，臆推之年，遂成鐵案。編年之史，率沿僞說，世所傳《綱鑒易知錄》《歷代帝王年表》諸書，篇首載帝王之年，歷歷可數。唐堯以上，或出於皇甫謐，要皆"俗語不實，流爲丹青③"，而不知其爲嚮壁虛造也。世傳《竹書紀年》，如以外丙、仲壬列入紀年，及所推帝王年代，又與《皇極經世》所推多異，而與僞孔《古文尚書》全符，皆由後人依託爲之，並非汲冢之舊，尤不可據。（閻若璩云："邵子出而數明，上下千萬載罔或抵牾。"此閻氏過信宋學之故，不知皆憑臆撰造也）

---

　　① 語見馬端臨《文獻通考》卷一百九十三《經籍考》二十《經世紀年》提要。
　　② 語見《漢書·賈誼傳》，原文："臥赤子天下之上而安，植遺腹，朝委裘，而天下不亂。"顏師古注引孟康曰："委裘，若容衣，天子未坐朝，事先帝裘衣也。"王先謙《補註》："遺腹與赤子對文，植遺腹，故但朝先帝裘衣。"
　　③ 語見王充《論衡·書虛》，原文爲："俗語不實，成爲丹青；丹青之文，賢聖惑焉。"

32. 論《尚書》是經非史，史家擬《尚書》之非

劉知幾《史通》論史有六體，一曰《尚書家》。劉氏是史才，是說作史者摹仿《尚書》，有此一家，非說《尚書》也。以此說《尚書》則大誤。其說曰："《書》之所主，本於號令，所以宣王道之正義，發話言於臣下，故其所載，皆典、謨、訓、誥、誓、命之文。至於《堯》《舜》二典直序人事，《禹貢》一篇唯言地理，《洪範》總述災祥，《顧命》都陳喪禮，茲亦爲例不純者也。"①

錫瑞案：聖人作經，非可拘以史例。"《漢書·藝文志》曰：'左史記言，言爲《尚書》；右史記事，事爲《春秋》。'② 荀悅《申鑒》說同。鄭君《六藝論》曰：'左史所記爲《春秋》，右史所記爲《尚書》。'是以《玉藻》云：'動則左史書之，言則右史書之。'"③ 其分左右，言動互異，不知當以何說爲正。即如諸家之說，亦不過借《尚書》《春秋》作指點語。劉氏所見過泥，遂以《尚書》專主記言，不當記事，敢議聖經爲例不純。此與《惑經》《申④左》諸篇，詆斥《春秋》，同一謬妄，由史家未通經學也。其論孔衍⑤《漢魏尚書⑥》、王邵⑦《隋書義例》準《尚書》之非，則甚明確。曰："原夫《尚書》之所記也，若君臣相對，詞旨可稱，則一時之言，累篇咸載。如言無足紀，語無可述，若此故事，雖有脫略，而觀者不以爲非。（案此足證《尚書》非史，不必疑其略而不備）爰逮中葉，文籍大備，必翦截今文，摸擬古法，事非改轍，理涉守株。故舒元孔衍字，所撰《漢魏》

---

① 語見劉知幾《史通》卷一《六家》。
② 《漢書》卷三十作"左史記言，右史記事。事爲《春秋》，言爲《尚書》。"
③ 語見劉知幾《史通》卷一《六家》。
④ "申"，皮作"甲"，據《史通》改。
⑤ 孔衍（268—320），字舒元，東晉魯國人。孔子二十二世孫，元帝時爲中書郎。經學深博，練習舊典，著述百餘萬言。《新唐書·藝文志》載孔衍撰《漢尚書》，《後漢尚書》六卷，《後魏尚書》十四卷。《晉書》卷九十一《儒林傳》有傳。
⑥ 《史通》作"《魏漢尚書》"。
⑦ 王邵，字君懋，隋太原晉陽人。北齊時官至太子舍人，隋朝時，官至著作佐郎、秘書少監。曾撰《隋書》八十卷，辭義繁雜，不足稱。撰《讀書記》三十卷，采摘經史謬誤，內容精博。《隋書》卷六十九有傳。

等書，不行於代也。若乃帝王無紀，公卿缺傳，則年月失序，爵里難詳，斯並昔之所忽，而今之所要，如君懋王邵字。《隋書》，雖欲祖述商、周，憲章虞、夏，觀其所述，乃似《孔子家語》、臨川《世說》，可謂畫虎不成，反類犬也。"① 案史家不知《尚書》是經非史，其書不名一體，非後人所敢妄議；其書自成一經，亦非後人所能摸仿。作史者惟宜撰次當代文章，別定義例，以備觀覽，必不可以憲章虞夏、祖述商周自命，蹈《春秋》吳楚僭王之失。

王通作"四範七業"②以擬《尚書》，或云僞作。朱子謂："高、文、武、宣之制豈有精一執中之傳？"漢帝固不能比古帝王，彼擬《尚書》者，亦何敢自比孔子乎？《尚書璇璣鈴》曰："孔子求書，得黃帝玄孫帝魁之書，迄于秦穆公，凡三千二百四十篇。斷遠取近，定可以爲世法者百二十篇。以百二篇爲《尚書》，十八篇爲《中候》。"（案《中候》：《勑省圖》《握河紀》《運衡》《考河命》《題期》《立象》《儀明》《禮闕郵》《苗興》《契握》《雒予命》《稷起》《我應》《雒師謀》《合符后》《摘雒戒》《霸免》《準纖哲》，凡十八篇）緯書雖難盡信，然古時書必不少，孔子但取其可爲法者，餘皆刪之；猶作《春秋》，但取其可明義者，餘皆削之。聖人刪定六經，務在簡明，便學者誦習。後人不知此旨，嫌其簡而欲求多，於是張霸《書》、僞孔《書》，抵隙而出，史家復從而妄續之。不知史可續，經不可續。孔衍、王邵之擬《尚書》，正與沈既濟、孫甫之擬《春秋》，同一謬見也。

33. 論治《尚書》當先看孫星衍《尚書今古文注疏》、陳喬樅《今文尚書經說考》

孔《傳》至今日，人知僞作而不足信矣。蔡《傳》又爲人輕蔑

---

① 語見劉知幾《史通》卷一《六家》。
② "四範七業"，語見林希逸《竹溪鬳齋十一稿續集》卷九《續詩續書如何》（影印《文淵閣四庫全書》第1185冊），原文云："王通，好古者也。立身行己，雖拘拘乎規矩繩墨之中，其視聖人奔逸絕塵之事，蓋瞠若乎其後。其守經執古，正所謂書生者。人苦不自覺，而以皇級自負荷，乃曰：'千載之下，有紹宣尼之業者，吾不得遜也。故《書》可定也，我亦可續也。《詩》可刪也，我亦可續也。《書》有典謨訓誥，我則有四範七業。《詩》有比興美刺，我則有四名五志也。'"

而不屑稱矣。然則治《尚書》者當以何書爲主,陳澧曰:"江、王、段、孫四家之書善矣。既有四家之書,則可删合爲一書。取《尚書大傳》及馬、鄭、王《注》、僞孔《傳》,與《史記》之采《尚書》者,《爾雅》《說文》《釋名》《廣雅》之釋《尚書》文字名物者,漢人書之引《尚書》而說其義者,采擇會聚而爲集解。孔《疏》、蔡《傳》以下,至江、王、段、孫及諸家說《尚書》之語,采擇融貫而爲義疏。其爲疏之體,先訓釋經意於前,而詳說文字名物禮制於後,如是則盡善矣。"①

　　錫瑞案:陳氏說近是而未盡也。江聲《尚書集注音疏》疏解全經,在國朝爲最先,有篳路藍縷之功,惟今文搜輯未全,立說亦有未定。(如解"曰若稽古"兩歧,孫星衍已辨之)又承東吳惠氏之學,好以古字改經,頗信宋人所傳之《古尚書》,此其未盡善者。王鳴盛《尚書後案》,王②鄭氏一家之學,是爲專門之書。專主鄭,故不甚采今文,且間駮伏生,(如解司徒、司馬、司空之類)亦未盡善。段玉裁《古文尚書撰異》,於今古文分別具晰,惟多說文字,尟解經義,且意在祖古文,而不信伏生之今文,(如《金縢》詆今文說之類)亦未盡善。孫星衍《尚書今古文注疏》,於今古說搜羅略備,分析亦明,但誤執《史記》皆古文,致今古文家法大亂。(如《論衡》明引《金縢》古文說,孫以其與《史記》不合,乃曰:"王氏充以爲古者,今文亦古說也。"豈非遁詞?)亦有未盡善者。然大致完善,優於江、王,故王懿榮③請以立學,其後又有劉逢祿《尚書今古文集解》、魏源《書古微》、陳喬樅《今文尚書經說考》。三家之書,皆主今文,不取古文。蓋自常州學派,以西漢今文爲宗主,《尚書》一經亦主今文。劉氏、魏氏不取馬、鄭,並不信馬、鄭所傳逸十六篇,其識優於前人。惟既不取馬、鄭古文,則當專宗伏生今文,而劉氏、魏氏一切武斷,改經增經。(如魏氏改《梓材》爲《魯誥》,且臆增數篇,攙入《尚書》)從宋儒臆說而變亂事實,與伏生

---

① 語見陳澧《東塾讀書記》卷五《尚書》。
② "王",商務本、中華本作"主",是。
③ 王懿榮(1845—1900),字濂生,山東福山人。光緒六年進士,授編修。三爲國子監祭酒。光緒二十五年發現甲骨文,有功於甲骨文的研究。次年,王懿榮在八國聯軍攻陷京城後,與家人跳井殉國。《清史稿》卷四百六十八有傳。

之說大背。（如劉氏駁周公稱王之類）魏氏尤多新解，（如以管叔爲嗜酒亡國之類）皆不盡善。陳氏博采古說，有功今文。惟其書頗似長編，搜羅多而斷制少，又必引鄭君爲將伯，誤執古說爲今文，以致反疑伏生，違棄初祖。（如文王受命，周公避居二事，皆詆伏生老耄，記憶不全）亦有未盡善者，但以捃拾宏富，今文家說多存，治《尚書》者，先取是書與孫氏《今古文注疏》，悉心研究，明通大義，篤守其說，可不惑於歧趨。今即近人所著書中，酌取兩家之說，指明初學所入門徑，以免歧誤，猶《易》取焦、張兩家之說也。若如陳澧所言"撰爲集解、義疏"①，當先具列《伏傳》《史記》之說，字字遵信，加以發明，不可誤據後起之詞，輕疑妄駁。次則取《白虎通》及兩《漢書》所引經說，加以漢碑所引之經，此皆當日通行之今文，足備考證。又次則取馬、鄭、僞孔，擇其善者，以今文爲折衷，合於今文者錄之，不合於今文者去之，或於疏引而加駁正。至蔡《傳》與近儒所著，則於義疏擇取其長，兩說相同，則取先出。（如取蔡不取江是）不合於今文者，概置不取，以免轇轕。惟其說尤足惑人，及人所誤信者，乃加辨駁，使勿迷眩。後人以此體例，勒成一書，斯爲盡善。否則俱收並蓄，未能別黑白定一尊，古今雜淆，漢、宋兼采，覽者如入五都之市，瞀惑不知所歸，祇是一部類書，無關一經閎旨，豈得爲善本乎？（今人王先謙《尚書孔傳參正》，兼疏今古文，詳明精確，最爲善本）

---

① 語見陳澧《東塾讀書記》卷五《尚書》，原文爲："江、王、段、孫四家之書善矣。既有四家之書，則可刪合爲一書。取《尚書大傳》及馬、鄭、王注，僞孔《傳》，與《史記》之采《尚書》者，《爾雅》《說文》《釋名》《廣雅》之釋《尚書》文字名物者，漢人書之引《尚書》而說其義者，采擇會聚而爲集解。孔《疏》、蔡《傳》以下至江、王、段、孫及諸家說《尚書》之語，采擇融貫而爲義疏。"

卷三 《詩經通論》

01. 論《詩》比他經尤難明，其難明者有八

《詩》爲人人童而習之之經，而《詩》比他經尤難明。其所以難明者，《詩》本諷諭，非同質言，前人既不質言，後人何從推測？就《詩》而論，有作詩之意，有賦詩之意。鄭君云："賦者或造篇，或述古。"故詩有正義，有旁義，有斷章取義。以旁義爲正義則誤，以斷章取義爲本義尤誤。是其義雖並出於古，亦宜審擇，難盡遵從。此《詩》之難明者一也。

漢初傳經皆止一家，《易》出田何，《書》出伏生。惟《詩》在漢初已不名一家，申公、轅固生、韓嬰，魯、齊、韓《詩》，並號初祖。故漢十四博士，其先止分五經，《書》惟歐陽，《禮》后，《易》楊，《春秋》公羊，其制最善。後又分出家數，《易》有施、孟、梁丘、京氏，《書》有歐陽、大小夏侯，《禮》大小戴，《春秋》嚴、顏，其實皆不必分。惟《詩》三家同爲今文，所出各異，當時必應分立，後人不可併爲一談。而專家久亡，大義茫昧。此《詩》之難明者二也。

三家亡而毛《傳》孤行，義亦簡略，猶申公傳《詩》，疑者則闕弗傳，未嘗字字解釋。後儒作疏，必欲求詳，毛所不言，多以意測。或毛義與三家不異，而強執以爲異，軌途既別，溝合無由。此《詩》之難明者三也。

鄭君作《箋》，以毛爲主，若有不同，便下己意。鄭改經字，多

因魯、韓。所謂下己意者，或本三家，或創新解。鄭學雜糅今古，難盡剖析源流。此《詩》之難明者四也。

他經之疏，專主一家，惟《詩》毛、鄭並行，南北同尚。唐作《正義》，兼主《傳》《箋》。毛無明文，而孔《疏》云"毛以爲"者，大率本於王肅，名爲申毛，實則申王。王好與鄭立異，或毛意與鄭不異，又強執以爲異。即分門戶，未易折衷。此《詩》之難明者五也。

歐陽修《詩本義》，始不專主毛、鄭。宋人競立新說，至朱子集其成，元、明一概尊崇，近人一概抹搬。案朱子《集傳》間本三家，實亦有勝於毛、鄭者。而漢、宋強爭，今古莫辨。此《詩》之難明者六也。

宋人疑經，至王柏而倡狂已極，妄刪《國風》，進退孔子。國初崇尚古學，陳啟源①等仍主《毛詩》，後有戴震、段玉裁、胡承珙②、馬瑞辰③諸人，陳奐④《毛氏傳疏》尤備。然毛所不言者，仍不能不補以《箋》《疏》，或且強韓同毛。乾嘉崇尚今文，《齊詩》久亡，孤學復振，采輯三家詩者甚夥，陳喬樅《魯齊韓詩遺說考》尤備，然止能搜求斷簡，未能解釋全經。毛既簡略不詳，三家尤叢殘難拾，故於毛、鄭通其故訓，於三家莫證其微言。此《詩》之難明者七也。

三家《序》亡，獨存毛《序》，然《序》亦不盡出毛公。沈重⑤

---

① 陳啟源，字長發，江南吳江人。康熙時諸生，著有《毛詩稽古編》《尚書辨略》《讀書偶筆》《存耕堂稿》。《清史稿》卷四百八十《儒林傳一》有傳。

② 胡承珙（1776—1832），字景孟，號墨莊，安徽涇縣人。嘉慶十年進士，官至台灣兵備道。撰有《毛詩後箋》《爾雅古義》《儀禮古今文疏義》等。《清史稿》四百八十二《儒林传三》有傳。

③ 馬瑞辰（1775—1853），字元伯，安徽桐城人。嘉慶十五年進士，官至工部都水司員外郎。歷主江西白鹿洞、山東嶧山、安徽廬陽書院講席。桐城被太平軍攻陷，不屈而死。著有《毛詩傳箋通釋》，與陳奐《毛詩傳疏》並爲治《毛詩》首選之書。《清史稿》卷四百八十二《儒林傳三》有傳。

④ 陳奐（1785—1863），字碩甫，江蘇長洲人。諸生。從江沅、段玉裁學，與王念孫父子相友善。精通經學，長於《毛詩》。撰《毛詩傳疏》《毛詩說》《三百堂文集》等。《清史列傳》卷六九《儒林傳二》有傳。

⑤ 沈重（500—583），字子厚，南朝梁吳興武康人。蕭梁時官至散騎常侍、太常卿。著有《周禮義》《毛詩義》《周禮音》《毛詩音》等。《隋志》著錄其《毛詩義疏》二十八卷，《唐志》無著錄。《北史》卷八十二《儒林傳下》有傳。

云："案鄭《詩譜》意，《大序》是子夏作，《小序》是子夏、毛公合作。"鄭於《絲衣》又云："高之子言非毛公，後人著之。"《後漢·儒林傳》："衛宏作《毛詩序》。"後人遂謂《序》首句毛公作，以下衛宏續作，或止用首句而棄其餘，或並首句不用。宋王質①、鄭樵、朱子，皆不信《毛序》。近人申毛者以《序》《傳》爲一人所作，然《序》實有不可盡信者。與馬、鄭古文《書序》同，究竟源自西河，抑或出於東海？此《詩》之難明者八也。

02. 論《詩》有正義，有旁義，即古文亦未盡可信

說經必宗古義，義愈近古，愈可信據。故唐、宋以後之說，不如漢人之說；東漢以後之說，又不如漢初之人說。至於說出春秋以前，以經證經，尤爲顛撲不破。惟說《詩》則不盡然。《漢書·藝文志》曰："漢興，魯申公爲《詩》訓故，齊轅固、燕韓生皆爲之傳。或取《春秋》，采雜說，咸非其本義。與不得已，魯最爲近之。"案《漢書·敘傳》："班伯少受詩於師丹。"《師丹傳》："治《詩》，事匡衡②。"是班伯習《齊詩》，固傳家學，亦當是習《齊詩》者。而以齊、韓或采雜說，非本義，魯最爲近。是三家雖所傳近古，而孰爲正義，孰爲旁義，已莫能定。以爲詩人之意如是，亦莫能明。若《左傳》《國語》《禮記》《孟子》《荀子》諸書所引，又在漢初以前，更近古而可信據矣。而《左氏·襄二十八年傳》明載盧蒲癸之言曰："賦詩斷章。"則《傳》載當時君臣之賦詩，皆是斷章取義；故杜《注》皆云"取某句"。《左傳》與《毛詩》，同出河間博士，故二書每互相援引。《左傳》如"衛人所爲賦《碩人》""許穆夫人賦《載馳》"，既有牽引之疑。而毛《傳》解《詩》，亦多誤執引《詩》之說，如《卷耳》執《左傳》"周行官人"一語，以爲后妃求賢審官，

---

① 王質（1135—1189），字景文，號雪山，其先鄆州人，南宋興國軍（今湖北陽新）人。中紹興三十年進士，博通經史，善屬文。著有《詩總聞》《雪山集》《夷堅別志》等。《宋史》卷三百九十五有傳。

② 匡衡，字稚圭，西漢東海承人。家貧好學，精力過人。從后蒼習《齊詩》。射策甲科，除太常掌故。元帝建昭三年，爲丞相，封樂安侯。《漢書》八十一卷有傳。

《四牡》"懷和""周諏"誤執《國語》爲說，皆未免於高叟之固。是以經證經雖最古，而其孰爲作《詩》之義，孰爲引《詩》之義，已莫能定。以爲詩人之意如是，亦莫能明。

朱子曰："古人之詩如今之歌典，雖閭里童稚，皆習聞之而知其說。"蓋古以《詩》《書》《禮》《樂》造士，人人皆能誦習。《詩》與《樂》相比附，人人皆能弦歌。賓客燕享，賦《詩》明志，不自陳說，但取諷諭。此爲春秋最文明之事，亦惟其在《詩》義大明之日。詩人本旨，無不瞭然於心，故"賦《詩》斷章"，無不暗解其意。而引《詩》以證義者，無不如自己出，其爲正義，爲旁義，無有淆混而歧誤也。《詩》三百五篇遭秦而全者，以其諷誦，不獨在竹帛。而《詩》義經燔書之後，未必盡傳。《史記》載三家以申培、轅固、韓嬰爲初祖，而三家傳自何人，授受已不能詳。三家所以各成一家，異同亦無可考。況今《魯故》《齊故》《韓故》無存於世。存於世者，惟《韓詩外傳》，而《外傳》亦引《詩》之體，而非作《詩》之義。毛《傳》晚出，漢人不信，後世以其與《左氏傳》合，信爲古義。豈知毛據《左氏》以斷章爲本義，其可疑者正坐此乎？古義既亡，其僅存於今者，又未必皆《詩》之本義。說《詩》者雖以意逆志，亦苦無徵不信，安能起詩人於千載之上而自言其義乎？此《詩》所以比他經尤難分明，即好學深思，亦止能通其所可通，而不能通其所不可通者。申公傳《詩》最早，疑者則闕不傳，況在後儒可不知闕疑之意乎？

03. 論《關雎》爲刺康王詩，魯、齊、韓三家同

《詩》開卷有一大疑焉，以《關雎》爲周康王時詩是也。《史記·十二諸侯年表》序曰："周道缺，詩人本之衽席，《關雎》作。"又《儒林傳》序曰："周室衰而《關雎》作。"《淮南·氾論訓》曰："王道缺而《詩》作，周室廢、禮義壞而《春秋》作，《詩》《春秋》，學之美者也，皆衰世之造也。"又《詮言訓》曰："詩之失僻。"高誘注："詩者，衰世之風也。"《漢書·杜欽傳》上疏曰："是以佩玉晏鳴，《關雎》歎之。"劉向《列女傳》曰："周之康王夫人晏出

朝，《關雎》豫見，思得淑女以配君子。夫雎鳩之鳥，猶未嘗見乘居而匹處也。"① 揚雄《法言·孝至篇》曰："周康之時，頌聲作乎下，《關雎》作乎上，習治也，故習治則傷始亂也。"王充《論衡·謝短篇》："詩家曰：'周衰而《詩》作，蓋康王時也。康王德缺於房，大臣刺晏，故《詩》作。"袁宏《後漢紀》楊賜上書曰："昔周康王承文王之盛，一朝晏起，夫人不鳴璜，宮門不擊柝，《關雎》之人，見幾而作。"《後漢書·皇后紀》："《論》曰：'康王晚朝，《關雎》作諷。"《楊賜傳》曰："康王一朝晏起，《關雎》見幾而作。"應劭《風俗通義》曰："昔周康王一旦晏起，詩人以爲深刺，天子當夜寢蚤作，身省萬機。"張超②《誚青衣賦》曰："周漸將衰，康王晏起；畢公喟然，深思古道，感彼《關雎》，德不雙侶。但願周公，配以窈窕。防微消漸，諷諭君父，孔氏大之，列冠篇首。"凡此諸說，後人皆以爲魯詩，其解《關雎》，皆以爲衰世之詩，康王時作。張超以爲畢公所撰，說尤詳明。

且非獨《魯詩》然也，齊、韓二家亦同。《後漢書·明帝紀》曰："應門失守，《關雎》刺世。"注引薛君《韓詩章句》："詩人言雎鳩貞潔慎匹，以聲相求，必於河之洲隱蔽無人之處③。故人君退朝，入於私宮，后妃御見去留④有度，應門擊柝，鼓人上堂，退反宴處，體安志明。今時大人內傾於色，賢人見其萌，故詠《關雎》，說淑女，正容儀，以刺時。"《韓詩》之說同於魯而更詳。

《齊詩》未見明文，說者疑《齊詩》與魯、韓異。匡衡習《齊詩》者也，其上疏戒妃匹曰："孔子論《詩》以《關雎》爲始，言太上者民之父母，后夫人之行不侔乎天地，則無以奉神靈之統而理萬物之宜。故《詩》曰：'窈窕淑女，君子好仇。'言能致其貞淑，不貳其操，情欲之感無介乎容儀，宴私之意不形乎動靜，夫然後可以配至

---

① 《列女傳》卷三《仁智傳·魏曲沃負》。
② 張超，字子並，河間人，留侯良之後。有文才。靈帝時，從車騎將軍朱儁征黃巾，爲別部司馬。著賦、文、書、嘲等十九篇。《後漢書》卷八十《文苑列傳》有傳。
③ "必於河之洲隱蔽無人之處"，《後漢書》卷二《明帝紀》注作"隱蔽於無人處"。
④ 《後漢書》卷二《明帝紀》注無"去留"兩字。

尊而爲宗廟主。"① 則衡所習《齊詩》，亦與魯、韓義同。"致其貞淑，不貳其操"云云，即張超所云"德不雙侶"，劉向所云"未見乘居匹處"，薛君所云"貞潔慎匹"也。"后夫人之行不侔乎天地"云云，即劉向所云"夫人晏起"，楊賜所云"夫人不鳴璜"也。且《齊詩》多同緯說，五際、六情，皆出於緯。《春秋緯·說題辭》曰："人主不正，應門失守，故歌《關雎》以感之。"宋均曰："應門，聽政之處也。言不以政事爲務，則有宣淫之心。《關雎》樂而不淫，思得賢人與之共化，修應門之政者也。"以緯證經，正與魯、韓說合。《齊詩》既多同緯說，其不得有異義可知。歐陽修曰："《關雎》，齊、魯、韓三家，皆以爲康王政衰之詩。"晁說之《詩說》謂："齊、魯、韓三家以《關雎》皆爲康王詩。"其說不誤。

04. 論《關雎》刺康王晏朝，詩人作《詩》之義，《關雎》爲正風之首，孔子定《詩》之義，漢人已明言之

《齊詩》魏代已亡，《魯詩》不過江東，《韓詩》雖在，無傳之者，後卒亡於北宋，僅存《外傳》，亦非完帙，於是三家古義盡失。言《詩》者率以《關雎》刺詩爲三家詬病，謂誤以正詩爲刺詩，違詩人之本旨。（呂祖謙②曰："《關雎》，正風之首。三家者乃以爲刺。"）其意蓋以《關雎》爲正風之首，不得以刺詩當之也。

錫瑞案：以漢人之說考之，三家並非不知《關雎》爲正風之首者。太史公習《魯詩》者也，《外戚世家》曰："自古受命帝王及繼體守文之君，非獨內德茂也，蓋亦有外戚之助焉。夏之興也以塗山，而桀之亡也以妹喜。殷之興也以有娀，紂之殺也嬖妲己。周之

---

① 語見《漢書》卷八十一《匡衡傳》。
② 呂祖謙（1137—1181），字伯恭，學者稱東萊先生，婺州金華人。孝宗隆興元年進士。官著作郎兼國史院編修官。與朱熹、張栻並稱東南三賢。祖謙學以關洛爲宗，而旁稽載籍，不見涯涘。心平氣和，不立崖異，一時英偉卓犖之士皆歸心焉。考定《古周易》《書說》《官箴》《辨志錄》《歐陽公本末》，皆行於世。《宋史》卷四百三十四《儒林傳四》有傳。

興也以姜原及大任，而幽王之禽也淫於褒姒。故……《詩》始《關雎》，……夫婦之際，人道之大倫也。"劉向習《魯詩》者也，《列女傳》曰："自古聖王，必正妃匹，妃匹正則興，不正則亂。夏之興也以塗山，亡也以妹喜；殷之興也以有㜪①，亡也以妲已；周之興也以太姒，亡也以褒姒。周之康王夫人晏出朝，《關雎》豫見，思得淑女以配君子。夫雎鳩之鳥，猶未嘗見乘居而匹處也。夫男女之盛，合之以禮則父子生焉，君臣成焉，故爲萬物始。"②據此二說，則《關雎》爲正風之始，習《魯詩》者非不知也。

匡衡習《齊詩》者也，其上疏云："臣又聞之師曰：'匹配之際，生民之始，萬福之原。'婚姻之禮正，然後品物遂而天命全。孔子論《詩》以《關雎》爲始。"③荀爽習《齊詩》者也，其對策曰："夫婦人倫之始，王化之端，……陽尊陰卑，蓋乃天性。且《詩》初篇實首《關雎》，《禮》始《冠》《婚》，先正夫婦。"④據此二說，則《關雎》爲正風之始，習《齊詩》者亦非不知也。

《韓詩外傳》："子夏問曰：'《關雎》何以爲國風始也？'孔子曰：'《關雎》至矣乎！夫《關雎》之人，仰則天，俯則地，幽幽冥冥，德之所藏，紛紛沸沸，道之所行，如神龍變化，斐斐文章，大哉《關雎》之道也。萬物之所繫⑤，羣生之所懸命也，河洛出《圖》《書》，麟鳳翔乎郊，不由《關雎》之道，則《關雎》之事將奚由至矣哉？夫六經之策，皆歸論汲汲，蓋取之乎《關雎》，《關雎》之事大矣哉！馮馮翊翊，自東自西，自南自北，無思不服。子其勉強之，思服之。天地之間，生民之屬，王道之原，不外乎此矣！'子夏喟然歎曰：'大哉《關雎》，乃天地之基也。《詩》曰：鼓鐘樂之。'"⑥案《韓詩》論《關雎》義尤閎大，何以又有《關雎》刺時之說，豈自言之而自背之乎？必以三家爲誤，豈一家誤而兩家亦從而誤乎？《漢

---

① 㜪，音 shēn。古氏族名，後爲國名。《玉篇·女部》："㜪、嫀，二同，有㜪國。"
② 《列女傳》卷三《仁智傳·魏曲沃負》。
③ 語見《漢書》卷八十一《匡衡傳》。
④ 語見《後漢書》卷六十二《荀爽傳》。
⑤ "繫"，《韓詩外傳》卷五作"繫"，是。
⑥ 韓嬰《韓詩外傳》卷五。

志》言"取《春秋》,采雜說,非其本義,……魯最近之。"然則齊、韓有誤,魯不應誤。何以《魯詩》明言《關雎》爲衰世之詩,康王時作乎?《詩》有本義,有旁義,如《漢志》說三家容有采雜說,以旁義爲正義者,而開宗明義,必不致誤。然則以爲正風之始,又以爲刺康王晏朝,二者必皆是正義而非旁義。刺康王晏朝,詩人作《詩》之義也,爲正風之始,孔子定《詩》之義也。安見既爲刺詩,遂不可以爲正風而冠全詩乎?張超曰:"防微消漸,諷諭君父。"此作《詩》之義;"孔氏大之,取冠篇首",此定《詩》之義。據漢人之遺說,不難一以貫之。後人疑其所不當疑,開章第一義已不能通,又何足與言《詩》?

05. 論"四始"是孔子所定,《儀禮》亦孔子所定,解此乃無疑於合樂《關雎》、工歌《鹿鳴》

孔子刪定"六經",則定《詩》之四始,亦必出於孔子。自漢以後,經義湮廢,讀孔子之書者,必不許孔子有定"六經"之事,而以刪定"六經"之功歸之周公,於是"六經"之旨大亂而不能理。《詩》之"四始",以《關雎》爲風始,《鹿鳴》爲小雅始,《文王》爲大雅始,《清廟》爲頌始,自是定論,必不可不遵者也。《關雎》《鹿鳴》《文王》《清廟》,皆歌文王之德,爲後世法,亦是定論,必不可不遵者也。然考漢以前古義,惟《文王》《清廟》是言文王,且是周公稱美文王,有明文可據,而《關雎》《鹿鳴》無明文。《呂氏春秋》曰:"周公作詩云:'文王在上,於昭于天。周雖舊邦,其命維新。'以繩文王之德。"《漢書‧翼奉傳》曰:"周公作詩,深戒成王,以恐失天下。曰:'殷之未喪師,克配上帝。'"《世說新語》"荀慈明曰:'公旦《文王》之詩,不論堯、舜之德而頌文、武者,親親之義也。'"是《文王》詩爲周公作,古有明文。《尚書大傳》曰:"周公升歌《清廟》而弦文、武。"王褒《四子講德論》曰:"周公詠文王之德,而作《清廟》,建爲《頌》首。"《劉向傳》曰:"文王既沒,周公思慕歌詠文王之德,其詩云:'肅雍顯相,濟濟多士,秉文之德。'"是《清廟》詩爲周公作,古有明文。而徧考古書,未有言周公作《關雎》與《鹿鳴》者。（惟謝太傅劉夫人以《關雎》爲周公詩，見於《世說》。魯、齊《詩》晉已亡，此非雅言，亦非古義，不可據）太史公曰：“周道缺，詩人本之衽席，《關雎》作。仁義陵遲，《鹿鳴》刺焉。”① 是《關雎》《鹿鳴》皆出於衰周，非周公作，亦非周公之所及見。

"四始"之義，至孔子始定。孔子以爲《關雎》"貞潔慎匹"，如匡衡所謂"情欲之感無介乎容儀"者，惟文王、太姒足以當之。《鹿鳴》《四牡》《皇華》，亦惟文王率殷之叛國足以當之。故推《關雎》《鹿鳴》，爲《風》與《小雅》之始，以配《文王》《清廟》而爲四。"四始"之義，是孔子所定，非周初所有也。張超曰："孔氏大之，取冠篇首。" 此以《關雎》冠篇首出孔氏之明證。張超又曰："願得周公配以窈窕。" 此尤《關雎》不出周公之明證。若出周公，周公豈得自言？若《關雎》明指文王太姒，更豈得爲此言？"窈窕淑女"屬太姒，乃周公之母，而願得周公配之，非病狂喪心之人，必無此荒謬不通之語。張子並作《誚青衣賦》，以誚蔡伯喈作《青衣賦》爲志蕩辭淫，若先自居於荒謬不通，不反爲伯喈所誚乎？據張超所言，則《關雎》必不作於周公以前，而"四始"必由於孔子所定矣。或難之曰："《儀禮》周公之書，而《鄉飲酒》合樂《關雎》之三，《燕禮》工歌《鹿鳴》之三，非周公時已有《關雎》《鹿鳴》之明證乎？" 曰："以《儀禮》爲周公書。亦是後儒之說，古無明文。'恤由之喪，哀公使孺悲學士喪禮於孔子。《士喪禮》於是乎書'②。則《儀禮》十七篇，亦孔子所定也。"（《列女·太姒傳》引詩曰："大邦有子。" 又曰："太姒嗣徽音。"③ 不引《關雎》，是《魯詩》不以《關雎》詩屬太姒之證）

06. 論班固云《關雎》哀周道而不傷，爲"哀而不傷"之確解

子曰："《關雎》樂而不淫，哀而不傷。" 稱《關雎》以哀、樂並

---

① 語見《史記》卷十四《十二諸侯年表》。
② 語見《禮記正義》卷四十三《雜記下》。
③ 《列女傳》卷一《母儀傳》六《周室三母》。

言，自來莫得其解。《毛序》衍其說曰："是以《關雎》樂得淑女以配君子，憂在進賢，不淫其色。哀窈窕，思賢才，而無傷善之心焉。"其解樂、哀二字，殊非孔子之旨。自宋程大昌以後多疑之，謂"與夫子之語，全不相似"，當爲衛宏所續①，不出毛公。鄭《箋》知其不可通也，乃云："'哀'當爲'衷'字之誤也。"②然"衷窈窕"仍不可通，且孔子明言"哀"而改"衷"，與孔子言"哀"不合。朱注《論語》："求之未得，則宜其有寤寐反側之憂，求而得之，則宜其有琴瑟鐘鼓之樂。"③孔子言哀不言憂。朱以哀字太重而改爲憂，亦與孔子言哀不合。近儒劉台拱《論語駢枝》謂兼《關雎》之三而言之，《關雎》《葛覃》樂而不淫，《卷耳》哀而不傷④。引《卷耳》詩'維以不永傷'爲據。魏源駁之曰："夫反側憂勞，豈得謂專樂無哀？既哀矣，可不紬其所哀何事乎？文王化行二南之日，太姒歸周已數十年，而猶求之不得，寤寐綢繆何爲乎？若謂后妃求賢，則以文王之聖，又得太姒之助，即未更得賢嬪，豈遂反側堪哀，且哀而恐至於傷乎？岐周國盡於渭，地不至河。而云'在河之洲'，明爲陝以東之風，非周國所采。而謂作於宮人女史，其可通乎？《關雎》'房中之樂，后夫人侍御於君，女史歌之以節義序'⑤，豈惟有頌美、無諷諭乎？"⑥

---

① 程大昌《考古編》卷二《詩論九》（影印《文淵閣四庫全書》第852冊，第10頁）。程大昌（1123—1195），字泰之，徽州休寧人。高宗紹興二十一年進士。官至權吏部尚書。著有《易原》《詩論》《禹貢論》《考古編》等。《宋史》卷四百三十三《儒林傳三》有傳。

② 《毛詩正義》卷一。

③ 語見朱熹《論語集注》卷二。

④ 劉台拱《論語駢枝》（《續修四庫全書》第154冊，第291頁）。劉台拱認爲："《詩》有關雎，樂已有《關雎》。此章特據樂言之也。古之樂章，皆三篇爲一。《傳》曰'肆夏'之三、《文王》之三、《鹿鳴》之三"。《記》曰'宵雅'肆三'。案：《宵雅》，即《小雅》。劉台拱（1751—1805），字端臨，寶應人。乾隆三十五年舉人，屢試禮部不第。與朱筠、戴震、邵晉涵、王念孫等交游。官丹陽縣訓導。撫同道汪中子喜孫成人，周濟教誨臧庸十七年成才。著《論語駢枝》《經傳小記》《漢學拾遺》等。《清史稿》卷四百三十二《儒林傳二》有傳。

⑤ 語見《毛詩正義·詩譜序》，文字略省。

⑥ 魏源《詩古微》上編之二《通論四始·四始義例篇四》（《續修四庫全書》第77冊，第54頁）。

錫瑞案：魏氏駁劉，知《關雎》爲諷諭，又以河洲非屬岐周，正可爲《關雎》非指文王、太姒之證。而猶必以文王太姒爲說，故仍不得其解。竊嘗以意解之，《關雎》一詩，實爲陳古刺今。"樂而不淫"，屬陳古言，《韓詩外傳》云："人君退朝，入於私宮，后妃御見，去留有度，此之謂樂而不淫。""哀而不傷"，屬刺今言，班固《離騷序》："《關雎》哀周道而不傷。"馮衍《顯志賦》："美《關雎》之識微兮，愍王道之將崩。""哀"即哀王道、愍周道①之義；"不傷"謂婉而多諷，不傷激切，此之謂哀而不傷。班氏於"哀而不傷"中加"王②道"二字，義極明晰。"樂而不淫"，《關雎》詩之義也，可見人君遠色之正。"哀而不傷"，作《關雎》詩之義也，可見大臣託諷之深。二義本不相蒙，後人併爲一談，又必專屬文王、太姒而言，以致處處窒礙。謂君子求淑女，則必以爲文王求太姒。夫國君十五而生子，文王生武王，年止十四，有何汲汲至寤寐反側以求夫人？且"娶妻如之何？必告父母"，文王亦非可結婚自由，而自求夫人者。此說之必不可通者也。毛云"后妃之德"，並未明指太姒。《序》言"憂在進賢"，則已有后妃求賢女之意。鄭《箋》遂以爲后妃寤寐求賢女。其義亦本於三家詩。《列女·湯妃有㜪傳》引《詩》云："'窈窕淑女，君子好逑。'言賢女能爲君子和好眾妾。"③《詩推度災》曰："《關雎》有原，冀得賢妃正八嬪。"是魯、齊《詩》已與鄭《箋》意同，乃鄭君之所本。然此亦是旁義而非正義，蓋不妒忌雖爲后妃盛德，要不得爲王化之原，未足以冠全詩。且古諸侯一娶九女，適夫人一姪一娣，左右媵各一姪一娣，是爲九女。貴妾之數早定，不待后妃求之。故止可爲旁義而不得爲正義也。論其正義，是詩人求淑女以配君子；論其旁義，是后妃求淑女以配君子，皆不指定文王、太姒。朱子知其不可通也，以爲宮中之人，於其始至，見其有幽閒貞靜之德，爲作是詩。如其說，不知宮人爲何人。以爲文王之宮人，不應適夫人未至，而已先有宮妾；以爲王季之宮人，尤不應知世子寤寐反側之

---

① "哀王道、愍周道"，中華本作"哀周道、愍王道"。
② 思賢書局本、商務本作"王"，中華本據班固《離騷序》改作"周"，是。
③ 語見《列女傳》卷一《母儀傳》。

隱。且適夫人之得不得，尤非宮人之所能求。是皆求其說而不得，從而爲之辭者。

07. 論畢公追詠文王、太姒之事以爲規諫，范處義說得之，非本有是詩而陳古以諷

范處義《逸齋詩補傳》曰："《關雎》詠太姒之德，爲文王風化之始。而韓、齊、魯三家，皆以爲康王政衰之詩。故司馬遷、劉向、揚雄、范曄①並祖其說。近世說《詩》者，以《關雎》爲畢公作，謂得之張超，或謂得之蔡邕。畢公爲康王大臣，冊命尊爲父師，盡規固其職也。而張超、蔡邕皆漢儒，多見古書，必有所據。然則《關雎》雖作於康王之時，乃畢公追詠文王、太姒之事，以爲規諫，故孔子定爲一經之首。"②

錫瑞案：宋以後說《關雎》者，惟范氏此說極通，可謂千古特識。蓋作《詩》以陳古刺今者畢公，删《詩》而定爲經首者孔子。在畢公視之爲刺詩，在孔子視之爲正詩。如此解，乃無疑於刺詩之不可爲正詩矣。惟范氏於張、蔡二說，尚未能定。王應麟《困學紀聞》亦以爲未詳所出。張超《誚青衣賦》，見《藝文類聚》三十五卷。《古文苑》云："蔡伯喈作《青衣賦》，志蕩詞淫。故張子並作此以規之。"《青衣賦》見《蔡集》③中，無畢公作《關雎》語。是以《關雎》爲畢公作，當屬張而不屬蔡矣。又《詩篇目》④論曰："司馬遷曰：'仁義陵遲，《鹿鳴》刺焉。'蔡邕亦曰：'《鹿鳴》者，周大臣之所作也。'王道衰，大臣知賢者幽隱，故彈弦諷諫。且《鹿鳴》文武治內之政，先聖孔子自衛反魯，《雅》《頌》各得其所，不應以刺

---

① "曄"，皮引文用范曄的字"范蔚宗"，據影印《文淵閣四庫全書》本改。
② 范處義《詩補傳·詩補傳篇目·第一卷〈關雎〉》（影印《文淵閣四庫全書》第72册，第3頁）。范處義，字子由，號逸齋，宋婺州蘭溪人。高宗紹興二十四年進士，官至殿中侍御史。著有《詩補傳》《解頤新語》等。《宋元學案》卷四五有傳。《宋史·藝文志》著錄范處義《詩補傳》三十卷，後代目錄書著錄時，多名之爲《逸齋詩補傳》《詩逸齋補傳》。
③ 《蔡集》，即蔡邕《蔡中郎集》。
④ 《詩篇目》，《文淵閣四庫全書》本作《詩補傳篇目》。

詩冠《小雅》篇首①。就如二人之說，其殆《關雎》之類，雖作於文王之後，實則文王之事也。……孔子讀《鹿鳴》，見君臣之有禮，則非刺明矣。"②

案《關雎》《鹿鳴》，同一刺詩，並見《史記》，皆作於文王之後，而追詠文王之事，故雖是刺詩，而可列於"四始"。"孔子讀《鹿鳴》，見君臣之有禮"，孔子讀《關雎》，何嘗不以爲生民之屬，王道之原乎？《關雎》刺詩，可冠經首；《鹿鳴》刺詩，何獨不可冠《小雅》篇首乎？范氏明於《關雎》而昧於《鹿鳴》，所見未諦。蓋《逸齋補傳》專宗毛、鄭，故雖稱引古義，而仍不能釋然於《傳箋》也。薛士龍《答何商霖書》曰："來教謂《詩》之作，起於教化之衰。所引康王晏朝，將以爲據，《魯詩》所道可盡信哉！求《詩》名於《禮經》，非後世之作也。又安知《關雎》作刺之說，非賦其詩者乎？"③《困學紀聞》曰："《鹿鳴》在《宵雅》之首，馬、蔡以爲風刺，蓋齊、魯、韓三家之說，猶《關雎》刺詩④作諷也。原注：呂元鈞謂'陳古以諷'，非謂二詩作於衰周。"⑤

案此皆調停之說也。不欲違背古義，又不能屏除俗說，乃謂周初本有《關雎》《鹿鳴》之詩，後人陳古以爲諷刺。據鄭君云："賦者或造篇，或述古。"則以《關雎》爲畢公作，謂是述古而非造篇，似亦有可通者，而揆之漢人所引三家《詩》義，則實不然。《史記》兩言"《關雎》作"，《法言》云"《關雎》作乎上"，《論衡》云"周衰而《詩》作"，楊賜云"《關雎》見幾而作"，既皆云"作"，必是造篇。且《關雎》若本有是詩，女史歌之房中，康王必已飫聞。畢公雖欲託諷，何能使王感悟？未可以召公之《常棣》比畢公之《關雎》也。薛以《禮經》爲疑，不知《禮經》非必出於周公，但知

---

① "篇目"前，《文淵閣四庫全書》本有"之"字。
② 范處義《詩補傳·詩補傳篇目·第十六卷〈鹿鳴〉》（影印《文淵閣四庫全書》第72冊，第12—13頁）。
③ 薛季宣《浪語集》卷二十四《答何商霖書二》（影印《文淵閣四庫全書》第1159冊，第392頁）。
④ "詩"，《困學紀聞》卷三《詩》作"時"。
⑤ 語見《困學紀聞》卷三《詩》。案："原注"二字，爲翁元圻注《困學紀聞》時對王應麟所加注語的提示。

"六經"皆孔子所定，則於諸經皆豁然無疑矣。歐陽修曰："《關雎》，周衰之作也。太史公曰'周道缺而《關雎》作'，蓋思古以刺今之詩也。謂此淑女配於君子，不淫其色，而能與其左右勤其職事，則可以琴瑟鐘鼓友樂之爾。皆所以刺時之不然，先勤其職而後樂，故曰《關雎》樂而不淫；其思古以刺今，而言不迫切，故曰哀而不傷。"① 朱子以《儀禮》已有《周南》疑之，由不知《禮經》亦孔子所定。

08. 論魏源以《關雎》《鹿鳴》爲刺紂王，臆說不可信，三家初無此義

魏源《詩古微·四始義例篇》曰："二《南》及《小雅》，皆當殷之末季，文王與紂之時。謂誼兼諷刺則可，謂刺康王則不可，並誣三家以正風雅爲康王時詩，尤大不可。蓋吟詠性情以諷其上者，詩人之本誼也。以文王時諷論王室之詩，施之後王者，國史之旁誼，非詩人之本誼也。考《關雎》之爲刺詩②，《魯詩》則見於《史記》《漢書》、劉向、揚雄、張超之著述，《韓詩》則見於《後漢書》明帝之詔、楊賜之傳、馮衍之賦。《鹿鳴》之爲刺詩，則亦見於《史記》、王符《潛夫論》、蔡邕《琴操》之稱引。其間有本義，有旁義，在善學者分別觀之，……三家既以《關雎》《鹿鳴》與《文王》《清廟》同爲正始，必非衰周之詩。韓《序》祇云'《關雎》刺時也'，未嘗言刺康王，則是思賢妃以佐君子，即爲諷時之誼。但在文王國中爲正風、正雅者，在商紂國中視之，則爲變風、變雅。此《關雎》《鹿鳴》刺時之本誼也。在盛世歌之，爲正風、正雅者，在衰世歌之即爲變風變雅。此畢公刺康王之旁義誼也。"③ 又曰："'太史公讀《春秋曆譜牒》，廢書而歎，曰：師摯見之矣！紂爲象箸而箕子唏，周道缺。（自注）周當爲商，蒙上文師摯、紂、箕子而言之。詩人本之衽席，《關雎》

---

① 歐陽修《詩本義》卷一《關雎》（影印《文淵閣四庫全書》第 70 冊，第 183—184 頁）。
② "詩"，《詩古微》作"時"，又據下文意，作"時"，是。
③ 魏源《詩古微》上編之二《通論四始·四始義例篇三》（《續修四庫全書》第 77 冊，第 50—51 頁）。

作。仁義陵遲，《鹿鳴》刺焉'①。西漢今古文說，皆謂師摯以商紂樂官而歸周。《韓詩外傳》曰：'有瞽有瞽，在周之庭。言殷紂之餘民也。'②故師摯作樂之始，甫聞《關雎》之亂，蓋以《關雎》樂章作於師摯，洋洋盈耳之日，正靡靡溺音之時。《大雅》首《文王》，而往復於殷命之靡常。《周頌》首《清廟》，而肇禋於多士之駿奔，四始皆致意於殷、周之際，豈獨《關雎》《鹿鳴》而已乎？故曰：'《詩》三百篇，皆仁聖賢人發憤之所爲作也。'摯而有別，即樂而不淫，寤寐反側，即哀而不傷。"③

　　錫瑞案：以"摯而有別"爲"樂而不淫"，"寤寐反側"爲"哀而不傷"，前人解《關雎》詩，皆如此說。而樂與哀屬何人說，則無以質言之。三家《詩》並無以《關雎》屬文王、太姒之明文。《焦氏易林》云："關雎淑女，賢聖配偶。"④未嘗云是文王太姒，即《毛詩》亦止云后妃之德也。未嘗言后妃爲何人，則以屬文王、太姒者，自是推論之辭。若質言之，動多窒礙。范處義云作於文王之後，追詠文王之事⑤，斯爲得之。魏源作《詩古微》，意在發明三家，而不知"四始"定自孔子，非自周公。《關雎》雖屬刺詩，孔子不妨以爲正風，取冠篇首。"六經"皆孔子手定，並非依傍前人。魏氏惟不知此義，故雖明引三家之說，而與三家全相反對。三家明云周衰時作，魏云必非衰周之詩；三家明云是刺康王，魏云未嘗言刺康王，且改其說，以爲是刺紂王而美文王。試問魏所引魯、韓《詩》，有言及紂王一字者乎？魏謂前人誣三家以正風雅爲康王詩，前人實未嘗誣，而魏臆造三家以《關雎》爲刺紂王之說，則誣甚矣。太史公明言"周道缺"，魏臆改"周"爲"商"，牽引師摯、紂、箕子而並言之。

---

　　① 魏源語見《史記》卷十四《十二諸侯年表》。案文中"自注"二字爲皮所加，提示後面注文爲魏源自作。
　　② 語見《韓詩外傳》卷三第十章，原文爲："《詩》曰：'有瞽有瞽，在周之庭。'殷之餘民也。""有瞽有瞽，在周之庭"句見《詩經·周頌·有瞽》。
　　③ 魏源《詩古微》上編之二《通論四始·四始義例篇四》，《續修四庫全書》第77冊，第54頁。
　　④ "關雎"，《焦氏易林》卷三《履之第十》頤卦條作"雎鳩"。
　　⑤ 范處義《詩補傳·詩補傳篇目·第一卷〈關雎〉》（影印《文淵閣四庫全書》第72冊，第3頁）云："《關雎》雖作於康王之時，乃畢公追詠文王、太姒之事。"

案三家皆以《關雎》爲識微、爲豫見，康王晏起，大臣見幾，正與師摯審音、箕子歎象箸相似，非以三事并合爲一。至孔子云師摯之始，此師摯又非紂時之師摯，必是孔子同時之人，故聞其歌《關雎》而有洋洋盈耳之歎。若是商、周時人，孔子安得聞之而歎之乎？必不可并合爲一也。《史記·儒林傳序》"周室衰而《關雎》作"，正與"周道缺，《關雎》作"一轍。如魏氏說，將並改周室之"周"字爲"商"以就其說乎？劉向、揚雄、王充、楊賜、應劭、張超，皆明云刺康王，如魏氏說，亦將一概抹殺之乎？魏以畢公爲賦詩非作詩，即宋薛士龍、呂元鈞之意，又強牽合師摯與紂，造爲刺紂美文之說，則又宋儒之所未言。不知解經是樸學，不得用巧思；解經須確憑，不得任臆說。魏誣三家而創新解，解《關雎》一詩即大誤。恐其惑世，不得不辨。

09. 論"四始"之說當從《史記》所引《魯詩》，《詩緯》引《齊詩》異義，亦有可推得者

《毛序》："《關雎》，后妃之德也，風之始也。……風，風也，教也；風以動之，教以化之。……雅者，正也，言王政之所由廢興也。政有小大，故有小雅焉，有大雅焉。頌者，美盛德之形容，以其成功告於神明者也。是謂四始，詩之至也。"《正義》曰："四始者，鄭答張逸云：'風也，小雅也，大雅也，頌也。此四者，人君行之則爲興，廢之則爲衰。'又箋云：'始者，王道興衰之所由。'然則此四者，是人君興廢之始，故謂之四始也。……案《詩緯·汎厤樞》云：'《大明》在亥，水始也。《四牡》在寅，木始也。《嘉魚》在巳，火始也。《鴻雁》在申，金始也。'與此不同者，緯文因金木水火有四始之義，以《詩》文託之。又鄭作《六藝論》引《春秋緯·演孔圖》云'《詩》含五際、六情'者，鄭以《汎厤樞》云："午亥之際爲革命，卯酉之際爲改正，辰在天門出入候聽。卯，《天保》也。酉，《祈父》也。午，《采芑》也。亥，《大明》也。然則亥爲革命，一際也；亥又爲天門出入候聽，二際也；卯爲陰陽交際，三際也；午爲陽謝陰興，四際也；酉爲陰盛陽微，五際也。其六情者，則《春秋》云'喜怒哀樂好惡是也'《詩》

既含此五際六情，故鄭於《六藝論》言之。"①

案孔《疏》以"四始"爲人君興廢之始，義殊不瞭。陳啟源謂："風、雅、頌四者即是始，非更有爲風雅頌之始者。"② 則何必言四始？《毛序》又何以《關雎》爲風之始乎？考《史記》曰"《關雎》之亂以爲風始，《鹿鳴》爲小雅始，《文王》爲大雅始，《清廟》爲頌始"，義始瞭然。太史公據《魯詩》，毛以《關雎》爲風之始，則亦與《魯詩》不異矣。

《詩緯》言四始乃《齊詩》異義。近儒孔廣森推得其說曰："始際之義，蓋生於律，《大明》在亥者，應鍾爲均也。《四牡》則太簇爲均，《天保》夾鍾爲均，《嘉魚》仲呂爲均，《采芑》蕤賓爲均，《鴻雁》夷則爲均，《祈父》南呂爲均，漢初古樂未湮者如此。故翼奉曰：'《詩》之爲學，情性而已。五性不相害，六情更興廢。觀性以曆，觀情以律。'③ 律曆迭相治，夫④天地稽三期之變，亦於是可驗。……古之作樂，每三詩爲一終。經傳可考者，有升歌《文王》之三，升歌《鹿鳴》之三，間歌《魚麗》之三。然《采薇》《出車》《杕杜》，皆所以勞將士；《常棣》《伐木》《天保》，皆所以燕朋友兄弟；《蓼蕭》《湛露》《彤弓》，皆所以燕諸侯，亦三篇同奏，確然可信者也。說始際者，則以與三期相配，如《文王》爲亥孟，《大明》爲亥仲，《綿》爲亥季。其水始獨言《大明》，猶三期之先仲、次季而後孟也。故《鹿鳴》《四牡》《皇華》同爲寅宮，舉《四牡》以表之；《魚麗》《嘉魚》《南山有臺》，同爲巳宮，舉《嘉魚》以表之。卯不言《伐木》而言《天保》，容三家《詩》次不盡與毛同耳。以次推之，《采薇》之三正合辰位，唯《采芑》爲午，似《蓼蕭》之三，彼倒在六月《采芑》《車攻》之後而爲未也。《吉日》《鴻雁》《庭燎》，乃申也。《祈父》非酉之中，又篇次之異。且其戌、子、丑爲

---

① 語見《毛詩正義》卷一。
② 陳啟源《毛詩稽古編》卷八十四《總詁·舉要·四始》（《皇清經解》本）。案"四者即"，《毛詩稽古編》作"正"。案"《清廟》爲頌始"，思賢書局本、商務本作"《文王》爲頌始"，誤，今從中華本改。
③ 語見《漢書》卷七十五《翼奉傳》。
④ "夫"，《經學卮言》作"與"。

何等篇，不可推測矣。"①

　　錫瑞案：《詩緯》在漢後爲絕學，孔氏所推甚精，惟《采薇》《杕杜》《出車》，依三家當爲宣王詩，孔仍《毛詩》，次序稍誤。魏源更正之，以《蓼蕭》《湛露》《彤弓》列《魚麗》之前，爲辰，《采薇》《杕杜》《出車》列《采芑》之後、《車攻》之前，爲午季、未孟、未仲，次序更合。《齊詩》與緯說合，略見翼奉、郎顗二《傳》，郎顗曰："四始之缺。"李賢注不引《汎曆樞》，而引"《關雎》爲《國風》之始，《鹿鳴》爲《小雅》之始，《文王》爲《大雅》之始，《清廟》爲《頌》之始"以解之。應劭注《漢書》，以"君臣、父子、兄弟、夫婦、朋友"②爲五際，宋均注《演孔圖》，以風、賦、比、興、雅、頌爲六情，皆甚誤。而據《匡衡傳》曰"孔子論詩以《關雎》爲始"，則《齊詩》雖傳異義，亦未嘗不以《關雎》爲始也。翼奉曰"《易》有陰陽，《詩》有五際，《春秋》有災異"，是《詩》之五際，亦陰陽災異之類。《易》之陰陽，《春秋》之災異，皆是別傳而非正傳，則《詩》之五際、四始，亦別傳而非正傳矣。《翼奉傳》孟康注引《詩內傳》曰："五際，卯、酉、午、戌、亥也。陰陽終始際會之歲，於此則有變改之政也。"③《齊詩內傳》五際數戌，而《詩疏》不及戌。據《郎顗傳》注宋均云："天門，戌亥之間。"則亥爲革命當一際，出入候聽應以戌當一際也。连鶴壽④《齊詩翼奉學》、陳喬樅《詩緯集證》發明《齊詩》尤詳，以非正傳，故不備舉。

10. 論三家亡而毛《傳》孤行，人多信毛疑三家，魏源駁辨明快，可爲定論

　　魏源《齊魯韓毛異同論》："程大昌曰：'三家不見古序，故無以

---

① 孔廣森《經學卮言》卷三《詩》（《續修四庫全書》第 173 冊，第 281 頁）。
② 《漢書》卷七十五《翼奉傳》。
③ 《漢書》卷七十五《翼奉傳》。案：書名"《詩內傳》"，《後漢書》作"《韓詩外傳》"，見《後漢書》卷三十下《郎顗傳》。
④ 连鶴壽（1773—1836），字蘭宮，號青崖，江蘇吳江人。道光六年進士，官池州府教授。著有《蛾術編注》《齊詩翼氏學》等，《清史列傳》卷六九有傳。

總測篇意。毛惟有古《序》以該括章旨，故訓詁所及，會全《詩》以歸一貫。'然考《新唐書·藝文志》'《韓詩》二卷，卜商序，韓嬰注。'而《水經注》引《韓詩·周南敘》曰'其地在南郡、南陽之間'。至諸家所引《韓詩》，如《關雎》，刺時也。《漢廣》，說人也。《汝墳》，辭家也。《芣苢》，傷夫有惡疾也。《黍離》，伯封作也。《蝃蝀》，刺奔女也。《溱與洧》，說人也。《雞鳴》，讒人也。《夫杕》，燕兄弟也。《伐木》，文王敬故也。《鼓鍾》，刺昭王也。《賓之初筵》，衛武公飲酒悔過也。《抑》，衛武公刺王室以自戒也。《假樂》，美宣王之德也。《雲漢》，宣王遭亂仰天也。《雨無極》，正大夫刺幽王也①。《四月》，歎征役也。《閟宮有恤》，公子奚斯作也。《那》，美襄公也。皆與《毛詩》首語一例，則《韓詩》有序明矣。《齊詩》最殘缺，而張揖魏人，習《齊詩》，其《上林賦注》曰：'《伐檀》，刺賢者，不遇明王也。'其爲《齊詩》之序明矣。劉向，楚元王孫，世傳《魯詩》，其《列女傳》以《芣苢》爲蔡人妻作，《汝墳》爲周南大夫妻作，《行露》爲召南申女作，《邶·柏舟》爲衛夫人作，《碩人》爲莊姜傅母作，《燕燕》爲定姜送婦作，《式微》爲黎莊夫人及傅母作，《載馳》爲許穆夫人作。視《毛序》之空衍者，尤鑿鑿不誣。且其《息夫人傳》曰：'君子故序之於《詩》'，《黎莊夫人傳》曰：'君子故序之以編《詩》'，而向所自著書亦曰《新序》，是《魯詩》有《序》明矣。且三家遺說，凡《魯詩》如此者，韓必同之；《韓詩》如此者，魯必同之；《齊詩》存什一於千百，而魯、韓必同之。苟非同出一原，安能重規疊矩？三人占則從二人之言，謂毛不見三家古《序》則有之，三家烏用見《毛序》爲哉？程氏其何說之詞？鄭樵曰：'毛公時，《左傳》《孟子》《國語》《儀禮》未盛行，而先與之合，世人未知《毛詩》之密，故俱從三家。及諸書出而證之，諸儒得以考其異同得失，長者出而短者自廢，故皆舍三家而宗毛。'應之曰：《齊詩》先《采蘋》而後《草蟲》，與《儀禮》

---

① 今本《詩經》作《雨無正》，《毛詩序》云："《雨無正》，大夫刺幽王也。"朱熹《詩集傳》引元城劉氏曰："嘗讀《韓詩》有《雨無極》篇，《序》云：'《雨無極》，正大夫刺幽王也。'"呂祖謙《呂氏家塾讀詩記》引董氏曰："《韓詩》作《雨無極》，正大夫刺幽王也。"案今本《雨無正》有"正大夫離居，莫知我勩"句。有助《詩序》斷句。

合。《小雅》四始五際次第,與樂章合。魯、韓《詩》說《碩人》《二子乘舟》《載馳》《黃鳥》,與《左氏》合。說《抑》及《昊天有成命》,與《國語》合。說《騶虞》樂官備,與《射義》合。說《凱風》《小弁》,與《孟子》合。說《出車》《采薇》非文王伐獫狁,與《尚書大傳》合。《大武》六章次第,與樂章合,其不合諸書者安在?而《毛詩》則動與抵牾,其合諸書者又安在?顧謂西漢諸儒未見諸書,故舍毛而從三家,則太史公本《左氏》《國語》以作《史記》,何以宗《魯詩》而不宗毛?賈誼、劉向博極羣書,何以《新書》《說苑》《列女傳》,宗魯而不宗毛?謂東漢諸儒得諸書證合,乃知宗毛而舍三家,則班固評論四家《詩》,何以獨許魯近?《左傳》由賈逵得立,服虔作解,而逵撰《齊魯韓毛①異同》,服虔注《左氏》,鄭君注《禮》,皆顯用《韓詩》。即鄭箋毛亦多陰用韓義。許君《說文敘》,自言《詩》稱毛氏,皆古文家言,而《說文》引《詩》什九皆三家。《五經異義》論壘制,論鄭風,論《生民》,亦並從三家說,豈非鄭、許之用毛者,特欲專立古文門戶,而意實以魯、韓爲勝乎?若云長者出而短者自廢,則鄭、荀、王、韓之《易》賢於施、孟、梁丘,梅賾(當作作頤,下同)之《書》賢於伏生、夏侯、歐陽,《韓詩外傳》賢於《韓詩內傳》,《左氏》之杜預②賢於賈、服。而《逸書》十六篇、《逸禮》七十篇,皆亡所當亡耶?至錢氏大昕據《孟子》'勞於王事,不得養父母',爲《孟子》之用《小序》。《緇衣篇》'長民者衣服不貳,從容有常',爲公孫尼子之用《小序》,則不如據《論語》'《關雎》樂而不淫,哀而不傷'爲夫子用《小序》之爲愈也。梅賾之《僞古文書》,其亦三代經傳襲用梅氏耶!鄭氏其何說之詞?……姜氏炳璋曰:'漢四家《詩》,惟毛公出自子夏,淵源最古。且《魯頌》傳引孟仲子之言,《絲衣序》引高子之言,《北山序》同《孟子》之語,則又出於《孟子》。而大毛公親爲荀卿弟子,故《毛傳》多用《荀子》之言,非三家所及。'應之曰:《漢書·楚元王傳》,言浮丘伯傳《魯詩》於荀卿,則亦出荀子矣。《唐

---

① "毛"字後,魏源本有"詩"字。
② "杜預"後,魏源本有"注"字。

書》載《韓詩》卜商序，則亦出子夏矣。《韓詩外傳》高子問《載馳》之詩於孟子，孟子曰：'有衛女志則可，無衛女之志則怠。'又載荀卿《非十二子篇》，獨去子思、孟子，且《外傳》屢引七篇之文，則亦出孟子矣。故《漢書》曰：'又有毛公之學，自言子夏所傳。'自言云者，人不取信之詞也。至《釋文》引徐整云：三國吳人。'子夏授高行子，高行子授薛倉子，薛倉子授帛妙子，帛妙子授河間人大毛公。毛公爲《詩故訓傳》以授趙人小毛公，小毛公爲河間獻王博士。'一云：'子夏授曾申，申傳魏人李克，克傳魯人孟仲子，孟仲子傳根牟子，根牟子傳趙人孫卿子，孫卿子傳魯人大毛公。'夫同一《毛詩》傳授源流，而姓名無一同，且一以爲出荀卿，一以爲不出荀卿；一以爲河間人，一以爲魯人。展轉傅會，安所據依？豈非《漢書》'自言子夏所傳'一語，已發其覆乎？以視三家源流，孰傳信？孰傳疑？姜氏其何說之詞？"①

　　錫瑞案：三家亡，毛《傳》孤行。多信毛而疑三家，魏氏辨駁分明，一埽俗儒之陋。

11. 論《毛傳》不可信，而明見《漢志》，非馬融所作

　　《史記·儒林傳》述漢初經師，《易》止田生一人，《書》止伏生一人，《禮》止高堂生一人，《春秋》有胡毋生、董仲舒二人，而二人皆傳《公羊》，故漢初立《公羊》博士，不分胡、董。惟《詩》有三人，於魯則申培公，於齊則轅固生，於燕則韓太傅。此三人者，生非一處，學非一師，同爲今文而實不同。故漢初分立三博士，蓋有不得不分別者。《史記》不及毛公，若毛公爲六國時人，所著有《毛詩故訓傳》，史公無緣不知。此《毛傳》不可信者一。

　　《漢書·藝文志》雖列《毛詩》與《毛詩故訓傳》，而云"與不得已，魯最爲近之，三家皆列於學官。又有毛公之學，自謂子夏所傳，而河間獻王好之，未得立。"自謂者，人不謂然也。《毛詩》始

---

① 《詩古微》上編之一《通論傳詩異同·齊魯韓毛異同論上》（《續修四庫全書》第77冊，第16—18頁）。

發見於劉歆,《漢志》多本劉歆《七略》,乃以魯最爲近,而於毛有微詞。則班氏初不信毛,《漢志》亦非全用《七略》。此《毛傳》不可信者二。

徐整、陸璣說《毛詩》授受源流,或以爲出荀卿,或以爲不出荀卿。(魏源辨之已詳) 兩漢以前皆無此說。此《毛傳》不可信者三。

荀卿《非十二子》有"子夏之賤儒",是荀卿之學,非出子夏,判然爲二。毛公之學,自謂子夏所傳。祖子夏不應祖荀卿,祖荀卿不應祖子夏。此《毛傳》不可信者四。

申公受《詩》於浮丘伯,浮丘伯又受之荀卿,則《魯詩》實出荀卿矣。若《毛詩》亦荀卿所傳,何以與《魯詩》不同?此《毛傳》不可信者五。

《漢志》但云毛公之學,不載毛公之名,亦無大小毛公之分。鄭君《詩譜》曰:"魯人大毛公爲《訓詁傳》於其家,河間獻王得而獻之,以小毛公爲博士。"陸璣曰:"荀卿授魯國毛亨,毛亨作《詁訓傳》以授趙國毛萇。時人謂亨爲大毛公,萇爲小毛公。"蓋鄭君始言大小毛公有二,陸璣始著大小毛公之名。如其說,則作《傳》者毛亨非毛萇,故孔《疏》云:"大毛公爲其《傳》,由小毛公而題毛也。"鄭,漢末人,不應所聞詳於劉、班。陸璣,吳人,不應所聞又詳於鄭。此《毛傳》不可信者六。

《後漢書·章帝紀》建元八①年,詔"令羣儒選高才生,受學《左氏》《穀梁春秋》《古文尚書》《毛詩》,以扶微學廣異義焉"。袁宏《後漢紀》遂言"於是《古文尚書》《毛詩》《周官》,皆置弟子"。案古文在漢時無置博士弟子者,惟《左氏》立而旋罷。故顧炎武斷《後漢·儒林傳》"《詩》齊、魯、韓、毛,毛字爲衍文。"《儒林傳》云"三家皆立博士,趙人毛萇傳《詩》,是爲《毛詩》,未得立。"顧氏之說是也②。《儒林傳》馬融作《毛詩傳》,何焯曰:"後人據此傳,云《詩序》之出於宏,不悟《毛傳》之出於融,何也?或疑融別有《詩傳》,亦非。范氏明與鄭《箋》連類言之矣。……康

---

① "八",皮誤作"六",據《後漢書·章帝紀》改。
② 語見顧炎武《日知錄》卷二十六《史文衍字》。皮引文略有異。

成親受經於季長，以《箋》爲致敬亦得。"① 案何氏說雖有據，而《漢志》已列《毛詩詁訓傳》，仍當以融別有《詩傳》爲是。

12. 論以世俗之見解《詩》最謬，《毛詩》亦有不可信者

凡經學愈古愈可信，而愈古人愈不見信。所以愈可信者，以師承有自，去七十子之傳不遠也。所以愈不信者，去古日遠，俗說沉溺，疑古說不近人情也。後世說經有二弊，一以世俗之見，測古聖賢；一以民間之事律古天子諸侯。各經皆有然，而《詩》爲尤甚。姑舉一二言之：

如《關雎》，三家以爲詩人求淑女以配君子，毛以爲后妃求賢以輔君子，皆不以寤寐反側屬文王。俗說以爲文王求太姒至於寤寐反側，淺人信之，以爲其說近人情矣。不知獨居求偶，非古聖王所爲。且如其說，則《關雎》與《月出》《株林》相去無幾，正是樂而淫、哀而傷。孔子何以稱其不淫不傷，取之以冠篇首？試深思之，則知俗說不可信矣。

《卷耳》，三家無明文。荀子以爲卷耳易采，頃筐易盈也。然而不可以貳周行。毛以爲后妃佐君子求賢審官，皆不以采卷耳爲實事。俗說以爲提筐采卷耳，因懷人而置之大道，引唐人詩"提籠忘采葉，昨夜夢漁陽"爲比例，又以二三章爲登山望夫，酌酒銷愁，淺人信之，以爲其說近人情矣。不知提筐采卷耳，非后妃身分；登山望夫，酌酒銷愁，亦非后妃身份，且不似幽閒淑女行爲。試深思之，則知俗說不可用矣。

其他如疑詩人不應多諷刺，是不知古者"師箴、瞍賦、矇誦、百工諫"之義也。疑淫詩不當入國史，是不知古者男女歌詠，各言

---

① 語見何焯《義門讀書記》第二十四卷《後漢書·列傳》。何焯（1661—1722），初字潤千，後字屺瞻，晚字茶仙，江蘇蘇州人。少負才名，但一生際遇坎坷。先後爲徐乾學、翁叔元、李光地門生。二十三歲由縣生員拔貢國子監，四十二歲御賜舉人，會試下第，復御賜進士，直南書房，後官至編修。何焯學問淵博，精於經學、史學、詩文等。著有《義門先生集》《義門讀書記》等。《清史稿》卷四百八十四《文苑傳一》有傳。

其傷，行人獻之太師之義也。疑陳古刺今不可信，是不知"主文譎諫，言之者無罪，聞之者足戒"之義也。疑作《詩》不當始衰世，是不知王道缺而《詩》作，周室壞而《春秋》作，皆衰世所造之義也。疑康王不應有刺詩，是不知頌聲作乎下，《關雎》作乎上，習治則傷始亂之義也。後儒不知詩人作詩之意，聖人編詩之旨，每以世俗委巷之見，推測古事，妄議古人。故於近人情而實非者，誤信所不當信，不近人情而實是者，誤疑所不當疑。見毛、鄭之說，已覺齟齬不安，見三家之說，尤為枘鑿不入，曲彌高而和彌寡矣！

或謂大毛公六國時人，安見不比三家更古。曰毛公六國時人，並無明文可徵，且《毛傳》實有不可信者。"丕顯"二字屢見《詩》《書》，《毛傳》於《文王》"有周不顯"，曰"不顯，顯也"，又於"不顯亦世"，曰"不世，顯德乎"，是其意以"不"字為語詞，為反言。不知"不顯"即"丕顯"也，"不顯亦世"即"丕顯弈世"也，"不顯不時"即"丕顯丕承"。《清廟》之"不顯不承"，正"丕顯丕承"之證也。《卷阿》"伴奐爾游矣"，"伴奐"疊韻連文為義，與下"優游"一例，即《皇矣》之"畔援"，顏注《漢書》引《詩》正作"畔換"，亦即《閔予小子》之"判換"，所謂美惡不嫌同辭也。《毛傳》乃云"廣大有文章貌"，是其意分"伴奐"為兩義，"伴"訓"廣大"，"奐"訓"有文章"，不知下句"優游"何以解之，毛何不分"優游"為兩義乎？《正義》據孔晁引孔子曰："奐乎其有文章，伴乎其無涯際。"孔晁，王肅之徒，其所引即《孔叢》《家語》之類，王肅偽作，必非聖言。《蕩》"曾是彊禦"，彊禦亦二字連文為義。《左氏·昭元年傳》曰"彊禦已甚"，《十二年傳》曰"吾軍帥彊禦"，皆二字連文。《繁露·必仁且智篇》曰"其彊足以覆過，其禦足以犯難"，《史記集解》引《牧誓》鄭注曰"彊禦，猶彊暴也"。"彊禦"即《爾雅·釋天》之"彊圉"，《漢石門頌》倒其文曰"綏億衙彊"，惟其義同，故可倒用，《毛傳》乃云"彊梁，禦善也"，不知二字連文，而望文生義，豈六國時人之書乎？

13. 論毛義不及三家，略舉典禮數端可證

《毛傳》孤行久矣，謂毛不及三家，人必不信，如《關雎》刺晏朝，《芣苢》傷惡疾之類。人必以爲傳聞各異，事實無徵。今以典禮之實有可徵者，略舉二《南》數事證之：

如《韓詩外傳》五引《詩》"鼓鍾樂之"，與《毛詩》"鍾鼓樂之"不同。《外傳》一引《詩》作"鍾鼓"，蓋後人依《毛詩》誤改《外傳》，言古者天子左五鍾、右五鍾，而不及鼓。侯包①《韓詩翼要》曰："后妃房中樂有鍾磬。"亦不及鼓，是《韓詩》不作鍾鼓甚明。《周禮·磬師》"教縵樂、燕樂之鍾磬"，《鄭注》："燕樂，房中之樂，所謂陰聲也，二樂皆教其鍾磬。"《疏》云："燕樂，房中之樂者。此即《關雎》二《南》也。謂之房中者，房中謂婦人。后妃以風喻君子之詩，故謂之房中之樂。"據此，則古《周禮》說與《韓詩》合，皆謂房中樂有鍾磬而無鼓。鍾磬清揚，於房中宜；鼓音重濁，於房中不宜。或據薛君《章句》"鼓人上堂"，謂《韓詩》亦當兼言鼓，不知鼓人上堂，不入房中，不與鍾磬並列，仍不當兼言鼓，鼓鍾之"鼓"訓"擊"，是虛字，是一物。鍾鼓之"鼓"是實字，是二物。毛作鍾鼓，與古禮不合。此毛不及《韓詩》者一。

《說文》引《詩》"以晏父母"，與《毛詩》"歸寧父母"不同，蓋三家之異文。《春秋·莊二十七年》"杞伯姬來"，何休《公羊解詁》曰："諸侯夫人尊重，既嫁，非有大故不得反。惟自大夫妻，雖無事，歲一歸宗②。"《疏》云："其大故者，奔喪之謂。文九年'夫人姜氏如齊'，彼注云'奔父母之喪是也'。自，從也。言從大夫妻以下，即《詩》云'歸寧父母'是也。"案《詩》是后妃之事，而云

---

① 侯包，又作侯苞，即侯芭，揚雄弟子。《漢書·揚雄傳》載："時有好事者"載酒肴從遊學，而鉅鹿侯芭常從雄居，受其《太玄》《法言》焉。"唐王涯《說玄》云"鉅鹿侯芭子常"，侯芭字子常，《揚雄傳》云"侯芭常從雄居"中，乃侯芭子常也，子脫。《隋書·經籍志》著錄《韓詩翼要》十卷，其書蓋亡於宋代，清王謨、馬國翰、王仁俊皆有輯本一卷。

② 歸宗，《春秋公羊傳註疏》卷八《莊公二十七年》作"歸寧"。

大夫妻者，何氏不信《毛敘》故也。"①（案，"歸寧父母"是《毛詩》，三家不作"歸寧"，亦未必以《葛覃》爲大夫妻，《疏》引《詩》誤）《左氏傳》曰："凡諸侯之女，歸寧曰來，出曰來歸。夫人歸寧曰如某，出曰歸于某。"據此，則今《春秋公羊》說夫人不得歸寧，古《春秋左氏》說夫人亦得歸寧。案《詩·竹竿》云："女子有行，遠父母兄弟。"故《泉水》《載馳》《竹竿》，皆思歸而不得。《戰國策》左師說趙太后甚愛燕后，飲食必祝曰："必勿使反。"是諸侯女既嫁不得復反，反即大歸。戰國時猶知此義，當從今文說，不得歸寧爲正。《毛詩》與《左傳》同出河間博士，故此《傳》曰："寧，安也。父母在則有時歸寧耳。"毛以父母在得歸寧，父母終不得歸寧，爲調停之說。鄭箋《泉水》云："國君夫人，父母在歸寧。"正本《毛傳》。惠周惕《詩說》謂："古無歸寧之禮，《毛傳》因《左氏》而誤。"②其說近是。蓋《鄭箋》又因《毛傳》而誤也。段玉裁亦疑《毛傳》，謂方嫁不得遽圖歸寧。此歸字作"以"字爲善，是欲改毛以從三家，不知今古文說不同。陳奐謂："父母在"九字爲《鄭箋》竄入③，是欲刪毛以歸之鄭，亦不知今古文說不同。皆明見毛義之不安而不敢駁，即如陳氏強釋毛義，謂歸以安父母，"歸寧"不訓"歸家"，而截"歸"字爲一句，殊近不辭。不如三家作"以㫃父母"，文義甚明，不與歸寧相混。此毛不及三家者二。

《困學紀聞》引曹粹中《詩說》："《齊詩》先《采蘋》而後《草蟲》。"④據《儀禮》，合樂歌《周南》，則《關雎》《葛覃》《卷耳》三篇同奏；歌《召南》，則《鵲巢》《采蘩》《采蘋》三篇同奏。古詩篇次，以《采蘋》列《草蟲》之前，三家次第，當與毛異。《齊詩》傳自轅固，夏侯始昌爲轅固弟子，后蒼事始昌，通《詩》《禮》，爲博士，二戴皆后蒼弟子。則《儀禮》及二戴《禮記》中所引《詩》當爲《齊詩》。曹氏所言，不爲無據。毛失其次，與《儀禮》歌

---

① 《春秋公羊傳註疏》卷八。
② 語見惠周惕《詩說》卷中，文字略異。
③ 語見陳奐《詩毛氏傳疏》卷一《葛覃》疏，原文爲："《傳》文'父母在，則有時歸寧耳'，此九字是箋語竄入《傳》文耳。"
④ 《困學紀聞》卷三《詩》。

《詩》不合。此毛不及《齊詩》者三。

　　《五經異義》"今《詩》韓、魯說騶虞，天子掌鳥獸官。古《毛詩》說騶虞，義獸，白虎黑文。"① 案賈誼《新書·禮篇》："騶者，天子之囿也。虞者，囿之司獸者也。"《儀禮·鄉射禮》注："其詩有'一②發五犯、五縱，于嗟騶虞'之言，樂得賢者眾多，歡思至仁之人以充其官。"《禮記·射義》："《騶虞》者，樂官備也。"注："樂官備者，謂《騶虞》曰'壹發五犯'，喻得賢者多也，'于嗟乎騶虞'，歎仁人也。"皆與韓、魯《詩》合。《文選·魏都賦》注引《魯詩傳》曰："古有梁騶。梁騶，天子獵之田也。"③ 韓義蓋與魯同。若《山海經》《逸周書》《尚書大傳》，雖言"騶虞"，而未嘗明言即《詩》之"騶虞"。漢初大儒，如申公、韓太傅、賈太傅，必無不見《山海經》《逸周書》，而不引以解《詩》之"騶虞"者，知彼所言"騶虞"，非《詩》之所言"騶虞"也。《毛詩》晚出，見"騶虞"二字偶合，遂據以易三家舊說，撰出"義獸"二字，以配麟之仁獸，《異義》引《毛詩》說"《周南》終《麟趾》、《召南》終《騶虞》，俱稱嗟歎之，皆獸名。"④ 後人多惑其說，不知《麟趾》為《關雎》之應，《騶虞》為《鵲巢》之應。此是毛義，非三家義。且即以毛義論，騶虞與麟亦不相對。《麟之趾序》箋云"有似麟應之時"，《疏》引張逸問云"致信厚，未致麟"，孔氏引申之曰"由此言之，不致明矣"，是文王無致麟之事。若騶虞，據《尚書大傳》散宜生取以獻紂，是文王實致騶虞矣。一實致，一未致；一本事，一喻言。安得以為相對？至於"于嗟"歎辭，屢見於《詩》。如"于嗟闊兮""于嗟洵兮""于嗟鳩兮""于嗟女兮"，皆詩人常言，豈可以兩處歎辭偶同，強為牽合？《焦氏易林》云："陳力就列，騶虞悅喜"，亦以騶虞為官名。陳喬樅以《易林》為《齊詩》，是三家之說同。《爾雅》多同《魯詩》，故《釋獸》無騶虞。以騶虞為獸名，《毛詩》一家之言，與古義不合。此毛不及三家者四。

---

① 《駁五經異義》補遺《騶虞》（影印《文淵閣四庫全書》第 182 冊，第 317 頁）。
② "一"，當作"壹"，與下文同。
③ 原文為："梁騶，天子獵之田曲也。"
④ 《駁五經異義》補遺《騶虞》（影印《文淵閣四庫全書》第 182 冊，第 317 頁）。

略舉四證，皆二《南》之關於典禮者，學者可以隅反。

14. 論三家《詩》大同小異，《史記·儒林列傳》可證

王應麟《詩考·後序》曰："劉向《列女傳》謂蔡人妻作《芣苢》，周南大夫妻作《汝墳》，申人女作《行露》，衛宣夫人作《邶·柏舟》，定姜送婦作《燕燕》，黎莊夫人及其傅母作《式微》，莊姜傅母作《碩人》，息夫人作《大車》。《新序》謂伋之傅母作《二子乘舟》；壽閔其兄作憂思之詩，《黍離》是也。楚元王受《詩》於浮丘伯，向乃元王之孫，所述蓋《魯詩》也。"王引之《經義述聞》曰："《列女傳·貞順傳》蔡人妻傷夫有惡疾而作《芣苢》，與《文選·辨命論》注所引《韓詩》合。《賢明傳》周南大夫妻言仕於亂世者，為父母在故也。乃作詩曰'魴魚赬尾'云云，與《後漢書·周磐傳》注所引《韓詩章句》合。《貞順傳》召南申女以夫家一物不具，一禮不備，守節持義，必死不往，而作詩曰'雖速我獄'云云，與《韓詩外傳》合。《母儀傳》衛姑定姜賦《燕燕》之詩，與《坊記》鄭注合，鄭為《記》注時，多取《韓詩》也。又《上災異封事》引《詩》'密勿從事'，與《文選·為宋公求加贈前軍表》注所引《韓詩》'密勿同心'，皆以'密勿'為'黽勉'。然則向所述者，乃《韓詩》也。"①

錫瑞案：二說皆有據，蓋魯、韓義本同。《史記·儒林列傳》曰："韓生推《詩》之意而為《內外傳》數萬言，其語頗與齊、魯間殊，然其歸一也。"以《史記》之說推之，可見魯、齊、韓三家《詩》，大同小異。惟其小異，故須分立三家；若全無異，則立一家已足，而不必分立矣。惟其大同，故可並立三家；若全不同，則如《毛詩》大異而不可並立矣。三家《詩》多不傳，今試取其傳者論之。如《黍離》一篇，《新序·節士篇》云："衛宣公子壽閔其兄伋之且見害，作憂思之詩。"此劉子政所引《魯詩》義也。而《韓詩》曰：

---

① 王引之《經義述聞》卷七《毛詩下·劉向述韓詩》。案王應麟《詩考後序》文字，王引之亦在此節轉引。

"《黍離》，伯封作也。"陳思王植《令禽惡鳥論》云："昔尹吉甫信後妻之讒，而殺孝子伯奇，弟伯封①求而不得，作《黍離》之詩。"後漢郅惲理《韓詩》，光武令惲授皇太子《韓詩》，惲說太子曰："吉甫賢臣，放逐孝子。"薛君《韓詩注》曰："詩人求己兄不得。"是《韓詩》以《黍離》伯封作，與《魯詩》以爲公子壽作者異。《韓詩外傳》載趙蒼唐爲魏文侯子擊使於文侯，"曰：'好《黍離》與《晨風》。'文侯曰：'怨乎？'曰：'非敢怨也，時思也。'"②《說苑·奉使篇》略同。子政據《魯詩》而與《韓詩》同者，蓋論此詩之事。則異國異人並異時，而論此詩之義，則同一孝子之見害，同一悌弟之思兄，此所以小異而大同。《外傳》與《說苑》皆可引爲思親之意也。若其篇次則《魯詩》當入《衛風》，與《毛詩》異；《韓詩》當入《王風》，與《毛詩》同。而其說解則魯、韓可合，而與《毛詩》全不合，三家大同小異，可以此詩推之。魏源不知此義，乃欲強合魯、韓爲一，謂伯封乃衛壽之字，反以曹植徵引爲誤，則《御覽》明引《韓詩》伯封作，豈亦誤乎？伯封爲衛壽字，又何據乎？憑臆武斷，詎可爲訓？蓋誤於魯、韓《詩》，從無不同之見，而未考《史記·儒林傳》也。

15. 論《詩序》與《書序》同，有可信有不可信，今文可信古文不可盡信

《毛序》有可信不可信，爲說《詩》者一大疑案。《關雎序》自"《關雎》后妃之德也"至"《關雎》之義也"，《經典釋文》卷第五："舊說云：'起③至用之邦國焉，名《關雎序》，謂之《小序》。自"風，風也"訖末，名爲《大序》。'沈重云：'案鄭《詩譜》意，《大序》是子夏作，《小序》是子夏、毛公合作；卜商意有不盡，毛

---

① "封"，思賢書局本、商務本作"到"，誤。今從中華本改作"封"。上下文皆作"封"。

② 韓嬰《韓詩外傳》卷八第九章。

③ "起"後，《經典釋文》卷五有"此"字。

更足成之。"① 朱子作《詩序辨說》，以"詩者，志之所之"至"《詩》之至也"爲《大序》，其餘首尾爲《關雎》之《小序》②。《詩正義》自《關雎》以後，每詩一篇，即有一序，皆謂之《小序》，此《大序》《小序》之分也。作《序》之人，自《詩譜》外，王肅以爲子夏所序《詩》即今《毛詩序》；范蔚宗以爲衛宏受學謝曼卿，作《詩序》；魏徵等以爲子夏所創，毛公及衛宏又加潤益。韓愈議："子夏不序《詩》有三焉：知不及，一也；暴揚中冓之私，《春秋》所不道，二也；諸侯猶世，不敢以云，三也。學者欲顯其傳，因藉之子夏。"③ 成伯璵以爲"子夏惟裁初句""其下皆是大毛自以《詩》中之意而繫其辭"④。王安石以爲《序》乃詩人所自製。程子以爲《小序》國史之舊文，《大序》孔子所作。蘇轍以爲衛宏所作，非孔氏之舊，止存其首一言，餘皆刪去。王得臣以爲首句孔子所題。曹粹中以爲《毛傳》初行，尚未有《序》，門人互相傳授，各記師說。鄭樵、王質以爲村野妄人所作。作《序》之人，說者不一。自唐定《正義》以後，惟宋歐陽修撰《毛詩本義》，爲論以辨毛、鄭之失，猶未甚立異同。

迨鄭樵專指毛、鄭之妄，謂《小序》非子夏所作，盡削去之，而以己意爲說。其《詩序辨》曰："《序》有鄭注而無鄭箋，其不作於子夏明矣。毛公於《詩》，第爲之傳，其不作《序》又明矣。……《小序》出⑤於衛宏，……有專取諸書之文至數句者；有雜取諸家之說而辭不堅決者；有委曲婉轉附經以成其義者；'情動於中而形於言，言之不足，故嗟歎之'，其文全出於《樂記》。'成王未知周公之志，公乃爲詩以遺王'，其文全出於《金縢》。'自微子至於戴公，其間禮樂廢壞'，其文全出於《國語》。'古者長民，衣服不貳，從容有常，

---

① 《經典釋文》卷五《毛詩音義上》。
② 參見朱熹《詩序辨說》，《朱子全書》第一冊，上海古籍出版社2002年版。
③ 楊慎《升庵集》卷四十二《書詩·詩小序》。
④ 成伯璵《毛詩指說·解說第二》（影印《文淵閣四庫全書》第70冊，第174頁）。案成伯璵，唐朝人，史書無傳，生平及爵里不詳，今存《毛詩指說》，"凡四篇，略敘作詩大旨及師承次序"。
⑤ "出"，《六經奧義》（影印《文淵閣四庫全書》第184冊）作"作"。

以齊其民'，其文全出於《公孫尼子》。則《詩序》之作實在於數書既傳之後明矣。此所謂取諸書之文有至數句者，此也。（案人多以爲《毛序》與古書合，此則以爲衛《序》取古書）《關雎》之序既曰'風之始也，所以風天下而正夫婦也'，意亦足矣；又曰'風，風也，風以動之，上以風化下，下以風刺上'，又曰'一國之事，係一人之本，謂之風'。《載馳》之詩，既曰'許穆夫人閔其宗國顛覆而作'，又曰'衛懿公爲狄所滅'。《絲衣》之詩，既曰'繹賓尸矣'，又曰'靈星之尸也'，此蓋眾說並傳。衛氏得有①美辭美意，併錄而不忍棄之。此所謂雜諸家之說而辭不堅決者也。《騶虞》之詩，先言'人倫既正，朝廷既治，天下純被文王之化'，而後繼之'蒐田以時，仁如騶虞，則王道成'。《行葦》之詩，先言'國家忠厚，仁及草木'，然後繼之以'內睦九族，外尊事黃耉，養老之②言'，此所謂委曲宛轉，附經以成其義者，此也。惟宏序作於東漢，故漢世文字，未有引《詩序》者。（案近人引《漢廣序》"德廣所及"等語，漢時古書多未見，必是引序）惟黃初四年有'曹共公遠君子，近小人'之語，蓋魏後於漢，而宏之《序》至是而始行也。使其果知《詩序》出於衛宏，則風雅正變之說，二《南》分係之說，《羔羊》《蟋蟀》之說，或鬱而不暢，或巧而不合。如《蕩》以'蕩蕩上帝'發語，而曰'天下蕩蕩無綱紀文章'，《召旻》以'旻天疾威'發語，而曰'閔天下無如召公之爲臣'，《雨無正》乃大夫刺幽王也，而曰'眾多如雨，非所以爲正③'，牽合爲文而取譏於世，此不可不辨也。"④（《文獻通考》載石林葉氏說略同）

程大昌《考古編》曰："范傳衛宏⑤，'作《毛詩序》，今傳於世'……所序者，《毛傳》耳，《詩》之古《序》非宏也。古《序》之與宏《序》，今混并無別。然有可考者，凡《詩》發序兩語，如

---

① "有"，《六經奧義》（影印《文淵閣四庫全書》第184冊）作"其"。

② "之"，《六經奧義》（影印《文淵閣四庫全書》第184冊）《毛詩正義》皆作"乞"。

③ "正"後，《六經奧義》有"也"。

④ 鄭樵《六經奧論》卷三《詩序辨》（影印《文淵閣四庫全書》第184冊，第68—69頁。）

⑤ "范傳衛宏"，《考古編》作"范曄之傳衛宏曰"。

'《關雎》，后妃之德也'，世人之謂《小序》者，古《序》也。兩語以外，續而申之，世謂《大序》者，宏語也。"①

錫瑞案：程氏之分《大序》《小序》，與《釋文》舊說、朱子《辨說》並異。以發《序》兩語爲《小序》，兩語以外，續而申之者爲《大序》。《小序》出於國史，爲古《序》；《大序》綴於衛宏，非子夏所作，其說本於蘇轍，實淵源於成伯璵。近人魏源謂續《序》不得《毛序》之意，正本程說。魏晉以後，《毛傳》孤行，人多遵信《序》說，以爲真出子夏。至宋則疑信參半。朱子作《詩集傳》，始亦從《序》，後與呂祖謙爭辨，乃改鄭樵說。有《辨說》攻《小序》，而《集傳》未及追改，如《緇衣》《豐年》等篇者。元延祐科舉法，《詩》用朱子《集傳》，而《毛傳》幾廢。國朝人治漢學，始尊毛而攻朱。近人治西漢今文學，又尊三家而攻毛。平心論之，《詩》之《序》，猶《書》之《序》也。《詩序》有今古文之分，猶《書序》有今古文之分也。伏生今文《書序》見於《史記》所引者可信，馬、鄭古文《書序》不可盡信。三家今文《詩序》，見於諸書所引者可信，古《毛詩序》不可盡信。鄭君論緯說云"不信亦非，悉信亦非"②。竊謂古文《詩》《書》之《序》，當如鄭君之說。若鄭樵攻《毛序》而以己意爲《序》，則近於妄。魏源《詩古微》主三家，而三家所無者，皆以己意補之爲《序》，是鄭樵之類也。

16. 論朱子不信毛《序》有特見，魏源多本其說

朱子曰："《詩序》之作，說者不同，或以爲孔子，或以爲子夏，或以爲國史，皆無明文可考。惟《後漢③·儒林傳》以爲衛宏作《毛詩序》，今傳於世，則《序》乃宏作明矣。然鄭氏又以爲諸序本自合爲一編，毛公始分以寘諸篇之首，則是毛公之前，其傳已

---

① 程大昌《考古編》卷二《詩論十》（影印《文淵閣四庫全書》第 852 冊，第 10 頁）。

② 語見《毛詩正義》卷十七《生民》疏引《鄭志》答趙商問，原文爲："天下之事，以前驗後，其不合者，何可悉信？是故悉信亦非，不信亦非。"

③ "後漢"，《詩序辨說》作"後漢書"。

久，宏特增廣而潤色之耳。故近世諸儒多以《序》之首句爲毛公所分，而其下推說云云者，爲後人所益，理或有之。但今考其首句，則已有不得詩人之本意，而肆爲妄說者矣，況沿襲云云之誤哉。然計其初，猶必自謂出於臆度之私，非經本文，故且自爲一編，列①附經後。又以尚有齊、魯、韓氏之說，並傳於世，故讀者亦有以知其出於後人之手，不盡信也。及至毛公引以入經，乃不綴篇後，而超冠篇端；不爲注②，而直作經字；不爲疑辭，而遂爲決辭。其後三家之傳又絕，而毛說孤行，則其抵牾之迹，無復可見。故此《序》者，遂若詩人先所命題，而詩文反爲因《序》而作。於是讀者轉相尊信，無敢擬議。至於有所不通，則必爲之委曲遷就，穿鑿而附合之。寧使經之本文繚戾破碎，不成文理，而終不忍明以《小序》爲出於漢儒也。愚之病此久矣，然猶以其所從來也遠，其間容或真有傳授證驗而不可廢者，故既頗采以附《傳》中，而復併爲一編以遠其舊，因以論其得失云。"③

又論《邶·柏舟序》曰："詩之文意事類，可以思而得，其時世④氏則不可以強而推。凡⑤《小序》，唯詩文明白直指其事，如《甘棠》《定中》《南山》《株林》之屬，若證驗的切見於書史，如《載馳》《碩人》《清人》《黃鳥》之類，決爲可無疑者。其次則詞旨大概可知必爲某事，而不可知其的爲某時某人者，尚多有之。若爲《小序》者，姑以其意推尋探索，依約而言，則雖有所不知，亦不害其爲不自欺，雖有未當，人亦當恕其所不及。今乃不然，不知其時者，必強以爲某王某公之時，不知其人者，必強以爲某甲某乙之事。於是傅會書史，依託名諡，鑿空妄語，以誑後人。其所以然者，特以恥其所不知，而惟恐人之不見信而已。且如《柏舟》，不知其出於婦人，而以爲男子；不知其不得於夫，而以爲不遇於君，此則失矣。（馬端臨引劉向《封事》以駁朱子。案《孟子》已引此詩屬孔子矣，或斷章取義，不必泥

---

① "列"，《詩序辨說》作"別"。
② "注"後，《詩序辨說》有"文"字。
③ 參見《朱子全書》第一冊《詩序辨說》。
④ "世"後，《詩序辨說》有"名"字。
⑤ "凡"前，《詩序辨說》有"故"字。

看）然有所不及而不自欺，則亦未至於大害理也。今乃斷然以爲衛頃公之時，則其故爲欺罔以誤後人之罪，不可揜矣。蓋其偶見此詩冠於三衛變風之首，是以求之《春秋》之前。而《史記》所書，莊、桓以上，衛之諸君事，皆無可考者，謚亦無甚惡者，獨頃公有賂王請命之事，其謚又爲'甄心動懼'之名，如漢諸①王，必其嘗以罪謫，然後加以此謚，以是意其必有棄賢用佞之失，而遂以此詩予之。若將以衒其多知，而必於取信，不知將有明者從旁觀之，則適所以暴其真不知，而啟其深不信也。凡《小序》之失，以此推之，什得八九矣。"②

　　錫瑞案：朱子駁《毛序》有特見，古《書序》皆附末，《毛詩》獨冠篇端，誠有如先有此題而後作此詩者。朱子併爲一編以還其舊，是也。（《僞孔古文尚書》以《序》冠篇首，亦非古法，即此可證其僞）《序》所云刺某君，多無明文可據。朱子云："頃公謚惡，故以《柏舟》爲刺頃公。"今以朱子之說推之，則《序》所云刺某某者，多有可疑。雖未見朱說之必然，亦無以見其必不然也。魏源之駁《毛序》有朱子已言者。毛有《序》，三家亦有《序》，其《序》說多不同。三家亡而毛義孤行，安見三家《序》皆不是，而《毛序》獨是？故朱子深惜三家之傳絕，無以考其抵牾之迹也。

17. 論馬端臨駁朱申毛可與朱說參看，且能發明風人之旨

　　馬端臨曰："《書序》可廢，而《詩序》不可廢。就《詩》而論③，雅、頌之《序》可廢，而十五國風之《序》不可廢。……蓋風之爲體，比、興之辭多於敘述，風諭之意浮於指斥。蓋有反覆詠歎，聯章累句，而無一言敘作之之意者，而序者乃一言以蔽之曰'爲某事也'。苟非其傳授之有源，探索之無舛，則孰能臆料當時指意之所歸，以示千載乎？而文公深詆之，且於《桑中》《溱洧》諸篇辨析尤至，

---

① "諸王"，《詩序辨說》作"諸侯王"。
② 參見《朱子全書》第一冊《詩序辨說》，第361頁。
③ "論"後，《文獻通考》卷一百七十八有"之"。

以爲安有刺人之惡而自爲彼人之辭，以陷於所刺之地。……其意蓋謂詩之辭如彼，而《序》之說如此，則以詩求詩可也，烏有舍明白可見之詩辭，而必欲曲從臆度難信之《序》說乎？……然愚以爲必若此，則《詩》之難讀者多矣，豈直鄭、衛諸篇哉！夫《芣苢》之序，以婦人樂有子，爲后妃之美也，而其詩語不過形容采掇芣苢之情狀而已。《黍離》之《序》，以爲閔周室宮廟之顛覆也，而其詩語不過慨歎禾黍之苗穗而已，此詩之不言所作，而賴《序》以明者也。若舍《序》以求之，則其所以采掇者爲何事，而慨歎爲何說乎？《叔于田》之二詩《序》，以爲刺鄭莊公也①，而其詩語則鄭人愛叔段之辭耳。《揚之水》《椒聊》二詩《序》以爲刺晉昭公也②，而其詩語則晉人愛桓叔之辭耳，此詩之序其事以諷，初不言刺之之意，而賴《序》以明者也。若舍《序》以求之，則如③四詩也，非子雲美新之賦，則袁宏九錫之文耳。……《鴇羽》《陟岵》之詩見於變風，《序》以爲征役者不堪命而作也。《四牡》《采薇》之詩見於正雅，《序》以爲勞使臣遣戍役而作也。而深味四詩之旨，則歎行役之勞苦，敘飢渴之情狀，憂孝養之不逮④，悼歸休之無期，其辭語一耳。此詩之辭同意異，而賴《序》以明者也。若舍《序》以求之，則文王之臣民，亦怨其上，而《四牡》《采薇》不得爲正雅矣。（《采薇》，三家本不以爲文王詩，馬氏專據《毛詩》）即是數端而觀之，則知《序》之不可廢。《序》不可廢，則《桑中》《溱洧》，何嫌其爲刺奔乎？……且夫子嘗刪《詩》矣，所⑤取於《關雎》，謂其樂而不淫，則⑥詩之可刪，孰有大於淫者。今以文公詩傳考之，其指以爲男女淫泆奔誘，而自作詩以序⑦其事者，凡二十有四，如《桑中》《東門之墠》《溱洧》《東方之日》《東門之池》《東門之楊》《月出》，則《序》以爲刺淫，而文公以爲

---

① "莊公"後，《文獻通考》卷一百七十八有"也"字。
② "昭公"後，《文獻通考》卷一百七十八有"也"字。
③ "如"，《文獻通考》卷一百七十八作"知"字。
④ "逮"，《文獻通考》卷一百七十八作"遂"字。
⑤ "所"字前，《文獻通考》卷一百七十八有"其"字。
⑥ "則"字後，《文獻通考》卷一百七十八有"夫"字。
⑦ "序"，《文獻通考》卷一百七十八作"敘"字。

淫者所自作也；如《靜女》《木瓜》《采葛》《丘中有麻》《將仲子》《遵大路》《有女同車》《山有扶蘇》《蘀兮》《狡童》《褰裳》《丰》《風雨》《子衿》《揚之水》《出其東門》《野有蔓草》，則《序》本別指他事，而文公亦以爲淫者所自作也。夫以淫昏不檢之人，發而爲放蕩無恥之辭，其……多如此，夫子猶存之，不①知所刪何等之②篇也。夫子曰："思無邪。"如序者之說，則雖詩辭之邪③，亦必以正視之，如《桑中》刺④奔，《溱洧》刺⑤亂之類是也。如文公之說，則雖詩辭之正者，亦必以邪視之，如不以《木瓜》爲美齊桓公，不以《采葛》爲懼讒，不以《遵大路》《風雨》爲思君子，不以《褰裳》爲思見正，不以《子衿》爲刺學校廢，不以《揚之水》爲閔無臣，而俱指爲淫奔謔浪要約贈答之辭是也。且此諸篇者，雖其辭之欠莊重，然首尾無一字及婦人，而謂之淫邪可乎？⑥……《左傳》載列國聘享賦詩，固多斷章取義，然其大⑦不倫者亦以來譏誚，如鄭伯有賦《鶉之奔奔》，楚令尹子圍賦《大明》，及穆叔不拜《肆夏》，甯武子不拜《彤弓》之類是也。然鄭伯如晉，子展賦《將仲子》；鄭伯享趙孟子，太叔賦《野有蔓草》；鄭六卿餞韓宣子，子齹賦《野有蔓草》，子太叔賦《褰裳》，子游賦《風雨》，子旗賦《有女同車》，子柳賦《蘀兮》，此六詩皆文公所斥以爲淫奔之人所作也。然所賦者見善於叔向、趙武、韓起，不聞被譏，乃知鄭、衛之詩，未嘗不施於燕享。而此六詩之旨意訓詁，當如序者之說，不當如文公之說也。"⑧

　　錫瑞案：《毛序》不盡可信，《毛詩》與《左氏春秋》出河間博士，其與《左氏》合者，亦不盡可信。惟三家既亡，《毛詩》猶爲近古，與其信後人之臆說，又不如信《毛詩》。朱子以鄭、衛爲淫詩，且爲淫者自作，不可爲訓。馬駁朱以申毛，能發明風人之旨。

---

① "不"前，《文獻通考》卷一百七十八有"則"字。
② "之"，《文獻通考》卷一百七十八作"一"字。
③ "邪"後，《文獻通考》卷一百七十八有"者"字。
④ "刺"前，《文獻通考》卷一百七十八有"之"字。
⑤ "刺"前，《文獻通考》卷一百七十八有"之"字。
⑥ 案此段爲馬端臨自注。見《文獻通考》卷一百七十八。
⑦ "大"，即"太"字，《文獻通考》卷一百七十八作"太"。
⑧ 語見馬端臨《文獻通考》卷一百七十八《經籍考五‧經部‧詩類》。

18. 論《樂記》疏引《異義》說《鄭詩》非必出於三家，魏源據以爲三家《詩》，未可執爲確證

解經必遵最初之說，而後起之說不可從，尤必據最古之明文，而疑似之文不可用。《禮記·樂記》疏引"《異義》云：'《今論①》說鄭國之爲俗，有溱、洧之水，男女聚會，謳歌相感，故云鄭聲淫。《左傳》說煩手淫聲，謂之鄭聲者，言煩手躑躅之聲，使淫過矣。許君謹案：《鄭詩》二十一篇，說婦人者十九矣，故鄭聲淫也。'今案《鄭詩》說婦人者唯九篇，《異義》云十九者，誤也，無十字矣。"

錫瑞案：許君《異義》引《詩》之例，必云今韓、魯《詩》說、古《毛詩》說，以爲分別。此謹案下無引今《詩》古《詩》字樣，則此說必非出於《詩》家，當是許君自爲之說，亦或別有所本。劉寶楠《論語正義》曰："《魯論》舉《溱洧》一詩，以爲鄭俗多淫之證，非謂《鄭詩》皆是如此。許②錯會此旨，舉《鄭詩》而悉被以淫名。自後遂以《鄭詩》混入鄭聲，而謂夫子不當取淫詩。又以《序》所云'刺時刺亂'者，改爲'刺淫'，則皆許君之一言誤之矣。"③劉氏之說，是以許君爲自爲之說也。《白帖》引《通義》云："鄭國有溱、洧之水，會聚謳歌相感。今《鄭詩》二十一篇，說婦人者十九，故鄭聲淫也。"此《通義》未知是劉向《通義》，或即《白虎通義》，當爲許君之所本也。然其說有可疑者，《異義》《通義》皆云"《鄭詩》二十一篇，說婦人者十九"，而《鄭詩》實無十九篇說婦人者。孔《疏》以爲今《鄭詩》說婦人者唯九篇，則其數已不能合矣。以

---

① 案"今論"，即"今論語"，《禮記正義》原無"語"字，陳壽祺《五經異義疏證》補"語"字。

② "許"，《論語正義》作"許氏"。

③ 語見劉寶楠《論語正義》卷十八《衛靈公第十五》十一章。案劉寶楠（1791—1855），字楚楨，號念樓，江蘇寶應人。曾官至直隸文安知縣，專治《論語》，"病皇、邢《疏》蕪陋，蒐輯漢儒舊說，益以宋人長義及近世諸家"，仿照焦循《孟子正義》的體例，"先爲長編，次乃薈萃二折衷之"，撰《論語正義》。其實前十七卷爲劉寶楠所撰，後七卷爲其子劉恭冕所續撰。《清史稿》卷四百八十二《儒林傳三》有傳。

今考之，《鄭詩》說婦人者，《女曰雞鳴》《有女同車》《丰》《東門之墠》《出其東門》《野有蔓草》《溱洧》實止七篇。《女曰雞鳴》，古賢夫婦警戒之詞，雖說婦人，不得謂之淫詩。《野有蔓草》，《韓詩外傳》與《說苑》皆載孔子遭齊程本子傾蓋而語，孔子引《野有蔓草》之詩，韓、魯義同，以爲邂逅賢士，與毛、朱男女不期而會異，是三家亦不以爲淫詩。除去二篇，止有五篇，其數更不能合矣。疑似之文，既不可解，學者姑置之可也。

魏源《詩古微》好創新說，引《白虎通》與《漢書·地理志》，"鄭國山居谷浴，男女錯雜，爲鄭聲以相說懌。"①爲班固《魯詩》說。又引《異義》許君謹案之說，爲三家《詩》。不知許君未明引今韓、魯《詩》，何以知爲三家？《白虎通》與《漢志》皆未明引《詩》說，又何以知爲三家？《後漢書》注引《韓詩章句》："鄭國之俗，三月上巳之辰，於溱、洧二水之上，執蘭招魂，祓除不祥，故詩人願與所說者俱往也。"②《韓詩》惟以《溱洧》爲淫詩有明文，與毛義同；不以《野有蔓草》爲淫詩，則與毛義異。"韋昭《毛詩答問》云：'草始生而云蔓者，女情急欲以促時。'江淹《麗色賦》云：'感蔓草於《鄭詩》。'"③自是毛義。而江淹《雜詩》云："既傷蔓草別，方知杕杜情。"則同三家遇賢之義。詩人非經學專家，隨手掇拾，不爲典要。魏乃強爲調停之說，謂"遇賢……而託諸男女，猶《離騷》比君子於美人"④，舍《韓詩》明文可據者，而強同於毛義，又於三家無明文可據者，而執《異義》疑似之文以解之，皆非實事求是之

---

① 《白虎通·禮樂篇》云"孔子曰：鄭聲淫何？鄭國土地民人，山居谷浴，男女錯雜，爲鄭聲以相悅懌，故邪僻聲，皆淫聲也。"《漢書·地理志》云："鄭國，山居谷汲，男女亟聚會，故其俗淫。"

② 語見《後漢書》卷七十四上《袁紹傳》。引文稍微異，爲"《韓詩》曰：'溱與洧，方洹洹兮。'薛君注云：'鄭國之俗，三月上巳之辰，兩水之上招魂續魄，拂除不詳，故詩人願與所說者俱忘也。'"故，《韓詩章句》即爲薛君《韓詩注》。另見，《後漢書》志第四《儀禮上》，引文爲"《韓詩》曰：鄭國之俗，三月上巳，之溱、洧水之上，招魂續魄，秉蘭草，被除不祥。"其中《韓詩》也應爲《韓詩章句》。再有，魏源亦將薛君《韓詩注》稱作《韓詩章句》，見《詩古微》中編之三《檜鄭答問》（《續修四庫全書》第77冊，第186頁）。

③ 《詩古微》中編之三《檜鄭答問》（《續修四庫全書》第77冊，第187頁）。

④ 《詩古微》中編之三《檜鄭答問》（《續修四庫全書》第77冊，第186頁）。

義。(以申侯爲狡童,以子瑕說《揚之水》,皆無據)

19. 論毛《序》或以爲本之子夏,或以爲續於衛宏,皆無明文可據,即以爲衛宏續作,亦在鄭君之前

陳澧曰:"《釋文》引沈重云:'案鄭《詩譜》意,《大序》是子夏作,《小序》是子夏、毛公合作。卜商意有不盡,毛更足成之。'(自注①) 孔《疏》所載《詩譜》,不言《序》爲誰作。沈重之說,不知所據。澧案:《儀禮·鄉飲酒禮》,賈《疏》以《南陔》'孝子相戒以養也'之類是子夏《序》文,其下云'有其義而亡其辭',是毛公續《序》。與沈重足成之說同。今讀《小序》,顯有續作之迹。如《載馳》序云'許穆夫人作也。閔其宗國顛覆,自傷不能救也'。此已說其事矣。又云'衛懿公爲狄人所滅,國人分散,露於漕邑。許穆夫人閔衛之亡,傷許之小,力不能救,思歸唁其兄,又義不得,故賦是詩也。'此以上文三句簡略,故複說其事,顯然是續也。《有女同車》序云'刺忽也,鄭人刺忽之不昏於齊。'此已說其事矣。又云'太子忽嘗有功于齊,齊侯請妻之,齊女賢而不取,卒以無大國之助,至於見逐,故國人刺之。此以上文二句簡略,故亦複說其事,顯然是續也。鄭君雖無說,讀之自明耳。

"鄭君非以《小序》皆子夏、毛公合作也。《常棣》序云'燕兄弟也,閔管、蔡之失道,故作《常棣》焉。'孔《疏》引鄭《志》答張逸云:'此序子夏所爲,親受聖人。'是鄭以此序三句,皆子夏所爲,非獨'燕兄弟也'一句矣。

"《十月之交》《雨無正》《小旻》《小宛》四篇序,皆云'刺幽王'。《詩譜》則云'刺厲王。漢興之初,師移其第耳'。孔《疏》云:'《十月之交》,《箋》云《詁訓傳》時移其篇第,因改之耳。則所云師者,即毛公也。'據此,則鄭君以《序》皆毛公所定,雖首句亦有非子夏之舊者也。

……

---

① "自注"二字,爲皮所加,言後文爲陳澧自注。

"或謂《序》之首句，傳自毛公以前；次句以下，毛公後人續作，尤不然也。如《終風》序云：'衛莊姜傷己也，遭州吁之暴，見侮慢而不能正也。'若毛公時，序但有首句，而無'遭州吁之暴'云云。則次章'莫往莫來'，傳云'人無子道以來事己，己亦不得以母道往加之'，所謂子者誰乎？以母道加誰乎？又如《考槃》序云：'刺莊公也，不能繼先公之業，使賢者退而窮處。'毛《傳》云：'考，成；槃，樂也。山夾水曰澗。曲陵曰阿。薖，寬大貌。軸，進也。'若毛公時，《序》但有首句，則此《傳》但釋'考''槃''澗''阿''薖''軸'六字，不知《序》何以云'刺莊公'矣。且'永矢弗告'，《傳》云'無所告語'，尤不知所謂矣。《鄭風・羔裘》序云：'刺朝也，言古之君子以風其朝焉。'毛《傳》亦但釋字義，不知序何以云'刺朝'矣。"①

錫瑞案：陳氏引《序》文以證鄭義，可謂明切。但如其說，鄭既以爲子夏、毛公合作，又以《序》爲皆出子夏，又以《序》爲皆出毛公，是鄭君一人之說，已前後歧異。蓋本無明據，故游移無定，安見鄭說可盡信乎？陳引《載馳》《有女同車》，以爲《序》有續作。陳信《毛詩》者，故以爲毛公續子夏，其不信《毛詩》者，不亦可以爲衛宏續《毛序》乎？陳引《終風》《考槃》《羔裘》，以爲作《傳》時，不但有首句，足駁衛宏續《序》之說，不知蘇轍、程大昌何以解之？而丘光庭②《兼明書》舉《鄭風・出其東門》篇，謂《毛傳》與《序》不符，曹粹中《放齋詩說》，亦舉《召南・羔羊》《曹風・鳲鳩》《衛風・君子偕老》三篇，謂《傳》意、《序》意不相應，《序》若出於毛，安得自相違戾？又不知陳澧何以解之？平心論之，《毛序》本不知出自何人，尊之者推之毛公之前而屬之子夏，疑之者抑之毛公之後而屬之衛宏，其實皆無明文。三家既亡，無有更古

---

① 陳澧《東塾讀書記》卷六《詩》。
② 丘光庭，《文淵閣四庫全書》於書名下署爲唐朝，而在《四庫提要》中又定爲五代，並辨別道"《兼明書》五卷，五代丘光庭撰，光庭，烏程人，官太學博士。陳振孫《書錄解題》稱光庭爲唐人，《續百川學海》及《匯秘笈》則題曰宋人。考書中世字作代，當爲唐人。然《羅隱集》有贈光庭詩，則當已入五代，其爲唐諱，猶孟昶《石經》世民等字，猶沿舊制闕筆耳。"

於《毛詩》者，即謂《序》出衛宏，亦在鄭君之前，非後人臆說可比。學者當尊崇爲古義，不必爭論爲何人也。《四庫提要》："定《序》首二語，爲毛萇以前經師所傳，以下續申之詞，萇以下弟子所附。"① 斯爲定論。

20. 論十五國風之次當從鄭《譜》，世次篇次三家亦不盡同於毛

毛義孤行，而《詩》之國次、世次、篇次皆從毛爲定本，其實有不然者。十五國風之次，古說已不同。孔《疏》於《毛詩》國風云："鄭《譜》，《王》在《豳》後者，退就《雅》《頌》，并言《王》世故耳。諸國之次，當是大師所第。孔子刪定，或亦改張。襄二十九年《左傳》，魯爲季札徧歌周樂，《齊》之下即歌《豳》、歌《秦》，然後歌《魏》。杜預云：'於《詩》，《豳》第十五，《秦》第十一，後仲尼刪定，故不同。'杜以爲今所第皆孔子之制，孔子之前則如《左傳》之次。鄭意或亦然也。"又於《王城譜》云："《王》詩次在《鄭》上，《譜》退《豳》下者，欲近雅、頌，與王世相次故也。"又於鄭《譜》云："既譜檜事，然後譜鄭。"又於《檜譜》云："鄭滅虢、檜而處之。"故《譜》先《檜》而後《鄭》。

歐陽修曰："《周南》《召南》《邶》《鄘》《衛》《王》《鄭》《齊》《豳》《秦》《魏》《唐》《陳》《檜》《曹》，此孔子未刪之前，周太師樂歌之次第也。《周》《召》《邶》《鄘》《衛》《王》《鄭》《齊》《魏》《唐》《陳》《檜》《曹》《豳》，此今《詩》次第也。"②《周》《召》《邶》《鄘》《衛》《檜》《鄭》《齊》《魏》《唐》《秦》《陳》《曹》《豳》《王》，此鄭氏《詩譜》次第也。

---

① 永瑢等《四庫全書總目》卷十五《經部·詩類》一《詩序》提要。案："萇"前，《四庫全書總目》有"爲毛"二字。
② 《歐陽修全集》卷一百五十五《補佚》卷二《詩圖總序》。引文稍異，爲"《周》《召》《邶》《鄘》《衛》《王》《鄭》《齊》《豳》《秦》《魏》《唐》《陳》《檜》《曹》，此孔子未刪《詩》之前，季札所聽周樂次第也。《周》《召》《邶》《鄘》《衛》《王》《鄭》《齊》《魏》《唐》《陳》《檜》《曹》《豳》，此今《詩》次第也。"

魏源曰："大師舊第，不過以邶、鄘、衞、王東都之地爲一類，豳、秦西都之地爲一類，鄭、齊一類，唐、魏一類，陳、檜、曹小國一類，取其民風相近，初非有大義其間，所謂其文則史者也。夫子挈豳於後，先唐於秦，既裁以大義，不事沿襲，則王畿民風烏有仍厠侯國之理？檜爲鄭并，何獨不援魏、唐畫一之例。……乃有夫子舊第，大即乎人心所同然，日在人耳目而不覺者，其說曰'《王》在《豳》後，《檜》處《鄭》先。'是說也，鄭《詩譜》著之，孔《疏》凡四述之。若非夫子舊第，三家同傳，鄭安敢冒不韙以更毛次，此必因《毛詩》進《王》退《檜》，徒欲復大師原第，而大乖夫子古義，故鄭援魯、韓次第以正之。"①

錫瑞案：三說當從鄭《譜》爲正，魏氏之說近是。以爲夫子舊第，三家同傳，雖無明文可證，然其說必有所授。孔《疏》臆斷以爲鄭意亦如杜說，今所第皆孔子之制，則鄭君作《譜》，何敢擅更《毛詩》之次第乎？魏源又謂："《毛詩》篇次如後《采蘋》於《草蟲》，後《賫》於《桓》，與樂章不符。增笙詩佚篇於《小雅》，則宣王《采薇》《出車》之詩於正雅，與三家詩不符。"②案《困學紀聞》："《詩正義》曰：'《儀禮》歌《召南》三篇，越《草蟲》而取《采蘋》，蓋《采蘋》舊在《草蟲》之前。'曹氏《詩說》謂：'《齊詩》先《采蘋》而後《草蟲》。'"③

今考《齊詩》魏代已亡，曹粹中不知何據，而《儀禮》以《鵲巢》《采蘩》《采蘋》三篇連奏。《左氏傳》云："風有《采蘩》《采蘋》。"則《毛詩》以《草蟲》列《采蘩》《采蘋》之間，實紊其次。《左氏傳》以《賫》爲《大武》之三章，《桓》爲《大武》之六章。杜《注》曰："不合於今頌次第，蓋楚樂歌之次第。"孔《疏》曰："今頌次第，《桓》八，《賫》九。"則《毛詩》與《左傳》不同。六笙詩本不列於《詩》，故《史記》《漢書》皆云三百五篇。王式云："以三百

----

① 《詩古微》上編之三《通論王風·王風義例篇上》（《續修四庫全書》第77冊，第62頁）。

② 《詩古微》上編之三《通論王風·王風義例篇上》（《續修四庫全書》第77冊，第63頁）。

③ 《困學紀聞》卷三《詩》。

五篇當諫書。"① 《樂緯・動聲儀》《詩緯・含神霧》《尚書・璿璣鈐》，皆云三百五篇。若加六篇，則三百十一篇，與古說皆不合。蓋笙詩本有聲無辭。如金奏、下管，皆樂歌而非詩。（以金奏《肆夏》《樊遏》《渠》爲《時邁》《執競》《思文》，下管《新宮》爲《斯干》，《象》爲《維清》，皆非是。豳雅、豳頌，亦不敢強爲之說）毛以六笙詩入《詩》非，鄭欲改什尤非。《采薇》《出車》《杕杜》，爲宣王詩，見於《漢書・匈奴傳》《後漢書・馬融傳》《鹽鐵論》《潛夫論》《古今人表》。文王時無南仲，宣王時有南仲，然則《出車》之南仲，即《常武》之南仲也。《出車》云"王命南仲"，即《常武》云"王命卿士，南仲大祖"也。毛以宣王詩列於文王時，尤篇次之誤者。若鄭《箋》以《十月之交》以下四篇爲刺厲王，《疏》以爲出《魯詩》。《魯詩》以《黍離》爲衛公子壽所作，當入《衛風》，不入《王風》，足見漢人所傳之《詩》次序，不盡與《毛詩》同。惜三家已亡，末由考見。至於世次，則孔《疏》於《衛風》已云"後人不能盡得其次第"，於《鄭風》引鄭答趙商云"《詩》本無文字，後人不能盡錄其第。錄者直錄其義而已。"如《志》之言，則作《序》乃始雜亂，是《毛詩》次第之不可據，鄭、孔皆明言之。鄭君時三家俱存，惜不引以正《毛詩》之誤也。《鄭譜》："大雅《生民》下及《卷阿》，小雅《南有嘉魚》下及《菁菁者莪》，周公、成王之詩。……《左氏》襄二十九年傳：'爲季札歌小雅'，服虔注云：'自《鹿鳴》至《菁菁者莪》，道文武，修小政，定大亂，致太平。'……是服氏以《小雅》無成王之詩。《傳》又云：'爲之歌大雅'，服虔注云：'陳文王之德，武王之功。自《文王》以下至《鳧鷖》，是爲正大雅。'是服氏以《生民》《行葦》《既醉》《鳧鷖》爲武王之詩。"② 與鄭《譜》不同，略可考見三家詩之世次。

21. 論迹熄《詩》亡，說者各異，據三家《詩》，變風亦不終於陳靈

孟子曰："王者之迹熄而《詩》亡，《詩》亡然後《春秋》作。"

---

① 語見《漢書・儒林傳》。
② 語見《毛詩正義》卷九，皮引文略有異。

趙《注》以"頌聲不作"爲亡，朱《注》以"《黍離》降爲《國風》而《雅》亡"爲亡。鄭《詩譜》曰："於是王室之尊與諸侯無異，其詩不能復雅，故貶之，謂之王國之變風。"《譜》疏引服虔云，風不稱《周》而稱《王》者，猶"尊之，猶《春秋》王人。列於諸侯之上。在風則已卑矣。"① 范甯《穀梁集解序》曰："就大師而正雅、頌，因魯史而作《春秋》，列《黍離》於《國風》，齊王德於邦君，所以明其不能復雅，政化不足以被羣后也。"陸德明謂："平王東遷，政遂微弱。《詩》不能復《雅》，下列稱《風》。"孔穎達謂："王爵雖在，政教纔行於畿內，化之所及，與諸侯相似也，……《風》《雅》繫政廣狹，王②爵雖尊，猶以政狹入《風》。"據此數說，降《王》於《國風》而《雅》亡，其說不始於朱子也。

而宋人說《詩》亡，多兼風、雅言之。蘇轍曰："《詩》止於陳靈，而後孔子作《春秋》。"呂祖謙曰："雅亡而風未亡，清議猶懍懍焉。變風終於陳靈而《詩》遂亡。"王應麟曰："《詩》《春秋》相表裏，《詩》之所刺，《春秋》之所貶也。《小雅》盡廢，有宣王焉，《春秋》可以無作也。《王風》不復《雅》，君子絕望於平王矣。然《雅》亡而《風》未亡，清議蓋懍懍③焉。《擊鼓》之詩，以從孫子仲爲怨，則亂賊之黨猶未盛也。《無衣》之詩，待天子之命然後安，則篡奪之惡猶有懼也。更齊、宋、晉、秦之霸④，未嘗無《詩》，禮義之維持人心如此。魯有《頌》而周益衰，變風終於陳靈而《詩》遂亡。夏南之亂，諸侯不討而楚討之，中國爲無人矣。《春秋》所以⑤作與？"⑥據此數說，是《詩》亡兼變風言之，而變風終於陳靈，去《春秋》託始於隱已遠，年代殊不相合。

魏源曰："王朝變雅與王國民風，并亡於平王之末、桓王之初也。

---

① 《毛詩正義》卷四。引服虔語稍異，原文爲"尊之，猶稱王，猶《春秋》王人。稱王而列於諸侯之上。在風則已卑矣。"
② "王"前，《毛詩正義》卷四有"故"字。
③ "懍懍"，《困學紀聞》卷六《春秋》作"凜凜"。兩詞形近義同，恐懼的樣子。
④ "霸"，《困學紀聞》卷六《春秋》作"伯"字，兩字通用，義爲春秋時諸侯的盟主。
⑤ "以"，《困學紀聞》卷六《春秋》作"爲"字。
⑥ 《困學紀聞》卷六《春秋》。

何以知之？以《春秋》始平王四十九年知之也。如謂東遷而雅降爲風，則《春秋》胡不始於平王之初年而始於末年？觀《抑》詩作於平王三十餘年之後，《彼都人士》①《王風》皆作於東遷後春秋前，故變雅、《王風》一日不亡，則《春秋》一日不作。蓋東遷之初，衛武公與晉文侯爲王卿士，'修爾車馬，弓矢戎兵，用戒戎作，用遏蠻方'。王綱尚未解紐，列國陳詩，慶讓之典尚存。及衛武、晉文俱歿，平王晚政益衰，僅以守府虛名於上，王迹蕩然不存。故以《春秋》作之年，知《詩》亡之年也。若夫此外，列國變風，下逮陳靈，是②霸者之迹，非王者之迹矣！觀《齊風》終於襄公，《唐風》終於獻公，而桓、文創伯反無一詩，則知桓、文陳其先世之風於王朝。而《衛》終於《木瓜》，美齊桓者，亦齊伯所陳，以著其存衛之功。《秦》之《渭陽》，《曹》之《候人》，皆與晉文相涉。而《曹》之《下泉》，有思伯之詞，《秦》之《駟驖》③《無衣》，又有勤王之烈，陳靈《株林》則楚莊存陳之盛舉，而鄭則二伯所必爭，蓋亦伯者所代陳矣。……雖有伯者陳詩之事，而無王朝巡守、述職、慶讓、黜陟之典，陳《詩》與不陳何異？豈能以伯者虛文當王者之實政乎？故以《王風》居列國之終，（鄭《譜》以《王風》居終）示《風》終於平王，與《雅》亡同也。故《春秋》始於《王風》、二《雅》所終之年，明王迹已熄，不復以列國之變風爲存亡也。"④

錫瑞案：魏說近通，但《孟子》云王迹，當即車轍馬迹之迹。天子不巡守，太師不陳《詩》，則雖有《詩》而若亡矣。魏以霸者之迹，與王者之迹對舉，似猶未合；以變風爲伯者所陳，說亦近理。但齊、晉之伯，乃天子所命，楚莊之伯，非天子所命。楚與周聲教隔絕，陳靈《株林》之詩未必爲楚所陳。且三家以《燕燕》爲衛定姜送婦之詩，（《坊記》注、《釋文》曰："此是《魯詩》。"）又在陳靈之後。

---

① 《都人士》，爲《小雅》中詩篇，"彼都人士"爲該詩前三章的首句。
② "是"後，《詩古微》有"則"字。
③ "驖"字，皮文作"鐵"，誤，逕改。案：《駟驖》是描寫秦君狩獵之詩，驖，《說文》："馬赤黑色。"
④ 《詩古微》上編之三《通論王風·王風義例篇下》（《續修四庫全書》第77冊，第66頁）。

據《毛詩》則變風終於陳靈，據三家則當云變風終於衛獻。而三家之說多不傳，或更有後於衛獻者，尤未可執變風終於陳靈以斷之也。

22. 論《詩》齊、魯、韓說聖人皆無父感天而生，太史公、褚先生、鄭君以爲有父又感天，乃調停之說

今古文多駁異，三家《詩》與《毛詩》尤多駁異。姑舉一二大者言之。

《生民》《玄鳥》《長發》《閟宮》四詩，三家皆主感生之說。《生民》疏引"《異義》：《詩》齊魯韓、《春秋公羊》說聖人皆無父感天而生。"《列女傳》曰："棄母姜嫄者，邰侯之女也。當堯之時，見①巨人迹，好而履之，歸而有娠，浸以益大。心怪惡之，卜筮禋祀以求無子。終生子。以爲不祥，而棄之隘巷，牛羊避而不踐。乃送之平林之中，後伐平林者，咸薦②覆之。乃取置寒冰之上，飛鳥傴翼之。姜嫄以爲異，乃收以歸，因命曰棄。……《詩》云：'赫赫姜嫄，其德不回，上帝是依。'此之謂也。"又曰："契母簡狄者，有娀氏之長女也。當堯之時，與其妹娣浴于玄丘之水，有玄鳥銜卵，過而墜之，五色甚好。簡狄與其妹娣競往取之。簡狄得而含之，誤而吞之，遂生契焉。……《詩》云：'有娀方將，立子生商。'又曰：'天命玄鳥，降而生商。'此之謂也。"劉向所引蓋《魯詩》。

褚少孫補《史記》引《詩傳》曰："湯之先爲契，無父而生。契母與姊妹浴于玄丘水，有燕銜卵墮之，契母得，故含之，誤吞之，即生契。契生而賢，堯立爲司徒，姓之曰子氏。子者，茲；茲，益大也。詩人美而頌之曰'殷社芒芒，天命玄鳥，降而生商'。商③質，殷號也。文王之先爲后稷，稷④亦無父而生。后稷母爲姜嫄，出見大人迹而履踐之，知於身，即生后稷。姜嫄以爲無父，賤而棄之道中，

---

① "見"前，《列女傳》卷一《母儀傳》有"行"字。
② "薦"後，《列女傳》卷一《母儀傳》有"之"字。
③ "商"後，《史記》卷十三《三代世表》有"者"。
④ "稷"前，《史記》卷十三《三代世表》有"后"字。

牛羊避不踐也。抱之山中，山者養之。又捐之大澤，鳥覆席食之，姜嫄怪之，於是知其天子，乃取長之。堯知其賢才，立以爲大農，姓之曰姬氏。姬者，本也。詩人美而頌之曰'厥初生民'，深修益成，而道后稷之始也。"褚少孫事博士王式，由是《魯詩》有褚氏之學，所引《詩傳》乃《魯詩傳》，與《列女傳》正同。《索隱》以史所引出《詩緯》。

《詩》疏引《河圖》云："'姜嫄履大人迹，生后稷。'《中候·稷起》云：'蒼耀稷生感迹昌。'《苗興》云：'稷之迹乳。'《契握》云：'玄鳥翔水遺卵流，娀簡吞之，生契封商。'"①《春秋·元命苞》："姜嫄游閟宮，其地扶桑，履大人迹而生稷。"②《齊詩》與緯候多合，則亦與《魯詩》合。董子《繁露·三代改制質文篇》曰："天將授湯，主天法質而王，祖錫姓爲子氏，謂契母吞玄鳥卵生契。天將授文王，主地法文而王，祖錫姓姬氏，謂后稷母姜嫄履天之迹而生后稷。"董子述《公羊春秋》義。故《異義》以爲"《詩》齊魯韓、《春秋公羊》說聖人皆無父感天而生也。"《異義》又引"《左氏》說聖人皆有父。謹案《堯典》'以親九族'，即堯母慶都感赤龍而生堯，堯安得九族而親之？《禮讖》云'唐五廟，知不感天而生。'鄭君駁曰③：'諸言感生得無父，有父則不感生，此皆偏見之說也。'《商頌》④："天命玄鳥，降而生商。"謂娀簡吞鳦子生契，是聖人感生，見於經之明文。劉媼是漢太上皇之妻，感赤龍而生高祖，是非有父感神而生者也？且夫蒲盧之氣嫗煦桑蟲成爲己子，況乎天氣因人之精就而成⑤之，反不使子賢聖乎？是則然矣，又何多怪？"⑥

錫瑞案：今文三家《詩》《公羊春秋》，聖人皆父感天而生爲一義；古文《毛詩》《左氏》，聖人皆有父不感天而生爲一義。鄭君兼取二義爲調停之說。此其說亦有所自來，"張夫子問褚先生曰：

---

① 《毛詩正義》卷十七。
② 《太平御覽》卷一百三十五。
③ "鄭君駁曰"，《毛詩正義》卷十七作"玄之聞也"。
④ "商頌"後，《毛詩正義》卷十七有"曰"字。
⑤ "成"，《毛詩正義》卷十七作"神"字。
⑥ 《毛詩正義》卷十七。

'《詩》言契、后稷皆無父而生。今案諸傳記咸言有父，父皆黃帝子也，得無與《詩》繆乎？'褚先生曰：'不然。《詩》言契生於卵，后稷人迹①，欲見其有天命精誠之意耳。鬼神不能自成，須人而生，奈何無父而生乎！一言有父，一言無父，信以傳信，疑以傳疑，故兩言之。"②褚少孫兩言之，已與鄭意相似。當時《毛詩》未出，所謂《詩》言，即三家《詩》。所謂《傳記》，即《五帝德》《帝繫姓》之類。太史公據之作《三代世表》，自云"不離古文者近是"③，是以稷、契有父，父皆黃帝子，乃古文說，故與《毛詩》《左氏》合，與三家《詩》《公羊春秋》不合。太史公作殷、周《本紀》，用三家今文說，以爲簡狄吞玄鳥卵、姜嫄踐巨人迹；而兼用古文說，云"殷契，母曰簡狄，有娀氏之女，爲帝嚳次妃。"④ 后稷"母有邰氏女，曰姜嫄⑤，爲帝嚳元妃。"⑥是亦合今古文義而兩言之，又在褚少孫之先。若三家《詩》義，實不如是，據褚先生所引《詩傳》及劉向《列女傳》，皆不云簡狄、姜嫄有夫，亦不云爲帝嚳妃。且《列女傳》言稷、契之生，皆當堯之時，則簡狄、姜嫄不得爲帝嚳妃甚明。此等處當分別觀之，不得以《史記》雜采古今，見其與《毛傳》不同，遂執以爲三家今文義如是也。

23. 論《生民》《玄鳥》《長發》《閟宮》四詩當從三家，不當從毛

《毛詩》與《左氏》相表裏，故《左氏》說聖人皆有父，《毛詩》亦以爲有父。《毛傳》云："后稷之母配高辛氏帝。"履帝武敏，"帝，高辛氏之帝也。"此《毛》以爲有父不感天之義。《鄭箋》云：

---

① "人迹"後，《史記》卷十三《三代世表》有"者"字。
② 語見《史記》卷十三《三代世表》。
③ 語見《史記》卷一《五帝本紀》贊。
④ 《史記》卷三《殷本紀》。
⑤ "姜嫄"，中華本誤作"姜源"。案：姜嫄，亦作"姜原"《史記》卷四《周本紀》裴駰《集解》曰："《韓詩章句》曰：'姜，姓。原，字。'或曰姜原，諡號也。"
⑥ 語見《史記》卷四《周本紀》。

姜嫄"當堯之時，爲高辛氏之世妃。"履帝武敏，"帝，上帝也。"此鄭以爲有父又感天之義。

錫瑞案：以《詩》義推之，《毛傳》必不可通。帝既弗無子，生子何又棄之？且一棄再棄三棄，必欲置之死地？作此詩者乃周人，尊祖以配天，若非實有神奇，必不自誣其祖。有夫生子，人道之常，何以鋪張生育之奇，乃至連篇累牘？孫毓謂"自履其夫帝嚳之迹，何足異而神之？"① 其說甚通。馬融知毛義不可通，強爲遺腹避嫌之說以解之，王基、馬昭已駁之矣。近人又各創爲新說，有謂帝爲帝摯，諸侯廢摯立堯，姜嫄避亂，生子而棄之者；有謂先王如達，稷形似羊，如包羲牛首，以其怪異而棄之者；有謂不坼不副，居然生子，稷初生如卵，古人未知翦胞之法而棄之者；有謂后稷呱矣，可見初生不哭，以其不哭而棄之者。紛紛異說，無一可通。即解《生民》詩可強通，而解《玄鳥》《長發》《閟宮》三詩皆不可通。《玄鳥》詩云："天命玄鳥，降而生商。"則契生於鳦卵甚明。若但以爲玄鳥至而祀禖生契，何言天命？又何但言天命玄鳥？作此詩者近不辭矣。《長發》詩云："有娀方將，立子生商。"《列女傳》、高誘《呂覽注》引皆無帝字。《詩》稱有娀不及其夫，自不以爲帝嚳，則契非帝嚳所生甚明。鄭解帝爲黑帝，不如三家本無帝字爲更明也。若《閟宮》詩義尤昭著，云："赫赫姜嫄，其德不回。上帝是依，無災無害。彌月不遲，是生后稷。"上帝必是天帝，人帝未有稱上帝者。《生民》之帝，可以高辛帝強解之；《閟宮》之上帝，不可以高辛帝強解。故《毛傳》云："上帝是依，依其子孫。"此不得已而爲之辭，與詩上下文不相承。《箋》云："依，依其身也""天用是憑依。"其解經甚合。後人乃疑不當儕姜嫄爲房后，擬上帝於丹朱。不知周、魯之人，作詩以祀祖宗，敘述神奇，並無隱諱，何以後人少見多怪，必欲曲爲掩飾？依古緯說，自華胥生皇羲，以至簡狄、姜嫄，皆有感生之事。許君《異義》早成，《說文》晚定，《異義》從古文說，《說文》仍從今文，云："古之神聖母感天而生子，故稱天子。"蓋帝王之生，皆有神異，

---

① 語見《毛詩正義》卷十七《生民》。孫毓，晉代人，《隋書·經籍志》著錄"《毛詩異同論》十卷，晉長沙太守孫毓撰"。《毛詩正義》引孫毓語一百條。

豈可偏執一理，以爲必無其事？且據《詩》而論，無論事之有無，而詩人所言明以爲有，如必斷爲理之所無，則當起周、魯與宋。（《商頌》宋人作，見後）作詩之人，責以誣祖之罪，不當謂三家說《詩》爲誤，責以誣古之罪也。古文說聖人皆有父，以姜嫄、簡狄皆帝嚳之妃。如其說，則殷、周追尊，自當妣祖並重，何以周立先妣姜嫄之廟，不祀帝嚳？《生民》等詩專頌姜嫄、有娀之德，不及帝嚳？《儀禮》曰："禽獸知母而不知父。"如古文說，稷、契皆有父，而作詩者但知頌稷、契之母，而不及其父，得毋皆禽獸乎？（戴震曰："《帝繫》曰'帝嚳上妃姜嫄'本失實之詞，徒以傅會周人禘嚳爲其祖之所自出。使嚳爲周家祖之所自出，何《雅》《頌》中言姜嫄，言后稷，竟無一語上溯及嚳？且姜嫄有廟，而嚳無廟。若曰履迹感生，不得屬之嚳，則嚳明明非其祖所自出）

　　古文似正而非，今文似奇而是。學者試取《詩》文，平心熟玩之，知此四詩斷然當從三家，而不當從《毛傳》。《鄭箋》以《毛》爲主，而解四詩從三家，不從毛。朱子曰："履巨迹之事有此理，且如契之生，詩中亦云'天命玄鳥，降而生商'，蓋以爲稷、契皆天生之爾。非有人道之感，不可以常理論也。漢高祖之生亦類此。"① 故其解《生民》亦從鄭，不從毛。鄭君、朱子皆大儒，其讀書精審，知不如此解詩不能通也。《論衡·奇怪篇》云："儒者稱聖人之生，不因人氣，更稟精於天。禹母吞薏苡而生禹，故夏姓曰姒；卨②母吞燕卵而生卨，故殷姓曰子；后稷母履大人迹而生后稷，故周姓曰姬。……夫薏苡，草也；燕卵，鳥也；大人迹，土也，三者皆形，非氣也。……燕之身不過五寸，薏苡之莖不過數尺，二女吞其卵實，安能成七尺之形乎？……今謂大人天神，故其迹巨。……使大人施氣於姜嫄，姜嫄之身小，安能盡得其精？不能得其精，則后稷不能成人。……蒼頡作書，與事相連。姜嫄履大人迹，迹者基也，姓當爲'其'下'土'，乃爲'女'旁'臣'，非基迹之字。不合本事，疑非實也。以周'姬'況夏、殷，亦知'子'之與'姒'，非燕子、薏苡也。或時禹、卨、后稷之母，適欲懷妊，遭

----

① 語見《朱子語類》卷八十一《詩》二《生民》。"不可以"，《朱子語類》作"非可以"。

② "卨"，音 xiè，同"契"。

吞薏苡、燕卵、履大人迹也。"①

案仲任引儒者之言，乃漢時通行今文說，仲任不信奇怪，故加駁詰。其駁詰之語，正所謂癡人前說不得夢。錫瑞嘗謂"後世說經之弊，在以世俗之見律古聖賢，以民間之事擬古天子。"仲任生於東漢，已有此等習見，即如其說，亦當以爲詩人之誤，不當以爲儒者說《詩》之誤也。

24. 論《魯頌》爲奚斯作，《商頌》爲正考父作，當從三家，不當從毛

三家與毛，又有大駮異處。如以《魯頌》爲公子奚斯作，以《商頌》爲正考父作是也。揚子《法言》曰："正考甫嘗睎尹吉甫矣，公子奚斯睎正考甫矣。"②《後漢書·曹褒傳》曰："昔奚斯贊魯，考父詠殷。"③班固《兩都賦序》曰："故皋陶歌虞，奚斯頌魯。"王延壽《魯靈光賦》曰："故奚斯頌僖，歌其路寢。"曹植《承露盤銘序》曰："奚斯魯頌。"《蕩陰令張君表頌》曰："奚斯贊魯，考父頌殷。"《梁相費汎碑》曰："感奚斯之德。"《太尉楊震碑》曰："故感慕奚斯之追述。"《沛相楊統碑》曰："庶考斯之頌儀。"《郃陽令曹全碑》曰："嘉慕奚斯、考父之美。"《巴郡④太守張納碑》曰："庶慕奚斯（缺二字）之義。"《荊州刺史度尚碑》曰："於是故吏感《清廟》之頌，歎斯父之詩。"《綏民校尉熊君碑》曰："昔周文公作頌，宋成考父、公子奚斯，追羨遺蹟，紀述前勳。"宋洪适⑤《隸釋》及近人武億⑥《羣經

---

① 語見《論衡》卷三《奇怪篇》。
② 語見《法言義疏》二《學行篇》。
③ 語見《後漢書》卷三十五《曹褒傳》。
④ "郡"，皮文作"納"，誤。本書卷五《春秋通論》第八篇又見此碑名，不誤。
⑤ 洪适，皮誤作"洪邁"，徑改。二人爲親兄弟，宋饒州鄱陽人，皆以文學名世。洪适（1117—1184）为兄，字景伯，洪皓長子。官至中書門下平章事，兼樞密使。諡號文惠公，平生酷嗜隸古，著有多部考釋研究漢隸的著作，今存《隸釋》《隸續》。《宋史》卷三百七十三有傳。
⑥ 武億（1745—1799），字虛谷，一字小石，自號半石山人，河南偃師人。乾隆四十五年進士，授博山知縣。主講博山清源書院。著有《經讀考異》《羣經義證》等。《清史稿》卷四百八十一《儒林傳二》有傳。

義證》、王昶①《金石萃編》，皆以漢碑爲誤。

錫瑞案：《曹褒傳》注引薛君《韓詩章句》曰："奚斯，魯公子也，言其'新廟奕奕'然盛。是詩公子奚斯所作也。"②"正考父，孔子之先也，作《商頌》十二篇。"③ 是奚斯作《魯頌》，考父作《商頌》，義出《韓詩》。而《史記》用《魯詩》，班固用《齊詩》，三家義同，烏得偏據《毛詩》以駁之乎？孔廣森曰："三家謂詩爲奚斯作者，是也。此與'吉甫作頌，其詩孔碩'文義正同。曼，長也。詩之章句未有長如此篇者，故以'曼'言之。《毛傳》謂奚斯作廟，則'孔碩''且碩'，意窘複矣。"④ 孔氏以三家爲是，是矣，而未盡也。《駉·毛序》曰："季孫行父請命於周，而史克作是頌。"⑤ 鄭《詩譜》曰：僖"復魯舊制，未徧而薨，國人美其功，季孫行父請命於周而作其頌。"⑥ 尋毛、鄭之意，蓋謂《魯頌》皆史克作，作於僖公薨後，故解"奚斯所作"爲作廟，不爲作頌。今案《閟宮》詩，多祝壽之語，且云"令妻壽母"，意必僖公在位，其母成風、其妻聲姜皆在，乃宜爲此頌禱之辭。若在僖公薨後，世無其人已死，猶爲之追祝壽，且並頌其母與妻者。如毛、鄭之說，可謂一大笑話。史克，見《左氏·文十八年傳》，宣公時尚存，見《國語》，其年輩在後。奚

---

① 王昶（1724—1806），字德甫，號述庵，江蘇青浦人。乾隆十九年進士，官至刑部右侍郎。後辭官主講婁東書院、敷文書院。精於詩文、經學、金石等，號稱通儒。著有《金石萃編》《明詞綜》等。《清史列傳》卷二十六有傳。

② 引語見《文選·班固〈兩都賦序〉》李善注引薛君《傳》。引語中末句"是詩公子奚斯所作也"，《後漢書·曹褒傳》李賢注亦引。

③ 《後漢書》卷三十五《曹褒傳》李賢注引薛君《傳》。

④ 此文爲皮氏轉引陳壽祺撰、陳喬樅述《齊詩遺說考》卷四《齊詩頌》三《商頌》（《續修四庫全書》第76冊，第486頁）引用孔廣森語。王先謙《詩三家義集疏》卷二十七《閟宮》（《續修四庫全書》第77冊，第749頁）亦引用孔廣森語，略同陳氏，引語爲："三家謂《詩》爲奚斯所作者，是也。此與'吉甫作頌，其詩孔碩'，文義正同。《詩》之章句未有長於此篇者，故以'曼'言之。毛謂奚斯作廟，則'孔碩''且碩'，詞意窘複矣。"而孔廣森《經學卮言》卷三《毛詩》（《續修四庫全書》第173冊，第287頁）原文爲："《傳》云'有大夫公子奚斯者，作是廟也。'班固《兩都賦序》：'奚斯頌魯'，注引薛君章句，謂是詩公子奚斯所作。按韓詩說是也，上文已有'路寢孔碩'，若又以'孔曼且碩'爲美宮室詞，窘而義復矣。此與'吉甫作頌，其詩孔碩'，文義正同。曼，長也。《詩》之章句，未有如此篇者，故以'曼'言之。"

⑤ 《毛詩正義》卷二十。

⑥ 《毛詩正義》卷二十。

斯，見《左氏·閔二年傳》，其年輩在前。則奚斯作頌於僖公之時，時代正合。故當從三家以爲奚斯所作。漢人引《詩》各處相合，以爲誤，必無各處皆誤之理。若毛、鄭之說則誠誤，不必爲之曲諱。段玉裁訂《毛詩故訓傳》，乃强改"作是廟也"之"廟"字爲"詩"字，以傅合漢人所引三家《詩》義。陳奐疏《毛氏傳》亦從段說，豈非"童牛角馬，不今不古"者乎？

25. 論正考父與宋襄公年代可以相及，鄭君《六藝論》從三家《詩》，箋《毛》亦兼采三家

《史記·宋世家》曰：宋"襄公之時，修仁行義，欲爲盟主。其大夫正考父美之，故追道契、湯、高宗，殷所以興，作《商頌》。"史公用《魯詩》說，裴駰《集解》曰："《韓詩·商頌》亦美襄公。"① 蓋三家說同，後人不信三家，以考父頌殷爲誤，謂考父與宋襄年代遠不相及。

錫瑞案：史公去古未遠，從孔安國問故，何至於孔子先世之事懵然不知？《孔子世家》既載孟釐子言"正考父佐戴、武、宣"矣。《十二諸侯年表》戴、襄相距百有一十六年，則史公非不知考父之年必百三四十歲，而後能相及也。百齡以上之壽，古多有之，竇公、張蒼即其明證。或又疑其子見殺，其父不應尚存，則春秋時明有其人，亦即宋國之人。《左氏·文十六年傳》曰："初，公子蕩卒，公孫壽辭司城，請使意諸爲之。"意諸死昭公之難，歷文十七、十八兩年，宣十八年，成八年，凡二十八年。宋公使公孫壽來納幣，明見於經。蕩意諸見殺，其父公孫壽可來納幣，何獨孔父見殺，其父正考父不可作頌乎？今古文多駮異，《異義》以齊魯韓《詩》、《公羊春秋》爲一說，《毛詩》《左氏》爲一說，《公羊》稱宋襄爲文王不過此，故三家以《商頌》爲美宋襄。《左氏》於宋襄多貶辭。河間博士治《毛詩》者，以爲宋襄無足頌美，故別創一說，此其蹤跡之可尋者。後人乃據《左氏》殤公即位，君子引《商頌》，以駮三家。無論古文說不足難

---

① "商頌"後，《史記》卷三十八《宋世家》裴駰《集解》有"章句"二字。

今文，即如《左氏》之言，左氏作《傳》在春秋末，距春秋初二百餘年，所引"君子曰"或事後追論，豈必殤公同時之人哉？宋襄與魯僖同時，故《商頌》與《魯頌》文體相似。若是商時人作，商質而周文，不應《周頌》簡，《商頌》反繁，且鋪張有太過之處。王夫之①嘗摘"昆吾、夏桀"爲失辭矣。魏源《詩古微》列十三證，證《商頌》爲宋詩，可謂深切著明。考《詩序》疏引鄭君《六藝論》曰："文王創基，至於魯僖，則《商頌》不在數矣。"

羅泌《路史·後紀》注曰："《商頌》，《宋頌》也，宋②襄公之詩耳。敘詩者，以爲正考父所得商詩，中言湯孫，而毛、鄭遂以爲太甲、中宗之時③，妄也。夫言'奮伐荆楚'，襄公事也；'萬舞有奕'，非商樂也。蓋宋有商王之廟，而詩爲宋禮④之詩，此常理爾。故韓嬰、馬遷亦以爲美襄公，然遷以爲考父作，則繆矣。考父佐戴、武、宣，非襄公時，蓋因而誤之。此宋也而謂之商，不忘本也。引⑤《六藝論》云：'文王創基，至魯僖間，《商頌》不在數矣。'孔子刪《詩》時，錄此五章，豈無意哉？'商邑翼翼，四方之極''我有嘉客，亦不夷懌'，豈能忘哉？景山，商墳墓之所在也，商邑之大，豈無賢才哉？松柏丸丸，在于斲而遷之，方斲而敬承之，以用之爾。松柏小材，有挺⑥而整布，眾楹大材，有閑而靜別。既各得施，則寢成而孔安矣。拱成羣材，而任以成國，則人君高拱仰成矣，是綢繆牖戶之義也。"⑦

案羅氏以《商頌》爲《宋頌》，是也，引《六藝論》甚詳，可以推見鄭君之意。子曰"《詩》三百"，自《周南》至《魯頌》，適得

---

① 王夫之（1619—1692），字而農，衡陽人。明崇禎十五年舉人。明亡後，歸衡陽石船山，築土室曰觀生居，晨夕杜門，學者稱船山先生。著書三百二十卷，著錄於《四庫全書》者有：《周易稗疏》《考異》，《尚書稗疏》，《詩稗疏》《考異》，《春秋稗疏》；著錄於《四庫全書存目》者有《尚書引義》《春秋家說》。《清史稿》卷四百八十《儒林傳一》有傳。
② "宋"，《路史·後記》作"頌"。
③ "時"，《路史·後記》作"詩"。
④ "禮"，《路史·後記》作"祀"。
⑤ "引"，《路史·後記》無"引"字。
⑥ 皮文及《路史》作"挺"，《毛詩正義》作"梴"。
⑦ 羅泌《路史》卷十九（影印《文淵閣四庫全書》第383冊，第171頁。）

三百之數。鄭君以爲《商頌》不在數，孔子刪《詩》，錄此五篇，以寓懷舊之感，其說必有所受。以景山爲商之墳墓，松柏喻商之賢材，且以松柏喻小材，衆楹喻大材，寢成孔安喻任羣材成國，皆爲喻言，不爲實事。與箋詩以陟景山、掄材木爲實事不同，是鄭君作《論》時從三家之明證。鄭箋《殷武》詩云"時楚僭號王位"，亦兼用三家義，以爲宋詩。若商世不聞楚有僭王之事。孔《疏》駁馬昭曰："名曰《商頌》，是商世之頌，非宋人之詩，安得曰'宋郊，配契'也？……馬昭雖出鄭門，其言非鄭意也。"孔穎達但知《鄭箋》從毛，不知兼采三家。馬昭既出鄭門，其言當得鄭意。羅氏"荊楚""萬舞"二證，足明三家之義。而以考父非襄公時爲疑，則猶未知其年代可以相及也。

26. 論鄭《譜》、鄭《箋》之義，知聲音之道與政通

鄭《詩譜序》曰："勤民恤功，昭事上帝，則受頌聲，弘福如彼；若違而弗用，則被劫殺，大禍如此。吉凶之所由，憂娛之萌漸，昭昭在斯，足作①後王之鑒，於是止矣。"《正義》曰："此言孔子錄《詩》，唯取三百之意。'弘福如彼'，謂如文、武、成王，世修其德，致太平也。'大禍如此'，謂如厲、幽、陳靈，惡加於民，被放弒也。'違而不用'，謂不用《詩》義，則'勤民恤功，昭事上帝'是用《詩》義也。互言之也。用《詩》則吉，不用則凶。'吉凶之所由'，謂由《詩》也。《詩》之規諫，皆防萌杜漸，用《詩》則樂，不用則憂，是爲'憂娛之萌漸'也。"②

陳澧案："《大序》云'國史明乎得失之迹'，《小序》每篇言美某王某公，刺某王某公③。鄭君本此意以作《譜》，而於《譜序》大放厥辭。此乃三百篇之大義也。此《詩》學所以大有功於世也。鄭

---

① "作"，思賢書局本、商務本無"作"字，中華本據《毛詩正義》補"作"字，是，今從中華本。

② 《毛詩正義》之《詩譜序》。

③ "美某王某公，刺某王某公"，思賢書局本、商務本作"美某王美公"，中華本據《東塾讀書記》已改，今從中華本。

《箋》有感傷時事之語。《桑扈》'不戢不難，受福不那'，《箋》云：'王者位至尊，天所子也，然而不自斂以先王之法，不自難以亡國之戒，則其受福祿亦不多也。'此蓋歎息痛恨於桓、靈也。《小宛》'螟蛉有子，蜾蠃負之'，《箋》云'喻有萬民不能治，則能治者將得之'，此蓋痛漢室將亡，而曹氏將得之也。又'戰戰兢兢，如履薄冰'，《箋》云'衰亂之世，賢人君子，雖無罪，猶恐懼'。此蓋傷黨錮之禍也。《雨無正》'維曰于仕，孔棘且殆'，《箋》云'居今衰亂之世，云往仕乎？甚急迮且危'。此鄭君所以屢被徵而不仕乎？鄭君居衰亂之世，其感傷之語，有自然流露者；但箋注之體謹嚴，不溢出於經文之外耳。"①

錫瑞案：鄭君作《譜序》，深知孔子錄《詩》之意，陳氏引鄭《箋》，深知鄭君箋《詩》之意。在心爲志，發言爲詩。言爲心聲，非可勉强。聲音之道，與政相通，故曰"治世之音安以樂，其政和；亂世之音怨以怒，其政乖；亡國之音哀以思，其民困"②，《詩》之世次難以盡知。何楷③《世本古義》臆斷某詩爲某人某事作，《提要》以爲大惑不解。即《毛序》某詩刺某君，朱子亦不深信。然今即以詩辭而論，有不待箋釋而知其時之爲盛爲衰，不必主名而見其政之爲治爲亂者。如《魚麗》美萬物衆多，而《苕華》④云"人可以食，鮮可以飽"，則其民之貧富可知。《天保》云"羣黎百姓，徧爲爾德"，而《兔爰》云"尚寐無吪"，《苕華》云"不如無生"，則其民之憂樂可知。是即不明言爲何王之詩，而盛衰治亂之象，宛然在目，其君之應受弘福與受大禍，亦瞭然於前矣！朱子曰："周之⑤初興時，'周原膴膴，堇荼如飴'，苦底物亦甜；及其衰也，'牂羊墳首，三星在罶''人可以食，鮮可以飽'，直恁地蕭索。"⑥ 正得此意。

---

① 陳澧《東塾讀書記》卷五《尚書》。
② 《毛詩正義》卷一。
③ 何楷，字元子，明福建漳州鎮海衛人。天啓五年進士，官至戶部主事、工科給事中。清軍攻陷漳州，憤懣而卒。著有《古周易訂詁》《詩經世本古義》。《明史》卷二百七十六有傳。
④ 《苕華》，爲《小雅》中詩篇，今傳世本《詩經》作《苕之華》，下句同。
⑤ "周之"，《朱子語類》卷八十一作"周家"。
⑥ 《朱子語類》卷八十一《詩》二《漸漸之石》。

27. 論"先魯後殷""新周故宋"見《樂緯》，三《頌》有《春秋》"存三統"之義

孔子所定六經，皆有微言大義。自東漢專講章句訓詁，而微言大義置不論。今文十四博士師傳中絕，聖經宗旨闇忽不章，猶有遺文散見於古書者。《文選·潘安仁〈笙賦〉》注引《樂緯·動聲儀》曰："先魯，後殷，新周，故宋。"此《詩》三《頌》有通三統之義，與《春秋》存三統大義相通。三家《詩》之遺說不傳而散見於緯書者也。先魯後殷，謂《魯頌》在先，《商頌》在後，所以錄《商頌》於後者，即《春秋》新周故宋之義。三家《詩》以《商頌》爲正考父美宋襄公，當云《宋頌》，而謂爲《商頌》者，宋本商後，春秋時稱宋爲商。《左氏傳》司馬子魚曰："天之棄商久矣。"史龜曰："利以伐姜，不利子商。"宗人釁夏曰："孝、惠娶於商。"皆稱宋爲商之明證。或云魯定公諱宋，當時改宋爲商，似未盡然。《樂記》師乙曰："肆直而慈愛者宜歌《商》，溫良而能斷者宜歌《齊》。"《大戴禮記》"七篇《商》《齊》，可歌也。"① 《商》《齊》即師乙所謂《商》《齊》，《商》與《齊》對舉，非謂商一代，謂宋一國也。

《毛詩》與《國語》皆古文，故據《國語》云："正考父校商之名《頌》十二篇於周太師。"以《商頌》爲正考父所校，不以《宋頌》爲正考父所作，與三家《詩》以《商頌》爲美宋襄者，判然不合。《毛詩》既據《國語》，又據《左傳》，於宋襄多詆斥之詞故也。自《毛詩》《左傳》單行，人不信三家《詩》，更不知《詩》有"先魯、後殷、新周、故宋"之微言，與《春秋》三統之義相通。而孔子刪《詩》，如徐陵之選《玉臺新詠》，王安石之選《唐百家詩》，不過編輯成書，並無義例之可言矣。三家《詩》所傳微言必多，惜皆不傳於世，僅存《樂緯》八字，猶略可考。其餘與《春秋》相通者，《春秋》"元年春王正月"，王謂文王，《詩》之"四始"皆稱文王，其相通者一。《春秋》尊王，褒美桓、文。《詩》，《風》終于《豳》，

---

① 王聘珍《大戴禮記解詁》卷十二《投壺》。

稱周公，《雅》終于《召旻》，言召公，《匪風》思王，《下泉》思伯，其相通者二。

《孟子》云："《詩》亡然後《春秋》作。"必更有微言大義相合者。惜今文說亡佚，多不可考耳。顧炎武曰："《詩》之次序，猶《春秋》之年月，夫子因其舊文，述而不作也。《頌》者，美盛德之形容以告宗廟。魯之《頌》，頌其君而已，而列之《周頌》之後者，魯人謂之《頌》也。世儒謂夫子尊魯，而進之爲《頌》，是不然。魯人謂之《頌》，夫子安得不謂之《頌》乎？爲下不倍也。《春秋》書'公'、書'郊禘'，亦同此義。《孟子》曰：'其文則史。'不獨《春秋》也，雖六經皆然。今人以爲聖人作書，必有驚世絕俗之見，此是以私心待聖人。"①

錫瑞案：顧氏此說，非獨不知《詩》，並不知《春秋》。《孟子》曰"其文則史"，不嘗引孔子曰"其義則某竊取之乎"，義不獨《春秋》，六經皆有之。孟子稱孔子作《春秋》，功繼羣聖，安得無驚世絕俗之見，而謂以私心待聖人乎？信顧氏說，必不信孟子而後可。"世儒謂夫子尊魯，而進之爲《頌》"，正是"先魯後殷"之義。《宋頌》亦謂之《頌》，正是"新周故宋"之義。《詩》之次序，《春秋》之年月，皆夫子手定，必有微言大義，而非專襲舊文。"述而不作"是夫子謙辭，若必信以爲真，則夫子手定六經，並無大義微言。《詩》《書》止編輯一過，《春秋》止鈔錄一過，所謂萬世師表者安在？成伯璵《毛詩指說》，以《魯頌》爲變頌；陳鵬飛②《詩解》不解殷、魯二《頌》，以爲《商頌》當闕，而《魯頌》可廢，皆不知三《頌》有通三統之義也。（阮元曰："頌本容貌之容，容、養、漾一聲之轉，《周頌》《魯頌》《商頌》，猶云周之樣子、魯之樣子、商之樣子耳。風、雅惟歌而已，惟頌有舞，以象成功，如今之演劇，據孔子與賓牟賈論樂可見）

---

① 顧炎武《日知錄》卷三《魯頌商頌》。
② 陳鵬飛（1099—1148），字少南，溫州永嘉人。高宗紹興十二年進士。官至禮部員外郎。曾著《管見集》《羅浮集》《書解》《詩解》等，均佚。《宋元學案》卷四十四有傳。

28. 論《左氏傳》所歌《詩》皆傳家據已定錄之，非孔子之前已有此義

子曰："吾自衛反魯，然後樂正，《雅》《頌》各得其所。"然則夫子未正樂之前，《雅》《頌》必多失次可知。而《左氏傳》載季札觀樂在夫子未正樂之前，十五《國風》《雅》《頌》，皆秩然不紊，學者多以爲疑，此在漢人已明解之。《周禮·春官·大師》疏引鄭眾《左氏春秋》注云：孔子"自衛反魯，在哀公十一年，當此時，《雅》《頌》未定，而云爲歌《大小雅》《頌》者，傳家據已定錄之，言季札之於樂，與聖人同。"①又《詩譜序》疏引襄二十九年《左傳》服虔注云："哀公十一年，孔子自衛反魯，然後樂正，《雅》《頌》各得其所，距此六十二②歲，當時《雅》《頌》未定，而云爲之歌《小雅》《大雅》《頌》者，傳家據已定錄之。"（李貽德③曰："是時孔子尚幼，未得正樂，歌者未必秩然如是。傳者從後序其事，則據孔子定之次追錄之，故得同正樂後之次第也。"）《詩》孔《疏》以服說爲非，引鄭司農《春官注》，與鄭同以爲《風》《雅》先定，非孔子爲之。不知《春官》賈《疏》引鄭司農《左氏》《周官》兩處之注，明有兩解。服虔以爲"傳家據已定錄之"，正本司農《左氏》之注，是司農雖據《周官》而解《左氏》，知其說不可通，故注《周官》用《周官》義，注《左氏》用《左氏》義。《周官》《左氏》皆古文，注者皆鄭司農，而不能專持一義解之。以孔子反魯正樂有明文，不敢背其說也。凡古人注經前後不合者，皆於經義有疑，未能決定，意在矜慎，並非矛盾。疏家不明此旨，但主一說而盡棄其餘，即一人之說前後不符，亦專取其一。舉先儒之疑而未定者，臆定以爲決辭而反相駁難，或且去取乖

---

① 《周禮注疏》卷二十三。案"大小雅"，《周禮注疏》作"《大雅》《小雅》"。

② "六十二"，阮元《十三經注疏·校勘記》序云："閩本、明監本同。案浦鏜云'一誤二'，以《春秋》考之，浦校是也。"

③ 李貽德（1783—1832），字天彝，號次白，浙江嘉興人。嘉慶二十年舉人。館孫星衍所，相得甚歡。著《春秋左氏賈服注輯述》《詩考異》《周禮賸義》《十七史考異》等。《清史稿》卷四百八十一《儒林傳二》有傳。

繆，舍其是者，而取其不是者。於是先儒矜慎之意全失，雖有異義，無從考見。其或於他處散見一二，皆學者所宜標出以備參考者也。（康成《注》多歧異，其答第子，明見《鄭志》，《孔疏》駁《鄭志》，專取一書之注，非康成之意）

鄭司農在東漢之初，服子慎在東漢之末，二人之說遞相祖述，皆以傳家，據孔子所定《雅》《頌》，言季札之於樂與聖人同。蓋當時古文雖盛行，猶未敢以《左氏》《周官》顯違《論語》之義，不若唐以後人之悍，專主一經，而盡廢羣經也。《左傳》疏曰："此爲季札歌《詩》。《風》有十五國，其名皆與《詩》同，唯其次第異耳。則仲尼以前，篇目先具，其所刪削，蓋亦無多，記傳與①《詩》，亡逸甚少，知本先不多也。《史記·孔子世家》云：'古者《詩》三千餘篇，孔子去其重，取三百五篇。'蓋馬遷之謬耳。"②

案孔《疏》據季札所歌，以駁刪詩之說，猶之可也。若據季札所歌，而疑孔子以前《詩》與今同，並無定《詩》正樂之事，則斷乎不可。據鄭、服兩說，足見《左氏》一書，多以闕里之緒論，爲當時之實事。季札歌《詩》既從後定，其餘諸大夫之斷章取義，其義或亦出於孔子之後，而非出於孔子之前，未可盡以《春秋》之斷章，爲詩人之本旨也。（《左氏》引《易》《禮》《論語》，皆當作如是觀，《國語》楚子引《曹詩》"不遂其媾"，乃當時刺曹共公詩。或謂《侯人》即爲晉公子作，何以遽傳至楚而楚子引之？殊不可信。俞正燮强護《國語》，謂晉公子從者，挾其詩以示人，尤爲臆說無據）

29. 論賦、比、興、豳雅、豳頌皆出《周禮》，古文異說不必深究

《詩》有風、雅、頌，人人所知也。而《周禮·大師》："教六詩：曰風，曰賦，曰比，曰興，曰雅，曰頌。"《毛序》據其說，謂《詩》有六義，於是風、雅、頌之外，有賦、比、興。而《傳》專言

---

① "與"，《春秋左傳正義》作"引"。
② 《春秋左傳正義》卷三十九《襄公二十九》。

興，不言比、賦，孔《疏》曰："毛《傳》特言興也，爲其理隱故也。"又曰："風、雅、頌者，《詩》篇之異體；賦、比、興者，《詩》文之異辭耳，大小不同，而得並爲六義者，賦、比、興是《詩》之所用，風、雅、頌是《詩》之成形，用彼三事，成此三事，是故同稱爲義，非別有篇卷也。《鄭志》'張逸問：何詩近於比、賦、興？答曰：比、賦、興，吳札觀《詩》，已不歌也。孔子錄《詩》，已合風、雅、頌中，難復摘別。篇中義多興'"據此，則比、賦、興難以摘別，與風、雅、頌大小不同。鄭、孔亦明知之，特以《毛》義不敢駁。《毛》又本於《周禮》，是古文異說，今文三家《詩》，無是說也。十五《國風》有《豳風》，人人所知也，而《周禮·籥章》："掌土鼓豳籥。……龡《豳詩》，……龡《豳雅》，……龡《豳頌》。鄭注：《豳詩》，《豳風》《七月》也。……《豳雅》，亦《七月》也。《七月》又有于耜舉趾，饁彼南畝之事，是亦歌其類，謂之雅者，以其言男女之正。……《豳頌》，亦《七月》也。《七月》又有穫稻作酒，躋彼公堂，稱彼兕觥，萬壽無疆之事①，是亦歌其類也，謂之頌者，以其年②歲終人功之成。"

鄭箋《詩》，則以"殆及公子同歸"以上，"是謂豳風"；"以介眉壽"以上，"是謂豳雅"；"萬壽無疆"以上，"是謂豳頌"。孔《疏》云："《籥章》之注，與此小殊，……彼又觀《籥章》之文而爲說也。以其歌豳詩以迎寒迎暑，故取寒暑之事以當之。吹豳雅以樂田畯，故取耕田之事以當之。吹豳頌以息老物，故取養老之事以當之。就彼爲說，故作兩解也。諸詩未有一篇之內，備有風、雅、頌，而此篇獨有三體。"③ 據此，則分《七月》詩爲風、雅、頌，本無定說。一篇不應分三體，鄭、孔亦明知之，特欲引據《周禮》，不得不強傅會，是古文異說，今文三家《詩》，亦無是說也。至宋以後，異說尤多，朱子《詩傳》以興、比、賦分而爲三，摘《毛傳》不合於興者四十九條，且曰："《關雎》興詩也而兼於比，《綠衣》比詩也而

---

① "《七月》又有獲稻作酒，躋彼公堂，稱彼兕觥，萬壽無疆之事"語，《周禮注疏》卷二十四作"《七月》又有獲稻作酒等至之事"。

② "年"，思賢書局本、商務本作"年"，中華本據《周禮註疏》改作"言"。

③ 《毛詩正義》卷八。

兼於興，《頍弁》一詩興、比、賦兼之。"愈求精，愈游移無定，究不知比、興如何分別。胡致堂引李仲蒙說："敘物以言情謂之賦，索物以託情謂之比，觸物以起情謂之興。"①亦屬空言。王質駁《鄭箋》，謂："一詩如何分爲三？《籥章》所謂豳詩，以鼓、鐘、瑟、琴四器之聲合籥也。《禮》笙師猷竽、笙、壎、籥、簫、篪、篴、管、舂、牘、應、雅，凡十二器，以雅器之聲合籥也。《禮》'眂瞭播鼗，擊頌磬、笙磬'，凡四器，以頌器之聲合籥也。"②朱子有"三說，一說豳詩吹之，其調可風可雅可頌；一說《楚茨》諸詩，是豳之雅，《噫嘻》諸詩，是豳之頌；一說王介甫謂豳自有雅頌，今皆亡矣。"③黃震謂："《楚茨》諸詩，於今爲刺幽王之詩。《噫嘻》諸詩，於今爲成周郊社之詩。未易遽指以爲豳。若如介甫謂豳詩別自有雅、頌，則豳乃先公方自奮於戎狄之地，此詩安得有天子之雅頌耶？惟前一說……得之，以王質考訂爲精詳。"④

錫瑞案：王質之說尤謬，舂牘，先鄭以爲一器，後鄭以爲牘應雅教其舂，則笙師所教，止十一器而無十二。"頌磬、笙磬"，鄭《注》："在東方曰笙，笙，生也。在西方曰頌，頌或作鏞，鏞，功也。"引《大射禮》爲據甚確，則頌磬非頌器之聲。王質引《周禮》，又不用《周禮》之義，改亂古注，以就其說。宋人習氣固無足怪，而《周禮》亦不可爲據。漢人古說自《周禮》外，無言豳雅、豳頌者。自《周禮》《毛傳》外，無言賦、比、興者。《鄭注》《孔疏》強爲傅會，而心不能無疑。宋人又不信注疏，而各自爲說，實則皆如

---

① 胡寅（1098—1156），字明仲，學者稱致堂先生，建寧崇安人。徽宗宣和三年進士，官至禮部侍郎兼直學士院。著有《論語詳解》《讀史管見》《斐然集》等。《宋史》卷四百三十五《胡安國傳》附傳。李仲蒙，宋代河南人。其對賦比興的闡釋爲："敘物以言謂之賦，情盡物也。索物以託情謂之比，情附物也。觸物以起情謂之興，物動情也。"此語先見於宋胡寅《斐然集》卷十八《致李叔易》，後見王應麟《困學紀聞》卷三《詩》。

② 黃震《黃氏日抄》卷四《豳風豳雅豳頌》，影印《文淵閣四庫全書》第707冊，第45頁。

③ 黃震《黃氏日抄》卷四《豳風豳雅豳頌》，影印《文淵閣四庫全書》第707冊，第45頁。

④ 黃震《黃氏日抄》卷四《豳風豳雅豳頌》，影印《文淵閣四庫全書》第707冊，第45頁。案："以王質，考訂爲精詳"爲皮轉述，原文爲"則雪山之考訂精矣"。

孔廣森之論《尚書》，"孔、蔡謬悠，議瓜驪山，良無一是者也"①。《周禮》一書，與諸經本不相通，後人信之，反亂經義。如孔子所定之《易》，《周易》是也。《周禮・太卜》有《連山》《歸藏》《周易》為三《易》，後人不求明《易》，而爭論《連山》《歸藏》，於是有偽《連山》《歸藏》。孔子所定之《書》，《尚書》是也。《周禮②・外史》有三皇五帝之《書》，後人不求明《書》，而爭論三皇五帝之《書》，於是有偽《三墳》書。孔子所定之《詩》，風、雅、頌是也。《周禮》有賦比興、豳雅頌③，後人不求明《詩》，而爭論賦比興、豳雅頌，此等皆無裨經義，其真其偽，其是其非，可以不論。治經者先埽除一切單文孤證疑似之文，則心力不分，而經義易晰矣。

30. 論《南陔》六詩與金奏三《夏》不在三百五篇之內

洪邁《容齋續筆》曰："《南陔》《白華》《華黍》《由庚》《崇丘》《由儀》六詩，毛公爲《詩詁訓傳》，各置其名，述其義，而亡其辭。《鄉飲酒》《燕禮》云'笙入堂下，磬南北面立。樂奏《南陔》《白華》《華黍》''乃間歌《魚麗》，笙《由庚》；歌《南有嘉魚》，笙《崇丘》；歌《南山有臺》，笙《由儀》；乃合樂，《周南》：《關雎》《葛覃》《卷耳》，《召南》：《鵲巢》《采蘋》《采蘩》'。切④詳文意，所謂歌者，有其辭所以可歌，如《魚麗》《嘉魚》《關雎》以下是也；亡其辭者不可歌，故以笙吹之，《南陔》至于《由儀》是也。有其義者，謂'孝子相戒以養''萬物得由其道'之義，亡其辭者，元未嘗有辭也。鄭康成始以爲及秦之世而亡之。又引《燕禮》

---

① 案：見本書卷二《尚書通論・〈論尚書義凡三變，學者各有所據，皆不專主伏生〉》引孔廣森《戴氏遺書序》。
② "禮"，皮誤作"易"，據《周禮註疏》改。
③ "豳雅頌"，《周禮注疏》卷二十三作"曰風，曰賦，曰比，曰興，曰雅，曰頌"，此處皮氏所論爲豳雅豳頌，下句同。
④ "切"，《容齋續筆》作"竊"，兩字通。如《戰國策・趙策二》"臣切爲大王計"，黃丕烈案："切，《史記》作竊。"

'升歌《鹿鳴①》、下管《新宮》'爲比，謂《新宮》之詩亦亡。按《左傳》宋公享叔孫昭子，賦《新宮》。杜注爲逸《詩》，則亦有辭，非諸篇比也。陸德明《音義》云：'此六篇蓋武王之詩，周公制禮，用爲樂章，吹笙以播其曲。孔子刪定在三百一十一篇內，及秦而亡。'蓋祖鄭說耳。且古《詩》經刪及逸不存者多矣，何獨列此六名於《大序》中乎？束晳《補亡》六篇，不可作也。《左傳》叔孫豹如晉，晉侯享之，金奏《肆夏》《韶夏》《納夏》，工歌《文王》《大明》《綿》《鹿鳴》《四牡》《皇皇者華》。《三夏》者樂曲名，擊鐘而奏，亦以樂曲無辭，故以金奏之②，若六詩則工歌之矣，尤可證也。"③

錫瑞案：洪說是也。漢初史遷、王式諸人皆云《詩》三百五篇，無有云三百十一篇者，是不數六笙詩甚明。《毛詩故訓傳》不以六笙詩列什數，則《序》云"有其義而亡其辭"，亡字當讀"有無"之無。鄭君以爲"亡逸"之亡，《箋》云："孔子論《詩》，雅、頌，各得其所，時俱在耳，篇第當在於此，遭戰國及秦而亡之，其義則與眾篇之義合編，故存。至毛公爲《詁訓傳》，乃分眾篇之義，各置於其篇端云。又闕其亡者，以見在爲數，故推改什首遂通耳，而下非孔子之舊。"④自鄭君爲此說，陸德明、孔穎達、成伯璵，皆以爲《詩》三百十一篇，與漢初人云三百五篇不合矣。

杜子春《周禮·鍾師》注引《春秋傳》"金奏《肆夏》之三"云："《肆夏》與《文王》《鹿鳴》俱稱三，謂其三章也。以此知

---

① "鳴"，皮作"歌"，據《容齋續筆》及《儀禮·燕禮》改。
② "之"字，《容齋續筆》無"之"字。
③ 《容齋隨筆》之《容齋續筆》卷十五《南陔六詩》。
④ 皮錫瑞引文概括較大，見《毛詩正義》卷九。原文爲："孔子歸魯，論其《詩》，今雅、頌各得其所。此三篇時俱在耳。篇之次第，當在於此。知者，以子夏得爲立序，則時未亡。以《六月》序知次在此處也。孔子之時尚在，漢氏之初已亡，故知戰國及秦之世而亡之也。戰國，謂六國韓、魏、燕、趙、齊、楚用兵力戰，故號戰國。六國之滅，皆秦並也。始皇三十四年而燔《詩》《書》，故以爲遺此而亡之。又解篇亡而義得存者，其義則以眾篇之義合編，故得存也。至毛公爲《訓詁傳》，乃分別眾篇之義，各置於其篇端。此三篇之序，無詩可屬，故連聚置於此。既言毛公分之，則此詩來亡之時，什當合致焉。今在什外者，毛公又闕其亡者，以見在爲數，推改什篇之首，遂通盡《小雅》云耳。是以亡者不在數中，從此而下，非孔子之舊矣。"

《肆夏》詩也。《國語》曰：'金奏《肆夏》《繁遏》《渠》，天子所以享元侯。'《肆夏》《繁遏》《渠》，所謂《三夏》矣。呂叔玉云：《肆夏》《繁遏》《渠》，皆《周頌》也。《肆夏》，《時邁》也。《繁遏》，《執競》也。《渠》，《思文》也①。肆，遂也。夏，大也。言遂於大位，謂王位也，故《時邁》曰'肆于時夏，允王保之'。繁，多也。遏，止也。言福祿止於周之多也，故《執競》曰'降福穰穰，降福簡簡，福祿來反'。渠，大也，言以后稷配天，王道之大也，故《思文》曰'思文后稷，克配彼天'。鄭②謂以《文王》《鹿鳴》言之，則《九夏》皆詩篇名，頌之族類也。此歌之大者，載在樂章。樂崩亦從而亡，是以頌不能具。"案呂說蓋以《時邁》《思文》，皆有"時夏"之文，而《執競》一篇在其間，故據以當《三夏》。其說近傅會，鄭君不從，是也。特以爲《頌》之族類，樂崩亦從而亡，則猶未知金奏與工歌不同，本不在三百五篇中，非《頌》不能具也。

31. 論《詩》無不入樂，《史》《漢》與《左氏傳》可證

《史記》曰："三百五篇孔子皆弦歌之，以求合《韶》《武》《雅》《頌》之音。"③則孔子之時，《詩》無不入樂矣。《漢書》曰："行人振木鐸徇於路，以采詩，獻之大師，比其音律。"④則孔子之前，《詩》無不入樂矣。墨子曰："誦《詩》三百，弦《詩》三百，歌《詩》三百，舞《詩》三百。"則孔子之後，《詩》無不入樂矣。

《詩》之入樂有一定者，有無定者。如《鄉飲酒禮》"間歌《魚麗》，笙《由庚》，歌《南有嘉魚》，笙《崇丘》，歌《南山有臺》，笙《由儀》。……合樂《周南·關雎》《葛覃》《卷耳》，《召南·鵲巢》《采蘩》《采蘋》。"《鄉射禮》合樂同。《燕禮》"間歌""歌鄉樂"，與《鄉飲酒禮》同。《大射》歌《鹿鳴》三終。《左氏傳》云：

---

① "也"，《周禮注疏》卷二十四無"也"字。
② "鄭"，《周禮注疏》卷二十四"玄"。
③ 《史記》卷四十七《孔子世家》。
④ 《漢書》卷二十四上《食貨志上》。

《湛露》，王所以宴樂諸侯也，《彤弓》，王所以燕獻功諸侯也，《文王》，兩君相見之樂也。（亦升歌《清廟》）《鹿鳴》《四牡》《皇華》①，嘉鄰國君勞使臣也。此《詩》之入樂有一定者也。（三《夏》，依鄭說，不取呂叔玉說爲《肆夏》《執競》《思文》）②《鄉飲酒禮》，正歌備後有"無算樂"，《注》引《春秋·襄二十九年》吳公子札來聘，請觀于周樂，此國君之無算。然則《左氏傳》載列國君卿賦《詩》言志，變風變雅，皆當在"無算樂"之中，此《詩》之入樂無一定者也。若惟正風正雅入樂，而變風變雅不入樂，吳札焉得而觀之？列國君卿焉得而歌之乎？

至宋儒乃有《詩》不入樂之說，程大昌曰："《南》《雅》《頌》，樂名也，若今樂曲之在其官③者也。……邶、鄘、衛……十三國者，詩皆可采，而聲不入樂，則直以徒詩著之本土④。朱子曰："二《南》、正《風》，房中之樂也，鄉樂也。二《雅》之正《雅》，朝廷之樂也。商、周之《頌》，宗廟之樂也。至變雅，則衰周卿士之作，以言時政之得失，而《邶》《鄘》以下，則大師所陳以觀民風者耳，非宗廟燕享之所用也。"⑤ 顧炎武用其說曰："夫二《南》也，《豳》之《七月》也，《小雅》正十六篇，《大雅》正十八篇，頌也，詩之入樂者也。《邶》以下十二國之附於二《南》之後，而謂之《風》；《鴟鴞》以下六篇之附於《豳》，而亦謂之《豳》；《六月》以下五十八篇之附於《小雅》，《民勞》以下十三篇之附於《大雅》，而謂之變雅，《詩》之不入樂者也。"⑥

錫瑞案：謂《詩》不入樂，與《史》《漢》皆不合，亦無解於《左氏》之文。古者《詩》教通行，必無徒詩不入樂者。唐人重詩，伶人所歌，皆當時絕句。宋人重詞，伶人所歌，皆當時之詞。元人重

---

① "《皇華》"，爲《詩經·小雅》中的詩篇，今傳世本作"《皇皇者華》"。
② 參見《周禮注疏》卷二十四。
③ "其官"，影印《文淵閣四庫全書》第852冊、《學海類編》第5冊程大昌《詩論》皆作"某宮"。
④ 程大昌《考古編》卷一《詩論一》，影印《文淵閣四庫全書》第852冊，第3頁。
⑤ 《日知錄》卷三《詩有入樂不入樂之分》引自《晦庵集》卷七十《讀呂氏詩記桑中篇》。
⑥ 《日知錄》卷三《詩有入樂不入樂之分》。

曲，伶人所歌，亦皆當時之曲，有朝脫稿而夕被管弦者。宋歌詞不歌詩，於是宋之詩爲徒詩。元歌曲不歌詞，於是元之詞爲徒詞。明以後歌南曲，不歌北曲，於是北曲亦爲徒曲。今並南曲亦失其傳，雖按譜而填，尠有能按節而歌者。如《古樂府》辭皆入樂，後人擬樂府，則名焉而已。周時《詩》方通行，必不如是。宋人與顧氏之說，竊未敢謂然也。（笙入金奏，本非三百五篇之詩，而說者必強以爲詩。三百五篇，本無不入樂之詩，而說者又謂有徒詩，皆不可據）

32. 論《詩》至晉後而盡亡，開元遺聲不可信

《困學紀聞》曰："《大戴禮·投壺》云：'凡《雅》二十六篇，其八篇可歌，歌《鹿鳴》《貍首》《鵲巢》《采蘩》《采蘋》《伐檀》《白駒》《騶虞》。八篇廢不可歌，七篇《商》《齊》可歌也，三篇閒歌①。'《上林賦》'揜羣雅'，張揖注云：'《詩》，《小雅》之材七十四人，《大雅》之材三十一人。'愚謂：八篇可歌者，唯《鹿鳴》《白駒》在《小雅》，《貍首》今亡。鄭氏以爲《射義》所引'曾孫侯氏'之詩，餘皆風也，而亦謂之雅，豈風亦有雅歟？劉氏②《小傳》或曰：'《貍首》，《鵲巢》也，篆文似之。'此有《貍首》，又有《鵲巢》，則'或說'非矣。張揖言《大雅》之材，未知所出。"③

閻若璩按："《小雅》除笙詩，自《鹿鳴》至《何草不黃》凡七十四篇，《大雅》自《文王》至《召旻》凡三十一篇，故曰'《小雅》之材七十四人，《大雅》之材三十一人'，以篇數言也。"屠繼序按："文當云：'八篇廢不可歌：《史辟》《史義》《史見》《史童》《史謗》《史贊》④《拾聲》《叡挾》。七篇《商》《齊》可歌也；三篇數閒歌也。合二十六篇之數。'又按："《伐檀》即《小雅·伐木》

---

① 閒歌，即間歌。下文即作"間歌"。
② 劉氏，即劉敞，字原父，北宋臨江新喻人。舉仁宗慶曆進士，廷試第一。歷試仁宗、英宗兩朝，官至集賢院學士。其學問淵博，以經學名家，著有《七經小傳》三卷、《春秋傳》十五卷、《春秋權衡》十七卷等，傳見《宋史》卷三百一十九。
③ 《困學紀聞》卷三《詩》。
④ "贊"，《困學紀聞》卷三《詩》、《大戴禮記解詁》卷十二《投壺》皆作"賓"。

也。意三家必有作'伐檀丁丁'者，杜夔①傳《琴操》仍其異文耳。②

《困學紀聞》又曰："漢大樂食舉十三曲，一曰《鹿鳴》。杜夔傳舊雅樂四曲，一曰《鹿鳴》，二曰《騶虞》，三曰《伐檀》，四曰《文王》，皆古聲辭。《琴操》曰：'古琴有詩歌五曲，曰《鹿鳴》《伐檀》《騶虞》《鵲巢》《白駒》。'"③朱子《儀禮經傳通解》十四《詩樂》："十二《詩譜》：《雅詩》六，《鹿鳴》《四牡》《皇華》④《魚麗》《嘉魚》⑤《南山有臺》，黃鍾清宮。俗呼正宮。《風詩》六，《關雎》《葛覃》《卷耳》《鵲巢》《采蘩》《采蘋》，無射清商。俗呼越調。"⑥朱子曰："今按：《大戴禮》頗有闕誤，其篇目都數皆不可考。至漢末年止存三篇，而加《文王》，又不知其何自來也。其後改作新辭，舊曲遂廢。至唐開元，《鄉飲酒禮》其所奏樂乃有此十二篇之目，而其聲今亦莫得聞矣。此譜乃趙彥肅所傳，曰⑦即開元遺聲也。古聲亡滅已久，不知當時工師何所考而爲此也。竊疑古樂有唱有歎，唱者發歌句也，和者繼其聲也。詩詞之外，應更有疊字散聲以歎發其趣，故漢、晉之間，舊典既失其傳，則其辭雖存而世莫能補，爲此故也。若但如此譜直以一聲叶一字，則古《詩》篇篇可歌，無復樂崩之歎矣，夫豈然哉！又其以清聲爲調，似亦非古法。然古聲既不可考，則姑存此以見聲歌之彷彿，俟知音⑧者考其得失云。"⑨

錫瑞案：漢食舉奏《鹿鳴》，則《鹿鳴》猶通行。明帝二年幸辟

---

① 杜夔，字公良，東漢末河南人，曾任漢雅樂郎，後爲曹操軍謀祭酒，參太樂事，能識舊法，創制雅樂。傳見《三國志》卷二十九《方伎傳》。
② 此段引文爲閻若璩、屠繼序箋校《困學紀聞》所加案語，見《校訂困學紀聞集證》卷三《詩》，萬希槐集證，屠繼序校補，嘉慶十八年掃葉山房刊本。又見《困學紀聞》卷三《詩》轉引。
③ 《困學紀聞》卷三《詩》。
④ "《皇華》"是《詩經·小雅》的詩篇，傳世本《詩經》作"《皇皇者華》"。
⑤ "《嘉魚》"是《詩經·小雅》的詩篇，傳世本《詩經》作"《南有嘉魚》"。
⑥ 此段引文，語句擇要概括，《儀禮經傳通解》卷十四《詩樂》第二十四，《朱子全書》第二冊。
⑦ "曰"，《儀禮經傳通解》卷十四《詩樂》第二十四作"云"字，《朱子全書》第二冊。
⑧ "音"，《儀禮經傳通解》卷十四《詩樂》第二十四作"樂"。
⑨ 《儀禮經傳通解》卷十四《詩樂》第二十四，《朱子全書》第二冊。

雍，詔曰："升歌《鹿鳴》，下管《新宮》。"《新宮》乃《逸詩》，不知何從得之。杜夔傳四曲有《文王》，亦不知何從得之。《伐檀》變風，誠非倫次。屠氏以爲《伐木》則非是。《上林賦》云："悲《伐檀》，樂《樂胥》。"《伐檀》云悲，當同《毛序》"賢者不遇明王"之義，若是《伐木》，何悲之有？夔傳四曲，皆古聲辭。及太和中左延年改夔《騶虞》《伐檀》《文王》，更自作聲節，其名雖存，而聲實異。唯因夔《鹿鳴》全不改易，每正旦大會，東廂雅樂常作者是也。至泰始五年，荀勖乃除《鹿鳴》舊歌，更作行禮詩，於是《鹿鳴》亦亡。若開元所奏趙彥肅所傳十二篇，皆不知所自來。朱子疑之，以一聲叶一字爲非，可謂至論，而《通解》仍載十二《詩譜》，不得已而存餼羊之義耳。（今學宮歌詩，正以聲叶一字者）

33. 論《詩》教"溫柔敦厚"在婉曲不直言，《楚辭》及唐詩、宋詞猶得其旨

　　《論語》言六經，惟《詩》最詳，可見聖人刪《詩》之旨，而不得其解，則反致轇轕。如言"《關雎》樂而不淫，哀而不傷。"《毛序》已糾纏不清，《鄭箋》改哀爲衷，朱注《論語》又以憂易哀，後人更各爲臆說矣。言"《詩三百》，一言以蔽之，曰：思無邪。"① 《詩》本託諷，聖人恐人誤會，故以無邪正之。毛、鄭解《詩》，於此義已不盡合，朱子以鄭、衛《詩》爲淫人自言，王柏乃議刪鄭、衛矣。惟言"小子何莫學夫《詩》"一章，"興觀羣怨，事父事君，多識鳥獸草木之名。"② 本末兼該，鉅細畢舉，得《詩》教之全，而人亦易解。其大者尤在溫柔敦厚，長於風諭。《困學紀聞》曰："子擊③好《晨風》《黍離》，而慈父感悟。（見《韓詩外傳》，《韓詩》以《黍離》爲伯奇之弟伯封作，言孝子之事，故能感悟慈父，與《毛詩》以爲閔周者不

---

① 見《論語·爲政》。
② 見《論語·陽貨》。語有概括。
③ 子擊，魏文侯太子，曾封中山，後魏文侯知子擊好《晨風》《黍離》，而復子擊太子。見《說苑·奉使篇》。

同）周磐①誦《汝墳》卒章，而爲親從仕。王裒②誦《蓼莪》，而三復流涕。裴安祖③講《鹿鳴》，而兄弟同食，可謂興於《詩》矣。"④

焦循《毛詩補疏序》曰："夫《詩》溫柔敦厚者也。不質直言之，而比興言之。不言理而言情。不務勝人，而務感人。自理道之說起，人各挾其是非，以逞其血氣，激濁揚清，本非謬戾，而言不本於性情，則聽者厭倦，至於傾軋之不已，而忿毒之相尋，以同爲黨，即以比爲爭。甚而假宮闈、廟祀、儲貳之名，動輒千百人哭於朝門，自鳴忠孝，以激其君之怒，害及其身，禍於其國，全戾乎所以事君父之道。余讀《明史》，每歎《詩》教之亡，莫此爲甚。夫聖人以一言蔽三百，曰'思無邪'。聖人以《詩》設教，其去邪歸正奚待言？所教在思，思者容也。思則情得，情得則兩相感而不疑。故示之於民，則民從；施之於僚友，則僚友協；誦之於君父，則君父怡然釋。不以理勝，不以氣矜，而上下相安於正。無邪以思致，思則以嗟歎永歌，手舞足蹈而致。管子曰：'止怒莫如詩。'劉向曰：'夫詩思然後積，積然後流，流然後發。詩發於思，思以勝怒，以思相感，則情深而氣平矣。此詩之所以爲教歟！'"⑤

又《補疏》曰："循按《蒹葭》《考槃》，皆遯世高隱之辭。而《序》則云：《考槃》刺莊公；《蒹葭》刺襄公；此說者所以疑《序》也。嘗觀《序》之言刺，如《氓》《靜女》刺時；《簡兮》刺不用賢；《芄蘭》刺惠公；《匏有苦葉》《雄雉》刺衛宣公；《君子于役》

---

① 周磐，字堅伯，東漢汝南安成人。居貧養母，儉薄不充。嘗誦《詩》至《汝墳》之卒章，乃解韋帶，就孝廉之舉。見《後漢書·周磐傳》。
② 王裒，字偉元，西晉城陽營陵人。裒少立操尚，行己以禮，博學多能，痛父非命，於是隱居教授，三征七辟皆不就。廬於墓側，旦夕常至墓所拜跪，攀柏悲號，涕淚著樹，樹爲之枯。母性畏雷，母沒，每雷，輒到墓曰："裒在此。"及讀《詩》至"哀哀父母，生我劬勞"，未嘗不三復流涕，門人受業者並廢《蓼莪》之篇。《晉書》卷八十八《孝友傳》有傳。
③ 裴安祖，少聰慧，年八九歲，就師講《詩》，至《鹿鳴篇》，語諸兄云："鹿得食相呼，而況人乎。"自此未曾獨食。見《北史》卷三十八《裴安祖傳》。
④ 《困學紀聞》卷三《詩》。
⑤ 焦循《毛詩補疏·序》，《皇清經解》卷一千一百五十一。

刺平王；《叔于田》《太叔于田》刺莊公；《羔裘》刺時①；《還》刺荒；《著》刺時，不親迎；《葛屨》刺褊；《汾沮洳》刺儉；《十畝之間》刺時；《伐檀》刺貪；《蟋蟀》刺晉僖公；《山有樞》《椒聊》刺晉昭公；《有杕之杜》刺晉武公；《葛生》《采苓》刺晉獻公；《宛丘》刺陳幽公；《蜉蝣》刺奢；《鳲鳩》刺不壹；《祈父》《白駒》《黃鳥》刺宣王；《賓之初筵》衛武公刺時；《魚藻》《采菽》《黍苗》《隰桑》《匏葉》刺幽王；《抑》衛武公刺厲王。求之詩文，不見刺意，惟其爲刺詩，而詩中不見有刺意，此三百篇所以溫柔敦厚，可以興，可以觀，可以羣，可以怨也。後世之刺人，一本於私，雖君父不難於指斥，以自鳴其直。學《詩三百》，於《序》既知其爲刺某某之詩矣。而諷味其詩文，則婉曲而不直言，寄託而多隱語。故其言足以感人，而不以自禍。即如《節南山》《雨無正》《小弁》等作，亦惻怛纏綿不傷於直，所以爲千古事父事君之法也。若使所刺在此詩中，即明白言之，不待讀《序》，即知其爲刺某人之作。則何以爲主文譎諫而不訐，溫柔敦厚而不愚。二語，李行修②說。'人之多辟，無自立辟'，洩冶所以見非於聖人也③。宋明之人，不知詩教，士大夫以理自持，以幸直抵觸其君，相習成風，性情全失，而疑《小序》者遂相率而起。余謂《小序》之有裨于《詩》，至切至要，特詳論於此。"④

錫瑞案：《詩》婉曲不直言，故能感人。焦氏所言甚得其旨，三百篇後得《風》《雅》之旨者，惟屈子《楚辭》。太史公云："《國風》好色而不淫，《小雅》怨誹而不亂。若《離騷》者，可謂兼

---

① "時"，《毛詩補疏》（《皇清經解》卷一千一百五十三），《毛詩正義》卷四作"朝"。

② 李行修（？—849），唐宗室，憲宗元和四年進士，官至左司員外郎，廣州刺史，嶺南節度使。《唐方鎮年表》卷七有傳。

③ 洩冶，陳國大夫，諫陳靈公淫亂於朝而被殺。"民之多辟，無自立辟"語出《詩經·大雅·板》，謂百姓多行邪惡，就不要再去自立法度。《孔子家語》載孔子曰："洩冶之於靈公，位在大夫，無骨肉之親，懷寵不去，仕於亂朝，以區區之身，欲止一國之淫昏，死而無益，可謂狷矣！"孔子不贊成洩冶的無謂犧牲的行爲。見《春秋左傳注疏》卷二十二《宣公九年》。

④ 《毛詩補疏》，《皇清經解》卷一千一百五十三。

之。"① 而《楚辭》未嘗引經，亦未道及孔子。宋玉始引《詩》"素餐"之語，或據以爲當時孔教未行於楚之證。案楚莊王、左史倚相、觀射父、白公子張諸人，在春秋時已引經，不應六國時猶未聞孔教。《楚辭》蓋偶未道及，而實兼有《國風》《小雅》之遺。其後唐之詩人，猶通比興，至宋乃漸失其旨。然失之於詩，而得之於詞，猶《詩》教之遺也。

34. 論三百篇爲全經，不可增刪改竄

《漢書·藝文志》曰："《詩》三百篇，遭秦而全者，以其諷誦，不獨在竹帛故也。"班氏據漢博士之說，《詩》遭秦爲全經。漢時所傳之三百篇，即聖人所謂《詩》三百，非有不完不備、待後人補綴者。漢時今《尚書》家以二十九篇爲備，古《尚書》家以爲有百篇，二說不同。而《詩》則三家與毛，今古文皆以爲全經，無不同也。王柏乃疑"今日之三百五篇，豈果爲聖人之三百五篇②？秦法嚴密，《詩》無獨全之理。竊意夫子已刪去之詩，容有存於閭巷浮薄者之口。蓋雅奧難識，淫俚易傳。漢儒病其亡逸，妄取而攛雜，以足三百篇之數。"③ 柏此說與《漢志》相反，柏以前無爲此說者，果何所據而云然乎？吳師道④引劉歆言"《詩》始出時，一人不能獨盡其經，或爲《雅》，或爲《頌》，相合而成"⑤，以證王氏之說。

案劉歆但云《雅》《頌》相合，未云攛雜足數。且班固既著此語於《歆傳》，而《藝文志》以《詩》爲全經，是班氏未嘗以歆所云疑《詩》爲不全也。王氏因朱子以鄭、衛爲淫詩，毅然刪去三十二篇，且於二《南》刪去《野有死麕》一篇，而退《何彼襛矣》《甘棠》

---

① 《史記》卷八十四《屈原列傳》。
② "篇"後，王柏《詩疑》卷一《總說》有"乎"字。
③ 王柏《詩疑》卷一《總說》，顧頡剛校點，樸社出版，1935年版。
④ 吳師道（1283—1344），字正傳，婺州蘭溪人。元英宗至治元年進士，官至國子助教、博士。著有《易書詩雜說》《春秋胡傳附辨》《戰國策校注》《敬鄉錄》《吳正傳文集》。《元史》卷一百九十《儒學傳二》有傳。
⑤ 此語出自劉歆《移書讓太常博士》。

於《王風》。聖人手定之經，敢加刪改，後人以其淵源於朱子，而莫敢議。金履祥、許謙從而和之，不知朱子之說，證以《左氏》，已難據信。

朱子曰："今若以《桑中》《濮上》爲雅樂，當以薦何等鬼神，接何等賓客。"① 案《桑中》詩雖未見古人施用，而鄭、衛《風》三十二篇，朱子所指爲淫詩，王氏所毅然刪去者，如《將仲子》《褰裳》《風雨》《有女同車》《蘀兮》《野有蔓草》六詩，明見於《左氏傳》，用以宴享賓客。（《左氏傳》雖難盡信，然必非出於漢以後）朱子之說，已未可信，王氏所疑，豈可信乎？自漢以後，學者不知聖人作經，非後人所敢擬議。王通《續詩》有四名五志，或云僞作。朱子曰："王通欲取曹、劉、沈、謝之詩爲《續詩》，曹、劉、沈、謝又那得一篇如《鹿鳴》《四牡》《大明》《文王》《關雎》《鵲巢》？"② 劉迅"取《房中歌》至《後庭鬭百草》《臨春樂》《少年子》之類凡一百四十二篇，以擬《雅》章。又取《巴渝歌》《白頭吟》《折楊柳》至《談容娘》，以比《國風》之流"③，亦屬僭。丘光庭《兼明書》曰："大中年中，《毛詩》博士沈朗《進新添毛詩四篇表》云：'《關雎》后妃之德，不可爲三百篇之首。蓋先儒編次不當耳，今別撰二篇爲堯、舜詩，取虞人之箴爲禹時④，取《大雅》《文王》之篇爲文王詩。請以四詩置《關雎》之前，所以先帝王而後后妃，尊卑之義也。'朝廷嘉之。明曰：'沈朗論詩，一何狂謬！……不知沈朗自謂新添四篇，爲《風》乎？爲《雅》乎？爲《風》也，不宜歌帝王之道。爲《雅》也，則不可置《關雎》之前。非唯首尾乖張，實謂自相矛盾。其爲妄作，無乃甚乎？'"⑤ 案沈朗妄添詩，罪在劉迅之上；王柏妄刪詩，罪亦不在沈朗之下。《四庫提要》斥之曰："柏何

---

① 王柏《詩疑》卷一《總說》，顧頡剛校點，樸社出版，1935年版。
② 語見《朱子語類》卷一三七。
③ 《困學見聞》卷三《詩》。
④ "時"，丘光庭《兼明書》卷二作"詩"。
⑤ 丘光庭《兼明書》卷二《毛詩·沈朗新添》，影印《文淵閣四庫全書》第850冊，第225—226頁。

人斯，敢奮筆以進退孔子哉！"① 程敏政、茅坤信王柏，二人非經師，毛奇齡已辨之。閻若璩深於《書》而淺於《詩》，亦誤信王柏，皆不足據。

35. 論風人多託意男女，不可以文害辭

《漢書·食貨志》曰："男女有不得其所者，因相與歌詠，各言其傷。師古曰：怨刺之詩也。……孟春②之月，羣居者將散，行人振木鐸徇于路，以采詩，獻之大師，比其音律，以聞于天子。"何休《公羊解詁》曰："男女有所怨恨，相從而歌，飢者歌其食，勞者歌其事。男年六十，女年五十無子者，官衣食之，使之民間求詩，鄉移於邑，邑移於國，國以聞於天子。"③ 據此二說，則風詩實有民間男女之作。然作者爲民間男女，而其怨刺者，不必皆男女淫邪之事。朱子乃以詞意不莊、近於褻狎者，皆爲淫詩，且爲淫人所自作。陳傅良謂：以彤管爲淫奔之具，城闕爲偷期之所，"竊所未妥④"，藏其說不與朱子辨⑤。朱子謂："陳君舉兩年在家中解《詩》，未曾得見。近有人來說，君舉解《詩》，凡《詩》中所說男女事，不是說男女，皆是說君臣。未可如此一律，今人解經，先執偏見，類如此。"⑥

錫瑞案：陳止齋《詩說》，今不可得見。據朱子謂其以說男女者爲說君臣，則風人之義，實當有作如是解者。朱子《楚詞集注》曰："楚人之詞，……其寓情草木，託意男女，以極游觀之適者，變風之流也。其敍事陳情，感今懷古，以不忘乎君臣之義者，變雅之類

---

① 永瑢等《四庫全書總目》卷十七《詩疑》提要。
② "孟春"二字，皮作"春秋"，據《汉书·食貨志》改。
③ 《春秋公羊傳注疏》卷十六《宣公十五年》。
④ "妥"，商務本、中華本作據葉紹翁《四朝聞見錄》改作"安"，是。
⑤ 語見葉紹翁《四朝聞見錄》甲集《止齋陳氏》。原文爲"考亭先生晚注《毛詩》，盡去《序》文，以彤管爲淫奔之具，以城闕爲偷期之所。止齋得其說而病之，謂'以千七百女史之彤管與三代之學校，以爲淫奔之具、偷期之所，私竊有所未安'。猶藏其說，不與考亭先生辨。"案：考亭先生，即朱熹。陳傅良（1137—1203），字君舉，號止齋，南宋溫州瑞安人。乾道八年進士，官至中書舍人兼起居郎。南宋著名學者。《宋史》卷四百三十四《儒林傳四》有傳。
⑥ 朱鑑《詩傳遺說》卷一，影印《文淵閣四庫全書》第75册，第514頁。

也。……其語祀神歌舞之盛，則幾乎《頌》。而其變也，又有甚焉。其爲賦，則如《騷經》首章之云也；比，則香草惡物之類也；興，則託興①，興詞初不取義，如《九歌》沅芷澧蘭以興思公子而未敢言之屬也。"朱子以《詩》之六義說《楚詞》，以託意男女爲變風之流，沅芷澧蘭思公子而未敢言爲興。其於《楚詞》之託男女，近於褻狎而不莊者，未嘗以男女淫邪解之，何獨於《風》詩之託男女、近於褻狎而不莊者，必盡以男女淫邪解之乎？

後世詩人得風人之遺者，非止《楚詞》。漢唐諸家近於比興者，陳沆②《詩比興箋》已發明之。初唐四子託於男女者，何景明《明月篇序》已顯白之。古詩如傅毅《孤竹》、張衡《同聲》、繁欽《定情》、曹植《美女》，雖未知其於君臣、朋友何所寄託，要之必非實言男女。唐詩如張籍"君知妾有夫"一篇，乃在幕中卻李師道聘作，託於節婦而非節婦；朱慶餘"洞房昨夜停紅燭"一篇，乃登第後謝薦舉作，託於新嫁娘而非新嫁娘，皆不待箋釋而明者。即如李商隱之《無題》，韓偓之《香奩》，解者亦以爲感慨身世，非言閨房。以及唐宋詩餘，溫飛卿之《菩薩蠻》感士不遇，韋莊之《菩薩蠻》留蜀思唐，馮延巳之《蝶戀花》忠愛纏綿，歐陽修之《蝶戀花》爲韓、范作，張惠言《詞選》已明釋之。此皆詞近閨房，實非男女，言在此而意在彼，可謂之接跡風人者。不疑此而反疑風人，豈非不知類乎？孟子曰："故說《詩》者不以文害辭，不以辭害志，以意逆志，是爲得之。"以託意男女而據爲實言，正以文害辭，以辭害志，而不知以意逆志者也。

36. 論鳥獸草木之名當考《毛傳》《爾雅》《陸疏》，而參以圖說目驗

鳥獸草木之名，雖屬《詩》之緒餘，亦足以資多識。三家既亡，

---

① "託興"，朱熹《楚辭集注》卷一《離騷經》作"託物"。

② 陳沆（1786—1826），字太初，號秋舫，湖北蘄水人。嘉慶二十四年一甲一名進士，授翰林院修撰。其學無所不窺，尤篤好宋五子書，與魏源友善。著《詩比興箋》《近思錄補註》《簡學齋詩存》《詩刪》。《清史列傳》卷七十三《文苑傳四》有傳。

詳見《毛傳》。毛公之學，自謂子夏所傳。"張揖《進廣雅表》云：周公著《爾雅》一篇，今俗所傳三篇，或言仲尼所增，或言子夏所益，或言叔孫通所補，或言沛郡梁文所考。"① 據此，則《毛傳》與《爾雅》同淵源於子夏。故《爾雅》之《釋草》《釋木》《釋鳥》《釋獸》與《毛傳》略同。曹粹中《放齋詩說》以爲《爾雅》成書，在毛公以後。戴震曰："傳注莫先《毛詩》，其爲書又出《爾雅》後。《爾雅》'杜甘棠''梨山檎②''榆白枌'，立文少變。杜澀、棠甘，而名類可互見。杜赤棠白者棠，以棠見杜；杜甘棠，以杜見棠。《毛詩》'甘棠杜也'誤，'枌白榆也'不誤。杜甘曰棠，梨山生曰檎，榆白曰枌。朱子《詩集傳》於《陳·東門之枌》云'枌，白榆也'，本《毛詩》；於《唐·山有蘆③》云'榆，白枌也'，殆稽《爾雅》而失其讀。其他《毛詩》誤用《爾雅》者甚多，先儒言《爾雅》往往取諸《毛詩》，非也。"④ 錢大昕曰："毛公所見《爾雅》勝於今本，如草木蟲魚增加偏旁，多出於漢以後經師，而毛猶多存古。夫不、桔鞠、脊令、卑居之屬，皆當依毛本改正者也。"⑤ 陳奐曰："大毛公生於六國，其作《詩故訓傳》傳義，有具於《爾雅》，有不具於《爾雅》，用依《爾雅》編作義類。"⑥

案諸家說，皆以《爾雅》先於《毛詩》，與曹氏說不同。考鳥獸草木者，二書之外，陸璣《草木鳥獸蟲魚疏》，爲最近古。成伯璵《毛詩指說》曰："陸璣作《草木疏》二卷，亦論蟲魚鳥獸。然土物所生，耳目不及，相承迷悟，明體乖殊，十得六七而已。"⑦ 據此，則唐人於陸《疏》已不盡信，然十得六七，猶勝後人臆說。

宋蔡卞《毛詩名物解》、許謙《集傳名物鈔》、陸佃《爾雅新義》、羅願《爾雅翼》，自矜創獲，求異先儒。而蔡卞、陸佃皆王安

---

① 《四庫全書總目》卷四十《經部》四十《小學類》一《爾雅注疏》提要。
② "檎"，《戴東原集》卷三、今《詩經》皆作"檎"。下句同。
③ 戴震、皮引文皆作"蘆"，今《詩經》作"樞"。
④ 戴震《戴東原集》卷三《答江慎修先生論小學書》，《續修四庫全書》第1434冊，第460頁。
⑤ 錢大昕《潛研堂文集》卷十《答問七》，《潛研堂集》。
⑥ 陳奐《詩毛氏傳疏·敘》。案：皮氏概括大意。
⑦ 成伯璵《毛詩指說·傳受第三》，影印《文淵閣四庫全書》第70冊，第177頁。

石新學。安石《詩經新義》"八月剝棗",不用《毛詩》"剝,扑"之訓,以爲剝其皮以養老。後罷政居鍾山,聞田家扑棗之言,乃悟杜詩"東家撲棗任西鄰"及"棗熟從人打",知《毛傳》"剝,扑"之訓不誤,奏請刪去《詩義》。宋人新說之不可信如此,所說名物安可據乎?古今名物不同,未易折衷壹是。然不知雎鳩爲何鳥,則不能辨"摯而有別",言"摯至"與言"鷙猛"之孰優。不知芣苢爲何草,則不能定毛與三家,"樂有子"與"傷惡疾"之孰是。多識草木鳥獸,乃足以證《詩》義。動植物學,今方講明,宜考《毛傳》《爾雅》《陸疏》,證以圖說,參以目驗,審定古之何物爲今之何物。非但取明經義,亦深有裨實用,未可以其瑣而忽之也。

37. 論《鄭箋》、朱《傳》間用三家,其書皆未盡善

自漢以後,經學宗鄭,說《詩》者莫不主《鄭箋》。自宋以後經學宗朱,說《詩》者莫不從朱《傳》。《鄭箋》宗《毛》者也,而間用三家說;朱《傳》不宗《毛》者也,亦間用三家說。惠棟《九經古義》曰:"王伯厚謂鄭康成先通《韓詩》,故注三《禮》與箋《詩》異。案鄭《志》答炅模云:'爲記注時就盧君,先師亦然。後乃得毛公傳記,古書義又且然,記注已行,不復改之。'盧君謂盧子幹也。先師謂張恭祖也。《續漢書》盧植與鄭玄俱事馬融,同門相友。玄本傳云:'又從東郡張恭祖受《韓詩》,故記注多依韓說。'《六藝論》云:'注《詩》宗毛爲主,毛義若隱略,則更表明,如有不同,即下己意。'案《鄭箋》宗毛,然亦間有從韓、魯說者,如《唐風》'素衣朱襮',以繡黼爲綃黼①;《十月之交》爲厲王詩;《皇矣》'侵阮、徂、共'爲三國名,皆從《魯詩》。《衡門》'可以樂飢',以樂爲療;《十月之交》'抑此皇父',抑讀爲意,《思齊》'古之人無斁',斁作擇。《泮水》'狄彼東南',狄作鬄,皆韓詩說

---

① "素衣朱襮",爲《唐風·揚之水》中詩句。《毛傳》:"襮:領也。諸侯繡黼丹朱中衣。"《鄭箋》:"繡當爲綃,綃黼丹朱中衣,中衣以綃黼爲領。"見《毛詩正義》卷六。

也。"① 詳見《毛詩稽古編》《經義雜記》，此《鄭箋》間用三家之證也。

王應麟《詩考序》曰："賈逵撰《齊魯韓與毛詩異同》，崔②靈恩采三家本爲《集注》，今唯《毛傳》《鄭箋》孤行。……獨朱文公③閟意眇指，卓然千載之上。言《關雎》則取康衡；（宋人諱匡字，改爲康）《柏舟》婦人之詩則取劉向；笙詩有聲無辭則取《儀禮》；'上天甚神'，則取《戰國策》；'何以恤我'，則取《左氏傳》；《抑》'戒自儆'、《昊天有成命》'道成王之德'，則取《國語》；'陟降庭止'則取《漢書注》；《賓之初筵》'飲酒悔過'則取《韓詩序》；'不可休思''是用不就''彼岨者岐'，皆從《韓詩》；'禹敷下土方'，又證諸《楚辭》。一洗末師專己守殘之陋。"④ 此朱《傳》間用三家之證也。

錫瑞案：《鄭箋》所以間用三家者，當時三家通行，毛不通行，故鄭君注《禮》時，尚未得見《毛傳》。蓋鄭見《毛傳》後，以爲孤學恐致亡佚，故作《箋》以表明。有不愜於心者，間采三家裨補其義。不明稱三家說者，正以三家通行，人人皆知之故。（鄭樵曰："當鄭氏箋《詩》，三家俱存，故鄭氏雖解釋經文，不明言改字之由，亦以學者既習《詩》，則三家之《詩》，不容不知。後世三家既亡，學者惟見其改字，而不見《詩》學之所由異，此鄭氏之所以獲譏也"）其後《鄭箋》既行，而齊、魯、韓三家遂廢。"（《經典釋文》之說）此鄭君所不及料者，鄭精三《禮》，以《禮》解《詩》，頗多紆曲，不得詩人之旨。魏源嘗摘其失："如'亦既覯止'，引男女之構精⑤，'言從之邁'⑥，殉古人於泉壤。《菀柳》相戒，言王者不可朝事。《四月》怨役，斥先祖爲非人。除《牆茨》之淫昏，反違禮而害國，頌《椒聊》之桓叔，能均平不偏黨。'瞻烏爰止'，則教民以貳上；昊天爲政，望更姓而改物。成王省耕，王后與世子偕行；閻妻屬妃，童角乃皇后之斥。取子毀室，誅周公之

---

① 惠棟《九經古義》卷六《毛詩古義》，《叢書集成初編》本。
② "崔"字前，《詩考·詩考序》有"梁"字。
③ "朱文公"後，《詩考·詩考序》有"《集傳》"二字。
④ 《詩考·詩考序》，影印《文淵閣四庫全書》第75册。
⑤ "亦既覯之"，爲《召南·草蟲》中詩句，覯，亦寫作媾、遘，在這裏指夫妻的遇合。《鄭箋》："既覯，謂已昏也。《易》曰：'男女覯精，萬物化生。'"
⑥ "言從之邁"，爲《小雅·都士人》中詩句。

黨與；屨五綅雙，數姜襄之姆傅。"① 此《鄭箋》之未盡善也。

　　朱《傳》所以間用三家者，亦以毛、鄭不愜於心，間采三家裨補其義。據王應麟《詩考序》云"扶微學，廣異義，亦文公之意"②，則其采輯三家，實由朱子《集傳》啟之。後來范家相、馬國翰，更加摭拾，至陳喬樅益詳，未始非朱子先路之導。攻朱者不顧朱義有本，並其本於三家者，亦攻駁之，過矣。朱子作《白鹿洞賦》，用"青衿傷學校"語，門人問之，曰："古《序》亦不可廢。"是朱子作《集傳》，不過自成一家之說。後人尊朱，遂廢注疏，亦朱子所不及料者。《鄭箋》之失，在以禮解《詩》；朱《傳》之失，則在以理解《詩》。其失不同，皆不得詩人之旨。黃震謂："晦庵先生盡去美刺，探求古始，雖東萊先生不能無疑。"陳傅良謂"竊所未安"，是朱《傳》在當時人已疑之。元延祐科舉條制，《詩》用朱《傳》。明胡廣等竊劉瑾之書，作《詩經大全》，著爲令典，於是專宗朱《傳》，漢學遂亡。(本《提要》)近陳啟源等乃駁朱申毛，疏證詳明，一一有本。(本《提要》)此朱《傳》之未盡善也。

　　然則學者治《詩》，以何書爲主乎？曰三家既亡，毛又簡略，治《詩》者不得不以唐人《正義》爲本。其書以劉焯《毛詩義疏》、劉炫《毛詩述義》爲稿本，故能融貫羣言，包羅古義。(本《提要》)雖或過於護鄭，且有強毛合鄭之處。而名物訓詁，極其該洽，遠勝《周易》《尚書》疏之空疏。朱子《集傳》名物訓詁，亦多本於《孔疏》。學者能通其說，不僅爲治《毛詩》之用，且可以通羣經。至於近人之書，則以陳奐《詩毛氏傳疏》，能專爲毛氏一家之學，在陳啟源、馬瑞辰、胡承珙之上。(陳《疏》惟合明堂、路寢爲一，非是。鍾文烝嘗詆爲新奇繆戾) 陳喬樅《魯詩遺說考》《齊詩遺說考》《韓詩遺說考》，能兼考魯、齊、韓三家之遺，比王應麟、范家相、馬國翰爲詳。學者先觀二書，可以得古《詩》之大義矣。(陳氏於三家少發明，魏源發明三家，未能篤守古義，且多武斷)

---

　　① 《詩古微》上編之二《通論毛詩·毛詩義例篇上》，《續修四庫全書》第 77 冊，第 39 頁。
　　② 語見《詩考序》。

38. 論孔子刪《詩》是去其重，三百五篇已難盡通，不必更求三百五篇之外

《史記‧孔子世家》曰："古者《詩》三千餘篇，及至孔子去其重，取可施於禮義，上采契、后稷，中述殷、周之盛，至幽、厲之缺，始於衽席。故曰：'《關雎》之亂以爲《風》始，《鹿鳴》爲《小雅》始，《文王》爲《大雅》始，《清廟》爲《頌》始。'三百五篇，孔子皆弦歌之，以求合《韶》《武》《雅》《頌》之音。"案史公說本《魯詩》，爲西漢最初之義。云"始於衽席"正與讀《春秋曆譜諜》曰"周道缺，詩人本之衽席，《關雎》作"① 相合，可知《關雎》實是刺詩，而無妨於列正風，冠篇首矣。云"《關雎》之亂以爲《風》始"，可知四始實孔子所定，而非周公所定，且並非周初所有矣。云"三百五篇"，可知孔子所定之《詩》，止有此數，不得如毛、鄭增入笙詩六篇，而陸、孔遂以爲三百十一篇矣。云"皆弦歌之以求合《韶》《武》《雅》《頌》"，可知三百五篇，無淫邪之詩在內，不得如朱子以爲淫人自作，而王柏妄刪《鄭》《衛》矣。孔子刪《詩》之說，孔穎達已疑之，謂："案《書傳》所引之《詩》，見在者多，亡逸者少，則夫子所錄者，不容十分去九，馬遷之言未可信。"② 惟歐陽修以遷說爲然，"以圖推之，有更十君而取其一篇者，又有二十餘君而取其一篇者，由是言之，何啻乎三千？"③

近人朱彝尊、趙翼、崔述、李惇皆力辯刪《詩》之非。惟趙坦用史公之說，曰："刪《詩》之旨可述乎？曰去其重複焉爾。今試舉羣經諸子所引《詩》不見于三百篇者一證之，如《大戴禮‧用兵篇》引《詩》云'魚在在藻，厥志在餌''鮮民之生矣，不如死之久矣''校德不塞，嗣武孫武子④'。今《小雅》之《魚藻》《蓼

---

① 《史記》卷一十四《十二諸侯年表序》。
② 語見《毛詩正義‧詩譜序》。
③ 歐陽修《詩本義‧詩圖總序》，影印《文淵閣四庫全書》第70冊，第301頁。
④ "武孫武子"，皮作"武丁孫子"，據趙坦《寶甓齋文集‧孔子刪詩辨》，《大戴禮記解詁》卷十一《用兵篇》改。

莪》,《商頌》之《玄鳥》等篇辭句有相似者。《左傳·襄八年》引《詩》云'兆云詢多,職競作羅',今《小雅》之《小旻》篇句有相似者。……《荀子·臣道篇》引《詩》云'國有大命,不可以告人,妨其躬身',與今《唐風·揚之水篇》亦相似。凡若此類,複見疊出,疑皆爲孔子所刪也。……若夫《河水》即《沔水》,《新宫》即《斯干》,昔人論說有足取者。然則史遷所云'去其重,取可施於禮義者',直千古不易之論。"①

王崧亦爲之說曰:"《史記》之書繆誤固多,皆有因而然,從無鑿空妄說者。考《漢書·食貨志》'孟春之月,行人振木鐸徇於路,以采詩獻之太師,比其音律以聞於天子'云云。《史記》所謂古《詩》三千餘篇者,蓋太師所采之數,迨比其音律聞於天子,不過三百餘篇。何以知之? 采詩非徒存其辭,乃用以爲樂章也。音律之不協者棄之,即協者尚多,而此三百餘篇,於用已足,其餘但存之太史,以備所用之或闕。'《詩》三百''誦《詩》三百',皆孔子之言。前此未有綜計其數者,蓋古《詩》不止三百五篇。東遷以後,禮壞樂崩,《詩》或有句而不成章、有章而不成篇者,無與於弦歌之用。孔子自衛反魯而正樂,釐訂汰黜,定爲此數,以教門人,於是授受不絕。設無孔子,則此三百五篇,亦胥歸泯滅矣。故世所傳之《逸詩》,有太師比音律時所棄者,有孔子正樂時所削者。所采既多,其原作流傳誦習,後人得以引之,是則'古詩三千餘篇去其重,取其可施於禮義',乃太師所爲。司馬遷傳聞孔子正樂時,於《詩》嘗有所刪除,而遂以歸之孔子。此其屬辭之未密,或文字有脫誤耳。然謂'孔子皆弦歌之,以求合《韶》《武》《雅》《頌》之音',可知非獨取其辭意已。"②

魏源又引三家異文證之曰:"今所奉爲正經章句者,《毛詩》耳。

---

① 趙坦《寶甓齋文集·孔子刪詩辨》,《皇清經解》卷一千二百一十七。案趙坦(1765—1828)字寬夫,號石侶,浙江仁和人。諸生。精於經學,爲阮元、孫星衍等所推重。著有《周易鄭注引義》《春秋異文箋》《寶甓齋札記》等。《續碑傳集》卷七十六有傳。

② 王崧《說緯·孔子刪詩》,《皇清經解》卷一千三百七十。案王崧,字樂山,雲南浪穹人。嘉慶四年進士,授山西武鄉縣知縣。其遍覽羣籍,學問淹博,阮元總督雲貴,延崧主修《通志》。著有《說緯》。《清史稿》卷四百八十二《儒林傳三》有傳。

而《孔疏》謂《毛詩》經文與三家異者，動以百數。故崔靈恩載《般》頌末，三家有'於繹思'一語，而毛無之。後漢陳忠疏引《詩》云'以《雅》以《南》，韎任朱離'，《注》謂出齊、魯《詩》，而毛無之。《韓詩》北宋尚存，見於《御覽》，乃劉安世述《雨無正》，篇首有'雨無其極，傷我稼穡'二語，而毛無之。至《選》注引《韓詩》經文，有'萬人顒顒，仰天告愬'二語，鄭司農《周禮注》述三家《詩》云'敕爾瞽，率爾眾工，奏爾悲誦'，則今并不得其何篇，使不知爲三家經文，必謂夫子筆削之遺無疑矣。至若《緇衣》，《左傳》引《都人士》首章，而鄭君、服虔之注，并以爲《逸詩》，《孔疏》謂《韓詩》見存，實無首章。然賈誼《新書·等齊篇》引《詩》曰'狐裘黃裳''萬民之望'，是《魯詩》有《都人士》首章，而韓逸之也。《左傳》引《詩》'何以恤我，我其收之'，明是《周頌》之異文，而杜《注》以爲《逸詩》，是皆但據《毛詩》之蔽也。夫毛以三家所有爲逸，猶韓以毛所有爲逸，果孰爲夫子所刪之本耶？是《逸詩》之不盡爲逸，有如斯者。推之《韓詩》，《常棣》作《夫栘》；《齊詩》，《還》作《營》，韋昭謂《鳲飛》即《小宛》，《河水》即《沔水》，是逸篇不盡逸，有如斯者。再推之，則《左傳》澶淵之會引《詩》云'淑慎爾止，無載爾僞'，乃《抑》篇之歧句。《荀子·臣道篇》引《詩》云'國有大命，不可以告人，妨其躬身'；《坊記》引《詩》云'相彼盍旦，尚猶患之；《緇衣》引《詩》云'誰能秉國成，不自爲政，卒勞百姓'；《漢書》引《詩》云'四牡翼翼，以征不服'，烏知匪《揚之水》《小弁》《節南山》《六月》之文，而謂皆刪章刪句刪字之餘耶？"[1]

魏說主不刪《詩》，而可證《史記》"去其重"之義，故節取之。案《詩》三百五篇已不能盡通其義，更何暇求三百五篇之外？刪《詩》之說，《逸詩》之名，學者宜姑置之，但求通其所能通者可也。

---

[1] 魏源《詩古微》上編之二《通論詩樂·夫子正樂論中》，《續修四庫全書》第77冊，第28—29頁。

卷四 《三禮通論》

01. 論漢初無"三禮"之名，《儀禮》在漢時但稱《禮經》，今注疏本《儀禮》大題，非鄭君自名其學

三《禮》之名，起於漢末，在漢初但曰《禮》而已。漢所謂《禮》，即今十七篇之《儀禮》，而漢不名《儀禮》，專主經言，則曰《禮經》，合記而言，則曰《禮記》。許慎、盧植所稱《禮記》，皆即《儀禮》與篇中之記，非今四十九篇之《禮記》也。其後《禮記》之名，爲四十九篇之《記》所奪，乃以十七篇之《禮經》，別稱《儀禮》，又以《周官經》爲《周禮》，合稱三《禮》。蓋以鄭君並注三書，後世盛行《鄭注》，於是三書有三《禮》之名，非漢初之所有也。

《史記·儒林傳》曰："諸學者多言《禮》，而魯高堂生最①。《禮》固自孔子時，而其經不具。及至秦焚書，書散亡益多，於今獨有《士禮》，高堂生能言之。"據《史記》，高堂生所傳《士禮》，即今十七篇之《儀禮》，是史公所云《禮》，止數《儀禮》，不及《周禮》與《禮記》也。

《漢書·藝文志》："《禮古經》五十六卷，《經》七十篇。（原注）后氏、戴氏。（劉敞曰：七十當作十七）《記》百三十一篇。《明堂陰陽》

---

① "最"後，《史記》卷一百二十一《儒林傳》有"本"字。

三十三篇。《王史氏》二十一篇。《曲臺后倉》九篇。《中庸說》二篇。《明堂陰陽說》二①篇。《周官經》六篇。"據《漢書》,《經》十七篇,即今十七篇之《儀禮》;《古經》五十六篇,則合《逸禮》言之;《記》百三十一篇,今四十九篇之《禮記》在內;《明堂陰陽》,今《明堂位》《月令》在內;《中庸說》即今《禮記》之《中庸》;而《志》皆不稱經。《周官經》別附於後,是班氏所云經,止數《儀禮》,不及《周禮》與《禮記》也。《志》曰:"帝王質文世有損益,至周曲爲之防,事爲之制,故曰:'禮經三百,威儀三千。'及周之衰,諸侯將踰法度,惡其害己,皆滅去其籍,自孔子時而不具,至秦大壞。漢興,魯高堂生傳《士禮》十七篇。於②孝宣世,后倉最明。戴德、戴聖、慶普,皆其弟子,三家立於學官。《禮古經》者,出於魯淹中及孔氏,學七十篇文相似,多三十九篇。及《明堂陰陽》《王史氏記》③,多天子諸侯卿大夫之制,雖不能備,猶瘉倉等推《士禮》而致於天子之說。"④

"劉敞曰:讀當云'《禮古經》者,出於魯淹中及孔氏'。孔氏則安國所得壁中書也。'學七十篇',當作'與十七篇文相似'。五十六卷除十七,正多三十九也。"⑤《禮記·奔喪正義》曰:"鄭云'逸禮'者,《漢書·藝文志》云:'漢興,始於魯淹中得古《禮》五十七篇。其十七篇與今《儀禮》正同,其餘四十篇藏在祕府,謂之《逸禮》。其《投壺禮》亦此類也。'又《六藝論》云:'漢興,高堂生得《禮》十七篇,後孔子壁中得古文《禮》五十七篇。其十七篇與前同,而字多異。'"⑥孔《疏》引《漢志》云"十七篇",可證今本之誤,與劉氏說正合;而云"古文《禮》五十七篇,其餘四十篇",則又誤多一篇,與《漢志》云"五十六卷",多三十九篇之數不合。古云篇卷有同有異,此則五十六卷即五十六篇,蓋篇卷相同

---

① "二",《漢書》卷三十《藝文志》作"五"。
② 思賢書局本、商務本作"於",中華本據《漢書·藝文志》改作"訖",是。
③ "記"後,《史記》卷三十《藝文志》有"所見"二字。
④ 《漢書》卷三十《藝文志》。
⑤ 參見王先謙《漢書補注》卷三十《藝文志》。
⑥ 《禮記正義》卷五十六《奔喪》。

者。《禮記正義序》引《六藝論》，作"古文《禮》凡五十六篇"，不誤。下云"其十七篇與高堂生所傳同而字多異，其十七篇外，則逸《禮》是也"，說尤詳明。下又云"《周禮》爲本，則聖人體之，《儀禮》爲末，賢人履之"，蓋孔穎達推論之辭，諸家輯本，皆不以爲鄭君之論。丁晏《儀禮釋注·敘》據此以爲"《儀禮》大題，疑鄭君自名其學"①，非也。

02. 論鄭君分別今之《儀禮》及《大戴禮》《小戴禮記》甚明，無小戴刪大戴之說

《禮記正義序》又引"《六藝論》云：'案《漢書·藝文志》《儒林傳》云，傳《禮》者十三家，唯高堂生及五傳弟子戴德、戴聖名在也。'五傳弟子者，熊氏云：'則高堂生、蕭奮、孟卿、后倉及戴德、戴聖爲五也。'又引《六藝論》云：'今《禮》行於世者，戴德、戴聖之學也。'又云'戴德傳《記》八十五篇'，則《大戴禮》是也；'戴聖傳《記》四十九篇'，則此《禮記》是也。"② 鄭君分別今之《儀禮》及《大戴禮》《小戴禮記》甚明。

近人推闡鄭義者，陳壽祺《左海經辨》爲最晰，其說曰："壽祺案：二戴所傳《記》，《漢志》不別出，以其具於百三十一篇《記》中也。《樂記正義》引《別錄》有《禮記》四十九篇，此即小戴所傳，則大戴之八十五篇，亦必存其目。蓋《別錄》兼載諸家之本，視《漢志》爲詳矣。《經典釋文·序錄》引陳邵晉司空長史。《周禮論序》云：'戴德刪《古禮》二百四篇爲八十五篇，謂之《大戴禮》；聖③刪《大戴禮》爲四十九篇，是爲《小戴禮》。後漢馬融、盧植考諸家同異，附戴聖篇章，去其繁重及所敘略，而行於世，即今之《禮記》是也。'邵言微誤。《隋書·經籍志》，因傅會謂戴聖刪大戴之書爲四十六篇，馬融足《月令》《明堂位》《樂記》爲四十九篇。休寧

---

① 丁晏《儀禮釋注》之《序》，《續修四庫全書》第93冊，第238頁。
② 《禮記正義》卷一。
③ "聖"，《左海經辨》卷上《大小戴禮記考·大戴記八十五篇小戴記四十九篇》作"戴聖"。

戴東原辨之曰：'孔穎達《義疏》於《樂記》云："按《別錄》：《禮記》四十九篇。"《後漢書·橋玄傳》："七世祖仁著《禮記章句》四十九篇，號曰橋君學。"'仁，即班固所說"小戴授梁人橋仁季卿"者也。劉、橋所見篇數，已爲四十有九，不待融足三篇甚明。康成受學於融，其《六藝論》亦但曰"戴聖傳《記》四十九篇"。'①作《隋書》者，徒謂大戴闕篇，即小戴所錄，而尚多三篇，遂聊歸之融耳。壽祺案：橋仁師小戴，《後漢書》謂從同郡戴德學亦誤。又《曹褒傳》'父充，持《慶氏禮》。'褒'又傳《禮記》四十九篇，教授諸生千餘人，慶氏學遂行於世。'然則褒所受於慶普之《禮記》，亦四十九篇也。二戴、慶氏皆后倉弟子，惡得謂小戴刪大戴之書耶？《釋文序錄》云'劉向《別錄》有四十九篇'，其篇次與今《禮記》同。然則謂馬融足三篇者，妄矣！"②

又曰："錢詹事大昕《漢書考異》云：'《小戴記》四十九篇，《曲禮》《檀弓》《雜記》皆以簡策重多，分爲上下，實止四十六篇。合《大戴》之八十五篇，正協百三十一篇之數。'壽祺案：今二戴《記》有《投壺》《哀公問》兩篇，篇名同。《大戴》之《曾子大孝篇》，見《小戴·祭義》；《諸侯釁廟篇》，見《小戴·雜記》；《朝事篇》自'聘禮'至'諸侯務焉'，見《小戴·聘義本事篇》，自'有恩有義'至'聖人因殺以制節'，見《小戴·喪服四制》。其它篇目尚多同者。《漢書·王式傳》稱《驪駒》之歌，'在《曲禮》'。服虔注云：在《大戴禮》'。《五經異義》引《大戴·禮器》；《毛詩·豳譜正義》引《大戴禮·文王世子》；唐皮日休有補《大戴禮·祭法》。又《漢書·韋玄成傳》引《祭義》；《白虎通·畊桑篇》引《祭義》；《曾子問·情性篇》引《閒傳》，《崩薨篇》引《檀弓》《王制》；蔡邕《明堂月令論》引《檀弓》。其文往往爲《小戴記》所無，安知非出《大戴》亡篇中，如《投壺》《釁廟》之互存，而各有詳略乎？《大戴禮》③亡篇四十七，唐人所見已然。《白虎通》引《禮·諡法》

---

① 陳壽祺從戴震《經考》卷四《禮記四十九篇》摘錄文字。
② 陳壽祺《左海經辨》卷上《大小戴禮記考·大戴記八十五篇小戴記四十九篇》，《續修四庫全書》第175冊，第417—418頁。
③ "禮"，陳壽祺《左海經辨》作"記"。

《王度記》《三正記》《別名記》《親屬記》《五帝記》。《少牢饋食禮》注引《禘于太廟禮》。《疏》云《大戴禮》文。《周禮注》引《王霸記》；《明堂月令論》引《佋穆篇》；《風俗通》引《號諡記》；《論衡》引《瑞命篇》，皆《大戴》逸篇。其他與《小戴》出入者，略可舉數，豈能彼此相足。竊謂二戴於百三十一篇之記①，各以意斷取，異同參差，不必此之所棄，即彼之所錄也。"②

03. 論"三禮"之分自鄭君始，鄭於《儀禮》十七篇自序皆依劉向《別錄》，《禮記》四十九篇皆引《別錄》，已有《月令》《明堂位》《樂記》三篇，非馬融所增甚明

《後漢書·儒林傳》："中興，鄭眾傳《周官經》，後馬融作《周官傳》，授鄭玄，玄作《周官注》。玄本習《小戴禮》，（謂今《儀禮》）後以古經校之，取其義長者順③，故爲鄭氏學。玄又注小戴所傳《禮記》四十九篇，通爲《三禮》焉。"④案據此則《禮》分爲三，實自鄭君始，《周官》古別爲一書，故《藝文志》附列於後。賈《疏》謂其書"既出於山巖屋壁，復入祕府，五家之儒莫得見焉。"五家即高堂、蕭、孟、后、二戴。是西漢《禮》家無傳《周官》者。二戴所傳《禮記》亦附經，不別行。自鄭兼注三書，通爲《三禮》，於是《周官》之分經別出者，與《禮》合爲一途；《禮記》之附經不別出者，與經歧爲二軌。鄭君《三禮》之學，其閎通在此，其雜糅亦在此。自此以後，阮諶之《三禮圖》，王肅之《三禮音》，崔靈恩之《三禮義宗》，莫不以"三禮"爲定名矣。

鄭注諸經，惟《三禮》有《目錄》。《周禮》六篇，依六官次序無異。《儀禮》十七篇，則皆依《別錄》。《儀禮疏》曰："其劉向

---

① "記"，陳壽祺《左海經辨》作"說"。
② 陳壽祺《左海經辨》卷上《大小戴禮記考·大小戴記並在百三十一篇中》（《續修四庫全書》第175冊，第418頁）。
③ "順"字，《後漢書》卷七十九下《儒林傳下》無"順"字。
④ 語見《後漢書》卷七十九下《儒林傳下》。

《別錄》，即此十七篇之次是也，皆尊卑吉凶次第倫敘，故鄭用之。至於大戴即以《士喪》爲第四，《既夕》爲第五，《士虞》爲第六，《特牲》爲第七，《少牢》爲第八，《有司徹》爲第九，《鄉飲酒》第十，《鄉射》第十一，《燕禮》第十二，《大射》第十三，《聘禮》第十四，《公食》第十五，《覲禮》第十六，《喪服》第十七。小戴於《鄉飲》《鄉射》《燕禮》《大射》四篇亦依此《別錄》次第，而以《士虞》爲第八，《喪服》爲第九，《特牲》爲第十，《少牢》爲第十一，《有司徹》爲第十二，《士喪》爲第十三，《既夕》爲第十四，《聘禮》爲第十五，《公食》爲第十六，《覲禮》爲第十七。皆尊卑吉凶雜亂，故鄭玄皆不從之矣。"①

《禮記》四十九篇，鄭《目錄》皆引《別錄》曰："此於《別錄》屬某門。"《月令目錄》曰："此於《別錄》屬《明堂陰陽記》。"《明堂位目錄》曰："此於《別錄》屬《明堂陰陽記》。"《樂記目錄》曰："此於《別錄》屬《樂記》。"蓋十一篇今②爲一篇。據鄭所引劉向《別錄》，已有《月令》《明堂位》《樂記》三篇。劉與戴聖年輩相近，遠在馬融之前，四十九篇必是小戴原書，而非馬融增入可知。且《六藝論》明云："戴③聖傳《記》四十九篇。"鄭受學於馬融，使三篇爲融所增，鄭必不得統同言之，而盡以屬之戴聖矣。鄭《奔喪目錄》曰："實逸《曲禮》之正篇也。"《投壺目錄》曰："實逸《曲禮》之正篇也。"鄭云《曲禮》，即今《儀禮》。鄭以此二篇當爲《逸禮》之正經，而不當入之《禮記》。當時尚無《儀禮》之稱，故云《曲禮》。《儀禮》本經禮，而謂之《曲禮》，鄭說稍誤。

04. 論鄭注《禮器》以《周禮》爲經禮、《禮儀》爲曲禮有誤，臣瓚注《漢志》不誤

自鄭君以《周禮》爲經禮，《儀禮》爲曲禮，於是漢代所尊爲

---

① 《儀禮注疏》卷一《士冠禮》。
② "今"，《禮記正義》卷三十七《樂記》作"合"。
③ "戴"，商務本、中華本皆誤作"載"。

《禮經》者，反列於後，而《周官》附於《禮經》者，反居於前。《禮記正義序》曰："其《周禮》見於經籍，其名異者，見有七處。案《孝經說》云'禮經三百'，一也；《禮器》云'經禮三百'，二也；《中庸》云'禮儀三百'，三也；《春秋說》云'禮經三百'，四也；《禮說》云，'有正經三百'，五也；《周官外題》謂'爲《周禮》'，六也；《漢書·藝文志》云'《周官經》六篇'，七也。七者皆云三百，故知俱是《周官》。《周官》三百六十，舉其大數而云三百也。其《儀禮》之別，亦有七處，而有五名。一則《孝經說》《春秋》及《中庸》，並云'威儀三千'，二則《禮器》云'《曲禮》三千'，三則《禮說》云'動儀三千'，四則謂'爲《儀禮》，五則《漢書·藝文志》謂《儀禮》爲《古禮經》。凡此七處五名，稱謂並承三百之下，故知即《儀禮》也，所以三千者，其履行《周官》五禮之別，其事委曲，條數繁廣，故有三千也。非謂篇有三千，但事之殊別有三千條耳。或一篇一卷，則有數條之事。今行於世者，唯十七篇而已。"①

　　錫瑞案：《禮器》《中庸》諸書，所言三百、三千，當時必能實指其數，後世則無以實指之。鄭君以《周官》三百六十與三百之數偶合，遂斷以《周官》爲經禮，而強坐《儀禮》爲曲禮。此由鄭君尊崇《周官》太過，而後人尊崇鄭義又太過，一軒一輊，竟成鐵案。如孔《疏》所列《周官》七名、《儀禮》五名，除所引《漢藝文志》外，皆不可據。以《周官》爲《經禮》三百，不過仍以其數偶合，以《儀禮》爲《曲禮》三千，則以所引在《經禮》三百下，而強坐爲《曲禮》。據其說，三千條止存十七篇，即篇有數條，亦比十七篇幾增加百倍。十七篇計五萬餘言，加百倍當有數百萬言，當時如何通行？學者如何誦習？且古書用簡策，必不能如此繁多，此不待辨而知其不然者。《漢志》明以今之《儀禮》爲經，而《周官經》附後，乃強奪經名歸之《周官》，而十七篇不爲經而爲曲，與《漢志》尤不合。《漢志》引"禮經三百，威儀三千"，韋昭曰："《周禮》三百六十官也。三百，舉成數也。"臣瓚曰："禮經三百，謂冠、婚、吉、

① 《禮記正義》卷一。

凶。《周禮》三百，是官名也。"師古曰："禮經三百，韋說是也。威儀三千乃謂冠、婚、吉、凶，蓋《儀禮》是也。"① 韋以《周官》爲禮經，顏以《儀禮》爲威儀，是主鄭說。臣瓚以禮經爲《儀禮》，非《周官》，是不主鄭說。經禮乃禮之綱，曲禮乃禮之目。《周官》言官制，不專言禮，不得爲《儀禮》之綱。《儀禮》專言禮，古稱禮經，不當爲《周官》之目。自鄭注《禮器》有誤，六朝、唐人皆沿其誤。瓚說獨不主鄭而師古反是，韋說以當時皆從鄭義也。今若改正《三禮》之名，當正名《儀禮》爲禮經，以《大戴禮記》《小戴禮記》附之，而別出《周官》自爲一書，庶經學易分明，而禮家少聚訟矣。

05. 論鄭注"三禮"有功於聖經甚大，《注》極簡妙，並不失之於繁

《史記·儒林傳》"言《禮》自魯高堂生"，《索隱》："謝承云'秦世季代有魯人高堂伯'，則'伯'是其字。云'生'者，自漢以來儒者皆號'生'，亦'先生'省字呼之耳。"② 《後漢書》注："高堂生，名隆。"不知何據。疑涉魏高堂隆而誤。《史記正義》引阮孝緒《七錄》，謂"博士侍其生得十七篇"，侍其生不知何時人，或在高堂之後。漢初立博士，《禮》主后倉，見《漢藝文志》論。《志》云："訖孝宣世，后倉最明。戴德、戴聖、慶普皆其弟子，三家立於學官。"③ 蓋三家分立，而后氏不立，猶《書》分立歐陽、夏侯，而伏氏不立也。《志》列"《曲臺后倉》九篇，如淳曰：'行禮射於曲臺，后倉爲記，故名曰《曲臺記》。'"④ 今九篇皆不傳。《志》又列"《議奏》三十八篇。"原注云："石渠。"《隋書·經籍志》"《石渠禮論》四卷。戴聖撰。"即《漢志》之《議奏》，中列蕭望之、韋玄成、聞人通漢、尹更始、劉更生諸人，而題戴聖撰者，蓋小戴所撰集也，

---

① 《漢書》卷三十《藝文志》。
② 《史記》卷一百二十一《儒林列傳》。案："先生"二字後，皮引衍"者"字，今刪。
③ 《漢書》卷三十《藝文志》。
④ 《漢書》卷三十《藝文志》。

今略見於《詩》《禮》疏，杜佑《通典》共得二十餘條。大戴《喪服變除》一卷，見《唐書·藝文志》，今略見於《禮記》鄭《注》及《疏》、杜佑《通典》，共得十餘條。《玉函山房》皆有輯本，二戴之學，猶可考見。漢《禮經》通行，有師授而無注釋。馬融但注《喪服》經傳，鄭君始全注十七篇。鄭於禮學最精，而有功於《禮經》最大。向微鄭君之《注》，則高堂傳《禮》十七篇，將若存若亡而索解不得矣。《周官》晚出，有杜子春之《注》，鄭興、鄭眾、賈逵之《解詁》，馬融之《傳》。鄭注《周禮》，多引杜子春、鄭大夫、鄭司農，前有所承，尚易爲力。而十七篇前無所承，比注《周禮》六篇爲更難矣。大、小《戴記》亦無注釋，鄭注《小戴禮記》四十九篇，前無所承，亦獨爲其難者，向微鄭君之《注》，則《小戴傳記》四十九篇，亦若存若亡，而索解不得矣。鄭君著書百餘萬言，精力實不可及。《傳》云："質於辭訓，通人頗譏其繁。"

錫瑞案：鄭注《書》、箋《詩》，間有過繁之處，而注《禮》文簡義明，實不見其過繁。即如《少牢饋食禮》，經二千九百七十九字，注二千七百八十七字；《有司徹》，經四千七百九十字，注三千四百五十六字；《學記》《樂記》二篇，經六千四百九十五字，注五千五百三十二字；《祭法》《祭義》《祭統》三篇，經七千四百六十字，注五千五百二十三字，皆注少於經。又《檀弓》："司寇惠子之喪，子游爲之麻衰、牡麻絰。"《注》云："惠子廢適立庶，爲之重服以譏之。""文子辭曰：'子辱與彌牟之弟游，又辱爲之服，敢辭。'子游曰：'禮也。'文子退，反哭。"《注》云："子游名習禮，文子亦以爲當然，未覺其所譏。""子游趨而就諸臣子位。"《注》云："深譏之，大夫之家臣，位在賓後。""文子退，扶適子南面而立，曰：'子辱與彌牟之弟游，又辱爲之服，又辱臨其喪，虎也敢不復位？'《注》："覺所譏也。虎，適子名。文子親扶而辭，敬子游也。""子游趨而就客位。"《注》云："所譏行。"① 此一節記文，若無鄭君之《注》，讀者必不解所謂。鄭《注》止數十字，而連用五"譏"字，使當時情事，歷歷如繪，其文法如此簡妙，豈後人所能及哉！《月

---

① 《禮記正義》卷七。

令》《明堂位》《雜記》疏皆云："《禮》是鄭學。"兩《漢書·儒林傳》，以《易》《書》《詩》《春秋》名家者多，而《禮》家獨少，惟馬融注《周官禮》《喪服》經傳，隋、唐《志》皆著錄而無《禮記》。《東漢會要》載有融《禮記注》，《玉函山房》輯本得十六條。盧植注《禮記》二十卷，隋、唐《志》皆著錄。《東漢會要》作《禮記解詁》，《玉函山房》輯本一卷。孔《疏》云："鄭附盧植之本而爲之注。"鄭《禮記》注，或亦有本於盧、馬者，而注中未嘗質言之，如《周禮》稱引杜、鄭，則亦未見其必有所本也。

06. 論漢立二戴博士是《儀禮》非《禮記》，後世說者多誤，毛奇齡始辨正之

漢立十四博士，《禮》大、小戴。此所謂《禮》，是大、小戴所受於后倉之《禮》十七篇，非謂《大戴禮記》八十五篇與《小戴禮記》四十九篇。後世誤以大、小戴《禮》爲大、小戴《禮記》，並誤以《后倉曲臺記》爲即今之《禮記》，近儒辨之，已家喻戶曉矣。

而在國初毛奇齡《經問》早辨其誤曰："戴聖受《儀禮》，立戴氏一學，且立一戴氏博士，而於《禮記》似無與焉。今世但知《禮記》爲《曲臺禮》，《容臺禮》爲《戴記》，而並不知《曲臺》《容臺》與《戴記》之爲《儀禮》。……間嘗考《曲臺》《容臺》[①] 所由名。漢初魯高堂生傳《士禮》[②] 十七篇，即《儀禮》也。是時東海孟卿傳《儀禮》之學以授后倉，而后倉受《禮》，居於未央宮前之曲臺殿，校書著記，約數萬言，因名其書爲《后氏曲臺記》。至孝文時，魯有徐生善爲頌，頌者容也；不能通經，祇以容儀行禮，爲禮官大夫，因又名習禮之處爲'容臺'，此皆以《儀禮》爲名字者。若其學，則后倉授之梁人戴德及德從兄子聖與沛人慶普三人。至孝宣時，立大小戴、慶氏《禮》，……故舊稱《儀禮》爲《慶氏禮》，爲《大

---

① "容臺"，思賢書局本、商務本無，蓋皮氏將"容臺"一詞誤置下句"士禮"前，中華本補，《文淵閣四庫全書》本、《皇清經解》本毛奇齡《經問》同。

② 思賢書局本、商務本"士禮"前有"容臺"二字。中華本刪"士禮"二字，《文淵閣四庫全書》本、《皇清經解》本毛奇齡《經問》同。

小戴禮》，以是也。宋鄭樵爲①《三禮辨》有云：'魯高堂生所傳《士禮》一十七篇，今之《儀禮》是也。后倉《曲臺記》數萬言，今之《禮記》是也。按前、後《漢志》及《儒林傳》，皆以高堂所傳十七篇，瑕丘、蕭奮即以授后倉，作《曲臺記》，是時兩漢俱並無《禮記》一書。故孝宣立二戴及慶氏學②，皆《儀禮》之學，源流不同。'鄭樵著《通志③》，……而六經源流尚未能晰，況其他乎?④ 若《禮記》則《前志》祇云《記》百三十一篇，當是《禮記》未成書時底本，然並不名《禮記》，亦並無二戴傳《禮記》之說。惟後漢《儒林》有鄭玄所注四十九篇之目，則與今《禮記》篇數相合。故鄭玄作《六藝論》云：'今《禮》行於世者，戴德、戴聖之學也，此《儀禮》也。'又云：'戴德傳《記》八十五篇，則今《大戴禮》是也，戴聖傳《禮》四十九篇，則《禮記》是也。'然其說究無所考，及觀《隋·經籍志》，則明云：'漢初，河間獻王得仲尼弟子所記一百三十一篇。至劉向校經籍，檢得一百三十篇，因第而敘之。又得《明堂陰陽記》凡五種，共二百十四篇。戴德刪其繁⑤重，合而記之，爲八十五篇，謂之《大戴禮》。戴聖又刪大戴之書爲四十六篇，謂之《小戴記》。'則二戴爲武宣時人，豈能刪哀平間向、歆所校之書，荒唐甚矣，且二戴何人，以向、歆所校定二百十四篇，驟刪去一百三十五篇，世無是理。況前漢《儒林》，並不載刪《禮》之文，而東漢《儒林》，又無其事。則哀、平無幾，陡值莽變，安從刪之? 又且《大戴》見在，並非與今《禮記》爲一書者，且戴聖所刪止四十六篇。相傳三篇爲馬融增入，則與後漢《儒林》所稱四十九篇之目，又復不合。凡此皆當闕疑⑥，以俟後此之論定者。⑦

---

① "爲"，《文淵閣四庫全書》本、《皇清經解》本毛奇齡《經問問》皆作"作"字。
② "學"後，《文淵閣四庫全書》本、《皇清經解》本《經問》有"官"字。
③ "通志"，《文淵閣四庫全書》本、《皇清經解》本毛奇齡《經問》皆作"通考"字，思賢書局本、商務本皮引文未改。中華本據鄭樵書名改，今從中華本。
④ 案注文系毛奇齡所加，皮引文未保持原雙行小字體例，將注文字體大小等同正文，今仍作注文格式。
⑤ "繁"，《文淵閣四庫全書》本、《皇清經解》本《經問》作"煩"。《隋書》卷三十二《經籍志一》亦作"煩"。
⑥ "疑"字，《文淵閣四庫全書》本、《皇清經解》本《經問》皆作"之"。
⑦ 語見毛奇齡《經問》卷三（影印《文淵閣四庫全書》第191冊，第36—37頁）。

錫瑞案：毛氏云《士禮》稱《儀禮》不知始於何時，然在漢時，即有《容禮》之稱，《容禮》即《儀禮》也。其說頗涉傅會，而分別《儀禮》《禮記》，辨鄭樵之誤及《隋志》之誤，則極精確。鄭《注》四十九篇，即今《禮記》。戴聖傳《禮》四十九篇，不待馬融增入。至今說已大著，毛氏猶爲疑辭，蓋在當時經義榛蕪，未能一旦廓清，而據其所辨明，已可謂卓識矣。

07. 論段玉裁謂漢稱《禮》不稱《儀禮》甚確，而回護鄭《注》未免强辭

段玉裁《禮十七篇標題漢無儀字說》曰："鄭注《儀禮》十七卷，賈公彥爲疏者，每卷標題首云'《士冠禮》第一'，次云'《儀禮》'，次云'鄭氏注'。陸德明《經典釋文敘錄》亦云：'鄭某①注《儀禮》十七卷。''儀禮'之名古矣。今按鄭君本書但云'禮'，無'儀'字，可考而知也。《禮器》曰：'經禮三百，曲禮三千。'注云：'經禮謂《周禮》，其官有三百六十。曲，猶事也。事禮謂今《禮》也。《禮》篇多亡，本數未聞，其中事儀三千。'按，云'今《禮》'者，謂當漢時所存《禮》十七篇也。不云'《禮》'，云'今《禮》'者，恐讀者不了，故加'今'字，便易了也。云'本數未聞'者，對上'《周禮》六篇，其官三百六十'言，漢時《經》十七篇及《記》百三十一篇，乃殘逸之所餘耳。其未殘逸時，具載事儀有三千也。（原注）賈《疏》、師古《漢書注》，皆云威儀三千即今《儀禮》，其說未是。《中庸》曰：'禮儀三百，威儀三千。'易'經禮'爲'禮儀'，易'曲禮'爲'威儀'者，凡皆禮②儀，故總其綱曰'經禮'，亦曰'禮儀'；詳其目曰'曲禮'，亦曰'威儀'。《藝文志》亦曰'禮經三百，威儀三千'是也。《禮器》注'今《禮》'二字可證鄭本不稱'《儀禮》'。凡鄭《詩》箋、《三禮》注，引用十七篇，多云《士冠禮》《鄉飲酒禮》《聘禮》《燕禮》，每舉篇名，未嘗稱'《儀禮》'。

---

① 案本段六次出現"某"，在《經典釋文序錄》作"玄"。
② "皆禮"，《經韻樓集》卷二作"禮皆"。

考《藝文志》曰：'《禮古經》五十六卷，《經》十七篇。''《禮古經》者，出於魯淹中及孔氏，與十七篇文相似。'《景十三王傳》①：'《周官》②《尚書》《禮》《禮記》《孟子》《老子》之屬。'師古注云：'《禮》者，《禮經》也。《禮記》者，諸儒記禮之說也。'《說文序》曰：'其稱《禮》《周官》。'按'禮'謂十七篇及《記》百三十一篇也。《周官》即《周禮》也。《說文》全書，如'觶'下引《鄉飲酒禮》，'苄'下引《公食大夫禮》，'晢'下引《士冠禮》，'朋'下引《士喪禮》，'鉉'下'《禮》謂之鼏'，皆曰'《禮》'，無'儀'字。《景十三王傳》'《周官》《禮》《禮記》'並言，則爲三。《說文序》但言'《禮》''《周官》'，則'禮'字實包《禮》《禮記》。劉子玄《孝經老子注易傳議》據鄭自序云：'遭黨錮之事，逃難注《禮》。'此'禮'字實包《三禮》。《後漢書·儒林傳》曰：'馬融作《周官傳》，授鄭某，某作《周官注》，某本習《小戴禮》，後以古經校之，取其義長者順故，爲鄭氏學。'（原注）順故猶訓詁也。按此《小戴禮》謂小戴之十七篇，鄭《目錄》云《大戴》第幾，《小戴》第幾是也。鄭'以古經校之'，謂以古經五十六篇校十七篇也。下文云：'某又注小戴所傳《禮記》四十九篇爲《三禮》焉。'則某本習《小戴禮》之爲十七篇無疑。凡漢人於十七篇稱'《禮》'，不稱'《儀禮》'甚著。"③

錫瑞案：段氏謂漢稱《禮》，不稱《儀禮》，極確。而回護鄭君，以賈《疏》、顏《注》爲未是，不思賈《疏》、顏《注》，正本鄭君之說。段解事儀三千，明有《經》十七篇在內，與賈《疏》顏《注》豈有異乎？段又明以經禮爲綱，曲禮爲目，《周禮》豈得爲《儀禮》之綱乎？後世之稱《儀禮》，正以鄭君誤解威儀、曲禮爲即十七篇之《禮》也。晉元帝時，荀崧請置鄭《儀禮》博士，是《儀禮》之名，已著於晉時。段以爲梁、陳以後乃爲此稱，說亦未諦。

---

① "傳"後，《經韻樓集》卷二有"曰"字。
② "《周官》"前，皮文衍"禮"字，據《經韻樓集》卷二、《史記》卷五十三《景十三王傳》刪。
③ 語見《經韻樓集》卷二《禮十七篇標題漢無儀字說》。

08. 論禮所以復性節情，《經》十七篇於人心世道大有關繫

《漢書·禮樂志》曰："《六經》之道同歸，而《禮樂》之用爲急。治身者斯須忘禮，則暴嫚入之矣。爲國者一朝失禮，則荒亂及之矣。人函天地陰陽之氣，有喜怒哀樂之情。天稟其性而不能節也，聖人能爲之節而不能絕也，故象天地而制禮樂，所以通神明，立人倫，正情性，節萬事者也。人性有男女之情，妬忌之別，爲制婚姻之禮；有交接長幼之序，爲制鄉飲之禮；有哀死思遠之情，爲制喪祭之禮；有尊尊敬上之心，爲制朝覲之禮。哀有哭踊之節，樂有歌舞之容，正人足以副其誠，邪人足以防其失。"

凌廷堪①本之作《復禮篇》曰："夫人之所受於天者性也，性之所固有者善也，所以復其善者學也，所以貫其學者禮也。是故聖人之道，一禮而已矣。孟子曰：'契爲司徒，教以人倫，父子有親，君臣有義，夫婦有別，長幼有序，朋友有信。'此五者，皆吾性之所固有者也。聖人知其然也，因父子之道，而制爲士冠之禮；以君臣之道，而制爲聘覲之禮；因夫婦之道，而制爲士昏之禮；因長幼之道，而制爲鄉飲酒之禮；因朋友之道，而制爲士相見之禮。自元士②以至於庶人，少而習焉，長而安焉，禮之外別無所謂學也。夫性具於生初，而情則緣性而有者也。性本至中，而情則不能無過不及之偏。非禮以節之，則何以復其性焉？父子當親也，君臣當義也，夫婦當別也，長幼當序也，朋友當信也。五者根於性者，所謂人倫也。而其所以親之、義之、別之、序之、信之，則必由於情以達焉者也。非禮以節之，則過者或溢於情，不及者或漠焉遇之。……是故知父子之當親也，則爲

---

① 凌廷堪（1755—1809），字次仲。安徽歙縣人。乾隆五十五年進士，選寧國府教授，畢力著述。其學無所不窺，尤專禮學。著《禮經釋例》十三卷、《校禮堂詩文集》五十卷等。《清史列傳》卷六十八有傳。

② "元士"，凌廷堪《禮經釋例》卷首《復禮上》（《續修四庫全書》第90册，第9頁）作"元子"。案：元子，是指天子和諸侯的嫡長子。《儀禮·士冠禮》："天子之元子，猶士也。"鄭玄注："元子，世子也。"

醴醮祝字之文以達焉，其禮非士冠可賅也，而於士冠焉始之。知君臣之當義也，則爲堂廉拜稽之文以達焉，其禮非聘覲可賅也，而於聘覲焉始之。知夫婦之當別也，則爲筓次帨鞶之文以達焉，其禮非士昏可賅也，而於士昏焉始之。知長幼之當序也，則爲盥洗酬酢之文以達焉，其禮非鄉飲酒可賅也，而於鄉飲酒焉始之。知朋友之當信也，則爲雉腒奠授之文以達焉，其禮非士相見可賅也，而於士相見焉始之。《記》曰：'禮儀三百，威儀三千。'其事蓋不僅父子、君臣、夫婦、長幼、朋友也；即其大者而推之，而百行舉不外乎是矣。其篇亦不僅《士冠》《聘覲》《士昏》《鄉飲酒》《士相見》也；即其存者而推之，而五禮舉不外乎是矣。"①

錫瑞案：淩氏作《禮經釋例》，於十七篇用功至深，故能知十七篇足以賅括一切禮文；即有不備，可以推致，與邵懿辰②之說相近。淩氏年輩在前，當爲邵所自出，而其實皆本於《漢書》。其論禮所以節情復性，於人心世道尤有關繫。據此可見古之聖人制爲禮儀，先以洒埽應對進退之節，非故以此爲束縛天下之具，蓋使人循循於規矩，習慣而成自然，囂陵放肆之氣，潛消於不覺，凡所以涵養其德，範圍其才者，皆在乎此。後世不明此旨，以爲細微末節可以不拘。其賢者失所遵循，或啟妨貴淩長之漸；不肖者無所檢束，遂成犯上作亂之風。其先由小節之不修，其後乃至大閑之逾越，爲人心世道之大害。試觀兩漢取士必由經明行修，所用皆謹守禮法之人，風俗純厚，最爲近古。晉人高語《莊》《老》，謂禮豈爲我輩設？酣放嫚易，以子字父，遂有五胡亂華之禍。足見細微末節，所關甚鉅。女叔侯謂禮所以保國，晏平仲謂禮可以已亂，洵非迂論。漢晉之往事，萬世之明鑒也。漢以十七篇立學，灼見本原，後人以《周禮》爲本，《儀禮》爲末，本末倒亂，朱子已駁正其失矣。又引陳振叔"說《儀禮》云：

---

① 淩廷堪《禮經釋例》卷首《複禮上》，《續修四庫全書》第90冊，第9—10頁。
② 邵懿辰（1810—1861），字位西，浙江仁和人。道光十一年舉人，官至刑部員外郎。著有《禮經通論》《尚書通義》《孝經通論》《四庫簡明存目標註》等。《清史稿》卷四百八十《儒林傳一》有傳。

'此乃①儀,更②有禮書。《儀禮》只載行禮之威儀,所謂威儀三千是也。禮書如天子七廟⋯⋯之類,說大經處。這是禮,須更③有個文字。'"④ 則猶未知禮經關繫之重,更在制度之上也。(《儀禮⑤經傳通解》,有王朝禮,即是說大經之文字。制度雖不可略,然不如冠昏喪祭之禮,可以通行)

09. 論《禮》十七篇爲孔子所定,邵懿辰之說最通,訂正《禮運》"射御"之誤當作"射鄉"尤爲精確

《周禮》《儀禮》,說者以爲並出周公。案以《周禮》爲周公作,固非,以《儀禮》爲周公作,亦未是也。《禮》十七篇,蓋孔子所定,《檀弓》云:"恤由之喪,哀公使孺悲學士喪禮於孔子,《士喪禮》於是乎書。"⑥ 據此則《士喪》出於孔子,其餘篇亦出於孔子可知。漢以十七篇立學,尊爲經,以其爲孔子所定也。

近人邵懿辰《禮經通論》曰:"漢初魯高堂生傳《禮經》十七篇,五傳至戴德、戴聖,分爲大戴、小戴之學,皆不言其有闕也。言僅存十七篇者,後人據《漢藝文志》及劉歆《七略》,因多《逸禮》三十九而言耳。夫高堂、后蒼、二戴、慶普,不以十七篇爲不全者,非專己而守殘也。彼有所取證,證之所附之《記》焉耳。《冠義》《昏義》諸記,本以釋經,爲《儀禮》之傳,先儒無異說。觀《昏義》曰:'夫禮始於冠,本於昏,重於喪祭,尊於朝聘,和於鄉射。'故有《冠義》以釋《士冠》,有《昏義》以釋《昏禮》,有《問喪》以釋《士喪》,有《祭義》《祭統》以釋《特牲》《少牢》《有司徹》,有《鄉飲酒義》以釋《鄉飲》,有《射義》以釋

---

① "乃"後,《朱子語類》有"是"字。
② "更"後,《朱子語類》有"須"字。
③ "更",《朱子語類》作"自"。
④ 語見《朱子語類》卷八十五《禮》二《儀禮》。
⑤ "儀禮",商務本、中華本皆誤作"禮儀"。
⑥ 此段文字出自《禮記正義》卷四十三《雜記下》,不出自《檀弓》篇,另,原表述略異。

《鄉射》《大射》，有《燕義》以釋《燕食》，有《聘義》以釋《聘禮》，有《朝事》以釋《覲禮》，有《四制》以釋《喪服》，而無一篇之義出於十七篇之外者。是冠、昏、喪、祭、朝、聘、鄉、射八者，約十七篇而言之也。更證之《禮運》，《禮運》嘗兩舉八者以語子游，皆孔子之言也。特"射鄉"訛爲"射御"耳。一則曰：'達於喪、祭、射、鄉、（今本作御）冠、昏、朝、聘。'再則曰：'其行之以貨、力、辭、讓、飲、食、冠、昏、喪、祭、射、鄉、（今本作御）朝、聘。'貨、力、辭、讓、飲、食六者，禮之緯也。非貨財強力不能舉其事，非文辭揖讓不能達其情，非酒醴牢羞不能隆其養。冠、昏、喪、祭、射、鄉、朝、聘八者，禮之經也。冠以明成人，昏以合男女，喪以仁父子，祭以嚴鬼神，鄉飲以合鄉里，燕射以成賓主，聘食以睦邦交，朝覲以辨上下。天下之人，盡於此矣；天下之事，亦盡於此矣。而其證之尤爲明確而可指者，適合於《大戴》十七篇之次序。《大戴》：《士冠禮》一，《昏禮》二，《士相見禮》三，《士喪禮》四，《既夕》五，《士虞禮》六，《特牲饋食禮》七，《少牢饋食禮》八，《有司徹》九，《鄉飲酒》十，《鄉射禮》十一，《燕禮》十二，《大射儀》十三，《聘禮》十四，《公食大夫禮》十五，《覲禮》十六，《喪服》十七。是一、二、三篇，冠、昏也；四、五、六、七、八、九篇，喪、祭也；十、十一、十二、十三篇，射、鄉也；十四、十五、十六篇，朝、聘也，而喪服之通乎上下者附焉。《小戴》次序最爲雜亂，《冠》《昏》《相見》而後，繼以《鄉》《射》四篇，忽繼以《士虞》與《喪服》，又繼以《特牲》《少牢》《有司徹》，復繼以《士喪》《既夕》，而後以《聘禮》《公食》《覲禮》終焉。今鄭、賈注疏，所用劉向《別錄》次序，則以《喪》《祭》六篇居末，而《喪服》一篇，移在《士喪》之前，似依吉凶人神爲次。蓋向見《記》云'吉凶異道，不得相干'，荀子云'吉事尚尊，喪事尚親'，遂以昏、冠、射、鄉、朝、聘十篇，爲吉禮居先，而喪、祭七篇爲凶禮居後焉。較《小戴》稍有條理，而要不若《大戴》之次合乎《禮運》。疑自高堂生、后蒼以來，而聖門相傳篇序固已如此也。夫'經禮三百，曲禮三千'，《儀禮》所謂經禮也。周公所制本有三百之多，至孔子時即禮文廢闕，必不止此十七篇，亦必不止如《漢志》所云五十六篇而已也。而孔子所爲定禮樂者，獨取此十七篇以爲教，配六藝而垂萬世，則正以冠、昏、喪、祭、射、鄉、朝、聘八者，爲天上之達禮耳。"①

　　錫瑞案：邵氏此說，犁然有當於人心。以十七篇爲孔子所定，足正後世疑《儀禮》爲闕略不全之誤。以《儀禮》爲經禮，足正後世以《周禮》爲經禮、《儀禮》爲曲禮之誤。訂正《禮運》兩處"射御"當爲"射鄉"，尤爲一字千金，真乃二千年儒先未發之覆。學者治禮，當知此義，先於冠、昏、喪、祭、射、鄉、朝、聘八者求之。

10. 論邵懿辰以《逸禮》爲僞，與僞古文《書》同，十七篇並非殘闕不完，能發前人之所未發

　　"劉歆《移太常博士》云："魯共王壞孔子宅，……得古文……《逸禮》有三十九篇。"②《漢藝文志》"《禮古經》五十六卷"，合十七篇，與三十九篇言之。三十九篇無師說，遂致亡佚。"朱子曰：'《古禮》五十六篇。班固時其書尚在，鄭康成亦及見之，注疏中多援引，不知何時失之，甚可惜也！'王應麟③曰：'《逸禮》三十九，其篇名頗見於他書，若《天子巡狩禮》，見《周官·內宰》注；《朝貢禮》見《聘禮》注；《烝嘗禮》見《射人》疏；《中霤禮》見《月令》注及《詩·泉水》疏；《王居明堂禮》見《月令》《禮器》注；《古大明堂禮》見蔡邕《論》。又《奔喪》疏引《逸禮》，《王制》疏引《逸禮》云'皆升合於太祖'。《文選》注引《逸禮》云'三皇禪云云，五帝禪亭亭'。《論衡》：'宣帝時河內女子壞老屋，又得《佚禮》一篇，合五十七。斷珪碎璧，皆可寶也。'吳澄④曰：'三十九

---

① 邵懿辰《禮經通論·論禮十七篇當從大戴之次本無闕佚》，《清經解續編》卷一千二百七十七。
② 《漢書》卷三十六《楚元王傳附劉歆傳》。
③ "王應麟"，《禮記通論》作"王伯厚"。
④ "吳澄"，《禮經通論》作"草廬吳氏"。

篇，唐初猶存，諸儒曾不以爲意，遂至於亡，惜哉！'① 邵懿辰曰②：先儒以三百三千之語，惜《古禮》散亡，而因惜三十九篇《逸禮》之亡。因三十九篇之亡，遂視十七篇爲殘闕不完之書，而失聖人定《禮》之本意。宋明以來，直廢此經，不以設科取士，則皆劉歆之姦且妄，有以淆其耳目，而塞其聰明也。夫即後人所引《禘於太廟禮》《王居明堂禮》《烝嘗禮》《中霤禮》《天子巡狩禮》《朝貢禮》，及吳氏所輯《奔喪》《投壺》《遷廟》《釁廟》《公冠》之類，廁於十七篇之間，不相比附而連合也，何也？皆非當世通行之禮，常與變不相入，偏與正不相襲也。況其逸文之存，如《太平御覽》引《巡狩禮》，文辭不古，及'三皇禪云云，五帝禪亭亭'，既誕而不足信矣。而《月令》注及《皇覽》引《王居明堂禮》數條，皆在《尚書大傳》第三卷《洪範五行傳》之中。吳氏不知其有全文，而僅引《禮》注合爲一篇。然觀其文意，實與伏生《五行傳》前後相協，必非古《王居明堂禮》。而伏生全引入於《大傳》也，則爲劉歆剽取《大傳》，以爲《王居明堂禮》，明矣。即此一端，而其他可知，亦猶十六篇《逸書》，即僞《武成》之剽《世俘解》，見其他皆作僞也。……就令非僞，亦孔子定十七篇時刪棄之餘，康成不爲之注，與十六篇僞古文書同。大抵禿屑叢殘，無關理要。"③ 丁晏曰："位西此論，謂《逸禮》不足信，過矣。當依草廬吳氏，別存逸經爲允。至斥《逸禮》爲劉歆誣僞，頗嫌肊斷。且《逸禮》古經，漢初當魯共王得於孔壁，河間獻王得於淹中，《朝事儀》見於《大戴禮》，《學禮》見於賈誼《書》，皆遠在劉歆以前，未可指歆贗作也。"④

錫瑞案：《逸禮》即非歆贗作，亦不得與十七篇並列。邵氏云"就令非僞，亦孔子定十七篇時刪棄之餘""大抵禿屑叢殘，無關理要"，其說最爲確當。《逸禮》三十九篇，猶《逸書》十六篇也，皆

---

① 詳見邵懿辰《禮經通論·論逸禮三十九篇不足信》（《清經解續編》卷一千二百七十七）。
② "邵懿辰曰"，《禮經通論》作"按"。
③ 邵懿辰《禮經通論·論逸禮三十九篇不足信》（《清經解續編》卷一千二百七十七）。
④ 此段文字爲丁晏於邵懿辰文後附註。語見邵懿辰《禮經通論·論逸禮三十九篇不足信》（《清經解續編》卷一千二百七十七）。

傳授不明，又無師說，其真其贗，可以勿論。學者於二十九篇《書》、十七篇《禮》未能發明，而偏好於《逸書》《逸禮》，拾其殘賸，豈可謂知所先務乎？邵氏據諸書所引，而斥其不足信，又謂《王居明堂禮》，出於《伏傳》，比於《武成》出於《世俘》，可謂卓識。丁氏能證古文《尚書》之僞，而必信《逸禮》爲真，何也？

11. 論古禮情義兼盡，即不能復，而禮不可廢

聖人制禮，情義兼盡。專主情則親而不尊，必將流於褻慢；專主義則尊而不親，必至失於疏闊。惟古禮能兼盡而不偏重。

論君臣之義。"《覲禮》：'侯氏入門右，坐奠圭，再拜稽首。'注云：'入門右，執臣道不敢由賓客位也。卑者見尊，贄奠①而不授。'又曰：'侯氏……再拜稽首，以馬出，授人，九馬隨之。……乃右肉袒於廟門之東。乃入門右，北面立。'注云：'王不使人受馬者，至于享，王之尊益君，侯氏之卑益臣。……右②肉袒者，刑宣施於右也。……入更從右者，臣益純也。'"③ 蓋古天子、諸侯分土而治，故必嚴君臣之分。侯氏稽首，天子不答，而天子負斧依立，亦不坐受其拜，臣盡臣之敬，君不恃君之尊。且燕饗仍迎獻酬，待以賓客之禮。諸侯與大夫燕禮，使宰夫爲獻主，臣莫敢與君抗禮也。其他皆如賓客，(《詩·鹿鳴》《彤弓》，皆曰"我有嘉賓")臣有疾，君問之；臣死，君親臨其喪。情義兼盡者此其一。

論父子之義。《曲禮》："凡爲人子者，冬溫而夏凊，昏定而晨省。"《內則》"子事父母"之禮尤詳，子之孝敬父母如此。《冠禮》："見于母，母拜之，以成人而與爲禮。《特牲饋食禮》："嗣舉奠。"主人西面再拜，以先祖有功德，子孫當嗣之，父母之重其子如此。情義兼盡者又其一。

論夫婦之義。《昏義》："是以昏禮納采、問名、納吉、納徵、請

---

① 思賢書局本、商務本作"贄奠"，中華本改作"贊奠"。案《儀禮註疏》作"奠摯"。
② 思賢書局本、商務本無"右"字，中華本有之。
③ 《儀禮註疏》卷二十六下至卷二十七。

期，皆主人筵几於廟，……所以敬慎重正昏禮也。……父親醮子而命之迎，男先於女也。……壻執鴈入，揖讓升堂，再拜奠鴈，蓋親受之於父母也。……婦至，壻揖婦以入，共牢而食，合卺而酳，所以合體同尊卑，以親之也。……敬慎重正而後親之，禮之大體，所以成男女之別，而立夫婦之義也。"情義兼盡者又其一。

論長幼之義。"鄉飲酒之禮，六十者坐，五十者立侍，以聽政役，所以明尊長也。六十者三豆，七十者四豆，八十者五豆，九十事六豆，所以明養老也。民知尊長養老，而后乃能入孝弟。民入孝弟，出尊長養老而后成教，成教而后國可安也。"其餘事先生長者之禮，見於《曲禮》《少儀》甚詳。情義兼盡者又其一。

論朋友之義。"士相見禮"，奉摯曰："某子以命命某見。"主人對曰："請吾子之就家也，某將走見。"賓："請終賜見。"主人對："某將走見。"賓："固請"，主人："辭摯。"賓對："不以摯不敢見。"主人固辭，賓又固請。主人出迎于門外，再拜，賓答再拜。主人揖入門右，賓奉摯入門左。主人再拜受，賓再拜送摯出，一見如此其敬讓也。其餘凡與客人，及坐席飲食。見於《曲禮》《少儀》亦詳。情義兼盡者又其一。

夫父子夫婦長幼朋友，皆情重於義，必有禮以節情。惟君臣則義重於情，當有禮以達情。自秦尊君卑臣，漢雖未能復古，其君於將相大臣，猶有在坐爲起，在輿爲下之禮。後世此禮漸廢，至宋並廢坐論之禮。故蘇軾有"禮節繁多，君臣義薄之"言。後世拜跪之禮過繁，誠與古制不合。而矯其弊者，欲盡去拜跪而減等威，則無以辨上下定民志矣。父子夫婦長幼朋友之禮，雖不及君臣之嚴，亦非可以不修而聽其廢墜者。

12. 論禮雖繁而不可省，即昏、喪二禮可證

《禮器》："君子曰：'甘受和，白受采，忠信之人可以學禮。苟無忠信之人，則禮不虛道。是以得其人之爲貴也。'"[①] 而《老子》則

[①] 《禮記正義》卷二十四《禮器》。

曰：“禮者，忠信之薄而亂之首也。”與禮家之言正相反。《曾子問》孔子引老聃之說有四，守禮如此謹嚴，其自著書則詆毀禮甚至。故或以爲老子是老萊子，非孔子問禮之老聃。或又以爲老子講禮厭煩，而遁入於空虛，正與六朝人講《喪服》厭煩，乃變而談《莊》《老》，同一相激相反之意。二說未知孰是。老子高言上古者也。上古純樸，本無禮文，即以昏、喪二事證之。古者配偶無定，人知有母而不知有父。古者不葬其親，其親死，則舉而委之於壑。伏羲以後，始漸制禮，至周而後大備，郁郁文盛，儀節繁多。如一獻之禮，賓主百拜。一見之禮，賓主五請。執摯必先固讓，執玉必先固辭，入門必每曲揖，洗爵必下堂階。自常情視之，似乎繁而可省。見則竟見之矣，何必三讓？受則竟受之矣，何必三辭？故《老子》以爲近作僞，而非忠信之道，不知《禮》已明言之矣。《聘義》曰：“上公七介。……介紹而傳命，君子於其所尊弗敢質，敬之至也。”① 《禮器》曰：“是故七介以相見也，不然則已慤；三辭三讓而至，不然則已蹙。”② 夫兩君相見，即須介紹，何必七介？而禮以爲“不然則已慤”，其他“三辭三讓”之禮，可以類推。《檀弓》曰：“夫禮，爲可傳也，爲可繼也，故哭踊有節。”③ 又曰：“辟踊，哀之變④也。有算，爲之節文也。”⑤ 又“有子曰‘予壹不知夫喪之踊也，予欲去之久矣。’子游曰：‘禮有微情者，有以故興物者，有直情而徑行者，戎狄之道也。禮道則不然。’”⑥ 夫親死，哀痛迫切，似不必言節文，而禮哭踊有節，以無節爲戎狄之道。其他不若喪禮之迫切者，更可以類推。故常情所見爲可省者，皆先王制禮不敢不至者也。

今使直情徑行，而欲盡廢繁文縟節，即以昏、喪二禮證之。昏禮盡去六禮之文，納采、問名、納吉、納徵、請期、親迎，一切不用，則將“不待父母之命，媒妁之言，鑽穴隙相窺，踰牆相從”矣，可

---

① 《禮記正義》卷六十三《聘義》。
② 《禮記正義》卷二十四《禮器》。
③ 《禮記正義》卷八《檀弓上》。
④ “變”，商務本亦作“變”，中華本據《禮記·檀弓下》改爲“至”，是。
⑤ 《禮記正義》卷九《檀弓下》。
⑥ 《禮記正義》卷九《檀弓下》。

乎？不可乎？喪禮盡去附身、附棺、小斂、大斂之文，卜兆封壙，一切不用，則將舉而委之於壑，狐狸食之，蠅蚋姑嘬之矣，可乎？不可乎？古無束帛儷皮之儀，有持弓毆禽之弔。配偶無定，不葬其親。皇初榛狉，蓋非得已。由今觀之，非直近於野蠻，亦且比於禽獸，《禮》曰"戎狄之道"，戎狄即今所謂野蠻。《曲禮》曰："是故聖人作，爲禮以教人，使之以有禮，知自別於禽獸。"① 夫知有母不知有父，親死委之狐狸、蠅蚋，非禽獸而何？在古人特限於不知，後世聖人已作爲禮，而別於禽獸矣。伏羲漸近文明，及周爲文明之極。至文明已極，禮節不得不繁。若厭其太繁而矯枉過正，違文明之正軌，從野蠻之陋風，非惟於勢有所不行，亦必於心有所不忍。乃知古禮有繁而不可省者，文明之異於野蠻者在此，人之異於禽獸者亦在此也。古禮在今日不過略存饋羊之遺，而昏姻之六體，喪葬之大事，猶多合於古者。蓋天理人情之至，皆知其不可廢，若欲舉此而盡廢之，不將爲野蠻爲禽獸乎？

13. 論古冠、昏、喪、祭之禮，士以上有同有異

有王朝之禮，有民間通行之禮。論定禮之制，則民間通行之禮小，而王朝之禮大。論行禮之處，則民間通行之禮廣，而王朝之禮狹。十七篇古稱《士禮》，其實不皆士禮。純乎士禮者，惟《冠》《昏》《喪》《相見》。若祭禮，則《少牢饋食》《有司徹》爲大夫禮；《鄉飲》《射》，士大夫所通行；《燕禮》《大射》《聘禮》《公食大夫》爲諸侯禮。《覲禮》爲諸侯見天子禮，並非專爲士設，其通稱士禮者，蓋以《士冠》列首，遂並其下通稱爲士，而不復分別耳。若士以上冠、昏、喪、祭之禮，與士或同或異，不見於十七篇，而見於《記》與他書者，亦略可以考見。

士冠禮，《記》曰："無大夫冠禮，而有其昏禮。古者五十而后爵，何大夫冠禮之有？公侯之有冠禮也，夏之末造也。天子之元子，

---

① 《禮記正義》卷一《曲禮上》。

猶士①，天下無生而貴者也。"② 據此，則天子之子冠亦用士禮，其後乃別有諸侯之冠禮。《左氏傳》云："君冠，必以祼享之禮行之""以金石之樂節之。"正後起之禮。冠禮三加爲度，天子諸侯冠用四加，亦後起之禮也。

昏禮，大夫與士異，蓋五十以後或有續娶。其可考者，士當夕成昏，大夫以上三月廟祭而後禮成。士不外娶，無留車反馬。大夫或外娶，有留車反馬。士必親迎至婦家，天子諸侯親迎於館。士納徵儷皮束帛，天子諸侯加以玉，此禮之稍異者。

喪禮，《中庸》曰："三年之喪，達乎天子。父母之喪，無貴賤一也。"③ 曾子曰："哭泣之哀，齊斬之情，饘粥之食，自天子達。"④《孟子》曰："三年之喪，齊疏之服，饘粥之食，自天子達於庶人。"⑤"高宗諒陰"，鄭君讀爲梁闇，是天子亦居倚廬，而春秋後禮已不行，故子張疑而問。⑥ 滕人謂："魯先君莫之行。"⑦ 又其後則大夫與士亦有異。《雜記》曰："端衰，喪車，皆無等。"⑧ 是上下本同。又曰："大夫爲其父母兄弟之未爲大夫者之服⑨，如士服。"是大夫士有異。鄭注："今大夫喪服禮逸，與士異者，未得而備聞也。《春秋傳》曰：'齊晏桓子卒，晏嬰麤衰斬，苴絰、帶、杖，菅屨，食粥，居倚廬，寢苫、枕草。其老曰：非大夫之禮也。曰：惟卿爲大夫。'此平仲之謙也。王肅曰：'春秋之時，尊者尚輕簡，喪服禮制遂壞。'張融曰：'士與大夫異者，皆是亂世尚輕涼，非王者之達禮。'孔疏曰：'如融之說，是周公制禮之時，則上下同，當喪制無等。至後世以來，士與

---

① "士"後，《儀禮注疏》卷三《士冠禮》有"也"字。
② 《儀禮注疏》卷三《士冠禮》。
③ 《禮記正義》卷五十二《中庸》。
④ 《禮記正義》卷六《檀弓上》。
⑤ 《孟子·滕文公上》。
⑥ 語見《論語注疏》卷十四《憲問》，"子張曰：《書》云'高宗諒陰，三年不言'，何也？"《禮記·喪服四制》作"諒陰"；《尚書大傳》作"梁闇"，孔子曰："君薨，百官總己以聽於冢宰，信默而不言。"鄭玄注："諒闇轉作梁闇，楣謂之梁，闇謂廬也。"是自孔子到鄭玄，皆認爲君王死後，繼位者三年不問政事，爲君守孝三年。
⑦ 《孟子·滕文公上》。
⑧ 《禮記正義》卷四十一《雜記上》。
⑨ "服"前，《禮記·雜記》有"喪"字。

大夫有異。'"① 據此則大夫以上喪禮之異於士者，皆後起之禮也。

祭禮，則廟祧壇墠之數，禘祫時祭之名，尊彝酒齊之分，冠服牲牢之異，有見於《三禮》明文者，有注疏家所推得者，難於備舉。蓋天子諸侯之祭禮，與《特牲》《少牢》本不同，非若喪禮之異，爲後來之變也。

14. 論后倉等推士禮以致於天子乃禮家之通例，鄭《注》孔《疏》是其明證

《史記·儒林傳》曰："禮固自孔子時，而其經不具。"孟子曰："諸侯之禮，吾未之學也。"然則天子諸侯之禮，在孔孟時已不能備。孔子既不得位，又生當禮壞樂崩之後，雖適周而問老聃、萇弘，入太廟而每事問，委曲詳細，必不盡知。所謂"吾學周禮，今用之"者，蓋即冠、昏、喪、祭、射、鄉，當時民間通用之禮。觀孔子射於矍相之圃，有"觀於鄉而知王道易易"之言。漢初魯儒猶鄉飲射於孔子冢，則當時民間猶行古禮可知。孔子周流四方，參互考證，晚而定禮，約之爲十七篇。以爲學者守此，已足以明君臣父子兄弟夫婦朋友之倫，雖不能備，亦略具矣。禮由義起，在好學深思，心知其意者，即無明文可據，皆可以意推補。古者"五刑之屬三千"，見於《尚書·呂刑》；"威儀三千""曲禮三千"，見於《中庸》《禮器》。其數皆三千者，出乎禮者入於刑，故取其數相準，數至三千，不爲不多。然而事理之變無窮，法制之文有限，必欲事事而爲之制，雖三千有所不能盡。如今之《大清律》，遠本漢唐，繁簡得中，纖悉備具，而律不能盡者，必求之例，甚至例亦不能盡，更須臨時酌議。《大清通禮》《禮部則例》雖極明備，而承襲之異，服制之殊，亦有不能全載。上煩部議，取決臨者，以今準古，何獨不然？是即周時三千之禮具在，其不能盡具者，亦須臨時推補，況在諸侯去籍，始皇焚書之後哉！后倉等推士禮以致於天子，乃不得不然之勢。其實是禮家之通例，莫不皆然者也。《漢志》尊崇《逸禮》，謂"雖不能備，猶癒倉等推《士

---

① 《禮記正義》卷四十《雜記上》。

禮》以①致於天子"之說。其意以爲博考《逸禮》，則天子禮略備，可以無煩推致。

鄭君固親見三十九篇之《禮》者也，其注《三禮》，於《逸禮》中之《天子巡狩禮》《朝貢禮》《烝嘗禮》《禘于太廟禮》《王居明堂禮》，引用甚尠，且於古大典禮，後儒所聚訟者，未嘗引《逸禮》以爲斷，仍不能不用倉等推致之意。如《周禮·内司服》"緣衣"注曰："此緣衣者，實作褖衣也。男子之褖衣黑，則是亦黑也。以下推次其色，則闕狄赤，揄狄青，褘衣玄。"②此鄭君自云推次者。《司尊彝》注曰："王酳尸用玉爵，而再是獻者用璧角璧散可知也。"賈疏云："以《明堂位》云'爵用玉琖加用璧角、璧散'，差之，推次可知也。"③《弁師》注曰："庶人弔者素委貌。一命之大夫冕而無旒，士變冕爲爵弁。"賈疏云："鄭云此者，以有大夫已上，因言庶人，且欲從下向上，因推出士變冕爲爵弁之意也。"④《掌客》："上公……鉶四十有二，侯伯……鉶二十有八，子男……鉶十有八。"注曰："非衰差也。二十八，書或爲'二十四'，亦非也。其於衰，公又當三十，於言又爲無施。禮之大數，鉶少於豆，推其衰，公鉶四十二，宜爲三十八，蓋近之矣。"⑤鄭以推差訂正經文，尤爲精密。

而《魯禮禘祫義》曰："儒家之說，禘祫也，通俗不同，或云歲祫終禘，或云三年一祫，五年再禘。學者競傳其聞，是用詾詾爭論，從數百年來矣。竊念《春秋》者，書天子諸侯中失之事，得禮則善，違禮則譏，可以發起是非，故據而述焉。從其禘祫之先後，考其疏數之所由，而粗記注焉。魯禮，三年之喪畢，則祫於太祖；明年春禘於羣廟，僖也，宣也。八年皆有禘祫祭。則《公羊傳》所云'五年而再殷祭'，祫在六年明矣。《明堂位》曰'魯王禮也'，以相準況可知也。"⑥

---

① "以"，《漢書》卷三十《藝文志》作"而"。
② 《周禮注疏》卷八《天官》。
③ 《周禮注疏》卷二十《春官》。
④ 《周禮注疏》卷三十二《夏官》。
⑤ 《周禮注疏》卷三十二《秋官》。
⑥ 皮錫瑞《魯禮禘祫義疏證》，《續修四庫全書》第112冊，第779—780頁。

夫禘祫乃古大典禮，後儒所聚訟者，鄭君明言詾詾爭論，而於《逸禮》禘於太廟之類，何不引以爲據，反據《春秋》以相準況？於此足見古文《逸禮》，大都單辭碎義，實無關於宏旨，故鄭不爲之注，亦不多引用。鄭之所謂準況，即倉等所謂推致也。其後孔、賈之疏經注，亦用推致之法，孔引皇、熊兩家之疏，如《玉藻》疏云："熊氏更說卿大夫以下日食及朔食牲牢及敦數多少，上下差別。並無明據。"①《郊特牲》疏引皇氏說："圓丘之祭，燔柴牲玉之類，與宗廟祫同。其祭感生之帝，則當與宗廟禘祭同。……其五時迎氣與宗廟時祭同。"孔《疏》云："皇氏於此經之首，廣解天地百神，用樂委曲，及諸雜禮制，繁而不要，非此經所須。文②隨事曲解，無所憑據。"③ 此則推致太過，而有得有失者，要皆禮家之通例也。

15. 論《儀禮》爲經，《禮記》爲傳，當從朱子采用臣瓚之說，《儀禮經傳通解》分節尤明

自《逸禮》之書出，而十七篇有不全不備之疑。自《三禮》之名出，而十七篇有非經非傳之疑。以《周禮》爲經禮，《儀禮》爲曲禮；是《周禮》爲經，而《儀禮》爲傳矣。謂《儀禮》爲經禮，《禮記》爲曲禮；是《儀禮》爲經，而《禮記》爲傳矣。

朱子曰："今按：'禮經''威儀'，劉向④作'禮經''曲禮'，而《中庸》以'禮經'爲'儀禮'。鄭玄等皆曰：'經禮，即《周禮》，……曲禮，即今《儀禮》……'臣瓚曰：'《周禮》三百，特官名耳。經禮，謂冠、昏、吉、凶。'蓋以《儀禮》爲經禮也。而近世括蒼葉夢得曰：'經禮，制之凡也；曲禮，文之目也。先王之世，二者蓋皆有書藏於有司。祭祀、朝覲、會同，則大史執之以蒞事，小史讀之以喻眾。而鄉大夫受之以教萬民，保氏掌之以教國子者，亦此

---

① 《禮記正義》卷二十九《玉藻》。
② "文"，《禮記正義》作"又"。
③ 《禮記正義》卷二十五《郊特牲》。
④ "劉向"，《儀禮經傳通解·篇第目錄（序題）》作"《禮器》"。

書也。'愚意禮篇三名①,《禮器》爲勝;諸儒之說,瓚、葉爲長。蓋《周禮》乃制治立法、設官分職之書,……而非專爲禮設也。……至於《儀禮》,則其中冠、昏、喪、祭、燕、射、朝聘自爲經禮大目,亦不容專以曲禮名之也。……又嘗考之,經禮固今之《儀禮》,其存者十七篇。而其逸見於他書者,猶有《投壺》《奔喪》《遷廟》……等篇。其不可見者,又有《古經》增多三十九篇,而《明堂陰陽》《王史氏記》數十篇。及河間獻王所輯禮樂古事多至五百餘篇。倘或猶有逸在其間者,大率且以《春官》所領五禮之目約之,則其初固當有三百餘篇亡疑矣。所謂曲禮,則皆禮之微文小節,如今《曲禮》《少儀》《內則》《玉藻》《弟子職》篇,所記事親事長、起居飲食、容貌辭氣之法,制器備物、宗廟宮室、衣冠車旂之等。凡所以行乎經禮之中者,其篇之全數雖不可知,然條而析之,亦應不下三千有餘矣。"②

錫瑞案:分別經傳,當從朱子之說。朱子既有此分別,遂欲合經傳爲一書。《答李季章書》云:"累年欲修《儀禮》一書,釐析章句而附以傳說。"③《答潘恭叔書》云:"《禮記》須與《儀禮》相參通,修作一書,乃可觀。"④《乞修三禮劄子》云:"以《儀禮》爲經,而取《禮記》及諸經史雜書所載有及於禮者,皆以附於本經之下,具列注疏諸儒之說。"⑤劄子竟不果上,晚年乃本此意修《儀禮經傳通解》,其書釐析章句,朱子已明言之。其失在釐析儀禮諸篇,多非舊次。如《士冠禮》三屨本在辭後,乃移入前;陳器、服章、戒宿、加冠等辭,本總記在後,乃分入前各章之下之類;未免宋儒割裂經文之習。其功在章句分明,每一節截斷,後一行題云"右某事",比賈《疏》分節尤簡明。《答應仁仲書》云:"前賢常患《儀禮》難讀,以今觀之,只是經不分章,記不隨經。而注疏各爲一書,故使讀者不能遽曉。今定此本,盡去

---

① "名",《儀禮經傳通解·篇第目錄(序題)》作"者"。
② 《儀禮經傳通解·篇第目錄(序題)》,《朱子全書》第2冊。
③ "傳說",《晦庵先生朱文公文集》卷三十八作"傳記",《朱子全書》第21冊。
④ "參通",《晦庵先生朱文公文集》卷五十作"相參通",《朱子全書》第22冊。
⑤ 《乞修三禮劄子》,《儀禮經傳通解》,《朱子全書》第2冊。

此諸弊，恨不得令韓文公見之也。"① 近馬驌②《繹史》載《儀禮》，張爾岐③《儀禮鄭注句讀》，吳廷華④《儀禮章句》，江永⑤《禮書綱目》，徐乾學⑥《讀禮通考》，秦蕙田⑦《五禮通考》，分節皆用朱子之法。

16. 論言理不如言禮之可據，朱子以此推服鄭君，而鄭君之說亦由推致而得

漢儒多言禮，宋儒多言理。《仲尼燕居》："子曰：禮也者，理也。"《樂記》："禮者，理之不可易者也。"禮與理本一貫，然禮必證諸實，合於禮者是，不合於禮者非，是非有定，人人共信者也。理常憑於虛，彼亦一是非，此亦一是非，是非無定，不能人人共信者也。今舉一事明之，《宋史》朱熹《乞討論喪服劄子》曰："臣聞三年之喪，齊疏之服，饘粥之食，自天子達於庶人，無貴賤之殊。而《禮經》敕令子爲父、適孫承重爲祖父，皆斬衰三年，蓋適子當爲父後，以承大宗之重，而不能襲位以執喪，則適孫繼統而代之執喪，義當然也。……閒者遺誥初頒，太上皇帝偶違康豫，不能躬就喪次，陛下實以世適之重，仰承大統，則所謂承重之服，著在

---

① 《晦庵先生朱文公文集》卷五十四，《朱子全書》第 23 冊。
② 馬驌（1621—1673），字宛斯，一字聰御，山東鄒平人。順治十六年進士，官靈璧縣知縣。著有《繹史》《左傳事緯》。《清史稿》卷四百八十一《儒林傳二》有傳。
③ 張爾岐（1612—1678），字稷若，號蒿庵，山東濟陽人。明季諸生，入清不仕，教授鄉里。著有《周易說略》《儀禮鄭注句讀》《春秋傳議》等。《清史稿》卷四百八十一《儒林傳二》有傳。
④ 吳廷華（1682—1755），字中林，號東壁。康熙五十三年舉人，曾官內閣中書、興化通判。著有《儀禮章句》《三禮疑義》等。《碑傳集》卷一百二有傳。
⑤ 江永（1681—1762），字慎修，徽州婺源人。爲諸生數十年，博通古今，專心十三經註疏，而於三禮功尤深。著《周禮疑義舉要》《禮記訓義擇言》《春秋地理考實》《河洛精蘊》等，弟子甚眾，戴震、程瑤田、金榜尤得其傳。《清史稿》卷四百八十一《儒林傳二》有傳。
⑥ 徐乾學（1631—1694），字原一，號健庵，江南崑山人。顧炎武甥。康熙九年，一甲三名進士，授編修，官至刑部尚書。著有《讀禮通考》《通志堂經解》等。《清史稿》卷二百七十一有傳。
⑦ 秦蕙田（1702—1764），字樹峰，號味經，江南金匱人。乾隆元年一甲三名進士，授編修。官至工部、刑部尚書。著有《五經通考》等。《清史稿》卷三百四有傳。

禮律，所宜一遵壽皇已行之法，易月之外，且以布衣布冠，視朝聽政，以代太上皇帝躬執三年之喪。"①《建炎以來朝野雜記》曰："方文公上議時，門人有疑者，文公未有以折之。後讀《禮記正義・喪服小記》'爲祖後者'條。"② 因自識於本議之末，其略云："準五服年月格，斬衰三年，適孫爲祖，法意甚明。而《禮經》無文，但傳云'父沒而爲祖後者服斬'，然而不見本經，未詳何據。但《小記》云'祖父沒而爲祖母後者三年'，可以旁照。至'爲祖後者'條下，疏中所引《鄭志》，乃有'諸侯父有廢疾，不任國政，不任喪事'之問，而鄭答以'天子諸侯之服皆斬'之文，方見父在而承國於祖之服。向來上③此文字時，無文字可檢，又無朋友可問，故大約且以禮律言之。亦有疑父在不當承重者，時無明白證驗，但以禮律人情大意答之，心常不安，歸來稽考，始見此說，方得無疑。乃知學之不講，其害如此，而《禮經》之文誠有闕略，不無待於後人。向始④無鄭康成，則此事終未有斷決。不可直謂古經定制一字不可增損也。"⑤

錫瑞案：朱子以此推服鄭君，而鄭君此條，實由推致而得。可見禮爲人倫之至，而以推致言禮，爲一定之法。必惜《逸經》之不具，而疑推致爲無憑，非知禮者也。後儒空言理而不講禮，謂禮吾知敬而已，喪吾知哀而已。一遇國家有大疑議，則幽冥而莫知其原。宋濮議，明大禮議，舉朝爭論，皆無一是。激成明黨，貽誤國家，尤非知禮者也。即如宋之寧宗，以祖父沒，而父病不能執喪，代父而立，自應承重，無可疑者。而或疑父在不應承重，亦未嘗不有一偏之理。所謂彼亦一是非，此亦一是非也。徒以律法人情爲說，即以朱子之賢，猶不能折服羣疑。必得《鄭志》明文，然後可以自信，此朱子所以

---

① 《晦庵先生朱文公文集》卷十四，《朱子全書》第20冊。
② 李心傳《建炎以來朝野雜記》乙集卷四《朱文公論三年服》。
③ "上"，《晦庵先生朱文公文集》卷十四作"入"。
④ "始"，商務本亦作"始"，中華本據《晦庵先生朱文公文集》卷十四改作"使"。
⑤ 語見《晦庵先生朱文公文集》卷十四《乞討論喪服劄子・書奏稿後》，《朱子全書》第20冊。

服鄭，而並欲修禮，晚年所以有《通解》之作，而直以鄭《注》補經也。

17. 論鄭樵辨《儀禮》皆誤，毛奇齡駁鄭樵而攻《儀禮》之說多本鄭樵

鄭樵《儀禮辨》曰："古人造士，以《禮》《樂》與《詩》《書》並言之者，《儀禮》是也。古人六①經，以《禮》《樂》《詩》《書》《春秋》與《易》並言者，《儀禮》是也。《儀禮》一書，當成王太平之日，周公損益三代之制，作爲冠婚喪祭之儀，朝聘饗射②之禮，行於朝廷鄉黨之間，名曰《儀禮》，而樂寓焉。正如後世《禮樂》《輿服志》之類。漢興傳《儀禮》者，出於高堂生《士禮》十七篇，而魯徐生善爲容，文帝時以容爲禮大夫。後世③之古經出於魯淹中，河間獻王得之，凡五十六篇，並威儀之事。其十七篇，與高堂生所傳《士禮》同，而字尤多略，今三④十九篇乃《逸禮》。案班固九流，劉歆《七略》，並不注《儀禮》，往往漢儒見高堂生所傳十七篇，遂摸做《禮經》而作之，而范氏作《後漢書》云'《禮古經》與《周官經》，前世傳其書未有名家者。中興以後，鄭眾、馬融等爲《周官》作傳'。並不及《儀禮》，則《儀禮》一書，蓋晚出無疑者。故《聘禮》一篇，所記賓介饗餼之物，禾米薪芻之數，籩豆簠簋之實，鉶⑤壺鼎甕之列，考於《周官》掌客之禮，皆不相合。《喪⑥服》一篇，凡發'傳曰'以釋其義者十有三；又有問者曰'何以''何也'之辭，蓋出於講師設爲問難，以相解釋，此皆後儒之所增益明矣。《儀禮》之書，作於周公，春秋以來，禮典之書不存，《禮經》之意已失，三家僭魯，六卿擅晉，禮之大者，已不存矣。士大夫略於《禮》

---

① "六"，思賢書局本、商務本作"大"，中華本改作"六"。
② 思賢書局本、商務本作"饗射"，中華本作"射饗"。
③ 思賢書局本、商務本作"後世"，中華本作"後禮"。
④ "三"，《六經奧義》（影印《文淵閣四庫全書》本）作"二"。
⑤ "鉶"，《六經奧義》（影印《文淵閣四庫全書》本）作"銅"。
⑥ "喪"，《六經奧義》（影印《文淵閣四庫全書》本）作"儒"。

而詳於儀，故殽烝之宴，武子不能識彝器之薦，籍談不能對郊勞贈賄。魯昭公非不知禮，而女叔齊以爲儀也，非禮也。揖遜周旋之間，趙簡子非不知禮，而子太叔以爲儀也，非禮也；而古人禮意未有能名者，傳至後世。'《漢舊儀》有二，即爲此容貌威儀事，徐氏、張氏不知經，但能盤辟爲禮容，天下郡國有容吏，皆詣學學之'①。則天下所學《儀禮》者，僅容貌威儀之末爾。今《儀禮》十七篇，鄭康成、王肅等爲之注，唐貞②觀中孔穎達撰《五經正義》，疑《周禮》《儀禮》非周公書，其後賈公彥始爲《儀禮疏》。"③

錫瑞案：樂史論《儀禮》有可疑者五，鄭氏所說多同樂史之論。其所以誤疑《儀禮》者，一則不知《儀禮》之名始於何時，以爲周公時已名《儀禮》，而漢人未嘗稱道《儀禮》，則今之《儀禮》必晚出，當是漢儒摸倣而作。不知《禮》十七篇原於周公，定於孔子。周公、孔子時但名《禮》，漢以立學，名爲《禮經》。班《志》本於劉歆《七略》，其云"《經》十七篇"譌爲七十篇者，（劉敞已訂正矣，鄭氏或未見）即今《儀禮》，劉、班時無《儀禮》之名，非別有《儀禮》而《志》不及也。鄭君以前雖無注《儀禮》者，而馬融已注《喪服》，其非後儒增益明矣。一則誤執《左氏》之說，分儀與禮爲二；且重禮而輕儀，不知《左氏》極重威儀。北宮文子見令尹圍之儀，（古本無威字，見《經義述聞》）謂其不可以終。於其時，君大夫視下言徐，其容俯仰之類，皆斷其將死亡，何嘗以威儀爲末節？若女叔齊謂"魯侯習儀，焉知禮"，蓋以借諷晉君子。太叔謂是儀非禮，蓋以此進簡子，言非一端，不必過泥。武子不識殽烝，魯人不辨羔雁，此孔子時經不具之明證。若周公成書具在，列國無緣不知。聘禮與掌客不同，又《儀禮》《周禮》不出周公之明證。若二書一手所作，何至彼此歧異？漢雖重徐氏之禮容，當時習

---

① 案：《漢書》卷八十八《儒林傳》顏師古注引蘇林曰："《漢舊儀》有二郎，爲此容貌威儀事。有徐氏，徐氏後有張氏，不知經，但能盤辟爲禮容。天下郡國有容史，皆詣魯學之。"

② "貞觀"，皮作"正觀"，唐太宗年號。

③ 《六經奧論》卷五《禮經·儀禮辨》（影印《文淵閣四庫全書》第184冊，第97—98頁）。

《禮經》者，並非習容禮，十七篇後稱《儀禮》。蓋以其中或稱儀，（《大射》一名《大射儀》）或稱禮而名之，非取容禮爲名。《禮》十七篇，亦非僅容貌威儀之末也。云孔穎達疑《周禮》《儀禮》非周公書，孔《疏》中無明文，蓋因不疏二書，遂以爲疑之耳。毛奇齡攻《儀禮》多本其說，故具論之。

18. 論熊朋來於"三禮"獨推重《儀禮》，其說甚通

熊朋來曰："《儀禮》是經，《禮記》是傳，儒者恒言之，以《冠義》《昏義》《鄉飲酒義》《射義》《燕義》《聘義》，與《儀禮·士冠》《士昏》《鄉飲酒》《射》《燕》《聘》之禮相爲經傳也。劉氏又補《士相見》《公食大夫》二義，以爲二經之傳。及讀《儀禮》，則《士冠禮》自'記，冠義'以後，即《冠禮》之《記》矣。《士昏禮》自'記，士昏禮，凡行事'以後，即《昏禮》之《記》矣。《鄉飲酒》自'記，鄉朝服，謀賓介'以後，即《鄉飲》之《記》矣。《鄉射禮》自'記，大夫與公士爲賓'以後，即《鄉射》之《記》矣。《燕禮》自'記，燕朝服於寢'以後，即《燕禮》之《記》矣。《聘禮》自'記，久無事則聘'以後，即《聘禮》之《記》矣。《公食大夫禮》自'記，不宿戒'以後，即《公食大夫》之《記》矣。《覲禮》自'記，几俟於東廂'以後，即《覲禮》之《記》矣。《士虞禮》自'記，虞沐浴不櫛'以後即《士虞禮》之《記》矣。《特牲饋食禮》自'記，特牲'以後，即《特牲》之《記》矣。《士喪禮》則'士處適寢'以後附在《既夕》者，即《士喪禮》之《記》矣。《既夕禮》則'啟之昕'以後，即《既夕》之《記》矣。漢儒稱《既夕禮》即《士喪禮》下篇，故二《記》合爲一也。《喪服》一篇，每章有子夏作傳，而'記，公子爲其母'以後又別爲《喪服》之《記》，其《記》文亦有傳，是子夏以前有此《記》矣。十七篇惟《士相見》《大射》《少牢饋食》《有司徹》四篇不言《記》，其有《記》者，十有三篇。然《冠禮》之《記》，有'孔子曰'，其文與《郊特牲》所記冠義正同。其餘諸篇，惟《既夕》之《記》，略見於《喪大記》之首章，《喪服》之傳，與《大傳》中

數與（疑'處'字誤）相似，餘《記》自與《小戴》冠、昏等六義不同。何二戴不以《禮經》所有之《記》而傳之也？十三篇之後各有《記》，必出於孔子之後、子夏之前，蓋孔子定禮而門人記之。故子夏爲作《喪服傳》，而幷其《記》亦作《傳》焉。《三禮》之中，如《周禮》大綱雖正，其間職掌繁密，恐傳之者不皆周公之舊，《左傳》所引'周公制《周禮》曰'，殊與今《周禮》不相似。大小戴所記，固多格言，而訛僞亦不免。惟《儀禮》爲《禮經》之稍完者。先儒謂其文物彬彬，乃周公制作之廑存者。後之君子，有志於禮樂，勿以其難讀而不加意也。"①

錫瑞案：熊氏於《三禮》中，推重《儀禮》，以爲孔子所定，周公制作之廑存，自是確論。十七篇爲周公之遺，孔子所定，或本成周之遺制，或參闕里之緒言，久遠難明，而漢稱爲《禮經》，則已定爲孔子之書矣。韓文公苦《儀禮》難讀，又云"於今無所用之"，蓋慨當時《儀禮》不行，非謂《儀禮》真無所用。南北朝《儒林傳》兼通《三禮》，猶不乏人。賈公彥《疏》實本齊黃慶、隋李孟悊。至唐而習此經者殆絕。（見李元瓘上奏）舉行冠禮，人皆怪鄭尹而笑孫子。（見柳宗元書）唐加母喪三年，并加外親服，褚無量歎曰："俗情膚淺，一紊其制，誰能正之！"②故韓公有慨於此。至宋有張淳③《儀禮辨誤》，李如圭④《儀禮集釋》并《釋宮》，（世傳《釋宮》爲朱子作，朱子

---

① 熊朋來《經說》卷五《儀禮禮記》（影印《文淵閣四庫全書》184冊，第308—309頁）。熊朋來（1246—1323），字與可，豫章人。宋咸淳甲戌登進士第第四人，授官未仕而宋亡。入元後，隱居州里間，教授生徒，學者稱天慵先生。其學諸經中《三禮》尤深。晚年以福清州判官致仕，視之漠如。著有《天慵文集》等，《元史》卷一百九十《儒學傳二》有傳。

② 《資治通鑒·唐紀二十八》唐玄宗開元七年秋閏七月條，原文爲："無量嘆曰：聖人豈不知母恩之厚乎？厭降之禮，所以明尊卑、異я狄也。俗情膚淺，不知聖人之心，一紊其制，誰能正之！"褚無量（645—719，一說646—720），字弘度，杭州鹽官人。中明經第，官至左散騎常侍兼國子祭酒，封舒國公。《舊唐書》卷一百二、《新唐書》卷二百《儒學傳下》皆有傳。

③ 張淳（1121—1181），字忠甫，永嘉人。五試禮部，不中。授特奏名官，棄去。孝宗時大儒，與薛士龍、劉景望齊名。著有《儀禮識誤》。《宋元學案》卷五十二有傳。

④ 李如圭，字寶之，廬陵人。宋光宗紹熙四年進士，福建撫幹。與朱熹校訂《禮經》。著有《集釋古禮》《釋宮》《儀禮綱目》。《宋元學案》卷六十九有傳。

嘗與如圭訂禮，或取其書入集中）朱子《儀禮經傳通解》，黃幹①、楊復②補喪、祭祀二禮，復又作《儀禮圖》，元吳澄纂次八經十傳，敖繼公③《儀禮集說》，疏解頗暢，惟訛鄭注疵多醇少，近儒褚寅亮④、錢大昕、俞正燮已駁正之。熊氏於《儀禮》雖非專家，而所論甚確，由朱子極尊《儀禮》，故宋元諸儒，猶知留意此經也。

19. 論《聘禮》與《鄉黨》文合，可證《禮經》爲孔子作

熊朋來曰："《聘禮篇》末，'執圭如重''入門鞠躬''私覿愉如⑤'等語，未知《鄉黨》用《聘禮》語，抑《聘禮》用《鄉黨》語？大抵《禮經》多出於七十子之徒所傳，按朱子《鄉黨集注》引晁氏曰：'定公九年，孔子仕魯，至十三年適齊，其閒無朝聘之事，疑使擯、執圭二條，但孔子嘗言其禮如此。'又引蘇氏曰：'孔子遺書雜記、曲禮，非必⑥孔子事也。'見得古有《儀禮》之書，聖門因記其語。"⑦

錫瑞案：此正可徵《儀禮》爲孔子作。《鄉黨》之文，與《儀禮》多合，蓋有孔子所嘗行者，有孔子未嘗行而嘗言之者。熊氏謂"未知《鄉黨》用《聘禮》語，抑《聘禮》用《鄉黨》語"，蓋未知《鄉黨》《聘禮》皆孔子之書，而謂"《禮經》多出於七十子之徒所

---

① 黃幹，字直卿，福州閩縣人。受業朱熹，爲朱熹婿，傳朱熹學。官知安慶府，築城免於寇侵及水災。著《經解》、文集。《宋史》卷四百三十《道學傳四》有傳。

② 楊復，字志仁，學者稱信齋先生，福安人。受業朱熹之門，與黃幹相友善。著《祭禮》《儀禮圖》《家禮雜說附註》。《宋元學案》卷六十九有傳。

③ 敖繼公，字君善，長樂人。擢進士，對策忤時相，遂不仕。著《儀禮集說》。《宋元學案》卷五十二有傳。

④ 褚寅亮（1715—1790），字搢升，江蘇長洲人。乾隆十六年，召試舉人，授內閣中書，官至刑部員外郎。覃精經術，從事《禮經》幾三十年，專注鄭學。著有《儀禮管見》《公羊釋例》《周禮公羊異議》《十三經筆記》等。《清史稿》卷六十八《儒林傳下一》有傳。

⑤ "愉如"，熊朋來《經說》及《儀禮·聘禮》皆作"愉愉"。《論語·鄉黨》："私覿，愉愉如也。"

⑥ "必"，《四書集注》引蘇軾語作"特"。

⑦ 熊朋來《經說》卷五《聘禮篇末有鄉黨語》，影印《文淵閣四庫全書》第184冊，第311頁。

傳"，則已明知《禮經》出自孔子，而非出自周公矣。晁氏云"孔子嘗言其禮"，則亦略見及之。蘇氏云"古有《儀禮》之書"，聖門因記其語，則但知有《儀禮》作於周公之說，而不知為孔子所作。夫《鄉黨》所言禮，既非孔子之事，又非孔子所言，聖門何必記其禮乎？《左氏·襄二十七①年傳》："仲尼使舉是禮也，以為多文辭。"孔《疏》曰："服虔云：'以其多文辭，故特舉而用之。後世謂之孔氏聘辭，以孔氏有其辭，故《傳》不復載也。'所言孔氏聘辭，不知事何所出，實享禮而謂之為聘，舉舊辭而目以孔氏，事亦不必然也。"案孔氏聘辭，今無可考。服子慎在東漢末，說必有據。《鄉黨》文與《聘禮》合者，當即孔氏聘辭之文，服以為孔氏有其辭，故《傳》不復載。則孔氏聘辭文必繁，不止如《鄉黨篇》中所載之略，此亦可為《聘禮》傳自孔氏之證。後世必以《儀禮》為周公所作，於是此等文皆失其解。孔《疏》正以《儀禮》為周公作者，故於服氏之說，既不知何所出，遂謂事不必然，而古義盡湮矣。季札觀樂，與今風、雅、頌次序合，服氏以為傳者據已定錄之，則《左氏》所載當時諸侯大夫行禮與《禮經》合者，或亦據孔子所定之《禮》錄之。顧棟高《左氏引經不及〈周官〉〈儀禮〉論》，謂："《周禮》為漢儒傅會，即《儀禮》亦未取信為周公之本文。"② 俞正燮《〈儀禮〉行於春秋時義》駁顧氏說，謂："時行其儀，故不復引其文。"③ 據"臧孫為季孫立悼子"，為《儀禮》"賓"為"苟敬"及"嗣舉奠"法；"齊侯飲昭公酒，使宰為主人而請安"，為"《儀禮》請安法"；"邾莊公與夷射姑飲酒，私出閽乞肉焉"，為"《儀禮》取薦脯法"。雖其禮相吻合，未可據之以《儀禮》為周公作，真出孔子之前也。

---

① "二十七"，皮誤作"三十八"，據《春秋左傳正義》改。
② 顧棟高《春秋大事表》卷四十七《春秋左傳引據詩書易三經表·左氏引經不及周官儀禮論》。顧棟高（1679—1759），字震滄，無錫人。康熙六十年進士，授內閣中書，官國子監司業銜。著有《春秋大事表》《毛詩類釋》《萬卷樓文稿》。《清史稿》卷四百八十有傳。
③ 俞正燮《癸巳類稿》卷二《儀禮行於春秋時義》，《續修四庫全書》第1159冊，第310頁。

20. 論讀《儀禮》重在釋例，尤重在繪圖，合以分節，三者備則不苦其難

《春秋》有凡例，《禮經》亦有凡例。讀《春秋》而不明凡例則亂，讀《禮經》而不明凡例則苦其紛繁。

陳澧曰："《儀禮》有凡例，作記者已發之矣。《鄉飲酒禮》記云：'以爵拜者不徒作。坐卒爵者拜既爵，立卒爵者不拜既爵，凡奠者於左，將舉於右。'此記文之發凡者也。鄭注發凡者數十條。《士冠禮》注云：'凡奠爵，將舉者於右，不舉者於左。''凡醴士①，質者用糟，文者用清。''凡薦，出自東房。''凡牲，皆用左胖。'其餘諸篇注皆有之，若抄出之，即可為《儀禮凡例》矣。有鄭注發凡，而賈疏辨其同異者。……有鄭注不發凡，而賈疏發凡者。……有經是變例，鄭注發凡而疏申明之者。……又有經是變例，注不發凡而疏發凡者。……有賈疏不云凡而無異發凡者。（文多不載，見《東塾讀書記》）……綜而論之，鄭、賈熟於《禮經》之例，乃能作注作疏。注精而簡，疏則詳而密。分析常例變例，究其因由，且經有不具者，亦可以例補之。朱子云《儀禮》'雖難讀，然卻多是重複。倫類若通，則其先後彼此展轉參照，足以互相發明'② 此所謂'倫類'，即凡例也。近時則凌氏《禮經釋例》，善承鄭、賈之學，大有助於讀此經者矣。"③ 案陳氏引注疏甚明，初學猶苦其分散難考，先觀《禮經釋例》，則一目瞭然矣。

陳澧又曰："鄭、賈作注作疏時，皆必先繪圖，今讀注疏，觸處皆見其蹤跡。如《士冠禮》'筮人許諾，右還，即席，坐'，注云：'東面受命，右還北行就席。'疏云：'鄭知東面受命者，以其上文有司在西方東面，主人在門東西面。今從門西東面主人之宰命之，故東面受命可知也。知右還北行就席者，以其主人在門外之東南，席在門

---

① "士"，陳澧《東塾讀書記》及《儀禮注疏》皆作"事"。

② 案此處朱子語出自《晦庵先生朱文公文集》卷五十九《答陳才卿》第九通（《朱子全書》第 23 冊）。

③ 陳澧《東塾讀書記》卷八《儀禮》。

中，故知右還北行，乃得西面就席坐也。'如此之類，乃顯而易見者。又如《燕禮》'主人盥洗象觚'，注云：'取象觚者東面。'疏云：'以膳筐南有臣之筐，不得北面取，又不得南面背君取，從西階來，不得筐東西面取，以是知取象觚者東面也。'此必鄭有圖，故知東面取；賈有圖，故知不得北面南面西面，而必東面也。（以下文多不載）……楊信齋作《儀禮圖》，厥功甚偉，惜朱子不及見也。《通志堂經解》刻此圖，然其書巨帙，不易得。故信齋此圖，罕有稱述者。張皋文所繪圖，更加詳密，盛行於世。然信齋創始之功，不可沒也。阮文達公爲《張皋文儀禮圖》序云：'昔漢儒習《儀禮》者，必爲容，故高堂生傳《禮》十七篇，而徐生善爲頌。禮家爲頌皆宗之，頌即容也。予嘗以爲讀《禮》者當先爲頌。昔叔孫通爲綿蕝以習儀，他日亦欲使家塾子弟畫地以肄禮，庶于治經之道，事半而功倍也。然則編修之書，非即徐生之頌乎？'澧案：畫地之法，澧嘗試爲之，真事半而功倍，恨未得卒業耳。若夫宮室器服之圖，則當合三《禮》爲之。此自古有之，今存於世者，惟聶崇義①之圖。至國朝諸儒所繪益精。若取《皇清經解》內諸圖與聶氏圖，考定其是非，而別爲《三禮圖》，則善矣。"②

錫瑞案：聶氏《三禮圖》，朱子譏其醜怪不經，非古制。今觀其冠制多怪誕，必非三代法物。而據竇儼《序》稱其博采舊圖，"凡得六本"，則實原於鄭君及阮諶、梁正、夏侯伏明、張鎰諸家，特非盡出鄭君。而鄭注《儀禮》、賈疏《儀禮》有圖，則自陳氏始發之。楊復圖世罕傳，惟張惠言《儀禮圖》通行，比楊氏更精密。韓文公苦《儀禮》難讀，讀《儀禮》有三法：一曰分節，二曰釋例，三曰繪圖。得此三法，則不復苦其難。分節可先觀張爾岐、吳廷華之書，釋例凌廷堪最詳，繪圖張惠言最密。若胡培翬③《儀禮正義》雖詳而太

---

① 聶崇義，河南洛陽人。後漢乾祐中，累官國子《禮記》博士，後周顯德中，累遷國子司業兼太常博士。宋太祖建隆三年四月，崇義取《三禮圖》考正表上之，翰林學士竇儼爲序。《宋史》卷四百三十一《儒林傳一》有傳。

② 陳澧《東塾讀書記》卷八《儀禮》。

③ 胡培翬（1782—1849），字載屏，安徽績溪人。嘉慶四年進士，官戶部廣東司主事。《清史稿》卷四百八十二《儒林傳三》有傳。

繁，楊大堉①所補多違古義，與原書不合，不便學者誦習，姑置之。

21. 論宋儒掊擊鄭學實本王肅，而襲爲己說，以別異於注疏

《三禮》繁難，一人精力，難於通貫。漢以十七篇立學，《后倉曲臺記》後，並無解義。杜、賈、二鄭止解《周官》。馬融解《周官》與《禮記》，而十七篇止注《喪服》。惟鄭君徧注《三禮》，至今奉爲圭臬，誠可謂宏覽博物，精力絕人者矣。其後禮書之宏富者，有宋何承天刪并《禮論》八百卷爲三百卷，梁孔子祛又續何承天《禮論》一百五十卷，隋《江都集禮》一百二十卷，牛弘撰《儀禮》百卷，今皆不傳。惟崔靈恩《三禮義宗》四十七卷，猶存其略。宋陳祥道《禮書》一百五十卷，晁公武、陳振孫並稱其精博。《四庫提要》曰："其中多掊擊鄭學，如'論廟制'，引《周官》《家語》《荀子》《穀梁傳》，謂天子皆七廟，與康成天子五廟之說異。'論禘祫'，謂圜丘自圜丘，禘自禘，力破康成禘即圜丘之說；論禘大於祫，並祭及親廟，攻康成禘小祫大，祭不及親廟之說。辨上帝及五帝引《掌次》文，闢康成上帝即五帝之說。蓋祥道與陸佃亦皆王安石客，安石說經，既創造新義，務異先儒，故祥道與陸佃亦皆排斥舊說。"②

錫瑞案：詳道之書，博則有之，精則未也。其自矜爲新義，實多原本王肅。漢時禮家聚訟，古今文說不同，鄭君擇善而從，立說皆有所據。如"說廟制"以爲天子五廟，周合文武二祧爲七。本《喪服小記》"王者立四廟"，《禮緯·稽命徵》"唐虞五廟，夏四廟，至子孫五。殷五廟，至子孫六。周尊后稷、文、武，則七"。王肅乃數高祖之父高祖之祖，與文武而九，不知古無天子九廟之說。而肅說二祧，亦與《祭法》不合也。鄭說圜丘是禘嚳配天。圜丘本《周官》，周人禘嚳本《國語》《祭法》。王肅乃謂郊、丘是一，引董仲舒、劉

---

① 楊大堉，字雅輪，江寧人。諸生。著有《說文重文考》，另有《論語正義》《毛詩補註》《三禮義疏辨正》，皆佚。《清史稿》卷四百八十二《儒林傳三》有傳。

② 語見《四庫全書總目》卷二十二陳祥道《禮書》提要。

向爲據。不知董、劉皆未見《周官》，不知有圜丘，但言郊而不言禘，不足以難鄭也。鄭說三年祫，五年禘，祫大禘小，本於《春秋公羊經》，書有事爲禘，各於其廟，大事爲祫，羣廟主悉升於太祖。而肅引"禘於太廟"，《逸禮》"昭尸穆尸，皆升合於太祖"，孔《疏》已駁之曰："鄭以《公羊傳》爲正，《逸禮》不可用也。(《逸禮》不足信，即此可見，故鄭不用，亦不爲之注)鄭說五帝爲五天帝，本《周官·司服》"祀昊天上帝，則服大裘而冕。祀五帝亦如之"。五帝配南郊，祭用夏正月，故服大裘。若五人帝，則迎夏迎秋，不得服裘。"又先鄭注《掌次》云"五帝，五色之帝"，(陳祥道據《掌次》駁鄭，即此可證其誤)是鄭義本先鄭，王肅以爲五人帝分主五行，然則大皞、炎、黃之先，無司五行者乎？此與肅駁鄭義，以爲社稷專祀句龍、后稷，不祀土、穀之神者，同一謬妄也。王肅所據之書，鄭君無緣不知，其所以不用者，當時去取必自有說。肅乃取鄭所不用者，轉以難鄭。鄭據今文，則以古文駁之，如據《逸禮》以駁《公羊》是也。鄭據古文，則以今文駁之，如據董、劉以駁《周官》是也。其時馬昭、張融，下至孔穎達《疏》，已爲細加分別。宋人寡學，不盡知二家之說所自出，取王說之淺近，疑鄭義之博深。又以其時好立新說，鄭《注》立學已久，人多知之，王說時所不行，乃襲取之以爲己說。陳氏《禮書》，大率如是，皆上誣前賢，下誤後學。後人不當承其誤，凡此等書可屏勿觀。(朱子曰："王肅議《禮》必反鄭玄。"朱子於禮用功深，故能知鄭康成考禮名數大有功)

22. 論王肅有意難鄭,近儒辨正已詳,《五禮通考》舍鄭從王,俞正燮譏之甚是

　　合今古文說《禮》，使不分明，始於鄭君而成於王肅。鄭君以前，界限甚嚴。何休解《公羊傳》，據《逸禮》而不據《周官》，以《逸禮》雖屬古文，不若《周官》之顯然立異也。杜、賈、二鄭解《周官》，皆不引博士說。鄭司農注《大司徒》五等封地，皆即本經立說，不牽涉《王制》。惟注"諸男方百里"一條云："諸男食者四之一，適方五十里，獨此與五經家說合耳。"五經家說，即《王制》

"子、男五十里"之說也。鄭君疏通《三禮》，極具苦心。於其分明者，則分之爲周禮，爲夏殷禮。不分明者，未免含混說之，或且改易文字，展轉求通。專門家法至此一變。王肅有意攻鄭，正當返求家法，分別今古，方可制勝。乃肅不惟不知分別，反將今古文說別異不同之處，任意牽合。如《王制》廟制今說，《祭法》廟制古說，此萬不能合者。而肅僞撰《家語》《孔叢子》所言廟制，合二書爲一說。鄭君以爲《祭法》，周禮；《王制》，夏殷禮，尚有蹤跡可尋。至肅乃盡抉其藩籬，蕩然無復門戶，使學者愈以迷亂，不復能知古禮之異。尤可笑者，《家語》《孔叢》舉禮家聚訟莫決者，盡託於孔子之言，以爲折衷。不知禮家所以聚訟，正以去聖久遠，無明文可據。是以石渠、虎觀，至煩天子稱制臨決。若孔子之言，如此彰灼，羣言淆亂折諸聖，尚何庸齗齗爭辨乎？古人作注，發明大義而已，肅注《家語》五帝、七廟、郊丘之類，處處牽引攻鄭之語。殊乖注書之禮，而自發其作僞之覆。肅又作《聖證論》以譏短鄭，據唐《元行沖傳》云"六十八條"，今約存三十條。禮之大者，即五帝、七廟、郊丘、禘祫、社稷之屬，其餘或文句小異，不關大義。肅之所謂聖證，即取證於《家語》《孔叢》，以爲鄭君名高，非託於聖言，不足以奪其席。而鄭學之徒馬昭已灼知《家語》爲王肅僞作，斯可謂心勞日拙矣。晉武帝，王肅外孫，郊廟典禮，皆從肅說。其時鄭、王之徒，爭辨不已，久而論定。六朝南北學《三禮》皆遵鄭氏，至唐而孔疏《禮記》，賈疏《周禮》《儀禮》，發明鄭義尤詳。宋以後乃舍鄭從王，排斥注疏。國朝昌明鄭學，於王肅之僞撰《家語》，僞撰《古文尚書經傳》，攻之不遺餘力。肅之私窺《毛詩》以難鄭者，亦深窺其癥結。《聖證論》中所說郊廟大典，惠棟、孫星衍辨正尤詳。惟秦蕙田《五禮通考》，多蹈陳祥道《禮書》，舍鄭從王之失，似即以《禮書》爲藍本。《四庫提要》："較陳祥道等所作，有過之無不及。"僅以爲過祥道，似亦有微辭焉。俞正燮《癸巳存稿》云："《五禮通考》所采漢以後事皆是。惟周時書籍，廣搜魏晉以後議論附於後。本康莊也，而荊棘榛芒。可謂宋元人平話經義與帖括經義日課陋稿，令人憎惡，不可謂之禮書也。據魏晉以後禮制，多本王肅、皇甫謐，其說不可不采，然宜附所引史志後，不宜附經後。引經止存漢傳注本義，魏晉以後野文皆削之。宋元人平話、帖括兩體文，尤不當載。而制度則案年次之。通考之體應如此，此書體例非也。"①

　　錫瑞案：《五禮通考》網羅浩博，自屬一大著作。而其大書旁注，低格附載，體例誠多未善。有如俞氏所譏，舍鄭從王，是宋非漢，尤爲顛倒之見，恐誤後學，不得不辨。秦氏之作《通考》，以徐乾學《讀禮通考》惟詳喪葬，而推廣爲五禮。徐氏專講喪禮，條理不繁，故詳審無可議。秦氏兼及五禮，過於繁博，故體例有未善，足見《三禮》非一人之力所能及。自鄭君並注《三禮》後，孔氏止疏《禮記》，且原本於皇、熊。賈氏疏《儀禮》，本黃慶、李孟悊。《周禮》不著所出，亦必有所承。朱子《儀禮經傳通解》，至歿尚未卒業。若陳氏《禮書》、秦氏《通考》，未免舉鼎絕臏之弊。近人林昌彝《三禮通釋》有編次而少折衷，林喬蔭《三禮陳數求義》有折衷而欠精確。惟江永《禮書綱目》，本於朱子，足以補正朱子之書。治《三禮》者，可由此入門，而《五禮通考》姑置之可也。（毛鴻賓序《三禮通釋》云："《五禮通考》所據者，皆宋元明以下之說，多嚮壁虛造，而漢魏六朝經師之遺言大義，尠及之。"可謂知言）

23. 論古人行禮有一定之例，九拜分別，不厭其繁

　　古人行禮有一定之例，如主人敬賓，取爵降洗，賓降辭洗。主人卒洗，揖讓升，賓拜洗。主人拜降盥，賓降。主人卒盥，揖讓升。主人②實爵獻賓，賓拜受爵，主人拜送。賓啐酒拜告旨，主人答拜。賓卒爵拜，主人答拜。賓酢主人略同，不告旨。《注》云："酒，己物也。"主人酬賓略同。酬酒不舉。《注》云："君子不盡人之歡。"獻酢酬共爲一獻，所謂一獻之禮，賓主百拜。在今人視之，必以爲繁文縟節，而古人鄉飲、射、燕禮、大射皆行之。惟燕禮、大射使宰夫爲獻主，臣莫敢與君抗禮也。古人之拜與今異，皆一人先拜，拜畢而後一人答拜。《曲禮》曰："主人敬客則先拜客，客敬主人則先拜主人。

---

① 俞正燮《癸巳存稿》卷十二《書〈五禮通考〉後》。
② 思賢書局本作"人"，商務本、中華本誤作"入"。

凡非弔喪，非見國君，無不答拜者。"① 解此，可無疑於《士冠禮》之母答拜，《昏禮》之舅姑答拜矣。古無二人並拜之禮，故昏禮夫婦不交拜。以婿雖爲主人，婦不自居於客，夫婦敵體，不便一人先拜，一人答拜，故不拜，此古禮之與今異者。古臣朝君不拜，以行禮必在堂，而朝在路門外，無堂，不便行禮。（朝禮止打一照面，與今屬員站上司出班相似）且古無無事而拜者，及有事而拜，必拜於堂下。君辭之，乃升，成拜，故曰："拜下禮也。"

《周禮》"九拜"，杜子春、鄭興、鄭眾、鄭康成、賈公彥、孔穎達、陳祥道、顧炎武、閻若璩、毛奇齡、惠棟、江永、方苞、秦蕙田、段玉裁，言人人殊，淩廷堪與陳壽祺、喬樅父子後出，爲最覈②。壽祺云："九拜皆主祭禮而言，……稽首、頓首、空首三者，皆吉禮祭祀之拜也。振動、吉拜、凶拜三者，皆喪禮祭祀之拜也。奇拜、褒拜、肅拜，禮之殺也。……一曰稽首，鄭《注》：'……頭至地也。'……賈《疏》云：'稽留之字，頭至地多時，則爲稽首也。'……'稽首，臣拜君法。'……二曰頓首，……《檀弓》疏引鄭曰：'頭叩地，不停留也。'此平敵以下拜也。……三曰空首，鄭《注》：'空首拜頭至手，所謂拜手也。'賈《疏》云：'空首拜者，君答臣下拜。'……四曰振動，杜子春云：'……動讀爲哀慟之慟。'壽祺按，此即拜稽顙成踊也。……五曰吉拜，六曰凶拜，惠氏云：皆喪拜也。喪有吉凶，拜亦如之。有兩說，一小功以下爲吉，大功以上爲凶，其拜也，以吉凶分左右。……一齊衰不杖以下爲吉，齊衰以上爲凶，其拜也，皆稽顙，以吉凶分先後。……七曰奇拜，鄭大夫云：'奇拜謂一拜也。'……八曰褒拜，鄭大夫云：'褒讀爲報，報拜謂再拜也。'……九曰肅拜，先鄭司農云：'肅拜但俯下手。'今時擅是也。"③

錫瑞案：古人一拜之禮，而分別如此其繁，非故爲是瑣瑣也。凡人之情，簡則易，易則慢心生；反是則嚴，嚴則畏心生。禮制之行，

---

① 語見《禮記正義》卷四《曲禮下》。
② 此段材料系皮轉述陳壽祺《左海經辨・九拜考》一文。
③ 陳壽祺《左海經辨》卷上《九拜考》，《續修四庫全書》第175冊，第412—415頁。

以文治亦以已亂，以誘賢亦以範不肖。故曰："出於禮者入於刑，納諸軌物，然後禮明而刑措。"若謂委曲繁重之數，皆戕賊桎梏之具，率天下而趨於苟且便利，將上下無等而大亂。昔漢高帝去秦苛儀，羣臣飲酒爭功，拔劍妄呼，高帝患之，用叔孫通爲綿蕞起朝儀而後定。禮樂不可期須去身，豈不信乎？

24. 論古禮多不近人情，後儒以俗情疑古禮，所見皆謬

《禮器》："禮之近人情者，非其至者也。"古人制禮坊民，不以諧俗爲務，故禮文之精意，自俗情視之，多不相近。又古今異制，年代愈邈，則隔閡愈甚。漢人去古未遠，疑經尚少，唐宋以後去古漸遠，而疑經更多矣。今舉數事證之。

如《士冠禮》，"北面坐取脯，降自西階，適東壁，北面見于母。母拜受，子拜送，母又拜。鄭《注》："婦人於丈夫，雖其子猶俠拜。"①《冠義》："見于母，母拜之，……成人而與爲禮也。"是母之拜子，一爲受脯，一爲成人而與爲禮，猶嗣舉奠，以父拜子，所以重宗嗣。凡此等皆有深義存焉！杜佑《通典》乃以爲瀆亂人倫，以古禮不近人情也。

《昏禮》，女家告廟，壻家無告廟之文。《白虎通》明解之，曰："娶妻不告廟者，示不必安也。"蓋古有出妻之事，故恐其不安，不先告廟，後人乃引《曲禮》"齊戒以告鬼神"。《文王世子》："五廟之孫，祖廟未毀，雖爲庶人，冠娶妻必告。"②《左氏傳》"先配而後祖"③，及"圍布几筵，告於莊共之廟而來"④等語，以證告廟，不知齊戒告鬼神，不云告祖禰，當即卜日卜吉之類，冠娶妻必告。鄭《注》明云"告於君也"。五廟乃天子諸侯之制，豈有疏族士庶，得自告天子諸侯廟者？楚公子圍因聘而娶，大夫出聘，本應告廟，並非

---

① 《儀禮注疏》卷二《士冠禮》。
② 《禮記正義》卷二十《文王世子》。
③ 語見《左傳·隱公八年》。
④ 語見《左傳·昭元公年》。

專爲娶妻。"先配後祖",當從賈、服以祖爲廟見。大夫以上,三月廟見,乃始成昏,譏先配也。昏禮是士禮,當夕成昏,鄭謂大夫以上皆然,不如賈、服之合古禮。夫娶不告廟,又大夫以上三月廟見乃成昏,皆不近人情之甚者。

《喪服》:"父在爲母期。"以父喪妻止於期也。嫂叔之無服也,蓋推而遠之也。婦爲舅姑期,《傳》曰:"何以期也?從服也。"女子子適人者,爲其父母期,《傳》曰:"何以期也?婦人不貳斬也。"然則婦爲舅姑期亦不貳斬之義。自唐以後,母與舅姑服加至三年,嫂叔亦有服,正褚無量所謂"俗情膚淺"者,蓋疑古禮制服不近情也。古祭禮必有尸,自天子至於士,皆有筮尸、宿尸之禮。杜佑《理道要訣》謂:"周、隋《蠻夷傳》,巴梁間爲尸以祭,今郴道州人祭祀,迎同姓伴神以享,則立尸之遺法,乃本夷狄風俗,至周未改耳。"杜不知外裔猶存古法,反以古法未離夷狄,是疑立尸不近情也。古士大夫無主,以不禘祫,無須分別。《少牢饋食》束帛依神,《特牲饋食》結茅爲菆,即以代主。許君、鄭君同義,孔《疏》賈《疏》,謂"大夫士無木主,以幣主其神",徐邈、元懌乃引《公羊》"大夫聞君之喪,攝主而往",不知何休《解詁》明云"宗人攝行主事而往",不謂木主。又引《逸禮》饋食設主,不知《逸禮》不可據,故鄭不用,亦不爲注。舍許、鄭之明說,從疑似之誤文,是疑無主不近情也。

古不祭墓,惟奔喪去國哭於墓。祭是吉禮,必行於廟。故辛有見被髮野祭,歎其將爲戎。後人乃引《周官·冢人》"祭墓爲尸",曾子曰"椎牛祭墓",《孟子》曰"卒之東郭墦間之祭者",及魯諸儒歲時上孔子冢,以爲古已祭墓。不知《冢人》"爲尸",後鄭以爲"或禱祈焉",先鄭以爲始窆時祭以告后土,與墓祭無涉。趙岐注《孟子》以"卒之東郭墦間"爲句,亦非墓祭。曾子語見《韓詩外傳》,漢初之書,魯人上孔子冢,亦在秦漢之間。疑當其時世卿宗法既亡,大夫不皆有廟,乃漸移廟祭爲墓祭,不得爲古祭墓之證。而毛奇齡、閻若璩皆曲徇俗說,是以不祭墓爲不近情也。古今異情若此甚夥,今欲反古,勢所難行,然古有明文,非可誣罔。若沈溺俗說,是今人而非古人,不可也;或更傅會誤文,強古人以從今人,更不可也。

25. 論古禮最重喪服,六朝人尤精此學,爲後世所莫逮

古禮最重喪服,《禮經》十七篇,有子夏《喪服傳》一篇在內。《小戴禮記》四十九篇,有《曾子問》《喪服小記》《雜記上下》《喪大記》《喪服大記》《奔喪》《問喪》《服問》《間傳》《三年問》《喪服四制》十一篇。《別錄》皆屬喪服,《檀弓》亦多言喪禮:"大功廢業。或曰大功誦可也。"《疏》云:"錄記之人,必當明禮應事無疑,使後世作法。今檢《禮記》,多有不定之辭。仲尼門徒親承聖旨,子游裼裘而弔,曾子襲裘而弔;又小斂之奠,或云東方,或云西方;同母異父昆弟,魯人或云爲之齊衰,或云大功。其作記之人,多云'蓋',多云'或曰',皆無指的,並設疑辭者,以周公制禮,永世作法。時經幽、厲之亂,又遇齊、晉之強,國異家殊,樂崩禮壞,諸侯奢僭,典法譌舛,是以普天率土,不閑禮①教,故子思聖人之胤,不喪出母;隨武子晉之賢相,不識殽烝。作記之人,隨後撰錄,善惡兼載,得失備書。但初制禮之時,文已不具,略其細事,舉其大綱。況乃時經離亂,日月縣遠,數百年後,何能曉達?記人所以不定,止爲失禮者多,推此而論,未爲怪也。"②

錫瑞案:孔《疏》所言極其通達。記文所以不定者,一則制禮之初,細數不能備具;一則亂離之後,故籍復不盡存。喪服更糾紛難明,故後儒尤多聚訟。漢人禮書最早,而略傳於今者,有《大戴·喪服變除》、十七篇《禮經》,馬融獨於《喪服》有注,鄭君亦有《喪服變除》。其後則有王肅《喪服經傳注》《喪服要記》,射慈《喪服變除圖》,杜預《喪服要集》,袁準《喪服經傳注》,孔倫《集注喪服經傳》,陳銓《喪服經傳注》,劉智《喪服釋疑》,蔡謨《喪服譜》,賀循《喪服要記》,謝徽《喪服要記注》,葛洪《喪服變除》,裴松之《集注喪服經傳》,雷次宗《略注喪服經傳》,崔凱《喪服難問》,周

---
① "禮",皮作"異",據《禮記正義》改。
② 《禮記正義》卷七《檀弓上》。

續之《喪服注》，王儉《喪服古今集記》，王逡之《喪服世行要記》，見玉函山房輯本。《釋文·敘錄》，有蔡超、田儁之、劉道拔皆不傳。

自漢魏至六朝諸儒，多講禮服，《通典》所載，辨析同異，窮極深微。朱子謂："六朝人多精於禮，當時專門名家有此學，朝廷有禮事，用此等人議之。"顧炎武《日知錄》云："唐《開元四部書目》喪服傳義疏有二十三部。昔之大儒有專以喪服名家者，……故蕭望之爲太傅，以禮服《論語》① 授皇太子。宋元嘉末，徵隱士雷次宗詣京邑，築室於鍾山西巖下，爲皇太子諸王講喪服經。齊初，何佟之爲國子助教，爲諸王講喪服。陳後主在東宫，引王元規爲學士，親授《禮記》《左傳》《喪服》等義。魏孝文帝親爲羣臣講喪服於清徽堂。而《梁書》言'始興王憺薨，昭明太子命諸臣共議，從明山賓、朱异之言，以慕悼之辭，宜終服月。'夫以至尊在御，不廢講求喪禮，異於李義府之言不豫凶事，而去《國恤》一篇者矣。"② 案六朝尚清言、習浮華之世，講論服制，如此謹嚴，所以其時期功去官，猶遵古禮，除服宴客，致罣彈章。足見江左立國，猶知明倫理，重本原，故能以東南一隅，抗衡中原百餘年也。

26. 論王朝之禮與古異者可以變通，民間通行之禮宜定畫一之制

冠、昏、喪、祭之禮，古時民間通行，後世已不盡通行矣。若夫王朝之禮，古今異制，後世尤不能行。

即如禘郊祖宗，據鄭君《祭法》注，祖文宗武於明堂，周之受命祖也。郊稷於南郊，周之始封祖有功烈於民者也。禘嚳於圜丘，周之遠祖有聖德帝天下者也。惟皆有功德，故可配天而無慚；惟誠爲其祖，故應崇祀而非妄。後世有天下者，與古大異。秦雖無道，其先猶爲諸侯，有始封祖。若漢高崛起，其先並無功德，亦無始封，在漢惟當以高祖受命，配天南郊，而圜丘、明堂，無人可配。自漢以後，猶夫漢也。若欲

---

① "禮服《論語》"，《日知錄》卷六《檀弓》作 "《論語》禮服"。
② 《日知錄》卷六《檀弓》。

仿古典禮，必至如漢之祖堯，魏之祖舜，唐之祖李耳，援引不可考之遙遙華胄，將有"神不歆非類"之誚。故宋神宗罷禘天之祭，誠以無其人也。此則禘郊祖宗，古禮雖有明文，而難以仿效者也。

廟制本於服制，服止五，廟亦止五，天子有其人，則增至七。《禮緯》："夏四廟，至子孫五；殷五廟，至子孫六；周六廟，至子孫七。"是古時已稍有通變。諸侯五廟，魯有周公大廟，魯公世室，與四親廟而六，（《明堂位》有武公世室，則僭天子七廟之制）正與周制相仿，雖稍增而不過七也。過七則應祧遷，如每帝一廟而不祧，商、周數百年，廟將無地以容。漢翼奉、貢禹、韋玄成始建祧遷之議，而議久不決，劉歆復以"宗無數"之妄言亂之。廟所以敬祖先，非所以報功德，有功德即稱宗不祧，爲天子者誰肯謂其祖無功德？如此則無可祧之祖。故東漢遂變爲同堂異室之制。夫廟不二主。若一廟數人，正是祧廟之制。是同堂異室，名爲不祧，而早已祧。王者欲尊其祖，必一代之祖各爲一廟，而親盡即祧。誠以尊祖之義，古今一也。此則七廟祧遷，古禮本有明文，而可以仿效者也。

古人祭天，一歲凡九，圜丘、南郊、明堂、大雩、五時迎氣；祭祖一歲凡四，禴、禘、嘗、烝；又有三年祫，五年禘。後世車駕難以數動，經費又恐過繁，於是天地合祭，禘祫不行。明知非古，不免徇時，甚或傅會古制，以爲當然。其實古制不如是，而典禮不可廢，惟圜丘、明堂，既無配天之祖，不必強立，此又古禮有明文，而可以斟酌變通者也。其他一切典禮，以及度數儀文之末，皆可因時制宜。

後世於王朝之禮，考訂頗詳，民間通行之禮，頒行反略。國異政，家殊俗，聽其自爲風氣，多有鄙俚悖謬之處。官吏既不之禁，士大夫亦相習成風，宜命儒臣定爲畫一之制。原本《儀禮》，參以司馬《書儀》、朱子《家禮》。冠禮、鄉飲，古制宜復，並非難行。昏禮、喪禮，今亦有與古合者。惟祭禮全異，立尸、交爵之類，後世誠不可行，其他亦有可仿效者。古禮多行於廟，今士大夫不皆有廟，有廟亦與所居隔越，故宜變而通之，期不失夫禮意而已。朱軾[①]《儀禮節

---

① 朱軾（1665—1736），字若瞻，江西高安人。康熙三十三年進士，官至浙江巡撫，文華殿大學士、兼吏部尚書。修《世宗憲皇帝實錄》，纂《三禮義疏》，著《周易注解》《周禮注解》《儀禮節略》《歷代名臣》《名儒》《循吏》諸書。《清史列傳》卷十四有傳。

略》，撫浙時嘗試行之，未能通行，爲可惜也。

27. 論明堂、辟雍、封禪，當從阮元之言爲定論

古禮有聚訟千年，至今日而始明者，明堂、辟雍、封禪是也。阮元曰："辟雍與封禪，……是洪荒以前之大典禮，最古不可廢者。竊以上古未有衣冠，惟用物遮膝前，後有衣冠之制，不肯廢古制，仍留此以爲韍，與冕並重，此即明堂、辟雍之例也。上古未有宮室，聖人制爲棟宇，以蔽風雨。帝王有之，民間未必即有。故其制如今之蒙古包帳房，而又周以外水，如今邨居之必有溝繞宅也。古人無多宮室，故祭天、祭祖、軍禮、學禮、布月令、行政、朝諸侯、望星象，皆在乎是。故明堂、太廟、太學、靈臺、靈沼，皆同一地，就事殊名。三代後制度大備，王居在城內，有前朝後市、左祖右社之分，又有大學等，皆在城內；而別建明堂於郊外，以存古制，如衣冠之有韍也。鄭康成解爲太學、太廟等各異處，而不知城外原有明堂，泰山下亦有之。蔡伯喈知明堂、太廟等同處，而不知此不過城外別建之處，其實祭祀等事，仍在城中。此雖憑虛臆斷，然博綜羣書，究其實之如此也。此明堂之說也。封禪者，亦最古之禮。自漢、唐、宋以來，皆爲腐儒說壞。元以爲封者，即南郊祭天也；禪者，即北郊祭地也；泰山者，古中國之中也；主此事者，天子也；刻石紀號者，如今之修史也。何以言之？古帝王七十二代，荒遠無文，其間如蚩尤、共工等，亦皆創霸，大約其威力功德能服諸侯者，即爲天子。正天子之號，必至泰山下，諸侯皆來朝，同祭天地，後定天位，然後刻石於泰巔，以紀其號，如夏、商、周之類。其必須刻石者，古結繩而治，非如後世有漆書竹冊，可以藏之柱下也，故必須刻石，始可知，此管夷吾之所由記憶者。……其必在泰山何？古中國地小，以今之齊國，爲天下之中。故《爾雅》曰：'齊，中也。'文①曰：'中有岱岳，與其五穀魚鹽生焉。'《列子》曰：'不知斯離也。齊中也。國幾千萬里。'皆其證也。夏、商、周以來，禮文大修，諸侯有朝聘之儀，天地有郊澤之

---

① 思賢書局本、商務本作"文"，中華本作"又"，誤。

祀，太史有國事之書，無須祭泰山刻石矣。故'六經'不言封禪。《堯典》舜巡四岳，即封禪之禮，禹會諸侯如之。"①

錫瑞案："六經"不言封禪，惟《禮器》言"因名山升中于天"，即封禪也。阮以舜巡四岳爲封禪之禮，說甚通達。潁容、盧植、蔡邕以明堂與太廟、大學、辟雍、靈臺爲一，而漢立明堂、辟雍，不在一處。《後漢紀》注引《漢官儀》曰："辟雍去明堂三百步。"鄭君習於時王之制，以爲古制亦然。袁準以鄭義駁蔡邕，其實古制當如蔡說，特蔡未能別白其時代，故不免啟後儒之疑。阮云："自漢以來，儒者惟蔡邕、盧植實知異名同地之制，尚昧上古、中古之分。"② 辨析極精，特以爲大學在城內，與《王制》不合耳。劉歆譏漢儒"若立辟雍、封禪、巡狩之儀，則幽冥而莫知其原"，今得阮氏之通識，可以破前儒之幽冥矣。（阮元說，見《〈問字堂集〉贈言》）

28. 論古制不明由於說者多誤，小學、大學皆不知在何處

古制存於《三禮》，而說禮者多誤，古制遂以不明。即以學校一事言之，《王制》云："小學在公宮南之左，大學在郊。"此自古以來，天子諸侯之通制也。自鄭君以後，說者皆誤，由於不知古人立學竟在何處。

錫瑞案：古學皆在門堂之塾。《學記》曰："古之教③者家有塾。"《尚書大傳》曰："大夫、士七十而致仕，老於鄉里。大夫爲父師，士爲少師。"鄭《注》："古者仕焉而已者，歸教於閭里。"又曰："上老平明坐於右塾，庶老坐於左塾。"鄭《注》："上老，父師也；庶老，少師也。"《漢書·食貨志》《白虎通》《公羊解詁》皆與《大傳》文略相合，此鄉學在塾之證也。而小學、大學亦在塾，知小學在

---

① 阮元《閱〈問字堂集〉贈言》，〔清〕孫星衍《孫衍如先生全集·問字堂集》（《續修四庫全書》第1477冊，第386—387頁）。案"《堯典》舜巡四岳，即封禪之禮，禹會諸侯如之"語，原文爲小字注文，皮引文誤作正文。

② 語見阮元《揅經室集》一集卷三《明堂論》。

③ "教"，皮作"學"，據《禮記正義》卷三十六《學記》改。

塾者，"小學在公宮南之左"。古者左宗廟，右社稷，公宮南之左，乃宗廟之地，安得於此立學？《周禮》："師氏：以三德教國子，……居虎門之左，……掌國中失之事，以教國之子弟，凡國之貴游子弟學焉""保氏：養國子以道，教以六藝、六儀。"據此則公宮南之左，即是虎門之左，乃路門之左塾也。保氏當居右塾，不言者省文。師氏尊於保氏，《記》以師氏統保氏，故言左不言右，實則左、右塾皆有學。當如《大傳》云："上老坐右塾，庶老坐左塾也。"（《大傳》言出學，就出言，故尊右。此《記》言入學，就入言，故尊左）國子小學，與鄉人小學制度相同。蔡邕《明堂月令論》曰："周官有門闈之學，師氏教以三德守王門，保氏教以六藝守王闈。然則師氏居東門南門，保氏居西門北門也。" 此師氏居左塾，保氏居右塾之證。蔡氏以此證明堂、大學則誤，以證路門左右小學，則正合矣。小學必在路門左、右塾者，王太子王子八歲入小學，必離宮中不遠，當是古之通制。若如鄭《注》："王者相變。"小學或在郊，八歲太子遠入郊學，殊非人情，必不然矣。知大學亦在塾者。蔡邕《明堂月令論》曰："取其四門之學，則曰大學。"引《易傳太初篇》曰："太子旦入東學，晝入南學，莫入西學，（當作'晡入西學，莫入北學'二句）在中央曰太學，天子之所自學也。"① 《禮記·保傅篇》曰："帝入東學，上親而貴仁，……入西學，上賢而貴德，……入南學，上齒而貴信，……入北學，上貴而尊爵，……入太學，承師而問道。"② 與《易傳》同。魏文侯《孝經傳》曰："太學者，中學明堂之位也。"據蔡說，則東、西、南、北四學，即在明堂。東、西、南、北四門四學，各有異名。《玉海》引《禮象》曰："辟雍居中，其南爲成均，北爲上庠，東爲東序，西爲瞽宗。"據此則太學中學即辟雍，在明堂中。明堂爲'五經'之文所藏處，故宜承師問道，爲天子所自學。古稱四學，亦曰五學，其實皆在一處。故《記》文以上下、東西、左右相對言之。若謂一在國，一在郊，相去甚遠，

---

① 《後漢書》志第八《祭祀中》引《易傳太初篇》曰："天子旦入東學，晝入南學，暮入西學。在中央曰太學，天子之所自學也。"

② 語見《大戴禮記解詁》卷三《保傅》。案《大戴禮記解詁》先言"入南學"，後言"入西學"。

豈得遙遙相對？兩漢諸儒孔牢、馬宮、盧植、潁容，皆謂明堂、辟雍、太學同處，與蔡邕同。《異義》引《韓詩》說："辟雍者，天子之學。圓如璧，雍之以水示圓，所以教天下。春射、秋饗，尊事三老五更。在南方七里之內，立明堂於中，五經之文所藏處。"此說與《孝經·援神契》言"明堂在國之陽，七里之內"正合，乃明堂、大學同處之確證。四學在四門，即四門之塾，與各鄉小學、虎門小學不異，此亦當是通制。若如鄭《注》"王者相變"，大學或在國。古者國中地狹，大學人眾，必不能容。《記》曰："王太子、王子，羣后之太子，卿、大夫、元士之適子，國之俊秀①，皆造焉。"是王子、國子由虎門小學，凡民俊秀由各鄉小學，學成之後，皆入大學。非國中所能容，故必在郊，郊即南方七里之內也。人知鄉學在塾，不知小學、大學皆在塾。《考工記》"門堂三之一"，則塾之地不狹。明堂四門，門有兩塾，學者雖眾，足以容之。學制所以不明者，由於不信大學在明堂。所以不信大學在明堂者，由於不知四學在明堂四門之塾。袁準駁蔡，正由昧此。孫志祖、段玉裁、顧廣圻、朱大韶②，互相爭辨，其說卒不能定，亦由昧此故耳。

29. 論《三禮》皆周時之禮，不必聚訟，當觀其通

孔子謂殷因夏禮，周因殷禮，皆有損益。《樂記》云："三王異世，不相襲禮。"③是一代之制度，必不盡襲前代。改制度，易服色，殊徽號，禮有明徵，而非特後代之興，必變易前代也。即一代之制度，亦歷久而必變。周享國最久，必無歷八百年而制度全無變易者。《三禮》所載，皆周禮也。《禮經》十七篇，為孔子所定，其餘蓋出孔子之後，學者各記所聞，而亦必當時實有此制度，非能憑空撰造。《儀禮》《周禮》言聘覲之禮不盡合；《禮記·檀弓》言東方、西方之

---

① "俊秀"，《禮記正義》卷十三《王制》作"俊選"。
② 朱大韶，字仲鈞，華亭（今屬上海）人。清嘉慶二十四年舉人，官懷遠教諭，曾主講真儒書院。治經宗高郵王氏，尤熟精《三禮》，卒年五十。著有《春秋傳禮徵》《實事求是齋經義》。《清朝續文獻通考》卷二五九有傳。
③ 《禮記正義》卷三十七《樂記》。

奠，齊衰、大功之喪，亦不盡合；《王制》《祭法》言廟制、祭禮，尤不相符。說者推而上之，則以爲兼有夏、殷。鄭君云"《王制》，夏、殷雜"是也。抑而下之，則以爲雜出秦漢。鄭君以《月令》爲秦制，盧植以《王制》爲漢法是也。考其實，皆不然。《三禮》皆周人之書，所記皆周時之禮。（《禮記》所載或有夏、殷禮，而既經周因與損益，則亦即周禮矣。秦、漢之禮，又多本之於周）

其所以參差抵牾者，由於歷代久遠，漸次變易，傳聞各異，紀載不同，非必上兼夏、殷而下雜秦、漢也。請以漢、唐之禮證之。漢初用叔孫通所定之禮，後漢又使曹褒撰次新禮。即加更定，必與前不盡同。今使因其不同，而謂叔孫所定者爲漢禮，曹褒所定者非漢禮，可乎？唐初用《貞觀顯慶禮》，玄宗又作《開元禮》，而五禮始備。既經改作，必與前不盡同。今使因其不同，而謂貞觀、顯慶作者爲唐禮，開元所作者非唐禮，可乎？疑《三禮》之參差抵牾，而謂一是周禮，一非周禮，何以異於是乎？

若謂周時變禮無明文可徵，請以官制一事證之。制度以設官爲最重，執政又爲官之最尊。周初成康之時，周公、召公以冢宰執政，故《周官》首《天官·冢宰》。《左氏傳》曰："鄭武公、莊公爲平王卿士。"① 又曰："鄭伯爲王左卿士。"又曰："虢公、忌父始作卿士於周。"則東遷以後，執政者稱卿士。《詩·十月之交》曰："皇甫卿士，番維司徒。"以卿士列司徒之前，是幽王時，已稱執政者爲卿士，又不自東遷始。以此推之，官制可改，安見其餘不可改乎？西周之末，必稍變於成、康以前。東遷之後，又漸變於西周之末。當時既有改易，後世何能折衷？學者惟宜分別異同，以待人之審擇。若必堅持一說，據爲一定之制，則禮自孔子時，而其經不具，又安得有一書可爲定制乎？周公制作，《洛誥》《立政》所載不詳。《周官》，僞古文，不可據。鄭眾未見僞古文，以爲《周官》六篇即《尚書·周官篇》，卷帙太多，文法不類，其說亦不可信。

周一代典禮，無成書可稽，試舉大者論之。《禮緯》云："周六廟，至子孫七。"蓋周初以后稷爲始封祖，文王爲受命祖，合四親廟

---

① 《春秋左傳正義》卷三《隱公三年》。

爲六。其後武王親盡，以爲受命祖不可祧，增武世室爲七。此當在共、懿之世，禮無明文。東都有明堂，無宗廟。"王入太室裸"，即明堂太室。西周亡，宗廟爲禾黍。東遷當更立廟，禮無明文。敬王居成周，別立廟與否，亦無明文。孝王以叔父繼兄子，桓王以孫繼祖，定王、顯王以弟繼兄，如何序昭穆，亦無明文。大典如此，其他可知。更以魯事證之，郊則既耕而卜，禘則未應吉禘而禘，廟則立武宮、立煬宮。桓、僖不毀，甚至公廟立於私家，三家《雍》徹①，季氏八佾，朝服以縞，婦人髽而弔，皆變禮之大者。《明堂位》謂禮樂、政俗，未嘗相變，且以武公廟比武世室，凡此等，以爲禮，則實非禮。以爲非禮，則當時實有是事。魯事詳而周事略，以魯推周，則其禮之是非淆亂，記載參差，亦必當時實有是事，而非兼存前朝，誤入後代可知，理本易明，特讀者忽而不察耳。

30. 論《周官》改稱《周禮》始於劉歆，武帝盡罷諸儒即其不信《周官》之證

《儀禮》非古名，《周禮》亦非古名。漢初名爲《周官》，始見於《史記·封禪書》曰："羣儒采封禪《尚書》《周官》《王制》之望祀射牛事。"賈公彥《疏序》謂："《周官》，孝武之時始出，秘而不傳。《周禮》後出者，以其始皇獨惡之故也。是以馬融傳云：'秦自孝公以②下，用商君之法，其政酷烈，與《周官》相反。故始皇禁挾書，特疾惡，欲絕滅之，搜求焚燒之，獨悉，是以隱藏百年。孝武帝始除挾書之律，開獻書之路，既出於山巖屋壁，復入于秘府，五家之儒莫得見焉。至孝成皇帝，達才通人劉向、子歆，校理秘書，始得列序，著於《錄》《略》。然亡其《冬官》一篇，以《考工記》足之。時眾儒並出共排，以爲非是。唯歆獨識，其年尚幼，務在廣覽博觀，又多銳精于《春秋》。末年，乃知其周公致太平之迹，迹具在

---

① 語見《論語·八佾》，原文曰："三家者以《雍》徹。子曰：'相維辟公，天子穆穆。奚取於三家之堂？'"仲孫、叔孫、季孫三家祭祀時用天子才能用的《雍》詩徹除祭品，孔子引《雍》詩句之肅穆意，批評三家此類行爲有悖於肅穆精神。

② "以"，《周禮注疏》作"已"。

斯。奈遭天下倉卒，兵革並起，疾疫喪荒，弟子死喪。徒有里人河南緱氏杜子春尚在，永平之初，年且九十，家于南山，能通其讀，頗識其說，鄭眾、賈逵往受業焉。眾、逵洪雅博聞，又以經書記轉相證明爲《解》，逵《解》行於世，眾《解》不行。兼攬二家，爲備多所遺闕。……目瞑意倦，自力補之，謂之《周官傳》也。……鄭玄序云：'世祖以來，通人達士大中大夫鄭少贛，名興，及子大司農仲師，名眾，故議郎衛次仲、侍中賈君景伯、南郡太守馬季長，皆作《周禮解詁》。……二鄭者，同宗之大儒，明理於典籍，觕識皇祖大經《周官》之義，存古字，發疑正讀，亦信多善，徒寡且約，用不顯傳于世。今贊而辨之，庶成此家世所訓也。'"賈公彥曰："然則《周禮》起於成帝劉歆，而成於鄭玄，附離之者大半。故林孝存以爲武帝知《周官》末世瀆亂不驗之書，故作《十論》《七難》以排棄之。何休亦以爲六國陰謀之書。唯有鄭玄徧覽羣經，知《周禮》者乃周公致太平之迹，故能答林碩之論難，使《周禮》義得條通。故鄭氏傳曰：'玄以①"括囊大典，網羅眾家"，是以《周禮》大行。'"②

錫瑞案：《周禮》源流，賈氏敘述頗詳，以爲始皇焚書，特惡《周禮》，說本馬融，融說亦不知何據。惠帝已除挾書之律，非始武帝，融蓋以《周官》武帝時出而爲此說。劉歆典祕書在哀帝時，亦非成帝，賈公彥已辨之。當時眾儒共排，以爲非是，其說惜不可考。《周官》改稱《周禮》，蓋即始於劉歆，荀悅《漢紀》曰："劉歆奏請《周官》六篇列之於經爲《周禮》。"陸德明《序錄》曰："劉歆始建立《周官經》以爲《周禮》。"是其明證。武億曰："班氏於王莽一《傳》之中，凡莽及臣下施於詔議章奏，自號曰《周禮》，必大書之，而自爲史文，乃更端見例，復仍其本名曰《周官》。《食貨志》'莽乃下詔曰：夫《周禮》有賒貸'，及後云'又以《周官》稅民'。是亦一《志》而兩見。由其意觀之，固未有著明於此也。《郊祀志》，莽改南北郊祭祀猶稱《周官》，時未居攝，不敢紊易。《莽傳》徵天下

---

① "以"，《周禮註疏》作"以爲"。
② 語見《周禮注疏》卷首《序周禮廢興》。

通藝，及張純等奏之，稱《周官》，亦皆在未居攝之時。"① 是則《周官》之易名《周禮》，其在居攝之後可知矣，荀悅之言洵不誣也。

案《周禮》名始歆、莽，武氏說尤分明。自是之後，《周官》《周禮》互見錯出。《後漢·儒林傳》言馬融作《周官傳》，鄭玄作《周官注》，蓋以馬、鄭自序原稱《周官》，或據以爲其時尚無《周禮》之名，又謂《周禮》名始鄭君，皆考之未審，鄭自序已稱《周禮》，其注《儀禮》《禮記》，引《周禮》甚多。《後漢·盧植傳》亦有《周禮》之稱。是其名非起於漢末，特在漢初，本名爲《周官》耳。班《志》正名《周官》，不從歆、莽之制。或謂班《志》皆本劉歆《七略》，據其稱《周官》，不稱《周禮》，與"又有毛公之學，自謂子夏所傳"等語，皆與劉歆尊信《毛詩》《周禮》不同，似《志》非盡本於《七略》。林孝存謂"武帝知《周官》瀆亂不驗"，或據《封禪書》駁之，謂武帝知不驗，羣儒何敢采用？不知《封禪書》下文，明言"羣儒拘牽古文，上盡罷諸儒不用"，此正武帝知《周官》不驗之證。孝存之說，必有據也。

31. 論《周官》當從何休之說，出於六國時人，非必出周公，亦非劉歆僞作

《周官》與《左氏》皆晚出，在漢時已疑信參半。後人尊《周官》者，以爲周公手訂，似書出太早；抑之者以爲劉歆僞作，似書出太遲；何休以爲出於六國時人，當得其實。

毛奇齡《周禮問》曰："《周禮》自非聖經，不特非周公所作，且并非孔孟以前之書。此與《儀禮》《禮記》，皆同時雜出於周、秦之間。此在稍有識者皆能言之。若實指某作，則自坐誣妄，又何足以論此書矣？"又曰："歆能僞作《周禮》，不能造爲《周禮》出處蹤蹟，以欺當世。假使河間獻王不獻《周禮》，成帝不詔向校理《周

---

① 武億《授堂文鈔》卷之一《周禮名所由始考》（《續修四庫全書》第 1466 册，第 79—80 頁）。案引文末句"《莽傳》徵天下通藝，及張純等奏之，稱《周官》，亦皆在未居攝之時"語，引文爲小字注語，皮引文改作正文。

禮》。此馬融之說，《賈疏》已辨之。歆可造此諸事，以欺同朝諸儒臣乎？且《景十三王傳》云：'獻王所獻皆古文先秦舊書，《周官》《尚書》《禮記》《孟子》《老子》之屬，皆經傳說記。'言有經，即有傳與說記也，此必非歆可預造其語者。乃考之《藝文》所志，在當時所有之書，則實有《周官經》六篇，《周官傳》四篇。此班氏所目覩也，此必非襲劉歆語也。使歆既爲經，又復爲傳，此萬無之事。藉曰有之，則偉哉劉歆。東西二漢，亦安有兩？將所謂博而篤者，必不在[①]論廟一篇書矣。且讀書當有究竟，《藝文志》於《樂經》云：'六國之君，魏文侯最爲好古。孝文時得其樂人竇公，上獻其書，乃《周官·大宗伯》之《大司樂》章也。'則在六國魏文侯時已有此書，其爲春秋戰國間人所作無疑，而謂是歆作，可乎？且武帝好樂，亦嘗以《周官經》定樂章矣。《藝文志》於竇公獻樂章後，即云'武帝時，河間獻王好儒，與毛生等共采《周官》及諸子言樂事者，以作《樂記》。內史丞王定傳之，以授常山王禹。禹成帝時爲謁者，獻其書有二十四卷。劉向校書，得《樂記》二十三篇，與禹不同'。則在武帝朝，且有采《周官經》而爲《樂記》者，此不止竇公獻一篇，且必非歆行僞，於《周官經》六篇外，又作此二十四卷，斷可知也。且《周官》之出，在東漢人即有訴其非《周禮》者，林孝存也。孝存以爲武帝知《周官》爲末世瀆亂不驗之書，擯斥不行，因作《十論》《七難》以排棄之。是關此書者亦且明明云，漢武時早有此書，而效尤而興者反昧所從來，是攻膏盲而不解墨守曳兵之卒也。若夫《周禮》一書，出自戰國，斷斷非周公所作，予豈不曉然？周制全亡，所賴以略見大意，祇此《周禮》《儀禮》《禮記》三經。以其所見者雖不無參臆，而其爲周制則尚居十七。此在有心古學，方護衛不暇，而欲迸絕之，則餒羊盡亡矣。"[②]

錫瑞案：毛氏以《周官》爲戰國時書，不信爲周公所作，又力辨非劉歆之僞，而謂周制全亡，賴有《周禮》《儀禮》《禮記》三經，

---

① "在"，毛奇齡《周禮問》作"止"。
② 毛奇齡《周禮問》卷一《周禮非漢儒僞作》，《續修四庫全書》第 78 冊，第 383—385 頁。

有心古學宜加護衛，最爲持平之論。

32. 論毛奇齡謂《周官》不出周公，並謂《儀禮》不出周公，而不知《儀禮》十七篇乃孔子所定，不可詆毀

經問又曰①："《書》《詩》《易》② 三經，則《禮記》多引之。《周禮》《儀禮》《禮記》三經，則《詩》《書》三經③並未道及。即孔孟二書，其論經多矣，然未有論及《三禮》隻字者，何④也？"

答⑤曰："此予之所以疑此書爲戰國人書也。然此書爲戰國人書，而其禮則多是《周禮》。嘗⑥讀《大戴記·朝事》一⑦篇，其中所載大宗伯、典命、典瑞、大行人、職方、射人諸職，全是《周禮》原文，所差不過一二字。考是時《三禮》未出，大小二戴於《儀禮》則直受后倉《曲臺記》，立二戴之學，於《禮記》，則尚未有定。當時見於西漢書府者，猶有二百餘篇，而《周官》一經，則未之見也。乃大戴所錄，則儼然有《朝事》諸文。在周人言《周禮》者，與今《周禮》相同，此豈大戴⑧見《周禮》而附會之？抑豈李氏上《周官經》時，竊取⑨此《朝事》諸文而增入之也？然則《周禮》果周制，其爲周末言禮者所通見，當不止《朝事篇》矣。是以《內則》一篇，亦有'凡食視春時''凡和春多酸'，及'牛宜稌，羊宜黍'一十四句，又有'春行⑩羔豚，膳膏薌'，及'牛夜鳴則庮'十句，與《周

---

① 案此段"經問又曰"及下文"答曰"語爲皮引文時所加，《周禮問》無。
② "《書》《詩》《易》"，中華本作"《詩》《書》《易》"。
③ "《詩》《書》三經"，此爲思賢書局本、商務本引《周禮問》原文。中華本於"書後"增"《易》"字。
④ "何"，中華本"何"字脫，是處作空格。
⑤ 中華本省"答"字。
⑥ "嘗"，《周禮問》作"當"。
⑦ 中華本無"一"字。
⑧ "大戴"，《周禮問》作"戴德"。
⑨ "取"，《周禮問》作"襲"。
⑩ "行"，中華本作"宜"，誤。

禮》文全同，所差不過古今文一二字①。此必當時言禮家所習言慣用，故彼此並出，全文不易，斷非一人一意可撰造者。"②

　　錫瑞案：汪中《周官徵文》共得六事，於毛氏引樂人竇公、《大戴·朝事》《禮記·內則》之外，增入《逸周書·職方》《禮記·燕義》《詩·生民》傳三事。陳澧又考得《雜記》鄭注，《郊特牲》孔疏，《考工記》賈疏，《大司馬》注疏四條。然此諸說，亦但可以證《周官》非劉歆作僞，而無以見其必爲周公所定。後人必以爲周公作，又以《儀禮》亦周公作，然則二書何以不符？又何以不見於孔孟書及春秋時人所稱引？使人反疑不信，惟從毛氏之說，以爲戰國人作，方足以解兩家之紛。毛氏云："鄉遂之官迥異朝廟，其所設諸屬往往有不必計祿食者。……《周官》一書總以'官不必備'四字統概全經，雖設多名，而備實無幾。"③ 其說可以解官多而祿不給之疑。又云："三等分國，固有常制，然不無特設以待非常之典。假若有新封者必需賜國，有大功者必需益地，則不能限以百里，而就有特設約爲之限，大約公不過五，侯不逾四，伯與子男以漸而殺。"④ 又云："五等分國，本造爲設法之例，以統校地數。故曰：可以周知天下，非謂一州之中必四公、六侯、十一伯、二十五子、百男也。"⑤ 其說可以解國多而地不足之疑。毛氏說經多武斷，惟解《周官》心極細，論亦極平。而知《儀禮》不出周公，不知實出孔子。謂《儀禮》亦戰國人作，因《朱子家禮》尊信《儀禮》，乃作《昏禮辨正》《喪禮吾說篇》《祭禮通俗譜》，詆斥《儀禮》，而自作禮文，致閻若璩有"毛大可私造典禮"之誚，則由不曉《禮經》傳於孔氏，非《周禮》《禮記》之比也。

---

　　① "字"後，《周禮問》有"間"字。
　　② 語見毛奇齡《周禮問》卷二（《續修四庫全書》第78冊，第400頁）。
　　③ 語見毛奇齡《周禮問》卷二（《續修四庫全書》第78冊，第394—395頁）。案"往往"，《周禮問》作"往"。"雖設多名"，《周禮問》作"雖設官多名"。
　　④ 語見毛奇齡《周禮問》卷二（《續修四庫全書》第78冊，第395頁）。
　　⑤ 語見毛奇齡《周禮問》卷二（《續修四庫全書》第78冊，第396頁），案"可以"，《周禮問》作"可以之"。

33. 論《周禮》爲古說，《戴禮》有古有今，當分別觀之，不可合并爲一

漢今文立學，古文不立學，沿習日久，遂以早出立學者爲今文，晚出不立學者爲古文。許慎《五經異義》有《古周禮說》《今禮戴說》，或云今《大戴禮說》，或云《戴禮》《戴說》，其中亦有大小戴所傳十七篇《禮經》之說，非盡《大戴禮記》《小戴禮記》也。十七篇《禮》之說，不盡今文。近人分別十七篇《經》是古文說，《經》中之《記》是今文說。而十七篇《經》，又有今古文之分。鄭君《傳》云：“玄本習《小戴禮》，後以古經校之。”是小戴所傳十七篇《禮》，當時通行，字皆今文，鄭以古經之字校之，取其義長者從之。故鄭注十七篇，或經從今，則注云古文某爲某；或經從古，則注云今文某爲某，詳見胡承珙《儀禮古今文疏義》。此特即其古今文字傳本不同者言之，非必義說之全異也。

許君以《戴禮》爲今說，則對《周禮》爲古說言之耳。至若《小戴禮記》本非一手所成，或同今文，或同古文。《王制》多同《公羊》《穀梁》，爲今文說。《祭法》出於《國語》，爲古文說。其言祭禮、廟制不同，此顯有可證者。

近人又分別《二戴記》，以《王制》爲今學之祖，取《祭統》《千乘》《虞戴德》《冠義》《昏義》《射義》《聘義》《鄉飲酒義》《燕義》等篇注之；取《祭法》爲古《國語》說；又取《玉藻》《盛德》《朝事》等篇爲古《周禮》說；又以《曲禮》《檀弓》《雜記》爲古《春秋》左氏說，雖未必盡可據，而《王制》爲今文大宗，《周禮》爲古文大宗，則顯有可證者。

即以官制言之，《異義》：“今《尚書》夏侯、歐陽說天子三公，一曰司徒，二曰司馬，三曰司空，九卿，二十七大夫，八十一元士，凡百二十。古《周禮》說天子立三公，曰太師、太傅、太保，無官屬，與王同職。故曰：‘坐而論道，謂之三公。’又立三少以爲之副，曰少師、少傅、少保，是爲三孤。冢宰、司徒、宗伯、司馬、司寇、司空是爲六卿之屬，大夫士庶人在官者，凡萬二千。謹案周公爲傅，

召公為保，太公為師，無為司徒、司空文，知師、保、傅三公，官名也。五帝、三王不同物，此周之制也。"鄭駁無考，而據鄭注《王制》"天子三公、九卿、二十七大夫、八十一元士"，曰："此夏制也。《明堂位》曰'夏后氏之官百'，舉成數也。"鄭以《王制》今文說為夏制，必以《周禮》說為周制，其於許君無駁可知。三公、九卿蓋夏、殷至周初皆同，據《牧誓》《立政》，止有司徒、司馬、司空三公，可證六卿則周成王以後之制。（《甘誓》六卿，六軍之將）據《顧命》乃同召太保奭、芮伯、彤伯、畢公、衛侯、毛公，六卿兼三公，可證漢主今文，故三公九卿。宇文周行《周禮》，故分設六部，其後沿宇文之制，既設六部，又立九卿，官制複重，議者多云可以裁併，不知《周官》《王制》古今文說必不相合，乃兼用兩說，多設冗官，皆由經義不明，故官制不善也。

34. 論鄭君和同古今文，於《周官》古文、《王制》今文力求疏通，有得有失

鄭君兼注《三禮》，調和古今文兩家說，即萬不能合者，亦必勉強求通，論家法固不相宜，而苦心要不可沒也。《周官》"公五百里，侯四百里"，《王制》"公侯田方百里"，言封國大小迥異，此萬不能合者。惟鄭君能疏通證明之，其注《王制》曰："周武王初定天下，……猶因殷之地，以九州之界尚狹也。周公攝政致太平，斥大九州之界。制禮成武王之意，封王者之後為公，及有功之諸侯，大者地方五百里，其次侯四百里，其次伯三百里，其次子二百里，其次男百里。所因殷之諸侯，亦以功黜陟之，其不合者，皆益之地為百里焉。"

錫瑞案：鄭注《王制》而引《周官》，能和同古今文皆不背其說。或以鄭為牽合無據，亦非盡無據也。即以齊、魯二國言之，二國始封在武王時，《史記·周本紀》曰："武王……封功臣謀士，而師尚父為首。封尚父於營丘，曰齊。封弟周公旦於曲阜，曰魯。"① 其時封地，蓋仍殷制，《孟子》所謂"為方百里"是也。魯至成王時益

---

① 《史記》卷四《周本紀》。

封，《明堂位》曰："地方七百里。"《魯頌譜》疏引《明堂位》以證，曰"大啟爾宇，……魯之封疆於是始定"①。或疑七百里太大，然必不止百里，如仍百里舊封，何云大啟爾宇？《史記·漢興以來諸侯王表》曰："封伯禽、康叔於魯、衛，地各四百里。"與《周官》"侯四百里"合，蓋得其實。七百里，或兼山川附庸言之。齊之益封，與魯同時。《史記》又曰："太公於齊兼五侯地。"《鄭詩譜》曰："周武王伐紂，封太師呂望於齊。……地方百里，都營丘。周公致太平，敷定九畿，復夏禹之舊制。成王用周公之法，制廣大邦國之境，而齊受上公之地，更方百百里。"②《王制》公侯皆方百里，五百里正與兼五侯地合，是齊、魯實有益地之事。如鄭說，《周官》《王制》，皆可通矣。而鄭亦有偶不照者，注《王制》"三年一大聘，五年一朝"，曰："此大聘與朝，晉文霸時所制也。虞夏之制，諸侯歲朝。周之制，侯、甸、男、采、衛、要服六者，各以其服數來朝。"疏引鄭《駁異義》云："《公羊》說比年一小聘，三年一大聘，五年一朝，以為文、襄之制。錄《王制》者，記文、襄之制者③，非虞夏及殷法也。"又引《異義》云："《公羊》說諸侯比年一小聘，三年一大聘，五年一朝天子。《左氏》說十二年之間八聘、四朝、再會、一盟。許慎謹案：《公羊》說，虞、夏制。《左氏》說，周禮。《傳》曰三代不同物，明古今異說。"鄭駁之云："三年聘，五年朝，文、襄之霸制。《周禮·大行人》'諸侯各以服數來朝'，其諸侯歲聘間朝之屬，說無所出。晉文公強盛諸侯耳，非所謂三代異物也。"④

案鄭《注》據《周官》而疑《王制》，以為文、襄霸制，蓋據《左氏·昭三年傳》鄭子太叔之言。然《公羊》必不用《左氏傳》文。《王制》之作，鄭以為在赧王之後，其時《左氏》未出，非必引以為證。《左氏》又有歲聘、間朝之說，與《昭三年傳》文不合，鄭以為不知何代之禮，故不從許案。以《左氏》為周禮，遂並不從許案，以《公羊》為虞夏制也。《王制》與《公羊》合，當是古禮有

---

① 《毛詩正義》卷二十。
② 《毛詩正義》卷五。案"《齊詩譜》"，皮誤作"《鄭詩譜》"，今改。
③ "者"，《禮記正義》卷十一《王制》作"耳"。
④ 《禮記正義》卷十一《王制》。

之，即文、襄創霸，亦必託於古禮。其後晉法變而益密，故又有歲聘、間朝之屬，然則《王制》與《周官》不合，當從許君以爲前代之制，鄭以爲晉霸之制，似未必然。惟歲聘、間朝之屬，鄭以爲說無所出，可斷以爲晉霸之制耳。

35. 論鄭君以《周禮》爲經，《禮記》爲記，其別異處皆以《周禮》爲正，而《周禮》自相矛盾者，仍不能彌縫

鄭《駁異義》曰："《周禮》是周公之制，《王制》是孔子之後，大賢所記先王之事。"① 是鄭君雖不以《王制》爲漢博士作，而視《周禮》則顯分軒輊。故或據《周官》以疑《王制》，未嘗引《王制》以駁《周官》。所云先王之事，即指夏殷之禮，而於朝聘直以爲晉文霸制，並不以爲夏殷之禮矣。《鄭志》："趙商問膳夫云：'王日一舉鼎，十有二物皆有俎，有三牲備。商案《玉藻》天子之食日少牢，朔月太牢，禮數不同，請問其說。'答云：'《禮記》後人所集，據時而言，或諸侯同天子，或天子與諸侯等，所施不同，故難據。《王制》之法，與周異者多，當以經爲正。'"② 又曰："《爾雅》之文雜非一家之注，不可盡據以難《周禮》。"③ 又"趙商問：'周朝而遂葬，則是殯於宮，葬乃朝廟，按《春秋》晉文公卒，殯於曲沃，是爲去絳就祖殯，與《禮記》義異，未通其說。'答曰：'葬乃朝廟，當周之正禮也。其末世諸侯國，何能同也？傳合不合當解傳耳，不得難經。'"④ 又"趙商問：'《祭法》云：大夫立三廟，曰考廟，曰皇考廟。注：非別子。故知祖考無廟。商按《王制》大夫三廟，一昭一穆，與大祖之廟而三。注云：大祖別子始爵者。雖非別子，始爵者亦然。二者不知所定。'答云：'《祭法》，周禮。《王制》之云，或以

---

① 《駁五經異義疏證》卷十，《續修四庫全書》第171冊，第253頁。
② 《鄭志疏證》卷四，《續修四庫全書》第171冊，第317頁。
③ 《鄭志疏證》卷四，《續修四庫全書》第171冊，第325頁。
④ 《鄭志疏證》卷四，《續修四庫全書》第171冊，第339頁。

夏殷雜，不合周制。'"①

　　錫瑞案：鄭君答問，可以見其進退諸經之大旨，折衷《三禮》之苦心。鄭以《周禮》對《禮記》言之，則《周禮》爲經，《禮記》爲記；以《禮記》對《左傳》言，則《禮記》爲經，《左傳》爲傳；經可以正傳記，傳記不得難經。而以《禮記·祭法》對《王制》言之，則《祭法》爲周禮，《王制》爲夏、殷禮。禮家之糾紛難明者，據鄭所分析，已略有明據矣。惟鄭以《周禮》是周公之制，似未必然。

　　《周官》一書，亦自有矛盾之處，鄭君雖極力彌縫之，學者不能無疑。"趙商問：'《巾車職》曰：建大麾以田。注云：田，四時田獵。商按《大司馬職》曰：四時皆建大常。今又云建大麾以田何？'答曰：'麾夏之正色，雖習戰，春夏尚生，其時宜入兵。夏本不以兵得天下，故建其正色，以春夏田至秋冬出兵之時乃建大常。'"② 案《巾車》"建大麾"，《大司馬》"建大常"，兩處之文矛盾，萬無可通之理。鄭既以《周官》爲周公所作，不能加以駁難，故不得不爲之彌縫。其答趙商，皆強詞也。秋冬田建大常，明與《巾車》注"四時田"不合，以麾爲夏之正色，建之以春夏田，亦未有據。《王制》："天子殺則下大綏，諸侯殺則下小綏"，注云"綏當爲緌。緌，有虞氏之旌旗也。"《明堂位》："有虞氏之旂，夏后氏之緌。"注云："有虞氏當言緌，緌謂注旄牛尾於杠首。所謂大麾，《周禮》建大麾以田也。"鄭於此數處之文，互相證明，自圓其說，以《禮記》之緌，即《周官》之麾。鄭云《王制》多雜夏殷，故於解《周官》亦謂大麾是用夏制。如此則《周官》《王制》古今文兩不相背，而《周官》兩處之矛盾，仍未能泯其迹也。惠士奇、金榜又不從鄭，而各別爲說，尤傅會不可信。

36. 論《周禮》在周時初未舉行，亦難行於後世

　　漢今文家張禹、包咸、周生烈、何休、林碩，不信《周禮》者

---

① 《鄭志疏證》卷四，《續修四庫全書》第171冊，第347頁。
② 《鄭志疏證》卷四，《續修四庫全書》第171冊，第329頁。

也；(《賈疏》云：張、包、周、何休，不信《周禮》爲周公所作)古文家劉歆、杜子春、鄭興、鄭衆、衛宏、賈逵、許慎、馬融、鄭玄，尊信《周禮》者也。自漢至今，於《周禮》一書，疑信各半。《周禮》體大物博，即非周公手筆，而能作此書者自是大才，亦必掇拾成周典禮之遺，非盡憑空撰造，其中即或有劉歆增竄，亦非歆所能獨辦也。惟其書是一家之學，似是戰國時有志之士，據周舊典，參以己意，定爲一代之制，以俟後王舉行之者，蓋即《春秋》素王改制之旨。故其封國之大，設官之多，與各經不相通，所以張、包、周、何休皆不信。古文家即尊信《周禮》，亦但可以《周禮》解周禮，不可以《周禮》解各經，而馬、鄭注《尚書》官制服制，皆引《周禮》爲證。即如其說，以《周禮》爲周公手定，亦不得強虞夏以從周，況《周禮》未必出於周公，豈可據之以易舊說乎？《禮記》七十子之後所作，未知與作《周禮》者孰先孰後，其說禮與《周禮》或異，當各從其說以解之。鄭以《周禮》爲經，《禮記》爲記，一切據《周禮》爲正，未免有武斷之失。《周禮》晚出，本無師授，文字奇古，人多不識。鄭《注》所引故書，乃其原本。杜、鄭諸儒始爲正音讀，明通假。鄭君所云"二三君子所變易，灼然如晦之見明"，使山巖屋壁之書，得以昭見於世，其有功於《周禮》甚大。而因尊信《周禮》太過，一經明而各經皆亂，則諸儒亦不能無過矣。《周禮》鄭注、賈疏之外，王安石、王昭禹、王與之、易袚之說，皆有可采。近人沈彤《周官祿田考》，王鳴盛《周禮軍賦說》，皆能自成一家之說，但未能疏全書，治此經者仍以注、疏爲主。《考工記》據"胡無弓車"之類，亦屬戰國人作，文字奧美，在《周官》上，可考古人制器尚象之遺。宋林希逸《鬳齋考工記解》，於古器制度未詳核。近人戴震《考工記圖》、程瑤田《考工創物小記》、阮元《車制圖考》、鄭珍《輪輿私箋》，皆有發明，惟詳於車，而他物尚略。(陳澧云："《記》以輪爲首，有旨哉。古人以輪行地，今外國竟以輪行水，且西洋人《奇器圖說》所載諸器，多以輪爲用。算法之割圜，亦輪之象也。"① 予謂《易》既濟、未濟皆水火，而爻辭皆云曳其輪，亦有微旨)

---

① 陳澧《東塾讀書記》卷七《周禮》。

今當振興工藝之日，學者能遠求《考工》之法，必當大著成效。《周禮》自王莽、蘇綽、王安石試行不驗，後人引以爲戒。王莽篡弒之賊，本非能行官禮之人，其所致亡，亦非因行《周禮》。蘇綽於宇文泰時行《周禮》，頗有效，隋唐法制，多本宇文。王安石創新法，非必原本《周禮》，賒貸市易，特其一端，實因宋人恥言富強，不得不上引周公，以箝報異議。後人謂安石以《周禮》亂天下，是爲安石所欺。安石嘗云："法先王之政者，法其意而已。"此言極其通達，故知其所行法，非事事摹周也。《周禮》在周時，初未舉行，（如王畿居中，封公五百里之類）何能行於後世？古之治天下，至纖至悉，後世尚簡而戒煩苛，無論賒貸市易，必不可行，即飲射、讀法，亦將大擾。然則法《周禮》者，亦但可如安石所云"法其意"而已矣。

37. 論《周官》之法不可行於後世，馬端臨《文獻通考》言之最晰

馬端臨曰："按《周禮》一書，先儒信者半，疑者半。其所以疑之者，特不過病其官冗事多，瑣碎而繁①擾耳。然愚嘗論之，經制至周而詳，文物至周而備，有一事必有一官，無②足怪者。有如閽閻卜祝各設命官，衣膳泉貨俱有司屬。自漢以來，其規模之瑣碎，經制之煩密，亦復如此，特官名不襲六典之舊耳。固未見其爲行《周禮》，而亦未見其異於《周禮》也。獨與百姓交涉之事，則後世惟以簡易闊略爲便，而以《周禮》之法行之，必至於厲民而階亂。王莽之王田市易，介甫之青苗均輸，是也。後之儒者見其效驗如此，於是疑其爲歆、莽之僞書而不可行，或以爲無《關雎》《麟趾》之意則不能行。愚俱以爲未然。蓋《周禮》者三代之法也。三代之時，則非直周公之聖可行，雖一凡夫亦能行。三代而後則非直王莽之矯詐、介甫之執拗不可行，而雖賢哲亦不能行。其故何也？蓋三代之時，寰宇悉以封建，天子所治，不過千里，公侯則自百里以至五十里，而卿大夫

---

① "繁"，《文獻通考》作"煩"。
② "無"，《文獻通考》作"毋"。案"無""毋"，義同。

又各有世食祿邑。分土而治，家傳世守，民之服食日用，悉仰給於公上。而上之人所以治其民者，不啻如祖父之於其子孫，家主之於其臧獲。田土則少而授，老而收，於是乎有鄉遂之官。又從而視某田業之肥瘠，食指之眾寡，而爲之斟酌區畫，俾之均平。貨財則盈而斂，乏而散，於是乎有泉府之官，而①從而補其不足，助其不給，或賒或貸而俾之足用，所以養之者如此。司徒之任，則自鄉大夫州長以至閭胥比長，自遂大夫縣正以至里宰鄰長，歲終正歲，四時孟月，皆徵召其民，考其德藝，糾其過惡，而加以勸懲。司馬之任則軍有將，師有帥，卒有長，四時仲月，則有振旅、治兵、茇舍、大閱之法，以旗致民，行其禁令而加以誅賞。所以教之者如此，上下蓋弊弊焉，察察焉，幾無甯日矣。然其事雖似煩擾，而不見其爲法之弊者，蓋以私土子人，痛癢常相關，脈絡常相屬。雖其時所謂諸侯卿大夫者，未必皆賢，然既世守其地，世撫其民，則自不容不視爲一體。既②爲一體，則姦弊無由生，而良法可以世守矣。自封建變而爲郡縣，爲人君者宰制六合，穹然於其上。而所以治其民者，則諉之百官有司郡守縣令。爲守令者率三歲而終更，雖有龔、黃之慈良，王、趙之明敏，其始至也，茫然如入異境，積日累月方能諳其土俗。而施以政令，往往期月之後，其善政方可紀，纔再期而已及瓜矣。其有疲愞貪鄙之人，則視其官如逆旅傳舍，視其民如飛鴻土梗，發政施令，不過授成於吏手，既授成於吏手，而欲以《周官》③行之，則事煩而政必擾，政擾而民必病，教養之恩未孚，而追呼之苛嬈已亟矣。是以後之言善政者，必曰事簡。夫以《周禮》一書觀之，成周之制，未嘗簡也。自土不分胙，官不世守，爲吏者不過年除歲遷，多爲便文自營之計。於是國家之法度④率以簡易爲便，慎無擾獄市之說，治道去大甚之說，遂爲經國庇民之遠猷。所以臨乎其民者，未嘗有以養之也，苟使之自無失其

---

① "而"，《文獻通考》作"又"。
② "既"後，《文獻通考》有"視"字。
③ "周官"後，《文獻通考》有"之法"。
④ "法度"，《文獻通考》作"法制"。

養，斯可矣。未嘗有以教之也，苟使之自無①失其教，斯可矣。蓋壤地②既廣，則志慮有所不能周，長吏數易，則設施有所不及竟。於是法立而姦生，令下而詐起，處以簡靖，猶或庶幾，稍涉繁夥，則不勝其瀆亂矣。……《周禮》所載凡法制之瑣碎煩密者，可行之於封建之時，而不可行之於郡縣之後。必知時適變者，而後可以語通經學古之說也。"③

錫瑞案：馬氏謂《周禮》可行於封建，不可行於郡縣，以壤地既廣、長吏數易之故，最爲通論。今壤地之廣過於南宋，長吏數易亦甚於南宋。彼時守吏猶必三歲而更，今且一歲而數易，使與百姓交涉，能至纖至悉乎？外國之法，所以纖悉備舉者，以去封建未遠，（日本與德意志，皆初合侯國爲一者）壤地不大，官制不同之故。今人作《泰西采風記》《周禮政要》，謂西法與《周禮》暗合。

38. 論鄭樵解釋《周禮》疑義，未可信爲確據

鄭樵曰："《周禮》所以難通者有五：一曰《職方》之說萬里，與《禹貢》五千里之制不同；二曰封國公五百里，與《孟子》《王制》公百里之制不同；三曰《載師》田稅用十二，與三代什一之制不同；四曰《遂人》溝洫之數，與《匠人》多寡之制不同；五曰比閭族黨之讀法，無乃重擾吾民乎？……今④案經文分析，合而一之，以釋五者之疑。……《禹貢》有五服，各五百里，是禹之時地方五千里。《職方》有九服，亦各五百里，并王畿千里，則周之時地方萬里矣。……禹之五服，各五百里，自其一面而數之，周⑤《職方》九服，各五百里，自其兩面而數之也。……周畿千里，不在九服之內，……王畿即禹之甸服，侯甸即禹之侯服，……男采即禹之綏服，……衛蠻即禹之要服，……鎮夷即禹之荒服。大率二畿當一服，

---

① "無"，《文獻通考》作"毋"。
② "地"，《文獻通考》作"土"。
③ 馬端臨《文獻通考》卷一百八十《經籍考七》。
④ "今"後，《文獻通考》有"皆"字。
⑤ "周"，《文獻通考》無"周"字。

而周人鎮服之外，又有五百里藩服，去王城二千五百里，乃九州之外，地增於《禹貢》五百里而已。"① "諸侯之地，當如《孟子》所言，至開方之則如《王制》所說。薛常州開方法，百里之國，開方得百里之國四，是謂侯四百里；七十里之國，開方得七十里之國四，是謂伯三百里；四七二十八，二百八十里，舉成數曰三百里；五十里之國，開方得五十里之國四，是謂子二百里。"② "什一天下之中，正《孟子》所謂'多則桀，寡則貉'。《周禮》載師之職曰：'凡任地國宅無征，園廛二十而一，近郊十一，遠郊二十而三，甸、稍、縣、都皆無過十二。惟其漆林之征二十而五。'康成注《匠人》，亦引此謂田稅輕近重遠之失。周公制法，不當於十一之外，又有二十而稅三，二十而稅五者。今案《載師》文曰'凡任地'謂之地，則非田矣；又曰'園廛'謂之園廛，則亦非田矣；又曰'漆林'則漆林，又非田之所植矣，豈得謂之田稅？蓋園者不種五穀，其種雜物，所出不貲，廛者工商雜處，百貨所聚，其得必厚。聖人抑末之意，以爲在國之園廛，可輕之而爲二十而一。如自郊以往，每增之不過十二，若以其地植漆林，則非二十而五不可也。"③ "《遂人》云：'十夫有溝，百夫有洫，千夫有澮，萬夫有川。'若案文讀，則一同之地，有九萬夫，當得九川，而川澮溝洫，不幾太多歟？《匠人》云：'井間有溝，成間有洫，同間有澮。'若案文讀，則一同之地，惟有一澮，不幾太少歟？鄭氏求其說而不得，注《遂人》則曰：'此鄉遂法，以千夫萬夫爲制。'注《匠人》則曰：'此畿内之采地制，井田於鄉遂及公邑。'考尋鄭意，以二處不同，故謂鄉遂制，田不用井畫，惟以夫地爲溝洫法。采地制田，則以田畫而爲井田法。是以《遂人》《匠人》制田之法，分而爲二矣。《匠人》之制，舉大概而言；《遂人》之制，舉一端而言。一成之地九百夫，一孔一井，井中有一溝，直。一列凡九井，計九箇溝。橫。通一洫，直。是十夫之地有一溝，百夫之地有一洫，九百夫之地有九洫，而爲一成之地。若一同之地有百成，九萬

---

① 鄭樵《六經奧論》卷六《五服九服辨》，《文淵閣四庫全書》第184冊，第111頁。
② 鄭樵《六經奧論》卷六《孟子王制》，《文淵閣四庫全書》第184冊，第114頁。
③ 鄭樵《六經奧論》卷六《田稅辨》，《文淵閣四庫全書》第184冊，第118—119頁。

夫，一孔爲一成，中有九洫，直。横一列凡有十成，計九十洫，直。通一大澮。横。九澮而兩川周其外，是謂九萬夫之地。合而言之，成間有洫，是一成有九洫；同間有澮，是一同有九澮。《匠人》《遂人》之制，無不相合。周家井田之法，通行於天下，未嘗有鄉遂、采地之異，但《遂人》以一直言之，故曰：'以達於畿'；《匠人》以四方言之，故止一同耳。"①"《周禮》五家爲比，五比爲閭，四閭爲族，五族爲黨，五黨爲州，五州爲鄉。州長每歲屬民讀法者四，黨正讀法者七，族師讀法者十四，閭胥讀法者無數。或者以爲是日讀法，即於州長，又於黨正，又於閭胥、族師，且將奔命而不暇。予謂此法亦易曉，如正月之吉讀法，州長、黨正、族師咸預焉。至四孟吉日讀法，則族師、黨正預焉，州長不預。到②每月讀法，惟族師職焉。此注所謂彌親民者，其教亦彌數。正如今之勸農，守倅令佐皆預焉，其職各帶勸農二字，不必謂之更來迭往也。"③

　　錫瑞案：鄭氏彌縫牽合，具見苦心。惟《周官》一書，與諸經多不相通，如九服、公五百里之類是。《考工記》亦與《周官》不相通，如匠人、遂人之類是。欲強合之爲一，雖其說近理，未可信爲確據。

39. 論《周官》並非周公未行之書，宋元人強補《周官》更不足辨

　　《尚書大傳》曰："周公攝政，六年制禮作樂，七年致政成王。"又曰："周公將作禮樂，優游之，三年不能作。君子恥其言而不見從，恥其行而不見隨。將大作，恐天下莫我知也；將小作，恐不能揚父祖功業德澤。然後營洛以觀天下之心，於是四方諸侯率其羣黨，各攻位於其庭。周公曰：'示之以力役且猶至，況導之以禮樂乎？'然後敢

---

① 鄭樵《六經奧論》卷六《溝洫辨》，《文淵閣四庫全書》第184冊，第119—120頁。
② "到"，《六經奧論》、思賢書局本皆作"到"。商務本、中華本皆誤作"至"。
③ 鄭樵《六經奧論》卷六《讀法辨》，《文淵閣四庫全書》第184冊，第120頁。

作禮樂。"①《白虎通·禮樂篇》曰:"太平乃制禮作樂何?夫禮樂所以防奢淫。天下人民飢寒,何樂之乎?功成作樂,治定制禮。王者始起,何用正民?以爲且用先代之禮樂,天下太平,乃更制作焉。《書》曰:'肇修稱殷禮,祀新邑。'此言太平去殷禮,必復更制者,示不相襲也。"《書·洛誥》疏引鄭《注》云:"王者未制禮樂,恒用先王之禮樂,伐紂以來,皆用殷之禮樂,非始成王用之也。周公制禮樂既成,不使成王即用周禮,仍令用殷禮者,欲待明年即政告神受職,然後班行周禮。班訖,始得用周禮,故告神且用殷禮也。"

錫瑞案:據此則周公制禮,極其慎重,既已優游三年,乃敢制作。又待營洛之後,乃始班行。所以不能不慎重者,觀後世如漢賈誼、董仲舒、王吉、劉向,皆請制禮而未能定,曹褒定禮而未能行。唐《顯慶》《開元禮》,宋《政和禮》,其書具在,迄未行用。周公蓋慮及此,故必慎之於始。其始既如此慎重,其後必實見施行。今之《周官》,與周時制度多不符,則是當時並未實行,其非周公之書可知。孔子所謂"吾學周禮",亦非《周官》之書。北宫錡問周室班爵祿,《周官》言班爵祿極詳,孟子乃云"其詳不可得聞",而所謂嘗聞其略者,又不同《周官》,而同《王制》。若《周官》爲周公手定,必無孔、孟皆未見之理,其書蓋出孔、孟後也。後人知《周官》與周時制度不合,乃以爲未成之書,又以爲未行之書。《困學紀聞》引九峯蔡氏云:"周公方條治事之官,而未及師保之職,《冬官》亦闕,首尾未備,周公未成之書也。"《六經奧論》②引孫處之說曰:"《周禮》之作,周公居攝③之後,書成歸豐,而實未嘗行。……惟其未行,……故建都之制,不與《召誥》《洛誥》合。封國之制,不與《武成》《孟子》合。設官之制,不與《周官》合。(《武成》《周官》皆僞書,可不引)九畿之制不與《禹貢》合,凡此皆豫爲之也,而未

---

① 皮錫瑞《尚書大傳疏證》,《續修四庫全書》第55册。
② "《六經奧論》",皮作"《黄氏日抄》",誤,檢查《黄氏日抄》(影印《文淵閣四庫全書》第707册),不見引語,而見《六經奧論》卷六《周禮辨》(影印《文淵閣修四庫全書》第184册)中,皮於下文所加注"孫處引顯慶、開元爲比,見鄭樵《周禮辨》引"中,亦提到引語來源,非《黄氏日抄》,明矣。
③ "居攝"後,《六經奧論》有"六年"二字。

經①行也。"② 許宗彥③本其說，謂："武王既有天下，其命官或由商舊或仍周初侯國之制，其時未有《周禮》。而官名職掌固已皆定，及夫《周禮》之成，周公蓋將舉其不合者，徐徐更之，以爲有周一代之定制。然而周公則已老矣。傳《尚書》者謂：'周公居攝，六年制禮，七年致政成王。'其間才一年耳，《周禮》之不能遂行，時則然也。……故謂《周禮》爲周代未行之書可矣。必以一二事疑之，謂④非周公所作，不亦過乎？"⑤案此欲以《周官》強歸周公，乃以後世苟簡之法例周公。《伏傳》云："制禮方致政。"正是制禮必行之證，何得反據《伏傳》以爲不能遂行？顯慶、開元作禮書，飾太平，而不能實行，後世苟簡之法則然，豈有周公制禮亦如是者？（孫處引顯慶、開元爲比，見鄭樵《周禮辨》引，故駁之）雖欲強爲傅會，要無解於孔、孟未見也。若《考工記》本別爲一書，河間獻王，以《周官》闕《冬官》一篇，購以千金不得，取《考工記》合成六篇奏之。宋俞廷椿作《復古篇》，謂："司空之屬，分寄於五官。"王與之又作《周官補遺》，丘葵本俞、王之說，取五官，所屬歸於冬官，六屬各得六十，著爲《周禮定本》。吳澄《周禮敘錄》："以《尚書·周官》考之，《冬官》司空掌邦土，而雜於《地官》司徒掌邦教之中。今取其掌邦土之官，列於司空之後，庶乎《冬官》不亡，而《考工記》別爲一卷附之經後。"⑥又與俞、王稍異。要皆宋元人竄易經文之陋習，不

---

① "也，而未經"，《六經奧論》作"未嘗"。
② 《六經奧論》卷六《周禮辨》，影印《文淵閣四庫全書》第184冊，第105—106頁。
③ 許宗彥（1768—1818），字積卿，浙江德清人。嘉慶四年進士，授兵部主事，就官兩月以親老辭歸，以讀書爲事。其學無所不通，探賾索隱，識力卓然，發千年儒者所未發。著述學說能持漢、宋之平，禮論、治論皆稽古證今，通達政體，尤精天文。性孝友，慎交友，爲阮元所重。《清史稿》卷四百八十二《儒林傳三》有傳。著有《鑑止水齋集》。
④ "謂"前，《鑑止水齋集》有"遂"字。
⑤ 許宗彥《鑑止水齋集》卷十四《讀周禮記》，《續修四庫全書》1492冊，第445—446頁。
⑥ 語見吳澄《三禮考注·三禮考注序錄》之《周禮序錄》部分（《四庫全書存目叢書》經部第103冊，第519頁）。吳澄《吳文正集》卷一《三禮敘錄》之《周禮敘錄》但云："《冬官》雖闕，今仍存其目，而《考工記》別爲一卷附之經後。"（影印《文淵閣四庫全書》第1197冊，第10頁）鄭瑗《井觀鎖言》卷三對《三禮考注》真僞有所論述："《三禮考注》，或謂非草盧書，考公《年譜》《行狀》皆不言嘗著此書，楊東里謂其編次時與《三禮敘錄》不同。"（影印《文淵閣四庫全書》第867冊，第4頁）

足辨。吳氏不信僞古文，此又執僞《周官》爲說，更不可解。

40. 論《禮記》始撰於叔孫通

　　《周禮》出於山巖屋壁，五家之儒莫見，其授受不明，故爲眾儒所排。《儀禮》傳自高堂生，有五傳弟子，其授受最明，故得立於學官。《禮記》刪定，由於二戴，其前授受，亦莫能詳。魏張揖以爲叔孫通撰輯，揖去漢不遠，其說當有所受。

　　陳壽祺曰：＂《漢書·藝文志》禮家，'《記》百三十一篇'，班固本注：'七十子後學者所記。'《景十三王傳》曰：'河間獻王所得書皆古文先秦舊書，《周官》《尚書》《禮記》《孟子》《老子》之屬，皆經傳說記，七十子之徒所論。'又曰：'魯恭王壞孔子宅而得《古文尚書》及《禮記》《論語》《孝經》，凡數十篇，皆古字也。'《經典釋文序錄》引鄭君《六藝論》云：'後得孔氏壁中河間獻王《古文禮》五十六篇，記百三十一篇，《周禮》六篇。'又引劉向《別錄》云：'《古文記》二百四篇。'壽祺案孔壁所得書，《魯恭王傳》僅言數十篇，知非全書。《藝文志》依《七略》著錄《記》百三十一篇，蓋河間獻王所得者，故《六藝論》兼舉之，百三十一篇之《記》，合《明堂陰陽》三十三篇，《王史氏》二十一篇，《樂記》二十三篇，《孔子三朝記》七篇，凡二百十五篇，並見《藝文志》。而《別錄》言二百四篇，未知所除何篇。疑《樂記》二十三篇，其十一篇已具百三十一篇《記》中除之，故爲二百四篇。《孔子三朝記》亦重出，不除者，篇名不同故也。《大戴禮記》所載七篇，爲《千乘》《四代》《虞戴德》《誥志》《小辨》《用兵》《少間》，不著《孔子三朝記》之名。《隋志》言劉向考校經籍，檢得一百三十篇，向因第而敘之，又得《明堂陰陽記》《孔子三朝記》《王氏》《史氏記》《樂記》五種，合二百十四篇，減少一篇，與《別錄》《藝文志》不符。失之，然百三十一篇之《記》，第之者劉向，得之者獻王，而輯之者蓋叔孫通也。魏張揖《上廣雅表》曰：'周公著《爾雅》一篇，爰暨帝劉，魯人叔孫通撰置《禮記》，文不違古。'通撰輯《禮記》，此其顯證。稚讓之言，必有所據。《爾雅》爲通所採，當在《大戴禮》中。武進臧庸曰：＂《白虎通·三綱六紀篇》引《禮親屬記》，見《爾雅·釋親》。《孟子》'帝館甥於貳室'，趙岐注引《禮記》，亦《釋親》文。《風俗通·聲音》引《禮樂記》，乃《釋樂》文。《公羊·宣十二年》注引《禮》乃《釋水》文。則《禮記》中有《爾雅》之文矣。通本秦博士，親見古籍，嘗作《漢儀》十二篇及《漢禮器制度》。而《禮記》乃先秦舊書，聖人及七十子微言大義，賴通以不墜，功亞河間。《漢志》禮家闕其書，且沒其名，何也？"①

錫瑞案：《禮記》爲叔孫通所撰，說始見於張揖，揖以前無此說。近始發明於陳壽祺，壽祺以前，亦無此說。壽祺引臧庸說以證《禮記》中有《爾雅》，尤爲精確。鄭以孔氏壁中、河間獻王兩事並舉者，孔壁所得書無《周禮》。許氏《說文序》曰："壁中書者，魯恭王壞孔子宅，而得《禮記》《尚書》《春秋》《論語》《孝經》。"不云有《周禮》。獻王得《周官》，見《漢書》本傳，鄭君不析言之，故並舉之。

41. 論《王制》《月令》《樂記》非秦漢之書

陳壽祺曰："儒者每言《王制》漢博士作，《月令》呂不韋作，或又疑《樂記》出河間獻王，皆非事實也。《禮記·王制》正義引盧植云：'漢孝文皇帝令博士諸生作此書。'《經典釋文》引同。考盧氏說出《史記·封禪書》，《封禪書》曰：'文帝召魯人公孫臣，拜爲博士，與諸生草改曆服色事。明年，使博士諸生刺六經，作《王制》，謀議巡守封禪事。'然今《王制》無一語及封禪，言巡守者，特一端耳。司馬貞《史記索隱》引劉向《別錄》云：'文帝所造書有《本制》《兵制》《服制》篇。'以今《王制》參檢，絕不相合。鄭君《三禮目錄》云：名曰《王制》者，以其記先王班爵、授祿、祭祀、養老之法度。此則博士所作《王制》，或在《藝文志》禮家《古封禪羣祀》二十二篇中，非《禮記》之《王制》也。……《月令》正義引《鄭目錄》云：'《月令》者，本《呂氏春秋·十二月紀》之首章，以禮家好事

---

① 《左海經辨》卷上《大小戴禮記考·劉向〈別錄〉古文記二百四篇、〈漢書·藝文志〉記百三十一篇》，《續修四庫全書》第175冊，第417頁。

鈔合之，後人因題之名曰《禮記》，言周公所作。'壽祺案：《正義》云：'賈逵、馬融之徒，皆云《月令》周公所作，故王肅用焉。'《後漢書・魯恭傳》：'恭議曰：《月令》，周世所作①，而所據皆夏之時也。'蔡邕《明堂月令論》曰：'《周書》七十一篇，而《月令》第五十三。秦相呂不韋著書，取《月令》爲紀號，淮南王安亦取以爲第四篇，改名曰《時則》。故偏見之徒，或云《月令》呂不韋作，或云淮南，皆非也。'《隋書・牛宏傳》：'今《明堂》《月令》者，蔡邕、王肅云周公所作，《周書》內有《月令》第五十三，即此。'《魏鄭公諫錄》：'《月令》起於上古，呂不韋止是修古《月令》，未必始起秦代也。'此則《禮記・月令》，非呂不韋著，審矣。《唐書》'《大衍曆議》云七十二候，原於周公《時訓》，《月令》雖頗有增益，然先後之次則同'。僧一行親見《周書・月令》有七十二候，則與《禮記・月令》無異，益信蔡邕之言不妄也。鄭君以爲'禮家抄合'，殆失之。又鄭君謂三王官無太尉，秦官則有，以此斷《月令》爲呂氏書。案《月令》'命太尉'，《呂覽》尉作封，然則《禮記》亦當作'命大封'，即《易・通卦驗》所謂夏至景風至，拜大將，封有功之義。見《太平御覽》引。其作太尉者，淮南時則依漢制改，而禮家從之，非其舊也。……《樂記》者，《藝文志》云：'河間獻王與毛生等共采《周官》及諸子言樂事。以作《樂記》。其內史丞王定傳之，以授常山王禹。禹，成帝時爲謁者，獻二十四卷《記》。劉向校書得《樂記》二十三篇，與禹不同。'而《班志》兩載其書曰：'《樂記》二十三篇，《王禹記》二十四篇。'案，《漢書・食貨志》，王莽下詔曰：'《樂語》有五均。'鄧展注曰：'《樂記》②《樂元語》，河間獻王所傳，道五均事。'臣瓚曰：'其文云：天子取諸侯之土以立五均，則市無二價，而③民常均，強者不得困弱，富者不得要貧，則公家有餘，恩及小民矣。'《白虎通・禮樂篇》亦屢引《樂元語》，

---

① "作"，《左海經辨》卷上及《後漢書》卷二十五《魯恭傳》作"造"。
② "記"，皮引《左海經辨》作"記"，今《漢書》卷二十四下《食貨志下》作"語"。
③ "而"，皮引《左海經辨》作"而"，今《漢書》卷二十四下《食貨志下》作"四"。

此即獻王所傳《樂記》二十四篇之一篇也。《三禮目錄》於《禮記·樂記》云：'此於《別錄》屬《樂記》。'謂屬二十三篇之《樂記》也。《禮記正義》云：'蓋十一篇合爲一篇，謂有《樂本》、有《樂論》、有《樂施》、有《樂言》、有《樂禮》、有《樂情》、有《樂化》、有《樂象》、有《賓牟賈》、有《師乙》、有《魏文侯》。劉向所校二十三篇，著於《別錄》。今《樂記》所斷取十一篇，餘有十二篇，其名猶在。案《別錄》十一篇，餘次《奏樂》第十二，《樂器》第十三，《樂作》第十四，《意始》第十五，《樂穆》第十六，《說律》第十七，《季札》第十八，《樂道》第十九，《樂義》第二十，《昭本》第二十一，《昭頌》第二十二，《竇公》第二十三是也。按《別錄》：《禮記》四十九篇，《樂記》第十九。則《樂記》十一篇入《禮記》也，在劉向前矣。'《正義》言如此，則今《禮記》中之《樂記》，非王禹《樂記》甚審。《史記正義》云：'《樂記》者，公孫尼子次撰也。'此言必本之《別錄》《七略》，《樂記》出公孫尼子。而有《竇公篇》者，竇公本魏文侯樂人，年百八十歲，至漢文帝時猶存。此篇或載其在文侯時論樂事也。《別錄》於二百四篇，稱爲《古文記》。《漢書·河間獻王傳》《魯恭王傳》兩稱《禮記》，皆統以古文。《魯恭王傳》又特明之曰：'皆古字也。'《河間獻王傳》且明言'七十子徒所論'，是惡得有秦漢作者之文廁其間邪？後儒動訾《禮記》雜出漢儒，不考甚矣。①

42. 論《王制》爲今文大宗，即《春秋》素王之制

《禮記》非雜出漢儒，陳氏之辨晰矣。而《王制》爲今文大宗，與《周禮》爲古文大宗，兩相對峙。（朱子曰："《周禮》《王制》是制度之書。"已以兩書對舉）一是周時舊法，一是孔子《春秋》所立新法。後人於《周禮》尊之太過，以爲周公手定；於《王制》抑之太過，以爲漢博士作，於是兩漢今古文家法大亂。此在東漢已不甚晰，至近

---

① 陳壽祺《左海經辨》卷上《大小戴禮記考·王制月令樂記非秦漢之書》，《續修四庫全書》第 175 冊，第 418—420 頁。

日而始明者也。

　　鄭君《駁異義》曰："《王制》是孔子之後，大賢所記先王之事。"① 又答臨碩曰："孟子在赧王之際，《王制》之作，復在其後。"② 推鄭君意，似以《王制》爲孟子之徒所作，以開卷說班爵祿，略同《孟子》文也。《王制》非特合於《孟子》，亦多合於《公羊》，姑舉數事明之。

　　《公羊·桓十一年傳》："鄭忽出奔衛。忽何以名？《春秋》伯、子、男一也，辭無所貶。"《解詁》云："《春秋》改周之文，從殷之質，合伯、子、男爲一。"③《王制》曰："公侯田方百里，伯七十里，子男五十里。"《鄭注》云："此地，殷所因夏爵三等之制也。《春秋》變周之文，從殷之質，合伯、子、男以爲一，則殷爵三等者，公、侯、伯也。"《正義》曰："何休之意，合伯、子、男爲一，皆稱從子。鄭意，合伯、子、男爲一，皆稱伯也。"④ 鄭、何說雖稍異，而《春秋》三等，《王制》亦三等，其相合者一。

　　《公羊·桓四年傳》："春，公狩於郎。狩者何？田狩也。春曰苗。秋曰蒐。冬曰狩。"⑤《穀梁傳》則："春曰田，夏曰苗，秋曰蒐，冬曰狩。"⑥ 何休《廢疾》引"《運斗樞》曰：'夏不田。'《穀梁》有夏田，於義爲短。" 鄭釋之云："孔子雖有聖德，不敢顯然改先王之法，以教授於世。若其所欲改，其陰書於緯，藏之以傳後王。《穀梁》四時田者，近孔子故也。《公羊》正當六國之亡，讖緯見，讀而傳爲三時田。"⑦ 據鄭說則"三時田"，乃孔子《春秋》制，《王制》曰："天子諸侯無事，則歲三田。"⑧ 其相合者二。

---

　　① 許慎異義、鄭玄駁《駁五經異義·六十五複征》，影印《文淵閣四庫全書》第182冊，第303頁。
　　② 《禮記正義》卷十一《王制》。
　　③ 《春秋公羊傳注疏》卷五《桓公十一年》。
　　④ 《禮記正義》卷十一《王制》。
　　⑤ 《春秋公羊傳注疏》卷四《桓公四年》。
　　⑥ 《春秋穀梁傳注疏》卷三《桓公四年》。
　　⑦ 《禮記正義》卷十二《王制》。
　　⑧ 《禮記正義》卷十二《王制》。

其他建國之制曰："凡四海之內九州。州方千里。"① 又曰："二百一十國以爲州，州有伯。"② 立學之制曰："小學在公宮南之左，大學在郊。"③ 取民之制曰："古者公田藉而不稅。"④《鄭注》皆以"殷制"改之，正與《春秋》變周之文，從殷之質相合。特鄭君未知即素王之制，故見其與《周禮》不合，而疑爲夏殷禮。孔《疏》申鄭，雖極詳晰，亦未能釋此疑。同異紛紜，莫衷一是。其《王制》第五篇題下疏曰："案鄭《目錄》云：'名曰《王制》者，以其記先生班爵、授祿、祭祀、養老之法度，此於《別錄》屬制度。'《王制》之作，蓋在秦漢之際。知者，案下文云'有正聽之'。鄭云'漢有正平承⑤秦所置'。又有'古者以周尺'之言。'今以周尺'之語，則知是周亡之後也。秦昭王亡周，故鄭答臨碩云：'孟子當赧王之際，《王制》之作，復在其後。'盧植云：'漢孝文皇帝令博士諸生作此《王制》之書。'"⑥

錫瑞案：盧氏說近人已駁正，孔與鄭說並引而不能辨，以正爲秦、漢官制，亦未必然。"正""長"義同，《尚書·冏命序》已有"周太僕正"，《周禮》有"宮正"，《左氏傳》有"隧正、鄉正、校正、工正。"⑦ 又云："師不陵正"，《注》云："正，軍將命卿。"⑧ 安知古刑官無正？"周尺"之語，或出周秦之間耳。治經者當先看《禮記注疏》，《禮記》中先看《王制注疏》。《注疏》中糾纏《周禮》者，可姑置之。但以今文家說解經，則經義瞭然矣。《王制》一書，體大物博，非漢博士所能作，必出孔門無疑。

近人俞樾說："《王制》者，孔氏之遺書，七十子後學者所記也。王者孰謂？謂素王也。……孔子將作《春秋》，先脩王法，斟酌損益，具有規條，門弟子與聞緒論，私相纂輯而成此篇，後儒見其與周

---

① 《禮記正義》卷十一《王制》。
② 《禮記正義》卷十一《王制》。
③ 《禮記正義》卷十二《王制》。
④ 《禮記正義》卷十二《王制》。
⑤ "承"，《禮記正義》作"丞"。
⑥ 《禮記正義》卷十一《王制》。
⑦ 《春秋左傳注疏》卷三十《襄公九年》。
⑧ 《春秋左傳注疏》卷二十八《成公十八年》。

制不合而疑之，不知此固素王之法也。"① 俞氏以《王制》爲素王之制，發前人所未發，雖無漢儒明文可據，證以《公羊》《穀梁》二傳及《尚書大傳》《春秋繁露》《說苑》《白虎通》諸書所說，制度多相符合，似是聖門學者原本聖人之說，定爲一代之制。其制損益殷、周，而不盡同殷、周，故與《春秋》說頗相同，而於《周禮》反不相合。必知此爲素王改制，《禮》與《春秋》二經，始有可通之機。《王制》與《周官》二書，亦無糾紛之患。治經者能得此要訣，可事半功倍也。《王制》據鄭君說，出在赧王之後。《周官》據何劭公說，亦出戰國之時。是其出書先後略同，而爲說不同，皆由聖門各據所聞，著爲成書，以待後世之施行者。《王制》簡便易行，不比《周官》繁重難舉，學者誠能考定其法，仿用其意，以治今之天下。不必井田、封建，已可以甄殷陶周矣。（《孔疏》解"制：三公一命卷"云："制謂王者制度。"又云："此篇之作，皆是王者之制。"② 則孔穎達已知《王制》名篇之義，特未知爲素王之制，故仍說爲夏、殷）

43. 論《禮記》所說之義，古今可以通行

朱子曰："《儀禮》是經，《禮記》是解《儀禮》。且③如《儀禮》有《冠禮》，《禮記》便有《冠義》；《儀禮》有《昏禮》，《禮記》便有《昏義》；以至燕、射之禮④，莫不皆然。"⑤ 此朱子所以分別《儀禮》爲經，《禮記》爲傳，而有《儀禮經傳通解》之作也。

《郊特牲》"冠義"一節孔《疏》云："以《儀禮》有《士冠禮》

---

① 俞樾《曲園雜纂》卷五《達齋叢說》（參見《春在堂全書》第 3 冊，第 42 頁）。俞樾（1821—1907），字蔭甫，號曲園，浙江德清人。道光三十年進士。曾官河南學政兩年，後罷職主講諸書院，主杭州詁經精舍三十餘年。生平著述繁富。於諸經皆有纂述，而易學爲深。其湛深經學，律己尤嚴，篤天性，尚廉直，布衣蔬食，海內稱曲園先生。著有《春在堂全書》，其中包括《羣經平議》《諸子平議》《古書疑義舉例》《曲園雜纂》《俞樓雜纂》等。《清史稿》卷四百八十二《儒林傳三》有傳。
② 《禮記正義》卷十一《王制》。
③ "且"，黎靖德《朱子語類》卷八十五《禮》二《儀禮》無"且"字。
④ "禮"，黎靖德《朱子語類》卷八十五《禮》二《儀禮》作"類"。
⑤ 黎靖德《朱子語類》卷八十五《禮》二《儀禮》。

正篇，此說其義。……下篇有《燕義》《昏義》，與此同。"① 《鄉飲酒義》孔《疏》云："《儀禮》有其事，此《記》釋其義。"② 《聘義③》孔《疏》云："此篇總明聘義，各顯《聘禮》之經於上，以義釋之於下。"④ 據此則孔穎達已明言諸義是解《儀禮》，非始於朱子矣。《冠義》自爲一篇，《郊特牲》復有"冠義"一節，蓋由解此義者，不止一家。"天地合而後萬物生焉"一節，又是《昏義》。此二節之間有一節云："禮之所尊，尊其義也。失其義，陳其數，祝史之事也。故其數可陳也，其義難知也。知其義而敬守之，天子之所以治天下者也。"⑤ 此記者明言禮以義爲重，乃冠、昏、飲、射、燕、聘、祭義之發凡。治《禮經》者，雖重禮之節文，而義理亦不可少。聖人所定之禮，非有記者發明其義，則精意閟旨，未必人人能解。且節文時有變通，而義理古今不易，十七篇雖聖人所定，後世不盡可行。得其義而通之，酌古準今，期不失乎禮意，則古禮猶可以稍復。後世用《禮記》取士，而不用《儀禮》，誠不免棄經任傳之失。而《禮記》網羅浩博，與十七篇亦當並行。

焦循《禮記鄭注補疏》序曰："《周官》《儀禮》，一代之書也。《禮記》，……曰：'禮，時爲大。'此一言也，以蔽萬世制禮之法可矣。夫⑥《周官》、《儀禮》，固作於聖人，乃亦惟周之時用之。設令周公生宇文周，斷不爲蘇綽、盧辯⑦之建官；設令周公生趙宋，必不爲王安石之理財，何也？時爲大也。且夫所謂時者，豈一代爲一時哉！開國之君，審其時之所宜而損之益之，以成一代之典章度數，而所以維持此典章度數者，猶必時時變化之，以捄民之偏而息民之詐。夫上古之世，民苦於不知，其害在愚。中古以來，民不患不知，而其

---

① 《禮記正義》卷二十六《郊特牲》。
② 《禮記正義》卷六十一《鄉飲酒義》。
③ "聘義"，皮誤作"聘禮"，據《禮記正義》改。
④ 《禮記正義》卷六十三《聘義》。
⑤ 《禮記正義》卷二十六《郊特牲》。
⑥ "夫"，《續修四庫全書》本《禮記補疏》、《皇清經解》本《禮記補疏》皆無"夫"字。
⑦ "辯"，皮作"辨"，形近而誤，據《周書》卷二十四《盧辯傳》改，焦循《禮記補疏》不誤。

害轉在智。伏羲①之時，道在折民之患②，故通其神明，使知夫婦父子君臣之倫，開其謀慮，使知樹藝貿易之事。生羲、農之後者，知識既啓，詐僞百出，其黠者往往窺長上之好惡，以行其奸，假軍國之禁令，以濟其賊。惟聰明睿智，有以鼓舞而消息之，故黄帝、堯、舜氏作，通其變，使民不倦，神而化之，使民宜之。……吾於《禮運》《禮器》《中庸》《大學》③等篇，得其微焉。"

錫瑞案：焦氏於《三禮》軒輊太過，謂民患在智，近於老氏之旨，與世界進化之理不符。惟發明"禮時爲大"之義甚通，言禮者必知此，乃不至於拘礙難行。《抱樸子·省煩篇》云："冠、昏、飲、射，何煩碎之甚耶！……好古官長，時或脩之。至乃講試累月，……猶有過誤，……而欲……以此爲生民之常事，至難行也。余以爲……可命精學洽聞之士，……使刪定《三禮》，割棄不要，次其源流，總合其事類，集以相從。……務令約儉，……無令小碎，條牒各別，令易案用。"④《朱子語録》云："古禮於今實是⑤難行。……後世有大聖人者作，與他整理一過⑥，令人蘇醒，必不一一如古人之繁，但放古人⑦大意。"簡而易行耳，此正得其義而通之，期不失乎禮意之説也。（毛奇齡謂："《禮記》舊謂孔子詔七十子，共撰所聞以爲記。《儀禮》則顯然戰國人所爲，《儀禮》遜《禮記》遠矣！"務反朱子之説，亦軒輊太過）

44. 論⑧《禮記》記文多不次，若以類從，尤便學者，惜孫炎、魏徵之書不傳

《禮記》四十九篇，衆手撰集，本非出自一人一篇之中；雜采

---

① "伏羲"，焦循《禮記補疏》作"伏羲、神農"。
② "患"，《續修四庫全書》本、《皇清經解》本《禮記補疏》皆作"愚"。
③ "《禮運》《禮器》《中庸》《大學》"，《禮記補疏》作"《禮器》《禮運》《大學》《中庸》"。
④ 《抱樸子·外篇》卷三十一《省煩》篇。
⑤ "是"，《朱子語類》卷八十四無"是"字。
⑥ "過"，《朱子語類》卷八十四作"番"。
⑦ "人"，《朱子語類》卷八十四作"之"。
⑧ 思賢書局本脱"論"字。據《經學通論》目録皆有"論"字體例補。中華本增"論"字。

成書，亦非專言一事。即如《曲禮》曰："若夫，坐如尸，立如齊。"鄭注云："若夫言欲爲丈夫也。《春秋傳》：'是謂我非夫。'"其說似近迂曲。劉敞《七經小傳》曰："案，曾子曰：'孝子唯巧變，故父母安之。若夫，坐如尸，立如齊。弗訊不言，言必齊色，此成人之善者也，未得爲人子之道也。'此兩'若夫'之文同，疑《曲禮》本取曾子之言，而誤留'若夫'。不然，……則全脫一簡，失弗訊以下十五字。"①

朱子《答潘恭叔》曰：《曲禮》"雜取諸書精要之語，集以成編，雖大意相似而文不連屬。如首章四句，乃《曲禮》古經之言，'敖不可長'以下四句，不知是何書語，又自爲一節，皆禁戒之辭也。'賢者'以下六句，又當別是一書。'臨財毋苟得'以下六句，又是一書，亦禁戒之辭。'若夫，坐如尸，立如齊'，劉原父以爲此乃《大戴記・曾子事父母篇》之辭。……'若夫'二句失於刪去。鄭氏……乃謂此二句爲丈夫之事，其說誤矣。此說得之。'禮從宜，使從俗'，當又是一書。"②

錫瑞案：劉氏與朱子之說是也。《禮記》他篇亦多類此，故鄭君門人孫炎已有《類鈔》，而書不傳，魏徵因之以作《類禮》，而書亦不傳。

王應麟《困學紀聞》云："《魏徵傳》曰：'以《小戴禮》綜彙不倫，更作《類禮》二十篇，數年而成。太宗美其書，錄寘內府。'《藝文志》云：'次《禮記》二十卷。'《舊史》謂'採先儒訓注，擇善從之'。《諫錄》③載詔曰：'以類相從，別爲篇第。並更注解，文義粲然。'《會要》云：'爲五十篇，合二十卷'。《元行沖傳》：'開元中，魏光乘請用《類禮》列於經，命行沖與諸儒集義作疏，將立之學。乃采獲刊綴爲五十篇。張說言："戴聖所錄，向已千載，與經並立，不可罷。魏孫炎始因舊書，摘類相比，有如鈔掇，諸儒共非

---

① 語見劉敞《七經小傳》卷中《禮記》（影印《文淵閣四庫全書》第183冊，第26頁）。曾子言引自《大戴禮記》卷四《曾子事父母》文。案：《文淵閣四庫全書》本《七經小傳》"孝子"作"若子"，"弗訊"作"弗信"。

② 《晦庵先生朱文公文集》卷五十。

③ 王方慶所集。

之。至徵更加整次，乃爲訓注，恐不可用。"帝然之，書留中不出。行沖著《釋疑》曰："鄭學有孫炎，雖扶鄭義，乃易前編。條例支分，箋石間起。馬伷增革，向逾百篇；葉遵刪修，僅全十二。魏氏采衆說之精簡，刊正芟蕪。"朱文公惜徵書之不復見，此張說文人不通經之過也。行沖謂：'章句之士，疑於知新，果於仍故。比及百年，當有明哲君子，恨不與吾同世者。'觀文公之書，則行沖之論信矣。"①

錫瑞案：《戴記》不廢，張說有存古之功；《類禮》不傳，說亦有泥古之失。當時若新舊並行，未爲不可。朱子惜《類禮》不復見，是以有《儀禮經傳通解》之作。吳澄作《禮記纂言》，更易次序，各以類從。近人懲於宋儒之割裂聖經，痛詆吳澄，並疑《通解》之雜合經傳。平心而論，《禮記》非聖人手定，與《易》《書》《詩》《春秋》不同。且《禮經》十七篇，已有附記，《禮記》文多不次，初學苦其難通，《曲禮》一篇，即其明證。若加分別部居，自可事半功倍。據《隋志》"《禮記》三十卷，魏孫炎注"，則其書唐初尚存。炎學出鄭門，必有依據。魏徵因之，更加整比。若書尚在，當遠勝於《經傳通解》《禮記纂言》，而大有益於初學矣。（陳澧云："孔疏每篇引《鄭目錄》，云'此於《別錄》屬某某'。《禮記》之分類，不始於孫炎、魏徵矣。今讀《禮記》，當略仿《別錄》之法，分類讀之，則用志不紛，易得其門徑。"②）

45. 論鄭《注》引漢事引讖緯皆不得不然，習《禮記》者當熟玩注疏，其餘可緩

馬端臨《文獻通考》曰："三代之禮亡於秦，繼秦者漢。漢之禮書，則前有叔孫通，後有曹褒。然通之禮雜秦儀，褒之禮雜讖緯，先儒所以議其不純也。然自古禮既亡，今傳於世者，惟《周官》《儀禮》《戴記》，而其說未備。鄭康成於三書皆有注，後世之欲明禮者，每稽之鄭《注》以求經之意。而鄭《注》亦多雜讖緯及秦漢之禮以

---

① 《困學紀聞》卷五《禮記》。
② 陳澧《東塾讀書記》卷九《禮記》。

爲說，則亦必本於通、襃之書矣。此二①書者，漢、隋、唐三史《藝文志》，俱無其卷帙，則其書久亡，故後世無述焉。然魏晉而後所用之禮必祖述此者也。"②

錫瑞案：馬氏之說甚通。《禮》自孔子時而經不具，後世所謂《三禮》，由孔子及七十子後學者撰集，雖未必與古禮盡合，而欲考古禮者，舍三書無徵焉。通爲秦博士，習秦儀，秦之與古異者，惟尊君卑臣爲太過，其他去古未遠，必有所受。觀秦二世時議廟制，引古七廟之文可見。通所定禮不見於《漢·藝文志》，蓋猶蕭何之律，韓信之軍法，其書各有主者，不在向、歆所校中祕書內。許氏《異義》間引通說，則鄭君注《禮》，亦必采用之矣。襃本習《慶氏禮》，乃高堂生、后倉所授，其引讖緯，東漢風氣實然。緯書多先儒說經之文，觀《禮緯含文嘉》可見。鄭注《禮》間引讖緯，如耀魄寶、靈威仰之類，或亦本之於襃。古禮失亡，通定禮采秦儀，鄭注《禮》用漢事，襃與鄭又引及讖緯，皆不得不然者。後人習用鄭說，而於通雜秦儀、襃雜讖緯則議之，是知二五而不知十也。或且并詆鄭君，如陳傅良謂鄭注《周禮》之誤有三。漢官制皆襲秦，今以比《周官》，王應麟引徐筠微言，亦同此說。歐陽修請刪《注疏》中所引讖緯。張璁且以引讖緯爲鄭君罪案而罷其從祀。如其說，則漢以後之說禮者，不亡於秦火，而亡於宋明諸人矣。

朱子曰："《禮記》有說宗廟朝廷，說得遠復③雜亂不切於日用。若欲觀禮，須將《禮記》節出切於日用常行者，如④《玉藻》《內則》《曲禮》《少儀》看。"又曰："鄭康成考禮名數大有功。"又或"問：'《禮記》古注外，無以加否？'曰：'鄭《注》自好看⑤，看《注》看《疏》，自可了。'"⑥朱子推重《禮記注疏》，此至當之論也。孔穎達於《三禮》惟疏《禮記》，實貫串《三禮》及諸經，有因

---

① "二"，《文獻通考》作"三"。
② 《文獻通考》卷一百八十七《經籍考》十四。
③ "復"，《朱子語類》卷八十七作"後"。
④ "如"，《朱子語類》卷八十七作"節出"。
⑤ "看"，《朱子語類》卷八十七無"看"字。
⑥ 《朱子語類》卷八十七《禮》四《小戴禮》。

《記》一二語，而作疏至數千言者，如《王制》"制：三公一命卷"云云，疏四千餘字；"比年一小聘"云云，疏二千餘字；《月令》《郊特牲》篇題疏，皆三千餘字；其餘一千餘字者尤多。元元本本，殫見洽聞，又非好爲繁博也。既於此一經下詳說此事，以後此事再見則不復說，亦猶鄭《注》似繁而不繁也。學者熟玩《禮記注疏》，非止能通《禮記》，且可兼通羣經。若衛湜①《禮記集說》一百六十卷，空衍義理者多。杭世駿②《續禮記集說》一百卷，亦未免於炫博。陸元輔③《陳氏集說補正》，足匡陳澔之失。王夫之《禮記章句》、朱彬④《禮記訓纂》、孫希旦⑤《禮記集解》，雖有可采，皆不及《孔疏》之詳博，亦不盡合古義，此等書皆可緩。鄭注《禮記》因盧、馬之本而加校正，其所改字必有精意。宋陸佃⑥、方慤、馬睎孟等，以鄭改讀爲非，而強如本字讀之，解多迂曲。又或以後世之見疑古禮之不近人情，不但疑注疏，而並至疑經，足以迷誤後學。陳澔集說尤陋，學者仍求之注疏可也。

---

① 衛湜，簽書樞密院事兼參知政事衛涇弟。《宋史·藝文志》著錄衛湜《禮記集說》一百六十卷。《四庫總目》於是書提要中云："衛湜，字正叔，吳郡人。其書始作於開禧、嘉定間。《自序》言曰編月削，幾二十餘年而後成。寶慶二年官武進令時，表上於朝，得擢直秘閣。後終於朝散大夫，直寶謨閣。"

② 杭世駿（1687—1772），字大宗，號堇甫，浙江仁和人。雍正二年舉人，乾隆元年召試博學鴻詞，授翰林院編修，校勘武英殿十三經、二十四史，纂修《三禮義疏》。著有《續禮記集說》《石經考異》《史記考證》《兩浙經籍考》等。《清史列傳》卷七十一《文苑傳二》有傳。

③ 陸元輔（1617—1691），字翼王，江蘇嘉定人。明諸生。康熙十七年，被舉博學鴻詞科，故意落第。著有《十三經註疏類抄》《禮記陳氏集說補註》。《碑傳集》卷一百三十有傳。

④ 朱彬（1753—1834），字武曹，江蘇寶應人。乾隆六十年舉人。自少至老，好學不厭。與外兄劉台拱，高郵王念孫、引之父子，李淳，江都汪中，餘姚邵晉涵諸人互相切磋。著有《經傳考證》《游道堂詩文集》，輯有《禮記訓纂》。《清史列傳》卷六十九《儒林傳下二》有傳。

⑤ 孫希旦（1736—1784），字紹周，浙江瑞安縣人。乾隆四十三年進士及第。曾參修《四庫全書》，歷任翰林院編修，武英殿分校官，國史三通館纂修官。學涉天文、地理、卜筮、曆算等，尤精《三禮》，專治《小戴禮記》。著有《禮記集解》《尚書顧命解》《求放心齋詩文集》。

⑥ 陸佃，陸游之祖父。

46. 論宋明人疑經之失，明人又甚於宋人

宋明人疑注疏而並疑經，今略引其說辨之。

宋鄭樵曰："《三禮》之學其所以訛異者，大①端有四。有出於前人之所行而後人更之者。"如"墨始於晉，髽始於魯，廟有二主始於齊桓，朝服以縞始於季康，以至古者麻冕，今也純②；古者冠縮縫，今也衡縫。同爲一代，而異制如此。幸而遺說尚存，得以推考因革之故，設其不存，則或則或異，無乃滋後人疑乎？"

"有出於聖人之門，而傳之各異者。"如"曾子襲裘而弔，子游裼裘而弔；小斂之奠，曾子曰於東方，子游曰於西方③；異父之服④。子游曰爲之大功，子夏曰爲之齊衰。……同師……而異說如此，況復傳之群弟子之門人，則其失又遠也。從而信之，則矛盾可疑，從而疑之，則其說有師承。此……文義不能無乖異也。"

"有後世諸儒，損益前代，而自爲一代之典者。"如"呂不韋作《月令》，蓋欲爲秦典，故祭祀官名不純於周。漢博士欲爲漢制，故封爵不純於古。（案二說皆非是，前已引陳壽祺說駁之）後世明知二書出於秦漢，猶且曰：'《月令》爲周制，《王制》爲商制，況三代之書所成者⑤非一人，所作者⑥非一時，……又烏能使之無乖異也？"

"有專門之學，欲自名家，而妄以臆見爲先代之訓者。"如春秋之末，……執羔執雁，魯人已不自知，則禮之所存，蓋無幾也。（案此孔

---

① "大"，《六經奧論》作"其"。

② 《六經奧論》卷五《禮經·三禮同異辨》（影印《文淵閣四庫全書》第184冊，第96頁）"純"後有"儉"字。

③ "曾子曰於東方，子游曰於西方"，《六經奧論》卷五《禮經·三禮同異辨》作"曾子曰於西方，子游曰於東方"（影印《文淵閣四庫全書》第184冊），與《禮記正義》卷八《檀弓上》文同。

④ "服"，據改，《六經奧論》卷五《禮經·三禮同異辨》作"道"，影印《文淵閣四庫全書》第184冊。

⑤ "者"，《六經奧論》卷五《禮經·三禮同異辨》無"者"，影印《文淵閣四庫全書》第184冊。

⑥ "者"，《六經奧論》卷五《禮經·三禮同異辨》無"者"，影印《文淵閣四庫全書》第184冊。

子時經不具之證）延乎秦世，灰滅殆盡，漢世不愛高爵以延儒生，寧棄黃金以酬斷簡，諸儒……各述所聞，雜以臆見，而實未見古人全書。故其說①以霍山爲南岳，（案此說甚是）以太尉爲堯官，（案此見緯書，禮無明文）以商之諸侯爲千八百國，以周之封域爲千里者四十九，（案此見《王制》，乃《春秋》素王之法，非必商周）以分陝處內爲三公，（案此公羊說，古制當是如此，乃無一國三公之弊）以太宰、太宗、太卜、太士等②爲六官，（案此見《曲禮》，鄭以爲殷制）當時信其爲古書而無疑。後世以其傳久遠而不敢辨……，又焉能使之無乖異乎？禮學之訛以此，……後世議明堂，或以爲五室，或以爲九室，或以爲十二室。（案焦循、陳澧辨之以明）議太學或以爲五學，或以爲當如辟雍，或以爲當如膠庠，或以爲當如成均、瞽宗。（案太學即辟雍，而膠庠、成均、瞽宗，又其異名，五學本同一處）……夫明堂一也，而制有三；太學一也，而名有六。此何以使後世無疑哉？"③

明郝敬曰："凡禮不可常行者，非禮之經用於古，不宜於今。而猶著之於篇者④，非聖人立經之意。即四十九篇中所載，如俎豆席地，袒衣行禮，書名用方策，人死三日斂之類，古人用之，今未宜。（案此等古今異宜，可以通變）父在爲母期，出母無服，師喪無服，此等雖古近薄。父母爲子斬衰，妻與母同服，此等失倫。（案古聖制服，各有精意，俗情膚淺，豈可妄議古人）官士不得廟事祖，支子不祭，此等非人情。（案廟制祭禮分尊卑，辨適庶，亦不可妄議）杖不杖，視尊卑貴賤，哭死爲位於外，熬穀與魚腊置柩旁，（案杖不杖非止視尊卑，爲位於外所以別嫌疑，熬則小節可變通）……。國君饗賓，夫人出交爵，命婦入公宮養子，國君夫人入臣子家弔喪，此等犯嫌疑。（案古人避嫌，未若後人之甚，交爵則因陽侯事已廢矣）祭祀用子弟爲尸，使父兄羅拜若祫祭，則諸孫濟濟一堂爲鬼，此等近戲謔。（案立尸是事死如事生，且古人行禮，與今不

---

① "說"，《六經奧論》卷五《禮經·三禮同異辨》作"學"。
② "等"，《六經奧論》卷五《禮經·三禮同異辨》無"等"字，影印《文淵閣四庫全書》第184冊。
③ 《六經奧論》卷之五《禮經·三禮同異辨》（影印《文淵閣四庫全書》第184冊，第96—97頁）。引文結構稍有改動。
④ "者"，郝敬《禮記通解》卷首《讀禮記》（《續修四庫全書》第97冊）無"者"。

同，非有尸答拜，不能成禮）人死含珠玉以誨盜，壙中藏甕甒筲衡等器，歲久腐敗，陷爲坑谷，此等無益有害。（案此小事可變通）古人每事不忘本，酒尚玄冠服用皮，食則祭，至於宗族姓氏，則隨便改易，如司徒、司空、韓氏、趙氏，惟官惟地，數世之後，迷其祖姓，又何其無重本之思也？（案古氏族改，姓不改，男子稱氏，女子稱姓，安有改姓迷姓之事）廟制，天子至士庶有定數，皆有堂、有室、有寢①、有門，大邑巨家，父子世官，兄弟同朝，不多於民居乎？如云皆設於宗子家，則宗子家無地可容，如父爲大夫，子爲士庶，則廟又當改毁，倐興倐廢，祖考席不暇煖。（案古惟宗子有廟，無父子兄弟分立之禮，廟在居室之左，何患無地可居，天子諸侯亦有祧遷。何獨士庶不可興廢）適子繼體，分固當尊，至於抑庶之法，亦似太偏。喪服有等，不得不殺，至於三殤之辨，亦覺太瑣，衰麻有數，不得不異，至於麻葛之易，亦覺太煩。（案古重宗法，故嚴適庶；重本源，故分別喪服，不嫌煩瑣）天子選士觀德用射，射中得爲諸侯，不中不得爲諸侯，（案此猶後世以文字取士）如此之類雖古禮乎，烏可用也？故凡禮非一世一端可盡，古帝王不相沿襲，聖人言禮不及器數，惟曰義以爲質，有以也。此四十九篇，大都先賢傳聞，後儒補輯，非盡先聖之舊，而鄭康成信以爲仲尼手澤，（案鄭無以《禮記》爲孔子所作之語）遇文義難通，則稱竹簡爛脫，顛倒其序；根據無實，則推殷夏異世，逃遁其說。……蓋鄭以記爲經，既不敢矯記之非，世儒又以鄭爲知禮，不敢議鄭之失，千餘年來所以卒瞀瞀②耳。"③

錫瑞案：鄭樵、郝敬，皆勇於疑經者。鄭猶以爲詭異，郝乃直攻經傳，足見明人之悍而不學，又甚於宋。茲遂條辨之，以釋後儒之疑。

47. 論古宮室、衣冠、飲食不與今同，習禮者宜先考其大略，焦循《習禮格》最善

古之宮室，不與今同也，古之衣服飲食，不與今同也。惟其不與

---

① "有室、有寢"，《禮記通解》卷首《讀禮記》（《續修四庫全書》第 97 冊）作"有寢、有室"。
② 《禮記通解》卷首《讀禮記》（《續修四庫全書》第 97 冊）"瞀"後有"然"字。
③ 郝敬《禮記通解》卷首《讀禮記》，《續修四庫全書》第 97 冊，第 74—75 頁。

今同，故俗儒多疑古禮不近人情，即有志於古者，亦苦其扞格不相入。考古禮者，宜先於古之宮室、衣服、飲食等類，考其大略，乃有從入之處。古宮室皆南向，外爲大門，門側左右皆有堂室，謂之塾。內爲寢門，中爲庭，再上爲階，有東階（即阼階）西階。升堂爲東西堂，有東西榮，（即檐）有東西序，（即牆）有兩楹，（即柱）有棟，有楣。上爲戶牖間，其後爲室，兩旁爲東西房，（古之室即今之房，有壁。古之房，今過路屋，無壁）東房後有北堂，宮室之左爲廟，有闈門相通，廟制與宮室略同。觀李如圭《儀禮釋宮》、江永《釋宮注》、張惠言《儀禮圖》，得大略矣。

　　古祭服用絲，朝服用布；祭服用冕，朝服用弁或玄冠。古冠小，如今道士之冠，非若後世之帽。冕服、朝服、玄端，皆上衣下裳，惟深衣連上下無裳，似今之長衫。惟方領對襟，緣以繢，或青或素爲異，用細白布爲之。喪服用布則麤，又各以輕重分精麤。觀任大椿《弁服釋例》，得大略矣。

　　古食用黍、稷，加則有稻、梁，黍、稷、稻、梁爲四簋。常食有羹、菹、蔥、洎、醯、醬、脯、羞，飲有酒有漿，齊則用糟，醴亦有糟，薦用脯、醢，脯以乾牛肉，加薑桂鍛治者爲脩，細到脯加鹽酒爲醢，皆生物。酒新釀冷飲，豕、魚、腊爲三鼎，加羊與腸胃爲五鼎，（腊，士用兔，大夫用麇；腸胃用牛羊，不用豕）加牛與膚、（豕肉）鮮魚、鮮腊爲九鼎，加腳、臐、膮、（牛、羊、豕肉）爲十二鼎。籩盛乾物，豆盛濡物。俎以骨爲主，（若今之排骨）骨分前足爲肩、臂、臑共六，長脅、代脅、短脅共六，正脊、挺脊、橫脊共三，後足髀、肫、胳共六，二十一體。髀近竅，賤，不升。鄉飲燕射，則牲用狗，燕食有蜩、（即蟬）范、（即蜂）蚔醢，（蟻子）今人所不食者。考飲食無專書，亦可得大略也。得其大略，再取張惠言《儀禮圖》，如阮元說畫地以習之，不患古禮不明。若用焦循《習禮格》，尤爲事半功倍。

　　焦氏《自序》曰："於《儀禮》十七篇，去《喪服》《士喪禮》《既夕》《士虞禮》四篇，餘十三篇爲格以習之。紙方尺五寸，如奕枰，作朝廟圖一、庠圖一、大夫朝廟圖一，若門，若曲，若階，若堂，若室，若房，若夾室，若東西堂，若東西榮，若坫，若牆墉屏宁①戶牖，無不備，削木或石爲棋。若主人，若賓，若介，若僎，若主婦，若宰夫司馬樂工之屬，刻之，或以丹墨書，削木或石爲棋，小於前。於諸器物，若聘之圭、璋、皮、馬、錦、幣，若祭之簠、簋、鼎、俎，燕之爵、洗，食之羹、醬，樂工之瑟、笙，射之弓、矢、楅、乏、旌、中侯、正豐觶，冠昏之冠、服，刻之，或以丹墨書，削木或石爲棋，前以圓，此以橢。書若揖，若拜，若再拜，若興，若坐，若立，若飲，若祭之類於上，或用刻，以十三篇爲之譜，習時各任一人，或兼之，按譜而行之。若東西左右升降之度，不容紊也；一揖一讓，不容遺也。否則爲負，負者罰，子弟門人或用心於博奕，思有以易之。爲此格，演之者必先讀經，經熟其文熟其節，可多人演之，可少人演之，可一人演之。格有定，不容爭也，不容詐也，雖戲也而不詭於正，後之學禮者或有好焉。"②

48. 論《禮記》義之精者本可單行，《王制》與《禮運》亦可分篇別出

《禮記》非一人所撰，義之精者可以單行。《漢·藝文志》於《禮記》百三十篇外，已別出《中庸》二篇。梁武帝作《禮記大義》十卷，又作《中庸講疏》一卷。宋仁宗以《大學》賜及第者。表章《中庸》《大學》，不始朱子。蔡邕作《月令章句》及《問答》，宋太宗以《儒行》篇刻於版，印賜近臣及新第舉人。司馬光《書儀》云："《學記》《大學》《中庸》《樂記》，爲《禮記》之精要。"黃道周作《月令明義》《表記》《坊記》《緇衣》《儒行集傳》③，黃宗羲作《深衣考》，江永作《深衣考誤》，邵泰衢作《檀弓疑問》，焦循謂"於《禮運》《禮器》《中庸》《大學》得其微"，是皆於四十九篇之中，

---

① "宁"，後寫作"佇"，《爾雅·釋宮》："門屏之間謂之宁。"
② 焦循《雕菰集》卷十七《習禮格序》，《續修四庫全書》第1489冊，第294—295頁。
③ 案：黃道周的四部著作名分別是《表記集傳》《坊記集傳》《緇衣集傳》《儒行集傳》。

分篇別出者。

　　錫瑞謂：《王制》爲今文大宗，用其說可以治天下，其書應分篇別出；《禮運》說禮極精，應亦分篇別出。

　　《黃氏日鈔》云："《禮運》記五帝三王相變易、陰陽轉移之道，故以運名。雖思太古而悲後世，其主意微近於《老子》，而終篇混混爲一，極多精語。如論造化，謂天秉陽，垂日星；地秉陰，竅於山川。如論治，謂聖人耐以天子爲一家，中國爲一人。如論人，則謂人者天地之心，謂天地之德，陰陽之交，鬼神之會，五行之秀氣。如論禮，則謂禮者固人肌膚①之會，筋骸之束，皆千萬世名言。"②

　　《困學紀聞》云："《禮運》，致堂胡氏云'子游作'，呂成公謂'蜡賓之歎，前輩疑之，以爲非孔子語。'不獨親其親、子其子'，而以堯、舜、禹、湯爲小康，是老聃、墨氏之論。'朱文公謂：'程子論堯、舜事業，非聖人不能，三王之事，大賢可爲，恐亦微有此意。但記中分裂太甚，幾以帝王爲有二道，則有病。'"③

　　邵懿辰曰："《禮運》一篇，先儒每歎其言之精而不甚表章者，以不知首章有錯簡，而疑其發端近乎老氏之意也。今以'禹、湯、文、武、成王、周公，此由其選也，此六君子者，未有不謹於禮者也'二十六字，移置'不必爲己'之下，'是故謀閉而不興'之上，則文順而意亦無病矣。就本篇有六證焉。先儒泥一'與'字，以大道之行屬大同，三代之英屬小康。不知大道之行，概指④治功之盛；三代之英，切指其治世之人。'與'字止一意，無兩意，而下句'有志未逮'，正謂徒想望焉，而莫能躬逢其盛也，否則'有志未逮'當作何解？證一也。今大道既隱，以周爲今猶可，以夏商爲今，可乎？既曰未逮，又曰今，自相矛盾，證二也。禮爲忠信之薄，則子游宜舉大道爲問，而曰'如此乎禮之急也'，不承大同而偏重小康，則文義

---

　　① "膚"，思賢書局本、商務本作"時"，中華本據《黃氏日抄》《禮記正義》改作"膚"。

　　② 黃震《黃氏日抄》卷十八《讀禮記‧禮運》，影印《文淵閣四庫全書》第 707 册，第 512 頁。

　　③ 《困學紀聞》卷五《禮記》。

　　④ "指"後，邵懿辰《禮經通論‧論禮運首段有錯簡》有"其"字。

不屬，證三也。'講信修睦'，後文三見，皆指聖人先王而非遠古，果有重五帝薄三王之意，後文何無一言相應乎？證四也。五帝官天下，三王家天下，本戰國時道家之說，而漢人重黃老者述之，實則五帝不皆與賢，堯舜以前，皆與子也。'天下爲公'，即後文所謂'以天下爲一家，中國爲一人者'。'不獨親其親，子其子'，謂'老吾老以及人之老，幼吾幼以及人之幼'。'老有所終'以下六句，皆人情之所欲，即'人情以爲田'，而大同即大順也。'天下爲家'，則指東遷以後，政教號令不行於天下，國異政而家殊俗，並無與子與賢之意。'選賢與能'，對世及而言。世及者，若《春秋》譏世卿，雖有聖人，無自進身，異於周初'建官惟賢，位事惟能'耳。證五也。'我欲觀夏道''我欲觀殷道''我觀周道'，三'道'字正承大道而言。果大道既隱，又何觀焉？後文大柄、大端、大寶，即大道也。證六也。"①

錫瑞案：移易經文，動言錯簡，乃宋明人習氣，不可爲訓，而邵氏說極有理，證據亦明。明乎此可以釋前人之疑，知《禮運》一篇皆無疵，而其精義益著。故備舉其說，以爲《禮運》可以單行之證。

49. 論六經之義，禮爲尤重，其所關繫爲尤切要

《六經》之文，皆有禮在其中；《六經》之義，亦以禮爲尤重。於何徵之？於《經解》一篇徵之。《經解》首節泛言《六經》，其後乃專歸重於禮。"鄭《目錄》云：名曰《經解》者，以其記六義政教之得失也。此於《別錄》屬通論。"孔《疏》曰："《經解》一篇，總是孔子之言，記者錄之以爲經解者。皇氏云：'解者分析之名，此篇分析《六經》禮教不同，故名曰《經解》也。《六經》其教雖異，總以禮爲本，故記者錄入於禮。'"②陳澧曰："記文引孔子曰'安上治民，莫善於禮'。此篇當錄入於禮，其義已明矣。"③

---

① 邵懿辰《禮經通論·論禮運首段有錯簡》，《皇清經解續編》卷一千二百二十七。
② 語見《禮記正義》卷五十《經解》。
③ 陳澧《東塾讀書記》卷九《禮記》。

錫瑞案：陳氏之說未盡，此篇自"禮之於正國也"，至引"孔子曰安上治民"云云，皆是說禮。孔《疏》曰："從篇首'孔子曰入其國其教可知也'至此'長幼有序'，事相連接，皆是孔子之辭，記者錄之而爲記。其理既盡，記者乃引孔子所作《孝經》之辭以結之，故云'此之謂也'。言孔子所云者，正此經之謂。"① 據此則孔子說六經畢，已特舉禮之重以教人矣。孔《疏》又曰："'此之謂也'，以後則是記者廣明安上治民之義，非復孔子之言也。"② 案記者之文亦極精，能發明《禮經》十七篇之義，曰："故朝覲之禮，所以明君臣之義也。聘問之禮，所以使諸侯相尊敬也。喪祭之禮，所以明臣子之恩也。鄉飲酒之禮，所以明長幼之序也。昏姻之禮，所以明男女之別也。夫禮，禁亂之所由生，猶坊止水之所自來也。故以舊坊爲無所用而壞之者，必有水敗。以舊禮爲無所用而去之者，必有亂患。故昏姻之禮廢，則夫婦之道苦，而淫辟之罪多矣。鄉飲酒之禮廢，則長幼之序失，而爭鬬之獄繁矣。喪祭之禮廢，則臣子之恩薄，而倍死忘生（據《漢書》作先）者眾矣。聘覲之禮廢，則君臣之位失，諸侯之行惡，而倍畔侵陵之敗起矣。故禮之教化也微，其止邪也於未形，使人日徙善遠罪而不自知也，是以先王隆之也。"③ 先王隆之，承上孔子所云隆禮由禮言之；朝覲聘問，承上以入朝廷則貴賤有位言之；喪祭之禮，承上以奉宗廟則敬言之；鄉飲酒之禮，承上以處鄉里則長幼有序言之；昏姻之禮，承上以處室家則父子親兄弟和言之，而皆不出《禮經》十七篇外。鄉飲以飲該射，昏姻以昏統冠，觀此乃知聖人制禮，非故爲是繁文縟節，實所以禁亂止邪。謂禮猶坊，與《坊記》之義相通，《坊記》曰："君子之道，辟則坊與，坊民之所不足者也。大爲之坊，民猶踰之，故君子禮以坊德。禮者，因人之情而爲之節文，以爲民坊者也。"使民貧而好樂，富而好禮，"觴酒豆肉，讓而受惡"，而鬬辨之獄息矣，則鄉飲酒之禮明也。"夫禮者，章疑別微，以爲民坊者也，故貴賤有等，……朝廷有位"，示民有君臣之別，而

---

① 《禮記正義》卷五十《經解》。案："之謂"，《禮記正義》作"之所謂也"。
② 《禮記正義》卷五十《經解》。
③ 《禮記正義》卷五十《經解》。

弑獄不作矣，則聘覲之禮明也。教民追孝，示民不爭、不貳、不疑，以有上下，而不孝之獄罕矣，則喪祭之禮明也。"夫禮，坊民所淫，章民之別，使民無嫌，以爲民紀者也"，教民無以色厚於德，而淫亂之獄絕矣，則昏姻之禮明也。《大戴禮・盛德篇》亦云："凡不孝生於不仁愛，不仁愛生於喪祭之禮不明。喪祭之禮所以教仁愛也，致愛故能致喪祭。……死且思慕饋食，況於生而存乎？故……喪祭之禮明，則民孝矣。故有不孝之獄，則飾喪祭之禮……。凡弑上生於義不明。義者，所以等貴賤、明尊卑，貴賤有序，……民尊上敬長而弑者，未①有也。朝聘之禮所以明義也，故有弑獄，則飾朝聘之禮……。凡鬭辨生於相侵陵……，相侵陵生於長幼無序，鄉②教以敬讓也，故有鬭辨之獄，則飾鄉飲酒之禮，凡淫亂生於男女無別，夫婦無義。昏禮……，所以別男女，明夫婦之義也。故有淫亂之獄，則飾昏禮。"③其說與《經解》正合，喪祭、朝聘、鄉飲、昏禮，亦不出十七篇外。觀此諸篇，乃知古禮所存，大有關繫，較之各經，尤爲切要。若必蕩棄禮法，潰決堤防，正所謂壞國喪家亡人，必先去其禮，與《孟子》所謂"上無禮，下無學，賊民興，喪無日矣"，可不儆懼乎？

50. 論《大戴禮記》

鄭君《六藝論》曰："戴德傳《記》八十五篇，則《大戴禮》是也。"鄭注《小戴》，不注《大戴》，故《小戴禮》合《周禮》《儀禮》，至今稱爲《三禮》。而《大戴禮》漸至亡佚，八十五篇，《隋志》所錄，已佚其四十七篇，盧辯④《注》亦僅存八卷。《四庫提要》："司馬貞曰：'《大戴禮》合八十五篇，其四十七篇亡，存三十八篇。'蓋《夏小正》一篇多別行。隋唐間錄《大戴禮》者，或闕其

---

① "未"，《大戴禮記》作"寡"。
② "鄉"，《大戴禮記》作"而"。
③ 王聘珍《大戴禮記解詁》卷八《盛德》。
④ "辯"，皮作"辨"，據《周書》改，下文同。盧辯，字景宣，西魏北周范陽涿縣人。《周書》卷二十四《盧辯傳》："辯少好學，博通經籍，舉秀才，爲太學博士。以《大戴禮》未有解詁，辯乃注之。"

篇，是以司馬貞云然。原書不別出《夏小正》篇，實闕四十六篇，存者宜爲三十九篇。《中興書目》乃言存四十篇，則竄入《明堂》篇題，自宋人始矣。書中《夏小正》篇最古，其《諸侯遷廟》《諸侯釁廟》《投壺》《公冠》，皆《禮古經》遺文。又《藝文志》'《曾子》十八篇'，久逸。是書猶存其十篇，自《立事》至《天圓》篇題中，悉冠以曾子者是也。"①

阮元《揅經室集·王實齋〈大戴禮記解詁〉序》曰："南城王君實齋聘珍，著《大戴禮記解詁》十三卷，《目錄》一卷。其言曰：'大戴與小戴同受業於后倉，各取孔壁《古文記》，非小戴刪大戴，馬融足小戴也。《禮察》《保傅》語及秦亡，乃孔襄等所合藏，是賈誼有取於古記，非古記采及《新書》也。《三朝記》《曾子》乃劉氏分屬九流，非大戴所裒集也。'其校經文也，專守古本爲家法，有懲於近日諸儒妄據他書徑改經文之失。其爲解詁也，義精語潔，恪守漢法，多所發明，爲孔攄約諸家所未及。能使二②千年孔壁古文無隱滯之義，無虛造之文，用力勤而爲功鉅矣。③ 又《孔檢討廣森〈大戴禮記補注〉序》曰："今學者皆治十三經，至兼舉十四經之目，則《大戴禮記》宜急治矣。《夏小正》爲夏時書，《禹貢》惟言地理，茲則言天象與《堯典》合，《公冠》《諸侯遷廟》《釁廟》《朝事》等篇足補《儀禮》十七篇之遺，《盛德》《明堂》之制爲《考工記》所未備，《孔子三朝》記《論語》之外，茲爲極重，《曾子》十篇，儒言純粹，在《孟子》之上，《投壺》儀節，較《小戴》爲詳，《哀公問》字句，較《小戴》爲確，然則此經宜急治審矣。顧自漢至今，惟北周盧僕射爲之注，且未能精備。自是以來，章句涽淆，古字更舛，良可慨歎。近時戴東原庶常、盧紹弓學士相繼校訂，蹊徑漸闢。曲阜孔編修顨軒乃博稽羣書，參會眾說，爲注十三卷，使二千④年古經傳復明於世，用力勤而爲功

---

① 《四庫全書總目》卷二一《經部·禮類三》。
② "二"，《揅經室集》及《大戴禮記解詁·敘錄》皆作"三"。
③ 阮元《揅經室集》一集卷十一《王實齋〈大戴禮記解詁〉序》。
④ "千"字後，《揅經室集》有"餘"字。

钜矣。"①

錫瑞案：《大戴禮記》合十三經爲十四經，見於史繩祖《學齋佔畢》，是宋時常立學。以注者爲北周盧辯，見王應麟《困學紀聞》。近人注此書者，乃有孔廣森、王聘珍二家，阮文達皆以'用力勤爲功鉅'許之。序王聘珍書，以"爲孔摅約所未及"，其稱許又在孔書之上。而《皇清經解》有孔書而無王書，或王書之出差後；《續經解》亦未收，或王書之傳未廣歟？凡考據之書，後出者勝，王書之勝孔書宜也。《大戴》書與《三禮》多相出入，不可不知其義，故略言之。

51. 論經學糾纏不明，由專據《左傳》《周禮》二書輕疑妄駁

經學之糾纏不明者，其故有二：

一則古之事實不明。《左氏》一書所載事實，與《公羊》《穀梁》《國語》《史記》《新序》《說苑》《列女傳》多不合。《公羊》《穀梁》今文說，與《左氏》古文不同。《國語》與《左氏》皆古文而不盡同。《史記》《新序》《說苑》《列女傳》皆從今文，故亦不同。後人謂左氏親見國史，於其不同者，以爲諸家事實皆誤，惟《左氏》不誤。案《左氏》不可盡信，如"君氏卒""暨齊平""衛宣蒸夷姜"之類，皆失實，說已見前。其餘劉敞《春秋權衡》，辨之尤詳。太史公、劉子政博極羣書，未必不見《左傳》，而其書多與《左傳》不合，《史記》又多前後不符，非故爲是參差也。古人信則傳信，疑則傳疑。漢初古書尚多傳聞不同，各據所聞記之，意以扶微廣異。後人不明此義，又不曉今古文之別，專據《左氏》以駁羣書，於是事實不備，且多淆亂，此事實不明者一也。

二則古之典禮不明。《周官》一書，與《孟子》《王制》全異，與《儀禮》《禮記》《大戴禮》《春秋三傳》及漢人說禮，亦多不合。後人謂《周官》爲周公手定，於其不合者，以爲諸家典禮皆誤，惟

---

① 阮元《揅經室集》一集卷十一《孔檢討廣森〈大戴禮記補注〉序》。

《周官》不誤。鄭君注《三禮》，於禮與《周官》有異者，或以爲夏殷禮，或以爲晉文襄之制，似惟《周官》爲周制可信矣。而鄭注《職方》"其浸波溠""其浸盧維"，亦駁其誤，豈有周公作書而有誤者？是鄭亦未敢深信也。

　　故自漢及唐宋，多疑非周公作，或謂文王治岐之政，或謂成周理財之書，或謂戰國陰謀之書，或謂漢儒附會之說。鄭樵爲之解曰："《周禮》一書有闕文，軍司馬、輿司馬之類。有省文，遂人、匠人之類。有兼官，三公三孤不必備，教官無府史、胥徒，皆兼官。有豫設，凡千里封公四，封侯六，伯十一之類。有不常制，夏采、方相氏之類。有舉其大綱者，四兩爲卒之類。有副相副貳者，自卿至下士①，各隨才高下，而同治此事，司馬②上下爵祿事食。有常行者，六官分職，各率其屬，正月之吉，垂法象魏之類是也。有不常行者，二至祀方澤，大裘祀上帝，合民詢國遷，珠盤盟諸侯之類是也。注云：'圜丘服大裘方澤之祀，經無其服，周無遷國事。至平王東遷，盟詛不及三王以上事，皆豫爲之，而未經行也。'今觀諸經，其措置規模，不徒於弼亮天地，和洽人神，而盟詛讎伐，凡所以待衰世者，無不及也。"③鄭氏所說前數條猶可通，惟以盟詛讎伐爲待衰世，則其說殊謬。孔子作《春秋》，欲由撥亂升平，馴致太平。周公作書曰"子孫永保"，曰"萬邦咸休"，惟欲至千萬年爲長治久安之計，豈有聖人作書以待衰世，不期世之盛而期世之衰者？盟詛不及三王，而《周官》有盟諸侯之文。故漢人以爲末世瀆亂不驗之書，又以爲戰國人作，正指此類而言。鄭氏強爲之辭，猶杜預以《春秋凡例》爲出周公，而有滅入圍取之例，爲柳宗元、陸淳④所駁。此皆傅會無理，必不可通也。漢立十四博士，皆今文說，雖有小異，無害大同。其時經義分明，無所用其彌縫牽合。及古文說出，漸至淆雜，後人又偏執其說，如《莊子》所謂暖

---

①　"士"後，《六經奧義》有"同"字。
②　"馬"後，《六經奧義》有"司"字。
③　《六經奧論》卷六《周禮經·周禮辨》，影印《文淵閣四庫全書》第184冊，第106頁。
④　陸淳，字伯沖，吳郡人。官至給事中，後避唐憲宗諱，改名質。著有《春秋集傳纂例》《春秋集傳》《春秋》。《舊唐書》卷一百八十九下《儒林傳下》、《新唐書》卷一百六十八皆有《陸質傳》。

暖姝姝，守一先王之言；李斯所用別黑白以定一尊之法。以左氏爲親見國史，《周官》爲眞出周公，舉一廢百，輕疑妄駮，以致《春秋》事實、周時典禮，皆不分明，學者遂以治經爲極難之事。竊謂《春秋》事實，當兼采三《傳》及《國語》《史記》《新序》《說苑》《列女傳》諸書，不必專據《左氏》；周時典禮，當兼采《儀禮》《禮記》《大戴禮》《春秋三傳》及漢人遺說，不必專據《周官》，能折衷者加以折衷，不能折衷者任其各自爲說，斯可以省枝節而去葛藤矣。

52. 論《禮經》止於十七篇，並及羣經當求簡明有用，不當繁雜無用

邵懿辰曰："人之心量無窮，而記誦限於其氣質，約而易操，則立心尤固。是故《春秋》萬七千言，《易》二萬四千餘言，《書》二萬五千餘言，《詩》三萬九千餘言，十七篇之《禮經》五萬六千餘言，合十六萬餘言，勢不可以再多，多則不能常存而不滅也。故禮在當時，道器尚不相離，至於後世，文字存焉耳。然則獨其道存焉耳，有所以爲冠、昏、喪、祭、射、鄉、朝、聘，而道豈有遺焉者乎？而尚存乎見少乎？此聖人定十七篇爲《禮經》之意也。若夫《周官》太宰、宗伯之所掌，太史、小史之所執所讀，小行人之所籍，方策之多，可想而知。雖秉禮之宗國，有不能備。司鐸火，子服景伯命出禮書，而哀公使孺悲學士喪禮於孔子，則魯初無《士喪禮》。執羔、執雁，尚不能知，則魯無《士相見禮》。孔子周流列國，就老聃、萇弘識大識小之徒而訪求焉者，但得其大者而已，勢不能傳而致之，盡以教及門之士。與其失之繁多，而終歸於廢墜。不如擇其簡要，而可垂諸永久也。此《禮經》在孔子時，不止十七篇，亦不止五十六篇，而定爲十七篇，舉要推類而盡其餘者，非至當不易之理歟？"①

錫瑞案：邵氏不尊《周官》，不信《逸禮》，專據十七篇爲孔子手定，故謂繁多不如簡要。此《禮經》之定論，實亦諸經之通論也。

---

① 邵懿辰《禮經通論·論孔子定禮樂》，《清經解續編》卷一千二百七十七。

孔子定六經以教萬世，必使萬世可以通行。上智少而中材多，古今之所同然。若書過於繁多，則惟上智之人能通，而中材之人不能通，不受教者多，而受教者少矣。古無紙墨棗印，漆書竹簡，尤不能繁。即如邵氏所推合六經十六萬餘言，傳誦已苦不易。凡學務精不務博，務實不務古，務簡明有用，不務繁雜無用。孔子定六經之旨，曰刪正，曰筆削，皆變繁雜爲簡明之意也。漢人治經，能得此旨，其後乃漸失之。《藝文志》曰："古之學者耕且養，三年而通一藝，存其大體，玩經文而已，是故用日少而畜德多，三十而五經立也。後世經傳，既已乖離，博學者又不思多聞闕疑之義，而務碎義逃難，便辭巧說，破壞形體；說五字之文，至於二三萬言。後進彌以馳逐，故幼童而守一藝，白首而後能言；安其所習，毀所不見，終以自蔽。此學者之大患也。"① 班氏此言，能括漢一代經學之盛衰，而爲萬世治經之龜鑒。經學莫盛於西漢，如《禹貢》治河，《洪範》察變，《春秋》決獄，《詩》當諫書，皆簡明而有用。至西漢末，此風遂變，乃有若秦恭之三萬言說"若稽古"者，章句破碎，繁雜無用。於是古文家起而抵其隙，師說太多，莫知所從。於是鄭君出而集其成。及漢亡而經學遂衰，皆由貪多務博者貽之咎也。今科學尤繁，課程太密，即上智之士，亦不能專力治經。是以大義不明，好新奇者詆毀舊學，至有燒經之說。故作《通論》，粗發大綱，俾學者有從入之途，而無多歧之患。條舉羣經之旨，冀存一綫之遺。觀者當諒其苦衷，而恕其僭妄，以教初學，或有裨益。若贍學淵聞之士，固無取乎此也。

---

① 《漢書》卷三十《藝文志》。

卷五 《春秋通論》

01. 論《春秋》大義在誅討亂賊，微言在改立法制，孟子之言與《公羊》合，朱子之《注》深得孟子之旨

《春秋》有大義，有微言。所謂大義者，誅討亂賊以戒後世是也；所謂微言者，改立法制以致太平是也。此在孟子已明言之，曰："世衰道微，邪說暴行又①作，臣弒其君者有之，子弒其父者有之，孔子懼，作《春秋》。《春秋》，天子之事也。是故孔子曰：'知我者其惟《春秋》乎！罪我者其惟《春秋》乎！'"趙注："設素王之法，謂天子之事也。"朱《注》引胡氏曰："罪孔子者，以謂無其位而託二百四十②年南面之權。"朱《注》又曰："仲尼作《春秋》以討亂賊，則治世③之法垂於萬世，是亦一治也。"孟子又曰："王者之迹熄而《詩》亡，《詩》亡然後《春秋》作。晉之《乘》，楚之《檮杌》，魯之《春秋》，一也。'其事則齊桓、晉文，其文則史。'孔子曰：'其義則丘竊取之矣。'"趙注："竊取之，以爲素王也。"朱《注》："此文④承上章歷敘羣聖，因以孔子之事繼之。而孔子之事莫大於《春秋》，故特言之。"

---

① "又"，《孟子注疏》卷六下《滕文公下》作 "有"。
② "十" 後，《四書集注·孟子集注》有 "二" 字。
③ "治世"，《四書集注·孟子集注》作 "致治"。
④ "文"，《四書集注·孟子集注》作 "又"。

錫瑞案：孟子說《春秋》，義極閎遠。據其說，可見孔子空言垂世，所以爲萬世師表者，首在《春秋》一書。孟子推孔子作《春秋》之功，可謂天下一治，比之禹抑洪水，周公兼夷狄、驅猛獸；又從舜明於庶物，說到孔子作《春秋》，以爲其事可繼舜、禹、湯、文、武、周公，且置孔子刪《詩》《書》訂《禮》《樂》贊《周易》皆不言，而獨舉其作《春秋》，可見《春秋》有大義微言，足以治萬世之天下，故推尊如此之至。兩引子之言，尤可據信。是孔子作《春秋》之旨，孔子已自言之；孔子作《春秋》之功，孟子又明著之。孔子懼弑君弑父而作《春秋》，《春秋》成而亂臣賊子懼，是《春秋》大義。天子之事，知我罪我，其義竊取，是《春秋》微言。大義顯而易見，微言隱而難明。孔子恐人不知，故不得不自明其旨。"其事則齊桓、晉文"一節，亦見於《公羊·昭十二年傳》，大同小異，足見孟子《春秋》之學，與《公羊》同一師承，故其表章微言，深得公羊之旨。趙岐注《孟子》，兩處皆用《公羊》素王之說，朱子注引《胡傳》，亦與《公羊》素王說合。素，空也，謂空設一王之法也，即《孟子》云"有王者起必來取法"之意，本非孔子自王，亦非稱魯爲王。後人誤以此疑《公羊》，《公羊》說實不誤。《胡傳》曰："無其位而託南面之權。"此與素王之說，有以異乎？無以異乎？趙岐，漢人，其時《公羊》通行，岐引以注《孟子》，固無足怪。若朱子，宋人，其時《公羊》久成絕學，朱子非墨守《公羊》者。胡安國①《春秋傳》，朱子亦不深信，而於此注，不能不引《胡傳》爲說，誠以《孟子》義本如是，不如是則解《孟子》不能通也。後人於《公羊》素王之說，羣怪聚罵，並趙岐注亦多訾病，而朱《注》引《胡傳》，則尊信不敢議，豈非知二五而不知十乎？朱子云"孔子之事，莫大乎《春秋》"，深得孟子、《公羊》之旨，云"治世之法，垂於萬世，是亦一治"，亦與《公羊》撥亂功成、太平瑞應相合，人多忽之而不察耳。

---

　　① 胡安國（1074—1138），字康侯。胡淵子，建州崇安人。哲宗紹聖四年進士。官太學博士等，不阿附蔡京。高宗時官中書舍人，兼侍讀，專講《春秋》。著有《春秋傳》《資治通鑒舉要補遺》等。《宋史》卷四百三十五有傳。

02. 論《春秋》是作不是鈔錄，是作經不是作史，杜預以爲周公作凡例，陸淳駁之甚明

說《春秋》者，須知《春秋》是孔子作。作是做成一書，不是鈔錄一過。又須知孔子所作者，是爲萬世作經，不是爲一代作史。經史體例所以異者，史是據事直書，不立褒貶，是非自見；經是必借褒貶是非，以定制立法，爲百王不易之常經。《春秋》是經，《左氏》是史，後人不知經、史之分，以《左氏》之說爲《春秋》，而《春秋》之旨晦；又以杜預之說誣《左氏》，而《春秋》之旨愈晦。杜預曰："《周禮》有史官，掌邦國四方之事，達四方之志。諸侯亦各有國史。大事書之於策，小事簡牘而已。《孟子》曰：'楚謂之《檮杌》，晉謂之《乘》，而魯謂之《春秋》，其實一也。'韓宣子適魯，見《易象》與《魯春秋》，曰：'周禮盡在魯矣。吾乃今知周公之德與周之所以王。'韓子所見，蓋周之舊典禮經也。周德既衰，官失其守。上之人不能使《春秋》昭明，赴告策書，諸所記注，多違舊章。仲尼因魯史策書成文，考其真僞，而志其典禮，上以遵周公之遺制，下以明將來之法。其教之所存，文之所害，則刊而正之，以示勸戒，其餘則皆即用舊史。"①

錫瑞案：杜預引《周禮》《孟子》，皆不足據，孟子言魯之《春秋》，止有其事其文而無其義，其義是孔子創立，非魯《春秋》所有，亦非出自周公。若周公時已有義例，孔子豈得不稱周公，而擅爲己作乎？杜引《孟子》之文不全，蓋以其引孔子云云，不便於己說，故諱而不言也。《周禮》雖有史官，未言史有凡例。杜預云："其發凡以言例，皆經國之常制，周公之垂法。"《正義》曰："今案《周禮》竟無凡例。"是孔穎達已疑其說，特以疏不駁注，不得不強爲傅會耳。《正義》又曰："先儒之說《春秋》者多矣，皆云丘明以意作傳，說仲尼之經，凡與不凡，無新舊之例。"② 據孔說，則杜預以前，

---

① 《春秋左傳注疏》卷一《春秋左氏傳序》。
② 《春秋左傳注疏》卷一《春秋左氏傳序》。

如賈逵、服虔諸儒說《左氏》者，亦未嘗以凡例爲周公作。蓋謂丘明既作傳，又作凡例，本是一人所作，故無新例、舊例之別也。至杜預乃專據韓宣疑似之文，蓋翻前人成案。以《左氏傳》發凡五十爲周公舊例。周衰史亂，多違周公之舊，仲尼稍加刊正，餘皆仍舊不改，其稱"書""不書""先書""故書""不言""不稱""書曰"之類，乃爲孔子新例。此杜預自謂創獲，苟異先儒，而實大謬不然者也。自孟子至兩漢諸儒，皆云孔子作《春秋》，無攙入周公者。及杜預之說出，乃有周公之《春秋》，有孔子之《春秋》，周公之凡例多，孔子之變例少。若此則周公之功大，孔子之功小。以故唐時學校尊周公爲先聖，抑孔子爲先師。以生民未有之聖人，不得專享太牢之祭，止可降居配享之列。《春秋》之旨晦，而孔子之道不尊，正由此等謬說啓之。據《孟子》說，孔子作《春秋》，是一件絕大事業，大有關繫文字。若如杜預經承舊史、史承赴告之說，止是鈔錄一過，並無褒貶義例，則略識文字之鈔胥，皆能爲之，何必孔子？即曰據事直書，不虛美，不隱惡，則古來良史如司馬遷、班固等，亦優爲之，何必孔子？孔子何以有"知我罪我""其義竊取"之言？孟子何以推尊孔子作《春秋》之功，配古帝王，說得如此驚天動地？與其信杜預之說，奪孔子制作之功以歸之周公，曷若信孟子之言，尊孔子制作之功以上繼周公乎！

　　陸淳《春秋纂例》駁杜預之說曰："杜預云：'凡例皆周公之舊典禮經。'按其傳例，云：'弒君，稱君，君無道也；稱臣，臣之罪也。'然則周公先設弒君之義乎？又曰：'大用師曰滅，弗地曰入。'又周公先設相滅之義乎？又云：'諸侯同盟，薨則赴以名。'又是周公令稱先君之名以告鄰國乎？雖夷狄之人，不應至此也。"①案陸淳所引後一條，即《左氏》所謂禮經，杜預所謂常例。陸駁詰明快，不知杜預何以解之？祖杜預者又何以解之？柳宗元亦曰："杜預謂例爲周公之常法，曾不知侵伐入滅之例，周之盛時，不應預立其法。"

---

① 語引自陸淳《春秋集傳纂例》卷一《趙氏損益義第五》，清鍾謙鈞輯《古經解彙函》本。按引文中"雖夷狄之人，不應至此也"，影印《文淵閣四庫全書》第146冊《春秋集傳纂例》作"周以諱事神，不應有此也"。

與陸氏第二條說同。

03. 論董子之學最醇，微言大義存於董子之書，不必驚爲非常異義

孟子之後，董子之學最醇。（朱子稱仲舒爲醇儒）然則《春秋》之學，孟子之後，亦當以董子之學爲最醇矣。《史記·儒林列傳》曰："言《春秋》於齊魯自胡毋生，於趙自董仲舒。……董仲舒，廣川人也。以治《春秋》，孝景時爲博士。……漢興至於五世之間，惟董仲舒名爲明於《春秋》，其傳公羊氏也。胡毋生，齊人也。孝景時爲博士。……齊之言《春秋》者多受胡毋生，公孫弘亦頗受焉。"

錫瑞案：太史公未言董子受學何人，而與胡毋同爲孝景博士，則年輩必相若。胡毋師公羊壽，董子或亦師公羊壽。何休《解詁序》謂："略依胡毋生《條例》。"《疏》云：胡毋生"以《公羊》經、傳傳授董氏，猶自別作《條例》。"太史公但云公孫弘受胡毋，不云董子亦受胡毋。《漢書·儒林傳》於胡毋生云："與董仲舒同業，仲舒著書稱其德。"云同業，則必非受業。戴宏《序》、鄭君《六藝論》，皆無傳授之說，未可爲據。何氏云"依胡毋"，而不及董，《解詁》與董書義多同，則胡毋、董生之學，本屬一家。胡毋書不傳，而董子《春秋繁露》十七卷尚存。國朝儒臣復以《永樂大典》所存樓鑰①本詳爲勘訂，凡補一千一百二十一字，刪一百二十一字，改定一千八百二十九字，前之訛缺不可讀者，今粗得通，聖人之微言大義，得以復明於世。漢人之解說《春秋》者，無有古於是書，而廣大精微，比伏生《大傳》《韓詩外傳》，尤爲切要，未可疑爲非常異義而不信也。

《太史公自序》："余聞董生曰：'周道衰廢，孔子爲魯司寇，諸侯害之，大夫壅之。孔子知言之不用，道之不行也，是非二百四十二年之中，以爲天下儀表，貶天子，退諸侯，討大夫，以達王事而已

---

① 樓鑰（1137—1213），字大防，自號攻媿主人。明州鄞縣人。宋孝宗隆興元年進士，官至吏部尚書、同知樞密院事，參知政事。著有《攻媿集》一百一十卷、《范文正公年譜》。《宋史》卷三百九十五有傳。

矣。'子曰：'我欲載之空言，不如見之①行事之深切著明也。'夫《春秋》，上明三王之道，下辨人事之紀，別嫌疑，明是非，定猶豫，善善惡惡，賢賢賤不肖，存亡國，繼絕世，補敝起廢，王道之大者也。……撥亂世反之正，莫近於《春秋》。《春秋》文成數萬，其指數千。萬物之聚散②皆在《春秋》，《春秋》之中，弒君三十六，亡國五十二，諸侯奔走不得保其社稷者不可勝數。察其所以，皆失其本已。故《易》曰'失之毫釐，差以千里'。故曰'臣弒君，子弒父，非一旦一夕之故也，其漸久矣'。故有國者不可以不知《春秋》，前有讒而弗見，後有賊而不知。爲人臣者不可以不知《春秋》，守經事而不知其宜，遭變事而不知其權。爲人君父而不通於《春秋》③者，必蒙首惡之名。爲人臣子而不通於《春秋》之義者，必陷篡弒之誅④，死罪之名。其實皆以爲善，爲之不知其義，被人空言而不敢辭。夫不通禮義之旨，至於君不君，臣不臣，父不父，子不子。夫君不君則犯，臣不臣則誅，父不父則無道，子不子則不孝。此四行者，天下之大過也。以天下之大過予之，則受而弗敢辭。故《春秋》者，禮義之大宗也。夫禮禁未然之前，法施已然之後；法之所爲用者易見，而禮之所爲禁者難知。"

案太史公述所聞於董生者，微言大義，兼而有之，以禮說《春秋》尤爲人所未發。《春秋》撥亂反正，道在別嫌明微。學者知《春秋》近於法家，不知《春秋》通於禮家；知《春秋》之法可以治已然之亂臣賊子，不知《春秋》之禮足以禁未然之亂臣賊子。自漢以後，有用《春秋》之法，如誅意，如無將，而引經義以斷獄者矣；未有用《春秋》之禮，別嫌疑、明是非，而明經義以撥亂者也。若宋孫復⑤《尊王發微》，狹隘酷烈，至謂《春秋》有貶無襃，是以

---

① 《史記》卷一百三十"之"字後有"於"字。
② "聚散"，《史記》卷一百三十作"散聚"。
③ 《史記》卷一百三十"者"前有"之義"語。據下句可知，皮引文脫"之義"。
④ "之"，中華本誤作"不"。
⑤ 孫復（992—1057），字明復，晉州平陽人。舉進士不第，居泰山研《春秋》，世稱泰山先生，弟子有石介等。因范仲淹、富弼推薦，官秘書郎、國子監直講等。著有《春秋尊王發微》《孫明復小集》等。《宋史》卷一百九十七有傳。

《春秋》爲司空城旦書,豈知《春秋》者乎?董子嘗作《春秋決事》,弟子吕步舒等以《春秋》讞斷於外,而其言禮之精如是。是董子之學,當時見之施行者,特其麤粺,而其精者並未嘗見之施行也。然則世但知漢世《公羊》盛行,究之其盛行者,特酷吏藉以濟其酷,致後人爲《公羊》詬病。董子所謂禮義之大宗,漢時已以爲迂而不之用矣。董子之學不行,後人並疑其書而不信。試觀太史公所述,有一奇辭險語否?何必驚爲非常異義乎?

04. 論"存三統"明見董子書,並不始於何休,據其說足知古時二帝三王本無一定

何氏《文謚例》"《春秋》有五始、三科、九旨、七等、六輔、二類之義",三科九旨,尤爲閎大。"《文謚例》:'三科九旨者,新周故宋,以春秋當新王',此一科三旨也;……'所見異辭,所聞異辭,所傳聞異辭',二科六旨也;……'內其國而外諸夏,內諸夏而外夷狄',是三科九旨也。……宋氏之注《春秋說》①:'三科者,一曰張三世,二曰存三統,三曰異外內,是三科也。九旨者,一曰時,二曰月,三曰日,四曰王,五曰天王,六曰天子,七曰譏,八曰貶,九曰絕。'"②

何氏九旨在三科之內,宋氏九旨在三科之外,其說亦無大異。而三科之義,已見董子之書。《楚莊王篇》曰:"《春秋》分十二世以爲三等:有見,有聞,有傳聞。有見三世,有聞四世,有傳聞五世。故哀、定、昭,君子之所見也。襄、成、宣、文,君子之所聞也。僖、閔、莊、桓、隱,君子之所傳聞也。所見六十一年,所聞八十五年,所傳聞九十六年。"此張三世之義。《王道篇》曰:"內其國而外諸夏,內諸夏而外夷狄,言自近者始也。"此異外內之義。

---

① 《春秋說》,即《春秋說題辭》,漢末宋衷爲之注。是書爲漢代緯書《七緯·春秋緯》之一。《後漢書·樊英傳》李賢注引《春秋緯》有十三種,分別爲:《演孔圖》《元命苞》《文耀鉤》《運斗樞》《感精符》《合誠圖》《考異郵》《保乾圖》《漢含孳》《佐助期》《握誠圖》《潛潭巴》《說題辭》。參見本書卷一第一篇之《易緯》註。

② 《春秋公羊傳注疏》卷一《隱公元年》。

《三代改制質文篇》曰："《春秋》應天作新王之事，時正黑統。王魯，尚黑，絀夏，新周，故宋。"又曰："《春秋》上絀夏，下存周，以《春秋》當新王。《春秋》當新王者奈何？曰：王者之法，必正號，絀王謂之帝，封其後以小國，使奉祀之。下存二王之後以大國，使服其服，行其禮樂，稱客而朝。故同時稱帝者五，稱王者三，所以昭五端，通三統也。是故周人之王，尚推神農爲九皇，而改號軒轅謂之黃帝，因存帝顓頊、帝嚳、帝堯之帝號，絀虞而號舜曰帝舜，錄五帝以小國。下存禹之後於杞，存湯之後於宋，以方百里，爵號公。皆使服其服，行其禮樂，稱先王客而朝。《春秋》作新王之事，變周之制，當正黑統。而殷周爲王者之後，絀夏改號禹謂之帝禹，錄其後以小國，故曰絀夏存周，以《春秋》當新王"此存三統之義。

　　錫瑞案：存三統尤爲世所駭怪，不知此是古時通禮，並非《春秋》創舉。以董子書推之，古王者興，當封前二代子孫以大國，爲二王後，並當代之王爲三王，又推其前五代爲五帝，封其後以小國，又推其前爲九皇，封其後爲附庸，又其前則爲民，殷周以上皆然。然則有繼周而王者，當封殷周爲二王後，改號夏禹爲帝，《春秋》託王於魯，爲繼周者立法，當封夏之後以小國，故曰絀夏；封周之後爲二王後，故曰絀周，此本推遷之次應然。《春秋》存三統，實原於古制。逮漢以後，不更循此推遷之次，人但習見周一代之制，遂以五帝三王爲一定之號，於是《尚書大傳》舜乃稱王，解者不得其說。《周禮》先後鄭注引"九皇六十四民"，疏家不能證明，蓋古義之湮晦久矣。晉王接、宋蘇軾、陳振孫，皆疑黜周王魯，《公羊》無明文，以何休爲《公羊》罪人，不知"存三統"明見董子書，並不始於何休。《公羊傳》雖無明文，董子與胡毋生同時，其著書在《公羊》初著竹帛之時，必是先師口傳大義。據其書可知古時五帝三王並無一定，猶親廟之祧遷，後世古制不行，人遂不得其說。學者試取董書《三代改制質文篇》，深思而熟讀之，乃知《春秋》損益四代，立一王之法，其制度纖悉具備，誠非空言義理者所能解也。

05. 論"異外內"之義與"張三世"相通，當競爭之時，尤當講明《春秋》之旨

　　三科惟張三世之義，明見於《公羊傳·隱元年》："公子益師卒，何以不日？遠也。所見異辭，所聞異辭，所傳聞異辭。"《解詁》曰："所見者，謂昭、定、哀，己與父時事也；所聞者，謂文、宣、成、襄，王父時事也；所傳聞者，謂隱、桓、莊、閔、僖，高祖、曾祖時事也。……所以三世者，禮爲父母三年，爲祖父母期，爲曾祖父母齊衰三月，立愛自親始，故《春秋》據哀錄隱，上治祖禰。"與董子書略同，皆以三世爲孔子之三世，據此足知《春秋》是孔子之書。張三世之義，雖比存三統、異外內爲易解，然非灼知《春秋》是孔子作，必不信張三世之義。而《春秋》書法詳略遠近，皆不得其解矣。

　　張三世有二說，顏安樂①以爲從襄二十一年之後，孔子生訖，即爲所見之世。《演孔圖》云："文、宣、成、襄，所聞之世也。"顏氏分張二公而使兩屬，何劭公以爲任意，二說小異，而以三世爲孔子三世則同。異外內之義，與張三世相通。隱元羊②《解詁》曰："於所傳聞之世，見治起於衰亂之中，用心尚麤觕，故內其國而外諸夏，先詳內而後治外，……於所聞之世，見治升平，內諸夏而外夷狄。……至所見之世，著治太平，夷狄進至於爵，天下遠近小大若一。"

　　錫瑞案：《春秋》有攘夷之義，有不攘夷之義。以攘夷爲《春秋》義者，但見《宣十一年》"晉侯會狄于攢函"，《解詁》有"殊夷狄"之文。《成十五年》"叔孫僑如等會吳于鍾離"，《傳》有"曷爲殊會吳？外吳也"之文，不知宣、成皆所聞世，治近升平，故殊夷狄，若所見世，著治太平。《哀四年》"晉侯執戎曼子赤歸于楚"，《十三年》"公會晉侯及吳子于黃池"，夷狄進至于爵，與諸夏同，無

---

①　顏安樂，字公孫，魯國薛人。公羊學大師眭孟姊子。與嚴彭祖從孟學，各持所見，《公羊春秋》有顏、嚴之學。官至齊郡太守丞，後爲仇家所殺。《漢書》卷八十八《儒林傳》有傳。
②　據《春秋公羊傳》魯國十二公世係，"羊"應爲"年"字，皮行文偶誤。

外内之異矣。外内無異，則不必攘；遠近小大若一，且不忍攘。聖人心同天地，以天下爲一家，中國爲一人，必無因其種族不同，而有歧視之意。而升平世不能不外夷狄者，其時世界程度尚未進於太平，夷狄亦未進化，引而内之，恐其侵擾。故夫子稱齊桓、管仲之功，有被髮左衽之懼。以其能攘夷狄，救中國，而特筆襃予之。然則以《春秋》爲攘夷，聖人非無此意，特是升平主義，而非太平主義，言豈一端而已，夫各有所當也。撥亂之世，内其國而外諸夏，諸夏非可攘者，而亦必異外内。故董子明言自近者始，王化自近及遠，由其國而諸夏而夷狄，以漸進於大同。正如由修身而齊家而治國，以漸至平天下。進化有先後，書法有詳略，其理本極平常。且春秋時夷狄非真夷狄也。吳，仲雍之後；越，夏少康之後；楚，文王師鬻熊之後；而姜戎是四岳裔胄；白狄、鮮虞是姬姓，皆非異種異族。特以某先未與會盟，中國擯之比於戎狄，故《春秋》有七等進退之義。《公羊·莊十三年傳》曰："州不若國，國不若氏，氏不若人，人不若名，名不若字，字不若子。"疏云："言荊不如言楚。言楚不如言潞氏、甲氏。言潞氏不如言楚人。言楚人不如言介葛盧。言介葛盧不如言邾婁儀父。言邾婁儀父不如言楚子、吳子。"《春秋》設此七等，以進退當時之諸侯。韓文公曰："諸侯用夷禮則夷之，進於中國則中國之。"①是中國夷狄之稱，初無一定。《宣十二年傳》曰："不與晉而與楚子爲禮也。"《繁露·竹林篇》曰："《春秋》之常辭也，不予夷狄而與②中國爲禮，至邲之戰，偏然反之，……晉變而爲夷狄，楚變而爲君子，故移其辭以從其事。"是進退無常，可見《春秋》立辭之變。《定四年傳》曰："吳何以稱子？夷狄也而憂中國。""吳入楚"，《傳》曰："吳何以不稱子？反夷狄。"是進退甚速，可見《春秋》立義之精，皆以今之所謂文明野蠻，爲襃貶予奪之義。後人不明此旨，徒嚴種族之辨，於是同異競爭之禍烈矣。蓋託於《春秋》義，而實與《春秋》義不甚合也。

---

① 語見韓愈《原道》。
② "與"，《春秋繁露》卷二《竹林篇》作"予"。

06. 論《春秋》素王不必說是孔子素王，《春秋》爲後王立法，即云爲漢制法亦無不可

《公羊》有春秋素王之義，董、何皆明言之，而後世疑之者，因誤以素王屬孔子。杜預《左傳集解序》曰："說者以仲尼自衛反魯，修《春秋》，立素王，丘明爲素臣。……子路欲使門人爲臣，孔子以爲欺天。而云仲尼素王，丘明素臣，又非通論也。"《正義》曰："麟是帝王①之瑞。故有素王之說。言孔子自以身爲素王，故作《春秋》，立素王之法。丘明自以身爲素臣，故爲素王作左氏之傳，漢魏諸儒，皆爲此說。董仲舒對策云：'孔子作《春秋》，先正王而繫以萬事，見素王之文焉。'賈逵《春秋序》云：'孔子覽《史記》，就是非之說，立素王之法。'鄭玄《六藝論》云：'孔子既西狩獲麟，自號素王，爲後世受命之君制明王之法。'盧欽《公羊序》云：'孔子自因魯史記而修《春秋》，制素王之道。'是先儒皆言孔子立素王也。《孔子家語》稱齊太史子餘歎美孔子，言②'天其素王之乎！'素，空也。言無位而空王之也。彼子餘美孔子之深，原上天之意，故爲此言耳，非是孔子自號爲素王。先儒蓋因此而謬，遂言《春秋》立素王之法。左丘明述仲尼之道，故復以爲素臣，其言丘明爲素臣，未知誰所說也。"

錫瑞案：據杜、孔之說，則《春秋》素王，非獨《公羊》家言之，《左氏》家之賈逵亦言之，至杜預始疑非通論。杜所疑者是仲尼素王，以爲孔子自王，此本說者之誤。若但云《春秋》素王，便無語弊。孔《疏》所引云"素王之文""素王之法""素王之道"，皆不得謂非通論，試以孔《疏》解素爲空解之，何不可通？杜預《序》云："會成王義，垂法將來。"其與素王立法之說，有以異乎？無以異乎？惟《六藝論》之"自號素王"，頗有可疑。鄭君語質，不加別白，不必以辭害意。孔子作《春秋》以討亂賊，必不自蹈僭妄，此

---

① "帝王"，《春秋左傳註疏》卷一作"王者"。
② "言"字後，《春秋左傳注疏》卷一有"云"字。

固不待辨者。《釋文》於《左傳序》"素王"字云:"王,于況反。下'王魯素王'同。"然則素王之王,古讀爲"王天下"之王,並不解爲"王號"之王。孔子非自稱素王,即此可證。若丘明自稱素臣,尤爲無理。丘明尊孔子,稱弟子可矣,何必稱臣示敬?孔《疏》亦不知其說所自出,蓋《左傳》家竊取《公羊》素王之說,張大丘明以配孔子,乃造爲此言耳。漢人又多言《春秋》爲漢制法。《公羊》疏引"《春秋說》云:'伏羲作八卦,丘合而演其文,瀆而出其神,作《春秋》以改亂制。'……又云:'丘水精治法,爲赤制功。'又云:'黑龍生爲赤,必告之象,使知命。'又云:'經十有四年春,西狩獲麟,赤受命,倉失權,周滅火起,薪采得麟。'以此數文言之,《春秋》爲漢制明矣。"① 據此,則《春秋》爲漢制法,說出緯書。何氏《解詁》於哀十四年云"木絕火王,制作道備""血書端門",明引《春秋緯·演孔圖》②,《史晨》③《韓勑》④ 諸碑亦多引之。東平王蒼曰:"孔子曰'行夏之時,乘殷之輅,服周之冕',爲漢制法。"王充《論衡》曰:"夫五經亦漢家之所立,儒生善政,大義皆出其中。董仲舒表《春秋》之義,稽合於律,無乖異者。然則《春秋》,漢之經,孔子制作,垂遺於漢。"⑤"孔子曰:'文王既沒,文不在茲乎!'文王之文,傳在孔子。孔子爲漢制文,傳在漢也。"⑥ 仲任發明《春秋》義甚暢,而史公、董子書未有《春秋》爲漢制法之說,故後人不信。歐陽修譏漢儒爲狹陋,云:"孔子作《春秋》,豈區區爲漢而已哉!"⑦ 不知《春秋》爲後王立法,雖不專爲漢,而漢繼周後,即

---

① 《春秋公羊傳注疏》卷一《隱公元年》。
② 《春秋緯·演孔圖》云:"得麟之後,天下血書魯端門曰:趣作法,孔聖沒,周姬亡,彗東出,秦政起,胡破術,書記散,孔不絕。"
③ 《史晨碑》,即《魯相史晨祠孔廟奏銘》,云:"西狩獲麟,爲漢制作""自衛反魯,養徒三千,獲麟趣作,端門見徵,血書著紀,黄玉響應,主爲漢制,道審可行,乃作《春秋》。"見洪适《隸釋》卷一。
④ 《韓勑碑》,包括《魯相韓勑造孔廟禮器碑》《韓勑脩孔廟後碑》。《魯相韓勑造孔廟禮器碑》云:"孔子近聖,爲漢定道。"《韓勑脩孔廟後碑》云:"孔聖素王,受象乾坤,生于周衢,匡政天文。……爲漢制作。"見洪适《隸釋》卷一。
⑤ 王充《論衡》卷十二《程材篇》。
⑥ 王充《論衡》卷二十《佚文篇》。
⑦ 語見歐陽修《稽古錄跋尾》卷三《後漢魯相晨孔子廟碑》。

謂爲漢制法，有何不可？且在漢言漢，推崇當代，不得不然。即如歐陽修生於宋，宋尊孔教，即謂《春秋》爲宋制法，亦無不可。今人生於大清，大清尊孔教，即謂《春秋》爲清制法，亦無不可。歐陽所見，何拘閡之甚乎？漢尊讖緯，稱爲內學，鄭康成、何劭公生於其時，不能不從時尚。後人議何氏《解詁》，不應引《演孔圖》之文，試觀《左氏·文十三年傳》"其處者爲劉氏"，孔《疏》明云："《左氏》不顯於世，先儒無以自申。劉氏從秦從魏，其源本出劉累，插注此辭，將以媚世。明帝時賈逵上疏云：'五經皆無證圖讖明劉氏爲堯後者，而《左氏》獨有明文。'竊謂前世藉此以求道通，故後引之以爲證耳。"據孔《疏》，足見漢時風氣，不引讖緯不足以尊經。而《左氏》家擅增傳文，《公羊》家但存其說於注，而未敢增傳。相提並論，何氏之罪，不比賈逵等猶可末減乎？

07. 論《春秋》改制猶今人言變法，損益四代，孔子以告顏淵，其作《春秋》亦即此意

《史記·孔子世家》："子曰：'弗乎弗乎，君子病歿世而名不稱焉。吾道不行矣，吾何以自見於後世哉？'乃因史記作《春秋》，上至隱公，下訖哀公十四年，十二公。據魯，親周，故殷，運之三代。約其辭文而指博。故吳楚之君自稱王，而《春秋》貶之曰'子'；踐土之會實召周天子，而《春秋》諱之曰'天王狩於河陽'，推此類以繩當世。貶損之義，後有王者舉而開之。《春秋》之義行，則天下亂臣賊子懼焉。孔子在位聽訟，文辭有可與人共者，弗獨有也。至於爲《春秋》，筆則筆，削則削，子夏之徒，不能贊一辭。弟子受《春秋》，孔子曰：'後世知丘者以《春秋》，而罪丘者亦以《春秋》。'"又《自序》引壺遂曰："孔子之時，上無明君，下不得任用，故作《春秋》，垂空文以斷禮義，當一王之法。"

錫瑞案：此二條史公未明引董生，不知亦董生所傳否，而其言皆明白正大。云"據魯，親周，故殷"，則知《公羊》家存三統之義古矣。云有貶損，有筆削，則知《左氏》家經承舊史之義非矣。云"垂空文""當一王之法"，則知素王改制之義不必疑矣。《春秋》有

素王之義，本爲改法而設，後人疑孔子不應稱王，不知素王本屬《春秋》，(《淮南子》以《春秋》當一代) 而不屬孔子。疑孔子不應改制，不知孔子無改制之權，而不妨爲改制之言。所謂改制者，猶令人之言變法耳，法積久而必變。有志之士，世不見用，莫不著書立說，思以其所欲變之法，傳於後世，望其實行。自周秦諸子，以及近之船山、亭林、梨洲、桴亭①諸公皆然。亭林《日知錄》明云："立言不爲一時。"② 船山《黃書》《噩夢》，讀者未嘗疑其僭妄，何獨於孔子《春秋》，反以僭妄疑之？《春秋》變周之文，從殷之質，或疑孔子自言從周，何得變周從殷？不知孔子周人，平日行事，必從時王之制，至於著書立說，不妨損益前代。顏子問爲邦，子兼取虞、夏、殷、周以答之。此損益四代之明證。鄭君解《王制》與《周禮》不合者，率以殷法解之，證以爵三等、歲三田，皆與《公羊》義合。此《春秋》從殷之明證。正如今人生於大清，衣冠禮節，必遵時制，若著書言法政，則不妨出入，或謂宜從古制，或謂宜采西法。聖人制法，雖非後學所敢妄擬，然自來著書者莫不知是，特讀者習而不察耳。《春秋》所以必改制者，周末文勝，當救之以質，當時老子、墨子、子桑伯子、棘子成，皆已見及之。《春秋》從殷之質，亦是此意。《檀弓》一篇，三言邾婁，與《公羊》齊學同，而言禮多從殷。《中庸》疏引"趙商問：'孔子稱吾學周禮，今用之，吾從周'，《檀弓》云'今丘也，殷人也'，兩楹奠殯哭師之處，皆所法於殷禮，未必由周，而云'吾從周'者，何也？ 答③曰：'今用之者，魯與諸侯皆用周之禮法，非專自施於己。在宋冠章甫之冠，在魯衣逢掖之衣，何必純用之。'"《儒行》疏："案《曲禮》云'去國三世''唯興之日，從新國之法'……防叔奔魯，至孔子五世，應從魯冠，而猶著殷章甫冠者，以丘爲制法之主，故有異於人。所行之事多用殷禮，不與尋常同也。且《曲禮》'從新國之法'，祇謂禮儀法用，未必衣服盡從也。"

---

① 陸世儀 (1611—1672)，字道威，號桴亭。明末清初太倉州人。劉宗周弟子，入清不仕。潛心學問，其學篤實。著有《思辨錄》《桴亭先生詩文集》。《清史稿》卷四百八十《儒林傳一》有傳。

② 語見《日知錄》卷十九《立言不爲一時》。

③ "答"前，《禮記正義》卷五十三有"鄭"。

案鄭、孔所言，足解從殷之惑，惟衣冠禮法是一類，冠章甫本周制，故公西華可以相禮。兩楹奠殯哭師於寢，蓋當時亦可通行。惟作《春秋》立法以待後王，可自爲制法之主耳。謂《春秋》皆本魯史舊文，孔子何必作《春秋》？謂《春秋》皆用周時舊法，孔子亦何必作《春秋》？

08. 論《春秋》爲後世立法，惟《公羊》能發明斯義，惟漢人能實行斯義

　　孔子手定六經，以教後世，非徒欲使後世學者，誦習其義，以治一身，並欲後世王者，實行其義，以治天下。《春秋》立一王之法，其義尤爲顯著，而惟《公羊》知《春秋》是素王改制，爲能發明斯義。惟漢人知《春秋》爲漢定道，爲能實行斯義。姑舉數事證之：

　　《公羊》之義，大一統，路溫舒曰："臣聞《春秋》正即位，大一統而慎始也。"①

　　《公羊》之義，立子以貴不以長。光武詔曰："《春秋》②，立子以貴，不以長③，東海王陽，皇后之子，宜承大統。"

　　《公羊》之義，子以母貴。公孫瓚罪狀袁紹曰："《春秋》之義，子以母貴。紹母親爲傅婢，……無虛退之心。"④

　　《公羊》之義，大居正。袁盎曰："方今漢家法周，周之道不得立弟，當立子。故《春秋》所以非宋公⑤。死⑥不立子而與弟，弟受國死，復反之與兄之子。弟之子爭之，以爲我當代父後，即刺殺兄子。以故國亂，禍不絕。故《春秋》曰'君子大居正'。"

　　《公羊》之義，天子嘗娶於紀，故封之百里。《恩澤侯表》："其餘后父據《春秋》褒紀之義。"應劭曰："《春秋》，天子將納后於紀，

---

① 《漢書》卷五十一《路溫舒傳》。
② "春秋"後，《漢書》卷一下《光武帝紀下》有"之義"。
③ 《漢書》卷一下《光武帝紀下》無"不以長"三字。
④ 《後漢書》卷七十三《公孫瓚傳》。
⑤ "宋公"，《史記》卷五十八《梁孝王世家》作"宋宣公"。
⑥ "死"前，《史記》卷五十八《梁孝王世家》有"宋宣公"。

紀本子爵也，故先襃爲侯，言王者不娶於小國。"①

《公羊》之義，子尊不加於父母。鄭玄《伏后議》："帝皇后父屯騎校尉、不其亭侯伏完，公庭完拜如臣禮；及皇后在離宮，拜如子禮。"②

《公羊》之義，昏禮不稱主人，不稱母，母不通也。杜鄴曰："禮明三從之義，雖有文母之德，必繫於子。《春秋》不書紀侯之母，陰義殺也。"③

《公羊》之義，襃儀父，貶無駭。李固曰："《春秋》襃儀父以開義路，貶無駭以閉利門。"④

《公羊》之義，三公之職號，尊名也。翟方進曰："《春秋》之義，尊上公謂之宰，海內無不統焉。"⑤

《公羊》之義，昭公出奔，國當絕。匡衡曰："《春秋》之義，諸侯不能守其社稷者絕。"⑥

《公羊》之義，善善及子孫。成帝封丙吉孫詔曰："夫善善及子孫，古今之通義也。"⑦

《公羊》之義，臣有大喪，則君三年不呼其門。陳忠曰："先聖人緣人情以著其節，制報二十五月，是以《春秋》臣有大喪，三年不呼其門。"⑧

《公羊》之義，出竟有可以安社稷利國家者，專之可也。"御史大夫張湯劾徐⑨偃矯制大害，法至死。偃以爲《春秋》之義，大夫以疆，有可以安社稷、存萬民，顓之可也。"

《公羊》之義，譏世卿。樂恢曰："世卿持錄，《春秋》所戒。"⑩

《公羊》之義，原情定罪。霍諝曰："《春秋》之義，原情定過，

---

① 《漢書》卷十八《恩澤侯表》。
② 參見杜佑《通典》卷六十七《禮二十七》。
③ 《漢書》卷八十五《杜鄴傳》。
④ 《後漢書》卷六十三《李固傳》。
⑤ 《漢書》卷八十四《翟方進傳》。
⑥ 《漢書》卷六十七《梅福傳》。
⑦ 《漢書》卷七十四《丙吉傳》。
⑧ 《後漢書》卷四十六《陳忠傳》。
⑨ 《漢書》卷六十四下《終軍傳》無"徐"字。
⑩ 《後漢書》卷四十三《樂恢傳》作"世卿持權，春秋以戒"。

赦事誅意，故許止雖弒君而不罪，趙盾以縱賊而見書。"①

《公羊》之義，人臣無將。膠西王曰：淮南王"安，廢法行邪②，……《春秋》曰：'臣無將，將而誅。'安罪重於將。"

《公羊》之義，三年一祫，五年一禘。張純曰："《春秋傳》曰'大祫者何？合祭也'。毀廟及未毀廟之主皆登，合食太祖，五年而再殷。漢舊制三年一祫，毀廟主合食高廟，存廟主未嘗合祭。元始五年，諸王公列侯朝會，始為禘祭。"③

《公羊》之義，未逾年君不書葬。周舉曰"北鄉④，……立未逾載，年號未改，……孔子作《春秋》⑤王子猛不稱崩，魯子野不書葬。"⑥

《公羊》之義，譏逆祀。質帝詔曰："昔定公追正順祀，《春秋》善之。其令恭陵次康陵，憲陵次恭陵。"⑦

《公羊》之義，不書閏。班固以閏九月為後九月。

《公羊》之義，懷藏以養微，是月不殺。章帝詔曰："《春秋》於春每月書'王'者，重三正，慎三微也。律十二月立春，不以報囚。"⑧

《公羊》之義，通三統。劉向曰："王者必通三統，明天命所授者博，非獨一姓。"⑨

此皆見於兩《漢書》者。更以漢碑考之。《巴郡太守張納碑》云："正始順元用《公羊》五始之義。"《處士嚴發殘碑》云："蓋孔子作《春秋》，褒儀甫曰，（中缺）塞利欲之谿。"《成陽令唐扶頌》云："通天三統。"《楊孟文石門頌》云："《春秋》記異。"《安平相

---

① 《後漢書》卷四十八《霍諝傳》。
② "廢法行邪"，《漢書》卷四十四《衡山王傳》作"廢法度，行邪辟"。
③ 《後漢書》卷三十五《張純傳》。
④ "北鄉"，指北鄉侯劉懿，東漢第七位皇帝，安帝於延光四年三月駕崩，劉懿即位，十一月病卒，史稱少帝，因無知無為，一般不將其視為東漢皇帝。
⑤ 《後漢書》卷六十一《周舉傳》無"孔子作"三字。
⑥ 《後漢書》卷六十一《周舉傳》。
⑦ 《後漢書》卷六《質帝紀》。
⑧ 《後漢書》卷三《章帝紀》。
⑨ 《漢書》卷三十六《楚元王傳附劉向傳》。

孫根碑》云："仲伯撥亂，蔡（即祭字）足譎權。"《衛尉卿衡方碑》云："存亡繼絕。"《樊毅修華岳碑》云："世室不修，《春秋》作譏。"《郎中郭君碑》云："爲人後者爲之子。"皆本《公羊》。足見漢時《公羊》通行，故能知孔子作《春秋》爲後世立法之義，非止用之以決獄也。胡安國曰："武、宣之世，時君信重其書，學士大夫誦說，用以斷獄決事。雖萬目未張，而大綱克正，過於《春秋》之時，其效亦可見矣。"①

09. 論《穀梁》在春秋之後，曾見《公羊》之書，所謂"一傳"即《公羊傳》

鄭君《釋廢疾》曰："孔子雖有聖德，不敢顯然改先生②之法以教授於世，若其所欲改，其陰書於緯，藏之以傳後王。《穀梁》四時田者，近孔子故也。《公羊》正當六國之亡，讖諱見，讀而傳爲三時田，作傳有先後，雖異，不足以斷《穀梁》也。"③ 鄭君言《春秋》改制之義極精，故鄭云"《公羊》善於讖"，而以《公羊》之出在《穀梁》後，則未知所據。

《釋文·序錄》云："公羊高受之於子夏，穀梁赤乃後代傳聞。"陳澧曰："《釋文·序錄》之言是也。莊二年，'公子慶父帥師伐於餘丘'。《公羊》云：'邾婁之邑也，曷爲不繫乎邾婁？國之也；曷爲國之？君存焉爾。'《穀梁》云：'公子貴矣，師重矣。而敵人之邑，公子病矣，其一曰：君在而重之也。'劉原父《權衡》云：'此似晚見公羊之說而附益之。'隱二年'無駭帥師入極'，八年'無駭卒'。《穀梁傳》皆兩說。劉氏亦以爲穀梁見公羊之書，而竊附益之。④ 澧案：更有可證者。文十二年'子叔姬卒'，《公羊》云'此未適人，何以卒？許嫁矣'。《穀梁》云：'其曰子叔姬，貴也，公之母姊妹也。其一傳曰：許嫁以卒之也。'此

---

① 胡安國《胡氏進春秋傳表》，見李廉《春秋諸傳會通》（簡稱《春秋會通》），影印《文淵閣四庫全書》第162冊，第173頁。
② "先生"，商務本、中華本據《禮記正義》改作"先王"，是。
③ 《禮記正義》卷十二《王制》。
④ 此處陳澧原文爲小字注文，皮引用時作大字正文。

所謂'其一傳'，明是《公羊傳》矣。宣十五年，'初稅畝。冬，蝝生'。《穀梁》云：'蝝非災也。其曰蝝，非稅畝之災也。'此穀梁駁公羊之說也。公羊以爲宣公稅畝，應是而有天災。《穀梁》以爲不然，古曰'非災'也，駁其以爲天災也。又云'其曰蝝，非稅畝之災也'。駁其以爲應稅畝而有此災也。其在公羊之後，更無疑矣。《公羊》《穀梁》二傳同者。隱公'不書即位'，《公羊》云'成公意'；《穀梁》云'成公志'。'鄭伯克段于鄢'，皆云'殺之'。如此者不可枚舉矣。僖十七年，'夏，滅項'。《公羊》云：'孰滅之？齊滅之。曷爲不言齊滅之？《春秋》爲賢者諱。此滅人之國，何賢爾？君子之惡惡也疾始，善善也樂終。桓公嘗有繼絕存亡之功，故君子爲之諱也。'《穀梁》云：'孰滅之？桓公也。何以不言桓公也？爲賢者諱也。既滅人之國矣，何賢乎？君子惡惡疾其始，善善樂其終，桓公嘗有存亡繼絕之功，故君子爲之諱也。'此更句句相同，蓋穀梁以公羊之說是，而錄取之也。穀梁在公羊之後，研究公羊之說，或取之，或不取；或駁之，或與己說兼存之。其傳較公羊爲平正者以此也。"①

錫瑞案：以《穀梁》晚出，曾見《公羊》之書，劉原父已言之，陳氏推衍尤晰。治《穀梁》者必謂《穀梁》早出，觀此可以悟矣。晁說之曰："《穀梁》晚出於漢，因得監省《左氏》《公羊》之違畔而正之。……至其精深遠大者，眞得子夏之所傳。范氏又因諸儒而博辯之，申《穀梁》之志也。其於是非，亦少公矣。非若征南一切申傳，汲汲然不敢異同也。"②晁氏以爲《穀梁》監省《左氏》《公羊》，與陳氏所見同，不知陳氏見晁說否？晁以范氏是非爲公，則宋重通學，不守專門之見也。

10. 論《公羊》《穀梁》二傳當爲傳其學者所作，《左氏傳》亦當以此解之

子夏傳公羊高，至四世孫壽，乃著竹帛，戴宏所言當得其實。

---

① 陳澧《東塾讀書記》卷十《春秋三傳》。
② 語見晁說之《景迂生集》卷三十《三傳說》，影印《文淵閣四庫全書》第1118冊。案《文淵閣四庫全書》本"傳"後有"畎"；"范氏"作"范寧"；"鎭南"前有"杜"字。

《穀梁》則有數說，且有四名。桓譚《新論》云："《左氏》傳世。後百餘年，魯人穀梁赤爲《春秋》，殘亡，多所遺失。"應劭《風俗通》云："穀梁子名赤，子夏弟子。"糜信則以爲秦孝公同時人。阮孝緒則以爲名俶，字元始。《漢書·藝文志》顏注云："名喜。"而《論衡·案書篇》又云："穀梁寘。"豈一人有四名乎？抑如公羊之祖孫父子相傳，非一人乎？名赤見《新論》爲最先，故後人多從之。而據《新論》，後《左氏》百餘年，年代不能與子夏相接，而與秦孝公同時頗合。《四庫提要》曰："其《傳》則士勳《疏》稱：'穀梁子名俶，字元始，一名赤，受經於子夏，爲經作傳。'則當爲穀梁子所自作。徐彥《公羊傳疏》又稱：'公羊高五世相授，至胡毋生乃著竹帛，題其親師，故曰《公羊傳》。穀梁亦是著竹帛者，題其親師，故曰《穀梁傳》。'則當爲傳其學者所作。案《公羊傳》'定公即位'一條，引'子沈子曰'，何休《解詁》以爲後師。此《傳》'定公即位'一條，亦稱'沈子曰'，公羊、穀梁即同師子夏，不應及見後師。又'初獻六羽'一條，稱'穀梁子曰'，《傳》既穀梁自作，不應自引己說。且此條又引'《尸子》曰'，尸佼爲商鞅之師，鞅既誅，佼逃於蜀。其人亦在穀梁後，不應預爲引據，疑徐彥之言，爲得其實，但誰著於竹帛，則不可考耳。"①

錫瑞案：楊《疏》云"穀梁傳孫卿"，孫卿去子夏甚遠，穀梁如受經於子夏，不得親傳孫卿，以《傳》爲傳其學者所作，極是。非獨《公》《穀》二傳，即《左氏傳》亦當以此解之，故其《傳》有後人附益，且及左氏後事。若必以爲左氏自作，反爲後人所疑。趙匡、鄭樵遂以爲左氏非丘明，是六國時人矣。朱子亦云："左氏不必解是丘明。《公》《穀》傳大概皆同，所以林黃中說只是一人。只是看他文字，疑若非一手者。"羅璧《識遺》云："公羊、穀梁，自高、赤作《傳》外，更不見有此姓。萬見春謂皆姜字切韻腳，疑爲姜姓假託。"案邾婁爲鄒、勃鞮爲披之類，兩音雖可合爲一字，《越絕書》云"以口爲姓，承之以天"，朱子注《楚詞》自署鄒訢，古人著書，亦有自隱其姓名者。而二子爲經作傳，要不應自隱其姓。至謂公羊、

---

① 永瑢等《四庫全書總目》卷二六《春秋穀梁傳註疏》提要。

穀梁，高、赤外不見有此姓，則尤不然。《禮記·檀弓》明云"鬠巾以飯，公羊賈爲之也"，何得謂公羊高外，不見公羊姓乎？疑公羊賈即《論語》之公明賈，公羊高即《孟子》之公明高。高，曾子弟子，亦可從子夏受經。古讀明如芒，《詩》以'我齊明'與'我犧羊'爲韻，明、羊音近，或亦可通。是說雖未見其必然，而據《禮記》明明有姓公羊者矣。《漢書·古今人表》有公羊、穀梁，列四等，必實有其人可知。近人又疑公羊、穀梁皆卜商轉音，更無所據。

11. 論《穀梁》廢興及三《傳》分別

《史記·儒林傳》曰："瑕丘江生爲《穀梁春秋》。自公孫弘得用，嘗集比其義，卒用董仲舒。"《漢書·儒林傳》曰："瑕丘江公受《穀梁春秋》及《詩》於魯申公，傳子至孫爲博士。武帝時，江公與董仲舒並。仲舒通《五經》，能持論，善屬文。江公吶於口，上使與仲舒議，不如仲舒。而丞相公孫弘本爲《公羊》學，比輯其議，卒用董生。於是上因尊《公羊》家，詔太子受《公羊春秋》，由是《公羊》大興。太子既通，復私問《穀梁》而善之。其後浸微，……宣帝即位，聞衛太子好《穀梁春秋》，以問丞相韋賢、長信少府夏侯勝及侍中樂陵侯史高，皆魯人也，言穀梁子本魯學，公羊氏乃齊學也，宜興《穀梁》。……由是《穀梁》之學大盛。"故范甯論之曰："廢興由於好惡，盛衰繼於辨訥。"① 是漢時不獨《左氏》與《公羊》爭勝，《穀梁》亦嘗與《公羊》爭勝。

武帝好《公羊》，而《公羊》之學大興。宣帝好《穀梁》，而《穀梁》之學大盛，非奉朝廷之意旨乎？公孫弘，齊人，而祖齊學之《公羊》。韋賢，魯人，而祖魯學之《穀梁》。非出鄉曲之私見乎？據《漢書》江公"傳子至孫爲博士"，周慶、丁姓"皆爲博士"，申章昌亦"爲博士"，贊曰"孝宣世復立……《穀梁春秋》"②，則穀梁在前漢嘗立學官，有博士。而後漢十四博士，止有《公羊》嚴、顏二家

---

① 《春秋穀梁傳注疏》卷首《春秋穀梁傳序》。
② 《漢書》卷八十八《儒林傳》。

而無《穀梁》。則《穀梁》雖暫立於宣帝時，至後漢仍不立，猶《左氏》雖暫立於平帝與光武時，至其後仍不立也。《後漢·賈逵傳》云：建初"八年，乃詔諸儒各選高才生，受《左氏》《穀梁春秋》《古文尚書》《毛詩》，由是四經遂行於世。"此四經雖行於世，而不立學，觀《左氏》《毛詩》《古文尚書》，終漢世不立學，《穀梁春秋》可知。（《熹平石經》止有《公羊》，無《穀梁》）然則《穀梁》雖暫盛於宣帝之時，而漢以前盛行《公羊》，漢以後盛行《左氏》。蓋《穀梁》之義不及《公羊》之大，事不及《左氏》之詳，故雖監省《左氏》《公羊》立說，較二家爲平正，卒不能與二家鼎立。鄭樵曰："《儒林傳》，學《公羊》者凡九家，而以《穀梁》名家，獨無其人。"① 此所謂師說久微也。無論瑕丘江公，即尹、胡、申章、房氏之學，今亦無有存者。僅存者惟范氏《集解》。而《集解》所引，亦惟同時江、徐及兄弟子姪諸人。古義淪亡，無可探索，求如《公羊》大師董子猶傳《繁露》一書，胡毋生《條例》猶存於解詁者，渺不可得。今其條理略可尋者，時、月、日例而已。

綜而論之，《春秋》有大義，有微言，大義在誅亂臣賊子，微言在爲後王立法。惟《公羊》兼傳大義微言，《穀梁》不傳微言但傳大義，《左氏》並不傳義，特以記事詳贍，有可以證《春秋》之義者。故三《傳》並行大廢，特爲斟酌分別，學者可審所擇從矣。

12. 論《春秋》兼采三《傳》不主一家始於范甯，而實始於鄭君

何休《解詁》專主《公羊》，杜預《集解》獨宗《左氏》，雖義有拘窒，必曲爲解說，蓋專門之學如是。惟范甯②（范字武子，其名當爲甯武子之甯）《穀梁集解》於三傳皆加貶辭，曰："《左氏》以鬻拳兵諫爲愛君，文公納幣爲用禮。《穀梁》以衛輒拒父爲尊祖，不納子糾爲內惡。《公羊》爲祭仲廢君爲行權，妾母稱夫人爲合正。以兵諫爲

---

① 《六經奧論》卷四《春秋經·穀梁傳》。
② 甯，商務本、中華本用"寧"，失皮錫瑞注釋本意。

愛君，是人主可得而脅也；以納幣爲用禮，是居喪可得而婚也；以拒父爲尊祖，是爲子可得而叛也；以不納子糾爲內惡，是仇讎可得而容也；以廢君爲行權，是神器可得而窺也；以妾母爲夫人，是嫡庶可得而齊也。若此之類，傷教害義，不可強通者也。"又曰："《左氏》豔而富，其失也巫。《穀梁》清而婉，其失也短。《公羊》辨而裁，其失也俗。"①

錫瑞案：范氏兼采三《傳》，不主一家，開唐啖、趙、陸之先聲，異漢儒專門之學派。蓋經學至此一變，而其變非自范氏始。鄭君從第五元先習《公羊》，其解禮多主《公羊》說，而《鍼膏》《起廢》，兼主《左氏》《穀梁》，嘗云："《左氏》善於禮，《公羊》善於讖，《穀梁》善於經。"②已爲兼采三《傳》之嚆矢。蓋解禮兼采《三禮》，始於鄭君；解《春秋》兼采三《傳》，亦始於鄭君矣。晉荀崧曰："孔子作《春秋》，左丘明、子夏造膝親受，（此用劉歆之說）無不精究。丘明撰所聞爲傳。其書善禮，多膏腴美辭，張本繼末，以發明經意，信多奇偉。儒者稱公羊高親受子夏，立於漢朝，辭義清俊，斷決明審，多可采用，董仲舒之所善也。穀梁赤師徒相傳，暫立於漢。（以爲暫立最是）時劉向父子，猶執一家，莫肯相從。其書文清義約，諸所發明，或《左氏》《公羊》所不載，亦足訂正。是以三《傳》並行。"③荀崧在東晉初，請立《公羊》《穀梁》博士。觀其持論，三《傳》並重，亦在范氏之前。范氏並詆三《傳》乖違，惟《左氏》兵諫、喪娶二條，何氏《膏肓》，已先斥之，誠爲傷教害義，不可強通。若《穀梁》以衛輒拒父爲尊祖，是尊無二上之義；以不納子糾爲內惡，是敵怨不在後嗣之義，皆非不可通者。范解《穀梁》，不以爲是，故序先及之。《公羊》以祭仲廢君爲行權，乃《春秋》借事明義之旨。祭仲夫必知權，而借以爲行權之義。仲廢君由迫脅，並非謀篡，范以爲窺神器，未免深文。妾母稱夫人爲合正，《春秋》質家本有母以子貴之義，董子《繁露·三代改制質文篇》，言之甚明。范氏

---

① 《春秋穀梁傳注疏》卷首范甯《春秋穀梁傳序》。
② 皮錫瑞《六藝論疏證》，《續修四庫全書》第171冊，第287頁。
③ 《晉書》卷七十五《荀崧傳》。引文略有增刪。

主《穀梁》，妾母不得稱夫人，義雖正大，然是文家義，不合於《春秋》質家。劉逢祿治《公羊》，乃於此條必從《穀梁》，以汩《公羊》之義，是猶未曙於質家、文家之別也。

13. 論《春秋》借事明義之旨，止是借當時之事做一樣子，其事之合與不合、備與不備，本所不計

　　借事明義，是一部《春秋》大旨，非止祭仲一事。不明此旨，《春秋》必不能解。董子曰："孔子知時之不用，道之不行也，是非二百四十二年之中，以為天下儀表，貶天子，退諸侯，討大夫，以達王事而已矣。曰：'我欲載之空言，不如見之行事深切著明也。'"①

　　錫瑞案：董子引孔子之言，與孟子引孔子之言，皆《春秋》之要旨，極可信據。"載之空言，不如見之行事"，後人亦多稱述，而未必人人能解。《春秋》一書，亦止是載之空言，如何說是見之行事？即後世能實行《春秋》之法，見之行事，亦非孔子所及見，何以見其深切著明？此二語看似尋常之言，有令人百思而不得其解者。必明於《公羊》借事明義之旨，方能解之。蓋所謂見之行事，謂託二百四十二年之行事，以明褒貶之義也。孔子知道不行而作《春秋》，斟酌損益，立一王之法以待後世。然不能實指其用法之處，則其意不可見。即專著一書，說明立法之意如何，變法之意如何，仍是託之空言，不如見之行事，使人易曉。猶今之《大清律》，必引舊案以為比例，然後辦案乃有把握。故不得不借當時之事，以明褒貶之義。即褒貶之義，以為後來之法。如魯隱非真能讓國也，而《春秋》借魯隱之事，以明讓國之義。祭仲非真能知權也，而《春秋》借祭仲之事，以明知權之義。齊襄非真能復讎也，而《春秋》借齊襄之事，以明復讎之義。宋襄非真能仁義行師也，而《春秋》借宋襄之事，以明仁義行師之義。所謂"見之行事深切著明"，孔子之意，蓋是如此。故其所託之義，與其本事不必盡合。孔子特欲借之以明其作《春秋》之義，使後之讀《春秋》者，曉然知其大

_____
① 《漢書》卷六十二《司馬遷傳》。案："曰"，《漢書》作"子曰"。

義所存。較之徒託空言而未能徵實者，不益深切而著明乎？三《傳》惟《公羊》家能明此旨，昧者乃執《左氏》之事，以駁《公羊》之義，謂其所稱祭仲、齊襄之類，如何與事不合，不知孔子並非不見國史，其所以特筆褒之者，止是借當時之事，做一樣子。其事之合與不合，備與不備，本所不計。孔子是爲萬世作經而立法以垂教，非爲一代作史，而紀實以徵信也。董子曰："《春秋》文成數萬，其旨數千。"張晏曰："《春秋》萬八千字。"李仁甫曰："細數之，尚減一千四百二十八字。"與王氏《學林》云"萬六千五百餘字"合。夫以二百四十二年之事，止一萬六千餘字，計當時列國赴告。魯史著錄，必十倍於《春秋》所書。孔子筆削，不過十取其一，蓋惟取其事之足以明義者，筆之於書，以爲後世立法，其餘皆削去不錄。或事見於前者，即不錄於後；或事見於此者，即不錄於彼。以故一年之中，寥寥數事，或大事而不載，或細事而詳書。學者多以爲疑，但知借事明義之旨，斯可以無疑矣。

14. 論三統三世是借事明義，黜周王魯亦是借事明義

《春秋》借事明義，且非獨祭仲數事而已也。存三統，張三世，亦當以借事明義解之，然後可通。隱公非受命王，而《春秋》於隱公託始，即借之以爲受命王。哀公非太平世，而《春秋》於哀公告終，即借之以爲太平世。故論《春秋》時世之漸衰，《春秋》初年，王迹猶存，及其中葉，已不逮《春秋》之初，至於定、哀，駸駸乎流入戰國矣。而論《春秋》三世之大義，《春秋》始於撥亂，即借隱、桓、莊、閔、僖爲撥亂世；中於升平，即借文、宣、成、襄爲升平世；終於太平，即借昭、定、哀爲太平世。世愈亂而《春秋》之文愈治，其義與時事正相反，蓋《春秋》本據亂而作，孔子欲明馴致太平之義。故借十二公之行事，爲進化之程度，以示後人治撥亂之世應如何，治升平之世應如何，太平之世應如何。義本假借，與事不相比附。《公羊疏》於注"至所見之世，著治太平"云："當爾之時，實非太平，但《春秋》之義，若治之太平於昭、定、哀也，猶如文、

宣、成、襄之世，實非升平，但《春秋》之義，而見治之升平然。"《疏》之解此，亦甚明矣。昧者乃引當時之事，譏其不合，不知孔子生於昭、定、哀世，豈不知其爲治爲亂。《公羊》家明云"世愈亂，而《春秋》之文愈治"，亦非不知其爲治爲亂也。（孟子以《春秋》成爲天下一治）

　　黜周王魯，亦是假借。《公羊疏》引"問曰：'《公羊》以魯隱公爲受命王，黜周爲二王後。案《長義》云"名不正則言不順，言不順則事不成"，今隱公人臣而虛稱以王，周天子見在上而黜公侯，是非正名而言順也。'答曰：'《春秋》藉位於魯，以託王義，隱公之爵不進稱王，周王之號，不退爲公，何以爲不正名？何以爲不順言乎？'"① 賈逵所疑，《疏》已解之。《左傳疏》引"劉炫難何氏云：'新王受命，正朔必改，是魯得稱元，亦應改其正朔，仍用周正，何也？即託王於魯，則是不事文王，仍奉王正，何也？'諸侯改元，自是常法，而云託王改元，是妄說也。"②

　　錫瑞案：劉炫習見後世諸侯改元之事，不知何氏明言惟王者改元立號。《春秋》王魯，故得改元。託王非真，故雖得改元，不得改正朔，此等疑義，皆甚易解。後之疑《公羊》與董、何者，大率皆如賈逵、劉炫之說，不知義本假託，而誤執爲實事，是以所見拘滯。劉逢祿《釋三科例》曰："且《春秋》之託王至廣，稱號名義仍繫於周，挫強扶弱常繫于二伯，何嘗真黜周哉？郊禘之事，《春秋》可以垂法，而魯之僭，則大惡也。就十二公論之，桓、宣之弒君宜誅，昭之出奔宜絕，定之盜國宜絕，隱之獲歸宜絕，莊之通讐外淫宜絕，閔之見弒宜絕，僖之僭王禮、縱季姬、禍鄫子，文之逆祀、喪娶、不奉朔，成、襄之盜天牲，哀之獲諸侯、虛中國以事強吳，雖非誅絕，不免於《春秋》之貶黜者多矣，何嘗真王魯哉？"③ 劉氏謂黜周王魯非真，正明其爲假借之義。陳澧乃詆之曰："言'黜周王魯'非真，然

---

① 《春秋公羊傳注疏》卷一《隱公元年》。
② 《春秋左傳正義》卷二。
③ 劉逢祿《劉禮部集》卷四《釋三科例中：通三統》，《續修四庫全書》第1501冊，第64頁。案："不免於《春秋》之貶黜者多矣"，《劉禮部集》作"免於《春秋》之貶黜者鮮矣"語，兩者語義同。

則《春秋》作僞歟?"① 不知爲假借,而疑爲作僞,蓋《春秋》是專門之學,陳氏於《春秋》非專門,不足以知聖人微言也。

15. 論《春秋》有現世主義,有未來主義,義在尊王攘夷,而不盡在尊王攘夷

董子曰"其旨數千",即《孟子》所引"其義則丘竊取"者。以《春秋》萬六千餘字,而其旨以千數,則必有兩義並行而不相悖、二意兼用而適相成者。自非專門之學,則但見其顯而不見其隱,知其淺而不知其深。聖人之書,廣大精微,仁者見仁,知者見知,得其一解,已足立義,亦無背於聖人之旨也。特患習於所見而蔽所不見,但見其義之顯而淺者,而於其義之隱而深者,素所不解。遂詆而不信,或瞋目扼腕以爭之,則所得者少,而所失者多矣。《春秋》之義旨,既如此之多,必非據事直書,而論者以爲止於據事直書。且必非止懲惡勸善,而論者以爲止於懲惡勸善,微言大義,既已闇而不章。宋儒孫復、胡安國之徒,其解《春秋》又專言尊王攘夷。不知《春秋》有尊王之義,而義不止於尊王。有攘夷之義,而義不止於攘夷。既言尊王,又有黜周王魯之義,似相反矣。而《春秋》爲後王立法,必不專崇當代之王,似相反,實非相反也。既言攘夷矣,又有夷狄進至於爵之義,似相反矣,而聖人欲天下大同,必漸推漸廣,遠近若一,似相反,亦非相反也。成元年,"王師敗績於貿戎",《公羊傳》曰:"王者無敵,莫敢當也。"《疏》云:"《春秋》之義,託魯爲王,而使舊王無敵者,見任爲王,寧可會奪? 正可時時內魯見義而已。"陳澧遂據此傳,謂"既以周爲王者無敵,必無黜周王魯之說"②,此《疏》正可以駁黜周之說。不知《疏》明言《春秋》王魯,不奪舊王,是《春秋》尊王之義與王魯之義,本可並行不悖也。僖四年,"楚屈完來盟于師,盟于召陵",《公羊傳》曰:"南夷與北狄交,中國不絕若綫。桓公救中國,而攘夷狄,卒帖荆,以此爲王者之事。"

---

① 陳澧《東塾讀書志》卷十《春秋三傳》。
② 陳澧《東塾讀書志》卷十《春秋三傳》。

《解詁》曰："言桓公先治其國以及諸夏，治諸夏以及夷狄，如王者爲之，故云爾。"① 後人多據此傳，以爲《春秋》攘夷之證，不知《解詁》明"言桓公先治其國以及諸夏，治諸夏以及夷狄"。僖公當所傳聞世，而漸近於所聞，故有合於《春秋》內其國而外諸夏，內諸夏而外夷狄之義。若至所見世，夷無可攘，是《春秋》攘夷之義，與夷狄進至於爵之義，本是兩意相成也。

綜而言之，有現世主義，有未來主義。聖人作《春秋》，因王靈不振、夷狄交橫，尊王攘夷是現世主義，不得不然者也。而王靈不振，不得不爲後王立法；夷狄交橫，不能不思用夏變夷。爲後王立法，非可託之子虛烏有，故託王於魯以見義。思用夏變夷，非可限以種族不同，故進至于爵而後止。此未來主義，亦不得不然者也。《春秋》兼此二義，惟《公羊》董、何能發明，今爲一語道破，亦實尋常易解，並無非常異義可怪之論。而不治《公羊》，則但知其一，不知其二，即尋常之義，亦駭怪以爲非常矣。

16. 論孔子成《春秋》不能使後世無亂臣賊子，而能使亂臣賊子不能無懼

或曰："《孟子》言'孔子成《春秋》，而亂臣賊子懼'，何以《春秋》之後，亂臣賊子不絕於世？然則孔子作《春秋》之功安在？《孟子》之言，殆不足信乎？"

曰："孔子成《春秋》，不能使後世無亂賊子，而能使亂臣賊子不能全無所懼。自《春秋》大義昭著，人人有一《春秋》之義在其胸中，皆知亂臣賊子，人人得而誅之，雖極凶悖之徒，亦有魂夢不安之隱。雖極巧辭飾說，以爲塗人耳目之計，而耳目仍不能塗。邪說雖橫，不足以蔽《春秋》之義。亂賊既懼當時義士聲罪致討，又懼後世史官據事直書。如王莽者，多方掩飾，窮極詐僞，以蓋其篡弒者也。如曹丕、司馬炎者，妄託禪讓，褒封先代，篡而未敢弒者也。如蕭衍者，已行篡弒，旋知愧憾，深悔爲人所誤者也。如朱溫者，公行

---

① 《春秋公羊傳注疏》卷十。

篡弑，猶畏人言，歸罪於人以自解者也。他如王敦、桓溫謀篡多年，而至死不敢；曹操、司馬懿及身不篡，而留待子孫。凡此等固由人有天良，未盡泯滅，亦由《春秋》之義，深入人心，故或遲之久而後發，或遲之又久而卒不敢發。即或冒然一逞，犯天下之不韙，終不能坦懷而自安。如蕭衍見吳均作史，書其助蕭道成篡逆，遂怒而擯吳均。燕王棣使方孝孺草詔，孝孺大書燕賊篡位，遂怒而族滅孝孺。其怒也，即其懼也。蓋雖不懼國法，而不能不懼公論也。"

或曰："桓溫嘗言'不能流芳百世，亦當貽臭萬年'，彼自甘貽臭者，又豈能懼清議？"

曰："桓溫雖有此言，亦止敢行廢立，而未敢行篡弑，正由懼清議之故。且彼自知貽臭，則已有清議在其心矣，安能晏然不一動乎？是非曲直，世之公理，獨臣子於君父，不得計是非曲直，所謂天下無不是的父母。《春秋》弑君三十六，而弑父者三。文二年楚世子商臣弑其君頵，襄三十年蔡世子般弑其君固，昭十九年許世子止弑其君買。被弑三人，皆兼君父。許止進藥而藥殺，非真弑者，而《春秋》以弑書。蔡侯淫而不父，禍由自取；楚子輕於廢立，機洩致禍，《春秋》亦以弑書。蓋君父雖有過愆，臣子無可解免。以此推之，臣子之於君父，不當論是非曲直，亦不當分別有道無道。臣子既犯弑逆之罪，即人倫之大變，天理所不容。雖其人有恩惠於民，有功勞於國，亦不當稱道其小善，而縱舍其大惡。春秋時如齊之陳氏，未嘗無恩惠於民；晉之趙盾，亦未嘗無功勞於國，而經一概書弑，不使亂臣賊子有所藉口。正如後世曹操、劉裕之類，有功於國，有德於民，而論者不爲末減也。至於但書弑君，而不書弑君爲何人，蓋由所據舊史，未有明文。聖人以爲既無主名，自難擅入人罪，雖有傳聞，未可據以增加，不若闕之爲愈。此正罪疑惟輕，與不知蓋闕之義。若弑君稱君君無道之例，與《春秋》大義反對，必非聖人作經之旨。杜預姦言誣聖，先儒已加駁正，學者不當更揚其波，使邪說誣民，充塞仁義也。"

17. 論《春秋》一字褒貶之義，宅心恕而立法嚴

《春秋》大義，在討亂賊，則《春秋》必褒忠義。經曰："宋督

弑其君與夷及其大夫孔父""宋萬弑其君捷及其大夫仇牧""晉里克弑其君卓及其大夫荀息。"三大夫皆書"及",褒其皆殉君難。《公羊傳》曰:"何賢乎孔父?孔父可謂義形於色矣。"①"何賢乎仇牧?仇牧可謂不畏強禦矣。"②"何賢乎荀息?荀息可謂不食其言矣"③。《春秋》同一書法,《公羊》同一褒辭,足以發明大義。《左氏》序事之書,本不傳義,故不加褒,亦不加貶。惟荀息引君子曰"斯言之玷"④,語含譏刺。此林黃中所以"謂'《左傳》君子曰',是劉歆"⑤贗入也。杜預乃有書名罪之之例,《釋例》曰:"孔父為國政則取怨於民,治其家則無閨閫之教,身先見殺,禍遂及君,既無所善。仇牧不警而遇賊,又死無忠事。晉之荀息,期欲復言,本無大節。先儒皆隨加善例,又為不安。"孔《疏》曰:"《公羊》《穀梁》及先儒皆以善孔父而書字,知不然者。案'宋人殺其大夫司馬',《傳》稱'握節以死,故書其官'。又'宋人殺其大夫司馬',《傳》以為無罪,'不書名'。今孔父之死,《傳》無善事,故杜氏之意,以父為名,言若齊侯祿父、宋公茲父之等。"⑥

錫瑞案:大夫書名罪之之例,本不可信,且《左氏》明云孔父嘉為司馬,是其名嘉甚明。古人名嘉字孔,鄭公子嘉字子孔可證。父通甫,漢碑稱孔甫、宋甫可證。甫者,男子之美稱。豈有以父與甫為名者乎?祿父、茲父,非單名父,不稱齊侯父、宋公父也。穎達曲徇杜預,而毒詈其遠祖,豈自忘其為孔氏子孫乎?杜、孔之解《春秋》如此等處,不謂之邪說不可也。陳澧謂:孔《疏》"齦縷數百言,尤所謂鍛煉深文,不知孔穎達何以惡其先世孔父至於如此!"⑦

錫瑞案:聖人之作《春秋》,其善善也長,其惡惡也短,有一定之褒貶。三大夫之書"及",所謂一字之褒。弑君之臣,一概書

---

① 《春秋公羊傳注疏》卷四《桓公二年》。
② 《春秋公羊傳注疏》卷七《莊公十二年》。
③ 《春秋公羊傳注疏》卷十一《僖公十年》。
④ 《春秋左傳正義》卷十三《僖公九年》。
⑤ 《朱子語類》卷八十三《春秋·綱領》。
⑥ 《春秋左傳正義》卷五《桓公二年》。
⑦ 陳澧《東塾讀書志》卷十《春秋三傳》。

"弑"，所謂一字之貶。聖人以爲其人甘於殉君，即是大忠，雖有小過，（如《左氏》所書孔父、荀息之事）可不必究。其人忍於弑君，即是大惡，雖有小功，（如《左氏》所書趙盾之事）亦不足道。蓋宅心甚恕，而立法甚嚴也。《春秋》之法，弑君者於經不復見，以爲其人本應伏誅，雖未伏誅，而削其名不再見經，即與已伏誅等。趙盾弑君所以復見者，以其罪在不討賊，與親弑者稍有分別。《春秋》之法，弑君賊不討不書葬，以爲君父之仇未報，不瞑目於地下，雖葬與不葬等。許止弑君未討而君書葬，以其罪在誤用藥，與親弑者稍有分別。是亦立法嚴而宅心恕也。歐陽修謂：趙盾弑君，必不止不討賊，許止弑君，必不止不嘗藥，以三《傳》爲皆不足信①。不知如三《傳》之說，於趙盾見忠臣之至，於許止見孝子之至，未嘗不情真罪當。"臣弑君，凡在官者，殺無赦。子弑父，凡在宮者，殺無赦"②，未嘗不詞嚴義正，而歐陽修等必不信《傳》。孫復曰："稱國以弑者，國之人皆不赦也。"③ 然則有王者作，將比一國之人而誅之乎？雖欲嚴《春秋》誅亂賊之防，而未免過當矣。

18. 論《春秋》書災異，不書祥瑞，《左氏》《公羊》好言占驗，皆非大義所關

胡安國《進春秋傳表》曰："仲尼……制《春秋》之義，見諸行事，垂訓方來，雖祖述憲章，上循堯、舜、文、武之道，而改法創治，不襲虞、夏、商、周之迹。蓋'洪水滔天，下民昏墊'與'簫韶九成，百獸率舞'，並載於《虞書》。'大木斯拔'與'嘉禾合穎'，'鄙我周邦'與'六服承德'，同垂乎《周史》。此上世帝王紀事之例，至《春秋》則凡慶瑞之符，禮文常事，皆削而不書。而災異之變，政事闕失，則悉書之以示後世。使鑑觀天人之理，有恐懼祗肅之意，……乃史外傳心之要典。於以反身，日加修省，及其既久，

---

① 歐陽修《歐陽修全集》卷十八《春秋論下》。皮引文采其大意。
② 《禮記正義》卷十《檀弓下》。
③ 案：孫復《春秋尊王發微》卷六（影印《文淵閣四庫全書》第147冊，第69頁）作"稱國以誅之言，舉國之人可誅也"，皮文大約轉引自王夫之《讀通鑒論》卷二十六。

積善成德，上下與天地同流。自家刑國，措之天下，則麟鳳在郊，龜龍遊沼，其道亦可馴致之也。故始於隱公，終於獲麟，而以天道終焉。比於《關雎》之應，而能事畢矣。"①

錫瑞案：胡氏此論，深得《春秋》改制馴致太平之義，《春秋》書災異，不書祥瑞，聖人蓋有深意存焉。絕筆獲麟，《公羊》以為受命制作，有反袂拭面，稱吾道窮之事，則是災異，並非祥瑞。若以麟至為太平瑞應，比於《麟趾》之應《關雎》，則又別是一義。胡氏引此以責難於君，非前後矛盾也。

《困學紀聞》曰："《春秋》三書'孛'，文十四年，昭十七年，哀十三年。而昭十七年'有星孛於大辰'，申須曰：'彗，所以除舊布新也。'《史記·天官書》、劉更生封事云：'《春秋》彗星三見。'則彗孛一也。《晏子春秋》：'齊景公睹彗星，使伯常騫禳之。'晏子曰：'孛又將出，彗星之出，庸何懼乎？'則孛之為變，甚於彗矣。星孛東方，哀十三年冬。在於越入吳之後；十三年夏。彗見西方，在衛鞅入秦之前。天之示人著矣。齊桓之將興也，恆星不見，星霣如雨；晉文之將興也，沙鹿崩。自是諸侯無王矣。晉三大夫之命為侯也，九鼎震。自是大夫無君矣。……故董子曰：'天人相與之際，甚可畏也。'"② 又曰："'八世之後，……'莊二十二年。其田氏篡齊之後之言乎？'公侯子孫，必復其始'，閔元年。其三卿分晉之後之言乎？'其處者為劉氏'，文十三年。其漢儒欲立《左氏》者所附益乎？皆非《左氏》之舊也。新都之篡，以沙鹿崩為祥；釋氏之熾，以恆星不見為證。蓋有作俑者矣。"③

案此亦得《春秋》書災異、不書祥瑞之旨。書災異，所以示人儆懼；不書祥瑞，所以杜人覬覦。《困學紀聞》前說以為天人相應，此示人儆懼之意也；後說以為後人附益，此杜人覬覦之意也。《左

---

① 李廉《春秋諸傳會通·春秋諸傳序·胡氏進春秋傳表》（影印《文淵閣四庫全書》第162冊，第173頁），《春秋諸傳會通》亦稱《春秋會通》。又見汪克寬《春秋胡傳附錄纂疏》卷首《進表》（影印《文淵閣四庫全書》第165冊）。案：文中"改法創治"，兩書皆作"改法創制"，是。

② 王應麟《困學紀聞》卷六《春秋》。

③ 王應麟《困學紀聞》卷六《左傳》。

氏》好言祥異占驗，故范甯以爲其失也巫。而如懿氏卜妻敬仲，畢萬筮仕于晉之類，又或出於附益，而非《左氏》之舊。《公羊》家與《左氏》異趣，而亦好言祥異占驗。漢儒言占驗者，齊學爲盛。《伏傳》五行，《齊詩》五際，皆齊學。《公羊氏》亦齊學，故董子書多說陰陽五行，何氏《解詁》說占驗亦詳。要皆《春秋》之別傳，與大義無關。猶《洪範五行傳》與《齊詩》，非《詩》《書》大義所關也。

19. 論"獲麟"《公羊》與《左氏》說不同，而皆可通，鄭君已疏通之

臧琳曰："杜元凱《春秋左氏傳序》云：'《春秋》之作，《左傳》及《穀梁》無明文。《正義》曰：據杜云《左傳》及《穀梁》無明文，則指《公羊》有其顯說。今驗何注《公羊》，亦無作《春秋》事。案孔舒元《公羊傳》本云：十有四年，春，西狩獲麟。何以書？記異也。以上何本同。今麟非常之獸，其爲非常之獸奈何？二句何本無。有王者則至，無王者則不至，二句何本同。然則孰爲而至，爲孔子之作《春秋》，二句何本無。是有成文也。《左傳》及《穀梁》，則無明文。'案，孔舒元未詳何時人，《儒林傳》及《六藝論》皆無之。《隋志》有《公羊春秋傳》十四卷，孔衍集解，未知是否。杜氏作序既所據用，則爲古本可知矣。"①

錫瑞案：臧氏據孔《疏》以證《公羊》逸文，能發人所未發，疑舒元即孔衍而未能决。不知舒元即孔衍之字，《晉書·儒林傳》："孔衍字舒元，孔子二十二世孫。中興初，補中書郎，出爲廣陵郡。"亦見劉知幾《史通》，（見《書論》）衍雖晉人，其年輩在杜預後，杜所據用非必衍書，或杜所見《公羊》與衍所據本同。漢時《公羊》有嚴、顔二家，何劭公據顔氏，故少數語，杜預、孔衍蓋據嚴氏，故多數語。鄭君注《禮》箋《詩》，引《公羊》與何本不

---

① 臧琳《經義雜記》卷五《孔舒元公羊傳》，《續修四庫全書》第172冊，第75頁。案：文中注語爲臧琳所加。

同，如"防"作"放"，"登來"作"登戾"，"野留"作"鄙留"，"祠兵"作"治兵"，"大瘠"作"大漬"，"已麑"作"已戚"，"使之將"作"使之將兵"，"羣公稟"作"羣公慊"，"爲周公主"作"爲周公後"，"仡然從乎趙盾"作"疑然從於趙盾"。《考工記》注引子家駒曰"天子僭天"，何本無之，皆嚴氏《春秋》也。

獲麟有數說。《異義》："《公羊》說哀十四年獲麟，此受命之瑞，周亡失天下之異。《左氏》說麟是中央軒轅大角獸，孔子備①（備當爲作字之誤）《春秋》，禮，修以致其子，故麟來爲孔子瑞。陳欽說：麟西方毛蟲，孔子作《春秋》，有立言。西方兌，兌爲口，故麟來。許愼謹案云：議郎②尹更始、劉更生等議③，以爲吉凶不並，瑞災不兼。今麟爲周亡天下之異，則不得爲瑞，以應孔子至。玄之聞④也：（以下鄭駁）'《洪範》五事，二曰言。言作從，從作乂。乂，治也。言於五行屬金。孔子時，周道衰亡，已有聖德，無所施用，作《春秋》以見志。其言少從，以爲天下法，故應以金獸性仁之瑞，賤者獲之，則知將有庶人受命而得⑤之。受命之徵已見，則於周將亡，事勢然也。興者爲瑞，亡者爲災，其道則然，何吉凶不並，瑞災不兼之有乎？如此修母致子，不若立言之說密也。'"⑥

案如鄭君之義，則《公羊》《左氏》可通。興者爲瑞，亡者爲災，所見明通，並無拘閡。據孔舒元引《公羊傳》，麟至爲孔子作《春秋》，與《左氏》家賈逵、服虔、潁容爲孔子修《春秋》，文成致麟，麟感而至，（見《左傳正義》引）本無異義。惟杜預茍異先儒，以爲感麟而作，則與《左氏》義違，又不取稱"吾道窮"之文，則與《公羊》又異。杜預以爲孔子《春秋》鈔錄舊文，全無關繫，故爲瑞爲災之說，皆彼所不取也。

---

① "備"，《禮記正義》（阮刻本）作"脩"，《駁五經正義》（影印《文淵閣四庫全書》本）作"作"。
② "議郎"，《禮記正義》《駁五經正義》皆作"公議郎"。
③ "劉更生等議"，《禮記正義》《駁五經正義》皆作"待招劉更生等議石渠"。
④ "聞"，《駁五經正義》作"聞"。《禮記正義》作"闇"。
⑤ "得"字，《禮記正義》《駁五經正義》皆作"行"。
⑥ 《禮記正義》卷二十二《禮運》。又鄭玄《駁五經異議·獲麟》（《文淵閣四庫全書》本）。

20. 論《春秋》本魯史舊名，《墨子》云"百國春秋"即百二十四寶書

孔穎達曰："《春秋》之名，經無所見，惟傳記有之。昭二年，韓起聘魯，稱'見《魯春秋》'。《外傳·晉語》司馬侯封晉悼公云'羊舌肸習《春秋》'，《楚語》申叔時論傅太子之法云'教之以《春秋》'。《禮·坊記》云：'《魯春秋》記晉喪曰：殺其君之子奚齊。'又《經解》曰：'屬辭比事，《春秋》教也。'凡此諸文所說，皆在孔子之前，則知未修之時舊有'春秋'之目。其名起遠，亦難得而詳。"[1]

鄭樵曰："今《汲冢瑣語》，亦有《魯春秋》記魯獻公十七年事。諸如此類皆夫子未生之前，未經筆削之《春秋》也。西東周六百年事。孟子云：'……《詩》亡然後《春秋》作。'……又曰：'知我者其惟《春秋》乎？罪我者其惟《春秋》乎？'諸如此類，皆魯史記東遷已後事，已經夫子筆削之《春秋》也。自平王四十九年始。或謂《春秋》之名，取賞以春夏，刑以秋冬；或謂一褒一貶，若春若秋；或謂春獲麟，秋成書。《公羊正義》解獲麟云。謂之《春秋》，皆非也。惟杜預所謂年有四時，故錯舉以為所記之名，此說得之。《汲冢瑣語》記太丁[2]時事，目為《夏殷春秋》。見《史通》。墨子曰：'吾見百國《春秋》。'以至晏子、虞卿、呂不韋、陸賈著書，皆曰《春秋》。蓋當時述作之流，於正史外，各記其書，皆取《春秋》以名之。然觀其篇第，本無年月，與錯舉春秋以為所記之名則異矣。"[3]

錫瑞案：鄭氏之說，多本劉知幾《史通·六家篇》，劉氏云："《春秋》家者，其先出於三代。"亦引《國語》《左傳》之文，則《春秋》自是舊名，非夫子始創。或謂春獲麟，秋成書，雖出《公羊》家說，而與《傳》引"《不修春秋》"之文不合。或謂賞刑褒貶，說亦近鑿，當以杜預云錯舉四時為是。晏、呂之書，非錯舉四

---

[1] 《春秋左傳正義》卷一《春秋左氏傳序正義》。
[2] "太丁"，《文淵閣四庫全書》本《六經奧論》作"夫子"，誤。
[3] 《六經奧論》卷四《春秋經·春秋總辨》，影印《文淵閣四庫全書》第184冊，第74—75頁。

時，而亦名《春秋》，當時百國《春秋》具存，其體例或亦有所本。百國《春秋》，即百二十四寶書。《公羊疏》："案閔因敘云：'昔孔子受端門之命，制《春秋》之義，使子夏等十四人求周史記，得百二十國寶書，九月經立。《感精符》《考異郵》《說題辭》，具有其文。'……問曰：'若然，《公羊》之義，據百二十國寶書以作《春秋》，今經止有五十餘國，通戎夷宿潞之屬，僅有六十，何言百二十國乎？'答曰：'其初求也，實得百二十國史，但有極美可以訓世，有極惡可以戒俗者，取之；若不可爲法者，則棄而不錄，是故止得六十國也。'"①

蘇軾《春秋列國圖說》曰："春秋之國②，見於經傳者，總一百二十四國：魯、晉、楚、齊、秦、吳、越、宋、衛、鄭、陳、蔡、邾、曹、許、莒、杞、滕、薛、小邾、息、隨、虞、北燕、紀、巴、鄧、邢、徐、鄶、芮、胡、南燕、州、梁、荀、賈、凡、祭、宿、鄟、原、夔、舒鳩、滑、郯、黃、羅、邢、魏、霍、郜、鄭瞞、向、偪陽、韓、舒庸、焦、楊、夷、申、密、耿、麋、萊、弦、頓、沈、穀、譚、舒、邧、白狄、賴、肥、鼓、戎、唐、潞、江、鄖、權、道、柏、貳、軫、絞、蓼、六、遂、崇、戴、冀、蠻、溫、厲、項、英氏、介、巢、盧③、根牟、無終、郝④、姒、蓐、狄、房、鮮虞、陸渾、桐、郜、於餘丘、須句、顓臾、任、葛、蕭、牟、鄟、極、鄀。蠻夷戎狄，不在其間。"⑤ 蘇氏云"百二十四國"，正合百二十國寶書之數。《公羊疏》但據經言，止得其半，蘇氏兼據《左氏傳》，乃得其全。（於餘丘、鄟之類，《公羊》以爲邑，《左氏》以爲國。故知蘇據

---

① 《春秋公羊傳注疏》卷一。
② "國"，《歷代地理指掌圖》《春秋列國東坡圖說》皆作"世"。
③ "盧"，陸淳《春秋集解纂例》作"庸"，而《歷代地理指掌圖》誤作"膚"。
④ "郝"，陸淳《春秋集解纂例》作"邿"，当是。
⑤ 語見不著撰人《春秋四傳》卷首《春秋列國東坡圖說》（《四庫全書存目叢書》經部第116冊），該本云"柏作桓、盧作膚，穀作穀，皆誤"。又見題蘇軾《歷代地理指掌圖》（《四庫全書存目叢書》史部第166冊，第113頁），《宋本歷代地理指掌圖》（上海古籍出版社1989年影印）。《歷代地理指掌圖》兩版本皆有"舒、邧"間有一字空格，據陸淳《春秋集解纂例》卷十《國名譜》（影印《文淵閣四庫全書》第243冊），此處省"宗"字。但是，《春秋集解纂例》在"有爵無姓者十七國"中"戎蠻"爲一子爵國。皮文及所引典籍皆視戎蠻爲兩國。另皮又云"今數之止百二十一國"，當有漏數。

《左氏》)惟蘇氏計數，亦有疏失，云百二十四國，今數之止百二十一國，二虢及齊所遷之陽，楚所滅之庸，皆失數。《傳》言毛、聃、雍、邘、應、蔣、茅、胙，亦不列入，沈、姒、蓐、黃在北，沈胡、江黃在南，當有二沈二黃，止列其一，云蠻夷戎狄不在其閒。又有鄭瞞、白狄、肥、鼓、戎、蠻、潞、狄、無終、鮮虞、陸渾諸國，此皆夷蠻戎狄，未必有寶書。當去諸國，而以所漏列者補之，數雖稍贏，計其整數，亦與百二十國合也。

21. 論《漢志》"《春秋古經》"即《左氏經》，《左氏經》長於二《傳》，亦有當分別觀之者

　　《漢志》"《春秋古經》十二篇"，班氏無注，錢大昕曰："謂《左氏經》也。"漢儒傳《春秋》者，以《左氏》爲古文，《公羊》《穀梁》爲今文，稱古經則共知其爲《左氏》矣。《左氏》經傳本各單行，故別有《左氏傳》。《漢志》"《經》十一卷"，班氏注云："《公羊》《穀梁》二家。"沈欽韓①曰："二家合閔公於莊公，故十一卷。彼師當緣閔公事短，不足成卷，并合之耳。"何休乃云"繫閔公篇於莊公下者，子未三年，無改於父之道。"

　　錫瑞案：何氏說是也。沈專主《左氏》，故不以何爲然。《漢志》"《左氏傳》三十卷"，班氏注云："左丘明，魯太史。"案《說文敘》曰："北平侯張蒼獻《春秋左氏傳》。"《論衡》曰："《左傳》三十篇，出恭王壁中。"二說不同，班氏無明文，似不信此二說。《漢志》"《公羊傳》十一卷"，注云："公羊，齊人。"《漢志》"《穀梁傳》十一卷"。注云："穀梁子，魯人。"不別出《公》《穀》二家之經。馬端臨云："《公羊》《穀梁傳》，直以其所作傳文，攙入正經，不曾別出。而《左氏》則經自經，而傳自傳。又杜元凱《經傳集解序》文以爲'分經之年，與傳之年相附'，則是左氏作傳之時，經文本自爲一書，至元凱始以《左氏傳》附之經文各年之後，是《左氏傳》中

---

①　沈欽韓（1775—1832），字文起，江蘇吳縣人。嘉慶十二年舉人。官寧國訓導。著有《兩漢書疏證》《左傳補註》《三國志補註》《水經註疏證》等。《續碑傳集》卷七十六有傳。

之經文，可以言古經矣。"① 案漢《熹平石經》，《公羊》隱公一段，直載傳文而無經文，是《公羊》經傳亦自別行，不如馬氏之言。孔《疏》云："丘明作傳與經別行，《公羊》《穀梁》莫不皆然。"② 是《公羊》《穀梁》《左氏》之經傳，皆自別行。《左氏》經傳，至杜預始合之，《公》《穀》經傳，不知何人始合之也。《漢志》所列《古經》，即是《左氏》之經，馬氏不知，乃云："《春秋古經》，雖《漢·藝文志》有之，然夫子所修之《春秋》，其本文世所不見。而漢以來，所編《古經》，則俱自三《傳》中取出經文，名之曰正經耳。"又云："《春秋》有三傳，亦本與經文爲二，而治三傳者合之，先儒務欲存古，於是取其已合者復析之，命之曰《古經》。"③ 案三《傳》與經皆別行，而後人合之。馬氏乃以爲漢人於三《傳》中，取出經文，不知何據？馬氏所云先儒，似指朱子所刻《春秋經》，李燾所定《春秋古經》而言，然不得謂之漢以來。其立說不分明，皆由不知《漢志》之《古經》即是《左氏經》也。

《四庫提要》曰："徐彥《公羊傳疏》曰：'左氏先著竹帛，故漢儒謂之古學。'則所謂《古經》十二篇，即《左傳》之《經》，故謂之'古'，刻《漢書》者，誤連二條爲一耳。今以《左傳》經文與二傳校勘，皆《左氏》義長，知手錄之本確於口授之經也。"④ 謹案《左氏經》長於二傳，詳見侯康《春秋古經說》。然則《春秋》經文，三《傳》不同，如"蒐、昧""郿、微"之類，專據《左氏》可也，而君氏、尹氏之類，仍當分別觀之。

22. 論左氏不在七十子之列，不得口受傳指，《左傳疏》引《嚴氏春秋》不可信，引劉向《別錄》亦不可信

《史記·十二諸侯年表序》曰："是以孔子明王道，干七十餘君

---

① 馬端臨《文獻通考》卷一百八十二《經籍考九》。
② 《春秋左傳正義》卷一。案：引文略有異。
③ 馬端臨《文獻通考》卷一百八十二《經籍考九》。
④ 永瑢等《四庫全書總目》卷二十六《經部》二十六《春秋類一》。

莫能用，故西觀周室，論史記舊聞，興於魯而次《春秋》，上記隱，下至哀之獲麟。約其辭文，去其煩重，以制義法，王道備，人事浹。七十子之徒口受其傳指，爲有所刺譏襃諱挹損之文①，不可以書見也。魯君子左丘明懼弟子人人異端，各安其意，失其真，故因孔子史記具論其語，成《左氏春秋》。"《漢書·劉歆傳》曰："初《左氏傳》多古字古言，學者傳訓故而已，及歆治《左氏》，引傳文以解經，轉相發明，由是章句義理備焉。"

錫瑞案：史公生於劉歆未出之前，其說最爲近古。班氏生於《左氏》盛行之後，其說信而有徵。史公以丘明爲魯君子，別出於七十子之外，則左氏不在弟子之例，不傳《春秋》可知。云七十子之徒口受其傳指，而左氏特因孔子史記具論其語，則左氏未得口授可知。班氏云漢初學《左氏》者惟傳訓故，則其初不傳微言大義可知。云"歆治《左氏》，引傳文以解經，由是備章句義理"，則劉歆以前，未嘗引傳解經，亦無章句義理可知。據馬、班兩家之說，則漢博士謂左丘明不傳《春秋》。范升謂"《左氏》不祖孔子，而出於丘明，師徒相傳，又無其人"，必是實事而非誣妄。

《左傳疏》據"沈氏云：《嚴氏春秋》引《觀周篇》云：'孔子將修《春秋》，與左丘明乘如周，觀書於周史，歸而修《春秋》之經，丘明爲之傳，共爲表裏。'"案沈氏謂陳沈文阿。《嚴氏春秋》久成絕學，未必陳時尚存。漢博士治《春秋》者，惟嚴、顏兩家，嚴氏若有明文，博士無緣不知。如《左氏傳》與《春秋》經相表裏，何以有丘明不傳《春秋》之言？劉歆博極羣書，又何不引《嚴氏春秋》以駁博士？則沈引《嚴氏春秋》必僞，其不可信者一也。《左傳疏》引"劉向《別錄》云：'左丘明授曾申，申授吳起，起授其子期，期授楚人鐸椒。鐸椒作《鈔撮》八卷授虞卿，虞卿作《鈔撮》九卷授荀卿，荀卿授張蒼。'"陸德明《經典釋文》略同，蓋皆本於《別錄》。案《左氏》傳授，《史》《漢》皆無明文。《漢書·儒林傳》云："漢興，北平侯張蒼及梁太傅賈誼、京兆尹張敞、太中大夫劉公子，皆修《春秋左氏傳》。"而《張蒼》《賈誼》《張敞傳》皆不云傳

---

① "文"後，《史記》有"辭"字。

《左氏春秋》，故范升以爲師徒相傳無其人。若如《別錄》傳授源流，若此彰灼，范升何得以此抵《左氏》？陳元又何不引以轉抵范升？蓋如《釋文》所引《毛詩》源流，同爲後人附會，則陸、孔所引劉向《別錄》必僞，其不可信者二也。趙匡已以《釋文》序例爲妄，謂此乃近世之儒欲尊崇《左氏》，妄爲此記。向若傳授分明如此，《漢書·張蒼》《賈誼》及《儒林傳》何故不書？則其僞可知也，是唐人已知之而明辨之矣。

23. 論趙匡、鄭樵辨左氏非丘明，《左氏傳》文實有後人附益

劉歆"以爲左丘明好惡與聖人同，親見夫子"，始以作《傳》之左氏，爲《論語》之丘明。漢博士惟爭左丘明不傳《春秋》，而作《傳》之丘明與《論語》之丘明，是一是二，未嘗深辨。其後桓譚、班固以至啖助，皆同劉歆說，無異議。

趙匡始辨之曰："啖氏依舊說，以左氏爲丘明，受經於仲尼。今觀《左氏》解經，淺於《公》《穀》，誣謬實繁。若丘明才實過人，豈宜若此？推類而言，皆孔門後之門人。但《公》《穀》守經，《左氏》通史，故其體異耳。……丘明者，蓋夫子以前賢人，如史佚、遲任之流，見稱於當時耳。"①

王安石《左氏解》，疑左氏爲六國時人者十一事，其書不傳。葉夢得疑傳及韓魏知伯、趙襄子之事。

鄭樵《六經奧論》辨之尤力，曰："《左氏》終紀韓、魏、知伯之事，又舉趙襄子之諡，……若以爲丘明，自獲麟至襄子卒，已八十年矣。使丘明與孔子同時，不應孔子既沒七十有八年之後，丘明猶能著書。……此左氏爲六國人。……明驗一也。《左氏》：'戰於麻隧，秦師敗績，獲不更女父。'又云：'秦庶長鮑、庶長武帥師，及晉師戰于櫟。'秦至孝公時，立賞級之爵，乃有不更、庶長之號。……明驗二也。《左氏》云：'虞不臘矣。'秦至惠王十二年初臘。……明驗

---

① 陸淳《春秋集傳纂例》卷一，影印《文淵閣四庫全書》第146冊，第384頁。

三也。《左氏》師承鄒衍之說，而稱帝王子孫。案齊威王時，鄒衍推五德終始之運。……明驗四也。《左氏》言分星皆準堪輿。案韓、魏分晉之後，而堪輿十二次，始於趙分曰大梁之語。……明驗五也。《左氏》云：'左師展①，將以公乘馬而歸。'案三代時有車戰，無騎兵，惟蘇秦合縱六國，始有車千乘、騎萬匹之語。……明驗六也。《左氏》序呂相絕秦，聲子說齊。（當作楚，此誤）其爲雄辨狙詐，真游說之士，捭闔之辭。……明驗七也。《左氏》之書，序晉楚事最詳，如"楚師熸""猶拾瀋"等語，則左氏爲楚人，明驗八也。據此八節，可以知左氏非丘明，是爲六國時人，無可疑者。或問伊川曰：'左氏是丘明否？'曰：'傳無丘明字，不可考。'……真知言歟！"②朱子亦謂《左傳》有縱橫意思、不臘是秦時文字二條，蓋本鄭樵。

　　錫瑞案：《史記》"張守節《正義》云'秦惠文王始效中國爲之'，明古有臘祭，秦至是始用，非至是始創"③。則以"不臘"爲秦時文字，固未可據。"左師展將以公乘馬而歸"，即子家子謂"公以一乘入於魯師"④之意，一乘仍是車乘，亦未可據爲乘馬之證。"傳及知伯"，或後人續增，"不更、庶長"之類，或亦後人改竄。《左氏》一書，實有增竄之處。《文十三年傳》"其處者爲劉氏"，劉炫、孔穎達已明言先儒插此媚世。《僖十五⑤年傳》"上天降災"至"唯君裁之"四十一字，服、杜⑥及唐定本皆無。林黃中謂"《左傳》'君子曰'是劉歆之辭。"王應麟曰："'八世之後……'，其田氏篡齊之後之言乎'？'公侯子孫，必復其始'，其三卿分晉之後之言乎？'其處者爲劉氏'，其漢儒欲立《左氏》者所附益乎？皆非《左氏》之舊

---

① "展"，《六經奧義》（《文淵閣四庫全書》本）作"辰"，並有注語曰"舊抄本作展"。

② 鄭樵《六經奧論》卷四《春秋經·左氏非丘明辨》，影印《文淵閣四庫全書》184冊，第92—93頁。

③ 語見《四庫全書總目》卷二十六《春秋左傳正義》提要。

④ 語見《春秋左傳正義》卷五十四《定公元年》孔穎達《正義》，文中"公"，《正義》作"君"。

⑤ "五"，思賢書局本、商務本皆誤作"六"，中華本改作"五"，是。

⑥ "杜"，思賢書局本、商務本皆誤作"柱"，中華本改作"杜"，是。

也。"① 近儒姚鼐以"公侯子孫必復其始",及季札聞歌《魏》曰"以德輔此則明主也"。傳中盛稱魏絳、魏舒之類,爲吳起附益以媚魏者。②

　　陳澧以《左傳》凡例與所記之事有違反者,可見凡例未必盡是,而傳文亦有後人所附益。劉逢祿以《左氏》凡例書法皆出劉歆,雖未見其必然,而《左氏》有後人附益之辭,唐宋人已有此疑矣。

24. 論賈逵奏《左氏》義長於《公羊》,以己所附益之義爲《左氏》義,言多誣妄

　　《後漢書·賈逵傳》:"帝善逵說,使出③《左氏傳》大義長於二傳者。逵於是具條奏之曰:'臣謹摘出《左氏》三十事尤著明,斯皆君臣之正義,父子之紀綱。其餘同《公羊》者,什有八九④,或文簡小異,無害大體。至如祭仲、紀季、伍子胥、叔術之屬,《左氏》義深於君父,《公羊》多任於權變。'"

　　李賢注:"《左傳》,宋人執鄭祭仲,曰:'不立突,將死。'祭仲許之,遂出昭公而立厲公。杜預注云:'祭仲之如宋,非會非聘,見誘被拘。廢長立少,故書名罪之。'《公羊傳》曰:'祭仲者何?鄭之相也。何以不名?賢也。何賢乎祭仲?以爲知權也。其知權奈何?宋人執之,謂之曰:"爲我出忽而立突。"祭仲不從其言,則君必死,國必亡;從其言,則君可以生易死,國可以存易亡。'古之有權者,祭仲之權是也。《左傳》紀季以酅入于齊,紀侯大去其國。賈逵以爲紀季不能兄弟同心以存國,乃背兄歸讎,書以譏之。《公羊傳》曰:'紀季者何?紀侯之弟也。何以不名?賢也。何賢乎?服罪也。其服罪奈何?請後立⑤廟以存姑姊妹。'《左傳》楚平王將殺伍奢,召伍奢

---

① 《困學紀聞》卷六《左氏》。
② 語見姚鼐《惜抱軒文集》卷三《左傳補註序》,皮引文録其大意。案:《魏》者,《詩經》之《魏風》也。
③ "出",《後漢書》卷三十六《賈逵傳》作"發出"。
④ "八九",《後漢書》卷三十六《賈逵傳》"七八"。
⑤ "立",《後漢書》卷三十六《賈逵傳》作"五"。

子伍尚、伍員曰：'來，吾免而父。'尚謂員曰：'聞免父之命，不可以莫之奔，親戚爲戮，不可以莫之報。父不可棄，名不可廢。'子胥奔吳，遂以吳師入郢，卒復父讎。《公羊傳》曰：'父受誅，子復讎，推刃之道也。'《公羊》不許子胥復讎，是不深父也。《左傳》曰：'冬，邾黑肱以濫來奔。賤而書名，重地故也。君子曰名之不可不慎。以地叛，雖賤必書。地以名其人，終爲不義，不可滅已。是以君子動則思禮，行則思義。'《公羊傳》①：'冬，黑肱②以濫來奔，文何以無邾婁？通濫也。曷爲通濫？賢者子孫宜有地。賢者孰謂？謂叔術也。何賢乎叔術？讓國也。'"③

　　錫瑞案：《春秋》大義在誅亂臣賊子，賈逵以義深君父爲重，自是正論，而所舉數事，則無一合者。《公羊》釋經者也，經書祭仲、紀季字而不名，故以爲賢；書黑肱不加邾婁，故以爲通濫。《左氏》紀事不釋經者也，序祭仲事，與《公羊》略同，而未加斷語。杜預乃執大夫書名之例，以祭仲書名爲有罪。《左氏》明云"祭封人仲足"，又屢舉"鄭祭足"，是名足字仲甚明，豈有以伯仲叔季爲名者乎？《左氏》曰："紀侯不能下齊，以與紀季。"則紀季入齊，是受兄命，亦與《公羊》略同。賈責以背兄歸讎，《左氏》有此說乎？《左氏》序子胥亦未加斷語。而鬭辛有"君討臣，誰敢讎之"之言，忠孝不能兩全，二人各行其是。若如賈逵之說，正可以《左氏》載鬭辛語爲不深父矣。《公羊》借子胥明復讎之義，謂"父不受誅，子復讎也。父受誅，子復讎，此推刃之道"，是泛言人子應復讎不應復讎之通義。子胥之父，以忠獲罪，正不受誅，應復讎者。《公羊》未嘗不許子胥復讎，賈逵乃不引其上句舉事合者，而引其下句不與事合者，妄斷爲不深父，不猶胥吏之舞文乎？叔術事《左氏》不載，可不必論。何休《解詁序》謂"賈逵緣隙奮筆，以爲《公羊》可奪，《左氏》可興"。賈逵《春秋左氏長義》二十卷，見於《隋書‧經籍志》者，今佚不存。其所摘三十事，亦不可考。而如所引祭仲、紀

---

① "傳"後，《後漢書》卷三十六《賈逵傳》有"曰"字。
② "肱"，《後漢書》卷三十六《賈逵傳》作"弓"。
③ 《後漢書》卷三十六《賈逵傳》李賢注。

季、伍子胥事，皆不足爲《左氏》深君父、《公羊》任權變之證。《公羊》於祭仲之外，未嘗言權，迄乃以緣隙奮筆之私心，逞舞文弄法之謬論，欲抑《公羊》而莫能抑，欲伸《左氏》而莫能伸，乃必以爲《左氏》義長，而此三事《左氏》止紀實，而未嘗發義，不知其長者安在？迄以已所附益之義爲《左氏》義，以難《公羊》，上欺其君，而下欺後世。東漢之治古學貴文章者，大率類此，惜李育、何休，未能一一駁之。

25. 論《左氏傳》不解經，杜、孔已明言之，劉逢祿考證尤詳晰

晉王接謂"《左氏》自是一家書，不主爲經發"①，此確論也。祖《左氏》者，或不謂然。試以《春秋經》及《左氏傳》證之。

《莊公二十六年傳》："秋，虢人侵晉。冬，虢人又侵晉。"杜預《集解》云："此年經傳，各自言其事者，或經是直文，或策書雖存，而簡牘散落，不究其本末，故傳不復申解，但言傳事而已。"孔《疏》曰："此年傳不解經，經傳各自言事。伐戎、日食，體例已舉，或可經是直文，不須傳說。曹殺大夫，宋齊伐徐，或須說其所以，此去丘明已遠，或是簡牘散落，不復能知故耳。上二十年亦傳不解經，彼經皆是直文，故就此一說，言下以明上。"劉逢祿《左氏春秋考證》曰："左氏後於聖人，未能盡見列國寶書，又未聞口授微言大義，惟取所見載籍，如《晉乘》《楚檮杌》等，相錯編年爲之。本不必比附夫子之經，故往往比年闕事。劉歆強以爲傳《春秋》，或緣經飾說，或緣《左氏》本文前後事，或兼采他書以實其年。如此年之文，或即用《左氏》文而增春夏秋冬之時，遂不暇比附經文，更綴數語。要之，皆出點竄，文采便陋，不足亂真也。然歆雖略解經文，

---

① 《晉書》卷五十一《王接傳》。王接，字祖游，河東猗氏人。永寧初，舉秀才。官中郎，征虜將軍司馬。年三十九歲卒。接學問博通，特精《禮》《傳》。本傳云："常謂《左氏》辭義贍富，自是一家書，不主爲經發。《公羊》附經立傳，經所不書，傳不妄起，於文爲儉，通經爲長。任城何休訓釋甚詳，而黜周王魯，大體乖硋，且志通《公羊》而往往還爲《公羊》疾病。接乃更注《公羊春秋》，多有新義。"

顛倒《左氏》，二書猶不相合。《漢志》所列《春秋古經》十二篇，《經》十一卷、《左氏傳》三十卷是也。自賈逵以後，分經附傳，又非劉歆之舊，而附益改竄之跡益明矣。"①

錫瑞案：劉氏以爲劉歆改竄傳文，雖未見其必然，而《左氏傳》不解經，則杜、孔極袒《左氏》者，亦不能爲之辨。杜《序》明言"分經之年與傳之年相附"，孔《疏》云："丘明作傳，不敢與聖言相亂，……經傳異處，於省覽爲煩，故杜分年相附。"是分年附傳，實始於杜，非始賈逵。劉氏說猶未諦。

劉氏《考證》又舉隱二年"紀子帛、莒子盟于密"，證曰："如此年《左氏》本文全②闕，所書皆附益也。"十年六月戊申，證曰："十年《左氏》文闕。"桓公元年，證曰"是年《左氏》文闕。"七年冬，"曲沃伯誘晉小子侯殺之"，證曰："即有此事，亦不必在此年，是年《左氏》文闕。"九年冬，"曹太子來朝"，證曰："是年《左氏》文闕。《巴子篇》年月無考。"十年冬，"齊、衛、鄭來戰于郎，我有辭也"，證曰："是年《左氏》文闕。《虞叔篇》年月無考。"十一年，證曰："《楚屈瑕篇》年月無考。"十二年，證曰："是年《左氏》文闕。《楚伐絞篇》當與《屈瑕篇》相接，年月亦無考。"十三年，證曰："是年亦闕。《伐羅篇》亦與上相接，不必蒙此年也。"十四年，證曰："是年文亦闕。"十六年，證曰："是年亦闕。"十七年，證曰："是年文蓋闕。"莊元年，證曰："此以下七年文闕，《楚荊尸篇》《伐申篇》年月亦無考。"十三年、十五年、十七年，證曰："文闕。"二十七年，證曰："比年《左氏》文闕，每於年終分析晉事，附益之跡甚明，蓋《左氏》舊文之體，如《春秋》前則云惠之二十四年，獲麟以後則云悼之四年，本不必拘拘比附《春秋》年月。"二十九年，證曰："文闕。"三十年，證曰："是年亦③闕。"三十一年，證曰："文闕。"僖元年證曰："是年文闕。"④

錫瑞案：自幼讀《左氏傳》書不書之類，獨詳於隱公前數年，而

---

① 劉逢祿《左氏春秋考證》卷一，《續修四庫全書》第125册，第244頁。
② "全"，《左氏春秋考證》作"盡"。
③ "亦"，《左氏春秋考證》作"蓋"。
④ 劉逢祿《左氏春秋考證》卷一，《續修四庫全書》第125册，第242—245頁。

其後甚略，疑其不應如此草草，及觀劉氏考證《左氏》釋經之文，闕於隱、桓、莊、閔爲尤甚，多取晉、楚之事敷衍，似皆出《晉乘》《楚檮杌》，尤可疑者。杜、孔皆謂經傳各自言事，是雖經劉歆、賈逵諸人，極力比附，終不能彌縫其迹。王接謂傳"不主爲經發"，確有所見。以劉氏《考證》爲左驗，學者可以恍然無疑。劉逢祿曰："左氏以良史之材，博聞多識，本未嘗求附於《春秋》之義。後人增設條例，推衍事蹟，强以爲傳《春秋》，冀以奪《公羊》博士之師法，名爲尊之，實則誣之，《左氏》不任咎也。……余欲以《春秋》還之《春秋》，《左氏》還①之《左氏》，而删其書法凡例及論斷之謬於大義，孤章絶句之依附經文者，冀以存《左氏》之本真。"②（近人有駁劉氏者，皆强說不足據）

26. 論《左氏傳》止可云載記之傳，劉安世已有"經自爲經、傳自爲傳，不可合一"之說

張杓曰："傳有二義，有訓詁之傳，有載記之傳。訓詁之傳，主於釋經；載記之傳，主於紀事。昔之傳《春秋》者五家，鄒氏無師，夾氏無書，今所傳惟左、公、穀。《公》《穀》依經立傳，經所不書，更不發義，故康成謂《穀梁》善於經。王接亦曰：'《公羊》於文爲儉，通經爲長。'此而例之訓詁之傳，猶或可也。若《左氏》之書，據太史公《十二諸侯年表》，則曰《左氏春秋》，而不言傳。據嚴彭祖引《觀周篇》之文，則言爲傳，與《春秋》相表裏，而不言是釋經。據盧氏植、王氏接，則謂囊括古今，成一家之言，不主爲經發。據高氏祐、賀氏循，則并目之爲史。是漢晉諸儒言《左氏》者，莫不以爲紀事之書，所謂載記之傳是也。故漢氏《左傳》③與《春秋》

---

① "還"，《左氏春秋考證》作"歸"。
② 劉逢祿《劉禮部集》卷三《申左氏膏肓序》，《續修四庫全書》第1501册，第61頁。
③ "漢氏《左傳》"，《磨甋齋文存》作"漢世《左傳》"。商務本、中華本改作"漢《左氏傳》"，誤。

分行，至杜元凱作《集傳①》，始割傳附經，妄生義例，謂傳或先經以紀事，或後經以終義，或依經以辨②理，或錯經以合異。一似《左氏》此書，專爲解駁經義者，獨不思經止哀十六年，而傳則終於二十七年。如依杜說，此十有一年之傳，爲先後何經、依錯何經耶？甚矣，其惑也。後儒不察，乃反依據杜本妄議《左氏》之書。唐權德輿謂《左氏》有無經之傳，失其根本；宋王晢謂《左氏》貪惑異說，於聖人微旨疏略；明何異孫謂《左氏》疏於義理，理不勝文。凡此狂言，皆杜氏以傳附經，謂《左氏》專爲釋經而作，有以啟之也。昔人謂三《傳》作而《春秋》微，余亦謂杜注行而《左傳》隱。"③

錫瑞案：《史記》云"《左氏春秋》"，《漢志》云"《左氏傳》"。近人據博士說，左丘明不傳《春秋》，以《漢志》稱傳爲沿劉歆之誤。此獨分別有訓詁之傳，有載記之傳，以《左傳》爲載記之傳，其說亦通。《南齊書·陸澄傳》曰："泰元④取服虔而兼取賈逵經，服⑤傳無經，雖在注中，而傳又有無經者故也。今留服而去賈，則經有所闕。"據此則服子慎知經傳有別，故但釋傳而不釋經，賈景伯則經傳並釋。杜從賈，不從服，故《集解序》不及服虔。其後服、杜並行，卒主杜而廢服，蓋以杜解有經，服解無經之故。不知經傳分行，實古法也。

劉安世曰："《公》《穀》皆解正《春秋》⑥所無者，《公》《穀》未嘗言之。……若《左傳》，則《春秋》所有者或不解，《春秋》所無者或自爲傳，故先儒以謂《左氏》或先經以起事，或後經以終義，或依經以辨理，或錯經以合異。然其說亦有時牽合，要之讀《左氏》

---

① "集傳"，《磨甋齋文存》及《春秋左傳正義》作"集解"。
② "辨"，《磨甋齋文存》作"辯"。
③ 張杓《磨甋齋文存·春秋之傳解》，光緒十二年學海堂刻。張杓，號磬泉。浙江錢塘（一說紹興）人。少聰穎異常，嘉慶十三年中舉人。三赴會試不中，後爲阮元學海堂課士勘書。年七十一歲卒。陳澧《張磬泉先生傳》（《東塾集》卷五）、曾釗《張磬泉孝廉家傳》（《面城樓集鈔》卷四）可參考。案，曾釗集以"磬"作"罄"。
④ "泰元"，即爲"太元"，東晉孝武帝司馬曜第二個年號（376—396）。
⑤ "服"前，《南齊書》有"由"字。
⑥ "《春秋》"，皮作"《春秋》，《春秋》"，衍一"《春秋》"，據《文淵閣四庫全書》本及《惜陰軒叢書》本《元城語錄解》刪。

者，當經自爲經，傳自爲傳，不可合而爲一也，然後通矣。"① 據此，則《左氏》經傳，當各自爲書，宋人已見及之，可爲劉逢祿先路之導。

27. 論杜預解《左氏》始別異先儒，盡棄二《傳》，不得以杜預之說爲孔子《春秋》之義

杜預《春秋序》曰："古今言《左氏春秋》者多矣，今其遺文可見者十數家。大體轉相祖述，進不成爲錯綜經文以盡其變，退不守丘明之傳，於丘明之傳，有所不通，皆沒而不說，而更膚引《公羊》《穀梁》，適足自亂。預今所以爲異，專修丘明之傳以釋經。經之條貫，必出於傳。傳之義例，總歸諸凡，推變例以正褒貶，簡二傳以去異端，蓋丘明之志也。……然劉子駿創通大義，賈景伯父子、許惠卿，皆先儒之美者也。末有穎子嚴者，雖淺近亦復名家，故特舉劉、賈、許、穎之違，以見同異。分經之年，與傳之年相附，比其義類，各隨而解之，名曰《經傳集解》。"《疏》曰："丘明作傳，不敢與聖言相亂，故與經別行，何止丘明？公羊、穀梁，及毛公、韓嬰之爲《詩》作傳，莫不皆爾。經傳異處，於省覽爲煩，故杜分年相附，別其經傳，聚集而解之。杜言'集解'，謂聚集經傳爲之作解。"②

錫瑞案：據杜、孔之說，杜之《集解》，異於先儒者有數事。古者經自經，傳自傳，漢《熹平石經》，《公羊》有傳無經是其證。杜乃分經附傳，取便學者省覽，此異於先儒者一也。《左氏》本不解經，先儒多引《公》《穀》二傳以釋經義，漢儒家法，尚無臆說，杜乃盡棄二傳，專以己意解傳，並以己意解經，（如以周公爲舊例，孔子爲新例是）此異於先儒者二也。鄭注《周禮》，先引杜、鄭，韋注《國語》，明徵賈、唐，言必稱先，不敢掠美。杜乃空舉劉、賈、許、穎，

---

① 參見馬永卿編，王崇慶解《元城語錄解》卷中，影印《文淵閣四庫全書》第863冊，第370頁。

② 《春秋左傳正義》卷一。

而《集解》中不著其名，此異於先儒者三也。杜《解》不舉所出，劉與許、穎之說盡亡，賈、服二家，尚存崖略。杜舉四家而不及服，孔《疏》遂云服虔之徒，劣於此輩，其說非是。南北分立時代，江南《左傳》則杜元凱，河洛則服子慎。當時有"寧道孔孟誤，諱言鄭服非"之語，則服《注》盛行可知。據《世說新語》云："鄭君作《左氏傳》注未成，以與子慎。"① 則鄭、服之學，本是一家。北方諸儒徐遵明傳服《注》，傳其業者，有張買奴、馬敬德、邢峙諸人。衛冀隆申服難杜，劉炫作《春秋述義》，攻昧規過，以規杜氏，惟姚文安排斥服《注》。南方則崔靈恩申服難杜，虞僧誕又申杜難服以答靈恩，秦道靜亦申杜以答衛冀隆。杜預玄孫坦與弟驥爲青州刺史，故齊地多習杜義。蓋服、杜之爭二百餘年，至唐始專宗杜。杜作《集解》別異先儒，自成一家之學，唐作《正義》埽棄異說，（如駁劉炫以申杜是）又專用杜氏一家之學。自是之後，治《春秋》者既非孔子之學，亦非左氏之學，又非賈、服諸儒之學，止是杜預一家。正如元明以來，治《春秋》者止是胡安國一家，當時所謂經義實安國之傳義。蓋舍經求傳，而《春秋》之義晦，舍傳求注，而《春秋》之義更晦矣。

28. 論孔子作《春秋》以闢邪說，不當信劉歆、杜預反以邪說誣《春秋》

　　《春秋》大義，炳如日星，而討亂臣賊子之明文，仍茫昧不明者，邪說蔽之也。據《孟子》所言"邪說、暴行又作，孔子懼，作《春秋》"，是孔子時已有邪說。邪說與暴行相表裏，暴行即謂弑君弑父，邪說謂爲弑君父者多方掩飾，解免其罪。大率以爲君父無道，應遭弑逆之禍，而弑逆者罪可末減，凡人欲弑君父，不能無所顧忌，有人倡爲邪說，以爲有辭可執，乃橫行而全無所畏。更有人張大邪說，設爲淫辭助攻，益肆行而相率效尤。

　　後世史書，於被弑之君，皆甚言其惡，如秦苻生史稱好殺，劉裕滅後秦，得一老人親見苻秦之事，云苻生並不好殺。苻堅篡國，

---

① 語見《世說新語》卷上《文學第四》。

史書誣之。劉知幾《史通》云："秦人不死，驗苻生之厚誣是也。"金完顏亮史稱淫惡，幾非人類，由世宗得國後，令人以海陵惡事進呈者有賞。史稱宋齊之主，亦極醜穢不堪，船山史論力辨其不足信。可見亂世無信史，而多助亂之邪說也。此等邪說，《春秋》時已有之，《左氏》一書，是其明據。《傳》載韓厥稱趙盾之忠，士鞅稱欒書之德，弒君之賊，極口讚美。史墨云："君臣無常位。"逐君之賊極力解免，而反罪其君。可見當時邪說誣民。故《春秋》二百四十二年之中，致有弒君三十六之事，孔子於此盡然傷之，以爲欲治亂賊，必先闢邪說，欲闢邪說，不得不作《春秋》，此《孟子》所以極推作《春秋》之功也。《左氏》原本國史，據事直書，當時邪說不得不載。正賴《左氏》載之。孟子言《春秋》時有邪說益信，孔子作《春秋》闢邪說之功益彰，此《左氏》所以有功於《春秋》也。

至於《左氏》凡例，未審出自何人。杜預以爲周公，陸淳、柳宗元已駁之。或以爲孔子，更無所據。據孔《疏》云，先儒以爲並出丘明。劉逢祿以爲劉歆竄入，例與傳文不合，實有可疑。"凡弒君稱君君無道也，稱臣臣之罪也"一條，尤與《春秋》大義反對。杜預《釋例》曲暢其說，以爲君無道則應弒，而弒君者無罪。不知君實有道，何至被弒？君而被弒，無道可知。惟無道亦有分別，使如桀紂殘賊，民欲與之偕亡，湯武伐罪弔民，自不當罪其弒。若但童昏兒戲，非有桀紂之暴，如晉靈公、鄭靈公之類，權臣素有無君之心，因小隙而弒之，與湯武之伐罪弔民，全然不同，豈得藉口於君無道而弒者無罪乎？杜預於鄭祝聃射王中肩一事，曲爲鄭伯回護，謂鄭志在苟免王討之非。焦循作《左傳補疏序》曰："預爲司馬懿女婿，……目見成濟之事，（射王中肩，即成濟抽戈犯蹕也）將有以爲昭飾，且有以爲懿師飾，即用以爲己飾，此《左氏春秋集解》所以作也。"①

錫瑞案：預父恕與司馬懿不合，幽死。預忘父仇而娶懿女，助司

---

① 焦循《春秋左傳補疏·敘》，《續修四庫全書》第 124 冊，第 441 頁。案："序"，焦循文作"敘"。

馬氏篡魏，正與劉歆父向言劉氏、王氏不並立，而歆助王莽篡漢相似。二人不忠不孝，正《春秋》所討之亂賊。而《左氏》創通於劉歆，昌明於杜預，則《左氏》一書，必有爲二人所亂者。故林黃中以"君子曰"爲劉歆之言，劉逢祿以爲歆竄入凡例，焦循以爲預作《集解》，將爲司馬氏飾。孔子作《春秋》以闢邪説，後人乃反以邪説誣《春秋》，蓋不特孔子之經，爲所誣罔，即左氏之《傳》，亦爲所汨亂，致使學者以《左氏》爲訾病。若歆與預乃《左氏》之罪人，豈得爲《左氏》之功臣哉？讀《左氏》者於此等當分別觀之，一以孔子之《春秋》大義斷之可也。

29. 論《左氏》采各國之史以成書，讀者宜加別白，斷以《春秋》之義

　　《左氏》采各國之史以成書，作者意在兼收，讀者宜加別白。或古今異事，各有隱衷；或借儆其君，自有深意；或阿附權臣，實爲邪説，未可一概論也。

　　所謂古今異事，各自隱衷者，古者諸侯世爵，大夫世卿，卿命於天子，與諸侯同守社稷，故君臣皆以社稷爲重。如崔子弑齊君，晏子曰："君爲社稷死，則死之；爲社稷亡，則亡之。若爲己死而爲己亡，非其私暱，誰敢任之？"① 與孟子"社稷爲重，君爲輕"之義，若合符節。（《孟子》言"諸侯危②社稷"，則君屬諸侯。説《春秋》義，"國君死社稷"，國君亦屬諸侯）或疑《孟子》之言爲過，又疑晏子不死爲無勇，皆未曉古義也。又如晉范文子、魯叔孫昭子，皆使祝宗祈死而卒，杜預以爲因禱自裁。夫二子不惜一死自明，文子何不以死衛君？昭子何不以死討季氏而復君？而二子不爲者，彼自祖宗以來，世有祿位，外雖憂國，內亦顧家，故寧亡其身，而不肯亡其家。文子之祈死也，恐與三郤③同夷族也。昭子之祈死也，以無季氏是無叔孫氏也。觀於宋

---

① 《春秋左傳正義》卷三十六《襄公二十五年》。
② "危"，《孟子》作"危"。
③ "郤"，思賢書局本、商務本皆作"郤"，中華本改作"郤"。

公孫壽辭司城，使其子意諸爲之，謂"去官則族無所庇。雖亡子，猶不亡族"，可知春秋世卿，以族爲重。非如後世大臣起自田間，其位既非受之祖宗，其死亦無關於家族。忠義奮發，可無內顧，此則古今異事，而古人之隱衷，不盡白於後世者也。

　　所謂借儆其君，自有深意者，如衛侯出奔齊，師曠侍於晉侯，晉侯曰："衛人出其君，不亦甚乎？"對曰："或者其君實甚。"① 又曰："天之愛民甚矣，豈其使一人肆於民上，以縱其淫，而棄天地之性？必不然矣！"危言激論，令人悚然，借儆其君，不嫌過當。孟子有"土芥""寇讎"之言，有"殘賊""一夫"之戒，皆對齊王言之。或疑孟子之言未純，蓋不知爲託諷，師曠之意，猶孟子之意也。

　　所謂阿附權臣，實爲邪說者，如魯昭公薨于乾侯，趙簡子問於史墨曰："季氏出其君，而民服焉，諸侯與之。君死於外，而莫之或罪也。"對曰："魯君世從其失，季氏世修其勤，民忘君矣。雖死於外，其誰矜之？社稷無常奉，君臣無常位，自古以然。故《詩》曰：'高岸爲谷，深谷爲陵。'三后之姓，於今爲庶，主所知也。在《易》卦，雷乘乾曰大壯，天之道也。"② 夫簡子晉之權臣，正猶魯之季氏。爲史墨者當斥季氏之無君，戒簡子之效尤，乃盛稱季氏而反咎魯君，且以"君臣無常位"爲言，則真助亂之邪說矣。君尊臣卑，比於上天下澤，何得以雷乘乾與陵谷之變，爲君臣無常位之比哉？師曠與史墨兩說相似而實不同，一對君言，則不失爲納約自牖；一對臣言，則適足以推波助瀾。國史並記之，《左氏》兼存之，讀者當分別觀之，而是非自見。不當不分黑白，而概執爲《春秋》之義也。

30. 論《左氏》所謂禮多當時通行之禮，非古禮，杜預短喪之說，實則《左氏》有以啟之

　　朱大韶《左氏短喪說》曰："《晉書·杜預傳》議③曰：'周景王

---

① 《春秋左傳正義》卷三十二《襄公十四年》。
② 《春秋左傳正義》卷五十三《昭公三十二年》。
③ 案：此議不出《晉書·杜預傳》，而是載於《晉書·禮志中》，朱大韶先誤，皮轉引不改其誤。此議與原文略異。

有后、世之子喪，既葬，除喪而宴。叔向不譏其除喪，而譏其宴樂，則是既葬應除，而違諒闇之節。'按杜預短喪之說，固爲名教罪人，實則《左氏》有以啟之。諸傳所載，文元年，'晉襄公既祥，朝王於溫'。襄十五年，'十二月，晉悼公卒'。十六年，'春，平公即位，改服，修官，烝於曲沃，會於溴梁。晉侯與諸侯宴，使諸大夫舞，歌詩必類'。傳載其事，而無貶刺之文。昭十二年，'晉侯享諸侯，子產相鄭伯，請免喪而後聽命，晉人許之，禮也。六月葬鄭簡公'，未葬而請免喪，則既葬即除喪矣。以此爲禮，此杜預所藉口以誣世者也。襄九年，'五月，穆姜薨。冬十二月，同盟於戲。晉侯以公宴，問公年曰："可以冠矣？"季武子對曰："君冠，必以祼享之禮行之，以金石之樂節之，以先君之祧處之。今寡君在行，請及兄弟之國而假備焉。"公還及衛，冠於成公之廟，假鐘磬焉，禮也'。按《雜記》曰：'以喪冠者，雖三年之喪可也。既冠於次，哭踊者三，乃出。'此謂孤子當冠之年，因喪而冠。故《曾子問》曰：'除喪不改冠乎？'明不備禮。穆姜，襄公適祖母，承重三年。公年十二，未及冠，又因喪冠而用吉冠，此何禮也？文元年，'穆伯如齊，始聘焉，禮也。凡君即位，卿出並聘，踐修舊好，要結外援，好事鄰國，以衛社稷，忠信卑讓之道也'。襄元年，'邾子來朝。冬，衛侯使公孫剽來聘'。《左氏》並曰：'禮也。凡君即位，小國朝之，大國聘焉，以繼好結信，謀事補闕，禮之大者也。'二年，'春，王正月，葬簡王'。昭十一年，'五月，齊歸薨，大蒐於比蒲，非禮也。孟僖子會邾莊公，盟於祲祥，禮也'。按《聘禮》，於聘君曰：'宰入，告具於君，朝服出門左，南鄉。'於所聘之君曰：'公皮弁，迎賓於大門內。'始即位必相聘，則兩國之孤並須釋服即吉禮。經又曰：'聘遭喪，入境則遂，不郊勞，不筵几，不禮賓，遭夫人①、世子之喪，君不受使，大夫受於廟，其他如遭君喪。'此已入竟而遭所聘君之喪，非因即位而聘。又曰：'聘，句。君若薨於後，入竟則遂。赴者未至，則哭於巷，衰於館。赴者至，則衰而出。'云入竟則遂，若未入竟，則反奔喪矣。豈有君喪未期，而使大夫朝服出聘乎？喪三年不祭，不以純凶接純吉

---

① "夫人"，原作"大夫"，據朱大韶引文及《儀禮》改。

也。蒸嘗之禮尚不行，而要結外援，舍其本而末是圖，此何禮也？昭十年，'晉平公既葬，諸侯之大夫送葬者，欲因見新君，叔向辭曰："大夫之事畢矣。而又命孤，孤斬焉在衰絰之中。其以嘉服見，則喪禮未畢。其以喪服見，是重受弔也。大夫將若之何？"皆無辭以對'。引彼證此，自相乖剌，而鄭《箴膏肓》曰：'《周禮》邦交世相朝，《左氏》合古禮。'按父子相繼曰世，非謂三年之中必相朝。依禮，三年喪畢，當先朝天子，不得誣。《周官‧喪服‧斬衰章①》一曰：'君天王崩未葬，而諸侯自相朝。'此何禮也？君母之喪服斬，盟禮非皮弁即朝服，以大蒐爲非禮，而以盟爲禮，此何禮也？文二年襄仲如齊納幣，禮也。凡君即位，好甥舅修婚姻，取元妃以奉粢盛孝也，孝，禮之始也。按《公羊》曰，'三年之內不圖昏。'董子曰：'納幣之月在喪分，故謂之喪取。'而《箴膏肓》曰：'僖公母成風主昏，得權宜之禮。'按禮爲長子三年，無論成風，不當主昏，即主昏亦須禫後。凡事可以權，三年之重，無所謂權。鄭此說所謂又從而爲之辭，《左氏》習於衰世之故，以非禮爲禮，不知《春秋》所書，皆直書其事，不待貶絕，而其惡自見者也。"②

錫瑞案：鄭君云"《左氏》善於禮"，實則《左氏》之所謂禮，多《春秋》衰世之禮，不盡與古禮合，故《左氏》亦自有矛盾之處。如以大蒐爲非禮，載叔向辭諸大夫欲見新君，非不知吉凶不可並行，而於他處又以爲禮，此矛盾之甚者。朱子曰："《左氏》說禮，皆是周末衰亂不經之禮，無足取者。"③ 陳傅良謂："禮也者，蓋魯史舊文，未必皆合於《春秋》。"其說是也。鄭《駁異義》謂："諸侯歲聘間朝之屬，說無所出。"④ 或以爲文襄之制，則鄭君亦知《左氏》之禮不可盡據。而《箴膏肓》又强爲飾說，至以喪娶爲合權宜，不亦謬乎？朱大韶駁《左氏》，可謂辭嚴義正。三年之喪，在春秋時已不

---

① "《喪服‧斬衰章》"當屬於《儀禮》，不屬於《周禮》，朱大韶誤，皮不改其誤。
② 朱大韶《實事求是齋經義》卷二《左氏短喪說》，《續修四庫全書》第 176 冊，第 335—336 頁。
③ 《朱子語類》卷六十三《中庸二》。
④ 《禮記正義》卷十一《王制》第五，又見：許慎異義、鄭玄駁《駁五經異義‧朝聘》，影印《文淵閣四庫全書》第 182 冊，第 301 頁。

通行，故滕人有魯先君亦莫之行等語。《左氏》序事之書，據事直書，不加襃貶，自是史家通例。其所云禮，爲當時通行之禮，亦不必爲《左氏》深咎。惟文元年穆伯如齊始聘，文二年襄仲如齊納幣，襄元年邾子來朝之類，乃《左氏》自發之凡。杜預且以凡例皆出周公，是周公已制短喪之禮，且制喪娶之禮矣。此則萬無可解。即祖《左氏》者，如沈欽韓等，亦無以申其說。必如劉逢祿以凡例爲劉歆增竄，乃可以爲《左氏》解也。（文公喪娶，在三年外，惟納采、問名猶在三年之中，故《左氏》不以爲非。公羊授①經子夏，子夏作《喪服傳》，講喪禮最嚴，故《公羊》云："三年之内不圖昏。"此《公羊》有師授、《左氏》無師授之一證。杜、孔乃曲爲《左氏》解，以爲文公納采在爲太子之時，此所謂又從爲之辭，亦非《左氏》意也）

31. 論《春秋》是經，《左氏》是史，必欲强合爲一，反致信傳疑經

《左氏》敘事之工，文采之富，即以史論，亦當在司馬遷、班固之上。不必依傍聖經，可以獨有千古。《史記》《漢書》，後世不廢，豈得廢《左氏》乎？且其書比《史》《漢》近古，三代故實，名臣言行，多賴以存。如納鼎有諫，觀社有諫，申繻名子之對，御孫別男女之贄，管仲辭上卿之饗，魏絳之述夏訓、虞箴，郯子之言紀官，子革之誦《祈招》，且有齊虞人之守官，魯宗人之守禮，劉子所云天地之中，子產所云天地之經，胥臣敬德之聚，晏子禮之善物。王應麟《漢制考序》嘗歷舉之，顧棟高、陳澧皆引之，以爲《左氏》之善矣。然《左氏》記載誠善，而於《春秋》之微言大義，實少發明，則陸淳《春秋纂例》嘗言之矣："或問：無經之傳有仁義誠節，知謀功業，政理禮樂，讜言善訓多矣，頓皆除之，不亦惜乎？答曰：此經，《春秋》也。此傳，《春秋傳》也。非傳《春秋》之旨②，理自不得錄耳，非謂其不善也。且歷代史籍善言多矣，豈可盡入《春秋》

---

① "授"，商務本亦作"授"。中華本改作"受"。
② "旨"，陸淳《春秋集解纂例》（《文淵閣四庫全書》本）作"言"。

乎？其當示於後代者，自可載於史書爾。今《左氏》之傳見存，必欲耽玩文彩，記事迹者，覽之可也。若欲通《春秋》者，即請觀此傳焉。"①

錫瑞案：陸氏自言其所作《集傳》，不取《左氏》無經之傳之義。治《春秋》者皆當知此義。分別《春秋》是經，《左氏》是傳，離之雙美，合之兩傷。經本不待傳而明，故漢代《春秋》立學者，止有《公羊》，並無《左氏》，而《春秋》經未嘗不明。其後《左氏》盛行，又專用杜預《集解》，學者遂執《左氏》之說爲《春秋》之義，且據杜氏之說爲《左氏》之義，而《春秋》可廢矣。分別《春秋》《左氏》最明者，惟唐"大中時，工部尚書陳商，……《立春秋左傳學議》，以孔子修經，褒貶善惡，類例分明，法家流也。左丘明爲魯史，載述時政，惜忠賢之泯滅，恐善惡之失墜，以日繫月，修其職官，本非扶助聖言，緣飾經旨，蓋太史氏之流也。舉其《春秋》，則明白而有識②；合之《左氏》，則叢雜而無徵。杜元凱曾不思夫子所以爲經，當與《詩》《書》《周易》等列；丘明所以爲史，當與司馬遷、班固等列，取二義乖剌不侔之語，參而貫之，故微旨有所不③周，宛章有所未一。"④ 此議載令狐澄《大中遺事》、孫光憲《北夢瑣言》。陳商在唐代不以經學名，乃能分別夫子修經與《詩》《書》《周易》等列，丘明作史與《史記》《漢書》等列，以杜預參貫經傳爲非，是可謂卓識。其謂《左傳》"非扶助聖言"，即漢博士云丘明不傳《春秋》之說也。非"緣飾經旨"，即晉王接云"《左氏》自是一家言，不主爲經發"之說也。經史體例，判然不同，經所以垂世立教，有一字褒貶之文；史止是據事直書，無特立褒貶之義。杜預、孔穎達不知此意，必欲混合爲一，又無解於經傳參差之故，故不能據經以正傳，反信傳而疑經矣。

————

① 陸淳《春秋集傳纂例》卷一《啖子取捨三傳義例第六》，影印《文淵閣四庫全書》第146冊，第387頁。
② "識"，《北夢瑣言》作"實"。
③ "不"，《北夢瑣言》作"未"。
④ 孫光憲《北夢瑣言》卷一《駁杜預》。

32. 論《公羊》《左氏》相攻最甚，何、鄭二家分左右袒，皆未盡得二《傳》之旨

《公羊》疏云："《左氏》先著竹帛，故漢時謂之古學。《公羊》漢世乃興，故謂之今學。是以許慎作《五經異義》，云'古者，《春秋左氏》說；今者，《春秋公羊》說'是也。"① 又引"戴宏序云：'子夏傳與公羊高，高傳與其子平，平傳與其子地，地傳與其子敢，敢傳與其子壽。至漢景帝時，壽乃共弟子齊人胡毋子都著於竹帛。'"②

錫瑞案：戴宏，漢人，其言當可信據。《左氏》書先出，而不傳口授之義；《公羊》書後出，而實得口授之傳，此漢所以立《公羊》，而不立《左氏》也。漢今古文家相攻擊，始於《左氏》《公羊》，而今古文家相攻若仇，亦惟《左氏》《公羊》為甚。四家《易》之於《費氏易》，三家《尚書》之於《古文尚書》，三家《詩》之於《毛詩》，雖不並行，未聞其相攻擊。（漢博士惟以《尚書》為備，亦未嘗攻古文）惟劉歆請立《左氏》，則博士以左丘明不傳《春秋》抵之。韓歆請立《左氏》，則范升以《左氏》不祖孔子抵之。鄭眾作《長義》十九條十七事，論《公羊》之短，《左氏》之長，賈逵作《長義》四十條，云《公羊》理短，《左氏》理長。李育"讀《左氏傳》，雖樂文采，然謂不得聖人深意，……作《難左氏》四十一事"③。何休與其師羊弼，追述李育意以難二《傳》，作"《公羊墨守》《左氏膏肓》《穀梁廢疾》。鄭康成鍼《膏肓》，發《墨守》，起《廢疾》"④。隗禧謂："《左氏》為相斫書，不足學。"鍾繇謂："《左氏》為大官，《公羊》為賣餅家。"各經皆有今古文之分，未有相攻若此之甚者。蓋他經雖義說不同，尚未大相反對，惟《左氏》與《公羊》，不止義例不

---

① 《春秋公羊傳注疏》卷首《監本附音春秋公羊傳注疏序》。
② 《春秋公羊傳注疏》卷首《監本附音春秋公羊傳注疏序》。
③ 語見《後漢書》卷七十九下《儒林傳下·李育傳》。《難左氏》，《後漢書》作《難左氏義》。
④ 《後漢書》卷三十五《鄭玄傳》。引文略有異。

合，即事實亦多不符。《左氏》以文、宣爲父子，昭、定爲兄弟；《公羊》以文、宣爲兄弟，昭、定爲父子。魯十二公倫序已大不同。《左氏經》作"君氏卒"，以爲魯之聲子；《公羊經》作"尹氏卒"，以爲周之世卿。所傳之經，一字不同，而一以爲婦人，一以爲男子，乖異至此，豈可並立？平心而論，以《左氏》爲相斫書則詆之大過，亦由治《左氏》者，專取莫敖采樵、欒枝曳柴之類，有此致之。以《左氏》爲大官，《公羊》爲賣餅家，專以繁簡詳略言之，不關大義。鄭眾、賈逵《長義》不傳，賈所舉《左氏》深於君父不可據，已見前。李育、羊弼書亦不傳。何休《墨守》僅存一二，《廢疾》得失互見，《膏肓》以《左氏》所載之文，爲《左氏》之罪，未知國史據事直書之例，且駁論多瑣細，惟兵諫、喪娶數條，於大義有關。鄭《發墨守》，亦僅存一二，《起廢疾》，亦得失互見，《鍼膏肓》多強說，以文公喪娶爲權制，豈有喪娶可以從權者乎？《後漢書》於鄭康成《鍼膏肓》下云"自是《左氏》大興"，蓋鄭君雖先習《公羊》，而意重古學，常軒《左氏》而輕《公羊》，重其學者意有偏重，遂至《左氏》孤行。自漢以後，治《公羊》者，如晉之王接、王愆期，已不多見。《北史·儒林傳》云"何休《公羊傳》，大行於河北"，而其傳載習《公羊》者，止有梁祚一人，且傳又云《公羊》《穀梁》多不措意①，則以爲河北行《公羊》，似非實錄。《唐志》②，"《公羊疏》無撰人名氏，《崇文總目》或云徐彥，《郡齋讀書志》引李獻民說同。董逌《廣川藏書志》亦稱世傳徐彥，不知時代，意其在貞元、長慶之後。王應麟《小學紺珠》謂《公羊疏》徐彥撰。《宋志》直云徐彥《公羊疏》三十卷"，嚴可均曰："不知何據，即徐彥亦不知何代人。東晉有徐彥，與徐眾同時，見《通典》九十五，又九十九有武昌太守徐彥《與征西桓溫箋》。而《疏》中引及劉宋庾蔚之，則非東晉人。今世皆云唐徐彥，尤無所據，蓋涉徐彥伯而譌耳。《疏》先設問

---

① 《北史》卷八十一《儒林傳上》原文爲："其《公羊》《穀梁》二傳，儒者多不厝懷。"

② 案：自"《唐志》"下爲嚴可均《書〈公羊疏〉後》文字。皮前加"《唐志》"二字，則以爲"《公羊疏》無撰人名氏"爲《唐志》語，然《四庫全書總目》云"彥疏，《唐志》不載"，查兩《唐志》，無《公羊疏》，可知皮誤，"唐志"二字可刪去。

答，與蔡邕《月令章句》相似，唐疏無此體例。所引書百二①十許種，最晚者，郭璞、庾蔚之，餘皆先秦漢魏。開卷疏'司空掾'云，若今三府掾是也，齊、梁、陳、隋、唐，無此官制，惟北齊有之，則此《疏》北齊人撰也。"②洪頤煊、姚範之說略同。王鳴盛以爲即《北史》徐遵明，考其年代，似亦相近。惟據《北史》所載，遵明傳鄭《易》《尚書》《三禮》《服氏春秋》，未聞傳《何氏公羊》，其弟子亦無治《公羊》學者，則謂彥即遵明，尚在疑似之間。若以"葬桓王"一條同於楊士勳《穀梁疏》，謂徐襲楊《疏》，當在楊後，又安知楊士勳非襲徐《疏》乎？

33. 論《春秋》必有例，劉逢祿、許桂林《釋例》大有功於《公羊》《穀梁》，杜預《釋例》亦有功於《左氏》，特不當以"凡例"爲周公所作

　　《禮記·經解》引孔子曰："屬辭比事，《春秋》教也。"又曰："《春秋》之失亂。"《經解》引此爲夫子自道，是猶《孟子》兩引孔子之語，皆聖人自發其作《春秋》之旨，最可憑信。古無"例"字，屬辭比事即比例。《漢書·刑法志》師古曰："比，以例相比況也。"《後漢書·陳寵傳》注："比，例也。"夫子以《春秋》口授弟子，必有比例之說，故自言"屬辭比事"爲《春秋》教。《春秋》文簡義繁，若無比例以通貫之，必至人各異說，而大亂不能理，故曰："《春秋》之失亂。"亂由於無比例，是後世說經之弊，夫子已豫防之矣。

　　何休《公羊解詁》序曰："往者略依胡毋生《條例》，多得其正。"是胡毋生以《公羊傳》著於竹帛，已爲之作《條例》。董仲舒曰："《春秋》無達例。"則董子時《公羊春秋》已有例可知。胡毋生

---

① "二"，嚴可均《鐵橋漫稿》卷八作"三"。
② 嚴可均《鐵橋漫稿》卷八《書〈公羊疏〉後》，《續修四庫全書》第1489冊，第44頁。

《條例》，散見《解詁》，未有專書。何休《文謚例》，僅見於《疏》所引。《公羊傳條例》見於《七錄》，今佚。劉逢祿作《公羊何氏釋例》以發明之，其釋《時月日例》引"子思贊《春秋》'上律天時'，以爲《春秋》不待褒譏貶絕，以月日相示，而學之者湛思省悟"①，推闡甚精。

《穀梁》時月日例更密於《公羊》，許桂林作《穀梁釋例》以發明之，其有功於《穀梁》，與劉逢祿有功於《公羊》相等。范甯解《穀梁》亦有例，《四庫提要》曰："《自序》有'商略名例'之句，《疏》稱甯別有《略例》百餘條，此本不載。然《注》中時有'傳例曰'字。或士勛割裂其文，散入《注》《疏》中歟？"② 陳澧曰："楊疏……有稱'范氏略例'者，有稱'范例'者，有稱'范氏別例'者，皆即《略例》也。范氏注中已有例，又別爲略例，故可稱別例。楊疏……所引二十餘條。王仁俊《漢魏遺書鈔》，已鈔出。"③ 據此則《公羊》《穀梁》二家說《春秋》者，皆有例矣。

《左氏》之例，始於鄭興、賈徽，其子鄭衆、賈逵，各傳家學，亦有《條例》。潁容已有《釋例》在杜預之前。《左氏傳》本無日月例。孔《疏》曰："《春秋》諸事皆不以日月爲例，其以日月爲義例者，唯卿卒、日食二事而已。"陳澧曰："此說可疑，豈有一書內，唯二條有例者乎？且日食不書日，爲官失之，其說通。大夫卒，公不與小斂，不書日，則不可通。孔巽軒云：'九月甲申，公孫敖卒於齊，公豈得與小斂乎？'此無可置辨矣。蓋《左傳》無日月例，後人附益者，以《公》《穀》有之，故亦倣效而爲此二條耳。"④

錫瑞案：二條爲後人附益，固無可疑。即五十凡，亦未知出自何人。然鄭、賈、潁已言例在前，則非杜預所創，特不當以舊例爲周公所定耳。

---

① 語見劉逢祿《春秋公羊經何氏釋例》卷二《時月日例》(《續修四庫全書》第129冊，第481頁)，引文摘其大略。
② 《四庫全書總目》卷二十六《春秋穀梁傳注疏》提要。
③ 陳澧《東塾讀書記》卷十《春秋三傳》。王仁俊等語，在《東塾讀書記》爲注語小字。
④ 陳澧《東塾讀書記》卷十《春秋三傳》。

34. 論日、月、時正變例

　　胡安國曰："《春秋》之文，有事同而辭同者，後人因謂之例；有事同而辭異，則其例變矣。是故正例非聖人莫能立，變例非聖人莫能裁。正例，天地之常經，變例，古今之通誼，惟窮理精義，於例中見法、例外通類者，斯得之矣。"① 案《春秋》正變例以日月時爲最著明。正例日則變例時，正例時則變例日，而月在時日之間。《公羊》《穀梁》說已詳晰，而後人猶疑之者，以解者繁雜，未有簡明之說以括之也。今據《春秋》之例，討賊、侵伐常事，與不以日月計者皆例時，以月爲變者，不以月計也。《春秋》以月計時事，以月分尊卑，除二者之外，遂不以日月爲例。《春秋》記事，大事記之詳，如君、夫人葬薨，大夫卒，天王崩，外諸侯卒，大異宗朝災祭事盟戰，所關者大，重錄之則詳，故記其日。小事則從略，如來往，如致朝聘會遇外盟外戰，一切小事，皆例時。大事日，小事時，一定之例也，亦記事之體應如是也。至於輕事而重之，則變時而日月焉；重事而輕之，則變日而月時焉。事以大小爲準，例以時日爲正，一望而知者也。而月在時日之中，爲消息焉。凡月皆變例。大事例日，如盟例日，而桓盟皆不日而月，變也。柯之盟時者，變之至也。此日爲正，月爲變，時爲尤變之例也。小事例時，如外諸侯葬例時，月爲變，日爲變之甚。此時爲正，月爲變，日爲尤變之例也。又如朝時也，變之則月，尤變則日。用幣時也，謹之則日，因其事之小，知其日月之爲變。外諸侯卒例日，變之則月，尤變則時。因其事之大，知其月時之爲變。凡變則有二等，以差功過淺深，故月皆變例。從時而日，從日而時，皆變之尤甚者。有條不紊，網目明白。先儒因有記時分早暮二例，遂徧推之，則正例有三等，無以進退，而於二主之間，又添一主，則正變不明，端委朦混，治絲而棼，故使人疑之也。淺人以爲經承舊史，

---

①　汪克寬《春秋胡傳附錄纂疏》卷首下《明類例》，影印《文淵閣四庫全書》第165冊，第22—23頁。引文中兩"辭"，四庫本作"詞"。

或時或月或日，皆無義例，則斷爛朝報，可爲確論矣。

35. 論三《傳》以後說《春秋》者亦多言例，以爲本無例者非是

洪興祖曰："《春秋》本無例，學者因行事之迹以爲例，猶天本無度，治曆者因周天之數以爲度。"①

錫瑞案：洪氏此說，比例正合。聖人作《春秋》，當時嘗自定例與否，誠未可知，而學者觀聖人之書，譬如觀天，仁者見仁，知者見知，各成義例，皆有可通。治曆者因周天之數以爲度，不得以爲非天之度，學者因行事之迹以爲例，豈得以爲非《春秋》之例乎？朱彝尊《經義考②》論崔子方《本例》云："以例說《春秋》，自漢儒始。曰牒例，鄭眾、劉寔也；曰諡例，何休也；曰釋例，穎容、杜預也；曰條例，荀爽、劉陶、崔靈恩也；曰經例，方範也；曰傳例，范甯也；曰詭例，吳略也；曰略例，劉獻之也；曰通例，韓滉、陸希聲、胡安國、畢良史也；曰統例，啖助、丁副、朱臨也；曰纂例，陸淳、李應龍、戚崇增③也；曰總例，韋表微、成元、孫明復、周希孟、葉夢得、吳澂也；曰凡例，李瑾、曾元生也；曰說例，劉敞也；曰忘例，馮正符也；曰演例，劉熙也；曰義例，趙瞻、陳知柔也；曰刊例，張思伯也；曰明例，王晳、王日休、敬鉉也；曰新例，陳德甯也；曰門例，王鎡、王炫也；曰地例，余嘉也；曰會例，胡箕也；曰斷例，范氏也；曰異同例，李氏也；曰顯微例，程迥也；曰類例，石公孺、周敬孫也；曰序例，家鉉翁也；曰括例，林堯叟也；曰義例，吳迁也。而梁④簡文帝、齊晉安王子

---

① 洪興祖《春秋本旨·序》，見馬端臨《文獻通考》卷一百八十三《經籍考十》該書條下。

② "經義考"，引文實出自 "曝書亭集"。

③ "戚崇增"，《曝書亭集》作 "戚崇僧"，崇僧，字仲咸，人稱朝陽先生，金華人。從許謙講道，同門推爲高第。清苦自處，不以時尚改度。著《春秋纂例原旨》《四書儀對》等，《宋元學案》卷八十二《北山四先生學案》有傳。

④ "梁"後，《曝書亭集》有 "之"字。

懋皆有《例苑》，孫立節有《例論》，張大亨有《例宗》，劉淵有《例義》，刁氏有《例序》，繩之以例，而義益紛綸矣。彥直（崔子方字）謂①聖人之書，總年以爲體，舉時以爲名，著日月以爲例，《春秋》固有例也，而日月之例蓋其本，乃列一十六門，而皆以日月時例之，亦一家之言云爾。"②

案諸家書多不傳，未能考其得失，惟陸淳《纂例》兼采三《傳》，崔子方《本例》多本《公》《穀》，能成一家之言。其後趙汸③《春秋屬辭》爲最著，孔廣森《公羊通義》本之，謂知《春秋》者惟趙汸一人。或謂趙汸、崔子方無三科九旨以統貫之，故其例此通而彼窒，左支而右絀，是二家之書，亦未盡善。蓋日月例，《公》《穀》已極詳密，崔子方等更求詳於《公》《穀》之外，又不盡用《公》《穀》之義，未免過於穿鑿，然例雖未盡善，猶愈於全不言例者，全無例則必失亂矣。後人矯言例者支離破碎之過，謂《春秋》本無例，例出後儒傅會。（鄭樵謂例非《春秋》之法）爲此說者，非獨不明《春秋》之義，並不知著書作文之體例矣。凡修史皆有例，《史記》《漢書》自序，即其義例所在。後世修史，先定凡例，詳略增損，分別合并，或著錄，或不著錄，必有一定之法，修州郡志亦然。即自著一部書，或注古人之書，其引用書傳，編次子目，亦必有凡例，或自列於簡端。即爲人撰碑志墓銘，其述祖考子孫官爵事實，亦有例，故有《墓銘舉例》④《金石三例》⑤等書。惟日錄、筆記，隨手紀載，乃無義例，再下則胥吏之檔案，市井之簿錄耳。聖人作經以教萬世，乃謂其全無例義，同於檔案、簿錄，比後儒之著書作文者，猶不逮焉，誠不知何說也。

---

① "謂"前，《曝書亭集》有"之論"二字。
② 朱彝尊《曝書亭集》卷三十四《涪陵崔氏春秋本例序》。
③ 趙汸（1319—1369），字子常，休寧人。從九江黃澤習六經，得口授六十四卦大義與學《春秋》之要。後從虞集遊，獲聞吳澄之學。讀書著述於東山精舍。明太祖詔修《元史》，徵汸預其事。書成，辭歸，未幾卒。《明史》卷二百八十二《儒林傳一》有傳。
④ 王行《墓銘舉例》，影印《文淵閣四庫全書》第1482冊。
⑤ 盧見曾彙編入《雅雨堂叢書》。

36. 論啖助說《左氏》具有特識，說《公》《穀》得失參半，《公》《穀》大義散配經文，以傳考之，確有可徵

《春秋》雜采三傳，自啖助始。《三傳得失議》曰："古之解說，悉是口傳。自漢以來，乃爲章句。如《本草》皆後漢時郡國，而題以神農；《山海經》廣說殷時，而云夏禹所記。自餘書籍，比比甚多。是知三《傳》之義，本皆口傳，後之學者，乃著竹帛，而以祖師之目題之。予觀《左氏傳》，自周、晉、齊、宋、楚、鄭等國之事最詳。晉則每一出師，具列將佐；宋則每因興廢備舉六卿。故知史策之文，每國各異。左氏得此數國之史，以授門人，義則口傳，未形竹帛。後代學者乃演而通之，總而合之，編次年月，以爲傳記，又廣采當時文籍，故兼與子產、晏子及諸國卿佐家傳，并卜書、夢書①及雜占書、縱橫家、小說、諷諫等雜在其中，故敘事雖多，釋意殊少，是非交錯，混然難證。其大略皆是《左氏》舊意。故比餘傳，其功最高，博采諸家，敘事尤備，能令百代之下，頗見本末，因以求意，經文可知。又況論大義得其本源，解三數條大義，不②以原情爲說，欲令後人推此以及餘事。而作傳之人不達此意，妄有附益，故多迂誕。又《左氏》本未釋者，抑爲之說，遂令邪正紛糅，學者迷宗也。《公羊》《穀梁》，初亦口授，後人據其大義，散配經文，（原注）《傳》中猶稱"穀梁子曰"，是其證也。故多乖謬，失其綱統。然其大指，亦是子夏所傳。故二《傳》傳經密於《左氏》，《穀梁》意深。《公羊》辭辨，隨文解釋，往往鉤深。但以守文堅滯，泥難不通，比附日月，曲生條例，義有不合，亦復强通，蹐駁不倫，或至矛盾，不近聖人夷曠之體也。夫《春秋》之文，一字以爲褒貶，誠則然矣。其③文亦有文異而義不異者，（原注）詳内以略外，因舊史之文之類是也。二《傳》穿

---

① 案：《文淵閣四庫全書》本無"夢書"二字。
② "不"，《春秋集傳纂例》（《文淵閣四庫全書》本）作"亦"。
③ "其"，《春秋集傳纂例》（《文淵閣四庫全書》本）作"其中"。

鑿，悉以襃貶言之，是故繁碎甚於《左氏》。《公羊》《穀梁》，又不知有不告則不書之義，凡不書者，皆以義說之。且列國至多，若盟會征伐喪紀，不告亦書，則一年之中，可盈數卷，況他國之事，不憑告命，從何得書？但書所告之事，定其善惡，以文襃貶耳。《左氏》言襃貶者，又不過十數條，其餘事同文異者，亦無他解。舊解皆言從告及舊史之文。若如此論，乃是夫子寫魯史①，何名修《春秋》乎？予②故謂二者之說，俱不得中。"③

　　錫瑞案：啖氏《春秋》之學非專家，故所說有得有失，其說《左氏》具有特見，說《公》《穀》則得失參半。謂三《傳》皆後學"著竹帛而以祖師之目題之"，與《公羊》徐《疏》同。徐《疏》惟言《公羊》《穀梁》，啖氏並言《左氏》，亦以爲門人乃著竹帛，且有附益。故啖氏兼取三《傳》，而不盡信三《傳》也。啖氏不云左氏非丘明，但云《傳》非丘明自作，比趙匡之論，爲更平允。謂《公》《穀》得子夏口授，"後人據其大義，散配經文"，所見尤精。既云"二《傳》傳經密於《左氏》"，不得疑其繁碎。《春秋》之旨數千，聖人詳示後人，無所謂不夷鑿。若其矛盾穿鑿，正由散配經文時致誤，與《左氏》之徒附益迂誕，正相等耳。《公》《穀》釋經雖密，亦或有經無傳，經所書者間無其說，不書者以義說之，實所罕見。啖氏知"不告則不書"，不知《春秋》即告者亦多不書。聖人筆削，大率筆者一而削者十。若從舊史赴告全錄，則一年之中，亦可盈卷矣。以"夫子寫魯史，何名修《春秋》"，駁《左氏》家經承舊史，尤爲明快。知啖氏云《公》《穀》大義散配經文之說是者，如"君子大居正"一條，《公羊》以之說宋宣，《穀梁》以之說魯隱，是二家據《春秋》大居正之大義，散配經文，而參差不同之明證也。《公羊傳》"《春秋》有譏父老子代從政者，未知其爲齊與、曹與"，是《公羊》家據《春秋》譏世子之大義，散配經文，而未知其屬齊世子、屬曹世子，游移莫決之明證也。明乎此，而於傳義之可疑者，不必強通。

---

　　① 《春秋集傳纂例》（《文淵閣四庫全書》本）"史"後有"爾"字。
　　② 《春秋集傳纂例》（《文淵閣四庫全書》本）無"予"字。
　　③ 陸淳《春秋集傳纂例》卷一《三傳得失議》，影印《文淵閣四庫全書》第146冊，第380—381頁。

啖氏見及此，可謂卓識矣。

37. 論啖、趙、陸不守家法，未嘗無扶微學之功，宋儒治《春秋》者皆此一派

　　三《傳》專門之學，本不相通，而何休《解詁序》云："援引他經，失其句讀。"《疏》云："三《傳》之理不同多矣。羣經之義隨經自合，而顏氏之徒既解《公羊》，乃取他經爲義，猶賊黨入門，主人錯亂，故曰'失其句讀'"①。據此，則漢之治《公羊》者，未嘗不兼采三《傳》也。

　　杜預《集解序》云："古今言《左氏春秋》者多矣，……膚引《公羊》《穀梁》，適足自亂。孔《疏》云："《公羊》《穀梁》口相傳授，因事起問，意於②《左氏》不同，故引之以解《左氏》，適足以自錯亂也。"《疏序》又云："鄭衆、賈逵、服虔、許惠卿之等各爲詁訓，然雜取《公羊》《穀梁》以釋《左氏》。"③ 據此，則漢之治《左氏》者，未嘗不兼采三《傳》也。范武子《穀梁集解序》，兼及《左氏》《公羊》，尤爲顯著。惟諸人兼采三《傳》，仍是專主一家，間取二家之說，裨補其義。

　　晉劉兆"作《春秋調人》三萬言，……又爲《左氏傳解》，名曰《全綜》，作《公羊》《穀梁》解詁皆納經傳中，朱書以別之。"④ 似已合三《傳》爲一書，而其書不傳。今世所傳，合三《傳》爲一書者，自唐陸淳《春秋纂例》始。淳本啖助、趙匡之說，雜采三《傳》，以意去取，合爲一書，變專門爲通學，是《春秋》經學一大變。宋儒治《春秋》者，皆此一派，如孫復、孫覺、劉敞、崔子方、

---

① 《春秋公羊傳注疏》卷首《監本附音春秋公羊傳疏序》。
② 思賢書局本作"與"，商務本、中華本據《春秋左傳正義》改作"於"。
③ 《春秋左傳正義》卷一。案：此段引文與原文略異。
④ 《晉書》卷九十一《儒林·劉兆傳》。引文略有異。原文爲："作《春秋調人》七萬餘言，……又爲《春秋左氏解》，名曰《全綜》，《公羊》《穀梁》解詁皆納經傳中，朱書以別之"。案："調人"爲周代一職名，《周禮·地官·調人》，其職掌爲"調人掌司萬民之難而諧和之"。

葉夢得、呂本中、胡安國、高閌、呂祖謙、張洽、程公說、呂大圭、家鉉翁，皆其著者，以劉敞爲最優，胡安國爲最顯。

劉敞《春秋傳》本"啖、趙、陸之法，刪改三《傳》合爲一《傳》"。陳澧糾其"刪改不當，如'鄭伯克段于鄢'，錄《左傳》而改之云'太叔出奔，公追而殺諸鄢'。……既信《公》《穀》殺段之說，乃錄《左傳》而刪改之。此孔沖遠所謂'方鑿圓枘'者"①。

胡安國《春秋傳》雜采三《傳》，參以己意。朱子已駁其王不稱天，以宰咺爲冢宰，桓公不書秋冬，貶滕稱子之類。其說有本於《公》《穀》者，有胡氏自爲說出《公》《穀》之外者。蓋宋人說《春秋》，本啖、趙、陸一派，而不如啖、趙、陸之平允。邵子曰："《春秋三傳》之外，陸淳、啖助可以兼治。"② 程子稱其絕出諸家，有攘異端開正途之功。朱子曰："趙、啖、陸淳皆說得好。"③ 吳澄曰："唐啖助、趙匡、陸淳三子，始能信經駁傳，以聖人書法纂而爲例，得其義者十七八，自漢以來，未聞或之先也。"④

案吳氏極推三子得聖人之義，勝於漢儒之不合不公，蓋自唐宋以後，《春秋》無復專門之學，故不知專門之善，而反以爲非。後儒多歸咎於昌黎"三《傳》束閣"之言，（見昌黎《贈玉川子盧仝詩》⑤）詆啖、趙、陸不守家法，而據啖子曰："今《公羊》《穀梁》二傳殆絕，習《左氏》者皆遺經存傳。"⑥ 則其時《春秋》之學不講可知。唐開元八年，國子司業李元瓘上言："《公羊》《穀梁》殆絕。"十六年楊瑒爲國子祭酒，奏言："今明經習《左氏》者，十無二三，《公羊》《穀梁》殆將絕廢。"啖氏正當其時，於經學廢墜之餘，爲舉世不爲之事，使《公》《穀》二傳復明於世，雖不守家法，不得謂其無扶微學之功也。

---

① 陳澧《東塾讀書記》卷十《春秋三傳》。
② 《皇極經世書》卷十三。
③ 《朱子語類》卷八十三。
④ 《吳文正集》卷一《四經敘錄》。
⑤ 見韓愈《寄盧仝》（憲宗元和六年河南令時作）。
⑥ 陸淳《春秋集傳纂例》卷一《啖氏集傳注義》，影印《文淵閣四庫全書》第146冊，第382頁。

38. 論《公》《穀》傳義，《左氏》傳事，其事亦有不可據者，不得以親見國史而盡信之

自啖助斟酌三《傳》，各取其長，云："《左氏》……敘事尤備，能令百代之下，頗見本末，因以求意，經文可知。……二《傳》傳經，密於《左氏》。《穀梁》意深，《公羊》辭辨。"① 宋人推衍其說。胡安國曰："事莫備於《左氏》，例莫明於《公羊》，義莫精於《穀梁》。"② 葉夢得曰："《左氏》傳事不傳義，是以詳於史而事未必實。《公羊》《穀梁》傳義不傳事，是以詳於經而義未必當。"③ 朱子曰："《左氏》是史學，《公》《穀》是經學。史學者，記得事卻詳，於道理上便差；經學者，於義理上有功，然記事多誤。"又曰："左氏曾見國史，考事頗精，只是不知大義，專去小處理會，往往不曾講學。公、穀考事甚疏，然義理卻精，二人乃是經生，傳得許多說話，往往不曾見國史。"④ 呂大圭曰："左氏熟於事，公、穀深於理。蓋左氏曾見國史，而公、穀乃經生也。"⑤ 吳澄曰："載事則《左氏》詳於《公》《穀》，釋經則《公》《穀》精於《左氏》。"⑥

錫瑞案：諸說皆有所見，朱子之說尤晰。惟兼采三《傳》，亦必有啖、趙諸人之學識，方能別擇。初學不守家法，必至茫無把握，而陷於《春秋》之失亂。《公》《穀》精於義，《左氏》詳於事，誠如諸儒之說。《春秋》重義不重事，治《春秋》者當先求《公》《穀》之義，而以《左氏》之事證之，乃可互相發明，不至妄生疑難。（即啖助云"因以求意，經文可知"之說）若但考《左氏》之事，不明《春秋》之義，將並傳之不可信者而亦信之，必至如杜預、孔穎達諸人從

---

① 陸淳《春秋集傳纂例》卷一《三傳得失議》，影印《文淵閣四庫全書》第146冊，第381頁。
② 王應麟《困學紀聞》卷六《左氏》。
③ 葉夢得《葉氏春秋傳·原序》。
④ 《朱子語類》卷八十三。
⑤ 《呂氏春秋或問》附《春秋五問·論五》。
⑥ 《吳文正集》卷一。

傳駁經，非聖無法，正猶齊人知有孟嘗君，而不知有王，秦人知有穰侯，而不知有王矣。

引《左氏》之事，以證《春秋》之義可也。據《左氏》之義，以爲《春秋》之義不可也。《左氏》不傳《春秋》，本無義例。劉歆治《左氏》，引傳文以解經，始有章句義理。杜預排斥二《傳》，始專發《左氏》義，劉歆、杜預之義明，而孔子《春秋》之義隱。《左氏》凡例、書法、君子曰，前人已多疑之。陸淳已駁弑君、滅國、薨赴以名之例矣。朱子曰："《左傳》'君子曰'，最無意思，因舉'芟夷蘊崇'之一段，'是關上文甚事'？""左傳①是一個審利害之幾，善避就底人，所以其書有貶死節等事。（指孔父荀息諸人，《左氏》亦無貶諸人明文，惟論荀息有君子曰）其間議論有極不是處，如周鄭交質之類，是何議論！（此是實事，史官據事直書，卻不礙）其曰：'宋宣公可謂知人矣，立穆公，其子饗之，命以義夫！'只知有利害，不知有義理。此段不如《公羊②》說'君子大居正'，卻是儒者議論。"③

案朱子說是也。且殤公立而被弑，所謂其子饗之安在？非但不明義理，並不合事實。《左氏》於敘事中攙入書法，或首尾橫決，文理難通。如"鄭伯克段于鄢"，傳文"太叔出奔共"下，接"書曰：鄭伯克段于鄢"至"不言出奔難之也"云云。乃曰"遂置姜氏於城潁"，遂字上無所承，文理鶻突，若刪去"書曰"十句，但云"太叔出奔共，遂置姜氏於城潁"，則一氣相承矣。其他"書曰""君子曰"，亦多類此，爲後人攙入無疑也。

諸儒多云"左氏親見國史，事必不誤"，亦未盡然，姑舉一二證之。如，昭"七年，春，王正月。暨齊平"，杜解曰："暨，與也。燕與齊平。前年冬，齊伐燕，間無異事，故不重言燕從可知。"孔《疏》曰："此直言'暨齊平'，不知誰與齊平。《穀梁傳》云：'以外及內曰暨。'謂此爲魯與齊平。賈逵、何休亦以爲魯與齊平。

---

① "傳"，《朱子語類》卷八十三作"氏"。
② "公羊"，《朱子語類》卷八十三作"穀梁"。
③ 黎靖德《朱子語類》卷八十三。

許惠卿以爲燕與齊平。服虔云：'襄二十四年仲孫羯侵齊；二十五年崔杼伐我。自爾以來，齊、魯不相侵伐。且齊是大國，無爲求與魯平。此六年冬，"齊侯伐北燕，將納簡公"。齊侯貪賄，而與之平。故傳言"齊求之也""齊次于虢，燕人行成"。其文相比，許君近之。'案經例，即燕與齊平，當書'燕'；魯與諸侯平，皆言'暨'，下'三月公如楚，叔孫婼如齊涖盟'，公不在國，故齊無來者。據經言之，賈君爲得。杜則從許說也。"① 案《疏》舉經例甚明，當從《公》《穀》，而《左氏》本年傳明云"齊、燕平之月"，則《左》實以爲燕與齊平。賈解《左氏》乃從《公》《穀》，（孔《疏》云"賈逵雜采《公》《穀》"，此其一證）許、服、杜則以《左》解《左》，然《左》實與書法不合，親見聖人、親見國史者，何以有此誤乎？《左氏傳》："衛宣公烝於夷姜，生急子，……爲之妻②于齊，而美，公妻③之，生壽及朔。"④ 夫宣公烝庶母，必在即位之後。生子能妻，必十六七年。公妻之，生壽及朔，朔能譖兄，壽能代死，必又十六七年。而衛人立晉在隱四年，宣公卒在桓十三年，共止二十年，如何能及？若謂烝夷姜在即位前，桓公不應容其弟濁亂宮闈，石碏未必立此穢德彰聞之公子。《史記》云"愛夫人夷姜"，不云烝淫，則《左氏》未可信。（洪邁謂："十九年之間，如何消破？此最爲難曉也。"⑤）晉獻公烝齊姜，近人亦有疑之者。蘧伯玉、延陵季子皆年近百，而服官帥師，事亦可疑。是《左氏》之事，亦不盡可信也。（朱子曰："《左氏》所傳《春秋》事，恐八九分。"是亦不盡信《左氏》）《公羊傳》惟季姬使鄫子請己、單伯淫子叔姬、叔術妻嫂，事有可疑。董子《繁露》於此數事皆無說，或以不關大義，或亦疑而不信。學者於此等處闕疑可也。（《解詁》是章句，不得不解傳。《繁露》說大義，故於此數條皆無說。學者亦不必強說）

---

① 《春秋左氏傳注疏》卷四十四。
② "妻"，《春秋左傳正義》卷七作"娶"。
③ "妻"，《春秋左傳正義》卷七作"取"。
④ 《春秋左傳正義》卷七。
⑤ 洪邁《容齋隨筆·五筆》卷十《衛宣公三公子》。

39. 論劉知幾詆毀《春秋》並及孔子，由誤信杜預、孔穎達，不知從《公》《穀》以求聖經

說《春秋》者，唐劉知幾爲最謬。其作《史通》有《惑經》《申左》二篇，詆毀《春秋》，並詆孔子，曰："善惡必書，斯爲實錄。觀夫子修《春秋》也，多爲賢者諱。狄實滅衛，因桓恥而不書；河陽召王，成文美而稱狩。斯則情兼向背，志懷彼我。……哀八年及十三年，公再與吳盟，而皆不書。桓二年，公及戎盟則書之。戎實豺狼，非我族類。夫非所諱而仍諱，謂當恥而不恥，求之折衷，未見其宜。……如魯之隱、桓戕弑，昭、哀放逐，姜氏淫奔，子般夭酷。斯則邦之孔醜，諱之可也。如公送晉葬，公與吳盟，爲齊所止，爲邾所敗，盟而不至，會而後期，並諱而不書，豈非煩碎之甚？"①

錫瑞案：劉氏但曉史法，不通經義，專據《左氏》，不讀《公》《穀》，故不知《春秋》爲尊親諱。其書不書，皆有義例，非可以史法善惡必書繩之。《左氏傳》云：孫、甯出君，"名藏在諸侯之策，曰：'孫林父、甯殖出其君。'"②夫子以爲臣出君不可訓，故更之曰"衛侯衎出奔齊"，以君自出爲文。"天王狩于河陽"，其義亦然。《左氏》引"仲尼曰：以臣召君，不可以訓"，是隱諱之義，《左氏》亦知之。而續經云："齊陳恒執其君，寘于舒州。"則與《春秋》不書孫、甯出君之義相背。是《左氏》於《春秋》隱諱之旨，半明半昧，劉氏則全不知。夫吳爲伯主，故恥不書，公及戎盟，本無庸諱。且及戎盟，隱、桓二年凡兩見。劉舉桓而失隱，知其讀《春秋》不熟矣。

劉氏又曰："齊、鄭及楚國有弑君，各以疾赴，遂皆書卒？……反不討賊；……藥不親嘗。遂皆被以惡名，播諸來葉。"③案劉氏此說，亦由不解隱諱之義。"鄭伯髡原如會，卒於操"，《公羊傳》明以爲隱，以爲弑，以爲爲中國諱。"楚子卷、齊侯陽生卒"，《公羊》無

---

① 劉知幾《史通》卷十四《惑經》。
② 《春秋左傳正義》卷三十四。
③ 劉知幾《史通》卷十四《惑經》。

說,《左氏》亦但於"鄭伯之卒"云"以瘧疾赴於諸侯"。楚郟敖、齊悼公,《左氏》以爲弒,而不云以疾赴,劉云各以疾赴,不知何據。"反不討賊",本晉史之舊文;"藥不親嘗",由君子之聽止。是二君之弒,初非夫子所加,夫子特因舊文書之,以著忠臣孝子之義。若齊、鄭、楚三君,其國無董狐之直筆,國史本不書弒,夫子豈得信傳聞之說,遽加人以弒逆之罪乎?至鄭伯隱諱,又是一義。劉氏不明其義,而幷爲一談,斯惑矣。魯桓弒隱,但書"公薨",劉氏以爲"董狐、南史……各懷直筆。……孟子言①'孔子成《春秋》,而亂臣賊子懼',無乃烏有之談?"② 不知南、董非崔、趙之臣,故可直書;孔子是魯臣,於其先君篡弒,不可直書。劉氏在唐,曾爲史官,試問其於唐代之事,能直書無隱否?乃以此惑聖經,並疑孟子之言爲烏有,固由讀書粗疏,持論獷悍,亦由誤信杜預、孔穎達,不知從《公》《穀》以求聖經也。

40. 論劉知幾據竹書以訛聖經,其惑始於杜預,唐之陸淳、劉貺已駁正其失

且劉氏受惑之處非直此也。曰:"案汲冢竹書《晉春秋》及《紀年》之載事也,如重耳出奔,惠公見獲,書其本國,皆無所隱。唯《魯春秋》之紀其國也,則不然。何者?國家事無大小,苟涉嫌疑,動稱恥諱。"又"案晉自魯閔公以前,未通於上國。至僖二年,滅下陽已降,漸見於《春秋》。蓋始命行人自達於魯也,而《瑣語·春秋》載魯國閔公時事,言之甚詳。斯則聞見必書,無假相赴者也。蓋當時國史,他皆倣此。至於夫子所修也,則不然。凡書異國,皆取來告。苟有所告,雖小必書;如無其告,雖大必闕。……尋茲例之作也,蓋因周禮舊法,魯策成文,夫子既撰不刊之書,爲後王之則,豈可仍其過失,而不中規矩乎?"又"案古者國有史官,具列時事,觀

---

① "言",《史通》作"云"。
② 劉知幾《史通》卷十四《惑經》。

汲塚出記，皆與魯史符同。至於①周之東遷，其說稍備；隱、桓已上，難得而詳。此之煩省，皆與《春秋》不別。又'獲君曰止''誅臣曰刺''殺其大夫曰殺''執我行人''鄭棄其師''隕石於宋五'，諸如此句，多是古史全文。則知夫子之所修者，但因其成事，就加雕飾，仍舊而已，有何力哉？"②

錫瑞案：劉氏據《左傳》而疑經，謂經全因舊史，已是大惑。又據竹書而疑經，謂經何以不改舊史，更滋其惑，而其惑實始於杜預。杜預《春秋集解後序》論汲冢書云："其著書文意，大似《春秋》經，推此足見古者國史③策書之常也。文稱魯隱公及邾莊公盟於姑蔑，即《春秋》所書'邾儀父未王命，故不書爵，曰儀父貴之也'。又稱晉獻公會虞師伐虢，滅下陽，即《春秋》所書'虞師晉師滅下陽。先書，虞賄故也'。又稱周襄王會諸侯於河陽，即《春秋》所書'天王狩於河陽。以臣召君，不可以訓也'。諸若此輩甚多，略舉數條，以明國史皆承告據實而書時事，仲尼修《春秋》，以義而制異文也。"④胡渭曰："《竹書紀年》文意簡質，雖頗似《春秋》經，然此書乃戰國魏哀王時人所作，往往稱謚以記當時之事。如魯隱公及邾莊公盟於姑蔑，晉獻公會虞師伐虢滅下陽，周襄王會諸侯於河陽，明係春秋後人約《左傳》之文，倣經例而爲之。與身爲國史，承告據實書者不同。杜氏《後序》則謂推此足見古者國史策書之常，不亦過乎？"⑤

案胡氏此說足解杜氏之惑，即足解劉氏之惑。《春秋》傳於子夏，子夏退老西河，爲魏文侯師，魏人必有從之受《春秋》者。《紀年》作於魏哀王時，距孔子作《春秋》已百年，其書法明是倣《春秋》。杜氏乃疑古史書法本然，孔子《春秋》是依倣此等書爲之，而益堅其經承舊史、史承赴告之說。不思著書年代先後，具有明徵，但有後

---

① "於"，《史通》作"如"。
② 劉知幾《史通》卷十四《惑經》。
③ "古者"後，《春秋左傳正義·後序》有"國史"二字。
④ 《春秋左傳正義·後序》。
⑤ 閻若璩《尚書古文疏證》卷四第五十四《言〈泰誓上〉"惟十有三年春"繫以時非史例》。

人襲前人，未有前人襲後人者。孔子作《春秋》在百年前，魏人作《紀年》在百年後，猶之《史記》在《漢書》前，《三國志》在《後漢書》前。若有謂史公襲班書，陳壽襲范書，人未有不啞然笑者。杜氏之惑，何異於是？

　　陸淳《春秋纂例》嘗言之矣，"或曰：'若左氏非受經於仲尼，則其書多與《汲冢紀年》符同，何也？'答曰：'彭城劉惠卿名貺。著書云：紀年序諸侯列會，皆舉其謚，知是後人追修，非當世正史也。至於齊人殲於遂，鄭棄其師，皆夫子褒貶之意。而竹書之文亦然。其書鄭殺其君某，因釋曰是子亹。楚囊瓦奔鄭，因曰是子常，率多此類。別有《春秋》一卷，全錄《左氏傳》卜筮事，無一字之異。故知此書按《春秋》經傳而爲之也。'劉之此論當矣。且經書紀子伯、莒子盟於密，《左氏經》改爲紀子帛，《傳》釋云魯故也。以爲是紀大夫裂繻之字，緣爲魯結好，故褎而書字。同之內大夫，序在莒子上，此則魯國褒貶之意，而竹書自是晉史，亦依此文而書，何哉？此是①明驗，其中有鄭莊公殺公子圣，《春秋》作段。魯桓公、紀侯、莒子盟於區蛇，如此等數事，又與《公羊》同。其稱今王者，魏惠成王也。此則魏惠成王時史官約諸家書，追修此紀，理甚明矣。觀其所記，多詭異鄙淺，殊無條例，不足憑據而定邪正也。"②

　　案劉貺、陸淳皆唐人，曾見《紀年》全書，其說可憑。陸年輩後於劉知幾，其說正可駁劉，以齊人殲於遂，鄭棄其師，爲夫子褒貶之特筆，遠勝劉說以爲出《瑣語・晉春秋》矣。陸通經學，劉不通經，故優劣判然也。

41. 論《春秋》家、《左傳》家當分爲二，如劉知幾說

　　劉知幾說《春秋》雖謬，猶知《春秋》《左傳》之分。共論史體六家：一曰《尚書》家，二曰《春秋》家，三曰《左傳》家，四曰

---

①　"是"，陸淳《春秋集傳纂例》作"最"。
②　陸淳《春秋集傳纂例》卷一《趙氏損益義第五》，影印《文淵閣四庫全書》第146冊，第385—386頁。

《國語》家，五曰《史記》家，六曰《漢書》家。前二家經也，後二家史也，中二家《左傳》《國語》，則在經史之間。是劉知幾猶知《春秋》家與《左傳》家體例不同，當分爲二，不當合爲一也。古經傳皆別行，據《漢書·藝文志》與《左傳序》孔《疏》具有明證。熹平《石經》《公羊春秋》，有傳無經。漢時專主《公羊》，故直以《公羊》爲《春秋》，後世孤行《左傳》，又直以《左傳》爲《春秋》。《公羊》字字解經，經傳相附，以《公羊》爲《春秋》可也。《左氏》本不解經，經傳不相附，或有經無傳，或有傳無經，以《左氏》爲《春秋》不可也。

唐人作《五經正義》，《春秋》主《左氏傳》，《公羊》《穀梁》雖在中經、小經之列，而習此二經者殆絕。唐時如啖、趙、陸兼通三《傳》者甚少，如陳商能分別《春秋》是經、《左氏》是史者，更別無其人矣。宋人刊《十三經注疏》，《公》《穀》稱《公羊》《穀梁》，《左氏》稱《春秋左傳》，明以《春秋》專屬《左氏》，而屏《公》《穀》於《春秋》之外。夫以《公》《穀》之字字解經者，不以《春秋》屬之，《左氏》之本不解經者，獨以《春秋》屬之，宜乎學者止知有《左氏傳》，不知有《春秋》經。聖人之作經爲萬世法者，付之若存若亡之列。

洪邁《容齋續筆》，有"紹聖廢《春秋》"一條云："五聲本於五行，而徵音廢。四瀆源於四方，而濟水絕。《周官》六典所以布治，而司空之書亡。是固出於無可奈何，非人力所能爲也。乃若'六經'載道，而王安石欲廢《春秋》。紹聖中，章子厚作相，蔡卞執政，遂明下詔罷此經，誠萬世之罪人也。"① 如洪氏說，彼悍然廢《春秋》者，罪誠大矣。然亦豈非唐宋以來不尊《春秋》，有以階之厲乎？宋人以《春秋》專屬《左傳》，由於唐作《正義》但取《左傳》。漢人以《禮經》專屬《儀禮》，而唐作《正義》但取《禮記》，故後世以《禮記》取士。論者譏其舍經用傳，《禮記》體大物博，雖有解《儀禮》數篇之義，而非盡解《儀禮》，不得全謂之傳。若《左氏》明明《春秋》之傳，傳又不與經合。而後世《左氏》孤行，舍經用傳，較

---

① 洪邁《容齋隨筆·續筆》卷十五。

之舍《儀禮》而用《禮記》者，蓋有甚焉。王應麟《困學紀聞》，先列《春秋》，繼以《左傳》《公羊》《穀梁》，分別尚晰。學者當知如此分別，則經傳部居不紊，不得以《春秋》專屬《左氏》，而竟以《左氏》冒《春秋》。後之治《左氏》者，能詮擇經義，解說凡例，可附於《春秋》家。若專考長曆、地名、人名、事實，或參以議論者，止可入《左氏》家，以與聖經大義無關，止可謂之史學，不得謂之經學也。

42. 論孔子作《春秋》，增損改易之迹可尋，非徒因仍舊史

　　陳壽祺曰："竊觀孟子言孔子作《春秋》，'作'之云者，雖據舊史之文，必有增損改易之迹。《不修春秋》①曰：'雨星不及地尺而復。'君子修之曰：'星隕如雨。'諸侯之策曰：'孫林父、甯殖出其君'，孔子書之曰：'衛侯衎出奔齊。'晉文公召王而朝之，孔之曰：'以臣召君，不可以訓。'故書曰：'天王狩於河陽。'《魯春秋》去夫人之姓曰吳，其卒曰孟子卒，孔子書'孟子卒'，而不書夫人吳。此其增損改易之驗見於經典者也。華督得罪於宋殤公，名在諸侯之策。晉董狐書曰：'趙盾弒其君。'齊太史書曰：'崔杼弒其君。'《魯春秋》記晉喪曰：'弒其君之子奚齊及其君卓。'孔子於《春秋》皆無異辭，此循舊而不改之驗也。太子獨記子同生，而不及子赤、子野、襄公，則知此爲《春秋》特筆。以起不能防閑文姜之失，妾母獨錄惠公仲子、僖公成風，而略於敬嬴、定姒、齊歸，則知此亦《春秋》特筆，以著公妾立廟，稱夫人之始。有年、大有年，惟見桓三年及宣十六年，蓋承屢祲之後，書以示幸。王臣書氏，惟見隱三年及昭二十三年、二十六年，蓋兆世卿之亂王室，書以示譏，則其他之刪削者夥矣。外大夫奔書字，惟見文十四年宋子哀，蓋襃其不失職。外大夫見

---

① 案：《不修春秋》一書名見《公羊傳》莊公七年"星隕如雨"條釋文，朱彝尊《經義考》卷一百六十八載王應麟曰："魯之《春秋》韓起所見，《公羊傳》所云《不修春秋》也。"以《不修春秋》爲《魯春秋》。

殺書字，惟見桓二年孔父，蓋美其死節。公子季友、公弟叔肸稱字，季子、高子稱子，所以嘉其賢。齊豹曰盜，三叛人名，所以斥其惡。公甍以不地見弒，夫人以尸歸見殺，師以戰見敗，公夫人奔曰孫，內殺大夫曰刺，天王不言出，凡伯不言執，與王人盟不言公，皆《春秋》特筆也。是知聖人修改之迹，不可勝數。善善惡惡，義踰衮鉞，然後是非由此明，功罪由此定，勸懲由此生，治亂由此正。故曰"《春秋》天子之事"，苟徒因仍舊史，不立褒貶，則諸侯之策，當時未始亡也，孔子何爲作《春秋》？且使《春秋》直寫魯史之文，則孟子何以謂之"作"？則"知我""罪我"安所徵？亂臣賊子安所懼？"①

　　錫瑞案：陳氏引《春秋》書法，兼采三《傳》，求其增損改易之迹，可謂深切著明。即此足見《左氏》家經承舊史、史承赴告，其說近是而實不是。孔子作《春秋》非可憑空結撰，其承舊史是應有之事。魯史亦非能憑臆捏造，其承赴告亦是應有之事。《左氏》家說本非全然無理，特後人視之過泥，持之太堅，謂《春秋》止是鈔錄舊文，尚不如《漢書》之本《史記》，《後漢書》之襲《三國志》，新《五代史》《唐書》之因舊《五代史》《唐書》，猶有增損改易之功，則《春秋》一書，於魯史爲重臺，於《左傳》爲疣贅，宋人廢之，誠不過矣，而《春秋經》豈若是乎？

43. 論宋五子說《春秋》有特見，與《孟子》《公羊》合，足正杜預以後之陋見謬解

　　宋五子於《春秋》無專書，而說《春秋》皆有特見。
　　周子曰："《春秋》，正王道，明大法也，孔子爲後世王者而修也。亂臣賊子誅死者於前，所以懼生者於後。"②
　　邵子曰："《春秋》者，孔子之刑書也。功過不相掩，聖人先褒

---

　　① 陳壽祺《左海文集》卷四下《答高雨農舍人書》，《續修四庫全書》第1496冊，第174—175頁。
　　② 周敦頤《周敦頤集》卷二《通書·孔子上第三十八》。

其功而貶其罪，故罪人有功亦必錄之。"①

程子曰："夫子……作《春秋》爲百王不易之大法。……斯道也，惟顏子嘗聞之矣。'行夏之時，乘殷之輅，服周之冕，樂則《韶》舞'，此其準的也。後世以史視《春秋》，謂襃善貶惡而已，至於經世之大法，則不知也。《春秋》大義，……炳如日星，乃易見也；惟其微辭隱義，時措咸②宜者，爲難知也。或抑或縱，或予或奪，或進或退，或微或顯，而得乎義理之安，文質之中，寬猛之宜，是非之公，乃制事之權衡，揆道之模範也。"③

張子曰："《春秋》之書，在古無有，乃仲尼所自作，惟孟子爲能知之。"④

朱子曰："孔子作《春秋》，當時亦須與門人講說，所以《公》《穀》《左氏》，得一箇源流，只是漸漸訛舛。當初若是全無傳授，如何鑿空撰得？"又曰："三家皆非親見孔子。……左氏不必⑤解是丘明。"又曰："'杜預每到不通處，……不云傳誤，云經誤。……可怪，是何識見！'"⑥

錫瑞案：《春秋》始誤於杜預，而極謬於劉知幾，當以宋五子之說正之。其說與《孟子》《公羊》之旨合。周子曰"《春秋》正王道，明大法"，非即素王改制之旨乎？曰"孔子爲後世王者而修"，非即爲漢定道之旨乎？邵子曰"《春秋》者，孔子之刑書"，非即貶天子，退諸侯，討大夫，以達王事之旨乎？曰"功過不相掩"，非即善善從長之旨乎？程子曰"作《春秋》爲百王不易之大法"，非即作《春秋》垂空言以斷禮義，當一王之法之旨乎？引"行夏之時"四語爲證，非即損益四代，變周之文，從殷之質之旨乎？張子曰"《春秋》之書，在古無有"，豈得如杜預云"周公已有《春秋》凡例"乎？曰"乃仲尼所自作"，豈得如杜預云"孔子多鈔魯史舊文"乎？

---

① 邵雍《皇極經世書·觀物外篇》下之下，《邵雍集》。
② "咸"，《河南程氏文集》作"從"字。
③ 程顥、程頤《河南程氏文集》卷八《春秋傳序》。
④ 張載《張載集·拾遺·近思錄拾遺》。
⑤ "不必"，《朱子語類》作"必不"。
⑥ 《朱子語類》卷八十三。

朱子曰"孔子作《春秋》，與門人講說"，即七十子之徒口受其傳旨之意，而《史記》以魯君子左丘明，列七十子口受傳旨之外，則丘明不得口受，不當如劉歆輕口說而重傳記矣。曰"三家皆非親見孔子"，公、穀皆子夏弟子，未必親見孔子，而作傳之丘明與《論語》之丘明，是一是二，古無明文，不必如劉歆云丘明親見聖人，荀崧云丘明造膝親受矣。程子云"後世以史視《春秋》，謂褒善貶惡而已，至於經世之大法，則不知也"，尤道盡杜預以後諸儒之陋見謬解。

《春秋》經世，莊子嘗言之矣。其義在《孟子》云天子之事，《公羊》云素王改制，其大者在三科九旨。杜預以後，不明此義，其高者以爲懲惡勸善，僅同良史直書，其下者以爲錄舊增新，不過鈔胥校對。其失由於專據《左氏》，不治《公》《穀》，於孔子所以爲後王立法，以馴致太平者，全未夢見。孟子所稱爲"天下一治"，功可繼羣聖者，亦不致思。宋五子非《春秋》專門，未必深求《公》《穀》二傳，乃獨能知微言大義，不惑於杜預諸人淺陋之見，由其學識超卓，亦由此心此理之同，與古人不謀而合也。程子曰"大義炳如日星"，朱子已引成宋亂宋災故之類以證之。至於"微辭奧義，時措咸宜"，程、朱以爲難知者，學者能研求《公》《穀》二傳，當知之矣。

44. 論"斷爛朝報"之說不必專罪王安石，朱子疑胡《傳》並疑《公》《穀》，故於《春秋》不能自信於心

《困學紀聞》引"王介甫《答韓求仁問春秋》曰：'此經比他經尤難，蓋三《傳》不足信也。'尹和靖云：'介甫不解《春秋》，以其難之也。廢《春秋》非其意。'"① 又林希逸曰："尹和靖言介甫未嘗廢《春秋》，廢《春秋》以爲斷爛朝報，皆後來無忌憚者託介甫之言也②。

錫瑞案：此諸說可爲安石平反，然《春秋》之義，具在三

---

① 《困學紀聞》卷六《春秋》。
② 見《困學紀聞》翁元圻案語，《困學紀聞》卷六《春秋》。

《傳》，安石過爲高論，以三《傳》不足信，則《春秋》不廢而廢矣。以《春秋》經爲難知，何不深求三《傳》？至於斷爛朝報，則非特宋人有是言。自《左氏》孤行，杜預謬解，人之視《春秋》者，莫不如是。專信《左氏》家經承舊史之說，一年之中寥寥數事，信手抄錄，並無義例，則是朝報而已。不信《公》《穀》家一字襃貶之義，日月、名氏、爵號有不具者皆爲闕文，萬六千餘字，而闕文百數十條，則是朝服之斷爛者而已。如杜預、孔穎達之說《春秋》，實是斷爛朝報，並不爲誣。若不謂然，則當罪杜、孔，不當罪宋人矣。

《困學紀聞》又引"朱文公亦曰：'《春秋》義例，時亦窺其一二大者，而終不能自信於心，故未嘗敢措一辭。'"① 王應麟引王介甫、尹和靖二條，繼引朱文公說，蓋謂朱子亦以《春秋》爲難知，與王介甫意同。案朱子所謂《春秋》義例，窺其一二大者，如成宋亂、宋災故，既引以證程子所云大義，又云："如書會盟侵伐，不過② 見諸侯擅興自肆耳。書郊禘，不過見魯僭禮耳。至於三卜四卜，牛傷牛死，是失禮之中又失禮也。如'不郊，猶三望'，是不必望而猶望也。如書'仲遂卒，猶繹'，是不必繹而猶繹也。如此等義，卻③ 自分明。"④ 此朱子所云窺其一二者。朱子學最篤實，故於《春秋》之義，但言其分明可據者，若其義稍隱，或不見經而但見傳，則皆不敢信據。當時盛行胡傳，《朱子語錄》曰："胡文定《春秋》非不好，卻不合這件事聖人意是如何下字，那件事聖人意又如何下字。要知⑤，聖人只是直筆據見在而書，豈有許多忉怛。"⑥ 案胡《傳》議論苛碎，多出《公》《穀》之外。朱子懲胡《傳》之苛碎，遂並不信《公》《穀》一字襃貶之義，以爲"必於一字一辭之間求襃貶所在，竊恐不然""聖人只是直筆據見在而書"，則仍惑於杜預、孔穎達，而與孟子、程子之說不合矣。朱子謂"《春秋》自難理會"，足見朱子矜慎，

---

① 《困學紀聞》卷六《春秋》。案：此語出朱熹《書臨漳所刊四經後》。
② 《朱子語類》卷八十三"不過"前，有"大意"二字。
③ "卻"，皮引文誤作"郤"，據《朱子語類》改。
④ 《朱子語類》卷八十三《春秋·綱領》。
⑤ "知"，《朱子語類》卷八十三作"之"。
⑥ 《朱子語類》卷八十三《春秋·綱領》。

遠勝強不知爲知者，但亦有矜慎太過處。胡《傳》不可盡信，而《公》《穀》近古則可信。能深考《公羊》之微言大義，參以《穀梁》之例，又參以《左氏》所載事實，亦可①以得十之七八。朱子謂"須是己之心果與聖人之心神交心契，始可斷他所書之旨"②，則聖人往矣，安得復有聖人？以朱子之賢，猶不敢自信，安得復有自信與聖人神交心契者？《春秋》一經，將沈霾終古矣。《公羊疏》引閔因敘云："昔孔子制《春秋》之義，使子夏等十四人求周史記，得百二十國寶書。"《莊七年傳》云："《不修春秋》曰'雨星，不及地尺而復'，君子修之曰'星霣如雨'。"朱子病二書之不傳，不得深探聖人筆削之意。夫二書不得見，學者無如何也；三《傳》猶幸存，學者所當信也，亦何必矜慎太過，而不措一辭乎？

45. 論據朱子之說足證《春秋》是經非史，學《春秋》者當重義不重事

朱子曰："前輩做《春秋》義，言辭雖粗率，卻說得聖人大意出。……如二程未出時，便有胡安定、孫泰山、石徂徠，他們說經雖是甚有疏略處，觀其推明治道，直是懍懍可畏！《春秋》本是嚴底文字，聖人此書之作，遏人欲於橫流，遂以二百四十二年行事，寓其褒貶。……一字不敢胡亂下。"③ 又 "林問：'先生論《春秋》一經，本是正誼明道④，權衡萬世典刑之書。如朝聘、會盟、侵伐等事，皆是因人心之敬肆爲之詳略；或書字，或書名，皆就其事而爲之義理；最是斟酌毫忽不差。後之學《春秋》，多是較量齊魯短長⑤。自此以後，如宋襄、晉悼等事，皆是論霸事業。不知當時爲王道作耶？爲霸者作耶？若是爲霸者作，則此書豈足爲義理之書？'曰：'大率本爲王道

---

① "可"，商務本、中華本誤作"不"。
② 《朱子語類》卷八十三《春秋‧綱領》。
③ 《朱子語類》卷八十三《春秋‧經》。
④ "正誼明道"，《朱子語類》卷八十三《春秋‧經》作"明道正誼"。
⑤ "短長"二字，《朱子語類》卷八十三作"長短"。

正其紀綱。看以①前《春秋》文字雖觕，尚知有聖人明道正誼道理，尚可看。近來止說得伯業權譎底意思，更開眼不得！此義不可不知。'"②

錫瑞案：據朱子之說，可知學者當以《春秋》爲經，不當以《春秋》爲史；當重《春秋》之義，不當重《春秋》之事。謂"以二百四十二年行事，寓其褒貶"，即借事明義也。謂"一字不敢胡亂下"，即一字褒貶也。謂"書字、書名，皆就其事而爲之義理"，亦即一字褒貶之旨。"正誼明道③，權衡萬世"，惟在《春秋》一經。若置經而求傳，舍義而論事，則不過"較量齊魯之短長"④"宋襄、晉悼之霸事"而已。《孟子》曰："王者之迹熄而《詩》亡，《詩》亡然後《春秋》作。"是《春秋》所以承王者之迹，故《孟子》斷之曰："天子之事。"若夫魯之舊史，止有其事則齊桓、晉文，而無其義，故孔子裁之以義，曰："其義則丘竊取之矣。"《春秋》是經不是史，重義不重事，即孔子、孟子之言，足以證之。《左氏》敘事詳而釋義略，仍如魯史其事、其文之舊，非但侈陳桓、文。《春秋》雖褒桓、文，實與而文不與。孟子深於《春秋》，謂"仲尼之徒，無道桓、文之事"。蓋裁之以義，不當侈陳其事，並晉悼之霸，亦侈陳之。何劭公不許晉悼之霸，鄭君以爲鄉曲之學，深可忿疾。不知桓、文之事，猶無足道，何論晉悼？以鄭君之學而所見如此，何怪後之學者遺經存傳，談其事迹。（用㕛助語）或且樂道陰謀詭計，如魏禧作《左傳經世》，又纂《左氏兵謀兵法》，以張其燄，與"春秋無義戰"之旨，全然相反，正朱子所謂"止說得伯業權譎，更開眼不得"者。試思《春秋》爲王道作，豈專論伯事者哉？朱子云"以前文字雖觕"，即指胡安定、孫泰山諸人。胡書不傳，孫氏《尊王發微》論雖近苛，尚能比附《春秋》之義，以其重義不重事，是經不是史，故文字雖觕，而與聖人之旨猶近也。後來止說伯業權譎，雖由其人識見卑陋，亦由專主《左氏》，不知有《春秋》經，而其流弊遂至於此。以其重

---

① "以"，《朱子語類》卷八十三"已"。
② 《朱子語類》卷八十三《春秋·經》。
③ "正誼明道"，《朱子語類》卷八十三作"明道正誼"。
④ "短長"，《朱子語類》卷八十三作"長短"。

事不重義，是史不是經，故議論猥多，而與聖人之旨愈遠也。學《春秋》者，觀朱子之論，可以審所去取矣。

46. 論杜預專主《左氏》，似乎《春秋》全無關繫無用處，不如啖、趙、陸、胡說《春秋》尚有見解

凡書必有關繫，有用處，然後人人尊信誦習，若無關繫，無用處，雖間存於一二好古之士，而尊信誦習者尠矣。漢人之尊《春秋》，在《易》《詩》《書》之上，一則以爲諸經止是孔子贊修，不如《春秋》爲孔子手作；二則孔子贊修諸經之旨，未甚著明，不如孔子所作之《春秋》，微言大義，顯然可見；三則諸經雖爲後世立法，亦不如《春秋》素王改制之顯。故爲漢定道，多專屬之《春秋》，且多引《春秋》以決時事。是漢人以《春秋》爲有關繫，有用處，人人尊信誦習，由專主《公羊》之故也。

及《左氏傳》出而一變。《左氏》自成一家之書，亦未嘗與《公羊》抵牾，而偏護古文者，務張大其說，以駁異今文。自劉歆、韓歆欲以《左氏》立學，爲今文博士所排，仇隙愈深，反對愈甚。賈逵已將臆造之說爲《左氏》之說，以斥《公羊》，而解《左氏》猶采《公》《穀》。至杜預出，乃盡棄二《傳》，專執韓宣"周禮在魯"一語，以《左氏傳》五十凡例盡屬周公。孔子止是鈔錄成文，並無褒貶筆削，又安得有微言大義與立法改制之旨？故如杜預所說，《春秋》一經，全無關繫，亦無用處。由於力反先儒之說，不信漢儒之論，不顧《孟子》之文，以致聖人所作之經，沈廢擱棄，良可浩歎。

啖助在唐時，已云"習《左氏》者皆遺經存傳，談其事迹，翫其文采，如覽史籍，不復知有《春秋》微旨"①。蓋《左氏傳》本是史籍，並無《春秋》微旨在內，止有事實，文采可翫。自漢以後，六朝及唐皆好尚文辭，不重經術，故《左氏傳》專行於世，《春秋》

---

① 陸淳《春秋集傳纂例》卷一《啖氏集傳注義》，《文淵閣四庫全書》第146 冊，第382 頁。

經義，委之榛蕪。啖、趙、陸始兼采三《傳》，不專主《左氏》，推明孔子襃貶之例，不以凡例屬周公。雖未能上窺微言，而視杜預、孔穎達，以《春秋》爲錄成文而無關繫者，所見固已卓矣。

宋儒通學啖、趙遺風，至程子出，乃於孔子作《春秋》爲後王立法之意，有所窺見。其《春秋傳》自序曰："夫子當周之末，以聖人不復作也，順天應時之治不復有也，於是作《春秋》，爲百王不易之大法。……後王知《春秋》之義，則雖德非禹、湯，尚可以法三代之治。自秦而下，其學不傳。予悼夫聖人之志不明於後世也，故作《傳》以明之，俾後之人通其文而求其義，得其意而法其用，則三代可復也。"① 自漢以後，論《春秋》者尟知此義，惜其《傳》作於晚年，略舉大義，襄、昭以後尤略書，止二卷。胡安國師程子，其作傳大綱本孟子，而微旨多以程子之說爲據，（本晁、陳二氏之說）其《序》曰："孟氏發明宗旨，目爲天子之事者，周道衰微，乾綱解紐，亂臣賊子接迹當世，人欲肆而天理滅矣。仲尼天理之所在，不以爲己任而誰可？五典弗惇，已所當敘。五禮弗庸，已所當秩。五服弗章，已所當命。五刑弗用，已所當討。……故曰：'我欲載之空言，不如見之行事之深切著明也。'空言獨能載其理，行事然後見其用。是故假魯史以寓王法，撥亂世反之正，……其大要皆天子之事也。"②

錫瑞案：胡氏以惇典、庸禮、命德、討罪爲天子之事，又云仲尼以爲己任，足以發明《春秋》素王之義。"空言獨能載其理，行事然後見其用"，尤足證明《春秋》借事明義之旨。"假魯史以寓王法"，即託王於魯也；"撥亂世反之正"，亦《公羊》之文也。胡氏尊孟子，故能信《公羊》，惜其《傳》不能篤守《公羊》，故雖窺見微言，未盡原本古義。間涉穿鑿，不愜人心，而視前儒以《春秋》爲託空言而無用處者，其見爲更卓矣。近漢學家不取通學，啖、趙、陸、胡皆致不滿。竊謂諸家雖非專門，然猶知《春秋》有關繫，有用處，故其所著之書，體例雖雜，猶於《春秋》有關繫，有用處。若專主《左氏》者，專執杜、孔之說，並不知《春秋》有關繫，有用處，則

---

① 《河南程氏文集》卷八《春秋傳序》，程顥、程頤《二程集》。
② 胡安國《胡氏春秋傳·序》，影印《文淵閣四庫全書》第151冊，第5頁。

其所著之書，考證雖詳，亦於《春秋》無關繫，無用處也。

47. 論《春秋》一字褒貶，不得指爲闕文

鄭樵曰："諸儒之說《春秋》，有以一字爲褒貶者，有以爲有貶無褒者，有以爲褒貶俱無者。謂《春秋》以一字爲褒貶者，意在於推尊聖人。其說出於太史公，曰：'夫子修《春秋》，游、夏之徒，不能贊一辭。'故學者因而得是說也。謂《春秋》有貶無褒者，意在於列國之君臣也，其說出於《孟子》，曰：'春秋無義戰。彼善於此則有之矣。'故學者因而得是說也。謂《春秋》無褒貶者，意在於矯漢儒，其說出於《竹書紀年》所書。（案此即劉知幾之說，前已辨之）載鄭棄其師、齊人殲於遂之類，皆孔子未修之前，故學者因而得是說也。雖其意各有所主，然亦不可以泥。泥一字褒貶之說，則是春秋二字，皆挾劍戟風霜，聖人之意不如是之勞頓也。泥於有貶無褒之說，則是《春秋》乃司空城旦之書，聖人不如是之慘刻也。泥於無褒貶之說，則是《春秋》爲瑣語小說，聖人又未嘗無故而作經也。"①

顧棟高曰："鄭氏之言極是，聖人之心，正大平易，何嘗無褒貶？但不可於一字上求褒貶耳。（案此正同朱子之說）孟子明言'其事則齊桓、晉文，其文則史。孔子曰：其義則丘竊取之矣'，如以爲無褒貶，則是有文事而無義也。如此，則但有魯之《春秋》足矣，孔子更何用作《春秋》乎？近日有厭支離之說，而竟將《春秋》之褒貶抹去者，矯枉過正，亦非聖人之意。有以《春秋》爲有筆無削者，是即無褒貶之說也。夫未修之《春秋》，即不可得見，而《左氏》之書具在，於②襄公親送葬楚子，昭公昏於吳，豈有不遣卿大夫往會吳、楚葬之理？而終《春秋》吳、楚之葬不書，此削之以示義也。襄公葬楚子不書，而於二十九年'春，王正月，公在楚'見之。昭公昏於吳不書，而於哀十二年書'孟子卒'見之，此削之以示諱也。又如十二公之納幣逆夫人，魯史皆書，而《春秋》於僖公、襄公不書，

---

① 《六經奧論》卷四《褒貶》，影印《文淵閣四庫全書》第184冊，第86頁。
② "於"，《春秋大事表·讀〈春秋〉偶筆》作"如"。

此所謂合禮不書也。世子生皆書，而《春秋》止書子同生，此所謂常事不書也。此皆其顯然可見者，如以爲有筆無削，則《春秋》竟是一部鈔胥，何足以爲經世大典乎？"①

錫瑞案：以《春秋》爲一字褒貶，《公》《穀》之古義也。以爲有貶無褒，孫復之新說也。以爲褒貶俱無，後世習《左氏》者之讆言也。鄭樵幷三《傳》皆不信，故於三說皆不取。其不取後二說，是也；不取前一說，非也。《春秋》一字之褒，一字之貶，兩漢諸儒及晉范甯皆明言之。《左氏》孤行，學者不信《公》《穀》，於是《春秋》或日或不日，四時或具或不具，或州或國，或氏或人，或名或字，或子之類，人皆不得其解。聖人豈故爲是參差，以貽後世疑惑乎？《春秋》文成數萬，其旨數千，非字字有褒貶之義，安得有數千之旨？若如杜預、孔穎達說，其不具者，概爲闕文，則斷爛朝報之譏誠不免矣。顧氏於《春秋》用功深，《大事表》一書，實出宋章沖、程公說之上。惟其《春秋》之學專主《左氏》，惑於杜、孔之說，故以鄭氏爲是。其《春秋·闕文表》於一字褒貶之處，皆以爲偶闕，且謂"此皆《公》《穀》倡之，而後來諸儒，如孔氏穎達、啖氏助、趙氏匡、陸氏淳、孫氏復、劉氏敞，亦既辨之矣。而復大熾於宋之中葉者，蓋亦有故焉。自諸儒攻擊三《傳》，王介甫遂目《春秋》爲斷爛朝報，不立學官。文定反之，矯枉過正，遂舉聖經之斷闕不全者，皆以爲精義所存，復理《公》《穀》之故說，而呂氏東萊、葉氏少蘊、張氏元德諸儒俱從之。由是《春秋》稍明於唐以後者，復晦昧於宋之南渡，豈非勢之相激使然哉！夫蔑棄聖人之經，與過崇聖人之經，其用心不同，而其未得乎聖人垂世立教之心，則一也。"② 案顧氏之說非是，斷爛朝報之說起而《春秋》廢，正由說《春秋》者闕文太多之故。南宋諸儒力反其說，如胡文定者，其穿鑿或出《公》《穀》之外，誠未免求之過深。然文定之深文不可信，而《公》《穀》之故說則可信。文定反斷爛朝報之說，顧氏以爲矯枉過正。顧氏反文

---

① 顧棟高《春秋大事表·讀〈春秋〉偶筆》，影印《文淵閣四庫全書》第180冊，第619頁。

② 顧棟高《春秋大事表》卷四十三《闕文表》，影印《文淵閣四庫全書》第180冊，第503—504頁。

定一字褒貶之說，以聖經爲斷爛不全，則仍是斷爛朝報之說矣，獨不爲矯枉過正乎？《春秋》經惟"夏五①""伯于陽"，實是闕文，其餘後世以爲闕者，皆有說以處之，並非斷闕不全。如文定之說，猶不失爲過崇聖經；如顧氏之說，已不免於蔑棄聖經矣。（黃澤②曰："屈經申傳者，杜預輩是也；屈傳申經者，若胡文定諸公是也。"）

48. 論經史分別甚明，讀經者不得以史法繩《春秋》，修史者亦不當以《春秋》書法爲史法

劉敞曰："《傳》曰：'公出復入，不書，諱之也。諱國惡，禮也。'杜氏曰：'掩惡揚善，義存君親，皆當時臣子率意而隱，故無淺深之準。'非也。《傳》所云者，似言仲尼作《春秋》，改舊史，有所不書之意也，非當時史官以諱爲禮也。何以知之邪？按御孫謂莊公曰：'君舉必書。書而不法，後嗣何觀？'（此曹翽之言，以爲御孫，誤）以御孫之說論之，君之不法，無所不書也。既無所不書，則是諱國惡者，非史官之事，《春秋》之意也。爲之臣子，率意爲君父諱，非也。臣之意莫不欲尊其君，子之意莫不欲美其親。如此，國史爲無有實事，皆虛美也，謂之史，可乎？故《春秋》一也，魯人記之則爲史，仲尼修之則爲經。經出於史，而史非經也。史可以爲經，而經非史也。譬如攻石取玉，玉之產於石必也，而石不可謂之玉。披沙取金，金之取於沙必也，而沙不可謂之金。魯國之史，賢人之記，沙之與石也。《春秋》之法，仲尼之筆，金之與玉也。金石必待揀擇追琢而後見，《春秋》亦待筆削改易而後成也。謂《春秋》之文，皆舊史所記，無用仲尼者，是謂金石不待揀擇追琢而得，非其類矣。"③

錫瑞案：劉氏分別經史，義極精確。即以《左氏傳》義駁杜預經

---

① "夏五"，《春秋·桓公十四年》"夏五"後缺"月"字。另《春秋·莊公二十四年》"郭公"後未記事。後世以"夏五郭公"喻古籍文字脫漏。

② 黃澤（1260—1346），字楚望，資州人，父儀可始居九江因家焉。曾爲江州景星書院山長、洪之東湖書院山長，受學者衆。《元史》本傳云："近代覃思之學，推澤爲第一。吳澄嘗觀其書，以爲平生所見明經士，未有能及之者。"著有《易學濫觴》《春秋指要》等。門人趙汸爲高第，得其《春秋》之學。

③ 劉敞《春秋權衡》卷四《僖公》，影印《文淵閣四庫全書》第147冊，第204頁。

出舊史之非，尤足以關其口。《春秋》是爲萬世作經，爲後人立法，聖人待筆，空前絕後，不可無一、不能有二之書。前古未見，（本張橫渠說）則不得謂前有所承，後莫能繼，則不得云後人可續。乃後之讀經者，既不知聖人所作是經，而誤以史法繩之，於是經義亂。（如劉知幾《惑經》《申左》之類）後之修史者，又不知非聖人不能作經，而誤以史書擬之，於是史法亦亂。（如沈既濟之類）司馬遷、班固，世稱良史，所著《史記》《漢書》，多得《春秋》之義，然其書不敢學一字褒貶，只是據事直書，揚雄準《易》作《太玄》，仿《論語》作《法言》，而不敢擬《春秋》。王通始擬《春秋》作《元經》，論者以爲宋阮逸僞作。蓋隋以前猶知古義，唐宋以下，議論始繁。

唐沈既濟書中宗，曰："帝在房陵。"孫甫、范祖禹用其說，以《春秋》"公在乾侯"爲比。程迥駁之曰："《春秋》書王在畿內，曰'居於狄泉'；出王畿，曰'出居於鄭'。諸侯在境內，曰'公居於鄆'；出境，曰'公在乾侯'。《唐鑒》用《春秋》書法，中宗則宜曰'帝居房陵'，不宜曰'在'。"①案程氏之駁是矣，而未盡也。敬王與王子朝，雖有東王、西王之稱，士伯問介眾而辭王子朝，則當時皆推戴敬王。襄王之出居鄭，諸侯推戴，更無異說。是《春秋》書天王，據實直書也。昭公出奔在外，魯國未別立君。平子每歲買馬，具從者之衣履，而歸之於乾侯。士鞅以爲季孫事君如在國，齊、晉諸國亦皆以君禮待之。景公曰："孰君而無稱？"是《春秋》書公，亦據實直書也。若唐中宗，已廢爲廬陵王，武后自稱則天皇帝。今書廬陵王曰"帝"，則唐有兩帝矣。若奪則天之帝以與廬陵，則不據實直書，而變亂當時之事實，雖聖人有所不敢矣。乾侯，晉地，故書"在"，與"公在楚"同義。房陵，唐地，不當引以爲比。《唐鑒》書"帝在東宮"，尤不可通，非止劉知幾貌同心異之誚，錢大昕已辨之。歐陽修《五代史》、朱子《綱目》，亦有此失。《綱目》書"莽大夫揚雄死"，錢大昕亦已辨之。

王鳴盛論《五代史》曰："歐公手筆誠高，學《春秋》卻正是一

---

① 項安世《項氏家說》卷七《春秋書居書在》，影印《文淵閣四庫全書》第706冊，第537頁。

病。《春秋》出聖人手筆①，義例精深，後人去聖久遠，莫能窺測，豈可妄效？"引"薛應旂《宋元通鑒義例》云：'《春秋》諸侯而或書其名，大夫而或書其字，或生而書其爵，或卒而去其官，論者以爲夫子之襃貶於是焉在也。夫《春秋》大義炳如日星，而其微詞變例，美惡不嫌同辭，有非淺近之所能推測者，後人修史輒從而擬之，不失之迂妄，則失之鄙陋。"②又論孫甫《唐史論斷》云："觀其自序，欲效《春秋》書法，以襃貶予奪示勸戒。……幸其書亡，若存，徒汩亂學者耳目。……大抵作史者宜直敘其事，不必弄文法，寓予奪；讀史者宜詳考其事實③，不必憑意見、發議論。宋人略通文義，便想著作傳世，一涉史事，便欲法聖人筆削，此一時習氣。"④王氏此說，切中作史者妄擬《春秋》之弊，皆由不知《春秋》是經不是史，經非可僭擬者也。（黃澤曰："作史惟當直書爲得體，夫子《春秋》只借二百四十二年，以示大經大法於天下，故不可以史法觀之。"）

49. 論《春秋權衡》駁《左氏》及杜《解》多精確，駁《公》《穀》則未得其旨

劉敞曰："前漢諸儒，不肯爲《左氏》學者，爲其是非謬於聖人也，故曰《左氏》不傳《春秋》，此無疑矣。然爲《左氏》者皆恥之，因共護曰'丘明受經於仲尼'，此欲以自解免耳，其實非也。何以言之邪？仲尼之時，魯國賢者無不從之游，獨丘明不在弟子之籍。若丘明真受經作傳者，豈得不在弟子之籍哉？豈有受經傳道而非弟子者哉？以是觀之，仲尼未嘗授經於丘明，丘明未嘗受經於仲尼也。然丘明所以作傳者，乃若自用其意說經，汎以舊章凡⑤例，通之於史策，可以見成敗耳。其襃貶之意，非丘明所盡也。以其不受經也。學者可勿思之哉！杜氏《序》曰：'仲尼因魯史策書成文，考其真偽，而志

---

① 《十七史商榷》卷九十二無"筆"。
② 王鳴盛《十七史商榷》卷九十三《新舊五代史一·歐法春秋》。
③ "事實"，《十七史商榷》卷九十二作"實"。
④ 王鳴盛《十七史商榷》卷九十二《新舊唐書二十四·唐史論斷》。
⑤ "凡"，《春秋權衡》卷一作"常"字。

其典禮，上以遵周公之遺制，下以明將來之法。其教之所存，文之所害，則刊而正之，以示勸戒。其餘皆即用舊史，史有文質，辭有詳略，不必改也。'此未盡也，苟唯文之所害，則刊而正之，其餘皆因而不改，則何貴於聖人之作《春秋》也？而《傳》又何以云非聖人莫能修之乎？大凡《左氏》本不能盡得聖人《春秋》之意，故《春秋》所有義同文異者，皆沒而不說。而杜氏患苦《左傳》有不傳《春秋》之名，因爲作說云此乃聖人即用舊史爾。觀丘明之意，又不必然。按隱公之初，始入《春秋》，丘明解經，頗亦殷勤，故'克段于鄢'，《傳》曰：'不言出奔，難之也'，不書城郎，'非公命也'，不書之例，一年之中凡七發。明是仲尼作經，大有所刪改也，豈專用舊史者乎？"①

又曰："大率《左氏》解經之蔽有三：從赴告，一也；用舊史，二也；經闕文，三也。……按史雖待赴告而錄，然其文非赴告之詞也。《春秋》雖據舊史而作，然其義非舊史之文也。簡牘雖有闕失，其史非聖人所遺也。如謂史之記從赴告而已，則亂臣賊子何由而懼②？如謂《春秋》用舊史而已，則何貴於聖人之筆削也？且《春秋》書'良霄入於鄭，鄭人殺良霄''欒盈入於晉，晉人殺欒盈'，其文同也。至哀十四年，非仲尼所修矣。其記陳宗豎，乃曰'陳宗豎入於陳，陳人殺之'。明史之所記，與仲尼之所修異矣。又仲尼所修，無記內邑叛者，哀十五年獨記成叛，此亦史文不與仲尼相似，仲尼不專用史文驗也。如謂經之闕文，皆聖人所遺者，苟傳有所說而不與經同，盡可歸過於經，何賴於傳之解經哉？故《春秋》者，出於舊史者也，而《春秋》非舊史之文也。舊史者，出於赴告者也，而舊史非赴告之辭也。傳者，出於經者也，而傳非經之本也。今傳與經違，是本末反矣。"③

錫瑞案：劉氏《春秋權衡》爲世所稱，以愚觀之，惟駁《左氏傳》及杜預《集解》，說多精確。蓋《左氏》傳事不傳義，本無所謂義例，杜氏傅會，多不可據，故劉氏所駁多中肯。《公》《穀》二傳

---

① 劉敞《春秋權衡》卷一，影印《文淵閣四庫全書》第147冊，第172—173頁。
② "懼"，《春秋權衡》卷一作"書"。
③ 劉敞《春秋權衡》卷七《哀公》，影印《文淵閣四庫全書》第147冊，第253—254頁。

各有義例，非會通全經之旨，必至多所窒礙。誠能融會貫通，則人所見爲窒礙者，皆有說以處此。枚乘曰："銖銖而積①之，至石必差，寸寸而度之，至丈必過。石稱丈量，徑而寡失。"② 專求字句，則多見窒礙，此所謂"銖銖而積，寸寸而度"也。會通全文，則少所窒礙，此所謂"石稱丈量，徑而寡失"也。《春秋》是孔子所作一部全書，其中又有非常異義③，若不大通義例，精究微言，則但能見淺而不能見深。凡所爲三科九旨、一字褒貶、時月日例之類，皆以爲橫生枝節，妄立異端。不知游、夏不能贊一辭者，義正在此。不達乎此，則雖知經承舊史之謬，而不知聖人作經以教萬世，其異於舊史者，究竟安在？經史之異，豈僅在一字一句間乎？劉氏博學精識，而《春秋》非專門，故雖知《左氏》、杜預之非，而未曉《公》《穀》二傳之是。其所駁多字句瑣細，不關大義，其大義明著者，又或誕而不信。故《權衡》一書，駁《左氏》及杜預者多可取，駁二《傳》者可取甚尟。其合併三《傳》爲劉氏《傳》，尤近童牛角馬。"鄭伯克段"一事，陳澧已駁其非。

50. 論呂大圭以後世猜防之見疑古義，宋儒說經多有此失

呂大圭曰："《公羊》論隱公之貴賤，而曰'子以母貴，母以子貴'。夫謂子以母貴可也，謂母以子貴可乎？推此言也，所以長後世妾母陵僭之禍者，皆此言基之也。《穀梁》論世子蒯聵之事，則曰'信父而辭王父，則是不尊王父也，其弗受以尊王父也'，夫尊王父可也，不受父命可乎？推此言也，所以啟後世父子爭奪之禍者，未必不以此言藉口也。晉趙鞅入於晉陽以叛，趙鞅歸於晉，《公》《穀》皆曰：'其言歸何？④ 以地正國也。'後之臣子，有據邑以叛，而以逐

---

① "積"，《漢書·枚乘傳》作"稱"。
② 《漢書》卷五十一《枚乘傳》。
③ "異義"，商務本、中華本皆誤作"異議"。
④ 此語據《春秋公羊傳·襄公元年》，《春秋穀梁傳》表述略異，"襄公十三年"云"其以歸言之何也？"

君側之小人爲辭者矣。公子結媵婦遂盟，《公羊》曰：'大夫受命不受辭，出境有可以安社稷利國家，則專之可也。'後之人臣，有事異域，而以安社稷利國家自諉者矣。祭仲執而鄭忽出，其罪在祭仲也，而《公羊》則以爲合於反經之權，後世蓋有廢置其君如奕棋者矣。聖人作經，本以明其理也，自傳者學不知道，妄爲之說，而是非易位，義利無別。其極於下之僭上，卑之陵尊，父子相夷，兄弟爲讐，爲大臣而稱兵以向闕，出境外而矯制以行事，國家易姓，而爲其大臣者，反以盛德自居而無所愧。君如武帝，臣如雋不疑，皆以《春秋》定國論，而不知其非也。此其爲害甚者，不由於敘事失實之過哉？故嘗以爲三《傳》要皆失實，而失之多者，莫如《公羊》。何、范、杜三家，各自爲說，而說之繆者，莫如何休。《公羊》之失，既已略舉其二，而何休之繆爲尤甚。'元年，春，王正月'，《公羊》不過曰'君之始年'爾，何休則曰'《春秋》紀新王受命於魯'。滕侯卒不日，不過曰'滕，微國而侯，不嫌'也，而休則曰'《春秋》王魯，託隱公以爲始'。'黜周王魯'，《公羊》未有明文也，而休乃唱之，其誣聖人也甚矣。《公羊》曰'母弟稱弟，母兄稱兄'，此其言已有失矣，而休從爲之說曰'《春秋》變周之文，從商之質，質家親親，明當親厚於羣公子也'，使後世有親厚於同母弟，而薄於父之枝葉者，未必不由斯言啟之。《公羊》曰'立適以長不以賢，立子以貴不以長'，此言固有據也，而何休乃爲之說曰'嫡子有孫而死，質家親親，先立弟。文家尊尊，先立孫'。使後世有惑於質文之異，而嫡庶互爭者，未必非斯語禍之。其釋會戎之文則曰'王者不治夷狄，錄戎來者勿拒，去者勿追也'，《春秋》之作，本以正夫夷夏之分，乃謂之不治夷狄可乎？其釋天王使來歸賵之義，則曰'王者據土與諸侯分職，俱南面而治，有不純臣之義'，《春秋》之作，本以正君臣之分，乃謂有不純臣之義可乎？"①

錫瑞案：宋儒不信古義而好駁難，是一時風氣，不足怪。其最不可訓者，則誤沿當時猜防疑忌之習，反以古訓爲助亂之階，非止上誣

---

① 呂大圭《呂氏春秋或問》附《春秋五論·論五》，影印《文淵閣四庫全書》第157冊，第675—676頁。

古人，且恐下惑後世。胡安國《春秋傳》，發明尊王攘夷之義於南宋初，切中時勢，而解'翬帥師'之類，以權臣主兵爲大戒。王夫之論之曰："王之尊，非唯喏趨伏之可尊；夷之攘，非一身兩臂之可攘。岳侯之死，其說先中於庸主之心矣。"王氏之駁胡《傳》誠非苛論。宋懲黃袍加身之事，首奪將帥之權，子孫傳爲家法，賢者限於習俗。南宋之初，欲雪國恥，正賴師武臣力，乃諸將稍稍振起，秦檜奪其兵而殺之廢之。胡氏與檜薰蕕不同，而誤加推薦，蓋由於議論之偶合，而實因經義之不明。岳侯之死，雖未可以咎胡，而解經不精，以致誤國，亦有不得辭其咎者。呂氏此論，多以後世之亂，歸咎漢人，不知漢人但解經義，何能豫防後世之亂？奸人引古藉口，何所不至？曹丕自比舜禹，豈得以舜禹禪讓爲非？王莽自比周公，豈得以周公居攝爲誤？廢君者自比伊尹，豈得疑伊尹爲篡？反上者自比湯武，豈得疑湯武爲弒乎？若以僭上陵尊，相夷爲讐，歸咎《公》《穀》，孔子作《春秋》時，已有弒君父者，亦《公》《穀》爲之乎？黜周王魯，變文從質，母弟稱弟，母以子貴，親親立弟，尊尊立孫，《公羊》雖不皆有明文，董子當《公羊》初著竹帛之時，其書已有明文。呂氏但責何休，而不知其本於董子。是董子書並未得見，何足以言《春秋》義乎？"來者勿拒，去者勿追"，並無語弊，呂以爲非，將來者拒之，去者追之乎？王者諸侯分土，有不純臣之義，封建時本如是，豈可以一統時世並論乎？《容齋隨筆》有"二傳誤後世"一條，以《左氏》大義滅親、《公羊》母以子貴並論，與呂氏所見同。

51. 論黃澤、趙汸說《春秋》有可取者，而誤信杜預，仍明昧參半

黃澤曰："春秋以前，禮法未廢，史所書者，不過君即位，君薨葬，逆夫人，夫人薨葬，大夫卒，有年無年，天時之變，郊廟之禮，諸侯卒葬，交聘會朝，大抵不過如此爾。無有伐國①圍城，入某國某邑等事也。其後禮法既壞，史法始淆亂，如隱公元年除書及邾宋盟、

---

① "伐國"後，趙汸《春秋師說》(《文淵閣四庫全書本》)有"滅國"二字。

公子益師卒外，其餘皆失禮之事。如不書即位，是先君失禮，爲魯亂之本；鄭伯克段，是兄不兄，弟不弟；天王歸仲子之賵，則失禮顯然；祭伯來則不稱使。舉一年如此，則二百四十二年可知，如此則夫子《春秋》安得不作？"①

錫瑞案：黃氏之說甚是。據此可見《春秋》凡例，必不出自周公。周公時天子當陽，諸侯用命，必不容有伐滅圍入等事，故柳宗元、陸淳皆有此疑。黃氏所見，與柳氏、陸氏同，而說加詳。然則韓宣之單辭，杜預之謬解，不當以汩亂《春秋》明矣，乃黃氏既知此義。

又曰："《春秋》凡例，本周公之遺法，故韓宣子適魯，見《易象》與《魯春秋》，曰'周禮盡在魯矣，吾乃今知周公之德，與周公②之所以王'，此時未經夫子筆削，而韓宣子乃如此稱讚者，見得魯之史，與諸國迥然不同故也。"③

案黃氏前後之說，大相矛盾，謂凡例本周公遺法，然則伐滅圍入，周公之時已有之乎？魯史與諸國迥然不同，然則孟子云："晉之《乘》，楚之《檮杌》，魯之《春秋》，一也。"又何說乎？此等皆由惑於杜預之說，先入爲主，故雖於《春秋》有所窺見，而其說半明半昧。凡經學所以不明者，由爲前人之說所壓，不知前人與前人說各不同，有是有非，所當審擇。其審擇是非之法，當視前人之年代先後，與其人之賢否，如杜預解《春秋》，與孟子全然反對。以年代論，則孟子在五百年餘年之前，杜預在五百餘年之後。以賢否論，則孟子爲命世亞聖，杜預爲黨逆亂臣。其所說之是非，自不待辨而決。而自杜解孤行之後，學《春秋》者誤守其說，盡反孟子之說以從之。黃氏於《春秋》，自謂功力至深，亦未能免此失，所以一知半解，間有所窺，而大義微言，終不能喻也。其徒趙汸說《春秋》，亦得失互見，大率本其師說。（黃氏謂孔子非史官，何由得見國史？蓋魯之史官，以孔

---

① 趙汸《春秋師說》卷上《論魯史策書遺法》，影印《文淵閣四庫全書》第164冊，第259頁。

② "周公"，趙汸引《左傳》作"周"，皮引趙文衍"公"字，誤。

③ 趙汸《春秋師說》卷上《論魯史策書遺法》，影印《文淵閣四庫全書》第164冊，第258頁。

子是聖人，乃稟君命使其刊正。又謂公羊氏五世傳《春秋》，左氏增年傳文，亦當其子孫所續，故通謂之《左氏傳》。二說皆有思想，而無所依據）

52. 論趙汸說《春秋》策書筆削近是，孔廣森深取其書，而亦不免有誤

趙汸《春秋集傳序》曰："策書之例十有五，而筆削之義有八。策書之例十有五：一曰君舉必書，非君命不書。二曰公即位不行其禮不書。三曰納幣逆夫人，夫人至，夫人歸，皆書之。四曰君夫人薨，不成喪不書，葬不用夫人禮則書卒，君見弒則諱而書薨。五曰適子生則書之，公子、大夫在位書卒。六曰公女嫁爲諸侯夫人，納幣、來逆、女歸、娣婦、來媵、致女、卒葬、來歸皆書，爲大夫妻，書來逆而已。七曰時祀時田，苟過時越禮則書之，軍賦改作踰制，亦書於策，此史氏之錄乎內者也。八曰諸侯事有命告則書，崩卒不赴則不書，禍福不告亦不書，雖及滅國，滅不告敗，勝不告克，不書於策。九曰雖伯主之役令，不及魯亦不書。十曰凡諸侯之女行，惟王后書，適諸侯，雖告不書。十一曰諸侯之大夫奔，有玉帛之使則告，告則書，此史氏之錄乎外者也。十二曰凡天子之命無不書，王臣有事爲諸侯，則以內辭書之。十三曰大夫已命書名氏，未命書名，微者名氏不書，書其事而已，外微者書①。十四曰將尊師少稱將，將卑師衆稱師，將尊師衆稱某帥師，君將不言帥師。十五曰凡天災物異無不書，外災告則書，此史氏之通錄乎內外者也。筆削之義有八：一曰存策書之大體。凡策書之大體，曰天道，曰王事，曰土功，曰公即位，曰逆夫人、夫人至、世子生，曰公夫人外如，曰薨葬，曰孫，曰夫人歸，曰內女卒葬，曰來歸，曰大夫、公子卒，曰公大夫出疆，曰盟會，曰出師，曰國受兵，曰祭祀、蒐狩越禮、軍賦、改作踰制、外諸侯卒葬，曰兩君之好，曰玉帛之使，凡此之類，其書於策者，皆不削也。二曰假筆前以行權。《春秋》撥亂經世，而國史有恆體，無辭可以寄文，於是有書有不書，以互顯其義。書者筆之，不書者削之。其筆削大凡

---

① "書"後，趙汸《春秋集傳》（《文淵閣四庫全書》第164冊）有"人"字。

有五：或略同以存異，公行不書致之類也；或略常以明變，釋不朝正內女歸寧之類也；或略彼以見此，以來歸爲義，則不書歸，以出奔爲義，則殺之不書之類也；或略是以著非，諸侯有罪及勸王復辟不書之類也；或略輕以明重，非有關於天下之故不悉書是也。三曰變文以示義。《春秋》雖有筆有削，而所書者皆從主人之辭。然有事同而文異者，有文同而事異者，則予奪無章，而是非不著，於是有變文之法焉。將使學者即其文之是非①詳略以求之，則可別嫌疑，明是非矣。四曰辨名實之際，亦變文也。正必書王，諸侯稱爵，大夫稱名氏，四夷大者稱子，此《春秋》之名也。諸侯有王而伯者興，中國無伯而夷狄橫，大夫專兵而諸侯散，此《春秋》之實也。《春秋》之名實如此，可無辨乎？於是有去名以全實者，征伐在諸侯，則大夫將不稱名氏；中國有伯，則楚君侵伐不稱君。又有去名以責實者，諸侯無王，則正不書王；中國無伯，則諸侯不序君；大夫將略其恆稱則稱人。五曰謹華夷之辨，亦變文也。楚至東周強於四夷，僭王猾夏，故伯者之興，以攘卻爲功。然則自晉伯中衰，楚益侵陵中國，俄而入陳圍鄭平宋，盟於蜀，盟於宋，會於申，甚至伐吳滅陳滅蔡，假討賊之義，號於天下，天下知有楚而已。故《春秋》書楚事，無不一致其嚴者，而書吳越與徐，亦必與中國異辭，所以信大義於天下也。六曰特筆以正名。筆削不足以盡義，而後有變文。然禍亂既極，大分不明，事有非常，情有特異，雖變文猶不足以盡義，而後聖人特筆是正之，所以正其名分也。夫變文雖有損益，猶曰史氏恒辭，若特筆則辭旨卓異，非復史氏恒辭矣。七曰因日月以明類。上下內外之無別，天道人事之反常，六者尚不盡見，則又假日月之法區而別之。大抵以日爲詳，則以不日爲略；以月爲詳，則以不月爲略。其以日爲恒，則以不日爲變；以不日爲恒，則以日爲變，甚則以不月爲異。其以月爲恒，則月②爲變；以不月爲恒，則以月爲變，甚則以日爲異。將使屬辭比事以求之，則筆削變文特筆。既各以類明，而日月又相爲經緯，無微不顯矣。八曰辭從主人。主人謂魯君也。《春秋》本魯史成書，夫子作

---

① "是非"，趙汸《春秋集傳》(《文淵閣四庫全書》第164冊) 作 "異同"。

② "月"上，趙汸《春秋集傳》(《文淵閣四庫全書》第164冊) 有 "不"字。

經，唯以筆削見義，自非有所是正，皆從史氏舊文，而所是正亦不多見，故曰辭從主人，此八者實制作之權衡也。"①

錫瑞案：趙氏分別策書、筆削，語多近是。《春秋屬辭》，本此立說。孔廣森深取其書，惟其書學非專門，仍有未盡是者。如隱公不書即位以成公意，桓公書即位以如其意，公薨以不地見弒，公夫人出奔曰孫。凡此等皆《春秋》特筆，未必魯史有此書法。趙氏以爲存策書之大體，是猶惑於杜預之說，又信其師黃澤臆撰孔子奉君命修國史之文。不知聖人口授微言，實是私修而非官書，不信古義，而臆造不經，故其所著《集傳》《屬辭》，仍不免有誤也。

53. 論"王正月"是周正，胡安國"夏時冠周月"之說，朱子已駁正之

《春秋》王正月，三《傳》及三《傳》之注，皆云周正建子之月。《左氏傳》加一"周"字，云："元年，春，王周正月。"孔《疏》："言王正月者，王者革前代馭天下，必改正朔、易服色，以變人視聽。夏以建寅之月爲正，殷以建丑之月爲正，周以建子之月爲正。三代異制，正朔不同，正是時王所建，故以王字冠之，言是時王之正月也。"《左氏》之增一字，可謂一字千金。孔《疏》解釋詳明，自宋以前，皆無異義。胡安國《春秋傳》，始有"夏時冠周月"之說，云"以夏時冠月，垂法後世。以周正紀事，示無其位不敢自專。"②

朱子曰："某親見文定家說，文定《春秋》說夫子以夏時冠周③月，以周正紀事。謂如'公即位'，依舊是十一月，只是孔子改正作'春正月'。某便不敢信。怎地時二百四十二年，夫子只證得箇'行夏之時'四箇字。據今《周禮》有正月，有正歲，則周實是元改作'春正月'。夫子所謂'行夏之時'，只是爲他不順，欲改從建寅。如

---

① 趙汸《春秋集傳》，影印《文淵閣四庫全書》第164冊，第4—6頁。
② 胡安國《胡氏春秋傳》卷一，影印《文淵閣四庫全書》第151冊，第23頁。
③ 案："以夏時冠月"，即爲"以夏時冠周月"義，但朱熹引胡安國語無"周"字，皮引文衍。

孟子說'七八月之間旱',這斷然是五六月;'十一月徒杠成,十二月輿梁成',這分明是九月十月。"①

黃澤曰:"近世士大夫多闢《春秋》用周正之說,以爲時不可改,甚者至以爲月亦不可改。如'七八月之間旱',與'十一月徒杠成,十二月輿梁成',趙岐釋以周正,晦菴亦從趙岐。而近世說者以趙岐爲非,則是併晦菴皆非之矣。此是本無所見而妄生事端,以疑惑聖經,爲害不細。前世士大夫學問,卻未見有如此者。"②

錫瑞案:《春秋》本魯史舊文,魯史奉周王正朔,"王正月"之爲周正,無可疑者。孔子作《春秋》,述時事,必不擅改周曆,以致事實不明。《春秋》之書無冰皆在春,此周正也,若夏正則春無冰,何足爲異?又書"冬十月,隕霜殺菽",此周正也,若夏正則十月隕霜,何足爲異?十月亦未必有菽。僖公三年,自去冬"十月不雨"至春,書"王正月,不雨""夏四月,不雨"至"六月雨",若夏正則六月建未之月,歷三時不雨,至六月不得耕種矣。惟六月爲周正建巳之月,得雨猶可耕種,故《春秋》是年不書旱,亦不書饑。《傳》曰"不爲災也",此顯有可據者。乃胡氏諸人,好逞異說,此宋人說經,所以多不可從。朱子不以胡《傳》爲然,此朱子在宋儒之中,所以爲最篤實。乃其弟子蔡沈解《尚書》,以爲商周不改月,不守師說,殊不可解。《春秋》爲後王立法,漢儒以爲素王改制,實有可據,而後人必不信。《春秋》雖爲後王立法,不能擅改時王正朔。宋儒以爲夏時冠周月,實不可據,而後人反信之。是末師而非往古,豈非顛倒之甚!

54. 論三《傳》皆專門之學,學者宜專治一家,治一家又各有所從入

漢十四博士今文之學,今多不傳。施、孟、梁丘、京《易》,歐

---

① 語見《朱子語類》卷八十三《春秋·經》。
② 趙汸《春秋師說》卷中《論漢唐諸儒得失》,影印《文淵閣四庫全書》第164冊,第275頁。

陽、夏侯《尚書》，齊、魯、韓《詩》，皆已亡佚。惟《公羊春秋》猶存，《穀梁》亦存全書，此天之未喪斯文也。而自《左氏》孤行，二《傳》雖存若亡。

陸德明作《經典釋文》，已云"二《傳》近代無講者，恐其學遂絕，故爲音以示將來"。幸而唐人雖以《左氏》列於《五經》，而《公羊》爲中經，《穀梁》爲小經，亦用之以取士。故士子習者雖少，（見李元璀、楊瑒所奏）而書猶不至亡。啖、趙、陸兼采之以作《纂例》。宋人沿啖、趙、陸之派說《春秋》，多兼采《公》《穀》，故未至如《韓詩》之亡於北宋。惟宋尚通學，不主專門，合三《傳》爲一家，是合五金爲一爐而冶之，合三牲魚腊爲一鼎而烹之也。《春秋》是一部全書，其義由孔子一手所定，比《詩》《書》《易》《禮》不同。學《春秋》必會通全經，非可枝枝節節而爲之者。若一條從《左氏》，一條從《公羊》，一條從《穀梁》，一條從唐宋諸儒，雖古義略傳，必不免於《春秋》失亂之弊。故《春秋》一經，尤重專門之學。

國朝稽古，漢學中興。孔廣森作《公羊通義》，阮元稱爲孤家專學。然其書不守何氏義例，多采後儒之說，又不信黜周王魯科旨，以新周比新鄭。雖有蓽路藍縷之功，不無買櫝還珠之憾。惟何氏《解詁》與徐《疏》，簡奧難讀，陳立書又太繁，治《公羊》者可從通義先入，再觀注疏。常州學派多主《公羊》，莊存與作《春秋正辭》，傳之劉逢祿、宋翔鳳、龔自珍諸人。淩曙作董子《繁露注》，其徒陳立作《公羊義疏》。治《公羊》者，當觀淩曙所注《繁露》，以求董子大義；及劉逢祿所作《釋例》，以求何氏條例；再覽陳立《義疏》以求大備，斯不愧專門之學矣。

許桂林作《穀梁釋例》、柳興宗①作《穀梁大義述》，鍾文烝作《穀梁補注》，亦成一家之言，《穀梁》不傳三科九旨，本非《公羊》之比，惟其時月日例，與《公羊》大同小異。詳略互見，可以補《公羊》所未及。治《穀梁》者，先觀范《解》、楊《疏》及許桂林《釋時月日例》。許書簡而有法，如"公子益師卒"，《傳》云："大

---

① 思賢書局本作"劉興宗"，誤，商務本、中華本改作"劉興恩"，下文不誤。

夫日卒，正也。不日卒，惡也。"何休《廢疾》已引"公子牙、季孫意如何以書卒"難之，鄭君所釋，亦不可通。許據《左氏》"公不與小斂"，謂不與小斂即是惡，乃得其解。柳興恩、鍾文烝皆據《穀梁》"謹始"，謂隱公之讓爲不能正始，柳興恩至以亂臣賊子斥隱公。夫以讓國之賢君，而斥爲亂賊，則篡弑之桓公，將何以處之乎？《春秋》善善從長，必不如此深刻。《穀梁》惡桓而善隱，其義亦不如此之刻也。

《穀梁》義例，多比附《公羊》，故治《穀梁》不如治《公羊》。治《公羊》乃可兼采《穀梁》，如《穀梁·桓二年傳》："或曰，其不稱名，蓋爲祖諱也。孔子，故宋也。"是比附《公羊》故宋而失其旨之證。《成九年傳》："不言戰，以鄭伯也。爲尊者諱恥，爲賢者諱過，爲親者諱疾。"是比附《公羊》爲親者諱而失其旨之證。（《春秋》爲親者諱惟魯）《昭二十一年傳》："東者，東國也。曰東，惡之而貶之也。"是比附《公羊》"譏二名"而失其旨之證。若《左氏》不傳《春秋》，亦有譏二名之說，云先名武庚，乍名祿父，則尤不知而強說者。治《左氏》者，先觀杜《解》孔《疏》，再及李貽德《賈服輯述》，以參考古義。顧棟高《春秋大事表》，以綜覽事實，然亦只是《左氏》一家之學，於《春秋》之微言大義，無甚發明。

55. 論俞正燮說《春秋》最謬，乃不通經義、不合史事、疑誤後學之妄言

近人說《春秋》者，俞正燮爲最謬，其《公羊傳及注論》曰："《公羊傳》者，漢人所致用，所謂漢家自有法度，奈何言王道？《公羊》集酷吏、佞臣之言，謂之經義。漢人便之，謂之通經致用。"①

錫瑞案：漢家自有制度，乃宣帝之言。宣帝好《穀梁》，非尊《公羊》者。通經致用，乃西漢今文之學，簡明有用，如《禹貢》治河、《洪範》察變之類，非止《春秋》一經。俞云"《公羊》集酷吏

---

① 俞正燮《癸巳存稿》卷一《公羊傳及注論》，姚清祺光緒刊本。道光連筠簃本無此篇。現據新世紀萬有文庫本。"謂之"作"附之"。

佞臣之言"，酷吏似指張湯，佞臣似指公孫弘。《史記·酷吏列傳》曰："是時，上方鄉文學，湯決不獄，欲傅古義，乃請博士弟子治《尚書》《春秋》，補廷尉史，亭疑法。"又曰"依於文學之士，丞相弘數稱其美。"又《平準書》曰："自公孫弘以《春秋》之義繩臣下，取漢相。張湯用峻文決理爲廷尉。於是見知之法生，而廢格、沮誹、窮治之獄用矣。"據《史記》則弘、湯希世用事，見《公羊傳》有貶絕之義、無將之誅，傅會之以行慘酷之法，要非《公羊》所能逆料。俞氏以爲《公羊》罪案，則《莊子》云"儒以《詩》《禮》發冢"，可以發冢歸罪《詩》《禮》。王莽動託《周官》，可以王莽歸罪《周官》乎？《公羊傳》由胡毋生著竹帛，公孫弘受學胡毋生，則《公羊》成書，必不在弘、湯用事之後。據俞氏說，似作《公羊傳》者集弘、湯之言爲之，年代不符，甚不可通。若酷吏佞臣不指弘、湯，則胡毋生之前，酷吏佞臣爲何人，更無可據。《漢書·董仲舒傳》曰："仲舒在家，朝廷如有大議，使使者及廷尉張湯就其家而問之，其對皆有明法。"《後漢書·應劭傳》曰："故膠西①董仲舒老病致仕，朝廷每有政議，數遣廷尉張湯親至陋巷問得失，於是作《春秋決獄》二百三十三②事，動以經對。"據此，則張湯用法嘗詢仲舒。《漢·藝文志》"董仲舒《治獄》十六篇"，久亡。《通典》《六帖》《御覽》共載六事。引《春秋》義以斷當時之獄，多以爲某人罪不當坐。蓋以漢法嚴酷，持議多歸仁恕，與弘、湯之慘刻異趣。《繁露·郊祀對》仲舒答張湯問梟鶹之類，亦不盡屬刑法，則不能以張湯之法，歸咎仲舒，尤不能歸咎《公羊》矣。三科九旨，《繁露》書明言之，俞云："董仲舒未敢言而心好之，故陷呂步舒之獄。"以俞氏之博，似並未見《繁露》，殊不可解。何休《解詁》曰："自王者言之，屈遠世子在三公下。"引《禮·喪服》爲證。何氏解《禮》即不當，亦無關《春秋》大義。俞以此爲何氏罪案，謂以已得公府掾之故。論古人當平心靜氣，不當鍛煉以入人罪，必欲深文鍛煉，謂何氏因己爲公府掾，故崇重三公，亦安知俞氏非因己爲時相所扼，故卑抑三公乎？

---

① "膠西"，《後漢書·應劭傳》作"膠西相"。
② "三"，《後漢書·應劭傳》作"二"。

（俞爲董誥所扼，不得進士）《孟子》曰："《春秋》，天子之事也。"又曰："孔子成《春秋》而亂臣賊子懼。"《公羊》家說與《孟子》合。若《左氏》家說經承舊史，無素王之法，則天子之事安在？曰"凡弒君稱君，君無道也；稱臣，臣之罪也。"如其說，則君無道，而弒君之臣無罪，傳文於殉君之孔父、荀息，並無襃辭，而弒君之趙盾、欒書，反加稱許。且有君臣無常位之言，(《左氏》據事直書，初無成見，杜預張大其說，與《春秋》之義相反) 是《春秋》成而亂臣賊子喜矣。如俞氏說，不亦可云《左氏》集亂臣賊子之言謂之經義乎？俞氏曰："《左氏》，萬世之書也。《公羊傳》，漢廷儒臣通經、致用、干祿之書也。何休所說，漢末公府掾致用、干祿之書也。"① 請爲更正之曰："《公羊傳》，經學也，一字襃貶，孔子作《春秋》之義，本如是也。《左氏傳》，史學也，據事直書，不立襃貶，雖不傳《春秋》而書不可廢也。"俞氏所說，乃不通經義，不合史事，疑誤後學之妄言也。

56. 論《春秋》明王道，絀詐力，故特襃宋襄而借以明仁義行師之義

嘗讀《春秋》而有感焉，《春秋》據亂，而作亂莫甚於戰爭。《孟子》曰："春秋無義戰。彼善於此，則有之矣。"今據《公羊》之傳，推《孟子》之義，而知孟子之善說《春秋》也。《春秋》託始於隱。隱二年，"無駭帥師入極"，《傳》曰："何以不氏？疾始滅也。"然則後之滅人國者，皆《春秋》之所疾矣。四年，"莒人入杞，取牟婁"，《傳》曰："外取邑不書，此何以書？疾始取邑也。"然則後之取人邑者，皆《春秋》之所疾矣。桓七年，"焚咸丘"，《傳》曰："以火攻也，何言乎以火攻？疾始以火攻也。"然則後之以火攻者，皆《春秋》之所疾矣。

《春秋》戰例時，偏戰日，詐戰月。(《左氏》凡例，"凡師，敵未陳曰敗某師"，即詐戰，"皆陳曰戰"，即偏戰) 桓十年，"冬十有二月丙午，

---

① 俞正燮《癸巳存稿》卷一《公羊傳及注論》。案，"《左氏》"，俞文作"《春秋左傳》"。

齊侯、衛侯、鄭伯來戰於郎"。僖二①年，冬十月壬午，公子友帥師敗莒師於犂，獲莒挐"。僖十五年，"十一月壬戌，晉侯及秦伯戰於韓，獲晉侯"。僖二十二年，"冬十有一月己巳朔，宋公及楚人戰於泓，宋師敗績"。文七年，"夏四月戊子，晉人及秦人戰於令狐"。十二年，"冬十有二月戊午，晉人、秦人戰於河曲"。《傳》皆以爲偏戰，是彼善於此者，猶愈於詐戰也。宋楚戰泓，《傳》曰："偏戰者日爾。此其言朔何？《春秋》辭繁而不殺者②也。……君子大其不鼓不成列，臨大事而不忘大禮，有君而無臣。……以爲雖文王之戰，亦不過此也。"是宋襄戰泓，爲善之善者，故夫子特筆襃之。董子《繁露·王道》《俞序篇》，《史記·宋世家贊》，《淮南·泰族訓》，《白虎通·號篇》，何氏《穀梁廢疾》，皆襃宋襄。

錫瑞案：《司馬法》曰："逐奔不過百步，從綏不過三舍，明其禮也。不窮不能而哀憐傷病，明其仁也。成列而鼓，明其信也。爭義不爭利，明其義也。"據此，則不鼓不成列，不重傷，不禽二毛，本古軍禮之遺。古禮不行，而《老子》有"以奇用兵"之言，談兵者謂兵不厭詐。宋襄獨行古禮，宜世皆迕之矣。《穀梁》《左氏》不以宋襄爲是，狃於後世詐力之見。《左氏》書之，善在明典禮，詳事實。而淺人武夫，但以爲善言兵，故隗禧以《左氏》爲相斫書。《左氏》述子魚之言，訾宋襄者以爲口實，不知《宋世家》亦載子魚兵以勝爲功之言。而史公作《贊》，必襃宋襄之禮讓者，以《春秋》撥亂之旨，具在此也。當其時戰禍亟矣，獨有一宋襄公能明王道，絀詐力，故《春秋》特襃之，而借以明仁義行師之義，以爲後之用兵者，能如宋襄之言，則戰禍少紓，民命可保矣。春秋時，宋華元、向戌皆主弭兵，其後墨翟、宋牼以禁攻寢兵爲務，似聞宋襄仁義之風而興起者。《左氏》載子罕之言以斥向戌，似近正，然不得以弭兵爲非。兵雖不能終弭，弭一日，緩一日之禍也。痛乎何邵公之言火攻也，曰："征伐之道，不過用兵，服則可以退，不服則不③可以進。火之盛炎，

---

① 思賢書局本、商務本皆作"二"，誤。中華本改作"元"。
② "也"前，《春秋公羊傳注疏》卷十二《僖公二十二年》有"正"字。
③ 《春秋公羊傳注疏》卷五《桓公七年》無"不"字。

水之盛衝，雖欲服罪，不可復禁，故疾其暴而不仁也。"今之戰事，專尚火攻，其暴而不仁，又百倍於東周之世，西人近講公法，開弭兵會，似得《墨子》兼愛、非攻之旨。若進之以《春秋》之義，明王道，絀詐力，戰禍庶少瘥乎！

後　　記

　　此次整理皮錫瑞《經學通論》一書，我主要從四個方面做了工作，一是對皮錫瑞的引文儘量地注明出處，並詳加核對。這是很重要的，因爲皮錫瑞在闡述經學問題時大量地引用了經學典籍，引用與闡述界限并不分明。不核查原文就很難斷定引文的起止。相較於《經學通論》已經問世的其他整理本，本書在這個方面所作的工作是顯而易見的。二是对皮錫瑞論及的經學人物儘量地作出簡略介紹。皮錫瑞在《經學通論》中論及的經學人物，幾乎涵蓋或代表中國古代經學史。對此作出簡略介紹可以减少一般讀者的檢索查閱之煩。三是以思賢書局初刊本爲底本，對照商務本、中華本以及該書所引用的文獻進行核對。個別明顯的訛誤依據確信文獻逕改，大多數相異文字依思賢書局本不改，只是在校記中注明其他版本及所引文獻的不同之處，或者注明是非正誤，因爲皮錫瑞所據文獻，或轉引時有誤，或與今天我們依據的文獻可能不是一個版本。四是對照皮錫瑞引文出處，分清引文中出現的注語。這些注語是皮錫瑞所加，還是皮錫瑞引文原本就有的。這也很重要，現在能見到的二三子的校注成果皆未將此問題予以解決。皆將注語用小字號，這是符合原文精神的，但是注語的歸屬沒有解決。這並非我比別人高明，而只是用了一一對照核查的笨功夫，查到引文，注語出處自然明了無誤。另外，對少數的典故、術語作了簡短的解釋，但是這一工作做得還很少，計劃將來有機會出一本《經學通論校釋》，重點解釋詞語，而把人物介紹省去。

　　2004 年我在山東大學文史哲研究院讀研究生時，莊大鈞先生講授"文獻學講疏"課程以皮錫瑞《經學通論》專題篇章爲學習材料。

我隨即購買了中華書局句讀版《經學通論》，這個本子只做了句讀的整理，對於初學者并不好用。因爲對學術史的陌生，閱讀此書頗爲費力，敷衍瀏覽即束之高閣。2010年我準備天津師範大學博士生入學考試，報考的專業方向是易學考古研究。因爲《經學通論》中有《易學通論》的內容，就將是書重新檢出閱讀。在作爲經學入門的著作中，皮錫瑞的《經學通論》《經學歷史》是兩部重要經典，時至今日其參考價值仍受到學界重視。《經學歷史》早由周予同先生校注整理，而《經學通論》只有句讀整理，閱讀很不方便。這樣我就在閱讀時嘗試施加標點注釋。2011年秋我師從楊效雷先生研習易學出土文獻，提及對整理《經學通論》所做的努力，楊先生表示贊同并指導了一些校注細節問題。下年冬回山東大學見到了杜澤遜先生，我又向杜先生說起對《經學通論》正在做些校注，杜先生隨即贊許此工作之價值。2013年春，我得知對《經學通論》的整理已經有三項成果出版，分別是潘斌先生的《皮錫瑞儒學論集》（四川大學出版社2010年版）內有《經學通論》內容；周春健先生校注的《經學通論》（華夏出版社2011年版）；吳仰湘先生校點的《皮錫瑞集》（嶽麓書社2012年版）內有《經學通論》內容。他們對《經學通論》的整理各有側重，各有優點。潘先生的書繁體橫排，主要是施加標點，偶或校改原書訛誤，但是依據版本不清楚。周先生的書是繁體橫排，以中華本爲底本，思賢書局本爲參本，校改了部分引書錯誤。標出了部分引書出處，對一些經學人物、典籍、詞語等隨文作了注釋。吳先生的書是簡體橫排，以思賢書局本爲底本，對皮著引文的錯誤直接據所引文獻校改，標出了少量引文出處。（中華書局於2015年出版吳仰湘整理的《皮錫瑞全集》中含《經學通論》，此爲繁體豎排本。2018年該社據是版重出單行本，整理成果與《皮錫瑞集》本同）潘斌、周春健、吳仰湘三位先生對《經學通論》中引文注語和皮錫瑞所加注語皆沒有區分。如此這般，我認爲《經學通論》雖然有了三種整理成果，仍須更加完善。

2015年，我用此項工作申請了德州學院人才引進課題。同時又把校對工作的草樣發給杜澤遜先生征求意見，杜先生邀請孫齊先生一起提出了校注中的注意事項，如"《經學通論》諸版本間文字異同問題，校記格式統一問題，皮氏引書與今本不一致時不宜改字應保持異文問題"等等，我借鑑受益頗多。

2016年，我邀請同仁賀同賞博士、黃傳波教授、黨月異教授、喬毅博士作爲課題組成員，申報獲批全國高校古籍整理研究項目。這是一件有影響有意義的事情。地方高校常輕視古籍整理工作之價值與意義，此次立項學校視爲教育部人文社科項目，這算是一個正名，其價值得到部分承認。雖然近年來地域文化與地方文獻的整理工作普遍得到重視，並有較多成果出現，但是對古籍整理成果的界定，還是件麻煩事兒。付出之勞難以認可，其奈環境何？

伴隨著其他科研與教學工作，我與這部書已經周旋了十多年，古人云十年磨一劍，十年時間足夠長，劍是否鋒利，只待試過方知。但其間種種經歷，或感動，或悲傷，或不堪回首，或漸遺忘。總之，師長親友之關愛自當銘記於心。

感謝內子楊延華女士對我所作工作的理解和支持，使我在專業上漸趨明了，同時也理解包容我在專業之外的淺識與偏執。

張金平
2019年5月